Gerhard Schulz

KLEIST

Gerhard Schulz

KLEIST

~

Eine Biographie

Verlag C. H. Beck

RICHARD SAMUEL zum Gedenken

‹Was hat dich nur von uns entfernt?›
Hab' immer den Plutarch gelesen,
‹Was hast du denn dabei gelernt?›
Sind eben alles Menschen gewesen.

Goethe

The past is a foreign country: they do things differently there.

Leslie Poles Hartley

Inhalt

VI. STATIONEN

VII. WAS SIND DAS FÜR ZEITEN

VIII. DRESDEN

IX. PHÖBUS IM SONNENWAGEN

I. ERSTE ANNÄHERUNGEN

~

1. Ein schwieriger Mensch

Heinrich von Kleist galt als ein schwieriger Mensch. Aber was heißt das schon, denn wer schließlich eicht die Maße und Gewichte, mit denen ein Mensch gemessen und gewogen wird! «Größe 5 Fuß drei Zoll, Haar und Augenbrauen kastanienbraun, Augen blau, Nase klein, Mund mittelgroß, Kinn rund, Gesicht oval»,[1] beschrieb ein französischer Paß diesen Henry-Bernd-Guillaume Kleist, «geboren zu Francfort (Oder)» und derzeit – das war im Jahre 1807 – achtundzwanzig Jahre alt, was nicht ganz stimmte, denn Heinrich von Kleist wurde 1777 geboren. Als man ihn 1811 auf dem Totenbett maß, notierte der Arzt für die Körpergröße lediglich «sechs Zoll», weil nach preußischer Landessitte die fünf Fuß ausgeklammert wurden, die das Mindestmaß für einen Soldaten darstellten; darunter wurden selbst in Kriegszeiten keine Rekruten eingezogen. Von mittlerer Größe also war Kleist, etwa einen Meter und zweiundsiebzig Zentimeter groß – drei oder vier Zentimeter größer als Goethe und ganze fünfzehn mehr als Napoleon; nur Schiller hätte sie alle überragt. Kleist hat keinem von ihnen je gegenübergestanden, und doch haben alle drei auf sehr verschiedene Weise seinen Lebensgang beeinflußt.

Wer anderen Menschen als schwierig erscheint, hat es zumeist am schwersten selbst. Unzufrieden mit sich und der ganzen Welt sei Kleist oft gewesen,[2] habe mit sich gehadert, sich für unbrauchbar und unfähig gehalten,[3] sich nicht nur die Arbeit, sondern überhaupt das Dasein schwer gemacht. Der kostbare, schützende und lebenserhaltende Besitz von ruhigem Ebenmaß und innerem Gleichgewicht ist ihm ebensowenig zuteil geworden wie die Freiheit, ohne ständige Sorge um das Geld das zu tun, was er am besten glaubte tun zu können. So haben ihn denn die anderen als ernst und düster, ja finster erlebt – letzteres ein aus späterer Zeit stammendes erinnerndes Wort seiner ehemaligen Braut Wilhelmine von Zenge, die ihm einst ebenso herzlich zugetan war wie er ihr,[4] und auch sein Freund Ernst von Pfuel, der engste, den er je hatte, scheint ihn oft bitter und trüb erlebt zu haben, Todeswünsche hegend.[5] Scheu sei er überdies nach anderen Berichten gewesen, leicht errötend und mit «schwerer Zunge»[6] zum Stottern neigend, auch ungestüm.[7] Aber dann zeigte er sich eben doch wieder in großer Gegensätzlichkeit: nicht nur schweigsam, melancholisch, träumerisch und einsiedlerisch, sondern auch gesprächig, gesellig, lachbereit und offen für Freundschaft, nicht nur exaltiert, maßlos oder gar aggressiv bis zur Gewalttätigkeit, sondern zugleich anspruchslos, bescheiden, freundlich und herzlich als zuverlässiger Freund. Ein «recht unterhaltender Gesellschafter» habe Kleist sein können, wenn er «heiter gestimmt» war, meinte Wilhelm Traugott Krug, der spätere Ehemann Wilhelmine von Zenges, nur sei er freilich meist «düster und in sich gekehrt» gewesen. «Unglücklich organisirt» nannte das Krug dann; es war einer der ersten von vielen aussichtslosen Versuchen über zwei Jahrhunderte hinweg, Kleists Persönlichkeit auf einen Nenner zu bringen.[8]

Wie auch immer die einen oder anderen ihn indes bei einer oder der anderen Gelegenheit erlebt haben, Einigkeit herrscht darin, daß man ihn als «wahr» und aufrichtig empfand und so ganz ohne «alles Gemachte»,[9] allerdings auch als Mensch mit dem bestimmten Wunsche, «wahr» zu sein, und da wiederum bedingungslos und zum «Alles oder nichts» neigend.[10] Für Clemens Brentano war er «kindergut» und ein «kurioser, guter, grober, bornierter, dummer, eigensinniger, mit langsamem Konsequenztalent herrlich ausgerüsteter Mensch»[11]- Brentano wußte ja aus eigener Erfahrung einiges von den Gegensätzlichkeiten im Inneren eines Menschen und modellierte Kleist hier wohl sogar liebevoll ein wenig nach sich selbst.

Die Nachwelt hat viele Urteile der Zeitgenossen über Heinrich von Kleist und Eindrücke von ihm zusammengetragen, die allesamt von der Wesensart der Personen abhängen, die sie abgaben in Gesprächen, Briefen und Erinnerungen, und ebenso abhängen von den jeweiligen Umständen, unter denen sie entstanden. Manche der Beobachtungen über Kleist sind momentane, unmittelbare, höchst subjektive, oft auch beiläufige Eindrücke, andere wieder entstammen Aufzeichnungen aus ferner und wohl auch unsicherer Erinnerung. So treten aus der Fülle des Gesammelten vor allem die Beobachtungen derjenigen Menschen heraus, die ihm nicht nur nahestanden, sondern denen auch die Sprache zu Gebote stand, sie auszudrücken. Für Christoph Martin Wieland, der wohl als erster überhaupt die Eigenart und

Größe von Kleists kreativer Kraft erkannte, nachdem er ihn als Gast auf seinem Gute in Oßmannstedt eine Zeitlang um sich gehabt hatte, war es «etwas Rätselhaftes», «Geheimnisvolles», das er in ihm spürte – das «Air eines Menschen», der sich zuweilen in der Gesellschaft der anderen «allein glaubt», weil etwas in ihm arbeitete, das nach Ausdruck drängte. Und als Kleist schließlich aus dem Gedächtnis Szenen aus jener Tragödie um den Normannenfürsten *Robert Guiskard* vordeklamierte, die er kurz vorher in Paris aufgegeben und von der er das Fertige dort verbrannt hatte, da war Wieland durchaus bereit, keine geringeren als die Geister von Aeschylus, Sophokles und Shakespeare als Paten dieses neuen, jungen Dichters zu erkennen. Und so zögerte er auch nicht mit der außerordentlichen Prognose: Kleist «sei dazu geboren, die große Lücke in unserer dermaligen Literatur auszufüllen, die (nach meiner Meinung wenigstens) selbst von Goethe und Schiller noch nicht ausgefüllt worden ist.» Zugleich habe er, Wieland, aber auch gespürt, daß er von Kleist «wie ein Sohn» geliebt und geehrt werde, nur daß diesem Satz dann doch die Einschränkung folgt, zu einem «offenen und vertraulichen Benehmen» sei Kleist nicht zu bringen gewesen. Es sind Worte aus einem Brief Wielands an den Mainzer Arzt Georg Christian Gottlob Wedekind, auf die später ausführlicher noch einmal zurückzukommen sein wird.[12] Louise Wieland aber, die damals dreizehnjährige Tochter, zwischen der und dem Hausgast eine zarte Neigung entstanden war, hat später von ihm als dem «zauberischen Kleist»[13] gesprochen.

So haben sich denn die Kleist Wohlgesonnenen, ihn Schätzenden, Achtenden, Bewundernden, aber von ihm zugleich immer wieder Irritierten mit den Worten «Genie» und «Genialität» beholfen, mit Begriffen also, die im Grunde nur Unfaßbares markieren, mit deren Hilfe man aber jene Mitte zu finden sucht, die sich unmittelbar in den Widersprüchlichkeiten einer realen und eben schwierigen Person nicht leicht finden läßt, und mit denen man überdies das eigene Gleichgewicht einem solchen Menschen gegenüber zu bewahren sucht. Wilhelm von Pannwitz, dem Ehemann von Kleists Schwester Auguste und Verwalter des Familienvermögens, erschien sein Schwager ganz ohne «ein Gran Vernunft und Überlegung», hätte er doch sonst «bei seinem glücklichen Genie» finanziell längst «in einer guten Lage» sein können: «Warum verläßt er seine Anstellung, die ihm wenigstens die Aussicht auf ein gewisses Brot gab, und wenn er den

Drang zum Dichten in sich fühlt, so konnte er ihn nebenher immer befriedigen.»[14] Nur funktionieren «Genies» eben nicht bloß so «nebenher». Kleist besitze, schreibt mit sehr viel größerer Verständnisbereitschaft Emma Körner, die ihm im Hause ihres Vaters Christian Gottfried Körner in Dresden oft begegnet ist, «kleine Eigenheiten in seinen [sic!] Charakter, die anfänglich auffallen, die aber so unumgänglich zu den [sic!] ganzen Menschen gehören, daß man sich sehr bald daran gewöhnt, wenn man das große dichterische Genie, welches er besitzt, zu schätzen weiß.»[15] Für diejenigen, die Kleist gegenüber offen waren und es gut mit ihm meinten, entstand auf diese Weise ein Begriff von den tieferen Fundamenten seiner Persönlichkeit und deren Wert; er schien ihnen, wie Ernst Blümner, ebenfalls dem Dresdner Kreise angehörig, einmal bemerkt, «geistvoll [...], ohne es sein zu wollen und vielleicht ohne es zu wissen.»[16] Für Gotthilf Heinrich Schubert, dessen Entdeckungsfahrten in die «Nachtseite» der Naturwissenschaft Kleist damals in Dresden kennenlernte, war Kleist ein merkwürdiger Geist «mit naturkräftigen, zugleich aber wie von einem schmerzhaften, inneren Weh gebundenen Schwingen.»[17] Die wohl verständnisreichste Beschreibung der Wirkung Heinrich von Kleists auf die Menschen um ihn herum aber rührt von Johann George Scheffner in Königsberg her, einem Freunde Immanuel Kants und Theodor Gottlieb von Hippels. Scheffner, zu dieser Zeit um die siebzig, hatte Kleist bei dessen Aufenthalt in Königsberg kennengelernt. Im Jahr 1805 sei Kleist oft in seinem Hause zu Gast gewesen, schreibt er in seinen Lebenserinnerungen, und da «in seinem Äußern etwas Finsteres und Sonderbares vorherrschte, so gab ein Fehler am Sprachorgan seinem Eifer in geistreichen Unterhaltungen einen Anschein von eigensinniger Härte, die seinem Charakter wohl nicht eigen war.» Und Scheffner fährt dann in großer Einfühlsamkeit fort: «Wie ein der Meerestiefe entsteigender Taucher sich wenigstens in den ersten Augenblicken nicht auf alles Große und Schöne besinnt, was er in der Wasserwelt gesehen, und es nicht zu erzählen vermag, so schien es bisweilen bei Heinrich von Kleist der Fall zu sein.»[18] Christoph Martin Wieland hat ihn auf ähnliche Weise erlebt.

Und Kleist – wie sah er sich selbst? Zu befragen sind hier allein seine Briefe, denn Tagebücher, die er gelegentlich geführt zu haben scheint, oder das «Magazin» seiner «Seele», wenn es denn je existierte, sind nicht überliefert. Sein dichterisches Werk aber ist nicht für

unmittelbare autobiographische Auskunft benutzbar; dessen Besonderheit und Außerordentlichkeit beruht gerade darin, daß es scheinbar ganz unabhängig von seinem Schöpfer existiert. Für die Briefe
aber gilt die gleiche Einschränkung, die schon hinsichtlich der Zeugnisse über ihn zu machen war: Sie sind Produkte bestimmter Situationen und nicht nur Selbstausdruck, sie sind an andere Menschen
gerichtete Dokumente und damit zugleich auf die Eigenheiten von
Adressaten bezogen, auf die sie wirken sollen. Kleist aber war in seinen Briefen geradezu ein Meister der Suggestion und der versuchten
Manipulation, nicht selten auch der Autosuggestion hinsichtlich
bevorstehenden eigenen Glückes und Gelingens. So weichen seine
Eindrücke in ein und derselben Sache oder Situation von denen anderer oft beträchtlich ab. Wenn Wieland über Kleists Mangel an «offe-
nem und vertraulichem Benehmen» klagte, schrieb dieser hingegen
der Schwester Ulrike, daß er eben dort, bei Wieland, «ungewöhnlich
hoffnungsreich» sei, bald «viel Frohes» zu schreiben haben werde und
sich wohl gar «allem Erdenglück» nähere – und erklärte im selben
Brief dann doch, daß «sein seltsames Schicksal» ihn wieder von diesem Ort vertreibe.[19] Vom Bewußtsein dieses «seltsamen Schicksals»
zeugen seine Briefe allerorten, denn so gern Kleist den Rettungsring
der Selbsttäuschung ergriff – im Grunde hat er sich nie über die
unvereinbaren Gegensätze, die Widersprüchlichkeiten seines Wesens
und deren Unbeherrschbarkeit durch die Kontrolle nüchternen Verstandes getäuscht, und er hat das dann auch als Leiden empfunden.

«Ich weiß nicht, was ich dir über mich *unaussprechlichen* Menschen
sagen soll. – Ich wollte ich könnte mir das Herz aus dem Leibe reißen,
in diesen Brief packen, und dir zuschicken. – Dummer Gedanke!»[20]
schreibt er der Schwester Ulrike, wobei das «unaussprechlich» auch
wörtlich gemeint war, denn von früh an hat Kleist die Unzulänglichkeiten der Sprache gespürt, die ihm versagten, das in Worte zu fassen,
was ihn bewegte, wenigstens nicht in den weiten Dimensionen, in
denen er dachte und empfand. «Wie soll ich es möglich machen, in
einem Briefe etwas so Zartes, als ein Gedanke ist, auszuprägen? Ja,
wenn man *Thränen* schreiben könnte».[21] Dahinter steht nun in der Tat
das freilich unstillbare Bedürfnis, die Grenzen zu sprengen, die die
Fülle des Gefühlten und Gedachten von den begrenzten Möglichkeiten aller auf Zeichen beschränkten Sprache trennen. Kleists Werk hat
dann gerade aus dem Wunsch nach einer Überwindung dieser Gren-

zen viel von seiner besonderen Kraft gezogen. Aber das Arbeiten wurde ihm schwer, er hat immer und immer wieder an seinen Manuskripten geändert, und die Unzufriedenheit mit dem Vollbrachten nötigte ihn zu immer neuen Fassungen des Geschriebenen, wenn er es nicht ganz und gar verwarf und womöglich vernichtete.

Kleists tiefes Ungenügen an den Ausdrucksmöglichkeiten der Sprache war indes nur Teil eines sehr viel größeren, existentiell bedingten Krisenbewußtseins. Immer wieder wird er in Verzweiflung gestürzt, wenn sich ihm die Erfüllung von Plänen, Wünschen, Hoffnungen entzieht oder wenigstens in seinen Augen zu entziehen scheint, und die Klagen über seine Unfähigkeit, mit anderen ruhig und glücklich zu leben, sind Legion. Ja, Heinrich von Kleist war sich selbst durchaus ein schwieriger Mensch. Ernst von Pfuel schreibt er einmal von einem gescheiterten gemeinsamen Plan: «deine Wehmuth, daß aus unserm Plane nach Neuholland zu gehen nichts geworden ist, würde mir rührend sein, wenn ich mir einbilden könnte, daß du wirklich etwas dabei empfunden hättest. Aber unter uns allen ist keiner, der in der That resignirt, als ich allein.»[22]

Die jünglingshafte Flucht aus Europa in die Südsee war für junge Deutsche ein gesellschaftskritischer Gestus schon seit den siebziger Jahren des 18. Jahrhunderts, und Pfuel hatte offenbar den Plan einer Auswanderung nach Australien weniger ernst genommen als Kleist, den es drängte – der Brief ist im Sommer 1805 während seiner Tätigkeit an der «Kriegs- und Domänenkammer» in Königsberg geschrieben –, sich von allen bürgerlichen Verpflichtungen zu befreien. Aber da eben, in der Stärke und Bedingungslosigkeit des Willens zum Freisein, lag bei ihm «der Hund begraben», wie es am Ende dieses Briefes heißt. Und eben in dieser Unbedingtheit empfand auch Kleist die Besonderheit seines Wesens, und er empfand sie als Leiden, denn sie konnte alle Freundschaften, ja menschlichen Beziehungen überhaupt in Frage stellen, die doch immer irgendwo der Nachsicht bedürfen. So schreibt er der Braut Wilhelmine von Zenge von sich als einem, den «seine seltsamgespannte Seele ewig-unruhig bewegt»,[23] spricht dem befreundeten Maler Lose gegenüber von seinem «überspannten Gemüth, das sich nie an dem, was ist, sondern nur an dem, was nicht ist, erfreuen kann»,[24] sieht sich «verdammt, das, was ich liebe, mit jeder Handlung zu verletzen»,[25] oder klagt in einem großen Brief an Adolphine von Werdeck: «Ach, es ist meine angebohrne Unart, nie den

Augenblick ergreifen zu können, u immer an einem Orte zu leben, an welchem ich nicht bin, u in einer Zeit, die vorbei, oder noch nicht da ist.»[26] Und dem Freiherrn vom Stein zum Altenstein, seinem Vorgesetzten in Berlin und Königsberg, schreibt er einmal: «Ein Gram, über den ich nicht Meister zu werden vermag, zerrüttet meine Gesundheit. Ich sitze, wie an einem Abgrund, mein edelmüthiger Freund, das Gemüth immer starr über die Tiefe geneigt, in welcher die Hoffnung meines Lebens untergegangen ist: jetzt wie beflügelt von der Begierde, sie bei den Locken noch herauf zuziehen, jetzt niedergeschlagen von dem Gefühl unüberwindlichen Unvermögens.»[27] Dahinter aber steckte damals allerdings auch ganz unmittelbar der Wunsch, sich von den Verpflichtungen zum Amtsdienst zu befreien, was in der Tat schließlich einer Krankheit wegen gelang. Kleist besaß wohl einen kräftigen, stattlichen Körper, aber der wurde von einer noch stärkeren Psyche regiert und mußte sich ihr nicht selten unterwerfen.

Nun sind Kleists Briefe nicht schlechterdings nur Klagelieder über die eigene Unzulänglichkeit und die Fremdheit anderer Menschen und überhaupt der Welt gegenüber. Herzenswärme, Anteilnahme an Freude und Schmerzen derer, die ihm nahestanden, sind ebenso ihr Gegenstand, und von eigenen Glücksempfindungen sowie insbesondere von Hoffnungen und Plänen ist oft genug darin die Rede. Aber gerade die seiner reichen Phantasie entspringenden Pläne deuten dann auch wieder auf den unsicheren, ja trügerischen Boden, auf dem Kleist sie errichtete, und machten ihn zum ersten Opfer seiner eigenen suggestiven Sprachkraft. Neue Enttäuschung und neues Leiden waren auf diese Weise unvermeidlich, fehlte ihm eben doch die klare Erkenntnis, daß die Kollision zwischen seinen Erwartungen und der Wirklichkeit im wesentlichen nicht von der Wirklichkeit herrührten, sondern von seinen Erwartungen, die er mit ihr nicht abzustimmen wußte. Die momentane Reaktion darauf war dann Misanthropie, so in einem Brief vom Februar 1801: «Ach, liebe Ulrike, ich passe mich nicht unter die Menschen, es ist eine traurige Wahrheit, aber eine Wahrheit; u wenn ich den Grund ohne Umschweif angeben soll, so ist es dieser: sie gefallen mir nicht.»[28] Zeigten ihm aber einige unter diesen Menschen, und es waren stets nur wenige, wie sehr sie ihn schätzten, dann bestand die Gefahr, ihnen wiederum nicht zu genügen: «Ich bin nicht, was die Menschen von mir halten, mich drücken ihre Erwartungen,» schreibt er im Januar 1802 an die Schwester. «Ach, es ist unverantwortlich, den Ehrgeiz in uns zu erwecken, einer Furie zum Raube sind wir hingegeben – Aber nur *in* der Welt wenig zu sein, ist schmerzhaft, *außer* ihr nicht.»[29]

In seinem lesenswert gebliebenen Buch über Kleist aus dem Jahre 1922 hat Friedrich Gundolf einleitend das Außerordentliche von dessen Persönlichkeit zu umreißen versucht, und zwar gerade im Hinblick auf das «Schwierige», das Kleist mit den Menschen seiner Umgebung in ständig neue Kollisionen brachte und ihn schließlich in die Selbstzerstörung trieb. Kleist sei, so lautet Gundolfs Fazit, «bei aller Kraft und Höhe eine tief unweise Natur»[30] gewesen. Das klingt – trotz Gundolfs großer Bewunderung für Kleists Werk – harsch und zum Widerspruch herausfordernd, besonders da sein Versuch zur Bestimmung von «Weisheit» durch den Begriff einer «Weltvernunft» auf unsicherem begrifflichen Boden steht. Dennoch steckt etwas sehr Treffendes in dieser Beobachtung, wenn man sie rein empirisch versteht und ihr den Charakter des Tadels nimmt. Woran es Heinrich von Kleist tatsächlich fehlte, war ein gutes Maß an Lebensklugheit, also der Fähigkeit, die Gegebenheiten des eigenen Wesens mit den Möglichkeiten und Gelegenheiten seiner Umwelt in Übereinstimmung zu bringen und besonnene Entscheidungen zu treffen, ohne sich bloßzustellen oder gar der eigenen Würde zu begeben. Den Versprechungen, die er leidenschaftlich verkündete, den Plänen und Projekten, die er sich vornahm, stand ja allzu oft das Ende im Mißerfolg und in einer Krise auf die Stirn geschrieben. Nur müssen eben Dichter wie alle Künstler nicht unbedingt weise oder lebensklug sein. Allerdings werden sie wohl gerade deshalb auch so leicht Opfer ihrer Lebensumstände.

Die Hauptschuld an Leiden und tragischem Ende Heinrich von Kleists ist oft jener Welt preußisch-militärischer Zucht und Ordnung zugeschrieben worden, in die er hineingeboren wurde, und sicherlich war es die Verständnislosigkeit seiner Mitmenschen überhaupt, an der er litt. Nur läßt sich ein Menschenleben nicht auf einen Nenner bringen, denn bei genauerer Prüfung zeigt sich durchaus, daß Kleists gesellschaftliche Situation ihn nicht chancenlos ließ. Er gehörte nicht zu den Unterprivilegierten seines Landes, sein König kannte ihn und gewährte ihm seine Bitten, und überhaupt war dieses Preußen kein kunstfeindliches Land. Aber für sein Werk fehlte ihm dennoch ein verständnisbereites Publikum, und wo sich dieses ihm womöglich öffnen wollte, verschloß er es sich durch Akte manchmal geradezu horrender Unklugheit. Nur wäre dann eben ein weiser, lebenskluger Kleist auch schon nicht mehr Kleist gewesen.

2. Bewegte Zeiten

Im gleichen Jahre 1777, in dem Heinrich von Kleist geboren wurde, verfaßte sein Landesherr, der Preußenkönig Friedrich II., einen Essay über *Regierungsformen* und *Herrscherpflichten*.[31] Darin betrachtete er «die große Wahrheit, daß wir gegen die anderen so handeln sollen, wie wir von ihnen behandelt zu werden wünschen», als «Grundlage der Gesetze»[32] – elf Jahre später erhob Kant diese Wahrheit zum kategorischen Imperativ und «Grundgesetz» der «praktischen Vernunft», also der Sittlichkeit schlechthin. Zudem konstatierte Friedrich, «daß der Herrscher keinerlei Recht über die Denkungsart der Bürger» habe; ja, in solcher «Toleranz» sah er sogar «das Glück des Staates begründet».[33] Denn gern betrachtete sich der König als philosophischer Geist, als aufgeklärter Herrscher und «Einsiedler von Sans-Souci»,[34] und Voltaire, sein französischer Freund und Verehrer über mehr als vier Jahrzehnte hinweg, versicherte ihm huldigend aus dem Exil: «Hier bei uns Schweizern wollen wir versuchen, menschliche Wesen zu werden; das wird nach Ihrem Vorbild geschehen; Sie sind es in allem für die ganze Erde.»[35] In seinem letzten Brief an den König nannte der vierundachtzigjährige Philosoph ihn dann sogar «Friedrich den Großen»,[36] und die Geschichte ist ihm darin gefolgt.

Vorbildhaft war allerdings Friedrichs Regentschaft durchaus nicht immer gewesen. Im Gegenteil, er begann, sobald er sie 1740 von seinem ebenso strengen wie engen Vater übernommen hatte, mit einem regelrechten Raubkrieg zur Erweiterung seines Landes und mithin zur Vergrößerung seiner Macht. Bis zum Frieden von Hubertusburg 1763 befand sich danach Preußen als Gegner Österreichs, Sachsens, Frankreichs und Rußlands immer wieder im Kriegszustand, zuletzt konstant für ganze sieben Jahre, und daß es schließlich mit nahezu verdoppeltem Territorium aus seinen Eroberungskriegen hervorging, verdankte es mehr dem Tod einer russischen Kaiserin und der Friedensbereitschaft ihres Nachfolgers als eigener kriegerischer Tüchtigkeit. Ressentiments zwischen Preußen und seinen Gegnern blieben über die Friedensschlüsse hinaus auf lange Zeit bestehen und ließen sich nicht überall so harmonisch auflösen, wie das Gotthold Ephraim Lessing 1767 für seine sächsische Minna von Barnhelm und den preußischen Major Tellheim in einer Komödie auf der Bühne arrangierte. Rund eine halbe Million toter Soldaten hatte allein der Siebenjährige Krieg in Zentraleuropa gekostet, und weite Regionen der neuen Großmacht Preußen waren verwüstet oder lagen zumindest wirtschaftlich danieder. So waren die siebziger Jahre eine Zeit des «Retablissements» in Preußen wie in den anderen kriegführenden Staaten. Die Geschichte schien einen ruhigeren, stetigeren Gang anzunehmen, aber die Windstille war relativ. Die erste polnische Teilung 1772, bei der sich der «Einsiedler von Sans-Souci» unter anderem Westpreußen aneignete und sich nun «König von Preußen» statt wie bisher «König in Preußen» nennen konnte, schuf neue Reibungsflächen und Krisenherde, von anderen regionalen Konflikten und Auseinandersetzungen anderswo in Europa ganz abgesehen. Wer also ruhige Zeiten oder gar Paradiese suchte, mußte über die europäischen Grenzen hinausblicken, ja europaflüchtig werden. 1777 erschien James Cooks und Johann Georg Forsters *A Voyage towards the South-Pole and round the World in the Years 1772, 1773, 1774 and 1775*, ein Buch, das unter anderem Nachricht gab von der «glücklichen Insel» O-Tahiti und der arkadischen Unschuld ihrer Bewohner. Es inspirierte sogleich ein paar deutsche Dichter – Stolberg, Claudius, Voß, Miller und Gerstenberg, später auch Novalis – zu der Idee, dort eine Poetenkolonie zu gründen, wozu es dann natürlich nicht kam. Für Kleist und Pfuel wurde, wie schon erwähnt, knapp dreißig Jahre danach «Neuholland», also Australien, das Wunschziel solcher Europaflucht, nur verhinderten auch bei ihnen die eigenen, deutschen Realitäten, daß sie von den fernen hätten enttäuscht werden können. Nach Amerika aber, wo sich am 4. Juli 1776 dreizehn «Vereinigte Staaten» als unabhängig von der britischen Krone und mithin von der Alten Welt erklärten, schickten eher ein paar deutsche Fürsten ihre Landessöhne als Söldner in die Dienste Englands, und wenn 1781 ein deutscher Schriftsteller – es war Johann Gottfried Seume – darunter war, dann unfreiwillig. Das Mißtrauen der Dichter in den zeitweiligen europäischen Frieden war indes berechtigt, stellte er doch eher ein Resultat von Erschöpfung und Kampfesmüdigkeit dar und nicht das einer entschiedenen Friedensliebe. Student Frosch in Auerbachs Keller zu Leipzig hatte Grund zur skeptischen Frage, wie denn «das liebe heilge römsche Reich» noch zu-sammenhalte; der junge Goethe ließ es ihn grölen in jenem Urtext des *Faust*, den das Weimarer Fräulein von Göchhausen 1776 oder 1777 niederschrieb. Mit Kaiser Joseph II., der zugleich als österreichi-scher König in seinem Lande manche aufgeklärten Reformen durchzu-setzen versuchte, kam es bald zu neuen Interessenkollisionen und Konflikten im Reich.

Die fundamentalste Erschütterung des Friedens freilich kam von Frankreich, dem Land also, das für König Friedrich Sitz aller Kultur war. In der Tat war es damals die stärkste Macht Kontinentaleuropas, in eifersüchtiger Konkurrenz lediglich mit den insularen, aber ein Weltreich besitzenden Briten. Französisch war die Konversationsspra-che des europäischen Adels und der Diplomatie seit Ludwigs XIV. Zeiten. «Wer von Lissabon nach Petersburg und von Stockholm nach Neapel reiset, und französisch redet, wird allenthalben verstanden»,[37] schreibt Friedrich in seiner Schrift *Über die deutsche Literatur*, was auch für sein eigenes Berlin galt, in dem um 1700 fast ein Viertel der Ein-wohner Französisch sprechende Hugenotten waren.[38] Paris verstand sich als Hauptstadt der Welt und wurde von der «Welt», also den mei-sten europäischen Staaten, auch so betrachtet. Friedrich selbst hat es stets vorgezogen, Französisch zu sprechen und zu schreiben, ein-schließlich eben dieser Schrift *De la littérature allemande*. Französisch war überdies für ihn eine Sprache von besonderer emotionaler Kost-barkeit, da sie ihm als jungem Kronprinzen im Hader mit seinem Vater zur Strafe für manche Unbotmäßigkeiten ausdrücklich verbo-ten worden war. Und inzwischen selbst alt geworden, bekannte Fried-rich in einem Brief vom 17. Dezember 1777 dem greisen Voltaire, für einen Franzosen sei es nicht der Mühe wert, Deutsch zu lernen, «da wir keine guten Schriftsteller haben», denn ohnehin wolle man sich dort diese Sprache nur aneignen, «um für den Krieg gegen uns besser gerüstet zu sein».[39] Derjenige Franzose allerdings, der dann zu Beginn des neuen Jahrhunderts ganz Europa mit Krieg überziehen und das friderizianische Preußen an den Rand des Untergangs bringen sollte, Napoleon Bonaparte also, hatte es nicht nötig und gab sich erst gar keine Mühe, Deutsch zu lernen. Alle die europäischen Fürsten, die er sich zeitweilig unterwarf, waren auf ihn linguistisch besser vorberei-tet als militärisch.

Friedrichs des Großen Neigung zu französischer Sprache und Kultur hat nicht wenig zu seinem Ruf beigetragen, ein aufgeklärter Herrscher gewesen zu sein. Schließlich waren und sind eben bis heute – und das zu Recht – Persönlichkeiten wie Voltaire oder Jean-Baptiste d'Alembert, der nach Friedrichs, allerdings vergeblichem, Wunsch sogar Präsident der Berliner Akademie werden sollte,[40] repräsentativ für aufgeklärtes, also modernes Denken schlechthin, und Friedrich schmückte gern seine Tafelrunde mit ihnen, wie schlecht seine eigenen Tischsitten auch sein mochten. Schon als Kronprinz war Friedrich zudem Freimaurer geworden und hat dann später den Orden, soweit er sich religiöser Toleranz und humanistischen Idealen verschrieb, in seinen Landen weiterhin gefördert, wenngleich nicht ohne Vorbehalte.[41] Adolph von Menzels Malkunst hat im 19. Jahrhundert den flötespielenden Preußenkönig sogar zur Ikone eines Musenkönigs gemacht, was wie alle posthume Verklärung mit Vorsicht aufzunehmen ist. An der deutschen Literatur jedenfalls konnte Friedrich nichts Nennenswertes finden, was nun freilich so extrem banausenhaft auch wieder nicht war, wie es klingen mag. Denn als Friedrich, achtundsechzigjährig, 1780 seinen kritischen Essay über die deutsche Literatur veröffentlichte, war Klopstock erst sechsundfünfzig, Lessing einundfünfzig, Wieland siebenundvierzig und Goethe einunddreißig Jahre alt. Sie waren jüngere Zeitgenossen also, deren Wert und Bedeutung im Rückblick leichter zu beurteilen sind als aus der Perspektive ihrer eigenen Gegenwart. Außerdem aber besaß, was Goethe noch 1795 in seiner Polemik über *Literarischen Sansculottismus* bitter beklagte, Deutschland nirgends einen «Mittelpunkt gesellschaftlicher Lebensbildung», wo Schriftsteller ein «großes Publikum» ebenso wie einen gebildeten Geschmack vorfänden.[42] Um gekannt zu werden und wirken zu können, bedarf Literatur jedoch mehr als nur des bloßen Daseins von Werken. Auch Heinrich von Kleist sollte schmerzlich diese Erfahrung machen.

Friedrichs Nachfolger, sein Neffe Friedrich Wilhelm II., dem Lebensgenuß wie den Musen entschiedener zugetan als sein letztlich doch asketischer Onkel, gab sich dann größere Mühe, seine Hauptstadt zu einem solchen «Mittelpunkt gesellschaftlicher Lebensbildung» zu machen. So sah er endlich darauf, daß Berlin eine deutsche Oper und ein deutsches Nationaltheater erhielt, als dessen Direktor 1796 der bedeutende Schauspieler und weniger bedeutende Dramatiker August Wilhelm Iffland ernannt wurde, der daraus eine der angesehensten Bühnen Europas machte. Für Heinrich von Kleist freilich blieb Ifflands Theater verschlossen, geriet er doch in eine für sich wenig förderliche unmittelbare Kollision mit ihm. Aber auch Schaubühnen oder die Tatsache, daß der neue König mit Mozart musizierte, Haydn förderte, den jungen Beethoven bei sich zu Gast hatte und das Brandenburger Tor errichten ließ, änderten nichts daran, daß dieses Preußen ein Militärstaat war und blieb, errichtet und erweitert mit Hilfe von Kanonen und getragen von der Armee. Das Militärbudget nahm über lange Zeit rund drei Viertel des Staatshaushalts in Anspruch. Die «Kantone» als Rekrutierungsbezirke für die «Kantonisten» bildeten die Zellen, aus denen sich dieser Staat zusammensetzte, der Adel stellte die Offiziere, und der Monarch war der oberste Kriegsherr und «Soldatenkönig». Militärsystem und soziales System wuchsen zusammen, und «das Offizierskorps wurde zum ersten Stand der Gesellschaft».[43] Bis ins deutsche Kaiserreich hinein behielt so das Militär den sozialen Vorrang vor dem Zivilstand. Die Söhne des Adels aber wurden als Kadetten für diesen Staat erzogen, was zwar nicht ausschloß, daß sie sich Wissen und Bildung erwarben, nur geschah es stets unter der Voraussetzung, daß sie zuerst Soldaten blieben. Kleist sollte auch das zu seiner Bitterkeit erfahren.

Friedrich Wilhelm II. war bei allem Musenkönigtum General und Oberkommandierender der preußischen Truppen, als sie 1792 gegen die Armeen des revolutionären Frankreich ins Feld geschickt wurden, unter ihnen als Gefreiter-Korporal Heinrich von Kleist im Regiment Garde. Denn die relative Ruhe der letzten Regentschaftsjahre Friedrichs des Großen war mit den Umwälzungen jenseits des Rheins zu Ende gegangen, und kriegerische Zeiten zogen erneut herauf. Die Wellen von vier Koalitionskriegen überspülten Europa und wuschen 1806 das Heilige Römische Reich Deutscher Nation hinweg. Danach dauerte es dann noch lange, bis neue politische Konstellationen um den Preis mancher Hoffnungen wieder Frieden brachten. In den bewegten, aufgewühlten, stürmischen ersten elf Jahren des 19. Jahrhunderts jedenfalls vollzog und vollendete sich Kleists kreatives Leben.

Die Vehemenz, mit der die französischen Armeen zunächst ihre Ideale von Freiheit, Gleichheit und Brüderlichkeit über den Rhein trugen, nötigte die europäischen Fürsten zu manchen Reformen. Aufklärung war ein dehnbarer Begriff. Zwar hatte Friedrich der Große bei seinem Amtsantritt die Folter abgeschafft, aber das blutig grausame Spießrutenlaufen als militärische Strafe bestehen lassen. Und auch wenn er eine Reform des preußischen Rechtswesens während seiner Regentschaft in Gang setzte, so kam es dennoch erst 1794, also acht Jahre nach seinem Tode, zum Erlaß des *Allgemeinen Landrechts für die Preußischen Staaten*, der markantesten gesetzgeberischen Leistung eines aufgeklärten, auf dem Grundrecht individueller Freiheit beruhenden Denkens, so sehr es auch ein «Gesetzbuch der Kompromisse»[44] blieb. So hatte Friedrich Wilhelm II. manche Änderungen von Paragraphen kraft königlichen Machtspruchs durchgesetzt, Änderungen, die diese Macht hätten beschränken können. Ein Jahr später aber scherte Preußen durch seinen königlichen Willen – im Frieden von Basel – immerhin aus der Zahl der gegen Frankreich kriegführenden Mächte aus. «Es soll Friede, Freundschaft und gutes Einverständnis seyn zwischen der fränkischen Republik und dem Könige von Preußen, sowohl als solchem, als in seiner Eigenschaft eines Kurfürsten von Brandenburg und MitStandes des teutschen Reichs»,[45] lautete der erste Artikel dieses Vertrags. In der Tat brachte der Pakt Preußen für zehn Jahre Frieden, und das Garderegiment mit dem inzwischen zum Fähnrich avancierten Heinrich von Kleist konnte in die Garnison nach Potsdam zurückkehren. Daß ein ewiger Friede daraus wurde, war der Natur des Menschen entsprechend wohl nicht zu erwarten. Doch war vielleicht gerade sie, diese menschliche Natur, eventuell der einzige Garant eines solchen Friedens, war sie doch auf einem «moralischen Prinzip» gegründet, das den Menschen grundsätzlich von der Tierheit unterschied. Es war Immanuel Kant, der noch im selben Jahre 1795 seine kleine Schrift *Zum ewigen Frieden* veröffentlichte, in der er diesen Gedanken erwog. Bewunderung, ja Ehrfurcht hatten ihm schon in seiner Sittenlehre der «praktischen Vernunft», wie er das nannte, zwei Dinge erregt: «der bestirnte Himmel über mir und das moralische Gesetz in mir.»[46] Nun war angesichts von Jahren der Revolution und des Krieges solche Überzeugung zur Bewährung herausgefordert. Über die inhärente «Bösartigkeit» der Menschen machte sich Kant durchaus keine Illusionen, aber gerade die Selbstsucht, so glaubte er, würde jenes Korrektiv mit sich bringen, das sie zu friedlichen Vereinbarungen nötigte. Den Fürsten aber riet er immerhin, den Rat der Philosophen hinsichtlich der «Bedingungen der Möglichkeit des öffentlichen Friedens» zu Rate zu ziehen, und er krönte diesen Rat mit einem großartigen Satz voll tiefer Einsicht in das Verhältnis zwischen Geist und Macht. Daß Könige, so Kant, «philosophieren, oder Philosophen Könige würden, ist nicht zu erwarten, aber auch nicht zu wünschen: weil der Besitz der Gewalt das freie Urtheil der Vernunft unvermeidlich verdirbt.»[47]

Die Schrift hatte ein immenses Echo unter deutschen Intellektuellen.[48] Schließlich war Kant, der sein heimatliches Königsberg nie verlassen hat, mit seinen drei großen kritischen Schriften, der *Kritik der reinen Vernunft* 1781, der *Kritik der praktischen Vernunft* 1788 und der *Kritik der Urteilskraft* 1790, zu einem der bedeutendsten Philosophen nicht nur des deutschen Sprachraums, sondern ganz Europas geworden. In der Verweisung des Menschen auf sich selbst, in der Bewußtmachung seiner Grenzen hinsichtlich des Erkennens und, hinsichtlich seines Urteilens, in seiner besonderen Stellung als Geisteswesen innerhalb der Natur hatte Kant der Philosophie eine «kopernikanische Wendung» gegeben, deren revolutionäre Kraft sich mit derjenigen von politischen Ereignissen durchaus messen konnte. Auch dem jungen Heinrich von Kleist wurde die Begegnung mit Gedanken Kants zu einem Ferment seines Denkens.

Johann Gottfried Herder, Johann Gottlieb Fichte, Friedrich Schlegel, Joseph Görres und Friedrich Gentz replizierten auf Kants Friedensvision mit eigenen Schriften, und Novalis, also Friedrich von Hardenberg, ließ seine Fragmente über *Glauben und Liebe oder Der König und die Königin* von 1798 in dem Satz kulminieren: «Wer den ewigen Frieden jetzt sehn und lieb gewinnen will, der reise nach Berlin und sehe die Königin. Dort kann sich jeder anschaulich überzeugen, daß der ewige Friede herzliche Rechtlichkeit über alles liebt, und nur durch diese sich auf ewig fesseln läßt.»[49] Mit der Königin war Louise, geborene Prinzessin von Mecklenburg-Strelitz, gemeint, die oft verklärte und schon zu Lebzeiten hoch verehrte, so auch von Heinrich von Kleist. König aber war Friedrich Wilhelm III., seit 1797 auf dem preußischen Thron. Verständnislos betrachtete er die Huldigungen dieses sächsischen Barons von Hardenberg, mit denen er in seiner nüchternen, trockenen Art nichts anzufangen wußte, und von den Idealen, die sich darin verbargen, spürte er nichts. Von ihm rührte vielmehr jene Breviloquenz her, jene Sprache in abgebrochenen Sätzen ohne Konjunktionen und Personalpronomen, die als schnarrender Offizierston auf lange Zeit zur Karikatur eines militaristischen Preußentums gehörte. Dahinter verbarg sich freilich bei diesem König eher Unentschlossenheit, Unsicherheit und Scheu – Eigenschaften, die in der Verbindung mit Macht Starrsinn zur Folge haben können, im Privaten aber eher Melancholie erzeugen. Beides hat man dem König nachgesagt. Manche Zeichen der Zeit erkannte er dennoch. Als er russische Truppen perückenlos sah, nahm auch er den Zopf ab und schickte ihn als Trophäe der Vergangenheit an seine Königin. Zwischen ihr und sich hatte er, sehr zur Aufregung des Hofes, schon früh das «Du» gegen das formelle «Sie» eingetauscht,[50] sofern man natürlich nicht Französisch sprach oder schrieb. Heinrich von Kleist ist Friedrich Wilhelm III., dessen Gardeoffizier er ja war, des öfteren begegnet, und auf sein Wohlwollen wie das der kunstsinnigen Königin blieb er zeit seines Lebens angewiesen.

In Berlin aber ging der von Novalis beschworene ewige Friede bald wieder zu Ende. Mit Friedrich Wilhelm III. hatte die Machtlust Napoleons dann leichtes Spiel, so ganz sein Gegenteil, wenn er ihm als selbstsicherer Emporkömmling, als «l'empereur», als selbstgekrönter Kaiser und siegreicher Feldherr gegenübertrat. Unter dem französischen Ansturm verlor im Oktober 1806 bei Jena und Auerstedt der König nicht nur eine «Bataille», wie – selbstverständlich mit diesem französischen Wort – Graf von der Schulenburg-Kehnert als Gouverneur der Stadt den Berliner Bürgern mitteilte und sie zur Ruhe als erster Bürgerpflicht mahnte,[51] sondern es kollabierte der gesamte preußische Staat, und das nicht nur wegen der unentschlossenen Politik des Monarchen, sondern weil die Strukturen dieses Staats morsch geworden waren und das Baufällige nur durch halbherziges Flicken aufrechterhalten werden sollte. Aufgeregte, unruhige Zeiten waren wiederum angebrochen.

Aufregung und Unruhe sind vorrangig negativ besetzte Begriffe, besonders wenn sie für Kriege gelten. Aber auch die Zeiten großer politischer Umwälzungen, aus denen ja im Grunde Positives, also bessere und gerechtere Gesetze und friedvolleres Dasein, hervorgehen soll, schließen Gewalt, Blutvergießen und Leiden ein. Geschichte jedoch vollzieht sich nicht nur im aufsehenerregenden politischen und militärischen Geschehen. Weniger offensichtlich und schwerer zu fassen sind die Bewegungen und Veränderungen im Wandel des Denkens und Fühlens eines Zeitalters, von denen aber eine Wirkung ausgehen kann, die sehr viel intensiver ist und weiter reicht als alle Feldzüge, Schlachten, Friedensschlüsse, Revolutionen und Reformen, von Aufgang, Untergang, Glanz und Schmutz der Sterne am politischen Himmel ganz abgesehen. Nur gilt für sie ein anderes Tempo von Zeitabläufen. Wie wichtig und bedeutend war der korsische General, Erste Konsul und schließlich Kaiser tatsächlich, dem aus jeweils sehr verständlichen Gründen die Bewunderung Goethes und der Haß Heinrich von Kleists galt? War James Watts Erfindung der Dampfmaschine 1769 nicht wenigstens ebenso folgenreich wie die Geburt dieses Napoleon im gleichen Jahr? Antoine Laurent Lavoisier erkannte, daß ein Metall bei der Verkalkung jenen Sauerstoff aufnehme, den Priestley, Scheele und Cavendish in den siebziger Jahren entdeckt hatten. Machte ihn diese Erkenntnis womöglich zu einem für den weiteren Verlauf der Welt bedeutsameren Franzosen als es der Kaiser war, fußte darauf doch alle moderne Theorie der Verbrennung? Daß sein Leben unter der Guillotine endete, konnte daran nichts ändern. 1789 schließlich, im Jahre des Sturms auf die Bastille, entdeckte Luigi Galvani bei Versuchen mit Froschschenkeln erste Spuren elektrischer Spannung, deren Polarität auf bisher unbekannte Naturkräfte und Gesetze zu weisen schien. Galvanismus und Magnetismus wurden geradezu Modetheorien, durch deren Anwendung, insbesondere nach den Methoden Franz Anton Mesmers, man sich nicht nur Heilung von manchen Gebrechen, sondern womöglich gar das Aufschließen von geheimen Kammern der Seele versprach. Kleist war fasziniert, als er von Gotthilf Heinrich Schubert über diese «Nachtseite» der Naturwissenschaft hörte. Und wenn er seinen «Brownischen Arzt» in Königsberg konsultierte, dann hatte er Rat bei dem Vertreter einer neuen medizinischen Schule gesucht, die nach der Lehre des schottischen Arztes John Brown alle Leiden aus der Polarität aller Kräfte im Körper, also der Gegenwirkung von Erregung und Beruhigung, zu kurieren versuchte, wobei besonders das Opium seine Heilwirkung erweisen sollte.

Was aber schließlich die «Erhebung des Menschen über sich selbst» anging, auf die Novalis hoffte,[52] so zeigten 1782 die Brüder Montgolfier zum erstenmal, daß man das nicht nur ideell, sondern auch mittels eines Heißluftballons tun konnte; von den abenteuerlichen Ballonflügen einer Berlinerin werden später Kleists *Berliner Abendblätter* berichten. Zeitungen waren überdies selbst ein Produkt der Epoche, denn erst die zunehmende Schulbildung im Laufe des 18. Jahrhunderts und mit ihr die Lese- und Schreibfähigkeit schufen ein immer größeres Bedürfnis, sich in der Welt zu orientieren und über die eigenen, engen Grenzen hinaus zu blicken. Wie bescheiden auch immer die Auflagenhöhen des Gedruckten noch sein mochten – das moderne Medienzeitalter hatte begonnen und veränderte Formen wie Funktionen von Publizistik und Literatur. Alles in allem waren es also nicht nur aufgeregte und unruhige Zeiten voller politischer und militärischer Turbulenzen, in denen sich das kurze Leben Heinrich von Kleists vollzog, es waren auch und sogar vor allem bewegte Zeiten, in denen die essentiellen Fundamente der bürgerlichen Industriegesellschaft geschaffen wurden. Was freilich die physische Beweglichkeit betraf, so waren die einzigen Mittel dafür weiterhin die Kraft der Pferde und die eigenen Füße. Schneller als ein Pferd laufen oder eine Taube fliegen konnte, ließen sich auch Nachrichten nicht übermitteln, obwohl Vorstellungen von einem «Telegraphen», einem «Fernschreiber», bereits im Entstehen begriffen waren. Reisen blieb jedenfalls unter solchen Umständen noch mühevoll und riskant. Kant ist, wie schon erwähnt, nie aus seinem Königsberg hinausgekommen, Novalis nicht über das heimatliche Mitteldeutschland, während Kleist immerhin Paris, die Alpen und Norditalien gesehen hat; in Wien, Hamburg, Rom, London, Petersburg oder Stockholm ist auch er nie gewesen.

Die geistigen Perspektiven waren um so weiter und größer. Für aufgeklärtes Denken traten Recht, Freiheit und Glückserwartungen des Einzelnen in den Mittelpunkt, was aber zugleich hieß, die alte Frage nach Sinn und Ordnung in dieser Welt immer wieder neu zu stellen, «hier, wo Alles mit dem Tode endigt», wie Kleist später einmal schrieb, um sich dann unsicher damit zu trösten – es wird darüber noch zu sprechen sein –, daß «kein böser Geist» an der «Spitze der Welt» stehen könne, sondern «ein bloß unbegriffener».[53] Zu bedenken ist schließlich, daß zu den bewegten Zeiten, die Heinrich von Kleist durchlebte, nicht nur bei ihm selbst, sondern auch bei seinesgleichen, also unter bürgerlichen Intellektuellen und dem gebildeten Adel, die Erfahrungen tiefer existentieller Unsicherheiten gehörten. Neben den immer neuen Hoffnungen auf das, was aus den Bewegungen und Gärungen in der Welt entstehen mochte, waren die sensibleren Gemüter durchaus empfänglich auch für eine profunde Melancholie; es waren, immerhin, die Jahre, in denen sich der Weltschmerz zu einem europäischen Phänomen herausbildete. Zu Kleists Lieblingsbüchern gehörten jene *Träumereien eines einsamen Spaziergängers*, die Jean-Jacques Rousseau 1777, ein Jahr vor seinem Tode, unvollendet liegen ließ, in jenem Jahr also, in dem Heinrich von Kleist geboren wurde. Die Empfindung, Fremdling zu sein in der Welt der Menschen, und der Zweifel am Sinn alles Handelns durchziehen Rousseaus Meditationen, und an die Stelle eines stolzen aufklärerischen Freiheitspathos tritt, schwermütig und verweigernd, der Satz: «Ich habe nie geglaubt, dass der Mensch frei ist, wenn er tun darf, was er will; er ist es, wenn er nicht tun muss, was er nicht will.»[54]

3. Biographie

Diesem Buch sind zwei Motti vorangestellt, die den grundsätzlichen, unaufhebbaren, aporetischen Widerspruch alles biographischen Schreibens sichtbar machen. Vergangenes Leben wird immer nur bruchstückhaft zugänglich sein oder gar, wie das Goethes Faust seinem erkenntnisstolzen Famulus Wagner erklärt, ein Buch mit sieben Siegeln bleiben. Zugleich aber sind sich dann eben doch Lieben und Leiden, die Gefühle wie das Denken und Handeln der Menschen über die Zeiten hinweg sehr ähnlich geblieben – davon berichtet ja letztlich alle große Literatur, und darin liegt auch ihre Anziehungskraft, also das, was man gemeinhin ihre Aktualität zu nennen pflegt. Seinem ursprünglichen Sinn als «Ratlosigkeit» entsprechend ist allerdings das Wort «Aporie» negativ belastet. Gerade der Gegensatz von historischer Ferne und einer zeitlosen Nähe oder Ähnlichkeit menschlichen Empfindens macht wiederum den besonderen Reiz biographischer Studien aus, denn in ihrem Mittelpunkt steht die Suche nach einer Person und nach den Gründen für das Interesse an ihr.

Heinrich von Kleist war gewiß ein schwieriger Mensch, aber deren gibt es viele und zu allen Zeiten. Erst daß Kleist zugleich den *Zerbrochnen Krug*, die *Penthesilea*, die *Marquise von O...* und den *Prinz Friedrich von Homburg* geschrieben hat, um nur einiges zu nennen, macht ihn für uns bedeutend. Das nun bringt die Werke ins Spiel, die in einem ganz anderen Verhältnis zur Zeit stehen als ihr Schöpfer. Sie haben ihn überlebt, und jede Gegenwart darf sich durchaus das Recht herausnehmen, sie auf ihre eigene Weise zu lesen und zu verstehen. Die Zeit aber, mit der sich der Biograph befaßt, ist die historische Zeit seines Gegenstands, seines «Helden» oder seiner «Heldin», und hinsichtlich der Werke kann er nur andeuten, wo und wie sie aus deren Leben herauswuchsen; die vielfältigen Aspekte der Werkinterpretation sind nicht seine Aufgabe. Beobachter, Zeichner, Berichterstatter und Erzähler hat er vor allem zu sein, wie schon Plutarch, dieser Urvater aller Biographen, meinte: «Ich schreibe nicht Ge-

schichte, sondern zeichne Lebensbilder, und hervorragende Tüchtigkeit oder Verworfenheit offenbart sich nicht durchaus in den aufsehenerregendsten Taten, sondern oft wirft ein geringfügiger Vorgang,
ein Wort oder ein Scherz ein bezeichnenderes Licht auf einen Charakter als Schlachten mit Tausenden von Toten und die größten Heeresaufgebote und Belagerungen von Städten. Wie nun die Maler die
Ähnlichkeit dem Gesicht und den Zügen um die Augen entnehmen,
in denen der Charakter zum Ausdruck kommt, und sich um die übrigen Körperteile sehr wenig kümmern, so muß man es mir gestatten,
mich mehr auf die Merkmale des Seelischen einzulassen und nach
ihnen das Lebensbild eines jeden zu entwerfen, die großen Dinge und
Kämpfe aber anderen zu überlassen.»[55] So Plutarch in seiner Darstellung Alexanders des Großen. Das ist zwar nicht ein Rezept für biographisches Schreiben schlechthin, aber es setzt in seiner ruhigen
Bescheidenheit den Anspruch solchen Schreibens besser ins Licht. Im
übrigen gehören die Biographen natürlich selbst wieder einer bestimmten Zeit an, von deren Standpunkt aus sie sich mit eigener
Phantasie, subjektiven Interessen und oft auch Willkür ihrem Gegenstand nähern. Das ist selbstverständlich und wäre kaum erwähnenswert, wenn dahinter nicht ein Problem sichtbar würde, das mit dem
Wunsch nach der Zeichnung eines «Lebensbildes» zusammenhängt,
um das man sich, wenn es fertig ist, ja dann doch gern einen Rahmen
vorstellt oder den Einband eines Buches.

Biographien geben zumeist den Eindruck von Konsequenz und
Schlüssigkeit eines Lebens, von einem kausalen Zusammenhang zwischen Ursache und Folgen, wie er aber in Wirklichkeit so nie existiert
haben mag. Wohl ist die Lebensgeschichte eines Menschen abhängig
von seinen Eigenarten, ebenso wie dann sein Denken, Empfinden und
Handeln abhängig ist von den Bedingungen und der Mentalität seines
Zeitalters. Aber Lebensläufe werden zugleich wesentlich bestimmt
von vielen Zufälligkeiten oder momentanen Entscheidungen, die dann
einen Lebensgang von Punkt zu Punkt in eine ganz andere Richtung
leiten können. Auf seiner Schweizer Reise 1802 forderte Heinrich von
Kleist seine Braut Wilhelmine von Zenge in Frankfurt an der Oder auf,
zu ihm zu kommen und als seine Frau dort Bäuerin zu werden, was sie
ablehnte. Wie wäre Kleists Leben verlaufen, wenn sie Ja gesagt hätte?
Oder: Ende September 1811 gewährte der preußische König Heinrich
von Kleist auf dessen Bitte die Wiedereinstellung «im Militair», falls

es, wie gemutmaßt wurde, demnächst zum Kriege käme. «Ich werde entweder unmittelbar bei ihm Adjutant werden, oder eine Compagnie erhalten»,[56] schrieb Kleist zufrieden der Schwester Ulrike. Damals kam es aber dann eben doch noch nicht zum Kriege; und ein paar Wochen darauf ging Kleist in den Tod, indem er eine Waffe auf sich selbst richtete. Wie wäre Kleists Leben verlaufen, wenn in der politischen Arena andere Entscheidungen gefällt worden wären und er tatsächlich wieder die Uniform, nunmehr zum Kampf gegen Napoleon, angezogen hätte? So wenig es darauf eine Antwort gibt, so sehr mahnen solche Fragen zur Zurückhaltung und Vorsicht hinsichtlich dessen, was Leben zu einem «Lebenslauf» zu machen scheint.

Ein weiteres Problem für alle biographische Darstellung sind natürlich die Quellen und deren Zuverlässigkeit. Heinrich von Kleist ist in dieser Hinsicht ein besonders schwieriger Fall, denn von seinem Leben wissen wir beträchtlich weniger als von dem anderer deutscher Autoren dieser im Grunde so gründlich dokumentierten Zeit um 1800, gar nicht zu reden etwa von dem minutiös von Tag zu Tag erforschten Leben Goethes oder Schillers. Dergleichen liegt indes nicht am Gelehrtenfleiß, denn der ist Kleist und den ‹Lebensspuren›, die er hinterlassen hat, in durchaus musterhafter Weise zuteil geworden. Aber dennoch ruht seine frühe Entwicklung weitgehend im Dunkeln, und auch später finden sich in seinem Leben immer wieder undurchsichtige, Rätsel aufgebende Strecken. Manche Dokumente sind aus Nachlässigkeit verlorengegangen, weil es bis weit ins 19. Jahrhundert dauerte, ehe Kleists Bedeutung überhaupt erkannt und somit Gegenstand der Forschung wurde. In der Familie schämte man sich sogar eher seiner, schon weil das Stigma eines sensationellen Todes als «Selbstmörder» an ihm haftete, weshalb denn Wertvollstes zum Teil absichtlich vernichtet wurde. Manche seiner engsten Freunde haben auch aus Liebe zu ihm den Schutzmantel der Diskretion über ihn gebreitet. Aber Kleist selbst war ebenfalls geneigt, seine Lebensspuren zu verwischen.

Briefe und Tagebücher sind eine der wichtigsten Quellen für eine Lebensgeschichte. Eigentliche Tagebücher von Kleist existieren nicht, aber er war ein vorzüglicher, oft leidenschaftlicher Briefschreiber, und viel von seinem täglichen Leben ist in seine Briefe eingegangen. Zugleich sind sie jedoch Kunstwerke eigener Art geworden, was sie über den Status als Dokument erhebt. Die Informationen, die sie enthalten, werden dennoch verständlicherweise häufig beim Wort genommen. Je genauer man indes Kleists Briefe liest, desto unsicherer wird man, ob das, was er mitzuteilen hat, Information oder Desinformation ist, Mitteilung oder Mystifikation. Das erste Meisterstück in dieser Hinsicht waren seine Briefe von der sogenannten ‹Würzburger Reise› im Herbst 1800 an die Schwester Ulrike und an die Braut Wilhelmine von Zenge. Jene Erfindungsgabe jedenfalls, die Kleists Dramen und Novellen so kraftvoll dicht und anschaulich macht, läßt manche seiner Briefe zu zwar oft lebendigen und anrührenden, aber hinsichtlich ihres Informationswertes höchst fragwürdigen Dokumenten werden. Daß beim Briefeschreiben überhaupt selektiv verfahren wird, daß man auswählt, was man mitteilen oder verschweigen will, und daß man sich in dieser oder jener Weise auf die Adressaten einstellt, ist bekannt; daß dem Berichteten grundsätzlich nicht zu trauen ist, weil es in den Bereich der Fiktion hinübergleitet, womit der Schreibende dann schließlich sogar sich selbst täuscht, ist etwas anderes. Gerade dies aber trifft auf Kleist zu. Das Bewußtsein von sich selbst hat er wesentlich im Schreiben entwickelt, in dem von Briefen zunächst und später in seiner literarischen Produktion. Denn beide Ausdrucksformen existieren bei ihm nicht nebeneinander als zwei prinzipiell verschiedene Diskurse. Deshalb hat er sich wohl auch nur selten kommentierend oder reflektierend über seine literarischen Werke geäußert.

Ebensowenig ist sein literarisches Werk erkennbar autobiographisch. Die neugierige Frage seiner ersten Leserinnen und Leser, «was denn eigentlich an der Sache wahr sei»,[57] der sich Goethe beim Erscheinen seines *Werther* konfrontiert sah, brauchte Kleist nicht zu fürchten. Dafür ist jedoch die Kleist-Forschung einem anderen, umgekehrten Zusammenhang zwischen Leben und Literatur bei ihm nachgegangen: Setzte Kleist vielleicht gar Literatur in Leben um, versuchte er also, seine Dichtung zu leben? Hat er womöglich bei der Wahl der eigenen Todesart an seine Novelle *Die Verlobung in St. Domingo* gedacht, in der sich am Schluß Gustav von der Ried «das Pistol in den Mund» setzt und eine Kugel «durchs Hirn» jagt?[58] Die Novelle war erst im April 1811, also ein paar Monate vor Kleists Tod, erschienen. «Im letzten Bande seiner Erzählungen soll eine ähnliche Geschichte stehen wie sein Tod»,[59] hatte schon gleich danach, Anfang Dezember 1811, Arnim an die beiden Brüder Grimm geschrieben. Aber die Parallelen erschöpfen sich hier im wirkungssicheren Gebrauch von Pistolen, was nun wiederum bei einem preußischen Offizier nichts Außergewöhnliches, sondern eher das Nächstliegende war. So ist denn Vorsicht am Platze hinsichtlich solcher Rückprojektionen aus späterer Sicht, wie überhaupt bei allen Versuchen, Literatur und Biographie aufeinander zu beziehen, besteht doch die Gefahr, daß sie den klaren Blick auf vergangene Wirklichkeit eher verschleiern als erhellen. Zum Beispiel findet sich in einem neueren Essay über Kleist der anteilnehmende, ja bewegte Satz: «Dieser Penthesilea, diesem Kleist ist auf Erden nicht zu helfen.»[60] Die Amazonenkönigin aber ist eine literarische Gestalt; Kleist selbst hat ihr zum ewigen Leben verholfen, indem er sie am Ende tötete, worüber er geweint und, an seine Schöpferrolle erinnert, schließlich auch gelacht haben soll.[61] Wie spektakulär und dramatisch sein eigener Lebenslauf geendet haben mag – der Suizid ist einmalig und grundsätzlich nicht die Fortsetzung der Literatur mit anderen Mitteln.

Ein besonderes Verfahren der Forschung, die vielen Lücken in Kleists Lebensgeschichte zu füllen, sind Versuche, aus Vermutungen assoziativ Schlüsse zu ziehen. Der junge Landarzt Georg Christian Gottlob Wedekind hatte 1785 in Karl Philipp Moritz' *Magazin zur Erfahrungsseelenkunde* zwei kleine Beiträge veröffentlicht. Achtzehn Jahre später behandelte Wedekind, inzwischen ein angesehener Mediziner in Mainz, ein paar Monate lang den offenbar seelisch aus dem Gleichgewicht geratenen Heinrich von Kleist, als dieser auf dem Weg von Frankreich zurück nach Preußen sich in seine Obhut begab. Da nun anzunehmen sei, heißt es in einem Forschungsbeitrag, daß Wedekind Moritz' ganzes Magazin «abonniert hatte und besaß», bestehe somit eine «gewisse hohe Wahrscheinlichkeit», daß er Kleist – 1804 wohlgemerkt – «auf die erste psychologische Zeitschrift in seinem Bücherschrank aufmerksam gemacht hat und animierte, darin zu lesen.»[62] So sympathisch der Gedanke sein mag, daß Kleist sich mit jenem für die Psychologie bahnbrechenden Journal befaßt haben könnte, so völlig aus der Luft gegriffen sind diese Vermutungen, die hier bis zur Konstruktion von Wedekinds Bücherschrank führen, den dieser womöglich nie besessen hat. In ähnlich assoziativem Verfahren wird Kleist häufig mit Personen umgeben, die er jedoch in Wirklichkeit nie getroffen haben mag. Und wie immer erfinderisch Kleist über seine Würzburger Reise berichtete – die Kleist-Forscher sind es nicht weniger gewesen. Legenden wuchern, wo es an Tatsachen fehlt. Hypothesen gehören zur wissenschaftlichen Arbeit, denn sie sind Netze, und nur der wird fangen, der auswirft, um Novalis zu zitieren.[63] Das freie, unkontrollierte Spiel mit Vermutungen hingegen, von denen Kleists Biographien so reichlich durchsetzt sind, hat damit nichts zu tun. Überdies trägt es die Gefahr in sich, daß das Vermutete unter der Hand im nächsten Buch oder Aufsatz über Kleist bereits zur Tatsache geworden ist.

Kleist selbst hat darunter gelitten, daß er an das Bild, das er in seinen Briefen von sich zu schaffen suchte, nicht absolut glauben konnte, und vor allem sah er auch keine verläßliche Instanz außerhalb seiner selbst, die solche Selbstkonstruktionen hätte beglaubigen können. Daher die Unsicherheit, das Schwanken, der Beschwörungscharakter, die Selbstüberredung, die Übertreibungen, die oft bewußten Täuschungen in seinen Briefen, die zum Teil nur mühevoll die Ent-Täuschungen verstecken, deren er sich hinsichtlich der Möglichkeit, durch Sprache «Wahrheit» zu finden, bewußt war. Oft hat er Wahrheit dort gesucht, wo sie gar nicht zu finden war, und auch die Einsicht in die Gründe für das Mißverhältnis zwischen Erwartungen und der Wirklichkeit ist ihm, wie erwähnt, stets schwergefallen, wenn sie ihm überhaupt gelang. Daraus ergaben sich dann auch die wechselnden Standpunkte in seinen Werken, die zu immer neuen und anderen Interpretationen herausgefordert haben, und daher entstand letztlich auch bei ihm selbst das Bestreben, durch Papiere, Briefe, Dokumente, Gesetze und Institutionen in seinem literarischen Werk scheinbare Fixpunkte herzustellen, an denen sich seine Gestalten jeweils festzuhalten oder zu orientieren versuchen, ohne es doch am Ende zu können.[64] Was «Gottes Wille» ist, wie es in der Novelle *Der Zweikampf* heißt,[65] erweist sich erst durch das Geschehen selbst, wenn es für das menschliche Bewußtsein zu spät ist, es zielgerichtetem Handeln zu unterwerfen.

Es hat von früh an in der Literatur über ihn die Neigung bestanden, Kleists Leben und Werk von seinem tragischen Ende her betrachten und verstehen zu wollen, was Verständnisbereitschaft leicht in Voreingenommenheit verwandeln kann. Mitleidsbezeugungen sind eine einnehmende Geste, aber sie können den klaren Blick in die Ferne einer vergangenen Zeit eher trüben. Die Aporie alles biographischen Schreibens wird hier noch einmal aus einer anderen Perspektive spürbar. Empathie und Sympathie stellen zwar unentbehrliche menschliche Empfindungen dar, aber es sind nicht Kategorien für jene historischen Beobachtungen und Urteile, mit denen sich eine Biographie zu befassen hat. Daraus folgt wiederum eine einfache, wenngleich bittere Erkenntnis: Wie immer die Leiden Heinrich von Kleists von dem Unverständnis der Zeitgenossen befördert wurden – sie gehörten zu dem Besonderen seiner Existenz und mithin seines Werks. Dieses Dilemma also, in dem sich die Nachwelt solchen Fällen großer Leistung und zugleich großen Leidens gegenüber befindet, hat die englische Historikerin Eliza Marian Butler einmal zu dem entschiedenen persönlichen Bekenntnis veranlaßt, sie könne sich nicht zu der Konzession bereit finden, daß «persönliche Tragödien transzendental gerechtfertigt seien, weil aus ihnen große Kunst entstanden ist.»[66] Das bezog sich auf die tragischen Schicksale deutscher Hellenisten von Winckelmann bis Hölderlin, aber dem Satz ist auch im Falle Heinrich von Kleists nichts hinzuzufügen, außer daß vielleicht gerade durch die Akzeptanz eines solchen Dilemmas die Wissenschaft erst wirklich human wird.

Heinrich von Kleist galt als ein schwieriger Mensch, und es mochten ihm in seinem Leben immer wieder Ebenmaß und Gleichgewicht entgleiten, nicht jedoch entglitt und zerfiel ihm seine Dichtung. Daran muß zum Schluß noch einmal erinnert werden. Kleists kritisches Bewußtsein von den existentiellen Konflikten in sich und um sich wurde ihm nicht zum Hemmschuh seiner Kreativität. So gelang es ihm, offen bleibende Widersprüche seines Daseins in ästhetisch geschlossenen Kunstwerken meisterhaft darzustellen. In der Kunst komme es überall auf die Form an, schrieb er 1808 an Heinrich von Collin, «und Alles, was eine Gestalt hat, ist meine Sache.»[67] Es ist ein bedeutsamer, für die Annäherung an ihn und sein Werk geradezu unentbehrlicher Satz und eine der wenigen direkten Äußerungen über sich als Dichter, ein Satz, der übrigens nicht als Ausdruck von Experimentierfreudigkeit verstanden werden darf. Kleist – und da war er Goethe näher als Friedrich Schlegel oder Novalis – experimentierte nicht mit Formen; er ergriff sie und schuf sie sich neu, wie er sie brauchte. Wegen seiner Werke aber wissen wir heute von ihm und befassen uns mit ihm, mit seinem Werden, Denken, Arbeiten, seinem Verhältnis zu anderen, seiner Zeit, seiner Glücksuche und seinen Leiden in ihr, seiner Biographie also.

II. EINE JUGEND IN PREUSSEN

~

1. Lob des Herkommens

Namen können Glück oder Last, aber manchmal auch beides zugleich sein. So war es eine Ehre ebenso wie eine Bürde, damals in Preußen als ein Kleist geboren zu werden. Die Kleists waren ein weitverzweigtes Geschlecht, das sich einer langen Geschichte rühmen konnte. Sein Ursprung reicht bis ins Mittelalter zurück: aus dem Boden des fruchtbaren Koloniallandes von Hinterpommern wuchs der Stammbaum hervor und verzweigte sich in ein breites Astwerk von «Linien», benannt nach den kleinen Orten und Rittergütern, mit denen die Herren von Kleist belehnt wurden oder die sie sich erwarben. Wenngleich diese Güter die Fundamente adliger Existenz bildeten, blieb doch der teuerste Besitz des Adels der Name. Ein Kleist zu sein schloß eine Verpflichtung ein, und diese Verpflichtung war hoch angesichts des Alters der Familie, die mit Stolz auf hohe Würdenträger in ihrer langen Geschichte blickte. Generale waren es zumeist, denn die Dienste des Militärs wurden am nötigsten gebraucht für die Ausbreitung und Sicherung der Macht des Staates in Gebieten, die erst nach und nach kolonisiert und behauptet wurden gegen die angestammten slawischen Besitzer. Später ging es dann um die Verteidigung des eroberten Landes gegenüber anderen, konkurrierenden Staaten des europäischen Kontinents. Wie nötig auch die preußischen Fürsten und Könige ihre Viehzüchter, Feldbesteller, Kaufleute und Baumeister brauchen mochten oder wie sehr sie die Philosophen und Lehrer schätzten – die Dienste der Heerführer als Eroberer oder Verteidiger des Eroberten galten ihnen mehr und waren vor allem auffälliger.

Die Familie der Kleists brachte eine ganze Reihe solcher militärischer Idealfiguren hervor: Offiziere, Generale und dann und wann ein Feldmarschall – Vorbilder, an denen sich die anderen Träger des Namens zu messen hatten. Die Familien-Chroniken haben sie dann entsprechend verklärt: «Hoch empor über die Mitglieder seines Geschlechts ragt die Heldengestalt des Feldmarschalls Kleist von Nollendorf. Wohl lebt der edle Sänger des Frühlings, der todesfreudige Held, den Lessing seinen Freund, seinen Tellheim nannte, im Gedächtniß der Nachwelt, wohl zählt die Familie einen Dichter zu den Ihren, der die gigantische Gestaltungskraft eines Shakespeare besaß; den Gipfel des Ruhms hat nur Einer erstiegen, nur Einer ein volles Mannesleben ausgelebt, ein Ganzes geschaffen: der Sieger der Schlacht von Kulm und Nollendorf.»[1] In den Schatten verwiesen wird also hier – das Loblied stammt aus dem Jahre 1887 – der Dichter Ewald von Kleist, der im Siebenjährigen Krieg für König und Vaterland kläglich umkam, und neben ihm eben auch Heinrich von Kleist. Zurücktreten müssen sie hinter der Lichtgestalt jenes in den Grafenstand und zur Marschallswürde erhobenen Friedrich Heinrich Ferdinand Emil von Kleist, dem Sieger in der Schlacht gegen die Franzosen im August 1813 beim böhmischen Nollendorf. Nur ist dieser Kleist heutzutage lediglich noch in größeren Nachschlagewerken, aber gewiß nicht mehr im Gedächtnis der Nation aufbewahrt. Überhaupt weiß ja doch wohl «kein Mensch» mehr recht, «welche strammen Verdienste um Brandenburg sich die Majore und Generale von Kleist erworben haben, aber das weiß ich, daß es in Gottes weiter Welt nur einen Kleist gibt, und das ist er, der Dichter der *Penthesilea*, des *Michael Kohlhaas* und des einen kolossalen Aktes von *Robert Guiscard*, der einfach zu gut ist, als daß er überboten werden könnte und weitere vertrüge. Ein Quark wäre der Name Kleist ohne ihn, er aber meint, sein geniales Mühen geschehe für den Ruhm seiner Familie und ist von jedem Zeichen der Mißachtung, die er von diesen Leuten erfährt, wie von einem Dolchstoß ins Herz getroffen.» So Thomas Mann im Jahre 1954.[2] Heinrich von Kleist hat bis in seinen Tod hinein eher die Bürde als die Würde seines Namens empfunden. Seine Familie aber, deren Erwartungen er nicht entsprechen konnte, hat sich seiner nach diesem Tod und gerade deswegen ja eben auf lange Zeit eher geschämt als gerühmt.

An jenem 10. Oktober des Jahres 1777, einem Freitag, als Heinrich von Kleist in Frankfurt an der Oder geboren wurde – das Datum ist allerdings unsicher geblieben, ein Los, das Kleist mit Shakespeare teilt[3] – diente sein Vater Joachim Friedrich von Kleist als «Stabs-Capitain», also Hauptmann, im «hochfürstlich Leopold von Braunschweig' schen Regiment» dort, dem Infanterieregiment 24, und brachte es dann drei Jahre später noch zum Major. Das war keine strahlende Karriere für einen Kleist; man sagt, daß er der längstdienende Major der

Kleists Vater Joachim Friedrich
von Kleist. Gemälde eines unbekann-
ten Künstlers

preußischen Armee gewesen sei,[4] was bedeutet, daß die Gnadensonne seines Landesherrn, des großen Friedrich, nur schwach auf ihn leuchtete. Ursprünglich hatte er ohnehin nicht die Militärkarriere einschlagen, sondern studieren wollen, weshalb er sich denn 1748 an der Frankfurter Universität, der «Viadrina», «der an der Oder Gelegenen», einschrieb. Der Tod seines Vaters und die damit verbundenen materiellen Sorgen aber waren es vermutlich, die ihn dann in die sicherere Karriere beim Militär drängten. Beides zugleich, das Studieren und das Soldatsein, stand indessen nicht unbedingt im Widerspruch zueinander; man darf sich dieses Preußen bei aller Dominanz des Militärischen nicht allzu eng und bildungsfeindlich vorstellen. «So vorzüglich schätzbar der adligen Geschlechter und ihrer Vorahnen Verdienste ums Vaterland sind, so wenig stolz sind sie dabey in ihrem Umgange, besonders gegen Gelehrte. Verschiedne widmen sich selbst diesem Stande, oder studiren wenigstens eine Zeitlang, ehe sie auf ihre Güther Wohnung nehmen»,[5] heißt es in der Chronik der Kleists. In der Familie von Kleists engstem Freund Ernst von Pfuel zum Beispiel – es war eine der reichsten in Brandenburg – gehörte es sogar zur festen Tradition, die Viadrina zu besuchen und den Doktor der Rechte zu erwerben.[6]

Das kulturelle Profil Frankfurts blieb begrenzt. Die Viadrina, durchaus eine Zierde der Messestadt, mochte tüchtige, beliebte Lehrer haben – Gelehrte von landesweitem Ruf besaß sie nicht. Sie war 1506 als erste brandenburgische Landesuniversität gegründet worden, aber ihre Tage waren gezählt; 1811 wurde sie nach Breslau verlegt. Im 18. Jahrhundert indes war ihre durchschnittliche Frequenz immerhin größer als die für Freiburg, Erlangen oder Heidelberg.[7] Die Stadt selbst war mit einer Bürgerschaft von 10 000 sowie einer Garnison von 2000 Offizieren und Soldaten klein; das andere, am Main gelegene Frankfurt zählte immerhin 42 000 Einwohner, und das nahe Berlin hatte 170 000. Bildungsinstitution und Kaserne scheinen sich in Frankfurt nicht gleichgültig gegenübergestanden zu haben. So gab es etwa unter vielen Stipendien für die Universität auch das Forcadische, das der «ehrenvoll verabschiedete Oberst des hiesigen Regiments Friedrich Wilhelm von Forcade, welcher im Jahre 1778 starb»,[8] gestiftet hatte. Im Jahr zuvor war er es gewesen, der am 27. Oktober, an der Spitze einer Schar von adligen Paten, Heinrich von Kleist in der Frankfurter Garnisonskirche aus der Taufe gehoben hatte. Regimentskommandeur und Stadtkommandant zu diesem Zeitpunkt war Herzog Leopold von Braunschweig, ein Neffe Friedrichs des Großen und jüngerer Bruder der Weimarer Herzogin Anna Amalia; Kleists Bruder Leopold, 1780 geboren, hat seinen Namen ihm zu verdanken. Herzog Leopold, der sich 1775 für seine Kavalierstour nach Italien die Begleitung Gotthold Ephraim Lessings ausbedungen hatte, galt als ein besonderer Menschenfreund. So sei er, wie Frankfurts Stadtchronist und Universitätsrektor Carl Renatus Hausen im Jahre 1800 berichtete, Mitglied der 1776 gegründeten Freimaurerloge «Zum aufrichtigen Herzen» gewesen, «und als ein edler, von der ganzen Stadt verehrter Fürst zernichtete er mit seiner Teilnehmung Vorurtheile, welche etwa wider ein bisher hier unbekanntes Institut entstehen konnten.»[9] Sein hoher Ruf als aufgeklärter, humaner Offizier verursachte allerdings Bedenken bei dem Onkel in Potsdam, und als Leopold im April 1785 zur Zeit des Oder-Hochwassers bei einer Rettungsaktion ums Leben kam, sah dieser darin «zu weit getriebene Menschenliebe».[10] Die vielen Totenklagen, darunter Verse Goethes, drangen offensichtlich nicht bis an Spree und Havel – Dialektik der Aufklärung!

Herzog Leopold war in Frankfurt Nachbar der Kleists gewesen.

Kleist mit seiner Mutter Juliane
von Kleist. Miniatur von Franz
Ludwig Close (um 1784)

Joachim von Kleist nun war fast einundvierzig, als er 1769 die kaum
fünfzehnjährige Caroline Louise von Wulffen heiratete;[11] erst ihr
väterliches Erbe und die Einkünfte eines «Compagnie-Chefs» ließen
die Gründung einer Familie zu. Was die Partner aneinander band, was
der große Unterschied an Alter und Erfahrung für sie bedeutete, wie
man sich den Vollzug einer solchen Ehe vorzustellen hat, entzieht sich
jeder Spekulation; da bleibt alle Vergangenheit ein fremdes Land.
Zwar weiß man von wüstlingshaften Roheiten unter Offizieren im
Umgang mit Frauen, den eigenen und fremden, aber selbstverständlich gab es auch zarte und tiefe Neigungen, denen die Öde der Garni-
sonen oder die Härte der Feldlager im Kriege nichts anhaben konnten, wenn sie sie nicht gar förderten. Ebensowenig mußten junge
Frauen am Ausgang des Kindesalters die Ehe unbedingt nur als
Gewaltakt und schmerzhaften Schock erfahren. Die Nähe bäuerlichen
Lebens auf den Gütern oder in den kleinen Städten mochte sie auf
manches Körperliche vorbereiten und es als selbstverständlich akzeptieren lassen; was aber die Liebe zwischen zwei Menschen anging, so
herrschte immerhin auch in Preußen das Zeitalter der Empfind-
samkeit. Gefahren drohten den jungen Ehefrauen viel eher von der
Natur selbst; den Infektionen und Komplikationen bei der Geburt
stand die Medizin weitgehend hilflos gegenüber.

Zwei Töchter wurden Caroline und Joachim von Kleist geboren:

Wilhelmine 1772 und dann 1774 Ulrike; es war die Schwester, die Heinrich hingebungsvoll schützend und stützend durch sein Leben begleiten sollte. An ihrer Geburt jedoch starb neunzehnjährig die Mutter. Das war im Mai. Im Januar 1775 heiratet Joachim von Kleist ein zweitesmal, diesmal Juliane Ulrike von Pannwitz, achtzehn Jahre jünger als er; sie war die sechste und mithin vermögenslose Tochter eines Erbherrn von Gütern bei Cottbus. Und nun folgten wiederum Kinder: noch im selben Jahr wurde Friederike geboren, dann 1776 Auguste, 1777 Heinrich, 1780 Leopold und 1784 Juliane. Am 1. März 1788 erwarb Joachim von Kleist für seine Familie ein Haus, und zweieinhalb Monate später, am 18. Juni 1788, starb er an der «Wassersucht», vermutlich einer Herzerkrankung. Um seinen Sarg standen sieben Kinder zwischen sechzehn und vier. Sie wurden fünf Jahre später Vollwaisen, als Juliane von Kleist am 3. Februar 1793 früh 5 Uhr einem «Entzündungsfieber» erlag. Beim Tode des Vaters war Heinrich von Kleist zehn Jahre und acht Monate alt, beim Tode der Mutter fünfzehn Jahre und vier Monate. Da aber war er bereits seit etwas mehr als einem halben Jahr Soldat.

Kleist hat in seinen Werken – das ist eingangs schon gesagt worden – nicht autobiographisch seine Lebenswirklichkeit in literarisches Geschehen übersetzt. Dazu hatten die seiner Phantasie entspringenden Gestalten und Ereignisse eine zu starke eigene Realität. Die Wirklichkeit seiner Dichtung schuf er sich neben oder über derjenigen, in der er existierte. Dennoch reizt es, einem ganz bestimmten, unübersehbar direkten Verweis nachzugehen. Michael Kohlhaas, der um zweier Pferde willen für die Gerechtigkeit in den Krieg zieht und zum Mörder wird, ist bereit, für das von ihm begangene Unrecht seinen Kopf auf den Henkersblock zu legen, wenn ihm nur zugleich Recht wird und ihm die Pferde in bestem Zustand wiedererstattet werden. Diese Pferde aber, so erklärt er in seiner Todesstunde, schenke er «seinen beiden Söhnen Heinrich und Leopold». Nicht nur gewährt wird ihm die Bitte, sondern der brandenburgische Kurfürst ruft nach vollstrecktem Urteil sogar «die Söhne des Abgeschiedenen herbei» und schlägt die beiden Waisen, «mit der Erklärung an den Erzkanzler, daß sie in seiner Pagenschule erzogen werden sollten, zu Rittern.»[12] Ob Leopold von Kleist je die Novelle seines Bruders Heinrich gelesen hat, wissen wir nicht, ebensowenig wie wir wissen, wie träumerisch ernst oder spielerisch leicht, wenn nicht gar ironisch Kleist ein solches Namenszitat in der Apotheose seines Werkes gemeint hat. Denkbar ist beides und am denkbarsten, daß er es wohl selbst nicht hätte entscheiden können. Aber es fällt dann eben doch auf, wie Kleist hier und immer wieder den möglichen Schicksalen von Waisenkindern nachgeht. Adoptiveltern werden sich nach dem Erdbeben in Chili des kleinen Philipp glücklich annehmen, dessen natürliche Eltern von einer aufgehetzten Meute erschlagen worden sind. Ein reicher italienischer Kaufmann wird mitleidig einen Findling auflesen, der freilich ihm und seinem Hause nur Unglück bringt. Ein verliebter preußischer Prinz wird im Landesherrn seinen Vater sehen und dennoch von ihm zum Tode verurteilt werden. Höhere Väter treten den irdischen zur Seite: das Käthchen von Heilbronn ist in Wirklichkeit eine Kaiserstochter, und jener Knabe Herkules, den Alkmene gebären wird, hat nicht den ihr angetrauten Amphitryon, sondern den höchsten Gott Jupiter zum Erzeuger. Was die Marquise von O... angeht, so besteht sogar für einen Moment der frivole Verdacht, daß sich hier, gleichfalls unbefleckt, jene allerhöchste Vaterschaft wiederholt habe, die zu einer Gründungsmythe der gesamten Christenheit geworden ist. Ein anderes Mal schließlich, ganz zu Anfang von Kleists Lebenswerk, in den dramatischen Wirrungen um die Familie Schroffenstein, treiben verblendete Elternpaare die eigenen Kinder in den Tod. Gottvater – Landesvater – Familienvater: die Rollen vermengen sich, und die Neigung dazu mag dort um so eher entstehen, wo die naturgegebene Familienbindung durch den Tod der Eltern früh gestört worden ist; Kleist verlor seinen Vater in einem Alter, in dem Väter von den Kindern erst so recht als Persönlichkeiten wahrgenommen zu werden beginnen. Rückbezüge literarischer Figuren und Handlungen auf das Leben der Verfasser sind indes von geringem Belang, wenn sie nichts als das sind. In Kleists Fall jedoch intensivieren solche Beobachtungen nicht nur die zwiespältige Bedeutung, die das emotionale Verhältnis zu seiner eigenen Familie für ihn zeitlebens besaß, sondern sie weiten auch den Blick auf zentrale Themen seines Denkens und Schreibens ebenso wie auf zentrale Konflikte seines Daseins in einer Zeit, in der tradierte gesellschaftliche Lebensformen erschüttert wurden und sich wandelten.

Um es zu wiederholen: der Name ist der kostbarste Besitz des Adels, aber er ist auch ein Besitz, dessen man sich nicht entledigen kann, wenn er zur Last wird. Mit ihm ist eine Rolle in der Gesellschaft festgelegt, wobei der Familienverband den ideellen Besitz hütet und den materiellen verwaltet, was zu manchen Interessenkollisionen führen kann. Heinrich von Kleist hat es mehrfach an sich erfahren müssen, aber an die Autorität der Instanz Familie blieb er gebunden, und das nicht allein um des Geldes willen. Der Wunsch, ein guter Mensch zu werden, etwas Großes zu vollbringen, hat ihn sein Leben lang bewegt; das ist nichts Außerordentliches. Er hatte da seine Ruhmes-, Glücks- und Machtphantasien wie andere Menschen auch, nur daß die Kraft seiner Phantasie und die Gabe, sie auszudrücken, sehr viel größer waren als bei diesen. Damit aber ging auch die Fähigkeit einher, sich und andere bis in die feinsten Verästelungen ihrer Motive zu verstehen, was ihn oft seine Unbefangenheit kostete und in Krisen trieb. Aus der Zeit seiner ersten, verzweifelten Arbeit am *Robert Guiskard* stammt der Satz an die Schwester Ulrike, er habe mit diesem Drama nun «ein Halbtausend hinter einander folgender Tage, die Nächte der meisten mit eingerechnet, an den Versuch gesetzt, zu so vielen Kränzen noch einen auf unsere Familie herabzuringen».[13] Das Bewußtsein, einer großen und an öffentlichen Ehren reichen Familie anzugehören, der Wunsch, ihrer würdig zu sein, Verdienste zu erringen, hat Kleist immer wieder motiviert oder aber verstört bis ans Ende seines Lebens. Seine Außerordentlichkeit, die ihn auch vor sich selbst als schwierig erscheinen ließ, und der frühe Verlust der Eltern haben dabei ineinander gewirkt; Auflehnung gegen andere erzieherische Autorität als die elterliche fällt leichter. So zeigten sich ihm die Wandlungen im Familienverständnis der Zeit vom dynastischen Patriarchalismus zu bürgerlicher Intimität aus einer besonderen Perspektive.[14]

An der Erziehung zu preußisch-adligem Lebensstil gab es keine Zweifel. Christian Ernst Martini, später angesehener Schulrektor in Frankfurt und Kleist gegenüber ein Freund und Vertrauter fürs Leben, führte ihn und den fast gleichaltrigen Vetter Carl Otto Philipp von Pannwitz in die Anfangsgründe des Lernens und Wissens ein. Als der Vater starb, war Kleist gerade erst ein paar Monate, von Januar bis Mai 1788, in Berlin gewesen, wo der hugenottische Prediger Samuel Henri Catel und sein Schwager Frédéric Guillaume Hauchecorne, der eine Privatschule besaß, seine Einführung in jenen französischen Geist leiten sollten, in dem Hof und Adel sprachen und dachten.[15] Die beiden Mitschüler dort waren zwei etwas ältere Vettern, Ernst von Schönfeldt und Wilhelm Ludwig von Pannwitz, ein Bruder Carls; er heiratete später Kleists Schwester Auguste, administrierte das Familienvermögen der Kleists und konnte es, wie schon erwähnt, durchaus nicht begreifen, daß sein dichtender Schwager nicht am Tage einer ordentlichen Arbeit nachging und die poetische Tätigkeit auf seine Mußestunden beschränkte.

Im Kreise von Mutter, fünf Schwestern und einem jüngeren Bruder also wuchs Kleist in Frankfurt heran. Berichte über diese Zeit sind spärlich und stammen aus späterer Zeit, zumeist getönt durch Vorstellungen von innig-intimer Bürgerlichkeit, wie sie kaum einer preußischen Adelsfamilie am Ausgang des 18. Jahrhunderts entsprachen. Sicher ist allerdings, daß Reichtum in der Familie nicht zu Hause war; der König verweigerte der Mutter sogar eine Pension, «weil die zu Pensionen bestimmten Fonds erschöpft sind».[16] Ein gesetzlicher Vormund, der Frankfurter Stadtsyndikus George Friedrich Dames, mußte bestellt werden, denn so verlangte es das Recht, das Frauen eine solche Rolle noch nicht zuerkannte. Das Haus in Frankfurt blieb Juliane von Kleist dennoch sowie Einkünfte aus dem kleinen Gut Guhrow im Spreewald, das man 1783 erworben hatte. Die Töchter aus erster Ehe behielten überdies einiges aus dem Erbe ihrer Mutter; Ulrike von Kleist hat es oft gebraucht, um Heinrich ab und zu aus dieser oder jener finanziellen Not zu befreien. Im übrigen war erstes Lebensziel der älteren Töchter, einen standesgemäßen Mann zu finden, um «versorgt» zu sein. Nur Ulrike von Kleist erwies sich als Ausnahmepersönlichkeit, die diesen Weg nicht zu gehen bereit war; Kleist hat des öfteren in seinen Briefen über die physische wie psychische Eigenart seiner Schwester Reflektionen angestellt, worauf noch zurückzukommen sein wird. Sie blieb ihm jedenfalls über die ganze Dauer seines Lebens der nächste aller Menschen.

Hinsichtlich des Knaben selbst hatte der König – das war inzwischen Friedrich Wilhelm II. – zunächst die «allergnädigste Intention», ihn, den ältesten Sohn, in die Militärakademie zu schicken, aber das konnte abgewendet werden, denn durch einen solchen Schritt hätte die Mutter nur dessen Anteil am väterlichen Erbe verloren. Lange dauerte es dennoch nicht, daß Kleist diesen Weg ging: Im Juni 1792 wird er als «Gefreiter-Korporal» in das Garderegiment 15b zu Potsdam aufgenommen; es war ein Unteroffiziersrang für angehende Offiziere, also junge Adlige. Kurz vor dem Tod der Mutter hat er dann noch einmal Urlaub nach Frankfurt erhalten; nach ihrer Beerdigung mußte er seinem Regiment in den Krieg nachreisen, denn der breitete sich inzwischen über den Westen Deutschlands aus. Heinrich von Kleists Kindheit war zu Ende.

2. Wer will unter die Soldaten

Von Anfang Juni 1792 bis Anfang April 1799 war Heinrich von Kleist aktiver Soldat der königlich-preußischen Armee. Das waren sechs Jahre und zehn Monate zwischen vierzehn und einundzwanzig, in einem Lebensalter, in dem sich die körperliche, intellektuelle wie emotionale Entwicklung eines Knaben zum jungen Mann zu vollziehen pflegt, prägende Jahre auf dem Wege zu Selbstbewußtsein und Urteilsfähigkeit also. Die ersten drei davon waren hauptsächlich Kriegsjahre mit Märschen und Gefechten quer durch den Westen Deutschlands, der Rest war Garnisonsdienst in Potsdam. Krieg und Kaserne legen nahe, daß hier einem jungen Menschen in einer kritischen Zeit seines Lebens Gewalt angetan wurde, worunter denn seine Persönlichkeitsentfaltung leiden mußte, ganz abgesehen von wachsendem Haß auf die Institutionen, die ihm seine Freiheit und Eigenart beschnitten. In solch pauschaler Vermutung vermengt sich indes Richtiges mit Unhistorischem, Mißverstandenem. Die Vorstellungen, die das 20. Jahrhundert mit seinen totalen Weltkriegen und ideologisierten Guerilla-Kämpfen überall in der Welt von Kindersoldaten gewonnen hat, entsprechen nicht den Realitäten des 18. Jahrhunderts. Welche Empfindungen Kleists Mutter und seine Schwestern bewegten, als sich der Knabe zum erstenmal mit der neuen Uniform auf die Reise von Frankfurt nach Potsdam machte, wissen wir nicht, aber ein paar Tränen dürfen wir uns vorstellen. Nur war es für alle ein selbstverständlicher Schritt, und besonders ehrenvoll war es, dem Garderegiment in der unmittelbaren Nähe des Königs anzugehören. Daß die Söhne des Majors von Kleist, der seinerseits wieder Offiziere als Vorfahren hatte, dereinst zum Militär gehen würden, stand im übrigen so fraglos fest wie das preußische Exerzierreglement. Für adlige Söhne war die Armee der größte Arbeitgeber, soweit sie einen brauchten. Aber sie traten dieser Armee eben auch als Adlige bei, von vornherein privilegiert durch ihre Herkunft, denn die Kluft zwischen Soldaten und Offizieren war groß und prinzipiell, war doch das Heer eine

Berufsarmee und seine Mannschaft zusammengewürfelt aus Einheimischen und «Ausländern» von überall her aus den kleinen und größeren deutschen Ländern. Patriotisches Engagement, wie es die revolutionäre Armee der Franzosen entwickelte und die preußischen Reformer später für ein «Volksheer» auch auf deutsche Verhältnisse zu übertragen suchten, ging den Soldaten ab. Strenge Disziplinierung hatte zu ersetzen, was an solchem Engagement fehlte.

Die Armee der preußischen Soldaten-Könige des 18. Jahrhunderts hat sich nun allerdings den Ruf erworben, militärischen Drill ins Schikanöse gewendet und ihn mit besonderer, ja sadistischer Lust durchgesetzt zu haben. Die brutale Strafe des Spießrutenlaufens ist sinnbildlich dafür geworden; in übertragenen Bedeutungen ist das Wort sogar in die deutsche Umgangssprache eingegangen. Noch zu Zeiten Kleists war die preußische Armee, wie gesagt, Berufs- und Söldnerarmee, das heißt ein beträchtlicher Teil der Soldaten – nicht der Offiziere natürlich – rekrutierte sich aus «Ausländern», also Angeworbenen aus anderen deutschen Staaten. Daher war Desertion ein besonders schweres Vergehen, schloß sie doch zugleich den Verlust des gezahlten Werbegeldes ein, was nicht die Staatskasse, sondern gewöhnlich der Kompaniechef zu tragen hatte; das grausame und zum Teil tödliche «Gassenlaufen» als Strafe dafür galt ganz sinnfällig dem Davonlaufen. Drill aber einschließlich der Härte und des Stumpfsinns im militärischen Alltag sowie die Leuteschinderei und der Machtmißbrauch durch Vorgesetzte sind in allen Armeen der Welt zu Hause, und Unterschiede hinsichtlich menschenfreundlicherer Behandlung bestehen oft nur in schmalen Nuancen, wenn überhaupt. Aber alle Disziplin und Unterordnung, wie notwendig oder zumindest erklärbar sie auch sein mögen, werden um so lästiger fallen, je geistig unabhängiger die davon Betroffenen sind. Das aber war nun wirklich der Fall bei Heinrich von Kleist. Das Dilemma, in das er bald mit seiner sich erst entfaltenden eigenständigen Persönlichkeit geriet, wenn er der Familientradition treu die Offizierslaufbahn einschlug, ist im Rückblick leicht abzusehen. Keine Armee der Welt hätte ihn davor bewahrt, und das moderne liberale Reservat der Wehrdienstverweigerung stand damals nicht zur Verfügung, noch hätte es außerdem von vornherein in Kleists Absicht gelegen und zu seinen Optionen gezählt. Bis zur endlichen Befreiung von äußerem Zwang war es ein langer Weg, der ihn zuerst durch die gefährlichste Form des Sol-

datseins hindurch führte, den Krieg. In dessen Entfesselung von Rau-
heit, Roheit, Gewalt, Gier, Leiden, Angst und Tod, aber auch durch
die intensive Erfahrung mancher Kameradschaft und Hilfsbereitschaft
in der Not erfolgte Heinrich von Kleists Initiation in das Offiziersdasein als Erwachsenenleben.

Formell begonnen hatte dieser Krieg im April 1792 mit der franzö-
sischen Kriegserklärung an Preußen und Österreich, die sich zu einer
Koalition zur Verteidigung der Legitimität und zur Eindämmung des
Geistes der Revolution zusammengeschlossen hatten. Eine gewaltige
Kriegsmacht von dreiviertel Millionen Soldaten wurde gen Westen in
Marsch gesetzt und mußte dann doch der besser geführten und stärker motivierten kleineren Armee der Franzosen nachgeben. Georg
Forster und einige Gefährten, darunter Georg Wedekind, der elf Jahre
später Heinrich von Kleist seine ärztliche Fürsorge zuteil werden ließ,
riefen im März 1793 in Mainz einen rheinischen Freistaat aus. Mainz
aber wurde nach langer Belagerung und Bombardement im Juli von
den Alliierten zurückerobert. Der Gefreite-Korporal von Kleist war
dabei.

Kleists Militärzeit ist spärlich dokumentiert. Aus allen den Jahren
von der Einberufung bis zu seiner Unterschrift unter den Revers, mit
dem er seinen Abschied aus des Königs «Kriegsdiensten»[17] am 17. April
1799 bestätigte, sind nur drei Briefe von ihm überliefert, obwohl
Kleist nicht schreibträge war – von Ludwig Achim von Arnim, Kleist
vergleichbar nach Stand und Generation, existieren aus den ersten
zwanzig Jahren seines Lebens nicht weniger als 189 Briefe. Am
3. Februar 1793 war Kleists Mutter gestorben; bald darauf mußte der
junge Soldat, der seit Dezember auf Heimaturlaub aus Potsdam war,
seinem Regiment nachreisen, das schon unterwegs an die Front im
Westen war. In Frankfurt hatte die ältere, verwitwete Schwester der
Mutter, Auguste Helene von Massow, die Sorge für den Haushalt
übernommen. An sie, die «Tante Massow», ist denn auch der erste
Brief des jungen Soldaten von seiner Fahrt in den Krieg gerichtet:

> Was soll ich Ihnen zuerst beschreiben, zuerst erzählen? Soll ich Ihnen
> den Anblick schöner Gegenden, oder den Anblik schöner Städte, den
> Anblick prächtiger Paläste oder geschmackvoller Gärten, fürchter-
> licher Kanonen oder zahlreicher Truppen zuerst beschreiben. Ich
> würde das Eine vergeßen u das Andere hinschreiben, wenn ich Ihnen
> nicht von Anfang an alles erzählen wollte.[18]

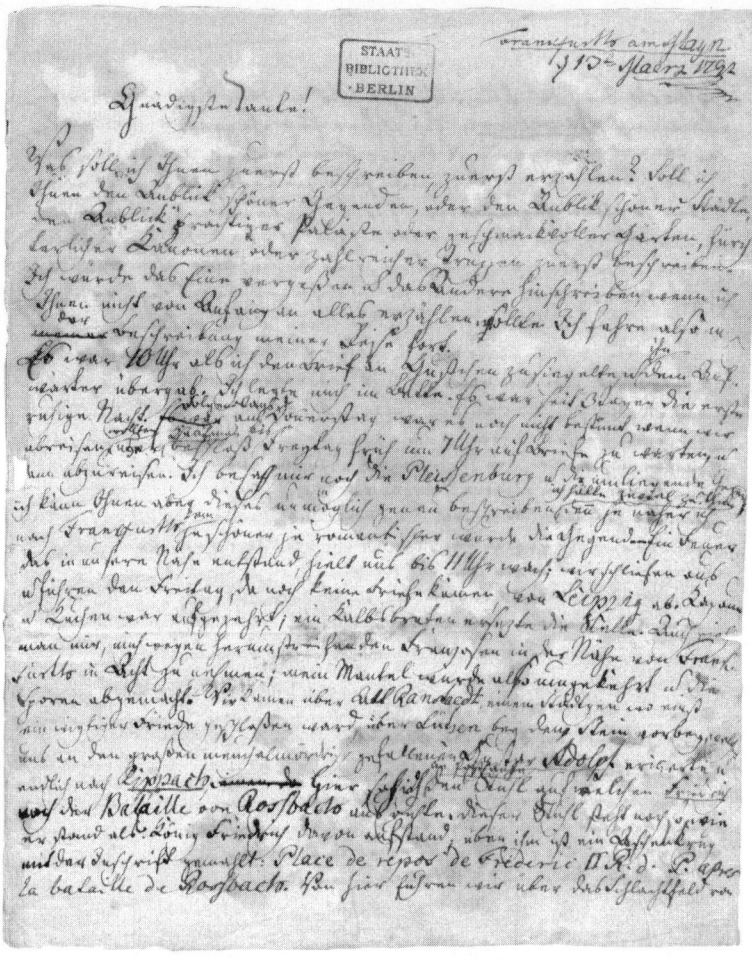

«zuerst beschreiben, zuerst erzählen»: Der erste überlieferte Brief Kleists,
gerichtet an Auguste Helene von Massow 13./18. März 1793 (S. 1)

Welch ein Anfang! Ein Vierzehnjähriger schreibt das und ist doch
schon perfekt als der Erzähler, als den er sich selbst ausdrücklich
bezeichnet, ist es mit der Kraft der Anschauung, dem Rhythmus seiner Sprache und der Ökonomie ihrer Mittel, von der Lust an solchem
Erzählen ganz abgesehen. Gegenstand ist die Reise von der Oder an
den Main und Ort das andere Frankfurt, von wo aus Preußens König
Friedrich Wilhelm II. die alliierte Streitmacht kommandierte und

sich, wie es seine Art war, nebenbei in die schöne Frankfurter Patrizi-
erstochter Sophie von Bethmann verliebte, allerdings erfolglos in diesem Falle.[19] Über Leipzig, Lützen, Weißenfels, Naumburg, Auerstedt,
Gotha, Eisenach, Fulda und Hanau war Kleist, begleitet vom Kaufmann Romerio aus dem heimatlichen Frankfurt, unterwegs an den
Main, neugierig und für viele Eindrücke offen. Die Pleißenburg in
Leipzig wird besichtigt – seinen Kohlhaas wird er dereinst die Häuser
um sie herum in Brand setzen lassen. In Lützen wird Gustav Adolphs
gedacht, in Roßbach ehrfurchtsvoll der Stuhl betrachtet, von dem
«König Friedrich»[20] nach der für ihn siegreichen Schlacht dort aufge-
standen war. In Gotha wird der Generalsuperintendent Josias Friedrich Christian Löffler besucht, einstmals Lehrer an der Viadrina und
aufgeklärter, undogmatischer Theologe, der sich des Kleistschen Hauses «mit vielem Vergnügen» erinnerte. Ein Räuber wird mit der blan-
ken Klinge vertrieben, die Wartburg wird erstiegen, und das Staunen
über die schöne Landschaft hält an, «denn je näher ich nach Franck-
furth kam je schöner je romantischer wurde die Gegend.» Abwechs-
lungsreiche, vielgestaltige Natur war mit diesem Romantischen
gemeint; ein neuer, ästhetische Konzepte betreffender Sinn des Wortes insbesondere für die Literatur war erst im Entstehen begriffen.
«Ich habe nie geglaubt daß es in der Natur so schöne Landschaften
geben könne», wird der Tante in der flachen, kargen Odergegend mitgeteilt aus der ganzen Herzensfülle jugendlicher Begeisterung. Aber
ein Sonnenaufgang bringt den jungen Reisenden dann auch wieder zu
sich selbst: «Sonderbar ist es was solch ein Anblick bei mir für Wirkungen zeigt. Tausend andere heitert er auf; ich dachte an meine Mutter u an Ihre Wohlthaten. Mehr darf ich Ihnen nicht sagen.» Und dann
war Krieg.

Das Regiment Garde unter der Führung des Kronprinzen, also des
späteren Friedrich Wilhelm III., war nach Eilmärschen bereits Ende
Januar 1793 in Frankfurt am Main eingetroffen; Kleist erreichte es am
11. März, mußte sich ein Quartier suchen und es selbst bezahlen
ebenso wie seine Verpflegung – auch deshalb hatten die Offiziere von
Adel zu sein, denn das reduzierte das Militärbudget beträchtlich.
Immerhin teilt Kleist sich nun mit seinem Burschen «ein Vorzimmer u
eine Stube mit einer wirklich schönen japanischen Tapete u mit schönen Mahlereyen ausgeziert». Eigentlich müsse er darin nun «mit dem
Burschen zusammenschlafen, u dies geschähe auch recht gern denn

wenn der Mensch reinlich ist, so ist dies gar nicht sonderbar. Allein auch er hat nur einen Strohsack u eine Decke. Ich könnte dies meinem Capitaine sagen, u er wäre gewiß so gütig für mich besser zu sorgen; ich mag mich aber das» – brandenburgische Deklination – «nicht aus setzen, daß es heißt, ich bin mit nichts zufrieden u es käme mir nur ungewohnt vor. Das Mittageßen besteht in einer Suppe u Gemüße, öfters als zum Beispiel heute fehlt die Suppe. Kaffee u Zucker hab' ich selbst. Abendbrod eß ich bei den Wirth einer meiner Cameraden, bei einen herzensguten Mann, sehr gut u wohlfeil. Was ich aber in meinem Quartier verzehre muß ich aufs theuerste bezahlen.» Es sind Sätze, hinter die man hören muß, um all die jugendlich-kindliche Unsicherheit wie Tapferkeit, den Wunsch, sich anzupassen und angenommen zu werden in der Schutzlosigkeit und dem Ausgestoßensein des Elternlosen genau zu spüren. Das Heimweh allerdings ist letzten Grundes ortlos geworden. Auch das steht hinter den scheinbar konventionellen Worten gegen Ende von Kleists acht Seiten langem Brief.

> Ich gefalle mich also hier in Frankfurth sehr gut, u meiner völligen Zufriedenheit fehlt nichts als das *gewiße* Bewußtsein Ihrer aller Gesundheit. In den vergnügtesten Augenblicken stört mich freilich öfters der Gedanke beinahe 100 Meilen von Ihnen entfernt zu seyn; von Ihnen allen, die Einzigen, die ich noch lebhaft liebe u schäze, u an deren Liebe ich noch natürlichen Anspruch machen darf. Der Gedancke an Ihnen, Beste Tante, erpreßt mir Thränen, indem ich zugleich an eine verlorne zärtliche Mutter denke, u der Gedancke an Ihre Wohlthaten tröstet mich indem ich nun keine *verlaßne* Waise zu sein glaube. Dies alles, Tantchen, Schmerz u Freude, ist bey der Neuheit dieses unglücklichen Vorfalls natürlich; die beste Trösterin aller Leiden, die Zeit, wird nach u nach auch mich trösten, aber vergeßen wird' ich die Ursach nie.[21]

Es sind Worte eines gerade erst der Kindheit entwachsenen Jungen, die lächeln machen könnten, wenn die «Ursach» nicht bekannt wäre. Unterzeichnet ist der Brief mit «Ihr gehorsamer Knecht Heinrich v. Kl.»,[22] was nicht eine konventionelle Floskel war.

Ein paar Tage nach diesem Brief, am 22. März, verließ das Regiment Garde Frankfurt in Richtung Mainz, um an der Belagerung der Stadt teilzunehmen. «Die Franzosen oder vielmehr das Räubergesindel wird jezt aller wärts geklopft»,[23] schreibt Kleist dem Tantchen.

Man wird kaum erwarten dürfen, daß ein junger Soldat schon jenen höheren Standpunkt der Geschichte einzunehmen in der Lage war, den Goethe nach der Kanonade von Valmy und der Niederlage der Alliierten dort erklomm und seine Erkenntnis in einen auch von ihm selbst gern zitierten Satz zusammenfaßte. Goethe war ja ebenfalls gerade vor Mainz eingetroffen, auf Wunsch seines Herzogs, der ein preußisches Regiment anführte, und sah sich nun inmitten des Kriegstreibens. «Gegen Abend fanden sich die Offiziere des Regiments beim Marketender», wo man denn den «dortigen schäumenden Wein» trank: «Meiner vormaligen Weissagung ward auch gedacht; sie wiederholten meine Worte: ‹von hier und heute geht eine neue Epoche der Weltgeschichte aus, und ihr könnt sagen ihr seid dabei gewesen.›»[24] So hat es Goethe später selbst in seiner *Belagerung von Mainz* erzählt. Irgendwo unter den schießenden oder biwakierenden Truppen war nur eben auch der Gefreite-Korporal Heinrich von Kleist mit dabei.

Die Belagerung und Bombardierung von Mainz war ein für spätere Zeiten schwer nachvollziehbares Spektakel, bei dem jedoch zugleich wirklich zerstört und getötet wurde. Neugierige kamen von überall her, darunter hohe und höchste Schlachtenbummler, und die letzteren bereiteten schon durch sich allein zusätzlich «ein liebenswürdiges Schauspiel»: «die Prinzessinnen von Mecklenburg hatten im Hauptquartier zu Bodenheim bei Ihro Majestät dem Könige gespeist und besuchten nach Tafel das Lager. Ich heftelte mich in mein Zelt ein und durfte so die hohen Herrschaften, welche unmittelbar davor ganz vertraulich auf und nieder gingen, auf das genauste beobachten. Und wirklich konnte man in diesem Kriegsgetümmel die beiden jungen Damen für himmlische Erscheinungen halten, deren Eindruck auch mir niemals verlöschen wird.»[25] Der so sich devot verbergende, ins Zelt einheftelnde Beobachter war abermals Goethe. Der einen der beiden Prinzessinnen allerdings sollte auch Kleist später des öfteren begegnen, ja ihr Verse widmen, als sie Preußens Königin Louise geworden war.

Am 23. Juli 1793 kapitulierte Mainz. Den Franzosen gewährte man einen ehrenvollen Abzug samt Waffen, wenn sie versprachen, sie nicht demnächst wieder gegen Preußen und Österreicher einzusetzen, woran sie sich auch hielten. Mit den Clubbisten ging die Bevölkerung hingegen unsanft um. Forster blieb in Paris, wo er sich zu diesem Zeitpunkt gerade als Sendbote der Mainzer Republik aufgehalten hatte, Wedekind war bereits am 30. März mit einem Krankentransport entkommen.[26] Am 27. Juli, unmittelbar aus Mainz, wo er im Jahr zuvor Forster getroffen hatte, schrieb Goethe an Christian Gottlob Voigt: «Man ist so zerstört und zerstreut von den Scenen dieser letzten Tage daß man vor einer Menge Ideen kaum einige zusammenbringt. Es sey uns indessen genug daß wir die Franzoßen los sind.»[27] Und in der *Belagerung von Mainz* heißt es: «Für Niemand war nun Bleibens mehr in dieser verwüsteten öden Umgebung. Der König mit den Garden zog zuerst, die Regimenter folgten.»[28] Goethe reiste zu Freunden an Rhein und Neckar; der inzwischen zum 1. Gefreiter-Korporal beförderte Heinrich von Kleist aber folgte seinem König, denn der Krieg ging weiter.

Kleist ist später, im Juli 1801, in einem Brief an Adolphine von Werdeck auf sein frühes Erlebnis der Rhein-Main-Landschaft zurückgekommen. Als Knabe habe er Mainz schon einmal gesehen:

> Das war damals die üppigste Secunde in der Minute meines Lebens! Sechzehn Jahre, der Frühling, die Rheinhöhen, der *erste* Freund, den ich soeben gefunden hatte, u ein Lehrer wie Wieland, dessen Sympathien ich damals laß – War die Anlage nicht günstig, einen großen Eindruck tief zu begründen?

Den großen Eindruck aber beschreibt er selbst so:

> Damals entwickelten sich meine ersten Gedanken u Gefühle. In meinem Innern sah es so poetisch aus, wie in der Natur, die mich umgab. Mein Herz schmolz unter so vielen begeisternden Eindrücken, mein Geist flatterte wollüstig, wie ein Schmetterling über honigduftende Blumen, mein ganzes Wesen ward fortgeführt von einer unsichtbaren Gewalt, wie eine Fürsichblüthe von der Morgenluft – Mir war's, als ob ich vorher ein todtes Instrument gewesen wäre, und nun, plötzlich mit dem Sinn des Gehörs beschenkt, entzückt würde über die eignen Harmonieen.[29]

Es läßt sich natürlich nicht sagen, was an solch schwärmerischem Naturenthusiasmus tatsächlich der Erinnerung an Frühjahr oder Frühsommer 1793 entsprang oder spätere Zutat des sich mit Bekenntnislust in seinen Beruf hineinschreibenden Autors ist. Ebensowenig läßt sich sagen, wie kalendergenau die Angaben zu nehmen sind – Kleist wäre erst im Oktober 1793 sechzehn geworden, aber in den folgenden beiden Jahren scheint sein Regiment um die entsprechende

Adolphine von Werdeck. Pastell-
miniatur eines unbekannten Künstlers

Jahreszeit nicht in der Nähe von Mainz gewesen zu sein. Die Begeisterung des Norddeutschen jedenfalls über mittel- und süddeutsche
Landschaft hatte bei Kleist schon in seinem Brief an die Tante Massow und in den Briefen von der Reise nach Würzburg im Jahre 1800
eine bedeutende Rolle gespielt und in letzteren ebenfalls jene Vision,
deren Ursprung er nun seiner frühen Soldatenzeit zuschreibt:

> Wir standen damals in *Bieberich* in Cantonnirungsquartieren. Vor mir
> blühte der Lustgarten der Natur – eine concave Wölbung, wie von der
> Hand der Gottheit eingedrückt. Durch ihre Mitte fließt der Rhein,
> zwei Paradiese aus einem zu machen. In der Tiefe liegt *Mainz*, wie der
> Schauplatz in der Mitte eines Amphitheaters. Der Krieg war aus die-
> ser Gegend geflohen, der Friede spielte sein allegorisches Stück. Die
> Terrassen der umschließenden Berge dienten statt der Logen, Wesen
> aller Art blickten als Zuschauer voll Freude herab, u sangen und spra-
> chen Beifall – Oben in der Himmelsloge stand Gott. Hoch an dem Ge-
> wölbe des großen Schauspielhauses strahlte die Girandole der Früh-
> lingssonne, die entzückende Vorstellung zu beleuchten. Holde Düfte
> stiegen, wie Dämpfe aus Opferschalen, aus den Kelchen der Blumen u
> Kräuter empor. Ein blauer Schleier, wie in Italien gewebt, umhüllte
> die Gegend, u es war, als ob der Himmel selbst hernieder gesunken
> wäre auf die Erde -[30]

Ein bekannter Topos der Poesie, der «hieros gamos», die Leben zeugende Hochzeit von Himmel und Erde, die dann auch in Kleists Käthchen von Heilbronn eine Rolle spielen wird, ist hier verflochten mit dem Bild des Theaters. Ein Kleistsches Urerlebnis hat Gestalt angenommen, denn zu Schauspielhaus und Zuschauern gehört ja noch als entscheidender Dritter der Dichter. Es ist seine Rolle, und auf die Freude und den Beifall der Zuschauer hat er immer gehofft und gewartet, wenngleich überwiegend vergebens.

Die Bewegungen des Regiments Garde wie diejenigen anderer preußischer Regimenter sind dokumentiert und ihre Schlachten wie kleineren Gefechte mit ihren Siegen und Niederlagen sorgfältig verzeichnet worden. Nicht verzeichnet sind die Verwundeten und Toten, sind Krankheit, Schmerzen, Angst und Strapazen, sind Sturmangriffe und die langen, öden Strecken des Marschierens oder Kampierens bei Wind und Wetter, und ebensowenig sind es die Arten des Vergnügens, das sich bei jungen Leuten irgendwo und irgendwann immer wieder einzustellen pflegt. Denn der Krieg zog sich hin, zunächst in Richtung Pfalz. Kleists Kompaniechef «Cap: v Franckenberg»[31] – Johann Ferdinand Friedrich von Frankenberg und Proschlitz – erwähnt in seinen Erinnerungen Schlachten bei Pirmasens und Kaiserslautern, «welch letztere drei Tage und zwei Nächte dauerte, und ohne Obdach und Zelte unter dem freien Himmel im November zugebracht werden mußte.»[32] Dann wurden Winterquartiere bezogen, auf die neue Gefechte folgten, und es wurde Frühjahr mit neuen Märschen und weiteren Gefechten und wurde Sommer und Herbst mit Krieg von Ort zu Ort bis zu abermaligen Winterquartieren, diesmal in Eschborn bei Frankfurt am Main. Der Gefreite-Korporal wurde zum Portepee-Fähnrich Kleist, und dort in Eschborn, Ende Februar 1795, schrieb er, inzwischen fast siebzehneinhalb Jahre alt, einen Brief an die Schwester Ulrike, der in einem Aufschrei endet: «Gebe uns der Himmel nur Frieden, um die Zeit, die wir hier so unmoralisch tödten, mit menschenfreundlicheren Thaten bezahlen zu können!»[33] Heinrich von Kleist ist erwachsen geworden, was heißt, daß er ein Bewußtsein von sich und vom Wert seines Lebens bekommen hatte, auch wenn es noch dauerte, bis ihm deutlich wurde, worin dieser Wert bestand und welche «Thaten» gerade er und nur er allein vollbringen konnte.

Dieser Brief an die Schwester ist im übrigen der zweite, den wir überhaupt von Kleist besitzen, obwohl er öfter an Tante und Schwestern geschrieben zu haben scheint; Geld wurde weiterhin gebraucht und Strümpfe und Wäsche auch. Diesmal hatte ihm außerdem die Schwester eine Weste gestrickt, wofür er zu danken versucht:

> Irre ich nicht, so hältst Du den Danck für überflüßig, für gleichgültig, oder eigentlich für geschmacklos. Auch hast Du in gewisser Rücksicht recht, wenn Du von jener Empfindung sprichst, die in dem Munde einer gewissen Art von Menschen, weiter nichts als der Klang einer hohlen Schelle ist. Was mich dahin leitet Dir zu dancken, ist aber eine sehr natürliche Empfindung, ist blos Folge Deines glücklich gewählten Geschenks. Es flößt mir die wärmste Erkenntlichkeit gegen eine Schwester ein, die mitten in dem rauschenden Gewühl der Stadt, für deren Freuden sie sonst ein so fühlbares Herz hatte, an die Bedürfnisse eines weit entfernten Bruders denkt, nach einem jahrelangen Schweigen an ihn schreibt, und mit der Arbeit ihrer geschickten Hand, den Beweis ihrer Zuneigung ihm giebt. Du siehst wenigstens, liebe Ullrique, daß ich den Werth Deines Geschenkes zu schätzen weiß, und ich wünsche mir Glück, wenn ich Dich davon überzeugt habe. [34]

Ja, Kleist ist erwachsen geworden, was auch aus der seltsamen Zähigkeit dieser Sätze hervorgeht, die auf Kosten der Spontaneität eher analytisch den eigenen Gefühlen auf den Grund zu kommen versuchen. Kleist hat ein solches Ausloten seiner selbst in späteren Briefen bis ins Obsessive weiterentwickelt; da ist er auf der Suche nach sich in einer Welt, der es allerorten an Verständnis und den Möglichkeiten zu sinnvollem Tun zu mangeln scheint, von Wärme und Liebe gar nicht zu reden. Dieses Bedürfnis aber wird gerade hinter den scheinbar eher kühl räsonierenden Worten spürbar; Kleists Brief ist nichts Geringeres als das initiale Dokument für den Beginn der engsten, dauerhaftesten Bindung seines ganzen Lebens, der Bindung an seine um dreieinhalb Jahre ältere Schwester Ulrike, und für ihre Bindung an ihn.

Jetzt aber ist erst einmal von der «Nähe unserer Abreise nach Westphalen» die Rede; es ging um den Rückzug auf eigenes Territorium, denn inzwischen waren dem Staat Preußen im Osten Probleme entstanden. Aus Eschborn wurde das Regiment am 3. März 1795 in Marsch gesetzt über Gießen, Marburg nach Kassel, ungefähr 200 Kilometer in 12 Tagen. In das Besucherbuch der dortigen Gemäldegalerie haben sich am 15. März dreizehn Offiziere «vom Regiment Garde Sr. Pr[eußischen] M[ajestät]» eingetragen, darunter auch der

Herr «v. Kleitz».[35] Militär und Kultur schlossen sich also tatsächlich nicht völlig wechselseitig aus. Zehn oder elf Tage später war man dann in Osnabrück. Kleists Bataillon wurde auf dem Lande in der Nähe untergebracht, und dort konnte es dann jenen 5. April erwarten, an dem Preußen aus der Koalition austrat und mit der «Fränkischen Republik» einen «Friedens- und Freundschaftsvertrag» abschloß, der als der «Friede von Basel» Preußen tatsächlich für zehn Jahre Frieden brachte.[36] Motiv freilich war nicht Friedensliebe an sich, sondern der Aufstand der Polen gegen die Teilung ihres Landes, der Preußen wiederum nötigte, Truppen dorthin zu schicken, wenn es nicht seinen Anteil an der Beute an die anderen Teilhaber Rußland und Österreich verlieren wollte. Eine Demarkationslinie wurde in Basel festgelegt, hinter der sich die französischen Truppen zurückzogen, und das Regiment Garde konnte, nachdem der Vertrag am 17. Mai unterzeichnet worden war, nach Hause marschieren. «In Hannover hatten die Garden Ruhetag», schreib Kleists Kompaniechef von Frankenberg in seinen Erinnerungen. «Das Corps der Offiziere wurde von dem Gouverneur ... auf Kosten des Königs von England herrlich bewirtet», in Braunschweig luden regierender Herzog und Erbprinz zur Tafel, und in Potsdam schließlich ritt der König «den Garden mit seiner ganzen Suite bis gegen die Baumgartenbrücke entgegen» und brachte dann später bei der Tafel im Schloß «die Gesundheit seiner braven Garden aus».[37] Heinrich von Kleist hatte bereits am 14. Mai sein Patent zum «wirklichen Fähnrich»[38] erhalten und war nun preußischer Offizier in der unmittelbaren Nähe seines Monarchen. Was aber würde das bedeuten?

3. Potsdam

Die politischen und militärischen Exzesse Deutschlands im 20. Jahrhundert haben Preußen einen derart schlechten Ruf in der Welt verschafft, daß sein Name bald nach dem Ende des Zweiten Weltkriegs von der Landkarte verschwand. Gerade Preußen aber war das größte Land jenes «Zweiten Reiches» gewesen, das Bismarck 1871 in Versailles zusammengezimmert hatte, und es dominierte sogar darin, denn der König von Preußen sollte ex officio zugleich Kaiser des neuen Imperiums sein und Berlin seine Hauptstadt. Hitler proklamierte dann 1933 ausdrücklich sein «Drittes Reich» in Potsdams Garnisonkirche «an der Bahre» von Deutschlands «größtem König»,[39] womit der Preußenkönig Friedrich II. gemeint war. Der Geist von Weimar, in dessen Nationaltheater 1919 die deutsche Republik ihre Verfassung verkündete, hatte demjenigen von Potsdam zu weichen, was als Symbol vage genug blieb, um alle hypertrophen Machtansprüche Hitlers damit einigermaßen zu kaschieren. Die Idealisierung des «Preußentums» – es hat in deutscher Sprache nie ein «Sachsentum» oder «Bayerntum» gegeben – entstand jedoch bereits in der zweiten Hälfte des 19. Jahrhunderts. Es blieb ein gleichfalls vager und deshalb gefährlicher Begriff, in dem sich gewisse Tugenden von Tapferkeit und asketischer Lebensweise mit Vorstellungen von einem idealisierten Militarismus zum Ausbund allen «Deutschtums» verschwisterten. Preußisch, so schwärmte Oswald Spengler 1933, sei «ein Charakter, der sich selbst diszipliniert, wie ihn Friedrich der Große besaß»; das Heer im Ersten Weltkrieg aber sei der beste Erzieher der Deutschen gewesen, denn «preußisch ist die aristokratische Ordnung des Lebens nach dem Rang der Leistung».[40] Damit wollte Spengler zugleich andeuten, daß ihm die neuen Machthaber nicht behagten; aber die waren ohnehin aufs Grobe aus, nahmen, was ihnen gerade nützlich erschien, und eliminierten das Restliche.

Das Potsdam, in das der Fähnrich Heinrich von Kleist im späten Frühjahr 1795 mit seinem Regiment nach drei Kriegsjahren zurückkehrte, war noch nicht eine Ikone besagten «Preußentums», sondern es war ganz einfach die Residenzstadt, die die preußischen Könige im Laufe des 18. Jahrhunderts für sich und ihre Armee angelegt hatten, wobei sie es bei aller Sparsamkeit der Lebensführung an Aufwand und Pracht nicht hatten fehlen lassen. Vom Anfang seiner Regierung an, so erläutert Friedrich Nicolai 1786 in der Beschreibung Potsdams, habe König Friedrich II. diesen Ort zu seinem «Hauptwohnsitz»[41] neben der nahen Hauptstadt Berlin gewählt. Aber was immer an glanzvoller Architektur entstand, ihr hatten die «Kasarmen» die Waage zu halten – ein Wort, das Nicolai in privater Etymologie für «Kasernen» ableitete aus «casa», also Haus, und «arma», also Waffen.[42] Ein Teil der Armee war daneben in Bürgerhäusern einquartiert; alles in allem trug etwa ein Drittel der Einwohner Potsdams Uniformen. Aus der Perspektive der Soldaten samt deren Exerzierplätzen aber lernte Heinrich von Kleist die Stadt Potsdam erneut kennen, und sie beide, die Stadt und der Fähnrich, fanden kein gutes Verhältnis zueinander. Vier Jahre später bat Kleist den König – das war inzwischen Friedrich Wilhelm III. –, ihn aus dem aktiven Dienst in der Armee zu entlassen. Christian Ernst Martini, seinem einstigen Lehrer im heimatlichen Frankfurt, bekannte er bei dieser Gelegenheit, daß ihm der «Soldatenstand» verhaßt geworden sei. Überhaupt sei er ihm nie «von Herzen zugethan gewesen», weil dieser «etwas durchaus Ungleichartiges mit meinem ganzen Wesen in sich trägt», und es sei ihm jetzt lästig geworden, «zu seinem Zwecke mitwirken zu müssen»:

> Die größten Wunder militairischer Disciplin, die der Gegenstand des Erstaunens aller Kenner waren, wurden der Gegenstand meiner herzlichsten Verachtung; die Offiziere hielt ich für so viele Exerciermeister, die Soldaten für so viele Sclaven, und wenn das ganze Regiment seine Künste machte, schien es mir als ein lebendiges Monument der Tyrannei. Dazu kam noch, daß ich den übeln Eindruck, den meine Lage auf meinen Charakter machte, lebhaft zu fühlen anfing. Ich war oft gezwungen, zu strafen, wo ich gern verziehen hätte, oder verzieh, wo ich hätte strafen sollen; und in beiden Fällen hielt ich mich selbst für strafbar. In solchen Augenblicken mußte natürlich der Wunsch in mir entstehen, einen Stand zu verlassen, in welchem ich von zwei durchaus entgegengesetzten Prinzipien unaufhörlich gemartert wurde, immer zweifelhaft war, ob ich als Mensch oder als Offizier handeln mußte; denn die Pflichten Beider zu vereinen, halte ich bei dem jetzigen Zustande der Armeen für unmöglich.[43]

Das war in der Tat ein Dilemma, von dem ihn nichts als die Abwendung von dieser Lebensform befreien konnte, die ja doch bei mancher Freiheit im einzelnen auch den Offizier einer strengen Ordnung unterwarf.

Schon in die ersten Monate nach Kleists Rückkehr in die Garnison fiel zudem ein Ereignis, das ihn in der ganzen Tiefe seiner sensiblen Persönlichkeit treffen mußte, obwohl von seiner Reaktion darauf nichts bekannt geworden ist. Im Frankfurter Elternhaus hatte er einst, wie schon erwähnt, bei Martini Privatunterricht gehabt in Gemeinschaft mit zwei Vettern. Der eine nun, Carl Otto Philipp von Pannwitz, nur wenig älter als Kleist selbst, war als Soldat bei der Niederschlagung des Aufstandes in Polen eingesetzt gewesen und hatte sich, auf dem Wege zurück ins Elternhaus, in der Nacht vom 17. auf den 18. Oktober 1795 erschossen. Über die unmittelbaren Ursachen dieses Todes gibt es nur Spekulationen; hinsichtlich der mittelbaren läßt sich sagen, daß auf starrer Reglementierung basierende Gesellschaften zu allen Zeiten Suizide begünstigt haben. Kleists Potsdamer Regimentskamerad Hartmann von Schlotheim versuchte 1805, sich zu töten, aber er überlebte. Ein Verwandter, der Oberst Georg Friedrich Otto von Kleist, Direktor der Berliner Ecole militaire, erschoß sich 1806, angeblich wegen zu hoher Schulden.[44] Und schließlich wird auch Heinrich von Kleist selbst durch die eigne Hand aus dem Leben gehen.

Das Sensationelle und Provokante von Goethes Roman *Die Leiden des jungen Werthers* hatte vor allem darin bestanden, daß er mit dem Suizid des Helden grundsätzliche existentielle Fragen nach dem Recht und der Freiheit des Individuums in einer christlichen Weltordnung aufwarf, die ja dem Menschen die Verfügungsberechtigung über das eigene Leben abspricht. Ende 1797 verfaßte Ludwig Achim von Arnim als Schüler des Joachimsthalschen Gymnasiums in Berlin einen Aufsatz *Ueber den Selbstmord*, in dem er zwar der christlichen Verurteilung solcher Tat am Ende recht gibt, aber denjenigen zu entschuldigen bereit ist, «der in dem Augenblicke, der ihm das Theuerste entrissen, wo ihm nun nichts mehr werth auch sein Leben verächtlich ist, ohne Freunde, ohne irgend eine mitfühlende Seele, der in diesem Taumel der Verzweiflung den richtigen, letzten Streich führt».[45] Bald darauf, am 23. Juli 1798, erschoß sich Arnims Schulfreund, der Hallenser Student der Rechte Franz Carl Georg von der Goltz.[46] Das Problematische aller Selbsttötung hat Arnim sein ganzes Werk hindurch weiter verfolgt, angefangen mit seinem wertherisierenden Briefroman *Hollin's Liebeleben* aus dem Jahre 1802.

Selbsttötung als Flucht aus einem unerträglich oder bedeutungslos gewordenen Leben war also offensichtlich zu einem Zeitphänomen geworden, in der Wirklichkeit wie im Spiegel der Kunst. Literarische Symptome einer anhaltenden «Wertherkrankheit» gab es gerade um die Wende vom 18. ins 19. Jahrhundert auch außerhalb des deutschen Sprachbereichs, so bei Chateaubriand und Ugo Foscolo, dort gemeinhin in Zusammenhang mit dem europäischen Ennui gebracht. Das Verhältnis zwischen europäischen und preußischen Symptomen einer solchen «Krankheit» allerdings ist schwer zu bestimmen. Regional Deutsches hat wohl Theodor Fontane am deutlichsten gekennzeichnet in seiner Novelle *Schach von Wuthenow* aus dem Jahre 1883, der ja der Fall eines weiteren tatsächlichen Offiziers-Suizids aus dem Preußen um 1800 zugrunde liegt – das Modell dafür, der Major von Schack, gehörte zu dem Kreis um Prinz Louis Ferdinand. Bei Fontane nun heißt es von der preußischen Armee, sie besitze «statt der Seele nur noch ein Uhrwerk», und ein «Gesellschaftsgötze» unterdrücke die «schönsten und natürlichsten Regungen».[47] Das war sicher richtig, aber was immer diesem «Preußentum» als Inbegriff eines inhumanen Militarismus anzulasten sein mag an Verantwortung für die politische Katastrophe nach 1806 – es greift zu kurz für das Verständnis persönlicher Krisen in diesen Jahren. Diese lassen vielmehr erkennen, daß auch Preußen auf seine Weise Anteil hatte an jenem großen europäischen Mentalitätswandel, der sich im Übergang aus dem Zeitalter des Absolutismus und der Aufklärung in ein bürgerliches und industrielles Zeitalter vollzog. Zeiten der Übergänge sind Zeiten gesteigerter persönlicher Unsicherheit, aber sie haben auch die Tendenz, geistig besonders fruchtbar zu sein, was denn ebenfalls für die Epoche gilt, in der sich das Leben Heinrich von Kleists vollzog und sein Werk entstand.

Der Wind großer Wandlungen und Veränderungen wehte auch nach Potsdam hinein. Friedrich der Große war ein asketischer Dynast gewesen, sein Nachfolger Friedrich Wilhelm II. hingegen ein kunstsinniger Lebemann. Dessen Sohn aber, Friedrich Wilhelm III., gab sich samt seiner Ehefrau Louise und ihren neun Kindern bei allem Adelsstolz als staatsbürgerlicher Familienvater. Nur war er weder Citoyen,

Friedrich Wilhelm III. im Park von Charlottenburg mit Prinz Wilhelm und
Prinz Heinrich (stehend) und Königin Louise und Prinzessin Marianne (sitzend).
Ausschnitt eines Stiches von Friedrich Wilhelm Meyer nach einem Gemälde
von Heinrich Anton Dähling (um 1805)

noch mußte er sein gekröntes Haupt auf ein deutsches Schafott legen.
Darin, in dieser essentiellen Beibehaltung des Ancien régime, bestand
die ganze Eigenart und Problematik deutsch-preußischer politischer
Realität. Kleists Ausbruch aus dem nach festen Regeln verlaufenden
Offiziersdasein um der Entfaltung seiner Anlagen und Neigungen wil-
len drängte ihn notwendigerweise ins Bürgerliche, das ihm wiederum

sein Stand versperrte oder zumindest schwierig machte. Gefühle durften, wie bei König und Königin, Grenzen überspringen, die dennoch
festgemauert blieben: Daß die Heirat des Königs, wie immer sie dynastischen Interessen entsprach, eine Liebesheirat war, spürte nicht nur
Novalis in seinen Fragmenten über den «König und die Königin» in
den *Jahrbüchern der Preußischen Monarchie*, sondern haben auch die
Briefe der jungen Prinzessin und späteren Königin bestätigend sichtbar gemacht. Um einer tiefen Liebe willen blieb Kleists Freund Ludwig von Brockes ehelos, und um der Liebe willen kam es in Kleists
engstem Kreise mehrfach zu Scheidungen, die von neuen Gesetzen,
insbesondere dem *Code Napoléon*, begünstigt wurden. Der Übergang
zu einer bürgerlichen Gesellschaft, wie ihn die französische vollzog,
blieb nur eben bei den Deutschen halbwegs stecken, aber Mentalitäten wandelten sich auch hier.

Heinrich von Kleist war noch nicht achtzehn, als er nach Potsdam
zurückkam. Welch großer Widerstand sich auch im Laufe der Zeit in
ihm gegen seine augenblickliche Existenz aufbaute – Jahre einer
zunehmenden Verdüsterung waren es durchaus nicht. Strengen Dienst
rund um die Uhr gab es zwar, aber nur für eine begrenzte Zeit des
Jahres, insbesondere während der Manöver. Jenseits dessen wurde
Urlaub großzügig gewährt, auch zu Vergnügungsreisen; ohnehin hatten die Offiziere den größeren Teil ihres Unterhalts aus eigenen Mitteln zu bestreiten. Friedrich Wilhelm II. sah sich überdies gern als
Mäzen der Künste einschließlich der Architektur, nicht nur in Potsdam, sondern auch in Berlin; es wurde die Zeit des preußischen Klassizismus mit dem alle Wechselfälle der Geschichte überdauernden
Symbol des Brandenburger Tores, das ja, wie schon erwähnt, unter
seiner Ägide errichtet wurde. Aber er war eben auch Bonvivant, und
manche irisierenden Persönlichkeiten bewegten sich in engeren oder
weiteren Kreisen um ihn.

Kleist war seinem Wesen nach ein geselliger, der Freundschaft
fähiger wie ihrer bedürftiger Mensch. Freundeskreise entstanden, wie
es nur natürlich war in diesem dafür so empfänglichen Lebensalter,
und zwei dieser Freunde haben ihn dann auch auf der größeren
Strecke seines restlichen Lebens begleitet. Der erste davon war Otto
August Rühle von Lilienstern, am 16. April 1780 in Berlin geboren,
also zweieinhalb Jahre jünger als Kleist. Rühle war ebenfalls Fahnen-
junker im Regiment Garde, und auch ihm waren, wie Kleist, stram-

mer Drill und die Monotonie des Soldatendaseins zuwider, aber wenn ihn seine Lebenslust zur Auflehnung dagegen trieb, so verschaffte ihm seine Lebenstüchtigkeit Auswege, auf denen er dennoch Anerkennung finden und mit Geschick seine vielseitigen Talente entwickeln konnte, zu denen durchaus sein Interesse am Militärischen gehörte. Gerhard Scharnhorst, damals Leiter der Berliner Kriegsakademie, zählte ihn nach dem überragenden Clausewitz zu seinen tüchtigsten Schülern. Rühle war also jener Generation von intellektuellen, «wissenschaftlichen»[48] Offizieren zugehörig, von denen später die Reformen des preußischen Heeres ausgingen. Er erwarb sich schriftstellerisches Ansehen als Kriegschronist des Feldzugs 1806 und später mit seinen Erinnerungen an die *Reise eines Malers mit der Armee im Jahre 1809*, aber ebenso als Herausgeber des militärisch-politisch orientierten Journals *Pallas*, das 1808 parallel zu Kleists *Phöbus* in Dresden begann. Denn dort war er inzwischen als Prinzenerzieher im Dienste des Herzogs von Sachsen-Weimar tätig geworden und holte Kleist, als dieser 1807 aus französischer Gefangenschaft zurückkam, zu sich. Rühle blieb später als Kriegshistoriker und Direktor einer Kriegsakademie beim Militär und erreichte den Rang eines Generals. In Potsdam aber waren es zunächst die gemeinsamen Erkundungen auf den Feldern der Naturwissenschaft und der Philosophie, die ihn mit Kleist und seinen anderen Freunden verbanden. Denn für den Hunger nach Wissen und Erkenntnis bot der Dienstplan keine Nahrung.

Der andere Freund Kleists, Ernst von Pfuel, erklomm später noch größere Höhen als Rühle; zur Zeit der Revolution von 1848 wurde er Gouverneur von Berlin und General der Infanterie, später sogar preußischer Kriegsminister und Ministerpräsident, dies allerdings glücklos. Kleist begegnete er zuerst, als er 1797 Fähnrich beim Regiment Nr. 18 wurde, jenem Teil der Garde, dessen Kommandeur der König persönlich war. Pfuel, am 3. November 1779 geboren, also zwei Jahre jünger als Kleist, wurde sein engster, ja intimster Freund, mit dem er lange Reisen in die Schweiz und nach Paris unternahm. Naturwissenschaftliche und philosophische Interessen verbanden auch hier die beiden. Vor allem aber war Pfuel einer der ersten Empfänger von Kleists Werken, die er eindrucksvoll in Gesellschaften vortrug. Pfuel, ebenfalls gelangweilt von der Eintönigkeit und Geistlosigkeit militärischer Routine, suchte schließlich, wie Kleist, den Abschied von der Armee, kehrte aber während der napoleonischen Kriege zu ihr zurück.

Schriftstellerische Neigungen besaß auch er und wurde mit ihnen sogar einer der frühesten deutschen Sporttheoretiker. In Rühles *Pallas* veröffentlichte er 1810 einen Aufsatz über *Kriegskunst und Fechtkunst* und die «logistischen Berechnungen»[49] hinter beiden Künsten. Außerdem aber propagierte er vor allem das Schwimmen, eine Fähigkeit, die damals im Unterschied zu Fechten und Reiten durchaus noch nicht selbstverständlich für junge Offiziere war. Erst dann, «wenn man spürt wie das Wasser sich jeder Bewegung der Glieder gehorsam fügt, wenn aus dem Kampf ein Spiel geworden», entstehe das Gefühl der Kraft; «Kraft und Lust sind aber eins.»[50]

Pfuel und Rühle waren im Grunde Intellektuelle mit dem Bedürfnis, zu lernen, Wissen zu vermitteln und kreativ tätig zu sein. Nur nötigte sie ihr Stand – zumindest in Preußen – von vornherein dazu, Offiziere zu werden, während er sie, wie ja auch Kleist, gleichzeitig daran hinderte, eine bürgerliche Laufbahn einzuschlagen. Professoren wurden die bürgerlichen Fichte, Schlegel, Schelling, Hegel oder Schleiermacher. Solche informelle Standesklausel war allerdings nicht auf Preußen beschränkt. Auch Friedrich von Hardenberg, also Novalis, hat nie ernsthaft erwogen, eine Lehrtätigkeit anzunehmen, zu der er die besten Qualifikationen gehabt hätte; für eine Karriere stand ihm in Sachsen allein die hohe Verwaltungslaufbahn zur Verfügung. Nur ins Militär wurde er dort nicht genötigt. Aber im Unterschied zu ihm waren Kleist, Pfuel und Rühle im Grunde Autodidakten, die sich, teils mit Hilfe von Lehrern hier und da, jenes Wissen anzueignen versuchten, das sie nach eigenem Ermessen für nötig hielten, außer den alten Sprachen vor allem die Mathematik. Das Bedürfnis nach formeller und fundierter, dem eigenen intellektuellen Niveau entsprechender Ausbildung, also nach einem Universitätsstudium, wie es Hardenberg genoß, blieb aber auch bei ihnen bestehen.

Die Brücke zwischen Mathematik und den Musen schlug die Musik, die schon bei Friedrich II. am preußischen Hofe eine bedeutende Rolle gespielt hatte und die nun durch die Neigungen des nächsten Königs eine noch stärkere im gesellschaftlichen Leben selbst der jüngsten Offiziere spielte. Rühles Memoiren berichten von einem «ausgezeichneten Quartett», das er, Kleist, Hartmann von Schlotheim und Carl von Gleißenberg, ein weiterer Regimentskamerad, gebildet haben sollen. Und er schwärmte später davon, wie sie zu viert und zum Vergnügen «als reisende Musikanten» einen Ausflug in den Harz gemacht und sich ihren Unterhalt durch das Aufspielen «in Dörfern und Städten» verdient hätten, was im übrigen durchaus von den Vorgesetzten geduldet wurde.[51] Es war offenbar doch Musizieren von einiger Kompetenz, wie für Kleist Musik überhaupt ein Lebenselement und Denkmedium bildete. Mit welchen Instrumenten die jungen Herren musizierten, verrät Rühle freilich nicht. Kleist hatte allerdings schon früh in seiner Potsdamer Zeit die Klarinette gewählt und sich darin unterrichten lassen, jenes Instrument, von dem man sagte, daß es der menschlichen Stimme am nächsten komme, obwohl es damals anders klang als heute. Eine Art musikalische Urerfahrung mit dem Instrument hat er einmal selbst in einem Brief an Wilhelmine von Zenge beschrieben, freilich in didaktischer Absicht hinsichtlich der Empfängerin. Man könne die Mundstücke zwar, so Kleist, zu Dutzenden auf der Messe kaufen,

> aber wenn man sie braucht, so ist kein Ton rein. Da gab mir einst der Musicus Baer in Potsdam ein Stück, mit der Versicherung, das sei gut, *er* könne gut darauf spielen. Ja, *er*, das glaub' ich. Aber *mir* gab es lauter falsche quickende Töne an. Da schnitt ich mir von einem gesunden Rohre ein Stück ab, formte es nach meinen Lippen, schabte u kratzte mit dem Messer bis es in jeden Einschnitt meines Mundes paßte – – u das gieng herrlich. Ich spielte nach Herzenslust.[52]

Für musikalisches Talent nun gab es ein starkes Vorbild in höchsten Kreisen, den Prinzen Louis Ferdinand, einen Vetter des Königs und vielleicht eine der interessantesten, glanzvollsten, wenngleich auch schillerndsten Figuren, die ein preußischer Hof hervorgebracht hat. Louis Ferdinand war leidenschaftlicher und kompetenter Musiker; Beethoven, der mit ihm in Berlin musiziert hat, soll von ihm gesagt haben, er «spiele gar nicht königlich oder prinzlich, sondern wie ein tüchtiger Klavierspieler,»[53] was gerade wegen des Kommentars hinsichtlich seines Standes ein ernst zu nehmendes Lob durch den Republikaner Beethoven war. Die eigenen Kompositionen des Prinzen haben ihn sogar überdauert und sind heutigentags in modernen Einspielungen greifbar. Louis Ferdinand war allerdings noch vieles andere als ein Musiker. So war er Held als Offizier im Kriege gewesen, der einen schwer verwundeten gemeinen österreichischen Soldaten auf dem Rücken aus dem feindlichen Feuer trug.[54] Er war Regimentskommandeur in Magdeburg, und ein strenger, zuweilen harter sogar, der dorthin geschickt wurde, weil er in der Provinz erwachsen werden sollte, vielleicht aber auch, um die Berliner Gesellschaft vor ihm zu schützen oder ihn vor dieser.

Theodor Fontane hat Jahrzehnte später von ihm in einer Ballade geschwärmt:

> Sechs Fuß hoch aufgeschossen
> Ein Kriegsgott anzuschaun,
> Der Liebling der Genossen,
> Der Abgott schöner Fraun,
> Blauäugig, blond verwegen,
> Und in der jungen Hand
> Den alten Preußendegen –
> Prinz Louis Ferdinand.[55]

Das stimmte nur bedingt. Denn bei Frauen schätzte der Prinz nicht nur Schönheit, sondern auch Geist; verehrend und verehrt war er des öfteren im Salon der Rahel Levin zu Gast, die ihn freundschaftlich liebte wie er sie. Was freilich die «Genossen» betraf, so halfen ihm die vor allem bei seiner stärksten Schwäche, dem Schuldenmachen. Alles in allem ist Louis Ferdinand wohl am ehesten eine Art preußischer Dandy zu nennen, nur eben eingeschränkt durch die Normen eines Militärstaats, die den englischen Urbildern erspart blieben. Wahrscheinlich hätte er selbst es wohl als konsequent empfunden, daß er 1806 bei Saalfeld fiel, einige Tage vor der Schlacht bei Jena und Auerstedt, in der die preußische Armee alten Stils von Napoleon zerschlagen wurde.

Ob Kleist und Louis Ferdinand einander je begegnet sind, ist nicht überliefert. Sehr früh hat Kleist jedoch in Potsdam einen der «Genossen» des Prinzen kennengelernt: Peter von Gualtieri, der sich Pierre nannte, wie er es überhaupt vorzog, französisch zu sprechen und zu schreiben, selbst an Goethe. Zu Gualtieris Umgang in Potsdam und Berlin zählten der Major von Schack und Friedrich Gentz, eine andere gleißende, irisierende Figur, deren Wege diejenigen Kleists später kreuzten. Gualtieri, 1763 in Bernau als Sohn eines hugenottischen Predigers geboren, war damals in Potsdam Major und «Flügeladjutant des Königs», und er habe ihm «viel Wohlwollen»[56] bezeugt, wie Kleist im Juli 1804 seiner Schwester Ulrike schrieb. Gualtieri war zu diesem Zeitpunkt gerade zum preußischen Gesandten in Madrid ernannt worden und wollte nun dem damals aus einer dunklen Episode der Krankheit und tiefer seelischer Wirren nach Berlin zurückgekehrten und nach Halt suchenden Kleist den Posten eines offenbar zunächst undotierten «Legations-Rathes» in Spanien anbieten,[57] was aber allem Anschein nach höheren Orts verhindert wurde. Gualtieri hatte nicht den besten Ruf von Stabilität und Zuverlässigkeit. «Halb Soldat, halb *bel esprit*, halb Hofmann, halb Biedermann, halb Deutscher, halb Franzos», dabei «ein rechter Stockpreuße, und ohne es zu wollen – denn er hatte die Prätension ein *roué* zu sein –, ein grundehrlicher Kerl und ein umgänglicher Geselle»: so hat ihn der dänische Geschäftsträger in Madrid einmal charakterisiert.[58] Wie der Prinz beherrschte auch Gualtieri vor allem die hohe Kunst des Schuldenmachens, aber ohne dessen Rückhalt, so daß mit ihm und dem zur Zeit stellungslosen, gleichfalls instabilen und außerdem mittellosen Kleist der preußische Staat keine sehr vielversprechende Repräsentation auf der iberischen Halbinsel erhalten hätte. Gualtieri ging allein nach Madrid und starb dort bald darauf. Rahel Levin, die ihn ihren «einzigen Freund» nannte, hat liebevoll analysierend von seiner Klage über den «schlechten Moment» seiner «Nichtigkeit» berichtet, den er vergeblich zu «vernichten» suchte, aber sie zählte ihn zugleich unter die «vier eitelsten Menschen», die sie gekannt habe.[59] Kleist hat ihm dann einen bewegenden Nachruf geschrieben, der den Typ des hochstaplerischen, geistvoll-interessanten, von einem Hauch der Melancholie umwehten und mit dem Leben spielenden Elegants und Glücksritters scharf und einfühlend charakterisiert und, nebenbei bemerkt, auch ein kleines Meisterstück Kleistscher Prosa ist. Adressat dieses Briefes aber ist eine Frau, die ihm ebenfalls zuerst in diesen frühen Potsdamer Jahren begegnete und die, neben der Schwester Ulrike, bis in die letzten Tage seines kurzen Lebens die engste Vertraute geworden ist: Gualtieris Schwester Marie. An sie also schrieb er im Juli 1805:

Also Pierre ist, der gute Pierre ist todt? Nun, Friede mit seiner Asche! Nichts heilsameres für ihn als das Grab, alle Höfe der Welt nicht ausgenommen. – Sie aber hätten mir wohl etwas mehr von ihm sagen können. Ich erfahre nichts über die Art seines Todes, nicht *wann*, nicht einmal *wo* er sein Grab gefunden hat. Und doch wissen Sie, daß ich mich mehr vielleicht als irgend Einer, seine Verwandten selbst nicht ausgenommen für ihn interessirte. Der gute Pierre! Der liebe, gute, wunderliche Pierre! – Ich liebte ihn wirklich, obschon er mich, wie alle Übrigen, verachtete. Denn ich wußte, er verachtete in mir nichts, als die Menschheit, nichts, was er nicht in sich auch verachtet

Peter (Pierre) von Gualtieri. Gemälde eines unbekannten Künstlers

hätte. Ich weiß, Sie lächeln; ich aber lächle auch. Ich habe diese Erfahrung unter denjenigen Bedingungen gemacht, unter denen sie sich wirklich machen *ließ*, in der vertrauten Einsamkeit eines täglichen und tagelangen Umgangs vieler Monden. Ein Theil seiner war verliebt in den andern, und der verachtete jenen tiefer, als er den Schlechtesten unter uns. Mir war er eine rührende Erscheinung, dieser Mensch. Eine von den vielen Anlagen, die die Natur zertrit, weil sie deren zu viel hat. So viel Stoff zum Glücke, und so wenig *Fähigkeit* des Genusses! Ich hätte oft weinen mögen auf unsern Spaziergängen. Unser ewiges, und immer wieder durchblättertes Gespräch war, wie in den Youngschen Nachtgedanken, wo er auch auf jeder Seite steht, der Tod. Nun, er ruhe sanft. Er wäre auf jedem Wege in sein Verderben geeilt. Sein Verstand war aller Grundsätze mächtig geworden, er gieng, *und wußte es*, ohne Stab, an den er sich halten könnte, auf dem schmalen Rücken eines schroffen Felsens, durchs Leben hin. Jedweder Windstoß hätte ihn gestürzt.[60]

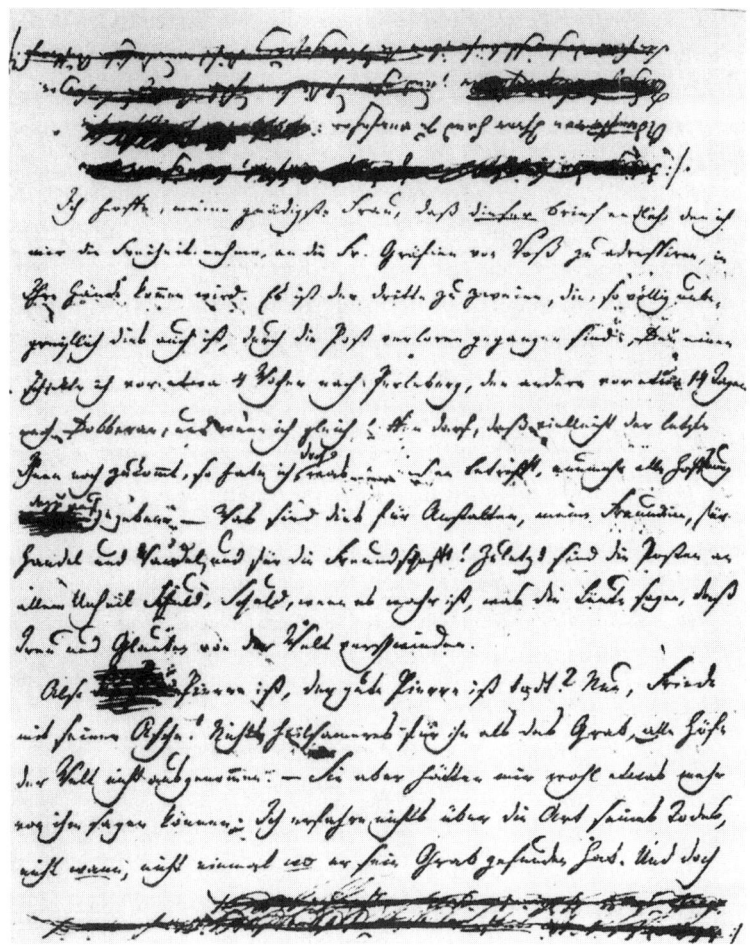

«der gute Pierre ist todt»: Kleist an Marie von Kleist
am 20. Juli 1805 (S. 1)

Es sind Zeilen, die mit ihrer scharfen und zugleich anteilnehmenden
Beobachtungsgabe etwas von den Grundlagen für Kleists Kunst sichtbar machen, denn er, der eher Menschenscheue, blickte tief in sie hinein. Außerdem aber dürfte dieser Nekrolog nicht wenig dazu beigetragen haben, ihm Achtung und Zuneigung von dessen Schwester zu
gewinnen. Marie von Gualtieri, 1761 geboren und also sechzehn Jahre
älter als Kleist, war mit Friedrich Wilhelm Christian von Kleist,

einem entfernten Verwandten Heinrichs aus einer anderen Linie der Familie, verheiratet – die Ehe wurde 1812 getrennt. Als einflußreiche Hofdame der Königin Louise hat sie später Kleist unterstützen können, hat einige seiner schönsten und reichsten Briefe empfangen und leider auch eine Reihe davon vernichtet.

Noch einer zweiten, um einige Jahre älteren Frau begegnete Kleist damals in Potsdam, und auch ihr öffnete er sich später in Briefen: Adolphine von Werdeck, geborene von Klitzing. Sie, 1772 geboren, war seit 1791 mit dem Potsdamer Kriegs-, Steuer- und Regierungsrat Christoph Wilhelm von Werdeck verheiratet; die Ehe wurde 1813 geschieden. In seinem großen, bereits erwähnten Brief aus Paris an sie beschwor er ihr gegenüber im Juli 1801 Erinnerungen herauf an die erste Zeit ihrer Bekanntschaft vor sechs Jahren:

> Sechs Jahre! Wie viele Gedanken, wie viele Gefühle, wie viele Wünsche, wie viele Hoffnungen, wie viele Täuschungen, wie viele Freuden, wie viele Leiden schließen sechs Jünglingsjahre ein! Wie der Felsen, dessen drohender Gipfel, wenn wir unter seinen Füßen stehen, Erstaunen u Verwunderung in unsrer Seele erregt, nach u nach, wenn wir uns von ihm entfernen, immer kleiner u kleiner wird, und endlich zu einem dämmernden Pünctchen schwindet, das wir mühsam suchen müssen, um es zu finden, so werden auch die großen Momente der Vergangenheit immer kleiner u kleiner – Selbst Gefühle an deren Ewigkeit wir nicht zweifelten, schwinden ganz aus dem Gedächtniß.

Und weiter heißt es dann: «Es war eine Zeit, wo ich nicht glaubte, daß diese Seele jemals einen andern Gedanken bearbeiten würde, als einen einzigen, jemals ein anderes Gefühl lieb gewinnen könnte, als ein einziges; und jetzt muß eine Zeitung mir in die Hände fallen, oder ein Comet über die Erde ziehen, um mich seiner zu erinnern –? Ach, die Liebe entwöhnt uns von ihren Freuden, wie die Mutter das Kind von der Milch, indem sie sich Wehrmuth auf die Brust legt.»[61] Was immer für eine «Zeitung», also eine Nachricht in der Sprache der Zeit, Kleist in Paris zur Erinnerung an die Werdecks veranlaßt haben mag – er hat sie beide bald darauf dort getroffen – offen muß bleiben, ob sich daraus das Eingeständnis einer Neigung zu der älteren Frau herauslesen läßt oder ob es eher Teil einer schwungvollen Schreiblust war, die nicht unmittelbar beim Wort zu nehmen ist. Andere umfangreiche Briefe aus den gleichen Pariser Tagen an Wilhelmine von Zenge und Caroline von Schlieben könnten eher das letztere nahelegen.

Ganz regelrecht verliebt hat sich Kleist in Potsdam schließlich in eine junge Dame, in die Generalstochter Louise von Linckersdorf. Nur ging das wie die meisten Jugendlieben vorüber, aber ohne tiefe Narben zu hinterlassen. Seiner Braut Wilhelmine von Zenge hat er von den Erinnerungen daran und einem Wiedersehen mit der einstigen Freundin bei seiner Durchreise durch Potsdam im Jahre 1800 selbst erzählt:

> Wie erstaunte ich nun, wie froh erstaunte ich, als ich in jenem niedrig-dunkeln Zimmer, zu welchem ich des Abends so oft geschlichen war, *Louisen* entdeckte. Ich grüßte sie tief. Sie erkannte mich gleich, u dankte mir sehr, sehr freundlich. Mir strömten eine Menge von Erinnerungen zu. Ich mußte einigemal nach dem einst so lieben Mädchen wieder umsehen. Mir ward ganz seltsam zu Muthe. Der Anblick dieses Mädchens, das mir einst so theuer war, u dieses Zimmers, in welchem ich so viele Freude empfunden hatte – – – Sei ruhig. Ich dachte an Dich u an die Gartenlaube, noch ein Augenblick, u ich gehörte wieder *ganz Dir*.[62]

Das war noch Jünglingskummer gewesen; die Trennung von Wilhelmine von Zenge hat ihn dann sehr viel tiefer getroffen, weil sie aus ihm selbst entstand, wie er wohl fühlte, auch wenn er es nicht wußte oder wissen wollte.

Und das andere, das bei den auf einen Ehemann zu warten habenden Generalstöchtern nicht zur Verfügung gestanden haben dürfte – wie war es damit? Die Frage, weil unbeantwortbar, wäre ganz und gar überflüssig, wenn nicht bei Heinrich von Kleist der Eros als bindende wie zerstörende Kraft in den Gestalten seiner Phantasie eine so eminente Rolle spielte. Wie ist ihm Sexualität begegnet in der Männergesellschaft einer Armee, wie auf den Kriegszügen, wie in dem Garnisonsdasein? Die Zahl junger lediger Männer übertraf in Potsdam diejenige der Frauen um ein Beträchtliches; die jungen Offiziere insbesondere waren schon allein des geringen Einkommens wegen auf lange Zeit zur Ehelosigkeit verurteilt. Offene und verdeckte Prostitution existierte ebenso wie die Anziehung durch das eigene Geschlecht; daß man auf Reisen mit Kameraden gelegentlich das Bett teilen mußte, war nicht unüblich, und zu Hause schliefen die Burschen der Offiziere in den Vorzimmern, wie Kleist es schon auf seiner ersten Reise in den Krieg erlebte. Mit der Einführung des *Allgemeinen Landrechts* war in Preußen die Todesstrafe für gleichgeschlechtliche Handlungen zwischen Männern auf eine Gefängnisstrafe von unterschiedlicher Dauer herabgesetzt worden, was allerdings nicht schon als Ermutigung zu verstehen ist; geächtet und strafbar blieben dergleichen Handlungen allemal, und Kirche und Medizin – es wird darüber noch zu reden sein – schlossen sich außerdem zum Tadel sexuellen Verkehrs selbst zwischen den Geschlechtern zusammen, wenn er nicht ehelich im Dienste der Fortpflanzung stand, von dem «verdammenswürdigen Übel» der «Selbstbefleckung» ganz abgesehen.

So jedenfalls stand es um die intimsten Dinge, als sich Heinrich von Kleist auf den Weg ins Privatleben machte, denn dazu hatte er nun, im Anfang 1799, den festen Entschluß gefaßt, bevor die Frühjahrsmanöver anfingen, die ihn wieder ganz in die Gewalt eines mechanischen Dienstes gebracht hätten. Im März 1797 war Kleist zum Seconde-Lieutenant befördert worden; er war nun selbst Offizier, Garde-Offizier in der unmittelbaren Nähe des Königs, den er kannte und der ihn kannte und gelegentlich sah. Es ist heute sicherlich schwer, die ganze Tragweite und Wirkung von Kleists Entscheidung zu verstehen. Für eine Offiziersfamilie von langer Tradition in einem Staat mit einer so strengen militärisch-hierarchischen Struktur, wie sie Preußen besaß, bedeutete der Abschied von der Armee den Bruch mit eben dieser Tradition und damit zugleich ein Wagnis, wenn nicht gar ein Abenteuer, weil es das Risiko des gesellschaftlichen Ostrazismus einschloß. Noch größer aber mußte das finanzielle Risiko erscheinen, weniger für die unmittelbare Gegenwart, denn da war Unterstützung ohnehin nötig, wohl aber für die Zukunft; eine reiche Familie waren die Kleists ja durchaus nicht. Allein, es zählen alle solche Bedenken nicht, wenn es darum geht, sich frei zu machen von dem, was sich wie eiserne Bänder um Brust und Kopf gelegt hatte.

Kleist reiste nach Frankfurt an die Oder, um seiner Familie, also den Geschwistern und dem Vormund, mitzuteilen, daß er studieren wolle, was natürlich Kopfschütteln und Bedenken hervorrief. Die Einwände sind errechenbar – nicht bare Verständnislosigkeit war da am Werk, sondern eher praktische Alltagsvernunft. Worauf auch hätten sich große Hoffnungen gründen sollen, zu denen der schwierige Bruder bis dahin Anlaß gegeben hätte? Welche «Brodwissenschaft» er denn ergreifen wolle, ob Jurisprudenz oder die «Cameralwissenschaft», also Wirtschaftswissenschaften – denn das Familienvermögen erlaubte nicht eine frei schweifende Existenz nach Lust und Laune.[63] Die Bindung an ein «Amt», wie Kleists Stichwort dafür von nun an lautete, also die neuerliche Einordnung in die Hierarchie des Staates, nur nicht in Uniform, war die nächstliegende Option. Aber um sich möglichst bald wieder in den festgeschriebenen Bahnen eines Berufsdienstes zu bewegen, wollte er wiederum nicht den wagemutigen und geradezu provokanten Schritt vom Gardeoffizier zum Privatier tun. Auf einen zeitweiligen Studienurlaub von der Armee jedoch mochte sich Kleist ebenfalls nicht einlassen; Kompromisse waren nicht seine Sache.[64]

In der Heimatstadt nun besuchte er zugleich den einstigen Hauslehrer Martini, der inzwischen Subrektor am Lyzeum geworden war, und hier fand er offene Ohren und ein offenes Herz. Bald nach der Rückkehr nach Potsdam hat Kleist dann noch einmal an Martini geschrieben, seinen längsten Brief überhaupt und eine Art Protokoll zugleich des Frankfurter Gesprächs. Kleists bittere Klage darin über den Widerspruch zwischen Soldatsein und Menschsein ist bereits an früherer Stelle zitiert worden. Nun aber zielte alles auf einen «neuen Lebensplan», keinen «festen», wie sein Vormund wollte. Um die «Wissenschaften», so Kleist, gehe es ihm – Mathematik, Logik, Latein und «literarische Encyclopädie». Denn in einem Jahrzehnt, das die Philosophie mit einer für die junge Generation sensationellen «Wissenschaftslehre» als Philosophie der Philosophien bereicherte, lebte auch die Suche nach dem Verbindenden zwischen allem Wissen auf, nach einer Methodenlehre des Wissens, einer Enzyklopädistik, wie Novalis das nannte. Später wolle Kleist dann nach Göttingen gehen,

> um mich dort der höheren Theologie, der Mathematik, Philosophie und Physik zu widmen, zu welcher letzteren ich einen mir selbst unerklärlichen Hang habe, obwohl in meiner früheren Jugend die Cultur des Sinnes für die Natur und ihre Erscheinungen durchaus vernachläßigt geblieben ist und ich in dieser Hinsicht bis jetzt Nichts kann, als mit Erstaunen und Verwunderung an ihre Phänomene denken.[65]

Martini versicherte er, schon bisher «mehr Student als Soldat» gewesen zu sein – es ist der tiefe Hunger nach Wissen und Bildung, der aus solchen Zeilen spricht. Ebenso bieten sie freilich ein Indiz für die schmale geistige Kost, die den jungen Offizieren zur Verfügung stand und die der «Conrektor Bauer», Johann Heinrich Ludwig Bauer von der Großen Stadtschule in Potsdam, der Kleist Privatunterricht gab, allenfalls unsystematisch anreichern konnte.

So stellte Heinrich von Kleist bei seinem König den Antrag, zum Studium der Wissenschaften ins zivile Dasein der Heimatstadt Frankfurt entlassen zu werden. Sein Chef, der General Ernst Friedrich Wilhelm Philipp von Rüchel, soll es nicht gern gesehen haben, denn überall betrachtete der «die Welt mit den Augen eines Edelmannes, der, außer der Ehre, keinen Gegenstand des Interesses kennt,»[66] wie sein Zeitgenosse Friedrich Buchholz sarkastisch meinte, und Ehre manifestierte sich allein im militärischen Rang. Aber da Rüchel zugleich auch naiv und weich war, dauerte der Widerstand nicht an. Am 4. April 1799 wurde Kleist der erbetene Abschied bewilligt. Friedrich Wilhelm III., «welcher viel Gnade für ihn hatte» und ihn eigentlich gern seiner Armee erhalten hätte,[67] hatte schließlich «gegen Euren Vorsatz euch den Studien zu widmen nichts einzuwenden, und wenn Ihr euch eifrig bestrebet Eure Kenntniße zu erweitern u. euch zu einem besonders brauchbaren Geschäftsmanne zu bilden»,[68] so wolle er sich auch weiterhin als sein gnädigster König bezeigen. Die Bedingung, «daß ich weder ohne Dero allerhöchsten Consens jemals in auswärtige Krieges- oder Civil-Dienste treten, noch in Höchstdero Staaten wiederum in Königl. Kriegsdienste aufgenommen zu werden, anhalten will», unterzeichnete Kleist nur zu gern, denn eben davon wollte er ja loskommen, obwohl sich das später noch einmal ändern sollte, als die Wasser über ihm zusammenzuschlagen drohten. Jetzt brauchte er nur zu versichern, «nach Absolvirung meiner Studia Sr. Majestät dem Könige und dem Vaterlande im Civilstande zu dienen», und so konnte er nun definitiv unterzeichnen mit «Heinrich v. Kleist / vormals Lieut. im Regt. Garde.» Die Schlußformel «So geschehen Francfurt a/Oder den 17ten Aprill 1799»[69] mochte für ihn sogar einen Moment lang einen lustvoll triumphierenden Beiklang gehabt haben. Heinrich von Kleists Jugend war zu Ende.

III. LEBENSPLÄNE

1. Goldne Unabhängigkeit

Nun war er frei. Aus dem Seconde-Lieutenant war tatsächlich der Privatier Heinrich von Kleist geworden, entlassen in die «goldne Unabhängigkeit»,[1] wie er das hoffnungsvoll in seinem langen Brief vom März 1799 an Christian Ernst Martini nannte. Es ist allerdings eine immer neue alte Erfahrung jeder Generation zu allen Zeiten, daß Unabhängigkeit nicht nur golden, sondern manchmal auch recht eisern sein kann. Martini gegenüber hatte Kleist geklagt, daß er sich in der monotonen Härte des Soldatseins immer wieder von zwei «entgegengesetzten Prinzipien»[2] gemartert sehe, nämlich ob er als Mensch oder als Offizier handeln solle. Das war unter seinen gegebenen Umständen zwar begreiflich, aber es deutet doch zugleich auf eine tiefer gehende Schwierigkeit hin, die Kleist auch weiterhin mit sich selbst haben sollte: es fiel ihm schwer, sich zu entscheiden. Gerade Entscheidungen aber verlangt alle Unabhängigkeit immerzu.

Kleist kehrte im Frühjahr 1799 in sein Elternhaus zurück, nur daß es eben nicht wirklich sein Elternhaus mehr war, denn Vater und Mutter waren beide tot. Erst vierzehn war er gewesen, als er aus elterlicher Obhut in das streng regulierte Dasein des Militärs geschickt worden war, das indes von nun an seinem Leben für die nächsten Jahre zugleich einen festen Rahmen gab, so lästig ihm das im einzelnen sein mochte. Eine Existenzform allerdings, bei der man freies Entscheiden lernen konnte, war die Armee gewiß nicht. Ob Kleist es freilich je wirklich hätte lernen können oder ob ihm das seine psychische Konstitution von vornherein schwer gemacht hätte, muß eine offene Frage bleiben.

Heinrich von Kleist betrat seine «goldne Unabhängigkeit» nicht, um endlich in Freiheit Dichter sein zu können wie Friedrich Schiller sechzehn Jahre vor ihm. Als Schiller, knapp dreiundzwanzigjährig, im September 1783 dem Zugriff des Herzogs Karl Eugen von Württemberg entfloh, waren seine «Räuber» bereits in zweiter Auflage erschienen, ein paar Dutzend Gedichte hatten ihn der literarischen Welt, zumindest seiner heimatlichen, bekannt gemacht, und Pläne zu neuen Dramen trug er bei oder in sich, abgesehen davon, daß er approbierter Arzt war. Kleist hingegen, einundzwanzigeinhalb, brauchte nicht zu fliehen, sondern blieb im Lande mit der Billigung seines Königs, der um ein Beträchtliches aufgeklärter war als der schwäbische Duodez-Fürst Schillers. Die preußische Majestät empfahl Kleist lediglich, sich zum «brauchbaren Geschäftsmanne» zu bilden, denn Brauchbares wurde natürlich von den Untertanen überall verlangt. Dem Gesell-schaftscodex Brandenburg-Preußens entsprechend behielt Kleist je-doch trotz der neuen Sphären, die sich ihm öffneten, stets den Sta-tus eines verabschiedeten preußischen Gardeoffiziers, und er hat sich auch seinem Fürsten gegenüber immer als das empfunden. Ganz gleich ob der ihn enttäuschte oder dann doch Hilfe versprach – zu ihm hatte er unmittelbaren Zugang, und er suchte diesen auch, wenn die Not am größten war. Die Poesie allerdings betrachtete der König mit Skepsis. Nur trieb Kleist auch gar nicht die Ausführung langsam herangereifter schriftstellerischer Pläne in die Freiheit. Schiller hatte schon als Dreizehnjähriger erste Tragödien entworfen und erlangte dann tatsächlich frühen Dichterruhm; mit einiger Konsequenz also entfaltete sich bei ihm von Jugend an ein literarisches Lebenswerk, so abhängig es im einzelnen von Glück und Zufall sein mochte. Nichts Vergleichbares hingegen ereignete sich bei Kleist. Die wenigen Verse, die er als Soldat schrieb, waren freundlich und bedacht, aber unerheb-lich, und sie unterschieden sich kaum von ähnlichen Versuchen gleich-altriger Freunde oder Verwandter. In seinem Lebensplanen, das er als junger Erwachsener mit seinem Eintritt in das Stadium der Unabhän-gigkeit und Mündigkeit begann, kommt Dichtung nicht vor. Noch weitere zwei Jahre werden vergehen, ehe literarische Produktivität ihn nach außen spürbar beschäftigt und sein Leben mit zunehmender Vehemenz auszufüllen beginnt.

Das Schreiben freilich nahm ihn schon vorher in Anspruch, oft bis zu regelrechter Schreibseligkeit. Bereits jener erste Brief des vier-zehnjährigen Gefreiten-Korporals an die Tante Massow vom März 1793 erwies, wie sehr er mit der Sprache zu gestalten versuchte. So schrieb er in zunehmendem Maße lange Briefe, changierend zwischen Information, Desinformation und Poesie, und er begann, damit wir-ken zu wollen, zunächst verständlicherweise auf die unmittelbaren Adressaten, aber allmählich auch auf ein imaginäres Publikum, wie sich zeigen wird. In diesen Briefen, von denen nur ein Teil erhalten geblieben ist,[3] fand jedenfalls der Dichter Kleist Schritt für Schritt zu sich selbst. Eine Konsequenz solchen Verfahrens ist allerdings, daß Kleists Briefe für biographische Informationen nur begrenzt beim Wort zu nehmen sind.

Zwischen Brief und literarischer Arbeit steht deutlich jenes dem Freund Rühle gewidmete Manuskript mit dem fast barocken Titel *Aufsatz, den sichern Weg des Glücks zu finden und ungestört – auch unter den größten Drangsalen des Lebens, ihn zu genießen!*, das Kleist noch in Potsdam niedergeschrieben hatte. Ausgiebig zitiert er daraus in dem erwähnten Brief an Martini.[4] Mutatis mutandis ist es auf diese Weise Kleists erste Veröffentlichung geworden und damit gleichzeitig das erste Beispiel für jenes eben erwähnte Wechselspiel von privater und öffentlicher Adressierung, nur daß hier der Brief, diese scheinbar persönlichste Form der Mitteilung, eher eine Abbreviatur des Aufsatzes darstellt, statt vertraulich-persönliche Mitteilung für den einen Adressaten zu sein.

Glück nun war eines der großen Losungsworte in der Philosophie der Aufklärung. Erst kurz zuvor, in den *Friedens-Präliminarien* von 1794, hatte Georg Forster einen großen Essay *Über die Beziehung der Staatskunst auf das Glück der Menschheit* publiziert und darin als politisch Denkender das Glück aus der Utopie in die Gegenwart zu holen und an den Begriff der Menschenwürde zu binden gesucht. Kleist aber dachte im Grunde nicht politisch. Gewiß, auch ihn bewegten die großen Ideale des Jahrhunderts: Menschenliebe, Edelmut, Gerechtigkeit und als eine Art Summe davon die «Tugend» und das «Gewissen». Ja, auch er empfand sich als aufgeklärt und wollte gut sein, wollte «schon als Knabe» sich und andere bilden und in der «Vervollkommnung» den «Zweck der Schöpfung»[5] sehen. Auch er zehrte noch von der Verachtung der «Großen dieser Erde», wie sie der Sturm und Drang in den siebziger Jahren kultiviert hatte. Soviel sie, die Mächtigen, schwelgen und prassen mochten, so sehr «sich ihren nach Vergnügen lechzenden Sinnen» alle Güter der Welt darboten – das Glück würden sie nicht finden, denn da herrscht «ein großes unerbittliches Gesetz über die ganze Menschheit», dem «der Erste wie der Bettler unterworfen ist». Dieses Gesetz aber lautet: «Der Tugend folgt die Belohnung, dem Laster die Strafe. Kein Gold besticht ein empörtes Gewissen, und wenn der lasterhafte Fürst auch alle Blicke, Mienen und Reden besticht, wenn er auch alle Künste des Leichtsinns und der Üppigkeit herbeiruft, um das häßliche Gespenst vor seinen Augen zu verscheuchen – umsonst!» Das nun war kaum mehr als Rhetorik im Geiste von Schillers Aufsatz *Die Schaubühne als eine moralische Anstalt betrachtet*, mehr vom Rausch der Worte beflügelt als von einer berechtigten Empörung. Und so war es damals auch eher förderlich für Kleist, daß sein eigener Aufsatz zunächst in der großen Verborgenheit des Ungedruckten blieb. Denn das prosaische, alles wörtlich nehmende Gemüt seines Fürsten, der selbst alles andere als lasterhaft war und den Kleist gerade um die Gewährung einer Bitte angehen wollte, hätte irritiert werden können durch so pauschale Schelte seines Standes – bereits von der ihm unverständlichen, aber durchaus bewundernden Poetisierung seiner selbst und seiner Königin in Novalis' Staatsschrift *Glauben und Liebe* war ja Friedrich Wilhelm III. unangenehm berührt gewesen.

Auf Bastillenstürmerei hatte Kleist es ohnehin nicht abgesehen; sein Nachdenken über das Glück im Moment, da er nach Unabhängigkeit strebte, zielte nicht auf eine missionarische Botschaft, sondern war eher die Suche nach einem Fundament für den seine gesamte Existenz betreffenden Wunsch, er selbst zu sein. Glück gründe sich «sicher und unwandelbar» nur im Inneren; es müsse sich «von den äußeren Umständen trennen». So sei denn die «möglichst vollkommene Ausbildung meiner geistigen und körperlichen Kräfte» sein eigentliches Ziel, denn nur so könne man «nie unglücklich»[6] werden. Es sind Selbstversicherungen solcher Art, an die Kleist dann weitere Gedanken knüpft, darunter nicht zuletzt die Hoffnung auf «sinnliches Glück und die Aussicht auf tugendhafte, wenn gleich nicht mehr so reine Freuden» – ein sehr Kleistsches Understatement für etwas, das ihn in seinem Alter natürlich bedrängen mußte. Den frühen Lebensjahren gewährte Kleist Nachsicht: «Jetzt freilich wanken wir noch auf regellosen Bahnen umher, aber, mein Freund, das ist uns als Jünglinge zu verzeihen.» Danach jedoch hatten die Lebensbahnen geordneter zu verlaufen; «Bildung» müsse das Ziel sein, denn «dann, mein Freund, wird die Erde unser Vaterland, und alle Menschen unsre Landsleute sein.» Das führte, ins Konkrete übersetzt, zu dem Hinweis: «Denken Sie nur, mein Freund, an unsre schönen und herrlichen Pläne, an unsre Reisen.» Kleists Theorie des Glückes lief also letztlich auf einen privaten Kosmopolitismus hinaus, aus dem in der Praxis das Reisen als

Lebenshaltung entstand, das für ihn dann eine immer neue, oft quälende, treibende Suche nach Glück und Sinn wurde. Hinter der schweifenden Rhetorik von Kleists Aufsatz lauerte also spürbar schon die Unruhe sowie die Unsicherheit hinsichtlich der Ziele des Denkens und der Motivationen des Schreibens. Mehrfach finden sich Klagen über etwas, «das ich nicht ausdrücken und formen kann», und Bemerkungen über das Suchen «nach Worten und Bildern». Mit seiner Unabhängigkeit trat der Student Heinrich von Kleist zugleich in die Schule des Schreibens ein.

Am 10. April 1799 wird Heinrich von Kleist an der Frankfurter Viadrina als Student immatrikuliert. Über seine Vorbildung heißt es in der Universitätsmatrikel lediglich, er «komme vom Regiment Garde», was nun freilich in einer preußischen Garnisonsstadt mehr als nur ein Faktum konstatierte: es war eine Qualifikation, und die Stelle, wo seine «matura» zu verzeichnen gewesen wäre, durfte unter solchen Umständen leer bleiben.[7] Worin bestand nun aber die «Reife», die er für ein Studium mitbrachte und die ihm die sonst übliche Prüfung hätte attestieren können? Es ist bereits eingangs gesagt worden, daß wir weniger von Kleists täglichem Dasein wissen als von dem anderer bedeutender und selbst weniger bedeutender Autoren. Über das Leben Goethes und Schillers sind wir gründlich informiert, aber auch dasjenige von Jean Paul, Friedrich Schlegel, Novalis, Ludwig Tieck, Friedrich de la Motte Fouqué, Clemens Brentano, Achim von Arnim, Bettine von Arnim oder Ernst Theodor Amadeus Hoffmann läßt sich oft bis ins kleinste Detail verfolgen. Informationslücken nicht nur von Monaten, sondern von ganzen Jahren, wie sie für Kleist bestehen, sind bei ihnen undenkbar. Von vielen ist bekannt, welche Bücher sie besaßen; einige haben sich in ihren Korrespondenzen auch kritisch mit der Literatur des Tages auseinandergesetzt, was Kleist nie getan hat, ebensowenig wie es von ihm Briefwechsel über Literarisches, ja überhaupt Briefwechsel jenseits des Familiär-Persönlichen und Amtlichen gibt. So läßt sich nur tastend oder auf Umwegen in das Dunkel eindringen, das Kleist über große Strecken seines Lebens umgibt. Wie ein Goldkorn auf sandigem Pfad leuchtet dann etwa im Glücks-Aufsatz ein Zitat aus Schillers *Don Karlos* auf. «Denn Unrecht leiden schmeichelt große Seelen»,[8] versichert Marquis Posa seinem Karl, und Kleist versichert es, die Worte auf Christus beziehend, seinem Rühle. Andere Anklänge an Literarisches schimmern gleichfalls auf, so eben solche an Schillers Aufsatz über die *Schaubühne* und dann an dessen Ballade vom *Ring des Polykrates,* daneben auch an Goethes *Wilhelm Meister,* an ein Werk Franz von Kleists, an Lukrez in Knebels Übersetzung, an die *Ilias* in Vossens Übersetzung und vor allem an Christoph Martin Wielands kleinen Prosatext *Sympathien,* auf den wohl überhaupt der Tugend-Enthusiasmus des Glücks-Aufsatzes wesentlich zurückgeht. Damals, als Sechzehnjähriger in Mainz, habe er Wielands Schrift zuerst gelesen, wie er 1801 an Adolphine von Werdeck schrieb.[9] Hauptsächlich durch solche Bezüge und seltener durch direkte Verweise entstehen also Vorstellungen von Kleists Lesestoff und insbesondere von dem, was er an deutscher Literatur seiner Zeit kannte, wobei unklar bleibt, ob seine Begegnung mit den Werken beiläufig war oder sorgfältiger Lektüre entstammte. Sein notorisch vorzügliches Gedächtnis könnte durchaus das erstere möglich erscheinen lassen.

Kleists Begegnung mit dem Werk Wielands allerdings war ebensowenig beiläufig wie diejenige mit dem Werk Schillers, der immerhin in vielem sein Lehrmeister und Vorbild als Dramatiker wurde. Aus Kleists Potsdamer Tagen nach seiner Rückkehr aus dem Feldzug stammt ein Zitat aus Wielands *Gesicht von einer Welt unschuldiger Menschen* als Stammbucheintragung für eine junge Frau.[10] Es ist die Vision einer idealen Welt, aber mit dem Schluß, daß gerade in der imperfekten, ja bösen realen Welt die Guten erst recht ihre große Kraft zeigen können – ein Wort ganz angetan, jungen Menschen zu einer Zeit Mut zu geben, da ihnen die Unvollkommenheiten allen Daseins bewußt werden. In Kleists Aufsatz über das Glück spiegeln sich daneben Wielands *Sympathien* aus dem Jahre 1754,[11] die ein kleines Kompendium aufgeklärten Denkens und sensiblen Empfindens darstellen. «Wie glücklich, wenn sympathetische Seelen einander finden! Seelen, die vielleicht schon unter einem anderen Himmel sich liebten, und itzt, da sie sich sehen, sich dessen wieder erinnern, wie man eines Traums sich erinnert, von dem nur eine dunkle angenehme Empfindung im Gemüthe zurück geblieben ist»,[12] lautet der erste Satz, der zeitlos einen Seelenzustand benennt, dem sich gerade ein junger, suchender, empfindsamer Mensch wie Heinrich von Kleist sehr nahe fühlen mußte, wie übrigens der Topos einer Urverwandtschaft der Liebenden in der romantischen Literatur um 1800 neu auflebte. Von Glücklichsein also ist auch bei Wieland schon die Rede. Kleists Zitat in seinem Glücks-Aufsatz bezieht sich nun auf den bitteren Kulturkritiker Alcest in Wielands Schrift, der, als wäre er bereits ein Schüler Rousseaus, den verkommenen Menschen allenfalls zugesteht, sie «mögen liebenswürdig gewesen seyn, da sie in ihrer ersten Unschuld aus der Hand des Schöpfers kamen». Für die Gegenwart bleibt hingegen nur die Klage: «Welch ein Getümmel von moralischen Dissonanzen ist diese menschliche Welt!»[13] Eben da jedoch läßt Wieland seinen Erzähler einschreiten und dem Misanthropen zunächst erklären, der Mensch sei arm, wenn er nicht lieben könne. Auf Liebe als Seligkeit in der Tugend, auf die Apotheose «göttlicher Wahrheit» sowie den praktischen Rat «Habe den Muth, deinen Lehrern nachzueifern»[14] führen schließlich Wielands freundliche Lehren hinaus, und auch dies mußte jungen suchenden und hoffenden Menschen wie Kleist erwünschte Nahrung sein. Zu den Lehren gehört freilich auch, daß «die Kunst zu schreiben» wieder in alte Würden zurückgeführt werden möge, denn «jetzt schreibt man um sich gedruckt zu sehen, oder weil es Mode ist, oder weil einem die Finger jucken, oder weil man sonst nichts zu thun weiß. Ja die meisten treibt der Hunger, oder schändliche Gewinnsucht; und weil sie nichts nützliches gelernt haben, so sind sie Schriftsteller.»[15] Hinsichtlich der Literatur also erlaubte sich Wieland durchaus, pessimistisch zu sein, und das Wort «Schriftsteller» war sicher nicht als ehrenvolle Berufsbezeichnung gemeint.

Kleists Tugendbegeisterung in seinem Aufsatz über das Glück legt nahe, daß er Wielands *Sympathien* um diese Zeit kennengelernt hat, denn später spielt der Begriff Tugend keine Rolle mehr bei ihm. Aber nicht um die Konstatierung irgendeines ohnehin schwer meßbaren Einflusses geht es bei einer solchen Feststellung. Eher läßt sich, wenn man eine gewisse Affinität Kleists zu Wielands Schrift voraussetzt, ein Blick in seinen inneren Zustand tun, in dem das Bedürfnis nach Wärme und Liebe mit dem Leiden unter dem Alleinsein aufeinandertrifft. Nur waren das am Ende eben nicht überwindbare Jünglingsnöte bei ihm, sondern ein ihm ganz eigener existentieller Konflikt, der ihn ebensosehr zum Dichter machte, wie er ihn zerstörte. Die Christlichkeit der *Sympathien* konnte ihm da letztlich keinen Halt geben. Wieland hat dann, als er Kleist knapp vier Jahre später begegnete, dessen außerordentliche Begabung als erster scharf und klar erkannt. Für Kleist aber war Wieland der einzige unter den bereits ruhmgekrönten deutschen Autoren dieser Zeit, dem er wirklich nahekam und dem er

Lob und Ermutigung zu verdanken hatte; es war wohl die entschie-
denste, wenn nicht gar entscheidendste Anerkennung, die er je empfing.

Das freilich dauerte noch eine Weile. Jetzt, als Kleist nach Frankfurt an die Oder zurückkam, lag ihm die Literatur als eigenes Lebensziel fern. Was ihn reizte und lockte, waren die «Wissenschaften»,[16]
solange sie nur nicht allzu angewandt und praktisch waren, also eben
«Brodwissenschaften» darstellten. Die neue Unabhängigkeit sah er
weit und offen, was zugleich eine schwierige, die Entscheidungsfähig-
keit herausfordernde Aufgabe bedeutete, ging es doch in seiner Vorstellung um nichts Geringeres als sich von der «sclavischen Hingebung in die Launen des Tyrannen Schicksaal» zu lösen und sich
darüber zu erheben als «freier, denkender Mensch». Denn der bleibe
dort nicht stehen, «wo der Zufall ihn hinstößt»: «Er bestimmt nach
seiner Vernunft, welches Glück für ihn das höchste sei, er entwirft
sich seinen Lebensplan, und strebt seinem Ziele nach sicher aufge-
stellten Grundsätzen mit allen seinen Kräften entgegen. Denn schon
die Bibel sagt, willst Du das Himmelreich erwerben, so lege selbst
Hand an.»[17]

Erst dann sei er wirklich mündig. So erklärte Kleist es, nicht gerade
bibelfest, seiner Schwester Ulrike im ersten Frühjahr seiner Unabhängigkeit – seine Bibelzitate sind durchweg unzuverlässig. Auf den
achteinhalb Manuskript-Seiten seines Briefes nun kommt das Wort
«Lebensplan» nicht weniger als sechzehn Mal vor, und zwar in der
Absicht, die Schwester zu veranlassen, sich unbedingt selbst einen
solchen Lebensplan zurechtzulegen. Denn «ohne Lebensplan leben,
heißt vom Zufall erwarten, ob er uns so glücklich machen werde, wie
wir es selbst nicht begreifen.» Er selbst könne von sich nur sagen, daß
er mit Ruhe in die Zukunft blicke, da ihm sein eigner Lebensplan «ein
unschätzbares Glück» gewähre.[18] Es ist ein Brief in jenem hypnotisch
beschwörenden Ton, der auch weiterhin Kleists Briefe prägen wird,
bis er ihn in seinem literarischen Werk sublimierte.

Nun mußte ihm freilich bewußt sein, daß einem Fräulein von
Kleist in der Welt, in der sie beide lebten, recht begrenzte Möglichkeiten gegeben waren, das Leben zu planen. Die Frage nach einer Heirat für die Schwester erörtert er dementsprechend, wie er das Frau-
sein in dieser ganz und gar von Männern regierten Welt zur Sprache
bringt und der Schwester ermutigend zuredet: «Du sagst, nur Männer

besäßen diese uneingeschränkte Freiheit des Willens, Dein Geschlecht sei unauflöslich an die Verhältnisse der Meinung u des Rufes ge-knüpft. – Aber ist es aus Deinem Munde, daß ich dies höre? Bist Du nicht ein freies Mädchen, so wie ich ein freier Mann? Welcher andern Herrschaft bist Du unterworfen, als allein der Herrschaft der Ver-nunft?»[19]

Daß sich Jahrtausende alte Vorstellungen von Geschlechterrollen nicht im Handstreich durch eine aufgeklärte Vernunftphilosophie beseitigen ließen, erwies sich bald bei Kleist selbst: «Wärst Du ein Mann oder nicht meine Schwester, ich würde stolz sein, das Schick-sal meines ganzen Lebens an das Deinige zu knüpfen»,[20] heißt es im selben Brief, was bedeutete, daß die Regeln der Gesellschaft nur die Freundschaft mit einem Manne und die Ehe mit einer Frau als Mög-lichkeiten engster Bindung zulassen; anderes ist nicht vorgesehen. Grenzen über das Verhältnis der Geschlechter zueinander werden hier von Kleist markiert, die ihm später zu schaffen machten, denn sein Verhältnis zur Schwester war von komplizierterer Natur. Im Augen-blick hingegen waren es Aneignungs-, ja Liebesversuche um des festen Haltes im Leben willen. Vermuten läßt sich allerdings zugleich, daß Ulrike von Kleist, sensibel und intelligent, wie sie war, durchaus den Verdacht hegte, daß es um den so reichlich beredeten Lebensplan des Bruders gerade wegen dieser Beredsamkeit nicht so sicher und zu-verlässig bestellt war, wie es klang. Worin jedoch bestand dieser Plan denn nun eigentlich? Woran wollte Kleist jetzt Hand anlegen?

Die Universität von Frankfurt an der Oder gehörte – es ist ein-gangs bereits erwähnt worden – nicht zu den bedeutendsten Bil-dungsstätten des Heiligen Römischen Reiches, bei aller Achtbarkeit dessen, was an ihr gelehrt wurde. Die Saat der neuen Ideen des 18. Jahr-hunderts wurde eher anderswo ausgestreut, in Königsberg, Jena oder Göttingen zum Beispiel. Einem Schiller oder Fichte saß man in Frank-furt nicht zu Füßen, und es bildeten sich auch keine Zirkel junger Intellektueller um solch faszinierende Lehrer wie eben in Jena. Nur wäre wohl Kleist auch gar nicht dessen bedürftig gewesen, denn so gesellig er war, so einsam konnte und wollte er zuweilen sein, und seine Werke entstanden später nicht in der Atmosphäre literarischen Gedankenaustauschs. Jetzt jedoch wollte er sich den «Wissenschaften» widmen, von denen er mit größerer Sicherheit nur wußte, was er nicht wollte: keine «Brodwissenschaften» und ganz gewiß auch keine

Ausbildung zum «brauchbaren Geschäftsmanne». Vorlesungen hörte er schließlich zuerst bei den Juristen, denn immerhin war das aufgeklärte Zeitalter des Naturrechts angebrochen, das die Rechtspflege humanisierte, in Preußen insbesondere durch das *Allgemeine Landrecht*. So wenig Kleist auch nach einem Amte streben mochte – so viel Konzession an beruflich Nötiges mußte wohl sein. Außerdem wuchs aus der Lehre über ein Recht, das den einzelnen Menschen und seine «Natur» in den Mittelpunkt stellte, schließlich auch ein neues Verständnis von dessen Beziehungen zur Gesellschaft und deren Institutionen hervor. «Was du bist, bist du nur durch Verträge», läßt Richard Wagner Jahrzehnte später seinen Riesen Fasolt dem Gotte Wotan drohend verkünden – eine griffige Formel für ein Rechtsverständnis im aufgeklärten, bürgerlichen Zeitalter, das alle angeblich von Gott gegebenen Institutionen in ihre Grenzen wies. Die Frage, ob «die Verträge der Liebenden gelten könten, weil sie in der Leidenschaft geschehen»,[21] wird sich schon Kleist selbst bald stellen, als sich seinem zivilen Dasein eine ganz neue Sphäre und Perspektive öffnete.

Die Namen von Kleists Lehrern damals in Frankfurt sind Lokalgeschichte geblieben. Naturrecht lehrte vor allem Johann Christian Friedrich Meister, einer der drei Professoren der Juristen-Fakultät neben Ludwig Gottfried Madihn und Johann Friedrich Reitmeier. Auch der Historiker Carl Renatus Hausen, damaliger Rektor und außerdem Chronist der Universität, bot Vorlesungen über Staatsrecht an. Daneben aber muß seine *Geschichte der Universität und Stadt Frankfurt an der Oder* aus dem Jahre 1800 ein verbreitetes Buch gewesen sein, wie eingangs allein das «Verzeichniß sämmtlicher Subscribenten und Pränumeranten»[22] verrät. Es ist die Liste von einigen Hundert Personen aus dem Auslande wie «Einlande», die das Werk zu erwerben bereit waren, darunter der Studierende «v. Kleist, dRB», der Rechte beflissen also, und auch das Offizierskorps ist mit zweiundzwanzig Subskribenten beteiligt, voran der General-Major von Zenge, Chef des v. Zengeschen Infanterie-Regiments.

Hausens Buch gibt eine gute Übersicht über das, was Kleist für seinen neuen Lebensplan im Zeichen der Wissenschaften zur Verfügung stand. Die erste Fakultät war die der «Gottesgelehrsamkeit» – Kleist ließ sie links liegen –, die zweite die «Rechtsgelehrsamkeit», die dritte die «Arzneigelehrsamkeit» und die vierte schließlich die «Philosophische Facultät».[23] Sie aber hatte dann das für Kleist Interessanteste zu bieten, war sie doch zugleich die bunteste; sie umschloß, wie es bei Hausen heißt, die Lehre von «Philosophie, Mathematik, Litteratur, Geschichte, u.s.w.»[24] Zu diesem Und-so-Weiteren gehörten Naturgeschichte ebenso wie Ästhetik, Physik, Staatskunde und sogar die «Öconomischen und Cameral-Wissenschaften», für die Kleist indes, wie er Martini schrieb, reichlich wenig Neigung zeigte wegen Amt und Brot, zu denen sie allzu stracks führen sollten. Ein solches Konglomerat diverser Fächer unter dem einen Fakultätsdach war freilich damals nicht nur Hilfskonstruktion einer kleinen Universität. An der Schwelle zum technisch-industriellen Zeitalter waren die Naturwissenschaften erst allmählich im Begriff, eigenständig zu werden und sich zu differenzieren – Physik schloß oft noch die Chemie mit ein. Demzufolge bildete Mathematik auch nicht die Zuträgerin von Anwendbarem, sondern war reine Wissenschaft aus der Denkschule vor allem von Leibniz. Literatur und Geschichte lagen nahe beieinander, denn erstere war natürlich allein die klassisch-antike Literatur. Dieser philosophischen Fakultät nun gehörte Rektor Hausen selbst an als «Doctor der Weltweisheit»; in Kleists Tagen bot er «ältere, mittlere und neure allgemeine Weltgeschichte» an, «wenn sich Liebhaber zu diesem Studium melden», sowie «Deutsche Reichs-Geschichte». Sein um eine Generation jüngerer Kollege Karl Dietrich Hüllmann, solid und in Maßen modern,[25] hatte eine «Cultur-Geschichte von Europa» sowie Statistik und eine «Encyklopaedie der Staats-Wissenschaft» im Angebot, und Johannes Sigismund Huth lehrte «reine Elementar-Mathematik» und «practische Mechanik».[26] Kleist hat ihnen allen Kolleggelder bezahlt und außerdem auch Georg Christian Kalau, einem Lateinlehrer des Lyzeums.[27]

Der bei weitem farbigste und anregendste unter Frankfurts Professoren war jedoch Christian Ernst Wünsch,[28] dessen Leben als Kind eines schlichten Webers im erzgebirgischen Hohenstein begonnen hatte. «Nach dem frühen Tode seines Vaters verlebte er als Webspul- und Laufjunge die armseligste Jugend bei Brod und Kartoffeln mit Salz, dazu im Winter erfrorne Füße»,[29] weiß die *Allgemeine Deutsche Biographie* zu berichten. Wissensdurst und, verbunden damit, großer Respekt vor aller Gelehrsamkeit hätten ihn früh schon ausgezeichnet, und der Komet von 1769 habe schließlich den Webermeister in einen Professor verwandelt, wie es dann in dem Artikel dort nicht ohne jene ironisch getönte Herablassung heißt, mit der man von der Höhe eigener Distinktion gern Außenseiter betrachtete. Denn Wünsch war ein Original, ein Einzelgänger mit exzentrischen Zügen und sicherlich nicht ein bedeutender Fachgelehrter, aber allem Anschein nach ein ebenso begeisterter wie begeisternder Lehrer, was denn für eine Universität keine geringe Qualifikation darstellt. Mit Hilfe eines Stipendiums gelang es ihm, in Leipzig Medizin zu studieren und den Doktorgrad zu erwerben, und 1784 erhielt er dann einen Ruf an die Viadrina – als Professor der Mathematik und Physik; mit rigoroserer Fachspezialisierung hatte es eben noch Zeit bis ins 19. Jahrhundert. Wünsch wurde der letzte Rektor der Universität vor deren Auflösung 1811.

Was Wünsch nun in akademischen Verruf gebracht hatte, war der 1783 anonym erschienene *Horus*, ein reichlich abenteuerlicher Versuch, die biblische Mythologie als allegorische Umsetzung von Naturphänomenen zu erklären.[30] Denn Wünsch war Aufklärer mit Leib und Seele. Ökonomischer Materialismus und Physikotheologie gingen bei ihm manch provozierende Verbindungen ein. So sollte des Silberbergbaus wegen Sachsen mit Leipzig im Zentrum der Ausgangspunkt der Aufklärung schlechthin sein,[31] und solch sinnvolle und zweckmäßige Einrichtung der Welt, die Geist und Bodenschätze verband, war ihm dann der beste Gottesbeweis. Aber manches Erratische in seinem Wissen ebenso wie gewisse Exzesse seiner Phantasie desavouieren nicht schon das viele Interessante und Nützliche, das Wünsch seinen Studenten zu bieten hatte, und seine *Kosmologischen Unterhaltungen für junge Freunde der Naturerkenntniß* wurden ein beliebtes, mehrfach aufgelegtes Buch.[32] Auch Kleist hat es gut gekannt, wie vielfache Spuren in seinen Briefen zeigen. Die Kosmogonie, die Wünsch darin entwirft, entstammte ganz seinem aufklärerischen Geiste und war darauf angelegt, Wissen und fortschreitendes Erkennen der Naturgesetze als besten Weg zum Glücklichsein darzustellen. So materialistisch vieles darin anmutet – dem Schöpfer aller Dinge ließ Wünsch seinen Platz im Weltgefüge, aber eben, gut deistisch, lediglich als ihr Urheber. Wünschs praktische Weisheit zeigt sich vielleicht am eindrucksvollsten in jenem dritten Band des Werks, den er dann 1798 noch einmal gesondert als *Unterhaltungen über den Menschen* publizierte und dessen «Zweiter Theil» von «der Struktur und Bestimmung der vornehmsten Theile des menschlichen Körpers» handelt. Dieser Blick in die «geheime Werkstätte der Natur»[33] nun ist nichts anderes als eine für junge Leute bestimmte Einführung in die menschliche Sexualität, und zwar von solch freier und klarer, unvoreingenommener Sachlichkeit, daß sie weit über die Vorurteile und Prüderien der Zeit hinausragt.

Hausen nennt eine ganze Reihe von Vorlesungen zu Mathematik, Statik, Mechanik, Hydraulik, Geographie und Experimental-Physik, «welche der Professor Wünsch von Zeit zu Zeit zu halten pflegt» und dazu auch eine über «die Lehre vom Weltgebäude, wobei selbiger seine Zuhörer bei heitern Abenden mit dem gestirnten Himmel bekannt macht.»[34] Es war eine Spezialität von ihm, denn schon als junger Mann hatte Wünsch sich einst durch den Bau hölzerner Planetarien Geld verdient, mit dem er die Grundlage zu seinem Studium legte. Stand da auch der Student Kleist bei ihm, den gestirnten Himmel über sich und den neuen Lebensplan in sich? «Unser gescheuter Professor Wünsch, der gewiß hier in Frankfurt obenan steht und alle übersieht»: so schrieb Kleist von ihm im November an die Schwester Ulrike; im Sommersemester 1799 hat er ein «Collegium» über Experimental-physik bei ihm gehört.[35] Insgesamt mögen Wünschs große Vielseitig-keit, sein Enthusiasmus sowie sein Phantasiereichtum, der ihn zuwei-len über die strengen Grenzen überprüfbarer Wissenschaftlichkeit hinaustrug, dem entgegengekommen sein, was Kleist, ohne es deut-lich zu wissen, in seiner neuen Lebensform suchte. Denn was er später einmal nötig brauchen würde, war nicht allein Stoff für das Wissen und Denken, sondern es waren Erfahrungen für seine Einbildungs-kraft und schließlich Substanz für sein Träumen. Da konnte ihm eine Persönlichkeit wie Wünsch besonders entgegenkommen, ganz abge-sehen davon, daß in stiller Affinität ein Außenseiter den anderen erkennen mochte.

Kleists eigne Zeugnisse über seine Frankfurter Studienzeit sind spärlich, aber der erwähnte Brief vom November 1799 an die Schwe-ster enthält eine aus der eben angedeuteten Perspektive erstaunlich hellsichtige Passage. Ausgangspunkt ist Kleists Klage an die enge Ver-traute über sein eigenes Ungeschick, eine «Beklommenheit» in aller Gesellschaft, eine Scheu, für die er nun in seiner Hinwendung zur Gelehrsamkeit eine Ursache zu finden glaubt. «Nur durch Einsam-keit, Denken, Behutsamkeit und Gründlichkeit» sei in den Wissen-schaften etwas zu erreichen, wohingegen man in der Gesellschaft «durch häufigen Umgang, vieles Plaudern, durch Dreistigkeit und Oberflächlichkeit» zum Ziele komme. Er aber, Heinrich von Kleist zu

Beginn des zweiten Semesters seines Studiums, verstand sich nun als Gelehrter. Und dann folgt die bemerkenswerte Erläuterung, er fürchte,

> daß es mir in der Folge wie den meisten Gelehrten von Profession gehen wird; sie werden in ihrem äußern Wesen rauh, rêche, wie der Franzose sagt, und für das gesellige Leben untauglich. Ich finde das aus vielen Gründen sehr natürlich. Sie haben ein höheres Interresse lieb gewonnen, u können sich nicht mehr an dem gemeinen Interesse erwärmen. Wenn ein Anderer z. B. ein Buch, ein Gedicht, einen Roman gelesen hat, das einen starken Eindruck auf ihn machte u ihm die Seele füllte, wenn er nun mit diesem Eindruck in eine Gesellschaft trit, er sei nun froh oder schwermüthig gestimmt, er kann sich mittheilen, u man versteht ihn. Aber wenn ich einen mathematischen Lehrsatz ergründet habe, dessen Erhabenheit u Größe mir auch die Seele füllte, wenn ich nun mit diesem Eindruck in eine Gesellschaft trete, wem darf ich mich mittheilen, wer versteht mich? Nicht einmal ahnden darf ich lassen, was mich zur Bewunderung hinriß, nicht *einen* von allen Gedanken darf ich mittheilen, die mir die Seele füllen. – Und so muß man denn freilich zuweilen leer und gedankenlos erscheinen, ob man es gleich wohl nicht ist.[36]

Es sind Sätze von sehr Kleistscher Komplexität. Ohne Zweifel hatte er schon in seinen Potsdamer Tagen eine starke Neigung zur Mathematik entwickelt, können doch in ihr Gedankenkonstruktionen rein aufgebaut werden, ohne durch Bezüge auf menschliche Verhältnisse beeinflußt oder abgelenkt zu werden. Hinsichtlich der Bewunderung eines mathematischen Lehrsatzes sprach Kleist also sicherlich aus Überzeugung. Nur entwirft er zugleich vom «Anderen» das Bild einer Wunsch-Situation, in der er selbst dereinst seine schönste Erfüllung suchte: mit einem Buch in der Hand, mit *seinem* Buch in der Hand, froh oder schwermütig gestimmt, vor eine Gesellschaft, vor *die* Gesellschaft zu treten, sich «mitzuteilen» und dort Zustimmung und Beifall zu finden, also von ihr angenommen zu werden und so aus der Einsamkeit hinauszutreten.

Denn eben mit der «Wissenschaft» war es am Ende dann doch eine unbefriedigende Sache. Am Anfang des gleichen Briefes berichtet Kleist der Schwester, langes Schweigen entschuldigend, er habe sich «ein Ziel gesteckt, das die ununterbrochene Anstrengung aller meiner Kräfte und die Anwendung jeder Minute Zeit erfordert, wenn es erreicht werden soll.» Das ist noch Floskel, aber dann folgt die nähere Begründung: «Ich habe besonders in diesem meinem zweiten akademischen Cursus eine Masse von Geschäften auf mich geladen, die ich nicht anders als mit dem allermühsamsten Fleiße bearbeiten kann; eine Masse von Geschäften, die selbst nach dem Urtheile Hüllmanns zu schwer für mich ist, und von der ich daher, wenn ich sie dennoch trage, mit Recht sagen kann, daß ich das fast Unmögliche möglich gemacht habe.»[37] Auch das ist eine Erklärung, die Einfaches mitzuteilen scheint, aber Kompliziertes aussagen, wenn nicht gar verbergen soll. Hier nämlich regiert der auf sich selbst bezogene Superlativ, der wie oft noch bei Kleist eine die Tatsachen verschleiernde Funktion hat, Tatsachen, die er verbergen möchte nicht nur vor anderen, sondern manchmal auch vor sich selbst. Denn schließlich legen diese Worte die Vermutung nahe, daß es mit dem eigenen straffen Lebensplanen doch nicht so fest und sicher bestellt war, wie er selbst es ein paar Monate vorher der Schwester anempfohlen hatte.

Jetzt aber meldete sich außerdem noch mit stillem Nachdruck das Unvorhersehbare, Unplanbare. Ein Postskriptum zu diesem Brief läßt nämlich etwas von solchen neuen «Tatsachen» erkennen: eine «Hauptnachricht» habe er, der Bruder, noch mitzuteilen, die die Schwester womöglich bewegen werde, sogleich von Werben bei Cottbus nach Frankfurt zu eilen. «Zengen's u unsre Familie nebst vielen anderen Damen Frankfurt's nehmen ein Collegium über Experimental-Physik bei Wünsch. *Nehmen*, sagte ich? Das klingt ja beinah, als wäre von Medicin die Rede. So übel schmeckt es indessen nicht. Es ist eine Brunnen-cur zum Nutzen u Vergnügen.»[38] Zengens – das war die große Familie des Generalmajors und Standortkommandanten Hartmann von Zenge, die im Hause neben den Kleists wohnte. Der wahre Urheber dieses «Collegiums» aber war Kleist selbst, der damals Wünschs akademische Vorlesung über «Experimentalphysik nach Erxleben» hörte. Johann Christian Erxleben war bis zu seinem frühen Tod 1777 Professor für die Naturwissenschaften in Göttingen gewesen; seine Vorlesungen zur Experimentalphysik hatte Georg Christoph Lichtenberg fortgesetzt und neue Auflagen von Erxlebens populären *Anfangsgründen der Naturlehre* betreut. Noch steckten die auf experimenteller Erfahrung beruhenden Naturwissenschaften in ihren Kinderschuhen, undifferenziert und gehemmt von irrigen Theorien. Die Faszination einer experimentellen Physik bestand nun nicht nur darin, experimentell Beweisbares und mithin «Richtiges» herauszufinden, sondern vor allem dem Zusammenhang zwischen Naturerscheinungen und dem Inneren des Menschen auf die Spur zu kommen, also ihn als Teil der Natur zu verstehen, die Natur aber als einen «Macroandropos»,[39] als den Menschen im großen, wie Novalis es in seinem *Allgemeinen Brouillon*, diesem Entwurf einer Wissenschaft der Wissenschaften, ausdrückte. Dahinter also stand die noch größere Vision einer Verbindung zwischen Körper und Seele, Natur und Geist, physischer und moralischer Existenz.

Wilhelmine von Zenge, die älteste Tochter Hartmann von Zenges, hat später davon berichtet, wie Kleist «uns gewöhnlich nach dem Collegia mit großem Interesse unterhielt; auch wir nahmen so lebhaft Anteil an allem was er uns darüber sagte, daß seine Schwestern, wir, und noch einige Mädchen aus unserem Kreise zu dem Dr. Wünsch gingen, und ihn baten auch uns Vorlesungen darüber zu halten. Dies geschahe, und wir waren sehr aufmerksame Zuhörerinnen, repetierten mit unserm Unterlehrer, dem Herrn von Kleist, und machten auch Aufsätze über das, was wir hörten.»[40] Wünsch bot nun auch – dergleichen konnte sich ein Professor als Einnahmequelle nicht entgehen lassen – für den Frankfurter Winter 1799/1800 eine solche Vorlesung «für eine geschlossene Gesellschaft von 12 illiteratis» an. Notiert ist sogar der Zeitraum: «Den 18. November begonnen, 9. April geschlossen.»[41] Und im selben April 1800 verlobte sich Heinrich von Kleist mit Wilhelmine von Zenge.

2. Kleine Welt

Als Heinrich von Kleist im Frühjahr 1799 in sein Elternhaus zurückkehrte, war der Kreis der Bewohner kleiner geworden. Ulrike, die Schwester, die ihm über die Jahre zur nächsten Vertrauten geworden war, wohnte natürlich noch dort, wenngleich sie bald zu einem längeren Besuch auf das Gut Werben im Spreewald reiste, das den Schönfeldts gehörte; die Schönfeldts wiederum waren mit den Pannwitzens verschwägert, von denen Ulrikes Mutter abstammte. Wilhelmine, die ältere der beiden Halbschwestern Heinrichs aus Joachim Friedrich von Kleists erster Ehe, hatte bereits 1791 Ernst von Loeschbrand geheiratet, einen Gutsbesitzer in der Mark; im Jahre 1800 wurde die Ehe geschieden, und die junge Frau zog danach auf das Pannwitzsche Gut nach Gulben bei Cottbus, also zu einem anderen Zweig der Familie ihrer Mutter. Friederike, Kleists erste Schwester aus der zweiten Ehe des Vaters, war 1794 die Frau Philipp von Stojentins geworden, einem Vetter, und war mit ihm nach Schorin in Pommern gezogen: Frauenleben in der kleinen Welt des ländlichen adligen Preußen.

Bei den Männern begegnete man sich im Militär wieder. Der «Lt. v. Pannewitz»[42] zum Beispiel auf der Liste der Subskribenten zu Carl Renatus Hausens Geschichte Frankfurts war niemand anderes als jener Vetter Wilhelm von Pannwitz, mit dem Kleist einst unter Catels Aufsicht die Großstadt Berlin und deren französische Gemeinde kennengelernt hatte. Pannwitz, Sohn eines Bruders von Kleists Mutter, diente zur Zeit im Regiment von Zenge und heiratete 1802 dann seine Cousine Auguste von Kleist, also Kleists zweite Schwester. Sie lebte 1799 noch im Elternhause, um den Bruder zu empfangen, und außer ihr die vierzehneinhalbjährige Schwester Juliane sowie schließlich der neunzehnjährige Bruder Leopold, ebenfalls Leutnant im Zengeschen Regiment, wenngleich auf dem Sprung, jenen Schritt hinein in das repräsentative Regiment Garde in Potsdam zu tun, den sein Bruder Heinrich gerade aus diesem hinaus getan hatte.

Daß Kleist mit Lust, ja zuweilen Besessenheit an sein Studieren ging, ist vorstellbar nach der Leidenschaftlichkeit, mit der er die Monotonie des Soldatseins hinter sich zu bringen versucht hatte. Während der Vorlesungspause zur Frankfurter Sommermesse schloß er sich aber immerhin der Schwester Ulrike, dem Bruder Leopold und dem Freunde von Gleißenberg zu einem Ausflug ins Riesengebirge an. Dieses «neue Leben Kleist's in Frankfurt a. O.» hat Eduard von Bülow in seiner Kleist-Biographie von 1848 in hellsten, buntesten Farben gemalt. Es «dürfte wohl die allerglücklichsten Stunden enthalten haben, die ihm der Himmel bestimmt hatte. Er studirte fleißig Philosophie und alte Sprachen, und lebte in heiterer Geselligkeit mit seinen Freunden und Geschwistern [...] Dem wunderlichen Hauswesen, das sie darinnen führten, stand eine alte liebreiche Tante rüstig vor und es beseelte in dem kleinen Kreise jung und alt der beste Geist. Der neue Tag fing es wieder an, wo es der vorige gelassen, und es wollte von Morgen bis zum Abend des Scherzes und der Lust kein Ende nehmen.»[43]

Das ist nun freilich nicht Auskunft aus erster Hand, sondern, wie schon die Sprache verrät, eine Stilisierung ins bürgerliche Biedermeier aus recht unsicheren Quellen. Über seine Frankfurter Verwandtschaft hatte sich Kleist erst kurz zuvor Martini gegenüber zurückhaltend geäußert; dort sah er sich eher von allen unverstanden, denn «Gefühle, die sie selbst nicht mehr haben, halten sie auch gar nicht für vorhanden.» Dieser Vorwurf treffe besonders seine «sonst sehr ehrwürdige Tante, die nichts mehr liebt, als Ruhe und Einförmigkeit, und jede Art von Wechsel scheut, wäre es auch die Wanderung aus einer Wohnstube in die andere.»[44] Wie wohlmeinend künstlich aber auch Bülows Bild sein mag – es verweist jedenfalls auf eine häusliche Familien-Szenerie, in die Kleist jetzt heimkehrte. Nur war für ihn noch unsicher, ob er dazugehörte oder vielmehr als Fremdling kam. So trat er erst einmal mit gesenktem Kopf ins Elternhaus, scheu und zurückhaltend und von dem «Hauswesen» wohl nicht selten ebenso irritiert wie dieses irritierend, bis ihm als Tutor eine neue Rolle zuwuchs.

Nicht nur das Land, auch die Stadt selbst war eine kleine Welt. Die Häuser der Kleists und der Zenges lagen nebeneinander im Nonnenwinkel in Frankfurt, mit dem Blick auf die Marienkirche und nahe bei Post und Reitbahn, bloß daß das Haus der Zenges beträchtlich stärker belegt war. Hartmann von Zenge, zweiundsechzigjährig, «ein Kriegsmann aus des alten Friedrich's Schule»,[45] war gerade erst – Anfang Februar – als Chef des Infanterieregiments 24 aus Berlin nach Frankfurt versetzt worden, was ihm im Mai die Beförderung zum Generalmajor einbrachte und damit den Eintritt in die höchste Klasse der Militärhierarchie, wenngleich auf ihrer untersten Stufe. Die Zenges waren eine große Familie; in etwas über zweiundzwanzig Jahren hat Charlotte Margarete von Zenge ihrem Mann vierzehn Kinder geboren. Drei davon starben im Kindesalter; Carl, der Älteste, war gleichaltrig mit Kleist und bei dessen Rückkehr bereits in Uniform – später hat er in Berlin bis zu seinem frühen Tod 1802 mit Kleist eine Zeitlang die Wohnung geteilt. Das jüngste Kind, Emilie, wurde erst im April 1800 geboren. Da war die Mutter neununddreißig und Wilhelmine, die älteste Tochter, neunzehn. Im Hause der Zenges lebten also im Frühjahr 1799 bei den Eltern sechs Töchter zwischen neunzehn und drei Knaben zwischen zehn und einem halben Jahr.

Kinderreichtum war damals in allen Ständen verbreitet. Die Preußenkönigin Louise hat in sechzehneinhalb Ehejahren zehn Kinder geboren, ihre Mutter, die Prinzessin Friederike von Mecklenburg-Strelitz, starb, noch nicht dreißigjährig, nach der Geburt ihres gleichfalls zehnten Kindes.[46] Friedrich von Hardenberg hatte zehn Geschwister, von denen nur eins die Mutter überlebte; Clemens Brentano war das neunte Kind seines Vaters, der in drei Ehen insgesamt zwanzig Kinder zeugte, und aus den zwei Ehen Joachim Friedrich von Kleists gingen, wie gesagt, sieben Kinder hervor. Ob der Wunsch nach Kompensation hoher Kindersterblichkeit zur hohen Geburtenrate beigetragen hat, läßt sich nicht sagen; die ebenso hohe Müttersterblichkeit hat offensichtlich nicht zur Beschränkung der Kinderzahl veranlaßt. Eine wesentliche Ursache des Kinderreichtums waren sicherlich mangelnde Kenntnis über die Möglichkeiten der Empfängnisverhütung und die unzuverlässigen Mittel zu diesem Zweck. Die eigentliche, tiefere Ursache aber lag in der Sexualmoral der Zeit begründet. Die christliche Lehre von der Erbsünde billigte prinzipiell die Vereinigung der Geschlechter nur als Mittel zur Zeugung neuen Lebens. Als Lust aber war Sexualität für alle christlichen Konfessionen tabuisiert, wenngleich in verschiedenem Maße und mit verschiedenen Begründungen. In seinem populären Buch über *Die Kunst das menschliche Leben zu verlängern* hat der Jenaer Arzt Christoph Wilhelm Hufeland 1797 «Zeugungskraft» und «Denkkraft» umgekehrt proportional zueinander in Beziehung gesetzt und vor zu starkem Gebrauch der ersteren gewarnt, denn «nichts in der Welt kann so sehr und so unwiderbringlich die schönsten Geistesgaben abstümpfen, als diese Ausschweifung.» Nur «durch eheliche Verbindung (die den Reiz des Wechsels ausschließt und den physischen Trieb höhern moralischen Zwecken unterwirft) kann dieser Trieb auch physisch geheiligt, das heißt unschädlich und heilsam gemacht werden.»[47] Der Lutheraner Hufeland, Leibarzt Goethes, der die Titelseite seines Buches mit einem Zitat aus dessen *Egmont* schmückte, paßte also gewissermaßen seine Gründe für die strenge Reglementierung der Sexualität der Moralphilosophie des deutschen Idealismus an. An der Sache, der Verurteilung aller Empfängnisverhütung, änderte sich jedenfalls noch auf lange Zeit nichts, bis die Industrialisierung mit der rapiden Bevölkerungszunahme in den großen Städten allmähliches Umdenken einleitete.

Kleists neue Unabhängigkeit bestand nun nicht nur darin, studieren zu können, was ihn interessierte, sie bestand auch in der freien, beliebigen Möglichkeit zum Umgang mit jungen Frauen seines Alters, und zwar gleich nebenan im Zengeschen Haus. Als sein Bruder Leopold, der den Ruf hatte, ein Scherzbold zu sein, nach Potsdam versetzt wurde, sah sich Kleist unversehens aufgefordert, den Kopf zu heben. In der Erinnerung Wilhelmine von Zenges war er damals zunächst noch «sehr melancholisch und finster», begann dann aber, die Damen «auf allen Spaziergängen» zu begleiten, «kam mit seinen Schwestern auch zu uns, spielte und sang mit mir, und schien sich in unserer Gesellschaft zu gefallen.» Als dann das besagte Kolleg bei Wünsch für die «Illitteratis» stattfand, machte er sich zum Tutor der Mädchen, korrigierte Aufsätze, die sie dazu geschrieben hatten, und erbat sich insbesondere die Erlaubnis, ihr, Wilhelmine von Zenge, «die Hauptregeln der deutschen Sprache nach grade in kurzen Aufsätzen mittheilen zu dürfen.» Und dann erinnert sich Wilhelmine von Zenge weiter: «Einen Abend als ich bei Kleists war, gab er mir einen ähnlichen Aufsatz, wie gewöhnlich in ein weiß Papier geschlagen, doch wie erstaunte ich als ich es zu Hause öffnete und darinn von ihm einen Brief fand, worin er mir sagte daß er mich schon lange herzlich liebe, und ich ihn durch meine Hand sehr beglücken könne.»[48]

Es war ein Überraschungscoup, wie ihn sehr Geschickte oder sehr Ungeschickte fertigbringen; aber nur bei den ersteren ist er erfolgversprechend, und Kleist gehörte gewiß nicht zu ihnen. Wilhelmine von Zenge lehnte zunächst ab; weder liebe sie ihn, noch habe sie den Wunsch, seine Frau zu werden. Erst nach heftigem Werben Kleists und der Versicherung, «ich könne aus ihm machen was ich wolle»,[49] erlaubte sie ihm schließlich, daß er an ihre Eltern schreibe. Es ist nicht schwer, sich die Bedenken von General und Generalin von Zenge vorzustellen hinsichtlich eines Leutnants, der gerade die Uniform des Regiments Garde an den Nagel gehängt hatte, dessen vom König geforderte Laufbahn als «besonders brauchbarer Geschäftsmann» aber in den wenigen Studienmonaten bisher kaum schärfere Konturen angenommen hatte. Andererseits war es immerhin ein Kleist, man hatte sechs Töchter im Hause, und Wilhelmine war mit beinahe neunzehn nicht nur die älteste von ihnen, sondern auch in heiratsfähigstem Alter. So wurde bedingter Konsens gegeben: man solle von öffentlicher Ankündigung absehen, bis der Bräutigam den königlichen Wunsch erfüllt und ein Amt gefunden habe. Das alles geschah irgendwann in den ersten Monaten des Jahres 1800;[50] Heinrich von Kleists und Wilhelmine von Zenges schwieriger Brautstand konnte danach seinen Anfang nehmen.

War hier der strenge Lebensplaner Kleist am Werke gewesen? Sah er die Zeit gekommen, wo nun auch der «Hoffnung auf ein sinnliches Glück» samt den «tugendhaften, wenn gleich nicht mehr so reinen Freuden» in seinem Leben Raum gegeben werden konnte? Heinrich von Kleists Annäherung an Wilhelmine von Zenge gibt mit dem wenigen, was wir davon wissen, nicht diesen Eindruck kalkulierenden Planens, denn dazu geschah sie zum falschen Zeitpunkt. Kleist war ohne festen Ort in der Gesellschaft, vor dem Gesetz noch nicht einmal mündig und ohne gesichertes Einkommen. Er hatte sich wohl in dem immer wiederkehrenden Gefühl, fremd unter den anderen zu sein, ganz einfach verliebt in die etwas stille, freundliche, besonnene junge Frau, die sich selbst für nicht sehr attraktiv hielt und die, aus Berlin kommend, ihrerseits sich in dem kleinen Frankfurt zuweilen fremd fühlen mochte. Für sein Verhalten der Braut gegenüber muß Kleist freilich bis heute Tadel hinnehmen, zuweilen sogar recht harschen. Die größere Zahl seiner Briefe an sie – es sind 35 zumeist recht umfangreiche – ist erhalten geblieben; hingegen fehlen, bis auf eine,

LEBENSPLÄNE

alle ihre Antworten. Das allein schon erschwert das Verstehen dessen, was diese beiden Menschen aneinander band oder sie auch voneinander trennte. Hinzu kommt, daß, ganz abgesehen von dem vielen in der Liebe schwer oder gar nicht Aussprechbaren, bei solcher Korrespondenz damals manches unausgesprochen bleiben mußte schon um der anderen willen, die diese Blätter sahen oder sehen konnten, denn vertraulich, aber nicht heimlich muß man sich den Briefverkehr beider vorstellen. Dennoch lebte Wilhelmine von Zenge in einem Elternhaus, das sie allem Anschein nach nicht einschüchterte. Sie hatte die Freiheit, zunächst Nein zu Kleists Antrag zu sagen, dann zögernd schließlich Ja, weil sie Sympathien für ihn empfand. Mit einer Verlobung aber, wie inoffiziell sie auch sein mochte, trat Liebe an die Öffentlichkeit, denn jeder wußte davon, auch wenn man vielleicht nicht darüber sprach. Der Weg zu Ehe und Familie war abgesteckt, und hinter einem scheinbar ganz privaten und freien Entschluß in «goldner Unabhängigkeit» konnte Kleist wieder einmal Verpflichtungen hervorblicken sehen. Wie stark das Vertrautsein und gemeinsame Glücksempfinden Heinrich von Kleists und Wilhelmine von Zenges wuchs, ist schwer zu sagen, denn Kleist verließ bald Frankfurt, und von da an korrespondierten die Verlobten fast nur noch miteinander.

Dabei war der Anfang dieser Korrespondenz im Grunde zunächst nur die Fortsetzung jenes anderen, von den jungen Frankfurter Frauen durchaus gewünschten Austauschs von «Lehrbriefen», den Kleist von Haus zu Haus begonnen hatte. Es mag hinreichend bekannt, aber immer noch schwer vorstellbar sein, wie begrenzt die Bildungsziele und mit ihnen auch die Bildungsmöglichkeiten für Frauen damals waren. Zwar war bereits Dorothea Erxleben, die Mutter jenes Johann Christian Erxleben, auf dessen Experimentalphysik Wünsch seine Vorlesungen für die Frankfurter «Illitteratis» basierte, zur Ärztin promoviert worden, aber das war in Göttingen und blieb auf lange Zeit eine Ausnahme. Für Frankfurt war nun wiederum Kleist die Ausnahme: des Schreibens mächtig, belesen, gebildet, von regem, wachem Intellekt und nicht gebunden an Dienstvorschriften wie die jungen Offiziere am Ort. Seine Versuche also, den jungen Frauen im eigenen und im Nachbarhause ein wenig deutsche Grammatik beizubringen und ihr Nachdenken mit allen möglichen Fragen herauszufordern, bedeutete für diese eine nur zu willkommene Gelegenheit, der Lang-

weile und Gleichförmigkeit des Alltags in der kleinen Stadt zu ent-
fliehen und gleichzeitig das Gefühl zu haben, innerlich zu wachsen.
Für Kleist andererseits bot sich die Gelegenheit, seinem starken
Bedürfnis nach Mitteilung an einen Kreis von Menschen zu folgen,
um von ihm angenommen und in ihn aufgenommen zu werden, ein
Bedürfnis, das ihn ja früh schon bewegt hatte. Nur war noch dunkel
für ihn selbst, was er am besten zu geben hatte. «Ein akademisches
Lehr-Amt in Frankfurt»[51] gehörte damals zu den besseren seiner
Erwartungen.

Wenn nun also Kleist «Denkübungen» mit Frage- und Antwort-
spielen an die Braut schickte, sie fragte, ob es zum Beispiel wün-
schenswerter sei, «*auf eine kurze Zeit*, oder *nie* glücklich gewesen zu
sein»,[52] so war das für die Empfängerin kaum arge Schulmeisterei,
sondern eher erwünschter Anstoß, eigene Gedanken zu entwickeln zu
einem Thema, das sie im innersten anging und überdies etwas anderes war als das Tagesgespräch im Generalshause. Alles, was in ihrer
Seele vorgehe, solle nach den Fragen des Verstandes («was willst
Du?»), der Urteilskraft («worauf kommt es an?») und schließlich der
Vernunft («worauf läuft das hinaus?») gesichtet und geordnet werden,
empfahl Kleist der Braut und brachte ihr auf diese Weise Gedanken
aus Immanuel Kants *Anthropologie in pragmatischer Hinsicht* von 1798
nahe, wofür sie ihm sicher dankbar gewesen ist. Und war es nicht verständlich, daß der Bräutigam die Frage aufwarf, welcher von zwei
Eheleuten «*am Meisten bei dem früheren Tode des andern verliert*», jetzt, da
eine Bindung fürs Leben geschlossen werden sollte?[53] Oder war das
nun doch schon eine Frage, die verrät, daß der Fragesteller nach Dimensionen des Erkennens und Empfindens suchte, die weit über den
Kreis dessen hinausgingen, was gesellschaftliche Gesprächskultur
gemeinhin zu erörtern pflegt? Kleists Antwort war indes nicht außerordentlich. «So lang' ein Weib liebt, liebt es in Einem fort – ein Mann
hat dazwischen zu thun»,[54] heißt es ein wenig leichtfertig im dritten
Band von Jean Pauls *Titan* aus dem Jahre 1801. In seinem Lehrbrief an
die Braut ging Kleist von der gleichen Ansicht aus. Da die Frau «mit
ihrer *ganzen* Seele» für den Mann wirke, der Mann aber «*nicht mit allen*
seinen Kräften»[55] für die Frau, weil er ja auch «Verpflichtungen gegen
sein Vaterland» habe, so verliere gerade der Mann mehr, und zwar den
ganzen «Inbegrif seines irrdischen Glückes»: «Ihm fehlt Alles, wenn
ihm eine Frau fehlt.»[56]

Es sind insbesondere Argumente wie diese, die Kleist heftige moderne Kritik eingebracht haben, weil sie bei allem Lob ihres Wertes die Frau dem Manne unterordnen. Aber sie entsprachen einfach den sozialen Erfahrungen, den Lebenstatsachen der Zeit. In seiner *Grundlage des Naturrechts nach Principien der Wissenschaftslehre* schreibt Johann Gottlieb Fichte 1796 dem Manne zu, er finde «die ganze Fülle der Menschheit in sich selbst» und überschaue «das ganze Verhältnis, wie das Weib selbst es nie überschauen kann». So hänge «die Ruhe des Weibes» davon ab, «daß sie ihrem Gatten unterworfen sei, und keinen anderen Willen habe, als den seinigen», weshalb er ihr denn mit Großmut zu begegnen habe. Es ist eine «Deduktion der Ehe», der gegenüber Kleist nun schon fast liberal klingen könnte. Fichte hat übrigens aus seinen Prämissen auch Konsequenzen folgender Art für die Sexualmoral gezogen: «Im unverdorbenen Weibe äußert sich kein Geschlechtstrieb, und wohnt kein Geschlechtstrieb, sondern nur Liebe; und diese Liebe ist der Naturtrieb des Weibes, einen Mann zu befriedigen.»[57] Hufeland dürfte sich mit seinen Theorien über das Verhältnis zwischen «Zeugungskraft» und «Denkkraft» vermutlich sehr im Einklang mit dem im gleichen Jena lehrenden Philosophen gefunden haben, der immerhin zu den progressivsten seiner Zeit gehörte und mit seiner *Wissenschaftslehre* von der jungen Generation begeistert aufgenommen worden war. Manches Widersprüchliche hat also wohl auch jener emanzipatorischen Freizügigkeit innegewohnt, die das Bild der Literaturgeschichte vom Jenaer Kreis um die Brüder Schlegel und ihren Frauen prägte.

Aktueller als alle Theorien beschäftigte Kleist jedoch jetzt Praktisches. Die Rolle als Lehrer eines kleinen Kreises und Mentor seiner Braut war nicht für die Dauer bestimmt. Auch an der Universität standen Entscheidungen für ihn an. Die Grundlagen in den verschiedenen Fächern hatte er erworben, ja, er hatte in seinen Studien «das fast Unmögliche möglich gemacht»[58] und seine Propädeutik so breit wie möglich angelegt. Nun trat die goldne Unabhängigkeit recht eisern mit der Aufgabe an ihn heran, sich für einen Beruf und das praktische Fachstudium dafür zu entschließen.

> Ich wäge die Wünsche meines Herzens gegen die Forderungen meiner Vernunft ab; aber die Schalen der Wage schwanken unter den unbestimmten Gewichten. Soll ich *die Rechte* studieren? – Ach, Wilhelmine, ich hörte letzthin in dem Naturrechte die Frage aufwerfen,

ob die Verträge der Liebenden gelten könten, weil sie in der Leidenschaft geschehen – und was soll ich von einer Wissenschaft halten,
die sich den Kopf darüber zerbricht ob es ein Eigenthum in der Welt
giebt, u die mir daher nur zweifeln lehren würde, ob ich Sie auch
wohl jemals mit Recht *die Meine* nennen darf? Nein, nein, Wilhelmine, nicht die Rechte will ich studieren, nicht die schwankenden
ungewissen, zweideutigen Rechte der Vernunft will ich studieren,
an die Rechte meines Herzens will ich mich halten, u ausüben will ich
sie, was auch alle Systeme der Philosophen dagegen einwenden
mögen.[59]

Da hatte nun allerdings das juristische Grundstudium einem angehenden «Geschäftsmanne» das falsche Werkzeug in die Hände gegeben. Oder war hier eher das rechte juristische Werkzeug in die falschen Hände geraten, die es weder halten konnten noch wollten?
Unter den Eskapaden des antiken Obergottes Zeus – oder Jupiter,
wie ihn die Römer nannten – gehört diejenige mit der thebanischen
Feldherrngattin Alkmene zu den bekanntesten, hat sie doch nicht nur
zur Geburt des Kraftprotzes Herkules geführt, sondern auch die Dichter vielfach inspiriert, nicht zuletzt Heinrich von Kleist. Aber welch
wunderbares Theater auch immer seine Komödie *Amphitryon* dereinst
zu bieten haben würde, er selbst war alles andere als ein Herkules –
und sah sich dennoch im Augenblick in dessen Rolle. «Wie Herkules»
stehe er jetzt «am fünffachen Scheidewege u sinne, welchen Weg ich
wählen soll», schrieb er der Braut bald nach der Verlobung. Herkules
hatte einst bloß zwischen Lust und Tugend zu wählen – Kleist am
Ende seiner Grundstudien und am Anfang seiner Brautzeit sah nun
gleich mehrerlei vor sich: welches «Amt» sollte es werden, unter dessen Dach Braut und Bräutigam ihren Hausstand gründen würden?
Die «Rechte» empfahlen sich also nicht, wie sich zeigte. War es dann
das «diplomatische Fach»? Aber der «Aufenthalt an fremden Höfen»
wäre «kein Schauplatz für das Glück der Liebe.» Das Finanzfach? «Das
wäre etwas. Wenn mir auch gleich der Klang rollender Münzen eben
nicht lieb u angenehm ist.» Bliebe noch «ein academisches Amt» oder
endlich «die Öconomie» zu studieren, «um die wichtige Kunst zu lernen, mit geringen Kräften große Wirkungen hervorzubringen»: «Wenn
ich mir diese große Kunst aneignen könnte, dann Wilhelmine, könnte
ich ganz glücklich sein, dann könnte ich, ein freier Mensch, mein ganzes Leben Ihnen u meinem höchsten Zwecke – oder vielmehr, weil es

die Rangordnung so will – meinem höchsten Zwecke u *Ihnen* widmen.» Wollte Kleist nun wirklich ein Geschäftsmann werden und mit möglichst wenig Anstrengung möglichst viel Geld verdienen, Güter verwalten, Fabriken gründen? Oder spielte da, wie unbestimmt auch immer, erneut jener frühe Wunsch hinein, auf andere zu wirken und in ihrem Mittelpunkt zu stehen, auch wenn «Kunst» hier noch nicht «Kunstwerk» meinte? Denn was schließlich war überhaupt sein «höchster Zweck»? Jedes Wort dieses Briefes macht deutlich, daß die Entscheidung des jungen griechischen Halbgottes am Scheidewege eine relativ simple Angelegenheit gewesen sein muß verglichen mit den Problemen, mit denen Heinrich von Kleist sich nun auf einmal konfrontiert sah. Von Wieland inspiriert, wäre es ihm, dem neuen Herkules, ein leichtes gewesen, den Weg der «Tugend» zu wählen, wie anders auch sein mochte, was er sich darunter vorstellte. Jetzt hingegen waren die Optionen vervielfacht und überdies sehr viel konkreterer Natur, und so fand denn Kleist die salomonische Lösung: er rief die Braut zur Entscheidung auf. Als Hilfe hinsichtlich des «höchsten Zweckes» bot er ihr lediglich einen anderen, beliebten, aber ebenso vieldeutigen Begriff an, das Glück, was sich Wilhelmine von Zenge wohl, falls er ihr seinen Aufsatz über das Glück gezeigt haben sollte, übersetzen konnte in den Gedanken von einem erfüllten, sinnvollen, auf der Höhe der humanen Gedanken und schönsten Ideale der Zeit verlaufenden Leben für sich und andere.

> Glücklich, glücklich, Wilhelmine, mögte ich gern werden u darf man da nicht schüchtern sein, den rechten Weg zu verfehlen? Zwar ich glaube, daß ich auf jedem dieser Lebenswege glücklich sein würde, wenn ich ihn nur an Ihrer Seite zurücklegen kann. Aber, wer weiß, Wilhelmine, ob Sie nicht vielleicht besondere Wünsche haben, die es werth sind, auch in Erwägung gezogen zu werden. Daher fordere ich Sie auf, mir Ihre Gedanken über alle diese Pläne, u Ihre Wünsche, in dieser Hinsicht, mitzutheilen. Auch wäre es mir lieb von Ihnen zu erfahren, was Sie sich wohl eigentlich von einer Zukunft an meiner Seite versprechen? Ich verspreche nicht unbedingt den Wunsch zu erfüllen, den Sie mir mittheilen werden; aber ich verspreche bei gleich vortheilhaften Aussichten denjenigen Lebensweg einzuschlagen, der Ihren Wünschen am meisten entspricht. Sei es dann auch der mühsamste der beschwerdevollste Weg Wilhelmine, ich fühle mich mit Muth u Kraft ausgerüstet, um alle Hindernisse zu übersteigen; und wenn mir der Schweiß über die Schläfe rollt u meine Kräfte

von der ewigen Anstrengung ermatten, so soll mich tröstend das Bild der Zukunft anlächeln u der Gedanke mir neuen Muth u neue Kraft geben: *ich arbeite ja für Wilhelmine.*[60]

Man gäbe viel darum, Wilhelmine von Zenges Antwort auf diesen Brief kennenzulernen, denn die Ratlosigkeit und Lebensunsicherheit Kleists sprechen wiederum aus jedem Satz. Manche der hohen Worte und Metaphern mögen auf das Konto der Zeit gehen, andere verraten die Lust an der Sprache, das Sich-selbst-Berauschen am Gesagten, das später zu Kleists machtvoller Begabung wurde, wenn er es als künstlerisches Gestaltungsmittel einsetzte. Dazwischen aber stehen Worte von geradezu konsternierender Sachlichkeit, ja Taktlosigkeit. Wohl entspringen sie gleichfalls der Unsicherheit und einem Bedürfnis nach Selbstschutz, nur eben fragt sich, ob das eine sich der Liebe öffnende Braut auch wirklich gespürt hat oder ob sie nicht doch zusammengezuckt ist, als sie lesen mußte, der liebende Bräutigam verspreche ihr nicht, «unbedingt den Wunsch zu erfüllen, den Sie mir mittheilen werden.» Solche letztlich aus Empfindungen tiefer Schutzlosigkeit und Verwundbarkeit entspringende Brüskheiten Kleists haben zeitlebens zu seinen Schwierigkeiten im Umgang mit anderen Menschen geführt. Daß sie auch in die Widersprüchlichkeiten mancher seiner Figuren eingegangen sind, liegt nahe.

Unter den «Denkübungen für Wilhelmine von Zenge», die Kleist ihr irgendwann im Frühjahr oder Sommer 1800 aufschrieb, befindet sich auch die Frage, auf welche Weise denn eine Frau sich das «Interesse ihres Mannes erwerben» könne. Denn Interesse sterbe, so Kleist, «wenn man ihm heute und morgen vorsetzt, was es schon gestern und vorgestern genoß.» Nichts sei «dem Interesse so zuwider, als Einförmigkeit, und nichts ihm dagegen so günstig, als Wechsel und Neuheit.» Und zur Erläuterung fügt er hinzu: «Daher macht uns das Reisen so vieles Vergnügen, weil mit den immer wechselnden Standorten auch die Ansichten der Natur immer wechseln und daher hat überhaupt das Leben ein so hohes, ja das höchste Interesse, weil es gleichsam eine große Reise ist und weil jeder Augenblick etwas Neues herbeiführt, uns eine neue Ansicht zeigt oder eine neue Aussicht eröffnet.»[61] Das mochte nun durchaus auf offene Augen und Ohren der Braut treffen, die, aus der Großstadt kommend, ganz sicherlich in ihrem Frankfurter Alltag unter mancher Einförmigkeit litt. Was ihr der Bräutigam allerdings vorschlug, war eher die Ausbildung der

«Talente der Musik, des Zeichnens, des Vorlesens & bis zur Vollkommenheit»; das Reisen hingegen behielt er sich selbst vor. Irgendwann im Juli unternahm er mit Ulrike von Kleist eine Reise auf die Insel Rügen,[62] bei welcher Gelegenheit er den Freiherrn Gottfried Joachim Ludwig von Brockes kennenlernte, mit dem er bald darauf in nähere Verbindung trat. Irgendwann um diese Zeit schenkte er auch dem Fräulein von Zenge eine Tasse, deren Untertasse auf der Unterseite das Wort «Einigkeit» und auf der Oberseite des Wort «uns» trug, die Tasse aber auf der Unterseite das Wort «Vertrauen», was sich auflösen ließ in «Vertrauen auf uns» und «Einigkeit unter uns». Am 14. August 1800 begab sich Heinrich von Kleist dann auf die Fahrt nach Berlin, um eine andere, weitere Reise anzutreten, bei der es bis heute unsicher geblieben ist, ob sie auf Umwegen zu einem der fünf Ämter führen sollte, oder ob sie ganz einfach ein Ausweg war aus einer Situation, in der ihm die Flucht als die beste Lösung erschien. Der Braut aber empfahl er in einem seiner ersten Briefe nach der Trennung: «Besieh Deine neue Tasse von oben und unten.»[63] Auch wenn Kleist fortan bemüht war, sich als geschickter Herr der Dinge darzustellen – nach straffer Lebensplanung sah am Ende nicht aus, was nun folgte.

IV. ENIGMA-VARIATIONEN

~

1. Die Reise nach Würzburg

Nach einem Abschied klingt es, so deutsch-romantisch, wie Wilhelm Müller ihn in Verse und Franz Schubert in Töne setzen konnte: «Fremd bin ich eingezogen, / Fremd zieh' ich wieder aus.» Nur war ihm, Heinrich von Kleist, nicht nach Singen zumute.

> Mit welchen Empfindungen ich Frankfurt verlassen habe – ach, liebes Mädchen, das kann ich Dir nicht beschreiben, weil Du mich doch nicht ganz verstehen würdest. Als ich mich von Dir trennte legte ich mich noch ins Bett, u lag da wohl noch 1 ½ Stunde, doch mit offnen Augen, ohne zu schlafen. Als ich im Halbdunkel des Morgens abfuhr, war mirs, als hörte ich ein Geräusch an dem einen Fenster Eures Saales. Mir fuhr ein schneller Gedanke durch die Seele, ob Du das wohl sein könntest. Aber Du warst es nicht, ob ich gleich eine brennende Sehnsucht hatte, Dich noch einmal zu sehen. Der Wagen rollte weiter, indessen mein Auge immer noch mit rückwärtsgewandtem Körper an das geliebte Haus hieng. Mir traten Thränen ins Auge, ich wünschte herzlich zu weinen, aber ich bin schon zu lange davon entwöhnt.[1]

In den ersten Morgenstunden des 14. August 1800, einem Donnerstag, verließ Kleist sein heimatliches Frankfurt in Richtung Berlin, entfernteren Zielen zusteuernd. Zwei Tage später, in Berlin, schrieb er der Braut von diesem Abschied. Was mag sie empfunden haben, als sie dieses «Weil Du mich doch nicht ganz verstehen würdest» las, und was hatte er selbst sich dabei gedacht?

Fünf Möglichkeiten waren es gewesen, die der frischgebackene Bräutigam der zukünftigen Ehefrau für das gemeinsame Leben und dessen feste Verankerung in der Welt vorführte: wollte sie Gattin eines Juristen, Diplomaten, Ökonomen, Finanzbeamten oder Akademikers werden? Allerdings gab es eben eine Einschränkung: «Ich verspreche nicht unbedingt den Wunsch zu erfüllen, den Sie mir mittheilen werden.»[2] So stand es im Brief kurz vor dem Verlöbnis und dem Übergang in die Vertrautheit des Du. Aber so recht enthusiastisch hatte sich der Herkules am Scheidewege auch jetzt noch nicht für eine dieser Möglichkeiten erwärmen können; der konkreteste seiner Entschlüsse blieb zunächst nur, das Frankfurter Studium vorerst wieder aufzugeben. Vom Reisen als Bildungsmittel war ja in den «Denkübungen» für Wilhelmine von Zenge bereits die Rede gewesen; nun war er im Begriffe, das selbst auszuprobieren. «Das Leben nennt der Derwisch eine Reise, / Und eine kurze», wird Kleist später, gegen Ende des eigenen Lebens, seinen Prinzen von Homburg sagen lassen. Solches Reisen als Daseinsform, als Tätigkeit an sich war aber im Grunde schon jetzt gemeint und nicht die Fortbewegung zu einem benennbaren Ziele oder praktischen Zweck, zumindest nicht in erster Linie. Im besten Falle konnte daraus dann eine Reise zu sich selbst und womöglich über sich hinaus werden, wie es der Prinz mit einem Flug «durch stille Ätherräume» versuchte; im schlechteren Fall bedeutete es die Flucht vor sich und den anderen. Heinrich von Kleist wird sich von jetzt an immer wieder auf Reisen begeben.

Die Reise nun, zu der sich Kleist in den ersten Augusttagen des Jahres 1800 entschloß, war nicht als einer jener geselligen Ausflüge gedacht, die er in den Harz, ins Riesengebirge oder auf die Insel Rügen unternommen hatte. Nicht dem «Vergnügen»[3] oder dem «Schönen»[4] sollte sie dienen, wie er beiden, der Schwester und der Braut, erklärte, sondern vielmehr einem «hohen» und «sehr ernsten Zweck».[5] Das wird mit jener gewichtigen Begeisterung verkündet, mit der er schon ein Jahr früher vom «Glück» eines «Lebensplanes» gesprochen hatte, den zu entwerfen er gerade im Begriffe sei. Aber dann wird das neue Vorhaben sogleich mit dem Nebel des Geheimnisvollen umwölkt. Ulrike, die treue Schwester, sollte, wieder einmal, die Mittel bereitstellen, nicht zu den Reisekosten übrigens, sondern allein zum «Zweck» der Reise, wie ihr der Bruder mysteriös erläuterte.[6] Ein Risiko sei nicht dabei, nichts könne verloren gehen, «doch alles dabei gewonnen» und «das Glück, die Ehre, u vielleicht das Leben eines Menschen» gerettet werden[7] – in der Tat recht große, aber verschleiernde Worte an jemanden, der sich sorgen muß, daß der Bruder wohl selbst dieser Mensch sein könnte und die Sache an die Wurzeln seiner Existenz gehen werde. Was davon Selbsttäuschung, was absichtsvolle Übertreibung oder gar regelrechte Täuschung war, läßt sich nicht sagen; die Leiden Heinrich von Kleists haben immer darin bestanden, daß die Phantasie in seinem Leben Wirklichkeiten zu schaffen versuchte und sie in seiner Dichtung auch tatsächlich schuf, während die irdische Wirklichkeit schmerzhaft mit der phantasiegeborenen kollidierte.

Moralisch rechtfertigte sich Kleist zunächst mehr vor sich selbst als vor der Schwester, wenn er ihr bedeutete, daß er mit seinem Plane leider geheimnisvoll bleiben müsse, wenngleich er die Wahrheit lediglich verschweige, «ohne indessen zu lügen».[8] «Und ich – ich schwieg, ihr Herrn; ich log, ich weiß, / Doch log ich anders nicht, ich schwör's, als schweigend» (Vs. 2276 f.), wird Eve im *Zerbrochnen Krug* später sagen. Der Schwester jedenfalls wird beschieden: «Ergründe nicht den Zweck meiner Reise, selbst wenn Du es könntest. Denke, daß die Erreichung desselben zum Theil an die Verheimlichung vor allen, *allen* Menschen beruht. Für jetzt wenigstens. Denn einst wird es mein Stolz und meine Freude sein, ihn mitzutheilen.»[9] Auch Carl von Zenge, dem Bruder der Braut, wird das Versprechen abgenommen, «weder das Ziel noch den Zweck meiner Reise zu erforschen»[10] – «er soll gegen niemanden viel von mir sprechen, u dringt einer auf ihn ein, antworten, er wisse von nichts»,[11] was ohnehin den Tatsachen entsprach. Bei Wilhelmine von Zenge gar appelliert der Bräutigam an das unbedingte Vertrauen, eine «wochenlange, vielleicht monatelange Trennung» ganz einfach als «unerklärlich» hinzunehmen und sich damit abzufinden. «Pfui, Ruprecht, pfui, o schäme dich, daß du / Mir nicht in meiner Tat vertrauen kannst» (1164 f.), sagt Eve Rull, nur daß Kleist dort einer von ihm selbst geschaffenen Frauengestalt jene Freiheit des Schweigens zugesteht, die er hier für sich selbst als Mann in Anspruch nimmt seiner sehr wirklichen Braut gegenüber. Seine Dichtung wird aus der Diskrepanz zwischen Konventionen des Verhaltens und den Bildern der freien Phantasie Kraft und Spannung gewinnen – daß er hingegen den Menschen seiner Umgebung damit oft mehr zumutete, als sie tragen konnten, ist eine andere Sache und ebenfalls Quelle mancher seiner Leiden geworden.

Bis auf den heutigen Tag weiß niemand, ob es nun wirklich konkrete Gründe für dergleichen Heimlichkeit gab oder ob Kleist, wie noch oft in seinem Leben, sich und seiner hoffnungsgetränkten Phantasie lediglich unbegrenzten Raum zu verschaffen suchte, indem er hinter dem Schleier des Geheimnisses vor allen Verbindlichkeiten der Realität Schutz suchte. «Ja so, so war das gemeint», werde Wilhelmine von Zenge dereinst rufen, wenn sich das Rätsel gelöst habe, versprach

Kleist. Aber zu diesem «Ausruf des Erstaunens»[12] ist es bei der Braut freilich nie gekommen. Erst die Kleist-Forschung hat ihn vielfach ertönen lassen, wenn sie in immer neuen Variationen dem Geheimnis um diesen hohen, ja höchsten Zweck auf den Grund zu kommen suchte. Gelüftet worden ist der Schleier dennoch nicht. Lediglich läßt sich sagen, daß es in der gesamten Geschichte der neueren deutschen Literatur kaum ein anderes Ereignis gibt, über das so häufig, bunt und diffus gerätselt worden ist und das zu derart kühnen Spekulationen Anlaß gegeben hat wie eben Kleists sogenannte «Würzburger Reise», die ursprünglich überhaupt nicht nach Würzburg, sondern nach Wien führen sollte.

Als Kleist an jenem 14. August in Berlin eintraf, war damit der Abschied von seiner Heimatstadt vollzogen; künftig kehrte er nur noch sporadisch und auf eine kurze Zeit seines unruhigen Lebens dorthin zurück. Wie Carl von Zenge, so erhielt auch die Schwester Ulrike sogleich Anweisungen zur Verschwiegenheit; er wolle, schrieb ihr Kleist noch am Tage der Ankunft in Berlin, «daß das Scheinbar-Abendtheuerliche meiner Reise durchaus versteckt bleibe, u die Welt weiter nichts erfahre, als daß ich in Berlin bin u Geschäfte beim Minister Struensee habe, welches zum Theil wahr ist».[13] «Zum Theil» allerdings war es nun aber eben auch nicht wahr. Karl August von Struensee, preußischer Minister des «Accise-, Zoll-, Commercial- und Fabrikwesens»,[14] befand sich damals gar nicht in Berlin, und also handelte es sich offensichtlich um eine von Kleists häufigen Tarn-Fiktionen, hinter denen er sich zu verbergen versuchte. Nur fragt sich, was oder ob er überhaupt etwas zu verbergen hatte. Im übrigen, so bekommt die Schwester zu lesen, wisse auch die Braut «nur so viel, wie Du, aber nicht viel mehr.»[15] Gesehen zu haben scheint Kleist Struensee allerdings doch noch Stunden vor der Weiterreise am 28. August, obwohl auch das nicht sicher verbürgt ist. Bedurft hat er des Ministers dann in der Tat nach der Rückkehr.

Nachdruck erhält die Behauptung vom Vorhandensein einer realen Aufgabe, eines «Zweckes» dieser Reise allerdings durch das, wozu sich Kleist in den nächsten Tagen in Berlin entschloß oder aber bereits vorher entschlossen hatte. Zur Beratung nämlich «über die Mittel» zu diesem «Zweck» brauche er nun, schreibt er der Schwester Ulrike, «einen edeln, weisen Freund», und ihr erklärt er zugleich bündig, wie ähnlich schon im Jahr zuvor, was sie von dieser Rolle ausschließt:

«Wärst Du ein Mann gewesen – o Gott, wie innig habe ich dies gewünscht! – Wärst Du ein Mann gewesen – denn eine Frau konnte meine Vertraute nicht werden, – so hätte ich diesen Freund nicht so weit zu suchen gebraucht, als jetzt.»[16] Oder war es eher Kleists Absicht, mit der Berufung auf konventionelle Vorstellungen von Platz und Aufgabe der Frau lediglich etwas zu überdecken, sei es vor anderen oder gar vor sich selbst, denn ein Jahr später wird ihm die Schwester durchaus als Gefährtin für die Reise nach Paris akzeptabel sein? Ging es ihm jetzt vielmehr darum, daß er gerade diesen einen Reisegefährten haben wollte oder brauchte?

Unter allen Rätseln, die Kleist mit seiner Reise der Mitwelt wie der Nachwelt aufgegeben hat, erscheint die Wahl eines Begleiters zunächst wohl das größte. Wäre Kleist allein gereist, so hätte er nach Belieben Motive, Zwecke und Ziele erfinden können; einem Menschen, den er als Gefährten für einen Zweck gewinnen wollte, mußte er konkretere und gewichtige Gründe offenbaren. Dabei hatte er es sich mit der Wahl nicht leicht gemacht; den Begleiter holte er sich aus ziemlicher Entfernung herbei, und ausgesucht hatte er sich einen seriösen, wohlangesehenen Mann seines Standes, den um fast zehn Jahre älteren Ludwig von Brockes, «Brokes» ausgesprochen und von Kleist oft auch so geschrieben, dem er erst vor kurzem auf der Reise nach Rügen begegnet war.[17] Das Bedürfnis nach Reise-Gemeinschaft jedenfalls führte Kleist zunächst ins Pommernland.

Brockes war ein Enkel jenes Barthold Hinrich Brockes in Hamburg, dessen *Irdisches Vergnügen in GOTT* zu Anfang des 18. Jahrhunderts eine literarische Sensation dargestellt hatte. Die poetische Freude über eine praktisch und menschenfreundlich angelegte göttliche Schöpfung war am Ende des Jahrhunderts freilich verflogen. Ludwig von Brockes gehörte jener schon erwähnten, vom Ennui angehauchten Generation jüngerer, gebildeter deutscher Adliger an, denen es zunehmend schwer fiel, überhaupt irdisches Vergnügen zu empfinden. Darin bestand also zweifellos Seelenverwandtschaft zwischen Kleist und seinem Erwählten. Unaufhörlich liege Brockes «mit der Natur im Streit», berichtet Kleist der Braut, «weil er, wie er sagt, seine ewige Bestimmung nicht herausfinden kann, und daher nichts für seine irdische thut.»[18] Von seinem Wahlspruch «Handeln ist besser als Wissen»,[19] den Kleist gleichfalls überliefert, zeugte deshalb sein Lebenslauf kaum. Brockes hatte in Göttingen Jura studiert, lernte –

Ludwig von Brockes.
Gemälde eines unbekannten Künstlers

wie Kleist später, nach der Reise, Wilhelmine von Zenge berichtet hat – «in Frankfurt am Main die Liebe kennen, die ihn nicht glücklich machte, gieng dann in dänische Militairdienste, wo es sein freier Geist nicht lange aushielt, nahm dann den Abschied, konnte sich nicht wieder entschließen, ein Amt zu nehmen,» und «gieng, um doch Etwas Gutes zu stiften, mit einem jungen Manne zum zweitenmale auf die

Universität»,[20] das heißt er wurde eine Zeitlang Lehrer und Hofmeister einer Göttinger Adelsfamilie. Nach allem, was über Brockes bekannt geworden ist, paßte ihn Kleist hier nicht bloß der eigenen Persönlichkeit an, sondern hatte wirklich allen Grund, sich ihm nahe zu fühlen, fiel es doch beiden schwer, einen festen Platz im staatsbürgerlichen Leben zu finden. Verstörend für Brockes kam hinzu, daß seine frühe, auf Gegenseitigkeit beruhende Liebe zu Cäcilie von Ziegesar ständischer Räson geopfert wurde: 1788 heiratete sie einen um fünfunddreißig Jahre älteren Freiherrn von Werthern-Beichlingen-Frohndorf, einen sächsisch-weimarischen Oberkammerherrn,[21] der nun allerdings gerade in diesen Tagen, am 7. August 1800, gestorben war, was für Brockes Hoffnungen auf endliche Gemeinsamkeit mit der von ihm Geliebten aufleben lassen mochte. Dazu ist es dann allerdings nicht gekommen; wegen einer testamentarischen Bestimmung, die sich auf einen Sohn Wertherns bezog, blieb es bei einem Verlöbnis, und Brockes starb 1815 unverheiratet «in den Armen seiner herbeigeeilten Braut»,[22] die sich in einem bewegenden Nachruf zu ihrer beider Liebe bekannte.[23]

Als Kleist Brockes im August 1800 als Reisegefährten einlud, lebte dieser privatisierend in Coblentz bei Pasewalk auf einem Gute der Familie von Eickstedt, mit der er über seine Großmutter verwandtschaftlich verbunden war.[24] Dorthin also reiste Kleist mit der Stettiner bedeckten Post und hatte, deren Fahrplan unterworfen, vor der Rückreise nach Berlin geruhsam Zeit, sich in Pommern in die Kunst des Erzählens und Menschengestaltens hineinzuschreiben, denn hier begann er mit seinen Reisebriefen an die Braut, die er fortan zu einer eigenen Kunstform meisterhaft entwickelte. Coblentz war ein Landgut des Grafen Maximilian von Eickstedt-Peterswaldt, einem Ritter des – evangelischen – Johanniterordens. «Ich fand», berichtet Kleist an Wilhelmine von Zenge,

> weite Wiesen, mit Graben durchschnitten, umgeben mit großen reinlich gehaltenen Wäldern, viel junges Holz, immer verzäunt u geschlossen, ausgebesserte Wege, tüchtige Brücken, viele zerstreute Vorwerke [...]. Wo nur eine Thür war, da glänzte auch ein Johanniterkreuz, auf jedem Dache, auf jedem Pfale war es vielfach aufgepflanzt. Als ich vor das Schloß fuhr, fand ich, von außen, zugleich ein uraltes u nagelneues Gebäude, zehnmal angefangen, nie vollendet, heute nach dieser Idee, über das Jahr nach einer andern, hier ein Vor-

sprung, dort ein Einschnit, immer nach dem Bedürfniß des Augen-
blicks angebaut u vergrößert. Im Hause kam mir die alte würdige
Gräfinn freundlich entgegen. Der Graf war nicht zu Hause. Er war
mit einigen andern Damen nach Augustenhain gefahren. Indessen ich
lernte ihn doch noch in seinem Hause kennen, noch ehe ich ihn sah.
Dunkle Zimmer, schön meublirt, viel Silber, noch mehr Johanniter-
kreuze, Gemälde von großen Herren, Feldmarschälle, Grafen, Minister, Herzoge, er in der Mitte; in Lebensgröße, mit dem Scharlach-
mantel, auf jeder Brust einen Stern, den Ordensband über den ganzen
Leib, an jeder Ecke des Rahmens ein Johanniterkreuz. Wir giengen,
Brokes u ich, nach Augustenhain. Ein ordentlicher Garten, halb französisch, halb englisch, schöne Lusthäuser, Orangerien, Altäre, Grab-
mäler von Freunden, die vornehme Herren waren, einen Tempel dem
großen Friedrich gewidmet; große angelegte Waldungen, weite, uhr-
bargemachte ehemals wüste, jetzt fruchtbare Felder, viele Meiereien,
Pferde, Menschen, Kühe, schöne nützliche Ställe auf welchen aber
das Johanniterkreuz nie fehlte ---- Wenn man die Schnecke an ihrer
Muschel erkennen kann, rief ich, so weiß ich auch wer hier wohnt.

Ich hatte es getroffen. Ich fand Ökonomie u Liberalität, Ehrgeiz u
Bedürfniß, Weisheit u Thorheit in einem Menschen vereinigt, u dieser war kein andrer als der Gr. v. Eickstedt.[25]

Was immer Kleist mit seiner Reise für Absichten verfolgte, er wurde
durch sie und noch ohne bewußte literarische Ambitionen zum Erzähler. Das aber heißt – und dieses erste Musterstück seiner Kunst zeigt
es deutlich genug – Menschen in ihrem Sein und Handeln zu beobachten, ein Verhältnis zu ihnen zu finden, ihre Prätensionen zu durch-
dringen und sie in ihrer ganzen Widersprüchlichkeit vorzuführen.
Seine Reisebriefe bildeten von nun an eine Art poetischer Vorbereitung für sein dichterisches Werk durch jene psychologische Feinana-
lyse, die ihn dann später befähigte, Gestalten zu schaffen von einem
derart unerhörten seelischen, emotionalen Reichtum, daß sie so unergründlich und lebendig wie am ersten Tag der Bekanntschaft mit
ihnen erscheinen. Der Graf von Eickstedt sollte manche adlige und
unadlige Nachfahren in Kleists Werken finden.

Was nun die Reisebegleitung betraf, so stimmte Brockes sogleich
zu; Kleist aber jubelte der Braut gegenüber: der erste Teil seines Plans
sei bereits geglückt, denn nun habe er «einen *ältern, weisern* Freund
gefunden, grade den, den ich am innigsten wünsche.»[26] Später, Ende
Januar 1801, nach der Rückkehr von der Reise, hat er dann in einem

langen, enthusiastischen Brief an Wilhelmine von Zenge noch einmal ein Porträt des Freundes gezeichnet, so wie er ihn sah – «nicht schön [...], aber sehr edel» sei er. «Er ist groß, nicht sehr stark, hat ein gelbbräunliches Haar, ein blaues Auge, viel Ruhe u Sanftmuth im Gesicht, u eben so im Betragen». «Ganz voll» sei sein, Kleists, Herz von «diesem herrlichen Menschen», und Brockes sei der einzige, dem er es «ganz geöffnet» habe, «der jede, auch selbst seine geheimsten Falten kannte.» Und dann folgt ein Satz, der die Empfängerin ein wenig besorgt haben dürfte hinsichtlich des Anspruchs an sie selbst: «Niemand versteht mich ganz, Niemand *kann* mich ganz verstehen, als *er* und *Du* – ja selbst Du vielleicht, liebe Wilhelmine, wirst mich u meine künftigen Handlungen nie ganz verstehen, wenn Du nicht für das, was ich höher achte als die Liebe, einen so hohen Sinn fassen kannst, als er». Worum es sich bei diesem Höheren handelte, hatte dann die Braut aus den folgenden sieben eng beschriebenen Seiten herauszufinden, auf denen sich Kleist von seiner Begeisterung über den Freund weit forttragen ließ, rauschhaft geradezu und alle Wirklichkeit hinter sich lassend, diejenige des Freundes wie diejenige der Braut. Eine Heiligengestalt geradezu wird Brockes, in Gesellschaft «still und leidend», «von einem ganz liebenden, kindlichen Wesen, ein natürlicher Freund aller Geschöpfe», «seine Seele immer von derselben unbefleckten Uneigennützigkeit», «nie sein eignes, immer das fremde Interesse» im Auge, stets dem anderen gegenüber den unbequemeren Platz, das schlechtere Bett, die weniger saftigen Früchte wählend, diskret und zuverlässig zugleich in der Hingabe an fremdes Interesse. Nie habe er auf der Reise ungebeten Kleists Kammer betreten, und wenn der Arzt diesen besuchte, sei er taktvoll spazieren gegangen. Und «noch einen Zug werde ich Dir einst erzählen, aber jetzt nicht – noch ein Opfer, das ihn nöthigte *jede* Nacht mit dem bloßen übergeworfenen Mantel über den kalten Flur zu gehen, u von dem ich auch nicht das Mindeste erfuhr, bis spät nachher.»[27] Über die hygienischen Verhältnisse deutscher Gasthöfe oder anderer Logis sowie die damit zusammenhängenden Akte von Rücksicht würde sich wohl tatsächlich erst unter Eheleuten leichter berichten lassen als schwarz auf weiß im Brief zwischen Verlobten. Herauslesen läßt sich jedenfalls aus dem Entwurf eines solchen Ideals Kleists Bedürfnis nach Freundschaft und zugleich das bekannte Bestreben, die Braut zu bilden und sie auf ihn, Heinrich von Kleist, vorzubereiten. Der stärkste Antrieb für die Eskalation der

Verklärung aber dürfte doch wohl der Drang gewesen sein, nicht nur für die Braut, sondern auch für sich selbst die Erkenntnis so weit wie möglich zuzudecken, die zu dem Zeitpunkt dieses Briefes, dem Januar 1801, bereits unausweichlich geworden war, daß nämlich seine Reise nach Würzburg nichts gebracht hatte. Bis dahin freilich hatte es nun, da er sich mit Brockes von Pommern aus auf den Weg machte, noch Zeit für manche Hoffnungen.

Kleist hat auch auf den meisten seiner anderen selbständigen Reisen Begleiter dabeigehabt. Aber was ihn insbesondere an Brockes band und andererseits Brockes zum Mitreisen bewog, ob es reale gemeinsame Absichten, wenn nicht gar Aufgaben gab, ob tiefere seelische Affinitäten existierten, muß Spekulationen überlassen bleiben. Brockes habe mit ihm «denselben Zweck»,[28] behauptete Kleist immerhin, ohne sein Geheimnis zu lüften. Es mag sein, daß der Tod des Freiherrn von Werthern zu eben der Zeit, da Kleist in Brockes einen Reisegefährten suchte, diesen in einem Zustand der aufgeregten Hoffnung versetzt hatte und zur Reise in die Nähe einer geliebten Frau drängte, oder es mag einfach sein, daß Brockes auf der Suche nach festem Halt in der Gesellschaft, also in einer Flaute des eigenen Lebens, Kleists Vorschlag und dessen Plänemachen, worauf es sich auch beziehen mochte, nur zu willkommen waren. Beide hatten sich ja erst vor kurzem kennen und achten gelernt. Unter den Umständen und Schwierigkeiten des Reisens damals lag überdies das Bedürfnis nach einem Reisegefährten ohnehin näher und mag selbstverständlicher gewesen sein, als es einer späteren Zeit erscheinen mag.

Brockes jedenfalls folgte Kleist nach Berlin, und am 28. August 1800 – in Weimar feierte Goethe seinen einundfünfzigsten Geburtstag – brachen beide zu ihrer nach eigenem Willen geheimnisumwitterten Reise auf, die sie nach Wien führen sollte, aber in Würzburg endete. Kleist war zweiundzwanzig Jahre und zehn Monate alt, Brockes zehneinhalb Jahre älter. Am Ende brachte diese Fahrt beiden nicht, was sie sich davon erwarteten, falls sie überhaupt so konkrete Vorstellungen besaßen, wie das Kleists Reden von Ziel und Zweck suggerieren. Der Leserschaft späterer Jahrhunderte brachte sie auf jeden Fall eine Anzahl von Kleists schönsten Briefen, in denen deutsche Landschaft und die Reisekultur der Zeit durch seine scharfen Augen sichtbar und durch die Kraft seiner Sprache lebendig werden.

Erste Station der beiden Reisenden war Leipzig nach einer Fahrt über Potsdam, Wittenberg – vorbei am Grabmal «Doctor *Luthers*» – und Düben, also ein Stück durch jenes Gebiet, in dem Kleist später den Roßhändler Michael Kohlhaas verhängnisvoll leiden und handeln lassen wird. Nicht touristische Neugier trieb die beiden in die Stadt an der Pleiße. Absicht war vor allem unter falschen Namen die Immatrikulation an der Universität, «welche uns zu Pässen verhelfen»[29] soll, denn bei einer geheimen Reise hatte es schließlich konspirativ zuzugehen, wie auch Pseudonyme nach altbewährtem und zeitlosem konspirativen Muster gewählt wurden; man behielt die Initialen der eigenen Namen bei: aus Kleist wurde in anagrammatischem Spiel Klingstedt, Sohn eines «invaliden schwedischen Capitains» und «Student der Mathematik», und Brockes mutierte zu Bernhoff, einem «Studenten der Ökonomie»,[30] denn in dem jeweiligen Bereiche konnte sich jeder dank bisheriger Erfahrungen und Studien einigermaßen sicher fühlen. Beide aber wechselten auch ihr Vaterland, das sie als jene Insel Rügen angaben, auf der sie sich zuerst getroffen hatten und die zur Zeit Schweden gehörte. Die «weisen Ermahnungen»,[31] die sie bei der Vorstellung beim Rector magnificus von diesem erhielten, waren freilich in den Wind gesprochen, was im stillen den Kleistschen Sinn für Humor sehr angesprochen haben dürfte. «Wir giengen zu Hause, bestellten Post, wickelten unsre Schuhe u Stiefeln in die akademischen Gesetze u hoben sorgsam die Matrikeln auf.»[32] Gehörte die Lust am Spiel ebenfalls zu den Motivationen für diese Fahrt?

Zwischen Frankfurt, Pasewalk, Berlin, Leipzig, Dresden und Würzburg wandelte sich vieles in Kleists Bild von der Welt, die er nun schreibend neu entdeckte und erforschte. Von Ort zu Ort schreibt er der Braut oft viele Seiten lange Briefe, und die Lust am Schreiben spricht aus jedem dieser eng beschriebenen und wenig korrigierten Blätter. Aber es sind nicht nur Reisetagebücher, sondern mittelbar auch Dokumente über eine Reise zu sich selbst und ins eigene Innere. Schon im Vorbereitungsstadium begann dieser Prozeß zunächst mit der Empfindung heimatlicher Enge. Von seiner Fahrt zu Brockes ins Vorpommersche berichtet er aus Pasewalk: «Ich bin durch Oranienburg, Templin, Prenzlow hierhergekommen, ohne daß sich von dieser ganzen Gegend etwas interessanteres sagen ließe, als dieses daß sie ohne alles Interesse ist. Das ist nichts, als Korn auf Sand, oder Fichten auf Sand, die Dörfer elend, die Städte wie mit dem Besen auf ein

Häufchen zusammengekehrt. Denn rings um die Mauern ist alles so rein und proper, daß man oft einen Knedelbaum» – einen wilden Birnbaum – «vergebens suchen würde. Es scheint als ob dieser ganze nördliche Strich Deutschlands von der Natur dazu bestimmt gewesen wäre, immer u ewig der Boden des Meeres zu bleiben, u daß das Meer sich gleichsam nur aus Versehn so weit zurückgezogen u so einen Erdstrich gebildet hat, der ursprünglich mehr zu einem Wohnplatz für Wallfische u Heringe, als zu einem Wohnplatz für Menschen bestimmt war.»[33] Es sind Sätze, die nicht nur davon sprechen, wie Kleist sein heimatliches Preußen sah, sie verraten auch etwas von einem der «Geheimnisse» dieser Reise, das er aber nicht nur vor anderen, sondern wohl auch vor sich selbst verbarg. Denn Kleists Reise trug ganz den Charakter der Flucht aus einer Situation, der er sich nicht – oder zumindest noch nicht – gewachsen fühlte. Seine Beschreibung märkischer Landschaft mag der Wirklichkeit Preußens in diesen Jahren nahe kommen, der Ton indes geht über die Absicht kritischer Beobachtung hinaus: es ist klagender Spott über die Allianz von Ordnung und Öde, in der topographischen Realität wie als Seelenzustand, und es spricht daraus die Angst, dort bleiben zu müssen, wo man unfreiwillig durch die Geburt hingesetzt worden ist. Erst an der sächsischen Grenze beim Blick zurück nimmt sich dann das «Vaterland» nach und nach wieder besser aus, «je weiter wir uns davon entfernten», wie er mit einiger Ironie an Wilhelmine schreibt.[34]

Wie anders jedenfalls erscheint ihm nun Sachsen. Der Sachse stehe, so wird der preußischen Braut bedeutet,

> auf einem höhern Grad der Cultur, als unsre Landleute. Du solltest einmal hören, mit welcher Gewandheit ein solches sächsisches Mädchen auf Fragen antwortet. Unsre (maulfaulen) Brandenburgerinnen würden Stunden brauchen, um abzuthun, was hier in Minuten abgethan wird. Auch findet man häufig selbst in den Dörfern Lauben, Gärten, Kegelbahnen & so, daß hier nicht bloß, wie bei uns, für das Bedürfniß gesorgt ist, sondern daß man schon einen Schritt weiter gerückt ist, u auch an das Vergnügen denkt.[35]

Mit welchen Gedanken und Gefühlen wird dies wohl das Brandenburger Fräulein von Zenge gelesen haben? Aus den weiten Ebenen der Oderlandschaft kommend, verbindet sich für Kleist nun Kultur geradezu ursächlich mit dem Bergland. Hinter Grimma, auf dem nächtlichen Wege nach Dresden, sieht er sich «plötzlich in der Mitte eines

Gebirges»: «Dicht vor uns lag eine Landschaft, ganz wie ein transparentes Stück» – die Technik der sogenannten Transparentmalerei auf lichtdurchlässigem Grund ist gemeint:

> Wir fuhren auf einem schauerlich schönen Wege, der auf der halben Höhe eines Felsens in Stein gehauen war. Rechts der steile Felsen selbst, mit überhangendem Gebüsch, links der schroffe Abgrund, der den Lauf der *Mulde* beugt, jenseits des reißenden Stromes dunkelschwarze hohe belaubte Felsen, über welche in einem ganz erheiterten Himmel der Mond heraufstieg. Um das Stück zu vollenden lag vor uns, am Ufer der Mulde, auf einem einzelnen hohen Felsen, ein zweistockhohes viereckiges Haus, dessen Fenster sämmtlich, wie absichtlich, erleuchtet waren. Wir konnten nicht erfahren, was diese seltsame Anstalt zu bedeuten habe, u fuhren, immer mit hochgehobnen Augen, daran vorbei, sinnend u forschend, wie man bei einem Feenschlosse vorbeigeht.[36]

Der Schritt aus der Wirklichkeit hinaus in die Sphäre der Phantasie ist getan, dorthin, wo auch die Literatur zu Hause ist. Kleist entwirft hier, was in der Sprache des 18. Jahrhunderts, zuerst auf die Malerei bezogen, ein «Nachtstück» genannt wurde. Er gebraucht das Wort bald darauf selbst, ins dramatische Genre umgedeutet und auf das nächtliche Würzburg als Kulisse im «großen Schauspielhaus» Gottes[37] bezogen. Der Regisseur der Welten indes ist im «transparenten Stück» aus sächsischer Mittelgebirgslandschaft nicht präsent, das «schauerlich Schöne» führt vielmehr in die Regionen des Unheimlichen und von da ins Erhabene, Überwältigende und Bedrohende. Das Stichwort des Romantischen liegt nahe; Gefühlslandschaften entstehen auf der Leinwand der Maler wie auf den Buchseiten der Dichter. Im Jahr nach diesem Brief schreibt Tieck seine Novelle *Der Runenberg* mit einer Szenerie, als wäre sie von Kleist inspiriert.

Noch einmal wiederholt sich solche Szenerie bald darauf in einem Brief Kleists, und da ganz ausdrücklich zum Gemälde gestaltet. Auf der Fahrt nach Zwickau fahren die beiden reisenden Preußen am Schloß Lichtenstein vorbei.

> Wir sahen von einem hohen Berge herab, rechts und links dunkle Tannen, ganz wie ein gewählter Vordergrund; zwischen durch eine Gegend, ganz wie ein geschloßnes Gemälde. In der Tiefe lag zur Rechten am Wasser das Gebirgsstädtchen; hinter ihm, ebenfalls zur Rechten, auf der Hälfte eines ganz buschigten Felsens, das alte Schloß

Lichtenstein; hinter diesem, immer noch zur rechten ein höchster Felsen, auf welchem ein Tempel steht. Aber zur linken öffnet sich ein weites Feld, wie ein Teppich, von Dörfern, Gärten u Wäldern gewebt.

Und der Briefempfängerin unmittelbar zugewandt: «Ganz im Hintergrunde ahndet das Auge blasse Gebirge u drüber hin, über die höchste matteste Linie der Berge, schimmert der bläuliche Himmel, der Himmel im Norden, der Himmel von Frankfurt, der Himmel, der mein liebes Minchen beleuchtet», die sich freilich weiterhin, wie ihr sogleich im nächsten Satz bedeutet wird, «in unserm traurigen märkischen Vaterlande» befindet. Ein wenig ruft sich der Bräutigam zur Rücksicht auf, indem er versöhnlich ergänzt: «Zwar ist das Thal, das die Oder ausspült, besonders bei Frankfurt sehr reizend. Aber das ist doch nur ein bloßes Miniatür-Gemälde. Hier» – also in Sachsen – «sieht man die Natur gleichsam in Lebensgröße», keine bloße Gelegenheitsarbeit, sondern das «mit Fleiß u Genie» gearbeitete «Tableau» eines «großen Künstlers».[38] Und die Projektion dieser Landschaft auf die Alpenlandschaft, die Kleist zu diesem Zeitpunkt aus eigener Anschauung noch gar nicht kannte, folgt unmittelbar darauf, denn dort wiederum erscheint für ihn die Natur nun «in Übergröße» – eine in der deutschen Literatur vornehmlich von jenem Barthold Heinrich Brockes entworfene Vorstellung,[39] dessen Enkel jetzt neben Kleist im Reisewagen saß.

Solch literarhistorische Vignette nun läßt die Frage entstehen, wieviel von Kleists Bildern der damaligen Wirklichkeit entsprach und wieviel Produkt seiner Einbildungskraft war. Die Gegend zwischen Grimma und Waldheim wird man heutzutage kaum als wildromantisch bezeichnen wollen. Wie sie im Jahre 1800 aussah, wie sie vor allem nachts wirkte bei schmalen, schlecht angelegten und ungepflegten Straßen, die oft geradlinig ins Tal oder entlang an noch unregulierten Flüssen führten, ist nicht überliefert. Nach starkem Frühherbstregen mochten manche dieser Flüsse tatsächlich reißend sein, so daß die Postillione Mühe hatten, ihre alles andere als bequemen und festen Fahrzeuge gut und einigermaßen pünktlich ans Ziel zu bringen. Über die Bedingungen des Reisens hat sich Kleist mehrfach in seinen Briefen ausgelassen.

Vorgestern auf der Reise, als die Nacht einbrach, lag ich mit dem Rücken auf dem Stroh unsers Korbwagens, u blickte grade hinauf in das unermeßliche Weltall. Der Himmel war malerisch schön. Zerrissene Wolken, bald ganz dunkel, bald hell vom Monde erleuchtet, zogen über mich weg. *Brokes* u *ich*, wir suchten beide u fanden Ähnlichkeiten in den Formen des Gewölks, er die seinigen, ich die meinigen. Wir empfanden den feinen Regen nicht, der von oben herab uns die Gesichter sanft benetzte. Endlich ward es mir doch zu arg u ich deckte mir den Mantel über den Kopf.[40]

So berichtet er über den Anfang der Reise aus Leipzig. Vom offnen Postwagen wird später in der Nacht auch das mysteriöse «Feenschloß» bei Grimma erlebt. Danach ging der Weg, wie es heißt, «immer am Ufer der Mulde entlang, bei Felsen vorbei, die wie Nachtgestalten vom Monde erleuchtet waren. Der Himmel war durchaus heiter, der Mond voll, die Luft rein, das Ganze herrlich. Kein Schlaf kam in den ersten Stunden auf meine Augen. Die Natur u meine brennende Pfeife erhielten mich wach.»[41] «Romantische» Landschaft jedenfalls existierte wirklich, nur darf man sich das «Romantische» aus der Perspektive eines modernen Komfort-Tourismus nicht gar zu romantisch vorstellen. Im Laufe des 18. Jahrhunderts machte der zunehmende Postverkehr Begegnungen mit neuen, weniger vertrauten Landschaftsarten möglich, wurden durch ihn doch bisher schwierig zugängliche Gegenden aufgeschlossen, so daß das «Wilde», von menschlicher Hand noch Ungezähmte der Natur häufiger, stärker und unmittelbarer erlebt werden konnte. Die äußeren Bedingungen des Reisens verbanden aber zugleich die Menschen sehr viel unmittelbarer mit der Natur. Gegensätze zwischen pantheistischer Naturbegeisterung und der Überwältigung durch das Unheimliche, Irrationale, Ungezähmte und Wilde taten sich auf, wie hier in Kleists einer Nacht zwischen Leipzig und Dresden, in der er das «schauerlich Schöne» ebenso wortwörtlich «erfährt» wie später das auf Harmonie mit der Natur angelegte enthusiastische «Tableau» erzgebirgischer Landschaft um Lichtenstein herum. Der Begriff des Romantischen erhielt also spezifische Bedeutung für eine bestimmte Sehweise und Interpretation der Realität, wobei die Landschaftserfahrungen der bildenden Kunst eine beträchtliche Rolle gespielt haben.[42] Kunst aber hatte – wie Kleists Briefe auch – damals noch eine doppelte Funktion: Beschreibung, Skizze, Zeichnung, Stich oder Gemälde waren zugleich die einzig mögliche Form der Mitteilung von geschauter Wirklichkeit überhaupt, bis das Kunstwerk im Zeitalter photographischer Reproduzierbarkeit diese letztere Funktion an die technischen Medien abtreten konnte.

Für Kleist entfaltete sich auf seiner weiteren Fahrt durch die Mitte Sachsens eine ganz eigene topographische Philosophie. Die Enge der Gebirge – die Erfahrung der Alpen stand ihm, wie gesagt, noch bevor – wirke, so schreibt er an Wilhelmine von Zenge, vor allem auf das Gefühl und fördere auf solche Weise «Gefühlsphilosophen, Menschenfreunde, Freunde der Künste, besonders der Musik», was eine Anspielung auf seine frühe Rousseau-Lektüre sein dürfte. Die «*Weite* des *platten Landes*» hingegen wirke auf den Verstand und produziere «Denker u Vielwisser». Das schließlich leitet Kleist zu dem Bekenntnis: «Ich möchte an einem Ort gebohren sein, wo die Berge nicht zu eng, die Flächen nicht zu weit sind.»[43] Im Ideal der Mitte, des Gleichgewichts schuf er sich also ein Wunschbild seiner selbst, dessen er sich bedürftig fühlte und das ihm doch sein Leben lang schwer, ja unerreichbar blieb. Im Laufe der Fahrt erweiterte und vertiefte sich dieser Wunsch dann noch und ist so wahrscheinlich dem unausgesprochenen Ziel dieser geheimnisvollen Reise am nächsten gekommen, was immer sonst auf der Strecke an Aufträgen zu erledigen oder Absichten zu erreichen gewesen sein mochte.

Während ihrer zwei Tage in Dresden unternahmen Kleist und Brockes einen Ausflug in den Plauenschen Grund, also in das Tal der Weißeritz westlich der Stadt. Der Fluß stürze sich dort, so beschreibt es Kleist seinem «Minchen», «gegen die Wand eines vorspringenden Felsens u will ihn gleichsam durchbohren. Aber der Felsen ist stärker, wankt nicht, u beugt ihren stürmischen Lauf. Da hangt an dem Einschnitt des Thales, zwischen Felsen u Strom, ein Haus, eng u einfältig gebaut, wie für einen Weisen. Der hintere Felsen giebt dem Örtchen Sicherheit, Schatten winken ihm die überhangenden Zweige zu, Kühlung führt ihm die Welle der Weißritz entgegen. Höher hinauf in das Thal ist die Aussicht schauerlich, tiefer hinab in die Ebene von Dreßden heiter.» Und weiter: «Eng sagte ich, wäre das Häuschen? Ja freilich für Assembleen u Redouten. Aber für 2 Menschen u die Liebe weit genug, weit hinlänglich genug.» Und so verliert sich Kleist, wie er schreibt, in «Träumereien»: die wirkliche Landschaft wandelt sich ihm hier nun deutlich zu einem *Locus amoenus* bukolischer Dichtung, zur Hütte im einsamen Gebirgstale, in die sich die Liebenden glücklich vor der Welt zurückziehen. «Mit Innigkeit» wünscht er sich die

Gegenwart der Braut, denn «solche Thäler, eng u heimlich, sind das wahre Vaterland der Liebe.»[44] Kleist war übrigens nicht der erste, dessen poetische Phantasie durch diese Landschaft um Dresden in Bewegung gesetzt wurde. Ende der achtziger Jahre schrieb der junge Friedrich von Hardenberg, ein Jahrzehnt, bevor er als Novalis bekannt wurde, Verse auf den gleichen «Plauischen Grund», die Kleist freilich nicht kennen konnte, da sie erst in der zweiten Hälfte des 20. Jahrhunderts veröffentlicht wurden.[45] Das Gedicht hebt mit den Zeilen an:

> O! Thal, so paradiesisch schön
> Dich hat Natur mit Zauberreiz geschmücket
> Durch dich wird mancher Wanderer beglücket,
> Und mancher frohe Musensohn entzücket
> Auf deinen unbegrenzten Höhn.

Das ist Schülerübung, die Bildung demonstrieren will mit den Mitteln einer Idyllendichtung, in der zum Beispiel das antike Tempe-Tal am Fuße des Olymp als Wohnort von Schäferinnen und Schäfern eine beliebte Szenerie darstellte, und in den folgenden Versen wird Wielands *Oberon* zitiert, durch den das Wort «romantisch» im Deutschen eine historische Perspektive und einen neuen Sinn in Richtung auf das Wunderbare und Geheimnisvolle ebenso wie auf die Erhabenheit des Wildromantischen erhielt. Spürbar wird nur eben die sehr viel größere Gefühlsintensität Kleists, für den die Bildzitate aus tradierter Literatur tatsächlich Gewünschtes ausdrücken sollten, dessen versuchte Umsetzung in die Wirklichkeit ihn dereinst die Braut kosten wird.

Was Kleist bei diesem ersten Besuch in Dresden zunächst noch entgeht, ist der Reichtum der Gemäldegalerie. Zwei Jahre vorher hatten sie Hardenberg, die Brüder August Wilhelm und Friedrich Schlegel, Caroline Schlegel sowie Schelling bei Fackelschein besucht und waren insbesondere von ihrem Glanzstück, Raffaels «Sixtinischer Madonna», überwältigt sowie dann auch vielfach inspiriert worden. Kleist hingegen notiert nur: «Wir giengen in die berühmte Bildergallerie. Aber wenn man nicht genau vorbereitet ist, so gafft man so etwas an, wie Kinder eine Puppe. Eigentlich habe ich daraus nicht viel mehr gelernt, als daß hier viel zu lernen sei.»[46] Erst ein Jahr später, bei einem erneuten Besuch in Dresden, wird auch er diese Überwältigung erfahren; jetzt aber malte er sich zunächst seine eigenen Bilder, und allerdings hatte er im Augenblick auch anderes im Sinne, als sich Kunstwerken zu öffnen. Eine seltsame Schlüsselfigur auf Kleists und Brockes geheimnisvoller Reise sollte nämlich in diesem Augenblick der englische Gesandte am kurfürstlich sächsischen Hof, Hugh Elliot, werden, dessen Bruder Gilbert zu eben dieser Zeit Gesandter in Wien war. Von Hugh Elliot, den die beiden Reisenden ordentlicher Pässe wegen besuchten – bis jetzt hatten sie ja nur die Leipziger Immatrikulationsurkunden –, hätten sie, so Kleist an die Braut, Dinge gehört, «die uns bewegen, nicht nach Wien zu gehen, sondern entweder nach *Würzburg* oder nach *Straßburg*», eine Mitteilung, die, da sie ohne Gründe gegeben wird, zum Raten wie geschaffen war und es im übrigen geblieben ist. Denn obwohl Kleist von Poststation zu Poststation fleißig nach Frankfurt schreibt, sich lobt wegen des «Kunststücks» eines «8 Seiten langen Briefes mitten auf einer ununterbrochnen Extra-Post-Reise»,[47] läßt er auch nicht einen Zipfel des Geheimnisses sehen, mit dem er seine Reise von Anfang an umgibt. Wilhelmine wird lediglich ausdrücklich ermahnt, die Korrespondenz unbedingt für später aufzubewahren, für die Zeit, «wenn wir dann einmal, in der Gartenlaube, einsam, diese Briefe durchblättern werden, und ich Dir solche dunkele Äußerungen erklären werde, und Du mit dem Ausruf des Erstaunens: ja so, so war das gemeint – – Adieu. Der Postillion bläst.»[48]

Der blies in der Tat noch des öfteren, denn von nun an ging die Reise der beiden zügig in Richtung des neuen Zieles. «Wir fliegen wie die Vögel über die Länder», jubelt Kleist; auf der Strecke von Oederan bis Lungwitz waren es «in 5 ½ Stunde 4 Meilen», was etwa 37 Kilometern entspricht und somit einer Durchschnittsgeschwindigkeit von rund sieben Stundenkilometern. Seinen Gemütszustand auf solcher Flugreise ebenso wie seine Betrachtungsweise der Welt als Bild beschreibt Kleist mit den Worten: «Zuweilen bin ich auf Augenblicke ganz vergnügt. Wenn ich so im offnen Wagen sitze, der Mantel gut geordnet, die Pfeife brennend, neben mir Brockes, tüchtige Pferde, guter Weg, und immer rechts u links die Erscheinungen wechseln, wie Bilder auf dem Tuche bei dem Kuckkasten – und vor mir das schöne Ziel, u hinter mir das liebe Mädchen – u *in mir* Zufriedenheit – dann, ja dann bin ich froh, recht herzlich froh.»[49] Reisen als temporäre Daseinserfüllung. Das war am 5. September.

Am Freitag, dem 12. September, nennt ein *Extrablatt* des *Würzbur-ger Intelligenzblattes* unter den zwischen dem 4. und 11. September im «Gasthof zum Fränkischen Hof» angekommenen Fremden die Herren Bernhoff und Klingstedt, beides «Studenten v. Leipzig».[50] Brockes und Kleist also hatten ihr Reiseziel erreicht und waren in einem guten Hause abgestiegen, zu dessen Klientel insbesondere Geistliche, Gelehrte, Ärzte und Kaufleute gehörten. Im Juli war es «Herr Schel-ling, Professor aus Jena» gewesen, und zwischen dem 25. Septem-ber und 2. Oktober suchte bald darauf «Hr. Hufeland, Hofrat und Professor von Jena» dort Obdach.[51] Das Haus lag zentral, nicht weit von der fürstbischöflichen Residenz, und schräg gegenüber war das Juliusspital.

Die beiden Herren Studenten schienen sich freilich noch nicht sicher zu sein hinsichtlich des Zieles ihrer Reise. «Ich bleibe hier, bis ich von Dir Nachricht erhalten habe,» schreibt Kleist der Braut am 9. oder 10. September, «ich könnte sonst nicht ruhig weiter reisen. Vielleicht, ja *wahrscheinlich* reise ich auch gar nicht weiter. Adieu.»[52] Und in der Tat: ein paar Tage später ist beschlossen, daß man nicht nach Straßburg weiterfahre, sondern «einige Wochen» in Würzburg bleiben werde,[53] aber auch aus dem «prächtigen Gasthofe» umziehe in ein bescheideneres und billigeres Quartier, und zwar zum Stadt-chirurgus Wirth am Schmalzmarkt in ein «kleines, verstecktes Häus-chen, das Du gewiß nicht finden solltest, wenn ich es Dir nicht bezeichnete», wie er der Braut mitteilte. «Es ist ein Eckhaus, auf drei Seiten, ganz nahe, mit Häusern umgeben, die finster aussehen, wie die Köpfe, die sie bewohnen.[...] Wir haben das Eckzimmer mit 4 Fen-stern von zwei Seiten.»[54] Wilhelmine von Zenge wäre etwas über-rascht gewesen, wenn sie es gefunden hätte: es war ein mehrstöcki-ges, repräsentatives und elegantes Würzburger Bürgerhaus, wie es Frankfurt an der Oder kaum aufzuweisen gehabt hätte. Es wurde 1741 von Balthasar Neumann errichtet und trägt heute eine Gedenktafel zur Erinnerung an Wirth und seinen berühmten Hausgast.[55] Merk-würdig bleibt, daß dies bei den vielen Versuchen, das Enigma der Würzburger Reise zu lösen, bisher nicht aufgefallen ist. Da erscheint es jedenfalls wieder, das «Häuschen» vom Plauenschen Grund, zu dem man sich glücklich vor der Welt zurückzieht ins einfache Leben, nunmehr als *Locus amoenus* am Würzburger Markt. Kleist wird später ein weiteres Häuschen am Thuner See mit seiner Phantasie ausstat-

Würzburg: Haus des Stadtchirurgus Wirth, gesehen von der Marktseite;
im Hintergrund links der Schmalzmarkt

ten. Aber was sollte das hier? Der Widerspruch von erzählter Schlicht-
heit zu jenem Markttreiben vor den Fenstern, das er am Ende des
gleichen Briefes schildert, ist evident. Ein Phantombild der Genüg-
samkeit also, damit man in Frankfurt nicht meinte, er lebe ins Saus
und Braus? Oder um Gäste abzuhalten? Aber ein Überraschungs-
besuch von der Braut stand ohnehin nicht zu erwarten. Oder doch vor
allem Ausdruck der Lust, zu träumen und sich die Wirklichkeit nach
dem eigenen Wunschbilde neu zu schaffen?

Und wie hätte die Braut den Bräutigam vorgefunden, wenn sie
doch einmal rasch hätte vorbeischauen können? Sie läsen viel, berichtet ihr Kleist, denn aus Frankfurt habe er sich «wissenschaftliche
Bücher» mitgebracht, und vom Fenster aus mache man «gutmüthige»
Glossen über die Vorbeigehenden. «Besonders der Markt an den Sonn-
abenden ist interessant, die Anstalten, die nöthig sind, den Menschen
8 Tage lang das Leben zu fristen, der Streit der Vortheile, indem jeder
strebt, so wohlfeil zu kaufen u so theuer zu verkaufen als möglich,
auch die Frau an der Ecke, mit einer Schaar von Gänsen, denen die
Füße gebunden sind, um sich, wie eine französische Mamsell mit ihren

gnädigen Fräulein, denen oft noch obenein die Hände gebunden sind & &».[56] Zweiundzwanzig Jahre später wird der kranke Ernst Theodor Amadeus Hoffmann auf ähnliche Weise aus des «Vetters Eckfenster» den Berliner Gendarmenmarkt als «Szenerie des bürgerlichen Lebens»[57] betrachten. Klingstedt und Bernhoff aus Pommern aber, anscheinend vorerst gesund, werden bedient durch «ein Mädchen, mit einer holden Freundlichkeit»; sie «sorgt für uns, wie für Brüder, bringt uns Obst, ohne in allem Ernste Geld zu nehmen, u. s. f.»,[58] was das Stiftsfräulein von Zenge sehr beruhigt haben wird.

Keiner von den Briefen, die Wilhelmine von Zenge damals an Kleist schrieb, ist erhalten geblieben. Das ist zutiefst bedauerlich, denn sie hätten ein wenig besser verstehen lassen, wie das außergewöhnliche Verhalten eines außergewöhnlichen Mannes mit dem weiblichem Denken und Empfinden jener Zeit in Einklang zu bringen wäre. Kleist blieb mit großem Fleiß bei seiner Reiseberichterstattung an die Braut in den ersten vierzehn Tagen seines Aufenthalts in Würzburg. Geradezu systematisch wird die fremde Stadt von ihm erobert – Lage und Landschaft, das erzkatholische Ambiente und die politisch-militärische Situation, denn immerhin war Krieg. Zugleich aber führt Kleist auch die Scharade um den Zweck seiner Reise in aller Ausführlichkeit weiter, übt sich bis ins Groteske hinein in dem Widerspiel von Versprechungen und Verdunkelungen und setzt überdies noch seinen brieflichen Einführungskurs in die «ächte Aufklärung des Weibes» mit einem kleinen Aufsatz fort, worüber noch zu sprechen sein wird. Aus dem ganzen Oktober jedoch gibt es dann nur noch einen Brief. Ob andere Briefe, darunter jener *«Haupt-Brief»*,[59] den Kleist am 10. Oktober erwähnt, verloren gegangen sind oder gar nicht existiert haben, ist so unerfindlich geblieben wie das Ziel des «Unternehmens» der beiden Leipziger Studenten aus Schwedisch-Pommern selbst. Einer von beiden sei «wirklich krank» und könne nicht fortreisen, wird entschuldigend vermerkt, als der Stadtchirurgus Wirth vom Rat der Stadt getadelt wird, er habe seine Gäste ohne Quartierzettel aufgenommen, und später, in der Eloge auf den Freund Brockes, pries Kleist dessen Takt: «Um die Zeit, in welcher mein Arzt mich besuchte, gieng er immer spatzieren», und rücksichtsvoll habe er nie die Kammer des Freundes betreten.[60] War Kleist ernsthaft krank geworden oder nur eben von einer Herbstgrippe befallen?

Würzburg befand sich damals in einer angespannten politischen Situation. Die Franzosen unter dem jungen ersten Konsul und General Napoleon Bonaparte dehnten ihre Macht über die europäische Mitte immer weiter aus. Die Koalition von Österreichern und Russen vermochte sie dabei nur mühevoll in Schach zu halten. Das linke Rheinufer war bereits fest in französischer Hand, und der Friede mit Preußen seit 1795 machte Napoleon den Weg in den deutschen Süden leichter. In den Tagen, da Kleist in Würzburg eintraf, gestand General Moreau gerade den Österreichern einen danach noch mehrfach verlängerten Waffenstillstand zu, damit sie sich – man lebte in ritterlichen Zeiten – besser zum Kampfe rüsten konnten, hatte sich aber bereits die Städte Philippsburg, Ulm und Ingolstadt ausliefern lassen. Und nun standen seine Truppen vor der Feste Marienberg, Würzburg gegenüber, einer Stadt, wo die «Perlen der Rosenkränze» in «ewiger Bewegung» waren, weil man dort für die Rettung der Stadt betete, während andererseits die Franzosen wiederum «für ihren Untergang beten». Und so kam es am Ende wohl «darauf an, wer am meisten betet»:[61] Es ist Heinrich von Kleists mit mildem Sarkasmus gewürzter Kommentar zum Zeitgeschehen in der Stadt Würzburg während seines Aufenthalts.

Kleists Briefe an Wilhelmine von Zenge aus dieser Stadt setzten die Reiseschriftstellerei der Berichte zwischen Leipzig und Reichenbach fort; ein gut arrangiertes Porträt der fränkischen Stadt ist das Resultat. Beschrieben werden Anlage und Charakter des Ortes, den Kleist eben in seiner Katholizität findet; Sehenswürdigkeiten werden besucht, insbesondere ein katholisches Naturalienkabinett und ein Krankenhaus, dazu eine Leihbibliothek. Außerdem gibt es den Eckfenster-Blick auf das Markttreiben, und schließlich entsteht in einem Brief ein hinreißendes, mit geradezu Jean-Paulschem Enthusiasmus gestaltetes Panorama Würzburgs sowie der ganzen Main-Landschaft als «Nachtstück» im «Amphiteater» Gottes – ein Nachtstück mit folgendem Morgengewitter, das die ganze Natur «ermattet nach dieser großen Anstrengung, wie ein Held nach der Arbeit des Kampfes» zurückläßt. Kleist aber endet mit dem Satz: «Doch ich wollte ja kein Buch machen u will nur kurz u gut schließen. Schreibe mir, *ob Du mir verzeihen kannst*, und schicke den Brief an *Carln*, damit ich ihn bei meiner Ankunft in Berlin gleich empfange. Dann sollst Du mehr hören.»[62] Das war am 11. Oktober; elf Tage später reist er ohne Brockes auf dem schnellsten Wege nach Berlin zurück.

Verzeihen? In der Tat hätte Wilhelmine von Zenge allein schon für das geheimnisvolle Spiel, das ihr Bräutigam da trieb, allerhand zu verzeihen gehabt. Und wollte Kleist wirklich kein Buch schreiben? Noch von Coblentz aus, gerade als er sich Brockes' Begleitung gesichert hatte, bat er die Braut, seine «Briefe recht sorgsam» aufzuheben,[63] wolle er sie doch später zur Ergänzung seines Tagebuchs verwenden, das er führe und das zu einem nicht näher erläuterten «Plan» gehöre, den er «täglich ausbilde», also weiterentwickele. Ob es diesen Plan und dieses Tagebuch je gegeben hat, darf bezweifelt werden, schon allein angesichts des Umfanges seiner Briefe von Poststation zu Poststation, was ihm wenig Zeit gelassen haben dürfte, nun auch noch als Diarist tätig zu sein. Erwähnt wird das Tagebuch jedenfalls nie wieder. Es sind Momente wie diese, in denen die Eigentümlichkeit und Außerordentlichkeit Heinrich von Kleists auf seinem Wege, ein Schriftsteller zu werden, am deutlichsten ans Licht treten. Schon jener an Martini gerichtete lange Brief vom März 1799, der Passagen aus seinem dem Freund Rühle gewidmeten Aufsatz über das Glück enthielt, zeigte, wie für Kleist die briefliche Mitteilung eine Art Publikationsform darstellte. Grenzt es hingegen ans Unzumutbare, ja geradezu Ungeheuerliche, wenn Kleist Briefe an die Braut zugleich als Materialsammlung für sich selbst betrachtet, also ihnen die Intimität nimmt? Nach der recht ausführlichen Beschreibung eines «Naturalien-Cabinets» in Würzburg etwa folgt die Bitte: «Verzeihe mir diese Umständlichkeit. Ich denke einst diese Papiere für mich zu nützen.»[64] Gewiß ist die Direktheit und Unvermitteltheit einer solchen Bitte charakteristisch für Kleists spontane, ja unbedachte und unvorsichtige, oft taktlose Art im Umgang mit Menschen, auch oder gerade mit denen, die ihm am nächsten standen und denen gegenüber er das Gefühl hatte, sich nicht schützen zu müssen. Andererseits jedoch wissen wir wenig über den Grad der Intimität, der zwei junge Leute durch Herkunft und Umgangsformen ihres Standes damals verband, und das scheinbar Verletzende könnte sich auch als Bestätigung starker Gemeinsamkeit lesen lassen. Die Nachwelt jedenfalls, deren Neugier vor keinen Intimitäten der Vergangenheit halt zu machen pflegt, hat keinen Grund zum tadelnden Kopfschütteln. Für sie ist hier miterlebbar, wie ein junger Schriftsteller zu sich selbst, zu seinem eigentlichen Beruf reisen wollte, denn das wird von Blatt zu Blatt dieser Briefe spürbarer, manchmal sogar ganz unmittelbar. So ist zum Bei-

spiel die Schilderung des Würzburger Morgengewitters fast wörtlich in Kleists Legende von der *Heiligen Cäcilie* eingegangen – ein
Gewitter, das, wie meteorologische Aufzeichnungen belegen, wirklich am Morgen des 8. Oktober 1800 über der Stadt niedergegangen
war.[65]

Was immer sonst Kleist zu seiner mysteriösen Reise veranlaßt
hatte – er reiste als zeitkritischer Schriftsteller, auch wenn konkrete
Pläne für die literarische Verwertung des Beobachteten gewiß noch
nicht bestanden. Zur Zeitkritik aber gehört ein Standpunkt, und den
eroberte er sich nach und nach, angefangen bereits bei dem diskreten
Spott über die Mischung von Adelsstolz, Bigotterie, Weisheit und
Torheit des Grafen von Eickstedt und der Klage über die Provinziali-
tät und Tristheit der brandenburgischen Heimat. Dergleichen inten-
sivierte sich nun in der Begegnung mit der katholischen Stadt Würzburg, die «von Heiligen, Aposteln u Engeln» wimmelt, «u wenn man
durch die Straßen geht, so glaubt man, man wandle durch den Himmel der Christen.»[66] Indes «alle Ceremonien ersticken das Gefühl. Sie
beschäfftigen unsern Verstand, aber das Herz bleibt todt.»[67] Das Läu-
ten der Glocken erinnere «unaufhörlich an die katholische Religion,
wie das Geklirr der Ketten den Gefangnen an seine Sclaverei».[68] Im
übrigen aber läuteten diese Glocken sich wohl «selbst zu Grabe», denn
«wer weiß, ob die Franzosen sie nicht bald einschmelzen».[69] Es sind
Sätze wie dieser oder die Persiflage eines Dialogs in einer «Lesebiblio-
thek», die statt Wieland, Goethe und Schiller nur «Rittergeschichten»
mit Gespenstern oder Rittergeschichten ohne Gespenster zu bieten
hat, wodurch Kleist überraschend in die Nähe der *Reisebilder* des jungen Heinrich Heine rückt. Mit anderen Worten: Hier wie auch in den
Beobachtungen aus dem Eckfenster im Haus am Markt übte sich der
Journalist Heinrich von Kleist, der als Herausgeber der *Berliner Abendblätter* dann zeitweilig geradezu die Rolle eines Sensationsreporters
anzunehmen versuchte. Deshalb sind denn schließlich auch seine
Briefe an Wilhelmine von Zenge mit ihren Episoden kritisch-satiri-
scher Weltbeschreibung durchaus nicht nur privateste biographische
Dokumente – da hatte er sehr recht –, sondern sie besitzen eine eigene
Bedeutung in der Geschichte deutscher bürgerlich-realistischer Rei-
seliteratur.

Hauptsächlich verschlüsselte oder unverschlüsselte Biographie ist
freilich in erster Linie aus ihnen herausgelesen worden, am extrem-

sten wohl hinsichtlich von Kleists Schilderung des Julius-Hospitals und dort insbesondere der plastischen Charakterisierung jenes «18jährigen Jünglings», den er sehr viel ausführlicher als die anderen Patienten – einen «überstudierten Professor», einen Kaufmann und einen Mönch – beschreibt und den angeblich «ein unnatürliches Laster wahnsinnig gemacht» habe:

> Eine Röthe, matt u geadert, wie eines Schwindsüchtigen war ihm über das todtenweiße Antlitz gehaucht, kraftlos fiel ihm das Augenlied auf das sterbende, erlöschende Auge, wenige saftlose Greisen-Haare deckten das frühgebleichte Haupt, trocken, durstig, lechzend hieng ihm die Zunge über die blasse, eingeschrumpfte Lippe, eingewunden u eingenäht lagen ihm die Hände auf dem Rücken – er hatte nicht das Vermögen die Zunge zur Rede zu bewegen, kaum die Kraft den stechenden Athem zu schöpfen – nicht verrückt waren seine Gehirnsnerven aber matt, ganz entkräftet, nicht fähig seiner Seele zu gehorchen, sein ganzes Leben nichts als eine einzige, lähmende, ewige Ohnmacht – O lieber tausend Tode, als ein einziges Leben wie dieses! So schrecklich rächt die Natur den Frevel gegen ihren eignen Willen! O weg mit diesem fürchterlichen Bilde –.[70]

Ein Bild also, das zuerst wiederum als kleines Musterstück der Charakterisierungskunst gewürdigt werden muß, wobei sich der Gedanke nicht abwehren läßt, daß Kleist es wohl auch selbst als dies verstanden hat, denn die Lust an der Sprache spricht aus jeder Zeile. Die Vermutung jedoch, daß dieser Jüngling überhaupt ein Geschöpf seiner Einbildungskraft gewesen sei, ist inzwischen überzeugend zurückgewiesen worden; es hat damals im Julius-Hospital durchaus einen Parade-Patienten gegeben, auf den eine solche Beschreibung zutreffen könnte. Irrenhausbesuche waren als eine Art touristische Attraktion im 18. und frühen 19. Jahrhundert durchaus üblich,[71] nur daß Kleist hier hinsichtlich der Diagnose getäuscht worden ist. Denn selbstverständlich war nicht übertriebene Masturbation die Ursache dieses Zustands – diese ist allenfalls eine bei psychisch Kranken gelegentlich zu beobachtende Folge ihrer Krankheit. Und zu der beklagenswerten äußeren Erscheinung des jungen Mannes hatten die Behandlungsmethoden der damaligen Medizin wohl mindestens ebenso viel beigetragen wie die Krankheit selbst: man setzte die gefesselten Kranken in sogenannte «Behandlungsstühle» und rieb dann den Kopf mit einer Pusteln und Juckreiz hervorrufenden «Brechweinsteinsalbe» ein,[72] offenbar in Vorläuferschaft zur späteren Elektroschock-Therapie.

Onanie freilich wurde in der Tat als gefährliches Übel denunziert. «Hohlaugigte Krüppel / Ihrer Onansschande / Teuflische Opfer»[73] hat der junge Hölderlin die sie Praktizierenden genannt. Und der Arzt Christoph Wilhelm Hufeland, der sich zur Zeit von Kleists Würzburger Tagen ebenfalls dort aufhielt, ließ sich 1797 in seiner bereits erwähnten *Kunst das menschliche Leben zu verlängern* durch die Gefahren des «unnatürlichen Lasters» zu einer eigenen Poesie des Verdammens inspirieren: «Schrecklich ist das Gepräge, was die Natur einem solchen Sünder aufdrückt! Er ist eine verwelkte Rose, ein in der Blühte verdorrter Baum, eine wandelnde Leiche. Alles Feuer und Leben wird durch dieses stumme Laster getödtet, und es bleibt nichts als Kraftlosigkeit, Unthätigkeit, Todtenblässe, Verwelken des Körpers und Niedergeschlagenheit der Seele zurück. Das Auge verliert seinen Glanz und seine Stärke, der Augapfel fällt ein, die Gesichtszüge fallen in das Länglichte, das schöne jugendliche Ansehen verschwindet, eine blaßgelbe bleyartige Farbe bedeckt das Gesicht.» Dergleichen mußte dann unvermeidlich in schleichendem Fieber und frühem Tod kulminieren.

Wie bei der Empfängnisverhütung, so hob Hufeland auch hier seine Verurteilung auf die Höhe des deutschen Idealismus, indem er noch die gefährliche Sünde der «moralischen Onanie» hinzufügte, die sich im Anschauen von «lauter schlüpfrigen und wollüstigen Bildern» sowie im «religiösen Cölibat» unter «dem Mantel der brünstigen Andacht» als «Geistesonanie» und schließlich beim «andern Geschlecht» durch «Romanen und ähnliche Unterhaltungen» erschöpft, was ein Jahr nach dem Erscheinen von *Wilhelm Meisters Lehrjahren* und geäußert von einem renommierten Arzt aus Goethes Umgebung die Reputation dieser neuen Kunstform sicher nicht erhöhte.[74] In Parenthese sei angemerkt, daß aufgeklärtes Denken sich dennoch, wenngleich verhalten, auch auf Intimstes erstreckte. Das bedeutet, daß Geschlechtslust nach und nach vom Stigma der Sünde befreit wurde, und ihre Erhebung zum Medium des freien Lustgewinnes wie der Existenzsteigerung beeinflußte auch die Einstellung zur Masturbation, erkennbar zuerst in privaten Zeugnissen wie dem als einzigartiges Dokument eines großen historischen Wandels noch unzureichend gewürdigten Tagebuch von Novalis nach dem Tode seiner jungen

Braut Sophie von Kühn, in dem ihm in freiem Bekenntnis sexuelle Selbstbetätigung ein beträchtliches Stimulans der Phantasie wird.[75] Bemerkenswert ist zugleich, daß Kleists Frankfurter Lehrer Ernst Christian Wünsch, leidenschaftlicher Aufklärer der er war, in seiner bereits erwähnten sachlich-nüchternen Einführung in die «Erzeugung und Geburt» innerhalb der *Unterhaltungen über den Menschen* die Onanie einfach ausläßt, also nicht Hufelandscher Verurteilung beitritt. Hufeland siedelte 1801 von Jena nach Berlin über, wurde dort Leibarzt des Königs, erster Arzt an der Charité und Generalinspekteur des preußischen Gesundheitswesens.

Nicht sagen läßt sich, was Kleist zu seiner so wortstarken Schilderung veranlaßte. Die verschiedentlich geäußerte Vermutung, Kleist habe diesen «Jüngling» als Projektion eigener sexueller Problematik wenn nicht erfunden, so doch immerhin darstellen wollen, ist fragwürdig. Hätte er wirklich der ihm anverlobten und wohlbehüteten Generalstochter auf diese Weise mitteilen wollen, daß er regelmäßig und unter Gefahr seelischen Schadens masturbiert habe, es weiterhin betreibe und daß es insgesamt mit seiner Sexualität nicht zum besten und Normalsten bestellt sei? War diese Schilderung überhaupt bewußt oder auch nur unbewußt auf eine Aussage über sich selbst angelegt? Wie immer es mit seiner sexuellen Not bestellt sein mochte – war hier nicht eher der Reporter Kleist mit seiner Sprachlust am Werke, der Menschenbilder sammelte, wie sie ein Dichter dereinst würde brauchen können? «Du weißt daß ich mich jetzt für das schriftstellerische Fach bilde. Ich selbst habe mir schon ein kleines Ideenmagazin angelegt, das ich Dir wohl einmal mittheilen und Deiner Beurtheilung unterwerfen mögte»,[76] schreibt er bald darauf, zurück in Berlin, an Wilhelmine von Zenge. Mit dem «schriftstellerischen Fach» war indes damals von ihm noch das des kritisch-wissenschaftlichen Autors gemeint; daß er in Wahrheit nicht Ideen sammelte, sondern die Anschauung von Leben, also durch Sprache gestaltbare und gestaltete Wirklichkeit, wie sie allein der Künstler nötig hatte und verwenden konnte, wurde ihm erst im Laufe der nächsten Monate bewußter.

Einer gelegentlichen symbolischen Deutung der Landschaft *ad usum sponsae* war Kleist indes durchaus nicht abhold. Von der Mainbrücke aus beobachte er gern, heißt es am 11. Oktober, den ungeduldig geradeaus strömenden Main, aber «ein Rebenhügel beugt seinen stürmischen Lauf, sanft aber mit festem Sinn, wie eine Gattin den stürmischen Willen ihres Mannes».[77] Und ein Weinberg erscheint ihm höher, als er tatsächlich war, denn «sie hatten aus den Weinbergen alle Steine rechts und links in diesen Weg geworfen, das Ersteigen zu erschweren – – grade wie das Schicksal oder die Menschen mir auf den Weg zu dem Ziele, das ich nun doch erreicht habe. Ich lachte über diese auffallende Ähnlichkeit – liebes Mädchen, Du weißt noch nicht alles.» Dieses «Alles» werde «noch einen langen Brief kosten.»[78]

Enthüllungsversprechen dieser Art gaukeln weiterhin durch die Korrespondenz, zumeist im Bunde mit Entschuldigungen und Behauptungen großer Selbstaufopferung. Im ersten Teil des gleichen Briefes, einen Tag früher geschrieben, war zu lesen:

> Zürne nicht, liebes Mädchen, ehe Du mich *ganz* verstehst! Wenn ich mich gegen Dich vergangen habe, so habe ich es auch durch die theuersten Opfer wieder gut gemacht. Laß mir die Hoffnung daß Du mir verzeihen wirst, so werde ich den Muth haben Dir Alles zu bekennen. Höre nur erst mein Bekenntniß an, und ich bin gewiß, daß Du dann nicht mehr zürnen wirst.[79]

Immerhin habe sie ja doch wohl jenen Brief vom Anfang des Monats erhalten, «den ich einen *Haupt-Brief* nennen mögte, wenn nicht bald ein zweiter erschiene, der noch wichtiger sein wird».[80] Der Brief vom 10. und 11. Oktober ist der letzte bekanntgewordene von Kleists Briefen aus Würzburg, obwohl er dann noch fast zwei Wochen dort blieb. Am Ende des Briefes aber steht – um ihn noch einmal zu zitieren – der demütig klingende Satz: «Schreibe mir, *ob Du mir verzeihen kannst*».[81] War es bereits das Schlußwort unter seine dunkle Reise, und zwar zu jenem Zeitpunkt, wo die Wirklichkeit in das Reich der Träume einzubrechen drohte? Und was hatte Wilhelmine von Zenge ihrem Bräutigam zu verzeihen?

Es ist späteren Zeitaltern sicherlich nicht schwer, sich vorzustellen, daß das Fräulein von Zenge, inzwischen zwanzigjährig und keine naive Kindsbraut, dem Herrn von Kleist einiges zu verzeihen hatte, zum Beispiel die Aufforderung, diesen Brief ihres Bräutigams – denn um nichts anderes konnte es sich bei der darin enthaltenen Aufforderung, den Brief an «Carln» zu schicken, handeln – sogleich dem Bruder auszuliefern, damit dieser ihn dann an den Schreiber retourniere. Sehr viel schwieriger ist die Vorstellung, wie die Braut mit den hinhaltenden Versprechungen einer Aufklärung des großen Geheimnisses zurechtgekommen ist. Das Vexierspiel hinsichtlich seiner Reisegründe durchzieht Kleists gesamte Korrespondenz mit der Braut bis zu dem Punkt, wo wie in einem schlechten Roman die aufs äußerste getriebene Spannung ins Gegenteil der Ermüdung und völligen Gleichgültigkeit umzuschlagen droht. Aber hat Wilhelmine von Zenge das wirklich damals so empfunden, was zwar heute kompakt als ein Briefkorpus lesbar ist, sich in Wirklichkeit aber über längere Zeit hingezogen hat und vor allem ihre jeweiligen Antworten voraussetzte?

Versicherungen eines Glückszustandes erhalten jedenfalls bei Kleist keine Begründung: «o wenn ich Dir sagen dürfte, wie vergnügt ich bin».[82] Den «*schönsten* Tag», den er vor sich sehe, werde er «nicht nach der Weise der Menschen, sondern nach *meiner* Art zu feiern wissen.»[83] Die «frohe Nachricht», «die *unsere* Wünsche reifen soll»,[84] sei so gut wie unterwegs. Turbulenzen der politischen Welt können «die Erfüllung meines Plans, den ich *fast* schon erfüllt nennen kann»,[85] nicht mehr stören. Immer wieder ein «fast», ein «beinahe», ein «vielleicht», ein «nicht ganz», und dann unablässig das Futur. «Mädchen! Wie glücklich wirst Du sein! Und ich! Wie wirst Du an meinem Halse weinen, heiße innige Freudenthränen! Wie wirst Du mir mit Deiner ganzen Seele danken! – Doch still! Noch ist nichts *ganz* entschieden, aber – der Würfel liegt, und, wenn ich recht sehe, wenn nicht Alles mich täuscht, so stehen die Augen gut. Sei ruhig. In wenigen Tagen kommt ein froher Brief an Dich, ein Brief, Wilhelmine, der -- Doch ich soll ja nicht reden, und so will ich denn noch schweigen auf diese wenigen Tage.»[86] Die Hintertür unvorhersehbarer Alternativen bleibt stets offen, und die Zukunft dehnt sich immer weiter in die Länge. «In fünf Jahren, hoffe ich, wird das Werk» – was immer es sein mochte – «fertig sein»,[87] heißt es am 10. Oktober, und am 13. November aus Berlin: «Wilhelmine, warte zehen Jahre u Du wirst mich nicht ohne Stolz umarmen.»[88]

Vom Verzeihen hatte Kleist schon früher gesprochen. Bloß war es da zunächst er selbst gewesen, der großzügig dazu bereit sein würde, falls sich die Braut in ihrem Glauben an ihn durch die lange Wartezeit auf unbekanntes Glück erschüttern ließe: «Hast Du sie schon verdammt, diese Reise, deren Zweck Du noch nicht kennst? – Ach, ich verzeihe es Dir. Du wirst genug leiden durch Deine Reue – ich will Dich durch meinen Unwillen nicht noch unglücklicher machen. Kehre um, liebes Mädchen! Hast Du dich aus Mißtrauen von mir losreißen wollen, so gieb es jetzt wieder auf, jetzt, wo bald eine Sonne über mich aufgehen wird.» Tätig aber könne die Reue der Braut werden in der Erneuerung des Glaubens: «Knüpfe Dich wieder an mich, thue es mit blinder Zuversicht. *Noch* weißt Du nicht ganz, wen Du mit Deinen Armen umstrikst – aber bald, bald! Und Dein Herz wird Dir beben, wenn Du in meines blicken wirst, das *verspreche* ich Dir.»[89] Und schließlich stilisiert sich der fahrende Ritter ins Heroische, wenn er «auf dieser Reise» das Glück der Geliebten «mit unglaublichen Opfern erkauft und jetzt vielleicht – *vielleicht* schon gewonnen hat». Was zu der nötigenden Frage führt: «Wirst Du mit Mißtrauen u Untreue dem lohnen, der vielleicht in Kurzem mit den Früchten seiner That zurückkehrt? Wird er Undank bei dem Mädchen finden, für deren Glück er *sein Leben* wagte?»[90]

Eines der eindrucksvollsten Bilder in Kleists Dichtung entstammt seiner Beobachtung des Würzburger Pleichertors, wovon er Wilhelmine von Zenge berichtet, wiederum verbunden mit einer mysteriösen Bemerkung, diesmal vom angeblich «wichtigsten Tag seines Lebens», den zu erraten er freilich der Empfängerin überläßt. Als er das schrieb, war er allerdings bereits nach Berlin zurückgekehrt, ohne das Geheimnis gelüftet zu haben. Von dort schreibt er dann am 16. November: «Ich gieng an jenem Abend vor dem wichtigsten Tage meines Lebens in Würzburg spatzieren. Als die Sonne herabsank war es mir als ob mein Glück untergienge. [...] Da gieng ich, in mich gekehrt, durch das gewölbte Thor, sinnend zurück in die Stadt. Warum, dachte ich, sinkt wohl das Gewölbe nicht ein, da es doch *keine* Stütze hat? Es steht, antwortete ich, *weil alle Steine auf einmal einstürzen wollen,* u ich zog aus diesem Gedanken einen unbeschreiblich erquickenden Trost [...].»[91] Im Drama von der verliebten Amazonenkönigin Penthesilea wird das Bild wiederkehren. Die Offenbarung, die ihm dieses Würzburger Tor hinsichtlich der Statik zuteil werden ließ, mag Kleist wohl auch zu der Hoffnung verführt haben, daß alle seine gegen die Schwerkraft der Tatsachen ankämpfenden Wünsche und Zusicherungen einander stützen möchten. Aber natürlich übersieht er geflissentlich, daß ohne die Gegenkraft der Mauern links und rechts die Steine allein auch nicht halten könnten. Dennoch hielt der Trost zunächst, und das Bröckeln ließ sich noch übersehen. «Beunruhige Dich nicht,» schrieb Kleist am 10. Oktober, das übliche dramatisie-

rende Moment einflechtend, «meine Abreise kann morgen oder über-
morgen und an jedem Tage erfolgen, der mir etwas Nochzuerwarten-
des überbringt.»[92] In Wirklichkeit blieben Kleist und Brockes noch
nahezu zwei Wochen in Würzburg, ohne daß je bekannt geworden ist,
womit sie ihre Zeit verbrachten. Bücher zum Lesen hatte sich Kleist
ja vorsorglich aus Frankfurt mitgebracht. Am 22. trat er dann allein
die Rückreise nach Berlin an, wo er spätestens am 27. Oktober, einem
Montag, eintraf. Brockes begab sich zunächst nach Dresden. Bestand
also das Geheimnis dieser Reise darin, daß es gar kein Geheimnis gab,
und war sie statt dessen eher Kleists erstes fiktionales Werk und er
dessen Held?

2. Variationen und Fuge über ein Thema Heinrich von Kleists

THEMA (*Andante grazioso*)

Geheimnisse pflegen den menschlichen Geist anzuregen, aber wo die Tatsachen fehlen, blühen die Spekulationen. Was also hatte es auf sich mit jener in Mysterien gehüllten Reise Heinrich von Kleists aus Frankfurt an der Oder nach Berlin, von dort ins Pommersche zu Brokkes und dann mit beider Fahrt über Leipzig und Dresden nach Würzburg, einer Fahrt, die eigentlich nach Wien hätte gehen sollen oder vielleicht nach Straßburg? Nach seinem Wunsch sollte es eine Reise sein, die nicht dem «Vergnügen» diente, sondern einen davon unterschiedenen, also offenbar praktischen «Zweck» hatte, «der Verehrung jedes edeln Menschen werth»,[93] eine Reise, hinsichtlich deren Resultat das Fräulein von Zenge als Frau von Kleist dermaleinst überrascht, erstaunt, beglückt, bewundernd und dankbar Sinn und Zweck erkennen würde.

Sie oder Kleists Schwester Ulrike werden sich allerdings trotz solcher Versicherungen nicht nur verwundert, sondern auch besorgt Gedanken gemacht haben, was denn da, noch dazu in kriegerischer Zeit, für ein seltsames Unternehmen begonnen worden war, und allenfalls in der Teilnahme des älteren und als verläßlich und besonnen geltenden Brockes einige Beruhigung empfunden haben. Denn Kleist selbst konnte nach dem Abschied aus der Militärlaufbahn und dem abgebrochenen Studium nicht als Muster der Stetigkeit und Besonnenheit gelten, und was von seinen hochfliegenden Plänen zu halten war, von denen er schon des öfteren gesprochen und geschrieben hatte, darüber werden sie manche Zweifel gehegt haben. Von Zweifeln hinsichtlich dieser Reise wurde später auch die Kleist-Forschung verfolgt, aber sie hat sich dennoch mit viel Scharfsinn und Eifer an die Lösung des Rätsels gemacht und mannigfaltige Theorien dazu entwickelt. Das wiederum ist verständlich, denn zum Bilde, das man sich von einem Menschen zu machen sucht – und noch dazu von einem so schwierigen wie Kleist – gehören auch und sogar ganz besonders seine Geheimnisse samt dem, was sich eben darin verbirgt. Belanglos oder müßig ist also die Beschäftigung mit der Absicht von Kleists Reise nach Würzburg im Jahre 1800 ganz und gar nicht. Die Zwecke und Ziele eines Menschen, das ihm Gemäße und Zumutbare vermögen etwas über seinen Charakter auszusagen. Das Werk aber mit allen seinen eigenen Geheimnissen, das solche Beschäftigung erst legitimiert, entspringt aus eben dieser einzigartigen Persönlichkeit.

Als er seine Reise antrat, war Kleist ohne festen existentiellen Halt, nicht mehr Offizier und nicht mehr Student, wohl aber junger Bräutigam, der mit einer jungen Frau aus guter Familie einen Hausstand gründen wollte, wie es dem Wesen eines Verlöbnisses entsprach. Damit irgendwie würde seine Reise zu tun haben, läßt er die Braut wissen. Aber in der Korrespondenz blieb es dann beim Irgendwie, und da sich andere Informationsquellen nie aufgetan haben, öffnete sich statt dessen ein breites Arbeitsfeld für Detektivarbeit.

Für Biographen ist es immer verführerisch, sich vorzustellen, daß der Gegenstand der Mühen, also ihr Held, selbst einmal die Gelegenheit bekäme, nachzulesen, wie sich eine spätere Zeit sein Leben, Handeln, Treiben oder Nichtstun vorstellt. Kleist war ein Meister des leichten ebenso wie des abgrundtiefen Humors, und das Lachenkönnen gehört zu seinen schönsten, kreativsten Eigenschaften. Ohne Zweifel hätte er an manchen Deutungen des Zweckes und Ziels dieser Würzburger Reise sein helles Vergnügen gehabt, fragt sich nur an welchen.

1. VARIATION (*Allegro appassionato*)

In seinen Unterhaltungen über den Menschen beschreibt Kleists geschätzter Frankfurter Lehrer Christian Ernst Wünsch auch das männliche Glied, das «der Schöpfer» mit «jener gemeinschaftlichen häutigen Hülle» überzogen habe, «die den ganzen Leib umgiebt.» Diese hänge «allenthalben vermittelst eines lockern zelligen Gewebes daran vest, ausgenommen vorne über der Eichel, wo sie den Namen der Vorhaut führt, und nur an der untern Seite derselben in Gestallt eines zarten schmalen Bändchens, das einigermaßen dem Zungenzäumchen ähnlich siehet, angewachsen ist, so, daß man sie bis über die Eichel zurück ziehen, folglich diese entblößen kann.» Diese Vorhaut schiebe sich dann bei der Begattung zurück, um so die Öffnung des «Zeugegliedes» freizulegen. Wünsch erwähnt dann noch die «bei vielen Völkern, die in wärmeren Ländern wohnen»,[94] gebräuchliche Beschneidung, die er aber meistens für unnötig hält. Nun gibt es jedoch Fälle – Wünsch geht darauf nicht weiter ein – wo sich die Vorhaut als so eng erweist, daß sie sich nicht zurückziehen läßt; die Medizin spricht hier von einer Phimose, die zu schmerzhaften Entzündungen führen kann. Ist diese ein angeborener Fehler, behebt er sich allerdings entweder von selbst oder ist durch einen leichten chirurgischen Eingriff, möglichst im Kindesalter, zu beseitigen. Eine solche Vorhautverengung kann jedoch auch in späterem Alter erworben sein, und zwar unter anderem als Folge von Geschlechtskrankheiten, Herpes oder Diabetes. Da dann nicht jene sensible Spitze mehr freigelegt wird, die für die Fortpflanzung des Menschengeschlechts eine so wichtige Funktion besitzt, kann Impotentia virilis eine der Konsequenzen solcher Phimosen sein.

Schon früh in der Erforschung seines Lebens und Werkes ist die Vermutung entstanden, daß eine derartige Behinderung seiner Männlichkeit wohl auch Kleist widerfahren und der geheimnisvolle «Zweck» seiner Reise nichts anderes als die Entfernung eben dieser Behinderung gewesen sei, eine Operation, die über sich ergehen zu lassen zwar auch Berlin Gelegenheit geboten hätte, aber wegen allfälliger Diskretion in einem ohnehin bei geschlechtlichen Dingen öffentlich diskreteren Zeitalter wohl besser an einem entfernteren Ort ausgeführt werden sollte.[95] Kleist war seit kurzem verlobt, und so galt es wohl, neben der Seele auch den Körper für eine nicht nur glückliche, sondern zugleich fruchtbare Ehe in Bereitschaft zu setzen. «Dein nächstes Ziel sei, *Dich zu einer Mutter*, das meinige, *mich zu einem Staatsbürger* zu bilden»,[96] schreibt er Wilhelmine aus Würzburg. Ohne Zweifel: ein «sehr ernster Zweck» und von der Weite der Menschheitsgeschichte her betrachtet gewiß auch «der Verehrung jedes edeln Menschen werth»,[97] wie Kleist selbst der Schwester versicherte, die er nach der Rückkehr um Geld bat, das er ihr freilich zurückzahlen wolle, wenn er in einem Jahre «majorenn» werde und über elterliches Vermögen verfügen könne – volljährig wurde man in Preußen damals mit Vollendung des vierundzwanzigsten Lebensjahres. «Das wird mir wohl thun nach einem Leiden von 24 Jahren.»[98] Eben diese ein wenig dunkle Bemerkung hinsichtlich eines Leidens, bei dem sich am ehesten an die bisherige wirtschaftliche Abhängigkeit denken ließe, gab Anlaß, bei Kleist die genannte, von der Geburt her vorhandene Behinderung seines Zeugungsorgans zu vermuten, das nun für die bevorstehende Ehe von diesem Hemmnis befreit werden sollte. Das Würzburger Quartier beim Stadtchirurgus Wirth und, als ihm der Rat der Stadt vorhielt, zwei «junge fremde Leute» ohne Quartierzettel aufgenommen zu haben, dessen Bemerkung, «der eine sei wirklich krank», sind dann als Hinweise auf den Vollzug einer solchen Operation gelesen worden. In einem Brief an Wilhelmine von Zenge aus diesen Tagen steht schließlich auch der auf die Zeit der ersten Bekanntschaft bezogene Satz: «Damals quälte mich das Bewußtsein, Deine heiligsten Ansprüche nicht erfüllen zu können, und jetzt, jetzt -- Doch still!»[99]

Der Fragen bleiben viele. Haben Kleist und seine junge Braut die «heiligsten Ansprüche» gleichermaßen körperlich verstanden wie einige Literaturdetektive einhundert oder zweihundert Jahre später? War ein «Stadtchirurgus» ohne akademische Ausbildung, also das, was man später «Heilgehilfe» genannt hat,[100] wirklich das lohnende Ziel einer so umständlich eingeleiteten und geheimnisvoll verkündeten Reise? Brockes habe mit ihm «denselben Zweck»,[101] hatte Kleist der Schwester schon aus Coblentz mitgeteilt. Eine Finte nur? Und wie soll man sich den Moment der Enthüllung seines Zweckes vor der Braut vorstellen, jenen Moment, von dem Kleist selbst schreibt: «Mädchen! Wie glücklich wirst Du sein! Und ich! Wie wirst Du an meinem Halse weinen, heiße innige Freudenthränen! Wie wirst Du mir mit Deiner ganzen Seele danken?»[102] Alles das wegen einer Vorhautverengung? Zweifel solcher Art führen allerdings am Ende nur auf die Frage nach der grundsätzlichen Zuverlässigkeit der Auskünfte, die der Briefschreiber Kleist von sich zu geben bereit war. Trieb er hier ein loses Spiel oder vermengte sich seine starke, große Phantasie, ihres eigentlichen Wirkungsfeldes noch unklar, verwirrend mit der Wirklichkeit?

2. VARIATION (*Allegretto con spirito*)

Noch eine Reihe anderer, nicht ganz so handgreiflicher Gründe, die sich auf die physische wie psychische Gesundheit eines zukünftigen Ehemannes beziehen, ist für Kleists mysteriöse Fahrt in den Süden erwogen worden. Vor allem Impotenz, diese launische Störerin ehelicher Pflichten oder körperlicher Freuden, rangiert dabei als drohendes Trauma an erster Stelle, nur ist gerade sie von besonders diskreter und sensibler Natur. Kleist hat, so ist bemerkt worden, mit Amphitryon und Theobald Friedborn Ehemänner gezeichnet, denen die Tätigkeit des Zeugens von anderen Männern abgenommen wurde, und im Falle Alkmenes wie der Marquise von O… hat er sogar die unbefleckte Empfängnis persifliert. Besitzen jedoch Gestalten und Vorkommnisse in literarischen Werken, diesen Produkten reicher Einbildungskraft, wirklich Beweiskraft für die Biographie ihres Schöpfers? Erwogen worden sind sogar die Ursachen für ein solches Trauma. Traf es womöglich einen Onaniegeschädigten, der im Bilde des geistesgestörten Jünglings im Würzburger Julius-Hospital verschämt, aber deutlich sein Selbstbildnis zeichnete? Waren es gar eine frühe Geschlechtskrankheit oder homosexuelle Neigungen, die diese unwillkommenen Spuren bei ihm hinterlassen hatten? War also, alles in allem, außer dem Körper auch die Psyche kurbedürftig?

Nicht nur sexuelle Sorgen stehen im Katalog der Vermutungen. Daß Kleist gelegentlich unter Sprachhemmungen litt, also stotterte, könnte sicherlich ein Grund dafür gewesen sein, daß er sich nach einer Kur umsah, die ihm unter kundiger Hand jene Sicherheit und Bestimmtheit gab, mit der er sich fortan erfolgreicher in der Gesellschaft bewegen wollte. Nur gibt es auch für diese Mutmaßungen nicht die Spur eines Beweises.

Am ausführlichsten und dichtesten nun ist eine Hypothese ausgearbeitet worden, die ihren Ausgang von jenem englischen Gesandten Hugh Elliot in Dresden nimmt, bei dem die beiden angeblichen Studiosi Klingstedt und Bernhoff sich nach Pässen für ihre Weiterreise in Richtung Wien bewarben, dann aber von ihm nahegelegt bekamen, die Fahrt vielmehr nach Straßburg und schließlich angesichts der Wirren des Krieges nach Würzburg zu lenken.[103] Hatte nicht Elliot – wenn es denn wirklich dieser und nicht ein anderer Elliot war – jenen Franz Anton Mesmer vor Jahren persönlich kennengelernt,[104] mit dessen Namen der sogenannte tierische Magnetismus verbunden war? Die Magnetkuren des «Mesmerismus» bewegten ja doch am Ausgang des 18. Jahrhunderts weithin die europäische Gesellschaft und versprachen Heilung für alle jene Gebrechen, die wahren und eingebildeten, die ernsten und leichten, denen mit den Mitteln der Schulmedizin nicht beizukommen war und wohl zu allen Zeiten nie beizukommen ist. Kleist also, so heißt es, habe sich vermutlich einer magnetischen Kur unterziehen wollen, aus welchen Gründen auch immer, und sei nun von einem Diplomaten seiner Majestät, des englischen Königs, mit der rechten Adresse versorgt worden. Straßburg insbesondere galt in Kennerkreisen als ein Zentrum der neuen Behandlungsmethode, war freilich durch den Krieg ein schwieriges Ziel geworden. In Würzburg aber habe sich – «mit an Sicherheit grenzender Wahrscheinlichkeit»[105] – damals der Frankfurter Arzt und Magnetiseur Matthias Wilhelm de Neufville des öfteren aufgehalten. Sogar eine Art Zeugnis gibt es dafür, denn Ende August 1800 war eine Frau von Neufville in der Stadt eingetroffen, und hätte ein pflichtbewußter und besorgter Ehemann sie in gefährlichen Zeiten tatsächlich allein reisen lassen? Außerdem wohnte ja von Ende September bis Anfang Oktober in genau jenem Würzburger «Fränkischen Hof», in dem auch Kleist und Brockes zuerst abgestiegen waren, niemand anderes als Christoph Wilhelm Hufeland, der, ursprünglich Gegner des Mesmerismus, sich doch nach und nach von dem Nutzen der neuen Heilmethode überzeugte und sich mit ihr zu beschäftigen begann. Wen anders als Neufville konnte Hufeland damals in Würzburg gesucht haben? Kleist aber begab sich also in Neufvilles Hände, und wenngleich er darüber nie etwas unmittelbar hat verlauten lassen, so hat er dem Magnetiseur doch auf charakteristisch Kleistsche Art ein Denkmal gesetzt in jenem humanen Herrn Guillaume von Villeneuve, der in der *Verlobung in St. Domingo* seine Familie vor dem Zugriff der aufständischen Schwarzen zu retten versucht, aber erst durch das Liebesopfer einer Eingeborenen wirklich gerettet wird. Das anagrammatische Spiel mit Namen übte Kleist-Klingstedt bekanntlich gern. Seine Schilderung eines Gewitters, das über die Stadt Würzburg hereinbricht, wäre dann nichts anderes als die Metapher für eine dieser magnetischen Sitzungen, deren er sich unterzog. Mittelbar schließlich wären dadurch der Welt auch Gestalten wie das Käthchen von Heilbronn und der Prinz von Homburg beschert worden, denn durch den Magnetismus erst hätte Kleist Vorstellungen von jener anderen, nicht dem normalen Bewußtsein zugänglichen Sphäre erhalten, die sich somnambulen Erfahrungen öffnete und freilich auch die Erkenntnis von einer gespaltenen Persönlichkeit zurückließ.

Nur – elektrisiert sich hier der Literaturdetektiv wohl gar stärker als Kleist selbst? Und warum schließlich hat Kleist, der so ausführlich an seine Braut und seine Schwester wie später auch an Marie von Kleist zu schreiben pflegte, nie ein Wort über seine Leidenschaft für den Mesmerismus fallen gelassen? O doch, das habe er schon, sogar in dem sogenannten «Haupt-Brief», den er einmal Wilhelmine von Zenge versprach – aber eben diesen «problematischen Brief», so weiß es der Detektiv ohne auch nur den Schimmer eines Beweises, «hat sie vernichtet. Die drei Damen haben offenbar alle Andeutungen von Kleists ‹krankhaftem› Interesse aus seinen Briefen entfernt, um das Bild des Verstorbenen ungetrübt zu erhalten.»[106] Hier nun führt sich Literaturwissenschaft selbst ad absurdum und entgleitet mit einer haltlosen Verschwörungstheorie ins Unseriöse, so daß es nötig ist, jene drei herablassend abqualifizierten Frauen, die, jede auf ihre Art, Kleist so große Liebe entgegengebracht haben, gegen derartige selbstsichere Bezichtigungen nachdrücklich in Schutz zu nehmen.

3. *VARIATION* (*Larghetto misterioso*)

Geheimnisse sind eine Spezialität der Freimaurer und haben dort eine lange Tradition. Wie also, wenn Kleists Reise wohl gar zu ihnen führte und das über sie ausgebreitete Dunkel geradezu Einübung in das Ritual dieses Bundes und erste Bewährungsprobe war? Allerdings war in diesen Jahren die Freimaurerei in beträchtlichen Schwierigkeiten. In Preußen hatte sie ihre besten Jahre zu der Regierungszeit Friedrichs des Großen gehabt, der bereits als Kronprinz in den Orden aufgenommen worden war.[107] Derartiges Engagement des regierenden Fürsten hatte dann über dessen Lebenszeit hinaus Wirkung gezeigt; eine nicht unbeträchtliche Zahl von preußischen Politikern, Intellektuellen und Militärs gehörte Logen an. Daß die Freimaurerei auch anderswo in deutschen Landen bedeutende Köpfe anzog, ist allgemein bekannt. In Hamburg war der Ratsherr Brockes Leiter einer Loge, die sich «Teutschübende Gesellschaft» nannte, in Weimar zählten Wieland, Goethe und Herder zu prominenten Mitgliedern der Loge «Amalia», und in Göttingen gehörten namhafte Professoren, dazu Dichter des Hainbunds wie die Grafen Stolberg, Johann Heinrich Voß und Gottfried August Bürger, der Loge «Zum goldenen Zirkel» an, in die auch der spätere preußische General Gerhard Scharnhorst als Lehrling aufgenommen wurde.[108] Nur geriet in den Jahren nach der Französischen Revolution die Freimaurerei in den Verdacht, unter dem Mantel ihres Geheimnisses subversiven Tendenzen Vorschub geleistet und womöglich überhaupt die Revolution angezettelt zu haben. In den österreichischen Staaten – die katholische Kirche war dem aufklärerischen Geist der Freimaurerei ohnehin nie besonders zugetan und päpstliche Bullen verurteilten sie schon in der ersten Hälfte des 18. Jahrhunderts – wurde bereits seit 1785 die Tätigkeit der Freimaurerei entschieden eingeschränkt, und 1794 wurden alle Logen geschlossen. In Preußen folgte ein entsprechendes Edikt erst 1798. Für geheime Gesellschaften und Orden galt nun ein generelles Verbot, lediglich den drei Berliner Großlogen blieb die Tätigkeit weiterhin gestattet; deren Mitglieder jedoch hielt man unter strenger Polizeikontrolle.

Was jedoch hatte das alles mit Kleists Reise zu tun? Spurenelemente von Tatsachen sowie diverse Beobachtungen und Mutmaßungen haben den Gedanken entstehen lassen, daß Kleist, unsicher über seine berufliche Zukunft, womöglich Vermittlung und Stütze für die Einordnung ins bürgerliche Leben, ja regelrechtes Mäzenatentum für seine weitere Bildung und Karriere[109] gerade bei dieser aufgeklärten Gesellschaft gesucht hat, vom spirituellen Halt, den man da womöglich finden konnte, ganz abgesehen. Daß in der großen Bruderschaft der Freimaurerei die Mitglieder – angesehene, einflußreiche und tüchtige Bürger zumeist – einander zu fördern pflegten, ist eine bekannte, wenn auch überbewertete Tatsache, trifft ja doch Ähnliches auf viele Gemeinschaften von gleichen Interessen und Überzeugungen zu. Hatte Kleist damals wirklich die Absicht, dieser Vereinigung beizutreten und das maurerische Licht zu erhalten, so mußte er sich allerdings außer Landes begeben, denn das preußische Edikt gebot, daß solche Aufnahme nicht «vor erfülltem 25sten Jahre» statthaben durfte. Kleist war im August 1800 erst zweiundzwanzig Jahre und zehn Monate alt. Aus dieser Prämisse ist nun eine ganz eigene Kette von Spuren und angeblichen Tatsachen entstanden.

Da wäre zunächst Freund Brockes zu bedenken, der möglicherweise bereits während seiner Göttinger Studienjahre einer Loge beitrat, obwohl sich das nicht mit Sicherheit hat klären lassen. Wäre er dann wohl gar als Bürge für Kleist vorgesehen gewesen?[110] Und erklärte das unter Umständen die besondere Anstrengung, die Kleist unternahm, ihn als Reisegefährten zu gewinnen? Der Minister Struensee war in der Tat Freimaurer. Hat er Kleist auf seine Bahn geschickt? In Berlin wollte er, schrieb Kleist der Braut am 20. August aus Pasewalk, mit Struensee sprechen: «Dann geht es weiter, wohin? das sollst Du erfahren, ich weiß es selbst noch nicht ganz gewiß.»[111] Hätte ihn also der Minister, falls er Kleist denn überhaupt Audienz gewährte, persönlich nach Wien gewiesen, wo es freilich wegen des kaiserlichen Edikts mit der Freimaurerei nicht gerade zum besten bestellt war? Und war es dann Lord Elliot in Dresden, der dank seiner guten Verbindung zum Bruder in Wien die Änderung der Fahrtrichtung veranlaßte und Würzburg oder Straßburg vorschlug? Nur weiß man nicht, ob Elliot überhaupt Freimaurer war, und Würzburg besaß keine Loge. Aber war gerade das vielleicht der Grund, weshalb man sich dort unverdächtig und inkognito treffen konnte? Indes mit wem und wozu?

Wiederum fällt der Blick auf Christoph Wilhelm Hufeland, den Arzt und Gelehrten, den das *Würzburger Intelligenzblatt* unter den zwischen dem 25. September und 2. Oktober «angekommenen Fremden» im «Fränkischen Hof» nennt. Zu diesem Zeitpunkt wohnten die beiden «Studenten» allerdings bereits beim Stadtchirurgus Wirth im «kleinen, versteckten Häuschen» und erfreuten sich des Markttreibens wie des Obstes, das ihnen freundlich von zarten Händen aufs Zimmer gebracht wurde. War der angesehene, damals achtunddreißigjährige Medizinprofessor wirklich von Jena nach Würzburg geeilt, um den knapp dreiundzwanzigjährigen, bisher noch nicht durch besondere Leistung aufgefallenen «Studenten» Klingstedt für die Freimaurerei zu ködern, der Hufeland in der Tat angehörte? Oder war für Hufeland dann eher der Herr Neufville die eigentliche Attraktion? Oder aber wollte er vielleicht doch bloß einfach als Arzt das angesehene Julius-Hospital besuchen und sich in seiner Gegnerschaft zur Onanie bestätigen lassen, ohne sich weder um Neufville noch um die beiden jungen angeblich schwedisch-pommerschen Herrn zu kümmern? Wie lange und weshalb sich Hufeland in Würzburg aufhielt, ist jedenfalls unbekannt geblieben. Bekannt ist lediglich, daß Kleist nie einer Loge angehörte, und die Gunst eines freigebigen Mäzens, ob Freimaurer oder nicht, ist ihm, was zu bedauern ist, nie beschert worden.

4. *VARIATION* (*Tempo di marcia*)

»Der Felsen mit der Citadelle sah ernst auf die Stadt herab, u bewachte sie, wie ein Riese sein Kleinod, und an den Außenwerken herum schlich ein Weg, wie ein Spion, u krümte sich in jede Bastion, als ob er recognosciren wollte.»[112] Von Würzburg und einem Stück Mainlandschaft erzählt hier Heinrich von Kleist seinem «lieben Mädchen» in Bildern, die, wie vieles in diesen Reisebriefen, nach Fingerübungen eines zukünftigen Dichters klingen, auch wenn er sich dessen noch nicht bewußt sein mochte. Oder sollte vielmehr die Metaphorik ein Geheimcode sein, der auf andere Weise nicht Sagbares mitteilte? War es nicht nur der Weg, der wie ein Spion «recognoscirte», sondern womöglich der Briefschreiber selbst? Und sind wir damit diesmal dem Mysterium dieser ganzen Reise endlich auf der richtigen Spur?

Ulrike, die treue Schwester, hat später, nach Kleists Tod, angedeutet, der so entschieden verborgene Zweck dieser Reise sei «politischer Natur»[113] gewesen, und so ist denn seitdem immer wieder die Vermutung aufgekommen, die Fahrt in den deutschen Süden habe wenn nicht militärischer Spionage – obwohl auch das geargwöhnt worden ist[114] – so doch immerhin der Auskundschaftung industrieller Geheimnisse gedient. Ein Auftrag oder eine Anregung aus Struensees Ministerium könnte dahintergestanden haben mit dem Ziel, Kleist die Gelegenheit zu verschaffen, sich dem preußischen Staat nützlich zu erweisen, der ihm dann wiederum mit einem Amt danken konnte, wie es ein zukünftiger Ehemann brauchte, um eine junge Familie zu ernähren. In der Tat, kaum war Kleist aus Würzburg nach Berlin zurückgekehrt, beantragte er bei Struensee die Erlaubnis, an den Sitzungen einer «technischen Deputation» teilnehmen zu dürfen. Rund drei Wochen später, am 25. November, teilt er der Schwester indes mit, es sei nun schon so gut wie gewiß, daß er diese Laufbahn nicht verfolgen werde:

> Die Reise war das einzige, das mich reizen konnte, so lange ich davon noch nicht genau unterrichtet war. Aber es kommt dabei hauptsächlich auf List u Verschmitztheit an, u darauf verstehe ich mich schlecht. Die Inhaber ausländischer Fabriken führen keinen Kenner in das Innere ihrer Werkstatt. Das einzige Mittel also, doch hinein zu kommen, ist Schmeichelei, Heuchelei, kurz Betrug – Ja, man hat mich in diese Kunst zu betrügen schon unterrichtet – nein, mein liebes Ulrikchen, das ist nichts für mich.[115]

Kleist geriet später, als die Franzosen im Lande standen, tatsächlich einmal und sehr zu seinem Nachteil in den Verdacht, Spion zu sein, aber dergleichen war für ihn, der sich so schwer vor den Anschlägen und Machenschaften der Welt zu schützen verstand, das ungeeignetste Amt. Das Täuschen wie die Sorge über das Getäuschtwerden behielt er den Gestalten seiner Dichtung vor.

Dennoch ist die Frage nicht gänzlich abzuweisen, ob Kleists geheimnisumgebener Reise letztlich wohl doch der Auftrag zugrundelag, für die preußische Industrie als Kundschafter tätig zu sein.[116] Daß Brockes und Kleist inkognito und als schwedische Staatsbürger reisten, daß sie sich in Dresden falsche Pässe besorgen wollten, was freilich mißlang und die Wahl eines anderen Reisezieles als Wien nahelegte, wo man es mit dem Paßwesen nicht so genau nahm wie in der österreichischen Kaiserstadt – all dies sind Tatsachen, die durchaus zu einem solchen Auftrag passen könnten, ja die allein das Inkognito plausibel machen. Auch die angekündigte Audienz bei Struensee, ganz gleich ob sie nun stattgefunden hat oder nicht oder ob Kleist vielleicht andere, niederere Beamte in Berlin vor der Abreise gesprochen hat, ließe sich so verstehen. Wie erfolgreich er dann freilich seinen Auftrag ausführte, ist eine andere Sache.

Was aber konnte es sein, das Würzburg als Ziel einer derart geheimen Mission attraktiv machte? Die preußische Textilindustrie machte damals rund neunzig Prozent der Wirtschaft des Landes aus.[117] Um ihre Produkte konkurrenzfähig zu machen, waren deshalb immer wieder neue Färbetechniken nötig, und da traf es sich denn gut, daß Würzburg in seinen Mauern das Unternehmen von Georg Pickel beherbergte, der, ein vielbegabter und tüchtiger Mann, eine kleine Fabrik unterhielt, die «u. a. medizinische Bandagen und Instrumente sowie chemische Stoffe einschließlich einiger Farben herstellte, unter ihnen das sog. Pickelgrün».[118] Außerdem war Pickel noch Professor der Chemie an der Universität und hielt einige Übungen in der Apotheke des Julius-Spitals ab.[119] War er es also und war es sein kleines Unternehmen, auf das sich preußische Aufmerksamkeit richtete? Denn an grünen Kupferfarben, ob für Textil, Tapeten oder Porzellan, soll man damals in Berlin besonders interessiert gewesen sein.[120]

Chemische Rezepte, Konstruktionspläne für Maschinen und technische Produktionsverfahren waren zu Beginn der industriellen Revolution in Europa wie in Amerika und England beliebte Gegenstände der Industriespionage zwischen den Nationen und mithin der Geheimhaltung, wie sie es in einer patentgeschützten globalen Wirtschaft geblieben sind. War es wirklich das, was die beiden jungen Preußen erst nach Wien, dann nach Straßburg und schließlich nach Würzburg treiben sollte?

FUGE (*Andante moderato*)

Wie fügt sich letztlich dies alles, was Neugier und Sachkenntnis, Forscherfleiß und die große Lust am Detektivspielen über das Geheimnis von Klingstedts und Bernhoffs Herbstreise zusammengetragen haben, in das wirkliche Leben des ehemaligen preußischen Leutnants Heinrich von Kleist? «In eurem Kopf liegt Wissenschaft und Irrtum / Geknetet, innig, wie ein Teig, zusammen; / Mit jedem Schnitte gebt ihr mir von beidem» (Vs. 1060–62), erklärt der Gerichtsrat Walter dem Dorfrichter Adam. Er hätte wohl der versammelten Forscherschar zum Thema Würzburger Reise nichts Freundlicheres zu sagen gehabt, so sehr durch sie auch das Panorama von Kleists Umwelt und Zeitalter an Farbe und Fülle gewonnen hat mittels jener Diplomaten, Professoren, Ärzte, Chemiker, Magnetiseure, Freimaurer und Gastwirte, die sie in den Dienst der eigenen Theorien stellten.

Ging es wirklich um die Operation einer allzu engen Vorhaut? Sein Zweck, schreibt Kleist, sei «gewiß der Verehrung jedes edeln Menschen werth», ein Zweck, der «uns» – die Schwester ist gemeint – «nicht eher ein ganz ungestörtes Vergnügen genießen lassen wird, als bis er erreicht ist.»[121] Ängstlich, befangen, scheu, schüchtern, still und unsicher war Kleist des öfteren in der Gemeinschaft der Menschen. Aber war Ziel einer solchen Reise tatsächlich die Behebung psychischer Hemmnisse, des Stotterns oder der Impotenz, mit Hilfe der Zuckungen einer magnetischen Behandlung? «Ich fühlte mich stark genug den hohen Zweck zu entwerfen, aber zu schwach um ihn allein auszuführen», schreibt Kleist, weshalb denn Freund Brockes gewonnen wird, der diesen Zweck ehrte, «so wie ihn denn jeder edle Mensch, der ihn fassen kann, ehren *muß*.»[122] Ging es darum, sich der Freimaurerei in die Arme zu werfen? «Küsse mich, Mädchen, denn ich verdiene es.» Ging es darum, das Pickelgrün auszuspionieren? «Mädchen! Wie glücklich wirst Du sein! Und ich! Wie wirst Du an meinem

Halse weinen, heiße innige Freudenthränen! Wie wirst Du mir mit
Deiner ganzen Seele danken!»[123] Noch manch andere Optionen sind
erwogen worden. Wollte und sollte Kleist sich nicht um die Habilita-
tion für ein akademisches Amt bemühen, wie es einer Familiengrün-
dung zuträglich gewesen wäre?[124] «Schiltst Du ihn leichtsinnig, den
Reisenden, ihn, der auf dieser Reise Dein Glück mit unglaublichen
Opfern erkauft und jetzt vielleicht – *vielleicht* schon gewonnen hat?
[...] Wird er Undank bei dem Mädchen finden, für deren Glück er *sein
Leben* wagte?»[125] War es so riskant um die deutschen Universitäten
bestellt? Oder stand hinter allem dann doch nichts anderes als der
Versuch, durch eine gerissene mathematische Methode Geld im Wür-
felspiel zu erwerben?[126] «Noch ist nichts *ganz* entschieden, aber –
der Würfel liegt, und, wenn ich recht sehe, wenn nicht Alles mich
täuscht, so stehen die Augen gut. Sei ruhig», schrieb er am 13. September an Wilhelmine.[127] Aber ist das schon ein Indiz? Denn auch
diese Sätze schreibt er ihr: «*Noch* weißt Du nicht ganz, wen Du mit
Deinen Armen umstrikst – aber bald, bald! Und Dein Herz wird Dir
beben, wenn Du in meines blicken wirst, das *verspreche* ich Dir.»[128] Und:
«In meiner Seele sieht es aus, wie in dem Schreibtische eines Philosophen, der ein neues System ersann, u einzelne Hauptgedanken auf
zerstreute Papiere niederschrieb. Eine große Idee – für Dich, Wilhelmine, schwebt mir unaufhörlich vor der Seele!»[129] Erwogen worden ist
schließlich, ob sich hier, auf dieser Reise, ein junger Genius ganz
bewußt auf den Weg zu sich selbst und zum eigenen Dichtertum
gemacht habe. Aber das ausgerechnet unter falschem Namen und mit
einem Freund, der «seine ewige Bestimmung nicht herausfinden kann,
und daher nichts für seine irrdische thut»?[130]

Fragen über Fragen. Alle Versuche, Kleists Geheimnis zu lüften,
kollidieren irgendwann mit den Worten seiner Briefe, in denen er über
eben dieses Geheimnis spricht. Wie immer skurril oder bizarr jedoch
manche dieser Erklärungen sein mögen – Kleists eigene Fingerzeige,
die er so freigebig über seine Briefe ausstreut, sind es nicht minder.
Sie zu interpretieren ähnelt in mancher Hinsicht den Versuchen zur
Deutung seines literarischen Werks, wenn sie nur immer neue Geheimnisse produzieren oder am Ende gar unverständlicher werden als
Kleists Werk selbst. So betrachtet läßt sich Kleists Reise im übertragenen Sinne wohl tatsächlich als seine erste «Erzählung» bezeichnen,
eine ebenso gelebte wie in Briefen geschriebene, und ihr «Geheimnis»

oder Rätsel wirkte dann von vornherein als das allen guten Geschichten innewohnende Element der Spannung, auf das sich ja später der Erzähler wie der Dramatiker Kleist so ausgezeichnet verstand. Nirgendwo läßt sich die Funktionsweise von Kleists Phantasie besser und deutlicher beobachten als in seinen Erzählungen von dieser Reise. Nur darf man eben von ihm nicht die sachliche Genauigkeit eines Chronisten oder gar die maschinelle eines Fahrtenschreibers erwarten. Von allen Andeutungen mit ihrer sprunghaften Logik, die so viele Zwischenglieder ausläßt, passen jedenfalls einige auf dies, andere auf das, und wieder andere sind so himmelschreiend übertrieben, daß sie jeder Glaubwürdigkeit entbehren. Hier sind Wahrheit und Phantasie tatsächlich «geknetet, innig, wie ein Teig», nicht freilich mit der Absicht allein zur bloßen Täuschung, sondern zugleich als ein Versuch, das Leben auf eigene Art, auf die einzige Heinrich von Kleist gegebene Art, durch seine Einbildungskraft zu bewältigen. Es ist Spiel im höheren Sinne und kann freilich auch nur im Spiel gelingen; dem Versuch, es in die Wirklichkeit zu übertragen, kann nur der Katzenjammer folgen, wie es denn auch Kleist geschah. Mit Hilfe seiner kreativen Einbildungskraft und der Magie seiner Sprache versucht er in diesen Briefen nichts Geringeres, als die Grenzen zwischen Leben und Fiktion zu überspielen und aufzuheben. Das aber ist gefahrvoll, ein Wagnis für das Leben in seinem ganzen vollen Ernst. Nur im Kunstwerk kann Kleist seine Gestalten dieses «Glücksspiel» versuchen und gelingen lassen, aber selbst dort spielt bei ihm ja das Tragische immer ins Komische hinein.

Ein Musterbeispiel für letzteres ist der Fall des Richters Adam, der den Krug zerbrochen hat. Adam nämlich gerät, wie man weiß, in arge Bedrängnis, als er einen Täter überführen soll, der niemand anderes als er selbst ist. Was enthüllt werden soll, muß also zugleich verborgen werden, und Adam tut es, indem er sprechend fortgesetzt neue, imaginierte Wirklichkeiten schafft, die ihm als Fluchtorte vor der bedrohenden und unangenehmen wirklichen Wirklichkeit dienen sollen. So wird er weltschöpferisch im kleinen. Die Amtsperücke zum Beispiel hat er auf der Flucht vom Tatort verloren, und nun, da sie ihm am Gerichtstag fehlt, fällt ihm ein: «In meine hätt' die Katze heute Morgen / Gejungt, das Schwein! Sie läge eingesäuet / Mir unterm Bette da, ich weiß nun schon.» Und als sein Schreiber zweifelt, folgt die Versicherung: «So wahr ich lebe. / Fünf Junge, gelb und schwarz, und eins ist weiß. / Die schwarzen will ich in der Vecht ersäufen. / Was soll man machen? Wollt Ihr eine haben?» (Vs. 241–248) Nicht um Ausreden nur handelt es sich also – das ist unter Adams Niveau –, sondern um die Geburt von fünf Katzen aus dem Geiste der kreativen und schuldbewußten Phantasie, und zwar so wirklichen Katzen, daß man die Tierlein auch verschenken kann. Die Szene ist derart charakteristisch für Kleist, als wäre sie ein verzerrter Spiegel seines eigenen Tuns. Sein Werk, das immer wieder besticht durch die geradezu ungeheure Konkretheit seiner Realitäten, ist dennoch ebenso phantasiegeboren wie die fünf Katzen des Richters Adam.

Seine Einbildungskraft nun, die Kleist später zu seinem literarischen Werk befähigte, entfaltete sich zum erstenmal kompakt in den Briefen über seine Würzburger Reise, die ihm deutsche Landschaft zwischen Oder und Main als äußeren Stoff anbot und als innere Antriebskraft die Liebe zu einem Menschen mit all den emotionalen und gesellschaftlichen Gegebenheiten, die dergleichen einschloß, als Konflikt aber die eigene Schwierigkeit, in dieser Welt, die ihn umgab, Fuß zu fassen. So wurde Kleist diese Reise zu einem inneren Bedürfnis weit über das hinaus, was er sich wohl selbst als deren Ziel im Moment vorstellte. Die unklaren, oft wenig miteinander harmonierenden Bemerkungen über den «Zweck» und die Resultate der Reise deuten das an. Daß literarische Absichten ihn damals bereits bewegten, macht immerhin die Bemerkung deutlich, die Braut möge die Briefblätter sorgsam aufheben. Die Lust am Schreiben hat Pate bei diesen Briefen gestanden, ohne daß Kleist sich nun schon als angehender Dichter empfand. Aber er bewohnte in Würzburg eben ein «Häuschen», das ein stattliches, schönes Bürgerhaus war, und begann, in eine Phantasiewelt einzutauchen, die schreibend in seinem Inneren entstand. Christoph Martin Wieland und Johann George Scheffner haben später Kleists Versunkenheit in diese Innenwelt auf das eindringlichste beschrieben.

Dergleichen hat eine Konsequenz für die spätere, ungebetene Leserschaft der Nachwelt. Jene Erfindungsgabe, die Kleists Dramen und Novellen so kraftvoll dicht und anschaulich macht, läßt seine Briefe zu höchst fragwürdigen Dokumenten werden. Daß beim Briefeschreiben überhaupt selektiv verfahren wird, daß die Schreiber auswählen und sich in dieser oder jener Weise auf die Empfänger einstellen, ist bekannt; daß dem Berichteten jedoch grundsätzlich nicht zu trauen ist, weil es in den Bereich einer Fiktion hinübergleitet, ist etwas anderes. Gerade dies aber trifft auf Kleist zu. Welchen Wahrheitsgehalt besitzt zum Beispiel die Bemerkung, daß Brockes mit ihm denselben Zweck habe? Oder erfindet das Kleist im Augenblick, um die Schwester zu beruhigen und die erwünschte finanzielle Unterstützung von ihr zu erhalten? Und wie sieht es mit den Versicherungen der Braut gegenüber aus, sie werde ihm erstaunt, dankbar und überglücklich in die Arme fliegen, wenn sie einmal das Geheimnis der Reise erführe? In Wirklichkeit hat dieses Geheimnis wohl kaum je größere Realität besessen als Adams Kätzchen. Denn nur von Kleist selbst wissen wir, daß diese Reise überhaupt ein Geheimnis haben sollte. Hätte er sie von vornherein als Kavaliers- oder Bildungsreise unternommen, als Flucht aus unüberschaubaren oder nicht zu bewältigenden Verhältnissen, wie das Goethe einmal tat, es hätte niemand sich den Kopf darüber zu zerbrechen brauchen, weshalb er es tat.

So bleibt am Ende nur noch die Frage, ob überhaupt konkrete Motive mit dieser Reise verbunden waren oder reale Absichten Kleist auf Reisen geschickt haben könnten. Natürlich waren für den preußischen Offizier, der «den Militairdienst bei der Garde darum verlassen» hatte, «weil er mehr Geschmack am Studiren» fand «als an praktischen Geschäften», wie Geheimrat Kunth dem Minister Struensee berichtete, Entscheidungen hinsichtlich seiner zukünftigen Tätigkeit zu treffen, wenn er das Fräulein von Zenge heimführen, ja auch nur die Verlobung mit dem Segen der Brauteltern publik machen wollte. Als Student der Viadrina hätte er damit schwerlich rechnen können. Offenbleiben muß nur, ob da das Skalpell eines Arztes, die Hände des Magnetiseurs, die Werkzeuge der Freimaurer oder die Würfel des Glücksspiels die rechten Instrumente zur raschen Behebung solcher Schwierigkeiten gewesen wären. In der Tat gab Kunth Kleist nach der Rückkehr aus Würzburg den Rat, «sich auf irgend einer Universität als öffentlicher Lehrer zu habilitiren»,[131] aber das geschah eben erst, als das Würzburger Abenteuer, wenn es denn überhaupt eines war, der Vergangenheit angehörte. Als er Frankfurt nach gerade einmal zwei Semestern Studium verließ, war er noch ein gewaltiges Stück von den Qualifikationen für eine Habilitation entfernt. Daß ihm am Ende der Staatsdienst, in welchem von dessen Bereichen auch immer, am besten die Chance geben würde, eine Existenz zu gründen, die auch die Gründung eines Hausstandes zuließ, dürfte für ihn, der dem preußischen Adel angehörte, ohne über nennenswerten Grundbesitz zu verfügen, außer Zweifel gestanden haben. Gelassen und ohne Anstrengung in die Zukunft zu blicken und die Dinge an sich herankommen zu lassen, war ihm schon nach den Sitten seiner Gesellschaft nicht gegeben. «Er hat den Jahren nach keine Zeit mehr zu verlieren», erklärte Kunth seinem Minister.[132] Ein Zeitalter kürzerer Lebenserwartung besaß ja ohnehin andere Maßstäbe für Jungsein und reifes, verpflichtendes Mannesalter.

Was Kleist also zuallererst in die Welt hinaus trieb, war der Wunsch, etwas aus sich zu machen, nur daß er sich freilich selbst nicht darüber im klaren war, was das denn nun sein könnte. Daß er ein «Amt» als möglich angesehen hatte, zur Zeit, da er auf seine Reise ging, hat er der Schwester gegenüber nach der Rückkehr ausdrücklich bekannt.[133] Aber eben der Staatsdienst, der ihm am ehesten ein Obdach geben konnte, ähnelte zu sehr jener militärischen Ordnung, der er mit dem Eintritt in das Zivilleben hatte entfliehen wollen. Für das «schriftstellerische Fach»,[134] soweit darunter jene Mischung aus Philosophie, Ethik, Naturerkenntnis und praktischer Lebenslehre zu verstehen war, wie sie ihm etwa sein Lehrer Wünsch in Frankfurt vorführte, fehlte ihm noch das Wissen, und für die Literatur, die vorerst als Neigung nur dunkel in ihm heranwuchs, der Gegenstand. All dem war mit einer Reise beizukommen, die ja allein schon in der Fortbewegung das Gefühl des Tätigseins verschafft. Und wenn nun noch der Vorschlag kam von irgendwoher in diesem preußischen Staat, falls nicht von Struensee oder Kunth, dann von einem ihrer Untergebenen, daß die preußische Wirtschaft dringend diskreter Erkundungen über manche Errungenschaften fremder Industrie oder Ökonomie bedürfe und sich für solche Dienste dankbar erweisen dürfte, dann ist es leicht vorzustellen, wie sich Kleists «Geheimnis» entfaltete: der Rat, dergleichen zu zweit zu unternehmen, die Nötigung zum Inkognito und schließlich die Verschwiegenheit. Fiel dergleichen auf den Boden von Kleists üppiger Phantasie, die sich um nüchterne Tatsachen nicht mehr scherte, so entfaltete sich dort ein regelrechter Paradiesgarten der Geheimnisse. Hätten Kunth oder Struensee – oder wer sonst ihn zu dieser Tätigkeit angeregt haben mag – Kleists Briefe an Schwester und Braut gelesen, sie hätten vermutlich die Hände über dem Kopf zusammengeschlagen und ihren inoffiziellen Mitarbeiter schnell zurückbeordert, denn mochte ihm auch zu schweigen auferlegt oder geraten worden sein, so war doch Kleists massive Geheimnistuerei mit all den phantasievollen Zehntelerklärungen und Viertelversprechungen geradezu ideal dafür geeignet, Verdacht auf sich zu lenken. Bloß war das eben private Korrespondenz, deren Empfänger jedoch sich wohl gelegentlich fragen mochten, ob jemand, der so laut und viel über ein Geheimnis redete, überhaupt eins besaß. Die Art des staatlichen Auftrags hatte er denn auch kaum verhohlen in seinem Brief vom 25. November der Schwester gegenüber bekannt: Auf die «List u Verschmitztheit», auf «Schmeichelei, Heuchelei, kurz Betrug», die man von ihm erwarte, verstand er sich nicht.

Und so kam Kleist eben mit leeren Händen nach Berlin zurück, wenn auch in dem Gefühl, daß «die Sphäre für meinen Geist u für mein Herz» sich «ganz unendlich erweitert» habe.[135] Der einzig sichere Ertrag aber war wohl vorerst die tröstliche Erkenntnis, die ihm das Würzburger Pleichertor suggeriert hatte: «Es steht, *weil alle Steine auf einmal einstürzen wollen.*»[136] Oder wie es in der *Penthesilea* heißt:

> Sinke nicht,
> Und wenn der ganze Orkus auf dich drückte!
> Steh, stehe fest, wie das Gewölbe steht,
> Weil seiner Blöcke jeder stürzen will! (Vs. 1347–50)

Aber auch diese Erkenntnis war ja eben hinsichtlich der Gesetze der Physik nur eine halbe Wahrheit, auf der sich schwerlich das feste Gebäude einer Berufslaufbahn errichten ließ.

V. FERNSCHREIBER DER LIEBE

1. Unausstehliche Fragen

Ende Oktober 1800 war Heinrich von Kleist von seiner Würzburger Exkursion nach Berlin zurückgekehrt. In einer Eilfahrt «über Meinungen,[1] Schmalkalden, Gotha, Erfurt, Naumburg, Merseburg, Halle, Dessau, Potsdam nach Berlin» sei er, so berichtet er seiner Schwester Ulrike am 27. Oktober aus der Hauptstadt, siebenundvierzig Meilen in fünf Tagen gereist, «Tag u Nacht, um noch vor dem 1ᵗ November hier zu sein.»[2] Dergleichen bemühtes Streben nach Pünktlichkeit deutet darauf hin, daß Kleist offenbar mit dem Beginn des neuen Monats durchaus ein Termin gesetzt worden war und er sich drei Monate lang nicht ganz und gar oder womöglich überhaupt nur zu privaten Zwekken auf Reisen begeben hatte. Tatsächlich gab ihm der Minister Struensee nach der Ankunft sogleich Gelegenheit, sich als Staatsbürger außerhalb des Militärs zu bewähren und dort Fuß zu fassen. «Rückkehr» allerdings ist ein unpräziser Begriff, denn begonnen hatte Kleist seine Reise ja in Frankfurt an der Oder, und eben dorthin kehrte er keineswegs zurück. Gerade dort aber wohnte jene junge Frau, mit der er sich vor einigen Monaten verlobt hatte. In langen Briefen hatte er ihr von den Stationen seiner Reise berichtet und ihr immer wieder anrührend herzlich seine Liebe versichert. Zu ihr, in das heimatliche Frankfurt jedoch mochte er, wie er der Schwester Ulrike ziemlich grantig mitteilte, «jetzt nicht gern kommen, um das unausstehliche Fragen zu vermeiden, da ich durchaus nicht antworten kann.»[3] Solche Scheu ist nun zwar verständlich, aber ebenso verständlich wäre auch der Wunsch all jener gewesen, denen er nahestand – der Braut, deren Familie, den eigenen Geschwistern, der das Haus regierenden Tante und schließlich dem Vormund –, nun endlich Genaueres zu erfahren über das so glückverheißende Unternehmen seiner Reise in den deutschen Süden, insbesondere nach all den geheimnisvollen Andeutungen und Versprechungen, die er gemacht, und den undeutlichen Hoffnungen, die er erweckt hatte. Von großen Hoffnungen war ja vor allem in jenen elf langen Briefen die Rede gewesen, die er von unterwegs an sein «Minchen» in Frankfurt gerichtet hatte. Von ihr, der zukünftigen Lebensgefährtin, die ihn liebte und ihm vertraute, wäre dabei noch das rücksichtsvoll zarteste Fragen zu erwarten gewesen; Deutlicheres und eben «Unausstehlicheres» hätten wohl die anderen verlangt. Mithin sah sich der Briefschreiber Heinrich von Kleist, bevor er noch als Schriftsteller ein Drama oder eine Novelle zu Papier gebracht hatte, in jene schwierige Situation versetzt, aus der Dichter in der Tat oft ärgerlich ausweichen, wenn man sie nach der Wirklichkeit hinter dem Erdichteten fragt. Bloß war in diesem Falle das von Kleist Erdichtete von ihm selbst überhaupt nicht als Dichtung intendiert. Diejenigen, die ihn umgaben, mußten es also für jene Realität halten, die zu sein es vorgab: das große, die Zukunft des Ehepaars Heinrich und Wilhelmine von Kleist bestimmende Geheimnis. Das aber hatte sich nach der Rückkehr aus Würzburg in ein Nichts aufgelöst. Einer solchen Situation war in der Tat allein durch neue Flucht auszuweichen – Flucht vor den andern und vor sich selbst. Möglich, wenngleich nicht sicher belegt ist allerdings, daß Kleist sich dann dennoch diesen lästigen, weil den Widerspruch zwischen Wunsch und Wirklichkeit exponierenden «Fragen» ausgesetzt und entgegen der ursprünglichen Absicht Anfang November zu einem kurzen Besuch an die Oder gefahren ist.[4] Gewißheit aber besteht lediglich, daß er dann Frankfurt um die Weihnachtstage 1800 besucht hat, wie er es der Braut am 22. November brieflich verspricht: «Auf Weihnachten mögte ich wohl nach F. kommen – Du siehst es doch gern? Ich bringe Dir dann etwas mit.»[5] Anfang des neuen Jahres ist er bereits wieder zurück in Berlin.

Das Eingeständnis, daß die mysteriöse Reise nach Süden Kleist nicht befreit hatte von den Ungewißheiten seines Lebens, sondern ihn nur noch tiefer in sie hineinführte, ließ sich nicht mehr umgehen, und gerade vor jener jungen Frau nicht, die er an sein Leben binden wollte. Die Flucht, zu der er sich nun genötigt sah, war eine Flucht nach vorn. Im November, nach der Rückkehr aus Würzburg, schreibt er der Braut vier Briefe wiederum voller Pläne und Hoffnungen, alle früheren überdeckend und vergessen machend. Hieß es Anfang Oktober aus Würzburg dunkel: «In fünf Jahren, hoffe ich, wird das Werk fertig sein»,[6] kommt es jetzt, wie schon früher erwähnt, in Berlin zur Fristverlängerung solcher Dunkelheit: Wilhelmine möge noch «zehen Jahre» warten, bevor sie ihn stolz umarmen könne.[7] Was immer sich dahinter verbergen mochte – pure Ausflüchte oder tatsächliche Pläne, die aber im Grunde auch wieder nur Phantasiegebilde waren, bloß daß sie in Kleists reger Einbildungskraft Wirklichkeitscharakter annahmen – unausweichlich wurde für ihn selbst die Erkenntnis, daß die Umwandlung seines Brautstandes in eine bürgerliche, gesellschaftlich etablierte und körperlich vollziehbare Ehe weiterhin noch im Ungreifbaren lag. Wohl hatte er um die Genehmigung ersucht, an Sitzungen einer «technischen Deputation» teilnehmen zu dürfen, aber bald darauf schreibt er bereits entschlossen, und für sie kaum beruhigend, an die Braut: «Ich will kein Amt nehmen.» Nein, er wollte nicht in die Provinzen reisen und Fabriken zählen. Und dann fliegen die Träume auch schon wieder rasch in die Höhe: selbst «eine Ministerstelle» könnte ihn «nicht glücklich machen». Wiederum stand der Herkules am Scheidewege. Zu den «geliebten Wissenschaften» sollte der neue Weg führen und dabei «*Dich*, mein geliebtes Mädchen, *ausbilden*, ist das nicht etwas Vortreffliches? Und dann, *mich selbst* auf eine Stufe *näher der Gottheit* zu stellen – – o laß mich, laß mich! Das Ziel ist gewiß hoch genug u erhaben, da giebt es gewiß Stoff genug zum Handeln – – und wenn ich auch auf dieser Erde nirgends meinen Platz finden sollte, so finde ich vielleicht auf einem andern Sterne einen um so bessern.»[8] Sollte ihm die Braut dorthin folgen? Die Metaphern taumeln und überstürzen sich.

In einem anderen Brief aus diesen Tagen, worin Kleist ins Unterrichten durch Beispiele und Sinnbilder verfällt wie in den Anfängen der Verlobungszeit, ist nun auch die Rede vom Fächer eines Mädchens als einem «Telegraphen, (zu Deutsch: Fernschreiber) der Liebe».[9] Kleist ist vermutlich der erste, der das Wort «Fernschreiber» in die deutsche Sprache eingeführt hat, wenngleich es in der Privatheit dieses Briefes auf lange Zeit verschlossen blieb und nicht an die Öffentlichkeit gelangte. Jean Paul, dem allein das *Deutsche Wörterbuch* den ersten Gebrauch dieses Wortes zubilligt, verwendete es erst Jahre später, ab 1804, in den *Dämmerungen für Deutschland* und kurz vorher bereits im *Titan* und der *Vorschule der Ästhetik*.[10] Aber nicht sprachgeschichtliche Prioritäten sind hier wichtig. Eigentümlich ist vielmehr, daß Kleist mit diesem Wort unabsichtlich zugleich eine Bezeichnung für seine eigene Rolle als Bräutigam fand, denn genau das ist er geworden in seinen Beziehungen zu Wilhelmine von Zenge: ein «Fernschreiber» der Liebe. Nach dem Weihnachtsbesuch in Frankfurt Ende 1800 scheint er die Braut bis zur Auflösung des Verlöbnisses im Mai 1802 nicht mehr wiedergesehen zu haben; erst sehr viel später ist er ihr dann abermals begegnet, als sie bereits mit einem anderen Manne verheiratet war. Mochten die Lehrhaftigkeit und Erziehungslust der frühen Briefe in den Monaten des Einandernäherkommens in Frankfurt Anfang 1800 der Briefkultur jener Zeit in gewissem Umfang entsprechen, mochte sich darin Kleists Drang spiegeln, schreibend im Hinblick auf eine bevorstehende Ehe über sich und die Rolle der Frauen im Leben der Männer nachzudenken, mochten schließlich die Reisebriefe bis zur Rückkehr aus Würzburg durch Erfahrungen des Reisens in bisher Unbekanntes auch als Liebesbriefe im herkömmlichen Sinne motiviert sein, so bildeten danach die einundzwanzig Briefe von November 1800 bis zum Mai 1802 die Beziehung selbst.

Die Versuchung ist groß, diese neunzehn Monate im Leben Heinrich von Kleists einmal durch die Augen Wilhelmine von Zenges zu betrachten. Nur sind ja eben alle ihre Briefe an Kleist bis auf einen verloren; einige nachträgliche Erinnerungen von ihrer Hand waren an ihren zweiten Verlobten und späteren Ehemann gerichtet und sind somit vom subjektiven Zweck des Sich-Erklärens dem neuen Partner gegenüber geprägt. Mutmaßungen aber über die Gemütszustände einer fernen, vergangenen Zeit verbieten sich. Unleugbar müssen einer späteren Zeit hingegen manche von Kleists brieflichen Erziehungsversuchen der Braut als Schulmeisterei, ja Quälerei erscheinen, ebenso wie das Hinhalten mit Versprechungen entwürdigend, demütigend, ja abstoßend wirken kann.[11] Aber ebenso unleugbar ist, daß Kleist die geistige Selbständigkeit seiner Braut fördern, sie bilden wollte. Briefe sagen überdies nichts vom Zustand ihrer Empfänger, von deren inneren Bereitschaft für sie, und sie übermitteln auch nicht, was beide, Schreiber und Empfänger, miteinander vor allem Schreiben und jenseits davon verbindet. Zwischen zwei einander nahestehenden Menschen wird dann doch beim Lesen die Stimme des anderen mitgehört und werden die Zärtlichkeiten mitempfunden, die man in glücklicher Intimität ausgetauscht hat. Allein für sich können Briefe nichts von der Aura einer Persönlichkeit übermitteln, die die Empfänger als lebendige Erfahrung in sich tragen. Hier wird jedenfalls die Nachwelt mit ihren Urteilen behutsam sein müssen und sich nicht zum raschen, strengen Richter aufschwingen dürfen.

2. Die Ehe in pragmatischer Hinsicht

In den Jahren nach der Französischen Revolution war die Frage nach den Rechten der einzelnen gegenüber der Institution des Staates als Gesetzgeber aus dem Bereich aufgeklärter Theorie in den der Praxis übergegangen. *Preußisches Landrecht* und *Code Napoléon* waren markante Signale dafür. Unter deutschen Philosophen, denen starke politische Aktivität ja nicht abgefordert wurde, wenn sie nicht sogar unerwünscht blieb, fand statt dessen jene Stelle, wo Staat und Individuum am intimsten aufeinander trafen, nämlich die Ehe, ein besonderes Interesse. Kants *Anthropologie in pragmatischer Hinsicht abgefaßt* war 1800 in zweiter, verbesserter Auflage erschienen – die erste Auflage kam 1798 heraus. Grundlage der Schrift war Kants Vorstellung von der Ehe als gesetzlicher Einrichtung zur Regelung des Geschlechtstriebes. Durchaus pragmatisch zeichnet sie sich dementsprechend durch Sätze aus wie diesen: «Die Frau will herrschen, der Mann beherrscht sein (vornehmlich vor der Ehe).» Nach der Ehe hingegen stellte Kant sich das dann so vor, daß die Frau «herrschen», der Mann aber «regieren» sollte, sozusagen als «Minister» im Dienste der Monarchin, was ihn dann zu dem Schluß führte: «Das Weib wird durch die Ehe frei; der Mann verliert dadurch seine Freiheit.»[12] Kant ist, vermutlich um der Freiheit willen, sein Lebtag lang ein Hagestolz geblieben, und wenn er der Meinung war, daß der Mann nicht die Frau, sondern allein die Frau den Mann bessern könne, hört man eher die Beklemmung des Junggesellen heraus, als daß man das als Selbstkritik des männlichen Geschlechts und Feier des weiblichen liest. So fiel denn auch sein Urteil über gelehrte Frauen ungünstig aus: sie brauchten «ihre Bücher etwa so wie ihre Uhr, nämlich sie zu tragen, damit gesehen werde, daß sie eine haben; ob sie zwar gemeiniglich still steht.» Und Kleists Frage an Wilhelmine von Zenge, wer denn beim Tode des anderen mehr verliere, der Mann oder die Frau, löste Kant ganz pragmatisch, indem dann einfach die «älteste Tochter» oder der «erwachsene, wohlgeartete Sohn» die jeweilige Vakanz auszufüllen hätten.

Gemessen an Kants bärbeißiger Argumentation war nun Johann Gottlieb Fichtes Deduktion der Ehe im «Grundriß des Familienrechts» innerhalb seiner *Grundlage des Naturrechts* von 1796/97 sehr viel diffiziler. Für Fichte war Ehe «eine natürliche und moralische Gesellschaft» und die Einsegnung durch Staat und Kirche nur sekundär. Primär also ist Ehe Liebe: «Liebe ist der innigste Vereinigungspunkt der Natur und der Vernunft.»[13] Es war dieser Primat individueller Emotionen und einer im freien Denken gegründeten Moral über die Macht von Institutionen, die Fichte bei den jungen Intellektuellen in Jena so viele Sympathien einbrachte; Friedrich Schlegel und Novalis waren dort ja gerade im Begriff, sich mit Theorien vom Romantischen als einer Wissen und Glauben, Denken und Fühlen in sich vereinigenden universellen Kraft neue künstlerische Inspiration zu schaffen. An der unterschiedlichen Stellung von Mann und Frau in der Gesellschaft freilich – es ist darüber bereits in anderem Zusammenhang gesprochen worden – rüttelte Fichte keineswegs. Für ihn blieb Liebe allein Sache der Frau und war Hingabe an einen Mann, worauf der Mann dann eben von seiner Höhe aus mit «Großmut» zu antworten habe; nur er finde «die ganze Fülle der Menschheit in sich selbst» und nur er überschaue «das ganze Verhältnis, wie das Weib es selbst nie überschauen kann.»[14] Was dann Fichte zu dem Schluß führte: «Denn das Weib ist kein Mann. Wenn sie Mann wäre [...], dann wäre sie auch nicht *sie*; und alles wäre anders.»[15] So schlicht und zugleich so fundamental drückte also Fichte hier Konsequenzen aus, die er nicht weiterdenken wollte. Daß er allerdings nicht nur begeisterte Zustimmung erfuhr mit seiner Theorie des Eherechts, bezeugt ein Freundesbrief des zwanzigjährigen Johann Friedrich Herbart, damals Student in Jena, worin es nach einer ironischen Zusammenfassung dieser Theorie heißt: «F[ichte] hat manchmal mit meiner Mutter über diese Theorie disputirt, Du kannst denken, ob sie nach ihrem Sinne war. Die Dispute müssen lustig anzuhören gewesen seyn.»[16] Kant hatte den gleichen Gedanken wie Fichte sehr viel pragmatischer und natürlich misogyner gefaßt als der verheiratete Fichte, indem er es für möglich hielt, daß die Frau durchaus «lieber Mann sein möchte, wo sie ihren Neigungen einen größeren und freieren Spielraum geben könnte; kein Mann aber wird ein Weib sein wollen.»[17] «Wärst Du ein Mann oder nicht meine Schwester, ich würde stolz sein, das Schicksaal meines ganzen Lebens an das Deinige zu knüpfen»,[18] hatte Kleist

«ein sichres Geschlecht»: Kleists Wunsch am neuen Jahre 1800
für Ulrike von Kleist

im Mai 1799 an die Schwester geschrieben, und ihr dann als *Wunsch am neuen Jahre 1800* mit geradezu befremdend scharfem Blick für gewisse hermaphroditische Züge in ihr diese Distichen gewidmet:

> Amphibion du, das in zwei Elementen stets lebet,
> Schwanke nicht länger und wähle dir endlich ein sichres Geschlecht.
> Schwimmen und fliegen geht nicht zugleich, drum verlasse das Wasser,
> Versuch es einmal in der Luft, schüttle die Schwingen und fleuch![19]

Kleists Gedanken über Geschlechterrollen werden ihn später weit über jene Grenzen hinausführen, vor denen Fichte scheu oder rigoros halt machte. Die körperliche und seelische Eigenart der Schwester aber bildete ein mehrfach wiederkehrendes Thema seines Nachdenkens über sie und sich selbst, und allerdings auch ein wiederholtes Thema seiner Korrespondenz mit anderen Frauen.

Im Jahre 1800 nun erschien noch eine weitere Schrift über die *Philosophie der Ehe*, und zwar von dem Wittenberger Privatdozenten Wilhelm Traugott Krug. Krug, 1770 geboren, war acht Jahre jünger als Fichte und, noch vor dessen Antritt dort, in Jena von Karl Leonhard Reinhold in die Kantische Philosophie eingeführt worden. Nach der Habilitation an seiner Heimatuniversität Wittenberg wurde Krug ein rege publizierender Philosoph und geriet bald als Kritiker Fichtes und Schellings in Kontroversen, nicht zuletzt mit Hegel. Hinsichtlich der Ehe war Krug der Meinung, daß «vielleicht der Mann, der nicht selbst Gatte, aber doch der ehelichen Verbindung nicht abgeneigt»[20] sei, sich am besten für eine solche Aufgabe eigne, sei er doch unbelastet – «im guten oder bösen Sinne» – durch lebhafte Erinnerungen; Krug war in der Tat unverheiratet. Frauen traute er hingegen ein sicheres Urteil nicht zu, urteilten sie doch «zu sehr nach *Empfindung* und *Gefühl*.» Insgesamt drängte es Krug bei seinem Philosophieren zur Synthese: nicht nur Natur und Vernunft sollten in der Ehe zusammenwirken, sondern auch Pflichten des Gewissens wie die Interessen des Staates und der ganzen Menschheit. Zwar galt ihm – wie es in einer Anmerkung, und nur dort, heißt – die Ehe letztlich als «ein Institut Gottes», aber vor allem war es der Staat, der sie als «Gattungsvertrag» zu garantieren und zu schützen hatte. So bestrafte er jede «gewaltsame Befriedigung des männlichen Geschlechtstriebes», aber er könnte auch die Würde des einzelnen kränken, «wenn er liebenden Personen [...] schlechthin verbieten wollte, sich zum ausschließenden Besitze und Genusse mit einander ehelich zu verbinden.»[21] Krug war eher Popularisator als origineller Denker; vielfach stützt er sich ausdrücklich auf Gedanken Kants und Fichtes, aber die Ehe war ihm immerhin eine Vereinigung Liebender, und die Frau bei aller Ungleichheit nicht Sklavin des Mannes, «sondern seine Gehülfin, Gefährtin seines Lebens und Theilnehmerin seiner Freuden und Leiden.»[22] Nur von ihren Ansprüchen «auf *Wissenschaft* und *Gelehrsamkeit*» hielt auch er nicht viel. Zwar solle ein «Weib ihren Geist nicht ganz ungebildet lassen»,[23] aber «Nähen, Stricken, Sticken, Kochen, Backen u.s.w.» seien die «Künste» der Frauen; in der echten Kunst aber werden sie es nie zu jener Vollkommenheit bringen, «welche der Mann als Künstler zu erreichen fähig ist.»[24]

Ende 1801 erhielt Krug endlich eine Professur für Philosophie und Theologie in Frankfurt an der Oder. Und da er in seiner Schrift über die Ehe die Meinung vertrat, «daß jeder unverehelichte Mensch» – Philosoph oder nicht – «immer in gewisser Hinsicht ein noch nicht zur vollen Menschheit ausgebildeter, nur ein halber Mensch» sei,[25] so unternahm Wilhelm Traugott Krug nun auch diesen letzten Schritt zur Ganzheit und heiratete am 8. Januar 1804 in der Marienkirche zu Frankfurt Wilhelmine von Zenge, die Tochter des Generalmajors Hartmann von Zenge. Im selben Jahr erhielt er dann noch die Berufung auf den mit Kants Tod am 12. Februar 1804 frei gewordenen Lehrstuhl für Philosophie in Königsberg, einem der angesehensten des Landes. 1805 zog Krug von der Oder an den Pregel um. Dort hat dann auch Heinrich von Kleist noch im selben Jahre seine ehemalige Braut wiedergesehen.

3. Ein Brautstand

Vorerst aber, im November des Jahres 1800, da Heinrich von Kleist wieder nach Preußen heimgekehrt war, schien nun auch die Zeit gekommen, aus den schönen Vorsätzen zur gegenseitigen Erziehung der Verlobten Gewinn zu ziehen für einen Ehebund. Sie könne aus ihm machen, was sie wolle, hatte Kleist ihr einst versichert; ob sie es tatsächlich mit ihm versucht hat, hätten die verlorenen Briefe bezeugt, die sie ihm während seiner Reise schrieb. Er selbst jedenfalls arbeitete fleißig wie der Bildhauer Pygmalion an seinem Bilde von ihr. «Ja, Wilhelmine, wenn Du mir könntest die Freude machen, immer fortzuschreiten in Deiner Bildung mit Geist u Herz, wenn Du es mir gelingen lassen könntest, mir an Dir eine Gattinn zu formen, wie ich sie für mich, eine Mutter, wie ich sie für meine Kinder wünsche.»[26] So schreibt er im September aus Würzburg, und knapp vier Wochen später, ebenfalls noch aus Würzburg, folgt dann «*die große* Idee», die er von ihr und «von dem Glücke einer künftigen Ehe» habe. In einer Flut von Bildern – «Ich werde von der Lilie nicht verlangen, daß sie in die Höhe schießen soll, wie die Ceder, und der Taube kein Ziel stecken, wie dem Adler» – versucht er, sein Ideal von einer Gattin mit der Wirklichkeit abzustimmen, und wird dann überwältigt, nur nicht so sehr vom Ideal, als vielmehr von der Sprache selbst, schon indem er sie für unzulänglich erklärt. Matt sei die Bildersprache gegenüber dem Sinn, der ihn belebe, und nur ein schönes Ziel sehe er vor sich: «Dich, Wilhelmine, und zu Deinen Füßen zwei Kinder, u auf Deinem Schooße ein Drittes, u höre wie Du den kleinsten sprechen, den mittleren fühlen, den größten denken lehrst», – Töchter sind offenbar nicht vorgesehen – «und wie Du den Eigensinn des Einen zu Standhaftigkeit, den Trotz des Andern zu Freimüthigkeit, die Schüchternheit des Dritten zu Bescheidenheit, und die Neugierde Aller zu Wißbegierde umzubilden weißt, sehe, wie Du ohne viel zu plaudern, durch Beispiele Gutes lehrst und wie Du ihnen in Deinem eignen Bilde zeigst, was Tugend ist, und wie liebenswürdig sie ist − − Ist es ein

Wilhelmine von Zenge.
Miniatur eines unbekannten Künstlers (um 1800)

Wunder, Wilhelmine, wenn ich für *diese* Empfindungen die Sprache nicht finden kann?»[27] Nur eben findet er für diese Empfindungen durchaus Sprache, reichlich sogar, ja er findet eher Sprache als die Gedanken, denn was Kleist hier anzubieten hat an aufgeklärtem Edelmut und Idealismus, war alles andere als originell:

O lege den Gedanken wie einen diamantenen Schild um Deine Brust: *ich bin zu einer Mutter geboren!* Jeder andere Gedanke, jeder andere Wunsch fahre zurück von diesem undurchdringlichen Harnisch. Was könnte Dir sonst die Erde für ein Ziel bieten, das nicht verachtungswürdig wäre? Sie hat nichts was Dir einen Werth geben kann, wenn es nicht die *Bildung edler Menschen* ist. Dahin richte Dein heiligstes Bestreben! Das ist das Einzige, was Dir die Erde einst verdanken kann. Gehe nicht von ihr, wenn sie sich schämen müßte, Dich nutzlos durch ein Menschen-Alter getragen zu haben! Verachte alle die niederen Zwecke des Lebens. Dieser einzige wird Dich über alle erheben. In ihm wirst Du Dein wahres Glück finden, alle andern können Dich nur auf Augenblicke vergnügen. Er wird Dir *Achtung für Dich selbst* einflößen, alles andere kann nur Deine Eitelkeit kitzeln; und wenn Du einst an seinem Ziele stehst, so wirst Du mit Selbstzufriedenheit auf Deine Jugend zurückblicken, u nicht wie Tausend andere unglückliche Geschöpfe Deines Geschlechts die versäumte Bestimmung u das versäumte Glück in bittern Stunden der Einsamkeit beweinen.[28]

Das aber ist im Grunde literarische Rede, ist Rollenprosa, die sich gut einer Gestalt aus den Romanen oder «moralischen Erzählungen» der Zeit in den Mund legen ließe, ebenso wie die «tausend unglücklichen Geschöpfe» in ihnen am besten ihre Heimat fänden. Daß noble Namen wie der Jean Jacques Rousseaus als Inspiration für Kleists Erziehungsideen genannt werden könnten und genannt worden sind, macht die Gedanken nicht origineller. Kleist heuchelte nicht, aber die Sprachflut – und nur ein Teil seines Briefes ist hier zitiert – steht in geradezu schreiendem Kontrast zu den genauen, scharfsichtigen Erzählungen von seinen Reiseerfahrungen in anderen Teilen dieser Briefe. Denn Kleist hatte hinsichtlich seiner Absichten der Braut etwas zu verbergen, und Wortreichtum ist für das Verbergen stets ein gutes Mittel, nur daß Kleist hier auch manches vor sich selbst verbarg. Durch Selbsttäuschungen indes wurde es auch leichter, sich vom Interesse für die Ideale unter der Hand wieder zu verabschieden.

Ein Amt also wolle er nicht nehmen, hatte er der Braut aus Berlin am 13. November erklärt, ein Amt, das den Weg zur offiziellen Verlobung und zur Ehe materiell wie gesellschaftlich geebnet hätte. Und es folgen nun Pläne und Gedanken, die diesen Brief zum außerordentlichsten in der gesamten Korrespondenz Kleists mit Wilhelmine von

Zenge machen. Das «ganze schriftstellerische Fach» stehe ihm offen und «die Aussicht auf Erwerb» darin sei «äußerst vielseitig», erklärt er ihr. Gemeint war jedoch nicht Literatur: «Ich könnte nach Paris gehen u die neueste Philosophie in dieses neugierige Land verpflanzen – doch das siehst Du Alles so vollständig nicht ein, als ich. Da müßtest Du schon meiner bloßen Versicherung glauben u ich versichere Dir hiermit, daß wenn Du mir nur ein Paar Jahre, höchstens sechse, Spielraum giebst, ich dann gewiß Gelegenheit finden werde, mir Gold zu erwerben.» Warum gerade sechs, wußte Kleist allein – Zeitangaben bei Heinrich von Kleist verdienen überhaupt ein eigenes Studium. Und ebenso wußte nur er allein, woher ausgerechnet ihm Wissen und Autorität kommen sollten, der Nation von Diderot und Voltaire deutsche Philosophie nahezubringen. Allen möglichen Zweifeln der Braut hält er entgegen:

> Lächle nicht u bemühe Dich nur ja, alle Vorurtheile zu bekämpfen. Ich bin sehr fest entschlossen, den ganzen Adel von mir abzuwerfen. Viele Männer haben geringfügig angefangen u königlich ihre Laufbahn beschlossen. Shakespeare war ein Pferdejunge u jetzt ist er die Bewunderung der Nachwelt. Wenn Dir auch die eine Art von Ehre entgeht, so wird Dir doch vielleicht einst eine andere zu Theil werden, die höher ist.[29]

Und hier eben folgt dann auch der Satz von den nunmehr zehn Jahren, die Wilhelmine noch warten möge. In Wirklichkeit hätten er und Wilhelmine von Zenge freilich steinalt werden müssen, um dergleichen zu erleben, aber es zeugt von jener tiefen Ironie, die die Geschichte gelegentlich bereit hält, daß Kleist, ohne es zu ahnen, im Grunde Recht zu dieser Behauptung gehabt hätte, nur daß die Geschichte eben mit anderen Zeitmaßen mißt als es sich die Menschen leisten können. Daß im übrigen bald schon sein Name anerkennend in einem Zuge mit dem Shakespeares genannt wurde und noch dazu von Christoph Martin Wieland, einem der angesehensten Dichter der Deutschen, hat Kleist wohl nie erfahren.

Überraschend ist, daß Kleist im Verlauf dieses Briefes einen recht genauen Plan für das entwirft, was er in den kommenden anderthalb Jahren wirklich tat, wenngleich das zu sehr anderen Resultaten führte als denen, die er im Augenblick anstrebte. So schlägt er der Braut vor:

Wir hielten uns irgendwo in Frankreich auf, etwa in dem südlichen
Theile, in der französischen Schweiz, in dem schönsten Erdstriche
von Europa – und zwar aus diesem Grunde, um Unterricht dort in
der deutschen Sprache zu geben. Du weißt, wie überhäuft mit Stunden hier bei uns die Emigrirten sind; das möchte in Frankreich noch
mehr der Fall sein, weil es da weniger Deutsche giebt, u doch von der
Academie u von allen französischen Gelehrten unaufhörlich die Erler-
nung der deutschen Sprache anempfohlen wird, weil man wohl ein-
sieht, daß jetzt von keinem Volke der Erde mehr zu lernen ist, als von
den Deutschen.[30]

Dieser Aufenthalt in Frankreich sei ihm aus drei Gründen lieb:

Erstlich, weil es mir in dieser Entfernung leicht werden würde, ganz
nach meiner Neigung zu leben, ohne die Rathschläge guter Freunde
zu hören, die mich u was ich eigentlich begehre, ganz u gar nicht verstehen; zweitens, weil ich so ein Paar Jahre lang ganz unbekannt leben
könnte u ganz vergessen werden würde, welches ich recht eigentlich
wünsche; u drittens, welches der Hauptgrund ist, weil ich mir da
recht die französische Sprache aneignen könnte, welches zu der ent-
worfenen Verpflanzung der neuesten Philosophie in dieses Land, wo
man von ihr noch gar nichts weiß, nothwendig ist.[31]

Es ist ein sehr bekannter Kleist, der aus dem ersten Grund hervor-
sieht. So oder ähnlich hatte er auch schon Martini gegenüber seinen
Ärger über die Verständnislosigkeit der Frankfurter Verwandtschaft
zum Ausdruck gebracht, denn wer die «guten Freunde» waren, bleibt
offen. Das Abtauchen in die Anonymität – der zweite Grund – war
allerdings nicht das, was er unlängst erst mit dem hohen Zweck seiner Reise zu erstreben vorgegeben hatte. Aber hier wirkte tiefer in
ihm doch das Gefühl eines Makels wegen des Abschieds aus der Armee
und des aufgegebenen Studiums. Überraschend ist dann der dritte
Grund, wenn er nicht als bloßer Vorwand gemeint war – so sicher
nämlich wäre dann Kleists Kenntnis des Französischen nicht gewesen,
wie man es von dem preußischen Offizier hätte erwarten können.
«Unverhohlen» jedenfalls solle Wilhelmine ihm ihre Meinung zu dem
Plane sagen und inzwischen «fleißig» Französisch lernen. Und dann
folgt, die höchste Hürde für einen solchen Plan rasch beiseitesetzend,
der auf Herrn von Zenge bezügliche Satz: «Wie Vater zur Einwilligung zu bringen ist, davon ein andermal.»[32]

Noch eine andere Erklärung freilich enthält der Brief, und die dürfte die Braut in nicht geringere Verlegenheit gesetzt haben:

> Aber so lange sollen wir noch getrennt sein –? Liebe Wilhelmine, ich will auch hierin ganz aufrichtig sein. Ich fühle, daß es mir nothwendig ist, *bald* ein Weib zu haben. Dir selbst wird meine Ungeduld nicht entgangen sein – ich muß diese unruhigen Wünsche, die mich unaufhörlich wie Schuldner mahnen, zu befriedigen suchen. Sie stören mich in meinen Beschäfftigungen – auch damit ich moralisch gut bleibe, ist es nöthig – Sei aber ganz ruhig, ich bleibe es *gewiß*. Nur kämpfen möchte ich nicht gern. Man muß sich die Tugend so leicht machen als möglich. Wenn ich nur erst ein Weib habe, so werde ich meinem Ziele ganz ruhig u ganz sicher entgegen gehen – aber bis dahin – o werde *bald, bald*, mein Weib.[33]

Es ist tatsächlich alles in allem ein außerordentlicher Brief. Indirekt gesteht Kleist sich und der Braut hier zunächst nicht nur das Scheitern seiner ominösen Reise ein, sondern entwirft einen neuen Plan, dessen Erfolg im Lichte dieses Scheiterns kaum aussichtsreicher war; Reisen, diese aktive Untätigkeit, konnte nur ein Weg, aber nicht das Ziel selbst sein. So wurden ja die Fahrten nach Paris und in die Schweiz in den folgenden Jahren auch wirklich zu Ausflügen ins Ungewisse und zur Flucht vor allem Tatsächlichen. Erst die Nachwelt weiß, was Kleist voller Unsicherheit über sich selbst suchte und schließlich dann auch fand. Wilhelmine von Zenge aber gehörte Kleists Gegenwart an, und dieser Brief von ihm, den sie im November 1800 lesen konnte, enthielt neben vielem anderen Beunruhigenden auch Sätze, die den Tatbestand sexueller Nötigung oder Erpressung erfüllen könnten. Mit anderen Worten: jene gesellschaftliche Institution Ehe, deren Zweck die deutsche Philosophie dieser Jahre aus verschiedenen Perspektiven zu bestimmen versuchte, wollte Kleist im Sturmlauf wie eine Festung erobern oder aber daran vorbeiziehen.

Situationen wie diese legen allerdings zugleich die Frage nach dem Umgang mit der Sexualität in jenen Tagen nahe. Für «Fernschreiben» der Liebe an eine junge Tochter aus gutem Hause bestand wenig Aussicht auf völlige Vertraulichkeit. Allein deshalb sind unmittelbare erotische Anspielungen in Kleists Briefen an Wilhelmine von Zenge kaum zu erwarten. Einmal allerdings, im September 1800, schreibt er davon, wie er auf dem Stroh des «Korbwagens» liegend in den Wolken die Gestalt der Geliebten erblickte: «Ich habe mir Dich in diesem Augenblick ganz lebhaft u gewiß vollkommen wahr, vorgestellt, u bin überzeugt, daß an dieser Vorstellung nichts fehlte, nichts an Dir selbst, nichts an Deinem Anzuge, nicht das goldne Kreuz, u seine Lage, nicht der harte Reifen,» – des Mieders vermutlich – «der mich so oft erzürnte, selbst nicht das bräunliche Mal in der weichen Mitte Deines rechten Armes. Tausendmal habe ich es geküßt u Dich selbst. Dann drückte ich Dich an meine Brust u schlief in Deinen Armen ein.»[34] Oder später einmal, auf einem Porträt für die Braut, habe er zu lächeln gesucht, denn «Du hast mir so oft mit der Hand die Runzeln von der Stirn gestrichen».[35] Es sind solche Stellen, so zärtlich und schön, wie sie sich dann später oft auch in Kleists Dichtungen finden, in denen Nähe wie Ferne und alle Vergangenheit in der immer neuen Gegenwart des Liebens aufgehoben sind. Wie groß also war die Intimität, die sich dahinter verbarg? War das hier eher Poesie? Ist eine junge Frau von zwanzig damals darüber errötet, ist sie irritiert oder ganz einfach glücklich gewesen?

Was nun freilich den Wunsch, möglichst bald zu heiraten, betraf, so verfuhr Kleist reichlich manipulativ, und zwar schon allein darin, daß er die Reihenfolge der nächsten Schritte auf dem Weg zur Ehe regelrecht umkehrte im Hinblick auf das gesellschaftlich Erwartbare. Wo die Familie der Braut und diese doch wohl ebenfalls ein «Amt», also einen festen Platz des zukünftigen Ehemannes in der bürgerlichen Gesellschaft, samt einem gesicherten Einkommen als Voraussetzung für den Lebensbund ansahen, machte Kleist nun seiner sexuellen Nöte wegen die Ehe zum ersten Schritt; erst auf diese Weise erhalte er die nötige Ruhe, um seinen Platz in der Gesellschaft zu erringen. Es ist ein Argument, geradezu dem Witz eines Dorfrichters Adam würdig. Kleist war ein sinnlicher Mensch, und hier instrumentierte er die «unruhigen Wünsche» des Körpers ganz offensichtlich aus zweckdienlichen Gründen. Die Einwilligung des Generalmajors von Zenge aber war so leicht nun doch nicht zu erringen, und die «zur Mutter geborene» Braut mochte wohl auch nicht begeistert einem Leben entgegensehen, in dem sie unter Verachtung aller «niederen Zwecke des Lebens» ihre Söhne und Töchter in unsicheren, fernen und für die Nicht-Gereiste gar nicht vorstellbaren Verhältnissen irgendwo an einem Schweizer See zur Welt bringen sollte. «Er fragte ob ich sein kleines Vermögen mit ihm theilen wolle, ich erschrack über dies alles

sehr, ich wollte und konnte ihm weder ab noch zurathen um meinet-
willen unglücklich zu sein, und versicherte, ich wolle alles thun, was
zu seinem Glücke beitragen könne.»[36] So hat Wilhelmine von Zenge
selbst 1803 ihrem zukünftigen Ehemann Wilhelm Traugott Krug über
diese schwierige Situation damals berichtet.

Mithin blieb Heinrich von Kleist zunächst weiter in Berlin als ein
Fernschreiber der Liebe, der seine Braut mit Beispielen insbesondere
aus den Naturwissenschaften zu bilden suchte. Auch Literatur gehörte
zum Bildungsstoff für sie: Schillers *Wallenstein* und *Don Karlos*, Hölty
und Lafontaine, Johann Heinrich Voß' Epos *Luise* und Rousseau werden erwähnt, dessen gesammelte Werke er ihr schenken will. Aber
dann kam andere Kunde, die für die Braut «noch weit schrecklicher
war als die erste Nachricht. In diesem Brieffe sagte er mir daß er jetzt
die Kantische Philosophie studiere, welche ihn so unglücklich gemacht
habe, daß er es in Berlin in seinen engen vier Wänden nicht aushalten
könne, er würde eine Reise machen um sich zu zerstreuen.»[37] Daß er
wieder reisen wolle, hatte Wilhelmine von Zenge freilich bereits im
November von ihm erfahren, nur wollte er es damals in ihrer Begleitung tun. Nun, da sie zögerte, ja zögern mußte, fand sich eine andere
Reisegefährtin. Nichts deutet darauf hin, daß Kleist sich noch einmal
aus dem von Frankfurt nur fünfundneunzig Kilometer entfernten Berlin auf den Weg zur Braut gemacht hätte, bevor er am 15. April 1801
mit der Schwester Ulrike über Dresden und Leipzig nach Paris auf-
brach. Von dort erhält dann Wilhelmine von Zenge Nachrichten, die
sie wahrscheinlich noch mehr erschüttert haben. Er habe die Wissenschaften aufgegeben und das «*Bücherschreiben* für Geld»[38] erst recht,
teilt er ihr mit. «Was meinst Du, Wilhelmine, ich habe noch etwas von
meinem Vermögen, wenig zwar, doch wird es hinreichen mir etwa in
der Schweiz einen Bauerhof zu kaufen, der mich ernähren kann, wenn
ich selbst arbeite.» Und dann erläutert er: «Ich habe Dir das so trok-
ken hingeschrieben, weil ich Dich durch Deine Phantasie nicht bestechen wollte. Denn sonst giebt es wohl keine Lage, die für ein reines
Herz so unüberschwenglich reich an Genüssen wäre, als diese.»[39]
Durch die Phantasie bestechen ließ sich hier indes vor allem Kleist
selbst. «Die Romane» hätten schuld, wenn uns die Lust am einfachen
Leben verloren gegangen sei. Sie «haben unsern Sinn verdorben. Denn
durch sie hat das Heilige aufgehört heilig zu sein, u das reinste,
menschlichste, einfältigste Glück ist zu einer bloßen Träumerei her-

abgewürdigt worden».[40] Dabei ist Kleist nur eben gerade selbst im Begriffe, einen «Roman» leben zu wollen. Letztlich war ja seine Vorstellung, als Städter, ehemaliger preußischer Offizier und Student nun von einem Tag auf den andern, ohne Erfahrung in Landwirtschaft wie eidgenössischer Lebensweise, an der Seite einer jungen Städterin als Bauer in der Schweiz sein Lebensglück zu finden, nichts anderes als die versuchte Umsetzung eines literarischen Wunschbildes. Haller und Rousseau hatten diesem Bilde einst Umriß und Gestalt gegeben, und im Laufe der zweiten Hälfte des 18. Jahrhunderts hatte es sich zu bunter Farbenpracht entfaltet. Die «Romane» also waren es gerade gewesen, die die Neigung zum «einfachen Leben» durchaus gefördert hatten. Aber von Tatsächlichkeiten dieser Art ließ sich Kleist beim Planen nicht irre machen. Als sich Ende November 1801 auf der Rückreise von Paris in Frankfurt am Main die Schwester zur Heimkehr in das andere, östliche Frankfurt entschließt, trennt er sich von ihr und zieht, wiederum fliehend, seiner neuen Vision nach.

Kleists Vorschlag, in der Schweiz als Bauer ansässig zu werden, provozierte im Grunde die Auflösung des Verlöbnisses, denn was Wilhelmine von Zenge «meinte», war errechenbar für den nüchternen Tagesverstand. Natürlich mußte sich die Braut weigern, ihm in die Schweiz zu folgen, und man wird sie dafür nicht leichthin tadeln dürfen. Da ihre Briefe an Kleist nicht erhalten sind, lassen sich ihre Gründe lediglich aus seinen Antworten an sie erschließen, wobei fraglich bleiben muß, wie fair er dabei verfuhr. Ihre Absage muß aber prompt erfolgt sein, noch ehe Kleist sich auf den Weg in die Alpen begeben hatte. Zunächst versuchte er wiederum, sich mit Nötigung durchzusetzen und zu retten, was noch zu retten war. «Liebe Freundinn, ich mögte nicht gern an Deiner Liebe zweifeln müssen, u noch wankt mein Glaube nicht – Wenn es auch keine hohe Neigung ist, innig ist sie doch immer, und noch immer, trotz Deines Briefes, kann sie mich glücklich machen.» Aber nun habe die Braut umzudenken: «Deine Anhänglichkeit an Dein väterliches Haus ist mir so ehrwürdig, und wird mir doch, wenn Du mich nur wahrhaft liebst, so wenig schaden, daß es gar nicht nöthig ist, das Mindeste dagegen einzuwenden. Sind nicht fast alle Töchter in demselben Falle, und folgen sie nicht doch, so schwer es ihnen auch scheint, dem weisen Spruche aus der Bibel: Du sollst Vater u Mutter verlassen u Deinem Manne anhangen?» Und danach schießen die Pläne erneut üppig auf: «Du schreibst

Dein Körper sei zu schwach für die Pflichten einer *Bauersfrau* – und dabei hast Du Dir wahrscheinlich die niedrigsten ekelhaftesten gedacht. Aber denke Dir die besseren, angenehmeren, denke daß Dir in einer solchen Wirthschaft, wie ich sie unternehmen werde, wenigstens 2 oder 3 Mägde zur Seite gehen – wirst Du auch jetzt noch zu schwach sein?» «Seltsam» erscheinen ihm ohnehin «manche Gründe» der «Weigerung»: «Du schreibst, Kopfschmerzen bekämst Du im Sonnenschein» – was den Einwand der Braut, einer Städterin, manipulativ ein wenig ins Lächerliche zieht. Die neue Arbeit werde sie vielmehr eher stärken. Aber alle Bedenken und Argumente, die ihren und die seinen, werden schließlich mit einer grandiosen Volte weggewischt: «Doch nichts davon. Alles ist vergessen, wenn Du Dich noch mit *Fröhlichkeit u Heiterkeit* entschließen kannst. Ich habe Dir kurz vor meiner Abreise von Paris Alles gezeigt, was auf dem Wege, den ich Dich führen will, Herrliches u Vortreffliches für Dich liegt.»[41] So steht es im Brief vom 2. Dezember 1801 aus Frankfurt am Main. Am nächsten Tag begab sich Heinrich von Kleist auf die Reise in Richtung Basel.

Daß Wilhelmine von Zenge ihm aus dem Frankfurter Stadthaushalt nicht stracks auf die Felder und Almen eines Schweizer Kantons gefolgt ist, bedarf kaum der entschuldigenden Erklärung. Außerdem hätte überdies die Begründung ihres Neins mit der eigenen Untüchtigkeit oder Unzulänglichkeit sogar in erster Linie ein Akt der Höflichkeit Kleist gegenüber sein können, mit dem sie einen stärkeren Grund verkleidet oder verborgen hätte, den sie nicht aussprechen wollte oder konnte. Wohl mochte die Braut ihrem Bräutigam mehr Widerstandskraft gegen Sonne und Regen zutrauen als sich selbst, aber sie hatte triftige Gründe, daran zu zweifeln, daß er je ein erfolgreicher Bauer sein würde. Und sie hatte nun auch Grund, sich zu fragen, ob Kleist überhaupt der Mann war, mit dem sie ihr Leben nach all den Plänen noch hätte teilen wollen.

Der Rest war im Grunde nur noch Nachspiel. Anfang 1802 ließ Kleist sich in Thun nieder und mietete ein kleines Haus auf einer Insel dort. An Wilhelmine von Zenge hat er dann überhaupt nur noch ein einziges Mal geschrieben. Am 10. April berichtete sie ihm traurig vom Tod des Bruders Carl, bei dem Kleist ja eine Zeitlang in Berlin gewohnt hatte, und war tief besorgt, weil sie seit Monaten von ihrem Verlobten nur noch auf dem Umweg über seine Schwestern

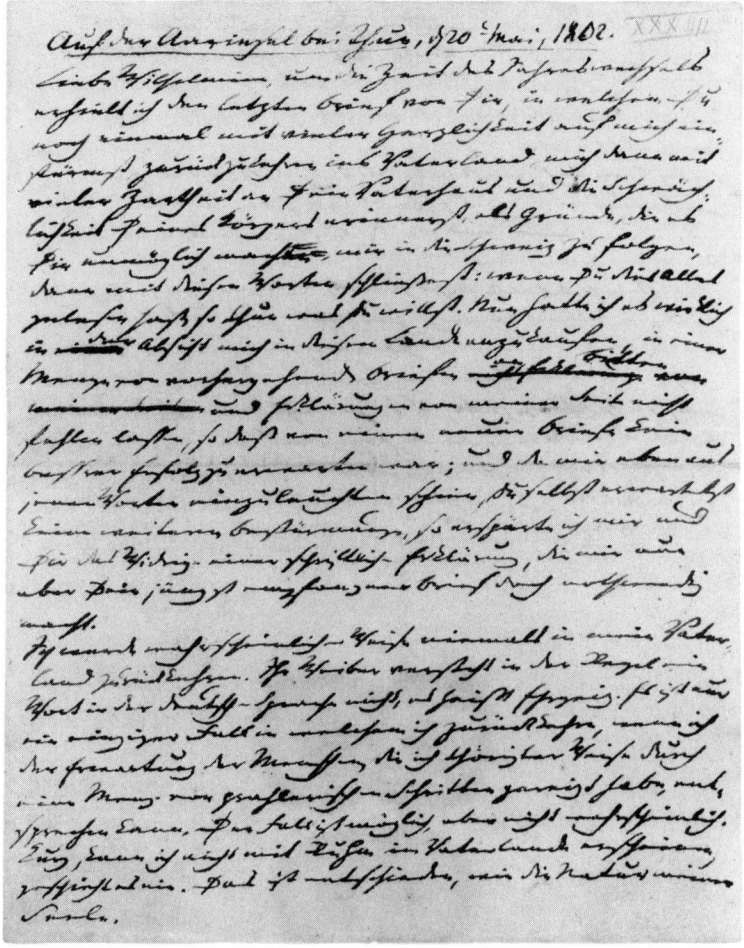

Kleists Abschiedsbrief an Wilhelmine von Zenge
am 20. Mai 1802 (S. 1)

hörte, an die er schrieb. Am 20. Mai antwortete Kleist ihr schließlich,
er werde «wahrscheinlicher Weise» niemals in sein Vaterland zurückkehren.

> Ihr Weiber versteht in der Regel ein Wort in der deutschen Sprache
> nicht, es heißt Ehrgeiz. Es ist nur ein einziger Fall in welchem ich
> zurückkehre, wenn ich der Erwartung der Menschen, die ich thörig-
> ter Weise durch eine Menge von prahlerischen Schritten gereizt habe,

*Kleists Abschiedsbrief an Wilhelmine von Zenge
am 20. Mai 1802 (S. 2)*

entsprechen kann. Der Fall ist möglich, aber nicht wahrscheinlich. Kurz, kann ich nicht mit Ruhm im Vaterlande erscheinen, geschieht es nie.

Es war bitterste, härteste Selbsterkenntnis und Kritik dessen, was er an Träumen in den vergangenen zwei Jahren in die Wirklichkeit zu übersetzen versucht hatte. Nun sei er «in ein ganz einsames Häuschen auf einer Insel in der Aare» gezogen, wo er sich «mit Lust oder Un-

lust, gleichviel, an die Schriftstellerei machen muß.» Und dann der
Schluß:

> Indessen geht, bis mir dieses glückt, *wenn* es mir überhaupt glückt,
> mein kleines Vermögen gänzlich drauf, und ich bin wahrscheinlicher
> Weise in einem Jahre ganz arm. – Und in dieser Lage, da ich noch
> außer dem Kummer, den ich mit Dir theile, ganz andre Sorgen habe,
> die Du gar nicht kennst, kommt Dein Brief, u weckt wieder die Erin-
> nerung an Dich, die glücklicher, glücklicher Weise ein wenig ins Dun-
> kel getreten war –
> – Liebes Mädchen, schreibe mir nicht mehr. Ich habe keinen
> andern Wunsch als bald zu sterben.[42]

Kleist hatte sich auf den Weg in die Dichtung begeben, dorthin, wo er
die Phantasie frei walten lassen durfte, ohne sich dafür entschuldigen
zu müssen, und wo ihm vielleicht endlich jene Anerkennung beschert
werden würde, die zugleich das Angenommensein durch die anderen
bedeutete, denn das eben war ja mit dem Begriff des Ehrgeizes
gemeint. Das hat er nirgends deutlicher ausgesprochen als hier. Ehrgeiz, der Wunsch, berühmt zu sein, war ein Lebensmotiv für ihn, auch
und vor allem in seinem Werk; der Todeswunsch aber, der die Briefempfängerin schuldig machte und dem sie hilflos gegenüberstand,
wurde ihm selbst zur großen Geste, mit der er sich aus Widersprüchen zu retten versuchte, bis schließlich Drama und Leben in eins zu
verfließen schienen.

Der Bruch mit Wilhelmine von Zenge geschah zwar nicht plötzlich und überraschend, war aber dennoch abrupt. «Er hört nicht den
Ton der Liebe, der ihren Brief durchdringt; er versucht gar nicht, sich
in ihre Lage zu versetzen und die Verhältnisse auch von ihrem Standpunkte zu beurteilen»,[43] lautet ein späterer Vorwurf aus der Familie
von Wilhelmines Ehemann Wilhelm Traugott Krug. So persönlich ein
solcher Kommentar motiviert gewesen sein mag, so verständlich, ja
berechtigt mag er angesichts von Kleists brüsker Abkehr von der Verlobten erscheinen, die bei allen Bedenken, die sie seinen Plänen gegenüber gehabt hatte, dennoch die Zukunft mit ihm ernst genommen
und erwartet hatte. Aber hier wird nun wieder der «Ton der Liebe»
überhört, der Kleists Briefe an seine Braut durchzieht. Am Verlöbnis
mit Wilhelmine von Zenge sind schließlich Entstehung wie Ausgang
einer charakteristischen Krise Kleists, wie sie sich oft in seinem Leben
ereignete, am deutlichsten beobachtbar. Die Irrnisse und Nöte Kleists

haben stets wesentlich ihre Ursache darin gehabt, daß für ihn die aus seiner Phantasie geborene Wirklichkeit nicht mit der realen zu versöhnen war, obwohl sie nicht im Widerspruch zu ihr stand, sondern vielmehr deren Konflikte und Möglichkeiten nur deutlicher und stärker hervorhob oder weiterdachte. Das ist zwar nichts Ungewöhnliches für alle Kunst, aber das feine, sensible Verständnis für die widersprüchliche Vielfalt menschlichen Fühlens, Denkens und Handelns begrenzten zugleich Kleists Fähigkeit, jenen Menschen gegenüber gerecht zu werden, die ihm in der Wirklichkeit begegneten. Denn alle Wirklichkeit fordert Zugeständnisse, Konzessionen an die Unzulänglichkeiten oder Eigenheiten einer Persönlichkeit, fordert Nachsicht mit der «gebrechlichen Einrichtung der Welt», von der ja in Kleists Werk mehrfach die Rede ist. Was eingangs, bei der Annäherung an seine Persönlichkeit und sein Werk, über das Verhältnis zwischen den Leiden eines Künstlers als Preis für das Gelingen seines Werkes kritisch zu sagen war, erfährt hier noch eine Variante. Es ist das Dilemma hinsichtlich der Frage, inwieweit das, was Künstler absichtlich oder unabsichtlich anderen Menschen antun, aufgewogen wird durch das, was sie leisten. Im Falle von Kleists Verlöbnis blieb die Tragödie ausgespart. Kleist ließ es bei der Todesdrohung und blieb bei der «Schriftstellerei», und Wilhelmine von Zenge fand einen guten Ehemann. Dieser aber meinte in seinen Lebenserinnerungen, «bei dem launenhaften und unsteten Wesen» Kleists würde seine Wilhelmine «schwerlich ein sehr idyllisches Leben gefunden haben.» Denn «er war so unglücklich organisirt, daß er sich fast immer in einem fieberhaften Zustande befand; woraus auch manche Seltsamkeit in seinen Dichtungen zu erklären sein dürfte.»[44] Für die anderen war er ein schwieriger Mensch, aber solches unglückliche «Organsiertsein» bezog sich dann eben auch essentiell auf das, was man Genie zu nennen pflegt – Kleist selbst hatte ja das Wort für sich bereits in Anspruch genommen.[45] Unglücklich ist er gewiß immer wieder und zutiefst gewesen, aber sein Werk, das aus seiner Meisterschaft im «unglücklichen Organisiertsein» entsprang, ist nun eben wieder ein Glück für die deutsche Literatur geworden.

VI. STATIONEN

~

1. In Berlin

Volkreiche Königsstadt

Pünktlich zum 1. November des Jahres 1800 war Heinrich von Kleist, aus Würzburg kommend, wieder in Berlin eingetroffen, und irgendwann in den folgenden Monaten tat er dann den Schritt, dessentwegen man sich überhaupt seiner erinnert: Er wurde ein Schriftsteller, ein Dichter, und ein bedeutender, unvergleichlicher, einzigartiger dazu. Nur wird das erst die Nachwelt erkennen; die Literaturwissenschaft aber wird in dem Dunkel seines Lebens nach dem Moment suchen, an dem sich dieser Schritt tatsächlich ereignete, sowie nach den Gründen dafür. Denn so viele Pläne Kleist auch in seinem Leben machte und Entschlüsse faßte und sie anderen mitteilte – diesen Schritt hat er nie proklamiert; ja es ist zu bezweifeln, daß er ihn absichtsvoll und zweckbewußt tat. Eher ist er den reichen Fähigkeiten, die in ihm ruhten, lange regelrecht ausgewichen; er spürte nur das Drängen von Kräften in sich, ohne noch zu wissen, wohin damit. Jetzt, in diesen Herbsttagen 1800, kehrte Kleist nicht als Sieger von der Reise zurück, von der er sich und anderen so vieles versprochen hatte. Zwar schrieb er der Schwester von seiner «jetzigen innern Ruhe u Fröhlichkeit»,[1] aber solche Versicherungen waren bei ihm eher Selbstüberredungen oder ad usum Delphini geschrieben. Denn nicht einmal nach Frankfurt zu Braut und Familie wollte er ja reisen, um dem «unausstehlichen Fragen» auszuweichen, das ihn dort erwartete. So fand er also zunächst in Berlin bei Wilhelmine von Zenges Bruder Carl in der Contreescarpe 65 Quartier, in militärischer Umgebung nicht weit vom Paradeplatz, der dann 1805 dem russischen Zaren zu Ehren umbenannt wurde und bis heute Alexanderplatz heißt. Ihr aber, der Braut, erklärte er, er wolle «kein Amt»[2] nehmen. «Und wenn ich auch auf dieser Erde nirgends meinen Platz finden sollte, so finde ich vielleicht auf einem andern Sterne einen um so bessern,»[3] hatte er ihr geschrieben. Aber das war nun eben ein riskanter, gefährlicher Kurs, der genauso ins Nichts führen

konnte. Und wie ohnehin sollte dieser Weltraumflug konkret aussehen?

Pünktlich zum 1. November also stellte Kleist zwar einen Antrag
bei Carl August von Struensee, dem Minister des Akzise-, Zoll-, Kom-
merzial- und Fabrikwesens, aber nicht etwa um in den preußischen
Verwaltungsdienst zu treten, sondern lediglich um die Erlaubnis zu
erhalten, «den Sitzungen der technischen Deputation beiwohnen zu
dürfen», damit er herausfinde, ob er sich getrauen dürfe, «mich dem
Commerz und Fabriken Fache zu widmen»,[4] in das ihn womöglich schon seine Reise verwickelt hatte. Vorsichtiger konnte man es
schlechterdings nicht ausdrücken, wenn man sich und anderen eine
Tätigkeit vorweisen wollte, ohne etwas zu tun, wozu man von vornherein eigentlich keine Lust hatte. Das erkannte denn auch der
Geheimrat Gottlob Johann Christian Kunth, dem als Direktor dieser Technischen Deputation die Angelegenheit übergeben worden
war. Kunth hatte an einem der folgenden Tage ein Gespräch mit
Kleist, denn schon am 4. November berichtete er dem Minister, daß
«der ehemalige Lieutenant von Kleist» mehr «Geschmack am Studiren
[...] als an praktischen Geschäften» fände und deshalb auch «sein
erstes Vorhaben», um Anstellung «bei dem Manufactur-Collegio und
der technischen Deput[ation]» zu bitten, aufgegeben habe. Es sei
indes nun der erste Fall, daß jemand, ohne angestellt zu sein, den
Wunsch äußere, nur als Hospitant an den Sitzungen der Deputation
teilzunehmen. Dem «eignen Besten des p. von Kleist» diene es wohl
eher, so Kunth, daß er zunächst um eine Anstellung nachsuche oder
aber, bei seinen wissenschaftlichen Interessen, «sich auf irgend einer
Universität als öffentlicher Lehrer» habilitiere, denn schließlich habe
er «den Jahren nach keine Zeit mehr zu verlieren.»[5] In der Tat war
Kleist gerade dreiundzwanzig geworden. Aber seine Bitte wurde dennoch gewährt. Die erste Sitzung versäumte er dann allerdings, weil er
das Datum verwechselt hatte. Erst am 3. Dezember führte ihn Kunth
in die Deputation ein und ließ ihn «in Gegenwart des HE O[ber]
M[edizinal-]Raths Hermbstaedt und des HE Kr[iegs-] und Dom[ai-
nen]-Raths v. Bassewitz» «mittels Handschlags»[6] Verschwiegenheit
geloben. Monate später, am 12. April 1801, drei Tage vor seiner Abreise aus Berlin in Richtung Dresden und Paris, wird Kleist Kunth
versichern, daß dieser ihm den «einzigen aufrichtigen Rath» gegeben
habe, «den ich in Berlin empfieng»; ein «praktischer Wirkungskreis»

sei nichts für ihn, weshalb er sich denn nun «für das Rein-Wissenschaftliche ganz entschieden»[7] habe. Wiederum hatte eine Etappe im Leben Heinrich von Kleists mit Enttäuschung und mit Bitterkeit geendet. Und wieder einmal war er fremd eingezogen und zog als Fremder wieder aus. Aber woran lag das?

Kleist – das macht schon sein verhaltener Dank an Kunth deutlich – wurde in Berlin nicht von einer beschränkten, verständnislosen Beamtenbürokratie zerrieben. Es ist im Rückblick sogar erstaunlich, welche respektablen Persönlichkeiten damals in der preußischen Administration tätig waren, auch wenn fachliche Qualifikationen noch nichts über Verständnisbereitschaft und Feingefühl im Umgang mit anderen Menschen aussagen. Kunth immerhin war zunächst zwölf Jahre lang Erzieher von Wilhelm und Alexander von Humboldt gewesen und hatte sie in das wissenschaftliche Berlin eingeführt, ehe er in den Staatsdienst trat; später wurde er ein Freund und enger Mitarbeiter des Freiherrn vom Stein. Auch Friedrich Magnus von Bassewitz gehörte nach 1806 in den Kreis der Reformer, und Sigismund Hermbstädt schließlich hatte als Chemiker und im Bereiche der Pharmazie wie des Salzwesens einen europäischen Ruf. Überhaupt Berlin – was hatte es zu bieten?

Vierundzwanzig Tage vor Kleist, am 3. Oktober 1800, war Jean Paul, aus Weimar kommend, zu einem längeren, womöglich dauernden Aufenthalt in der preußischen Hauptstadt eingetroffen und logierte gar nicht weit von der Contreescarpe in der Neuen Friedrichstraße. Er kam, von Ruhm umhüllt, als ein Mann von siebenunddreißig Jahren und Ehrengast des politischen und kulturellen Berlin. Bei einem ersten Besuch im vorausgehenden Mai und Juni hatte ihn die Königin als eine seiner vielen Leserinnen nach Potsdam eingeladen und sich dafür bedanken können, daß er ihr und ihren drei Schwestern, geborenen Prinzessinnen von Mecklenburg-Strelitz, seinen großen Staatsroman *Titan* gewidmet hatte, dessen erster Band in diesen Tagen erschienen war. Christian Otto berichtete er nach Bayreuth: «Der Ton an der Hoftafel war leicht und gut [...] – Nur in Berlin ist Freiheit und Gesez, bei Gott!»[8] Rahel Levin aber hatte – das war ihre Art der Auszeichnung – bei Iffland, dem Direktor des Nationaltheaters, erwirkt, daß Jean Paul zu Ehren noch einmal Schillers *Piccolomini* und *Wallensteins Tod* aufs Programm gesetzt wurden. Und so bemüht sich auch jetzt, im Herbst, die gute Gesellschaft der Stadt um ihn.

Die Königin beschenkt ihn zur Heirat mit einem silbernen Tee-Service; mit ihrem Bruder, dem «Erbprinzen», trifft er sich des öfteren. Minister und hohe Beamte laden ihn reihum zum Essen, Struensee und Hardenberg unter ihnen. Alvensleben, Minister des Auswärtigen, «gab mir sein Mspt. über das 18 Jahrh das sehr gut ist»;[9] «gelehrte Grosse» habe er überhaupt in Berlin noch vor den «grossen Gelehrten» kennengelernt, läßt er Böttiger in Weimar wissen.[10] Tieck besucht ihn, Schleiermacher gefällt ihm, mit Fichte disputiert er, bei Marcus Herz und im Salon von Henriette Herz ist er willkommen, nur Rahel Levin ist um diese Zeit gerade in Paris. So summiert Jean Paul denn seine Eindrücke für den Freund Paul Aemil Thieriot in diesen zwei Sätzen: «Unter allen geselschaftlichen Tönen stell' ich den hiesigen am höchsten. Juden, Minister, Offiziere, Gelehrte, Weiber, diese macht das gesellige Band oft zu Einem Straus.»[11] Und an Caroline Herder in Weimar schreibt er schließlich: «Der Ton hier übertrift an Unbefangenheit weit den Weimar'schen. Der Adel vermengt sich hier mit dem Bürger, nicht wie Fet mit Wasser, auf welchem dieses immer oben schwimt und äugelt, sondern sie sind innig vereinigt wie diese durch Laugensalz, woraus Saife entsteht. Gelehrte, Juden, Offiziere, Geheime Räthe, Edelleute, kurz alles was sich an andern Orten (Weimar ausgenommen) die Hälse bricht, fället einander um diese, und lebt wenigstens freundlich an Thee- und Estischen beisammen.»[12]

Daß Jean Paul am Ende dann doch nicht in der preußischen Hauptstadt blieb, hatte nach außen hin eher profane Gründe: ja «hätte Berlin Berge und bitteres Bier – lauter B's»![13] Das fand er bekanntlich dann erst zur Genüge bei einem weiteren B, also in Bayreuth. Aber in einem Nebensatz sagt er dessenungeachtet dann doch etwas sehr Freundlich-Bedenkenswertes über dieses Preußen. Als er nämlich seinem Freunde Christian Otto in schwieriger Lage Fürsprache in Berlin anbietet, fügt er noch in Parenthese hinzu, Aussicht auf Erfolg bestünde durchaus, «da man so leicht Ausnahmen in diesem Staat begünstigt.»[14] Hätte Kleist bitter aufgelacht, wenn ihm diese Worte zu Gesicht gekommen wären? Oder ist das eher eine irreführende Frage, weil sie durch die Kenntnis von Kleists Lebensende und der langen Verkennung seines Werkes motiviert ist? Im übrigen haben es Bürger immer schwerer mit dem eigenen Staat, und eine Staatsrente hat selbst Jean Paul vom preußischen König nicht erhalten.

In den Grenzen dessen aber, was der preußische Staat für den ehemaligen Gardeleutnant Heinrich von Kleist im Jahre 1800 überhaupt
tun konnte, erwies er sich sogar durchaus als verständnisbereit und
tolerant. Nicht ein in seinen gesellschaftlichen Vorurteilen erstarrtes
System stieß Kleist als Fremden aus, nicht eine außerordentliche
Begabung wurde gänzlich übersehen, sondern diese hatte sich zuallererst und zu diesem Zeitpunkt selbst noch nicht erkannt. Dergleichen
Inkompatibilität zwischen dem Einzelnen und dem Ganzen hätte also
auch das idealste Utopia nicht aufheben können. Was die Selbsterkenntnis angeht, hatte Kleist allerdings durchaus schon mit dem Gedanken gespielt, daß da wohl etwas Außerordentliches an Kräften in
ihm angelegt sei. Der Schwester berichtete er am 25. November 1800:

Als ich diesmal in Potsdam war, waren zwar die Prinzen, besonders
der jüngere, sehr freundlich gegen mich, aber der König war es
nicht – u wenn er meiner nicht bedarf, so bedarf ich seiner noch weit
weniger. Denn mir mögte es nicht schwer werden, einen andern König
zu finden, ihm aber, sich andere Unterthanen aufzusuchen.
   Am Hofe theilt man die Menschen ein, wie ehemals die Chemiker
die Metalle, nämlich in solche, die sich dehnen u strecken lassen, und
in solche, die dies nicht thun – Die ersten, werden dann fleißig mit
dem Hammer der Willkühr geklopft, die andern aber, wie die Halb-
metalle, als unbrauchbar verworfen.
   Denn selbst die beßten Könige entwickeln wohl gern das schlummernde Genie, aber das entwickelte drücken sie stets nieder; und sie
sind wie der Blitz, der entzündliche Körper wohl entflammt, aber die
Flamme ausschlägt.
   Ich fühle wohl, daß es unschicklich ist, so etwas selbst zu sagen,
indessen kann ich nicht leugnen, daß mir der Gedanke durch die Seele
geflogen ist, ob es mir nicht einst so gehen könnte?

Und dann folgt von ihm, der in diesen Tagen im Begriffe ist, durch
Hospitanz in einer staatlichen Kommission herauszufinden, ob er sich
dem «Commerz und Fabriken Fache» widmen solle oder könne, eine
recht hellsichtige Einschätzung der Situation, seiner eigenen wie der
des Landes:

Übrigens ist, so viel ich einsehe, das ganze preußische Commerz-
system sehr *militairisch* – u ich zweifle, daß es an mir einen eifrigen
Unterstützer finden würde. Die Industrie ist eine Dame u man hätte
sie fein u höflich aber herzlich einladen sollen, das arme Land mit

ihrem Eintrit zu beglücken. Aber da will man sie mit den Haaren herbei ziehn – ist es ein Wunder, wenn sie schmollt? Künste lassen sich nicht, wie die militairischen Handgriffe erzwingen. Aber da glaubt man, man habe Alles gethan, wenn man Messen zerstört, Fabriken baut, Werkstühle zu Haufen anlegt – Wem man eine Harmonika schenkt, ist der darum schon ein Künstler? Wenn er nur die Musik erst verstünde, so würde er sich schon selbst ein Instrument bauen. Denn Künste u Wissenschaften, wenn sie sich selbst nicht helfen, so hilft ihnen kein König auf. Wenn man sie in ihrem Gange nur nicht stört, das ist Alles, was sie von den Königen begehren.[15]

Es sind, alles in allem, Worte, die Kleists Position im Preußen dieser Tage ebenso deutlich bezeichnen wie die Probleme seines Landes am Übergang von einer merkantilistischen, staatsgelenkten Wirtschaft zum freien Unternehmertum einer bürgerlichen Gesellschaft.

Zum Greifen faßbar wird hier jedoch auch, daß der ehemalige Gardeoffizier Heinrich von Kleist unmittelbaren Zugang zur höchsten Spitze des Staates besaß, auch wenn Majestät sich im Augenblick und aus welchen Gründen auch immer gerade einmal ungnädig zeigen mochten. Das Gefühl des persönlichen Verbundenseins mit der Repräsentanz des Staatsganzen ist Kleist als innere Spannung zeitlebens erhalten geblieben, selbst und gerade im Wunsche, sich davon zu befreien. Wo Jean Paul in Berlin als Gast – und auf der Basis seines Ruhms natürlich – mit dem Feuerwerk seines Charmes, seiner Beredsamkeit und seiner Skurrilität unverbindlich brillieren konnte, war Kleist Untertan und mußte wie alle Landeskinder sehr wohl damit rechnen, im Laufe der Zeit auch den «Hammer der Willkühr» zu spüren. Aber er gehörte als Mitglied eines alten Adelsgeschlechts auch unwiderruflich der Oberschicht dieses Staates an, was Recht und Pflicht, Vorrecht und Verpflichtung zugleich bedeutete. Nur war er eben gerade im Begriffe, solche Hammerschläge regelrecht einzuladen, indem er um hohe Sondererlaubnis nachsuchte, in einer Kommission erscheinen zu dürfen, die sich mit Dingen befaßte, die er partout nicht tun wollte. Das Dilemma, in das er damit geriet, ist leicht auszurechnen. Da in Kunths «Deputation» auch über neueste Fachliteratur berichtet wurde, übergibt man zum Beispiel Kleist, um ihn in die Kommissionsarbeit einzubinden, den «5ᵗ Theil eines neu herausgekommenen französischen Werkes über Mechanik» mit dem Auftrag: «nun Herr v. K. das ist etwas für Sie, nehmen Sie dies Buch zu sich, lesen Sie es durch u statten Sie der Deputation darüber Bericht ab.» Und Kleist? «Was in diesem Augenblicke Alles in meiner Seele vorgieng», schreibt er der Schwester, «kann ich Dir wieder nicht beschreiben. Ein solches Buch kostet wenigstens 1 Jahr Studium, ist neu, folglich sein Werth noch gar nicht entschieden, würde meinen ganzen Studienplan stören & &». Und so beschloß er denn, «das Buch ungelesen zu lassen, es folge daraus, was da wolle».[16] Aus solchen Widersprüchen und Unvereinbarkeiten wuchsen viele seiner Sorgen und Leiden hervor, aber Schlüsse lassen sich auch ziehen auf Kleists Verhältnis zu Büchern und letztlich sogar zum Selbstgeschriebenen: sich etwas leicht machen – das konnte er nicht.

So bleibt am Ende nur der Wunsch des Diogenes in seinem Faß an den großen Alexander von Mazedonien, er möge ihm aus der Sonne gehen, falls er ihm etwas Gutes tun wolle: wenn man sie, die Künste und Wissenschaften, «in ihrem Gange nur nicht stört, das ist Alles, was sie von den Königen begehren.»[17] Es ist ein uralter und immer neuer Wunsch, der so verständlich ist, wie es andererseits zumeist unvermeidlich bleibt, sich mit den Wirklichkeiten und den Königen zu arrangieren. Nur gelingt das den einen besser als den anderen. Überdies aber bedurfte es zur Forderung des Diogenes eben auch, daß man ein Diogenes war und öffentlich als Lehrer der Weisheit galt. Kleist spürte zwar sehr wohl das «schlummernde Genie» in sich, aber für seine Umwelt dürfte es noch kaum erkennbar gewesen sein, und so waren immer neue Kollisionen erwartbar, aus denen als letztes Auskunftsmittel dann wieder nur die Flucht blieb mit dem Ziel, sich einen anderen König zu suchen.

Noch hatte Kleist jedoch Kunst, also Literatur, nicht als Erfüllung und als seine Erlösung aus allen Unsicherheiten ins Auge gefaßt. Noch war es der Plan, «das Studium einiger Wissenschaften» in Berlin zu vollenden, um dann «von ganzem Herzen diesen für mich traurigen Ort so bald als möglich wieder zu verlassen».[18] Sehr allein fühlte er sich in «der ganzen volkreichen Königsstadt»,[19] wenn er «im Halbdunkel des Abends, durch die kothigen Straßen dieser Stadt» lief, «mich zu zerstreuen u mein Schicksaal zu vergessen.»[20] Denn er mochte dieses Berlin einfach nicht, wie er am 5. Februar 1801 an Ulrike von Kleist schreibt:

> In Gesellschaften komme ich selten. Die jüdischen würden mir die liebsten sein, wenn sie nicht so pretiös mit ihrer Bildung thäten. An

dem Juden Cohen habe ich eine interessante Bekanntschaft gemacht, nicht so wohl seinetwillen, als wegen seines prächtigen Cabinets von physikalischen Instrumenten, das er mir zu benutzen erlaubt hat. Zuweilen bin ich bei Clausius, wo die Gäste meistens interessanter sind, als die Wirthe. Einmal habe ich getanzt u war vergnügt, weil ich zerstreut war.[21]

Beide, der Kaufmann Benjamin Cohen[22] und der Tuchhändler Christian Gottlob Clausius, waren Nachbarn, in der Nähe des Paradeplatzes. Clausius hatte ihn auch einmal, wie Kleist der Braut nach Frankfurt berichtet, zum «Colonie-Ball» der hugenottischen Gemeinde mitgenommen. Aber dort waren ihm dann die geputzten Mädchen mit ihrem «künstlichen Bau von Seide u Gold u Edelsteinen»[23] zuwider – es wurde eine Abneigung von großer Nachhaltigkeit, wie sich später im *Käthchen von Heilbronn* erweisen sollte. Das Schauspielhaus als geselligen Treffpunkt hat er dann jedoch von Zeit zu Zeit wahrgenommen, und Frankfurter Bekanntschaft begegnete ihm in Berlin in Gestalt seines einstigen Lehrers Johann Sigismund Gottfried Huth; er habe ihn «in die gelehrte Welt eingeführt, worin ich mich aber so wenig wohl befinde, als in der ungelehrten. Diese Menschen sitzen sämmtlich wie die Raupe auf einem Blatte, jeder glaubt seines sei das Beßte, u um den Baum bekümmern sie sich nicht.» Und dann folgt eine von Kleists herzzerreißenden, aus tiefster hilfloser Seele kommenden Klagen: «Ach, liebe Ulrike, ich passe mich nicht unter die Menschen, es ist eine traurige Wahrheit, aber eine Wahrheit; u wenn ich den Grund ohne Umschweif angeben soll, so ist es dieser: sie gefallen mir nicht.»[24] Er wird sie sich als Dichter dereinst selbst schaffen müssen, wie sie ihm gefallen sollen. Aber da er sie letztlich schuf, um sie dann doch den anderen zeigen oder vorführen zu können, mußte er auch erleben, daß diesen nun wieder oft seine eigenen Geschöpfe nicht gefielen, weil mit ihnen vieles ans Licht kam, was man lieber zugedeckt gewünscht hätte.

Überdies wuchs ein weiteres, fast noch fundamentaleres Ungenügen in Kleist heran. Ein Hindernis baue sich ihm vor aller menschlichen Kommunikation auf, schreibt er der treuen Schwester im gleichen Briefe, weil die Sprache selbst, das einzige «Mittel zur Mittheilung, [...] das wir besitzen», nicht zu eben diesem Zweck tauge. «Sie kann die Seele nicht mahlen u was sie uns giebt sind nur zerrissene Bruchstücke.»[25] Das aber sind nicht die Sorgen eines angehenden

Wissenschaftlers, sosehr auch diesem an der Mitteilungsfähigkeit und Präzision der Sprache gelegen sein muß, sondern eines Menschen, der mit der Sprache anderes und mehr will, nämlich sich selbst auszudrücken und sich damit ins Verhältnis zu setzen zu den anderen Menschen wie überhaupt zur Welt, die ihn umgibt. Kleists Erkenntnis über die Unzulänglichkeiten der Sprache ist zugleich ein Bekenntnis zu ihr als dem Medium seiner Existenz schlechthin. Wenn man also nach Spuren sucht für den Weg, auf dem Kleist zu seinem Werk fand: hier werden sie deutlich. Und geradezu programmatisch für sein späteres Werk läßt sich dann lesen, was Kleist in der Fortsetzung dieses Briefes schreibt:

> Die Notwendigkeit, eine Rolle zu spielen, und ein innerer Widerwillen dagegen machen mir jede Gesellschaft lästig, u froh kann ich nur in meiner eignen Gesellschaft sein, weil ich da ganz wahr sein darf. Das darf man unter Menschen nicht sein, u keiner ist es – Ach, es giebt eine traurige Klarheit, mit welcher die Natur viele Menschen, die an dem Dinge nur die Oberfläche sehen, zu ihrem Glücke verschont hat. Sie nennt mir zu jeder Miene den Gedanken, zu jedem Worte den Sinn, zu jeder Handlung den Grund – sie zeigt mir Alles, was mich umgiebt, u mich selbst in seiner ganzen armseeligen Blöße u dem Herzen ekelt zuletzt vor dieser Nacktheit.[26]

Die Versuche, unter eben diese Oberfläche zu blicken, Wort und Sinn, Handlung und Grund zueinander in Beziehung zu bringen, den Täuschungen und Irrungen nachzuspüren und sich schließlich über allen Ekel der Welt zu erheben, werden ihn zwar nicht von weiteren Enttäuschungen befreien, aber sie werden ihn zum Dichter machen.

Die Frage drängt sich auf, womit Kleist denn nun wirklich in diesem Berliner Winter und Frühjahr beschäftigt war. Die Freunde Rühle und Gleißenberg sowie den Bruder Leopold in Potsdam hat er besucht, durchnäßt nach langem Fußmarsch, wie er schreibt,[27] und sie hat er gelegentlich auch in der Hauptstadt gesehen. Im Dezember und Januar war der Reisegefährte Brockes in Berlin, den er dann Wilhelmine von Zenge gegenüber in jenem bereits im Zusammenhang mit der Würzburger Reise zitierten Brief vom 31. Januar 1801 seraphisch feierte als einen Menschen, der sich für ihn geradezu aufgeopfert habe – eine Vorstellung, die sich in Kleist festsetzen wird als Ausdruck gesteigerter Liebe. Aber er schreibt ihr auch, wie «karg» er mit der Zeit sein müsse, «um nothwendige Arbeiten nicht ganz zu versäumen.»[28] Kunths Kommission traf sich monatlich einmal, Arbeit für sie hatte er zurückgewiesen. Was las er, wie las er, las er überhaupt? Kannte er zum Beispiel Werke jenes Jean Paul Friedrich Richter, der in eben diesen Tagen in seiner unmittelbaren Nachbarschaft wohnte? Es gibt keinerlei Andeutungen dafür, daß Kleist seinen Besuch wahrgenommen oder seine Romane gelesen hat.[29] Hatte er Tieck gelesen, von dem 1799 bei Nicolai in Berlin eine erste, zwölfbändige Ausgabe seiner Schriften erschienen war? Kleist war hinsichtlich der Belletristik ein sehr selektiver Leser, was allerdings gerade bei Schriftstellern, die sich ihren eigenen Weg suchen, keine Seltenheit ist. Von dem verehrten Wieland waren es nicht die literarischen Hauptwerke gewesen, die ihn innerlich bewegten. Schiller natürlich hatte ihn inspiriert, das Aktuellste von Goethe nahm er auf, und über die Trivialitäten in den Lesebibliotheken – «rechts Rittergeschichten *mit* Gespenstern, links *ohne* Gespenster»[30] – hatte er sich bereits in Würzburg ironisch beklagt. Als Freund Rühle ihm gegen seine Seelennöte Friedrich Maximilian Klingers großen Roman *Der Kettenträger* als Trost vorschlug, legte er ihn jedoch, gelesen oder nur angelesen, ärgerlich beiseite. Was darin gesagt werde, habe er «schon längst im Voraus widerlegt». Und die «politischen Händel», in die das Buch auslaufe, sollten die wirklich «Nahrung sein für meinen glühenden Durst»?[31] Das ist nun allerdings angesichts der verwickelten Intrigen von Klingers zweibändigem Schmöker eine sehr verständliche Reaktion. Aber Kleist – das muß in diesem Zusammenhang noch einmal betont werden – interessierte zudem auch nicht Literatur als zeitgeschichtliches und ästhetisches Phänomen, wie das für den Jenaer Kreis um die Brüder Schlegel, Novalis und Tieck zutraf, denn diese waren entweder überhaupt vorrangig Kritiker, oder sie experimentierten, wie Novalis und Tieck, mit historischen Formen, reflektierten auf sie und wollten missionarisch eine moderne deutsche Literatur schaffen, weshalb sie denn auch viel und vieles lasen. All das lag Kleist fern.

Auf Enttäuschung aber lief am Ende dann ebenfalls das «Studium einiger Wissenschaften» hinaus, die ja eigentlich seine *raison d'être* für Berlin sein sollten. «Ach, es ist so traurig, weiter nichts, als gelehrt zu sein», schreibt er der Schwester, und fährt dann fort:

Alle Männer, die mich kennen, rathen mir, mir irgend einen Gegenstand aus dem Reiche des Wissens auszuwählen u diesen zu bearbeiten – Ja freilich, das ist der Weg zum Ruhme, aber ist dieser mein Ziel? Mir ist es unmöglich, mich wie ein Maulwurf in ein Loch zu graben u Alles Andere zu vergessen. Mir ist keine Wissenschaft lieber als die andere, und wenn ich eine vorziehe, so ist es nur wie einem Vater immer derjenige von seinen Söhnen der liebste ist, den er eben bei sich sieht. – Aber soll ich immer von einer Wissenschaft zur andern gehen, u immer nur auf ihrer Oberfläche schwimmen u bei keiner in die Tiefe gehen? Das ist die Säule, welche schwankt.[32]

Die Weisheit der Ringparabel von Lessings Nathan leuchtet in diesen Worten auf, aber Hoffnung war daraus nicht zu schöpfen, denn Kleist ging es nicht um den rechten Glauben, nicht um Perspektiven für Menschheit und Welt, sondern es ging ihm um sein eigenes Selbst, das schwankte, wie auch die Metaphern seines Briefes schwanken.

Die neuere sogenannte Kantische Philosophie

Ein paar Wochen später schreibt Kleist seiner «Herzens-Wilhelmine» einen Liebesbrief. Seine Liebe sei ihr Werk, versichert er ihr; idyllische Szenen aus Frankfurter Tagen – «Vossens Luise und die Gartenlaube und die mondhellen Nächte» – erscheinen in seiner Erinnerung. Sein «weiblicher Brokes» solle sie ihm werden und in der Lektüre von Rousseaus *Emil* fortfahren; Rousseaus gesammelte Werke wolle er ihr demnächst schenken. Und «so lege Dich ruhig auf Dein Lager, und denke mit Zuversicht an mich, der vielleicht in demselben Augenblicke mit derselben Zuversicht an Dich denkt, u hoffe – nicht zu heiß, aber auch nicht zu kalt – auf bessere Augenblicke, als die schönsten in der Vergangenheit – – auf bessere noch?»[33] Anschließend daran aber enthüllt er ihr mehr von dem, was er die «Geschichte meiner Seele» nennt, spricht über Wahrheit und Bildung als den zwei heiligsten von ihm erstrebten Werten, um dann einen höchst verhängnisvollen Satz niederzuschreiben. «Vor Kurzem», so Kleist, «ward ich mit der neueren sogenannten Kantischen Philosophie bekannt – u Dir muß ich jetzt daraus einen Gedanken mittheilen, indem ich nicht fürchten darf, daß er Dich so tief, so schmerzhaft erschüttern wird, als mich.» Und das erläutert er dann so:

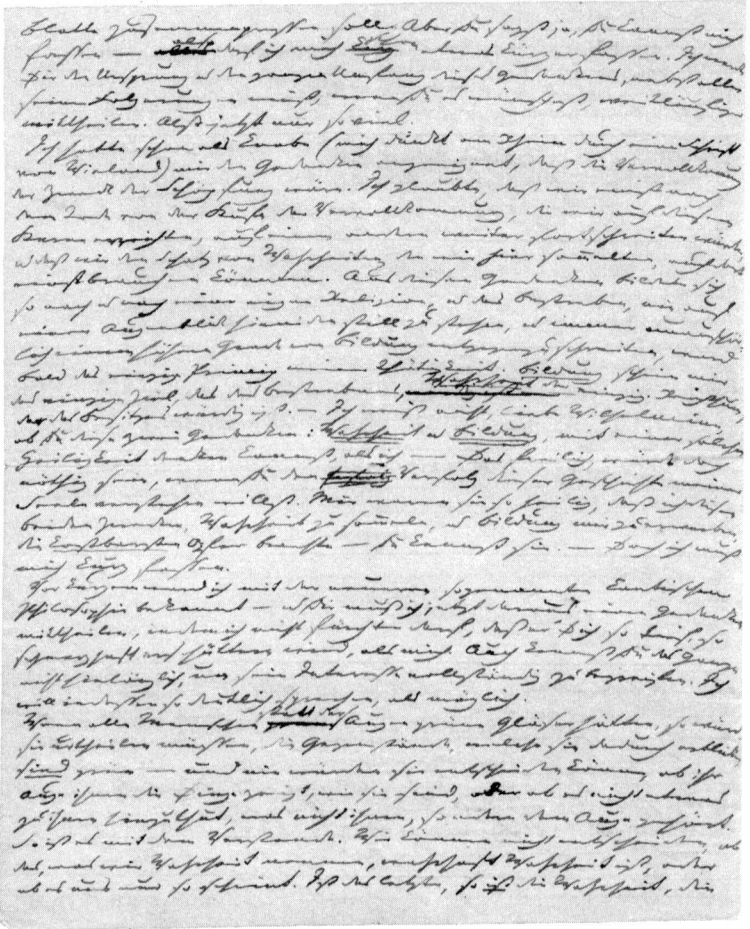

Bekanntschaft mit «der neueren sogenannten Kantischen Philosophie»:
Kleist an Wilhelmine von Zenge am 22. März 1801 (S. 4)

Wenn alle Menschen statt der Augen grüne Gläser hätten, so würden sie urtheilen müssen, die Gegenstände, welche sie dadurch erblicken, *sind* grün – und nie würden sie entscheiden können, ob ihr Auge ihnen die Dinge zeigt, wie sie sind, oder ob es nicht etwas zu ihnen hinzuthut, was nicht ihnen, sondern dem Auge gehört. So ist es mit dem Verstande. Wir können nicht entscheiden, ob das, was wir Wahrheit nennen, wahrhaft Wahrheit ist, oder ob es uns nur so scheint. Ist das letzte, so *ist* die Wahrheit, die wir hier sammeln, nach dem Tode

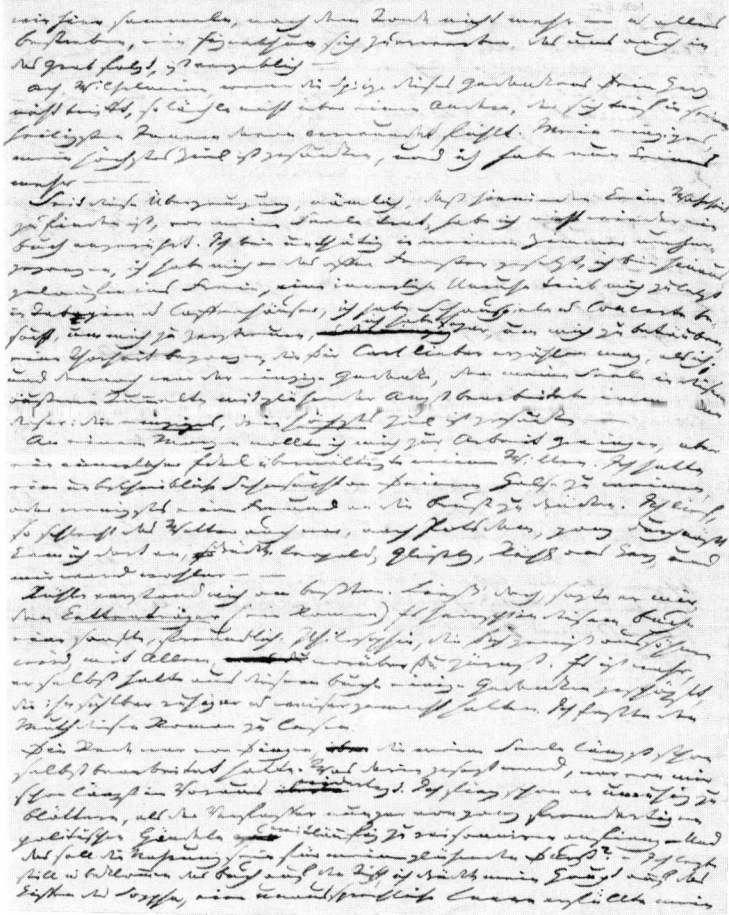

Kleist an Wilhelmine von Zenge am 22. März 1801 (S. 5)

nicht mehr – u alles Bestreben, ein Eigenthum sich zu erwerben, das
uns auch in das Grab folgt, ist vergeblich –

Ach, Wilhelmine, wenn die Spitze dieses Gedankens Dein Herz
nicht trifft, so lächle nicht über einen Andern, der sich tief in seinem
heiligsten Innern davon verwundet fühlt. Mein einziges, mein höchstes Ziel ist gesunken, und ich habe nun keines mehr –

Seit diese Überzeugung, nämlich, daß hienieden keine Wahrheit
zu finden ist, vor meine Seele trat, habe ich nicht wieder ein Buch

angerührt. Ich bin unthätig in meinem Zimmer umhergegangen, ich habe mich an das offne Fenster gesetzt, ich bin hinausgelaufen ins Freie, eine innerliche Unruhe trieb mich zuletzt in Tabagien u Caffeehäuser, ich habe Schauspiele u Concerte besucht, um mich zu zerstreuen, ich habe sogar, um mich zu betäuben, eine Thorheit begangen, die Dir Carl lieber erzählen mag, als ich; und dennoch war der einzige Gedanke, den meine Seele in diesem äußeren Tumulte mit glühender Angst bearbeitete, immer nur dieser: dein *einziges*, dein *höchstes* Ziel ist gesunken – [34]

Was Kleist mit diesem «einzigen Gedanken» meinte, war die Relativität und Subjektivität, mithin also die Unzuverlässigkeit aller menschlichen Erkenntnis. In seiner tiefen Erschütterung darüber hätten die Freunde ihm nun Klingers *Kettenträger* in die Hand gedrückt – als Palliativum und vermutlich auch einfach zur Ablenkung, da sie ihn kannten. Aber hier war das Mittel zu schwach gewählt. «Ich legte still u beklommen das Buch auf den Tisch, ich drückte mein Haupt auf das Kissen des Soppha, eine unaussprechliche Leere erfüllte mein Inneres, auch das letzte Mittel, mich zu heben, war fehlgeschlagen.» Aber ein anderes, stärkeres hatte er dann doch inzwischen gefunden: «Liebe Wilhelmine, laß mich reisen. Arbeiten kann ich nicht, das ist nicht möglich, ich weiß nicht zu welchem Zwecke. Ich müßte, wenn ich zu Hause bliebe, die Hände in den Schoß legen, und denken. So will ich lieber spatzieren gehen, und denken».[35] Rousseaus *Träumereien eines einsamen Spaziergängers* sind denn auch ein Lieblingsbuch Kleists gewesen. «Die Bewegung auf der Reise» jedenfalls werde ihm «zuträglicher sein, als dieses Brüten auf einem Flecke». Umkehren wolle er, «sobald ich weiß, was ich thun soll.»[36] Noch am gleichen Tage schrieb er mit fast den gleichen Worten und mit detaillierten Plänen an Ulrike von Kleist, die er zum Mitreisen überreden wollte.

Das Verhängnisvolle von Kleists Bemerkung über die Wirkungen der «sogenannten Kantischen Philosophie» trat nun allerdings erst lange nach seinem Tode hervor und ist im Laufe der Zeit nicht schwächer geworden. Entstanden ist nämlich aus dieser Bemerkung bei Erforschern von Kleists Leben und Werk die Vorstellung von einer «Kant-Krise» als einem, wenn nicht gar dem entscheidenden Wendepunkt in seinem Leben. Nichts Geringeres als die Geburtsstunde des Dichters Kleist aus dem Geiste Kants habe sich also in diesen Tagen ereignet, heißt es mancherorts. Verständlich ist das Entstehen einer solchen Vorstellung schon, nicht nur, weil sich a priori gerade die deutsche Philologie stets besonders gern im Bannkreis der Philosophie bewegt hat, sondern weil eben auch Aussicht bestand, mit Hilfe philosophischer Begriffssysteme psychische Vorgänge und ihre Produkte, die Kunstwerke, in den Griff zu bekommen, sie «begreiflich», «verständlich» zu machen, entziehen sie sich doch ihrer Natur nach gemeinhin aller begrifflich-rationalen Erfassung. Und gerade Kleists Werke sind ja doch oft ein regelrechter Tummelplatz des Inkommensurablen.

Es kann nun kein Zweifel daran bestehen, daß sich Kleist seit seiner Frankfurter Studentenzeit mit Kants Philosophie beschäftigt hat, was freilich von vornherein die Vorstellung von einer plötzlichen, durch dessen Werk bewirkten Krise einigermaßen abschwächt. Immanuel Kant war in diesen Tagen der bedeutendste lebende deutsche Philosoph, und ein Preuße dazu. Überdies war sein Ruhm weit über die Landesgrenzen hinausgedrungen. In Jena zum Beispiel gewann Karl Leonhard Reinhold eigenes wissenschaftliches Ansehen als Interpret von Kants Philosophie. In dem von Christoph Martin Wieland, Reinholds Schwiegervater, herausgegebenem *Teutschen Merkur* erschien sogar eine freundliche Bestätigung Kants, daß er, Reinhold, ihn, Kant, richtig verstanden habe. War Reinhold vielleicht die eigentliche Quelle Kleists?[37] Die Frage hat eine weitere Serie von Enigma-Variationen in der Kleist-Forschung hervorgerufen. Ernst Cassirer zum Beispiel meinte, daß allein Fichte der Vermittler für Kleist gewesen sei.[38] Oder war es nicht doch eher Gottfried Christian Kiesewetter[39] oder Sebastian Mutschelle[40] oder der Franzose Charles de Villers, dessen zweibändiges Buch über die *Philosophie de Kant ou principes fondamentaux de la philosophie transcendentale* allerdings erst 1801 erschien?[41] Ob Kleist Werke von Kant selbst las, ist in der Tat nicht sicher bezeugt – sollte er also womöglich Kant überhaupt nur aus den Schriften über ihn kennengelernt haben, die er sich dann auf seine Weise auslegte? Seine wenigen Andeutungen reichen für Indizienbeweise nicht aus; die erkenntnistheoretische Wirkung der «grünen Gläser» etwa läßt sich farbschillernd an den verschiedensten Stellen dieser an optischen Phänomenen besonders interessierten Zeit aufspüren. Echt Kantianisch war jedenfalls Kleists pessimistische Schlußfolgerung durchaus nicht, und höchsten Beifall hätte er aus Königsberg kaum erhalten. Denn Kant ging es in seiner kritischen Philosophie nicht um die Relativierung von Erkenntnis, sondern um die Grundlagen für die Erkenntnis als einem systematisch geordneten Wissen. Wieder einmal ergriff Kleist mit leidenschaftlicher Subjektivität und Einseitigkeit einen Gedanken und ließ sich in dessen Sog hineinziehen.

Dennoch: daß Kleist Gedanken Kants wahrgenommen und von Aspekten seiner Philosophie beeindruckt und beeinflußt wurde, steht außer Frage, und ebensowenig läßt sich an Kleists Verunsicherung zweifeln, als ihm sein jugendlich-aufklärerisches Ideal von Perfektibilität und «Wahrheit» verlorenging. Nur ist es angesichts der vielen Versuche, Kleist mit Kant zu erklären und sogar den Philosophen nolens volens zum Geburtshelfer des Dichters zu machen – Kant wäre wohl bereits von dieser Metapher zutiefst verschreckt worden – nötig, sich an den Kontext zu erinnern, in dem Kleists Bemerkung über ein angebliches Schockerlebnis durch die «neuere sogenannte Kantische Philosophie» gemacht wurde.

Im Zusammenhang des Briefes, in dem diese Worte stehen, und dann überhaupt im Zusammenhang von Kleists Leben in diesen Wochen und Monaten entsteht ein sehr anderes Bild als das von einer plötzlich über ihn hereingebrochenen Krise. Kein innerlich ausgeglichener Mensch wurde in diesem Moment seines Lebens durch eine plötzliche, blitzartige Erkenntnis ins Ungewisse gestürzt. Das Bewußtsein, mit seiner gesamten bürgerlichen Existenz, seinen persönlichen Wünschen und beruflichen Lebenszielen in krisenhafte Ausweglosigkeit geraten zu sein, hatte Kleist bereits seit der Rückkehr von seiner Reise nach Würzburg unablässig verfolgt. Das läßt sich Schritt für Schritt nachvollziehen, angefangen mit dem Eingeständnis, daß er von diesem so glückverheißenden Unternehmen mit leeren Händen zurückkam. Dazu kam die Erschütterung seiner Überzeugung, Sprache könne die ganze Seele, also Gedanken wie Empfindungen, ausdrücken, eine Erschütterung, die in sich selbst krisenhaft genug war. Kurzum: die Zeugnisse von Kleists Aufenthalt in Berlin waren Zeugnisse einer einzigen großen Krise. Jetzt aber, an diesem 22. März 1801, erscheint er in dem Brief an Wilhelmine von Zenge zuerst fast aufgeräumt, entspannt, ja hoffnungsvoll und schreibt einen freundlich warmen Liebesbrief. Nur war in diesem Moment allerdings auch sein Entschluß bereits gefaßt, Berlin den Rücken zu kehren und wieder auf Reisen zu gehen, wobei von dem alten Plan, in der Ferne etwa deutsche Philosophie zu unterrichten, schon nicht mehr die

Rede ist. Im Gegenteil, die Bemerkungen über die Wirkungen der Kantischen Philosophie haben eher die Funktion, Distanz zwischen sich und der Philosophie zu schaffen, sich von ihr zu verabschieden. Und sie mögen ihm gewiß auch für die Braut einen plausiblen Grund gegeben haben, warum er sich nun wieder von ihr entferne. Das soll nicht heißen, sein Schmerz darüber, daß Wahrheit sich aller Erkenntnis entziehe, sei nicht echt oder gar pure Zweckheuchelei gewesen. Dergleichen war seine Sache nicht und nie, denn sonst wäre er aller Krisenhaftigkeit in seinem Leben entgangen. Eher schon hatte er nun auch für sich selbst eine Metapher gefunden für den Zustand, in dem er sich seit Monaten befand. Eine «Kant-Krise» aber zu einem nach dem Kalender bestimmbaren Zeitpunkt hat Kleist nicht durchgemacht, krisenhaft war sein ganzes Leben bisher verlaufen und verlief auch weiterhin bis an sein Lebensende. Sein Weg in die Literatur jedoch hatte noch manche Stationen vor sich; hier, in diesem Frühjahr des Jahres 1801, ereignete sich also keineswegs die «Geburt» des Dichters. So einfach und offensichtlich pflegen komplexe kreative Prozesse nicht zu verlaufen, und am wenigsten die Heinrich von Kleists.

Kaum war die Reise beschlossen, ist aber auch schon der alte Schmerz wieder da. Ein «innerlicher Eckel vor aller wissenschaftlichen Arbeit»[42] habe ihn erfaßt, schreibt er der Braut kurz vor der Abreise aus Berlin. Und der Reisezweck? «In Paris zu studieren, u zwar Mathematik u Naturwissenschaft – – Ach, Wilhelmine, *ich* studieren? In *dieser* Stimmung?» Und dann ist er erneut tief verirrt in sich selbst:

Doch es mußte so sein. Der Minister, u alle Professoren u alle Bekannten wünschen mir Glück – am Hofe wird es ohne Zweifel bekannt – soll ich nun zurückkehren über den Rhein, so wie ich hinübergieng? Habe ich nicht selbst die Erwartung der Menschen gereizt? Werde ich nun nicht in Paris im Ernste etwas lernen *müssen?* Ach, Wilhelmine, in meiner Seele ziehen die Gedanken durcheinander, wie Wolken im Ungewitter. Ich weiß nicht, was ich thun u lassen soll – Alles, was die Menschen von meinem Verstande erwarten, ich kann es nicht leisten. Die Mathematiker glauben, ich werde dort Mathematik studieren, die Chemiker ich werde von Paris große chemische Kenntnisse zurückbringen – u doch wollte *ich* eigentlich nichts, als allem Wissen entfliehen. Ja ich habe mir sogar Adressen an französische Gelehrte müssen mitgeben lassen, u so komme ich denn wieder in jenen Kreis von kalten, trocknen, einseitigen Menschen, in deren Gesellschaft ich mich nie wohl befand.[43]

Heinrich von Kleist.
Miniatur von Peter Friedel (1801)

Was er wirklich suche, sei Ruhe und «ein grünes Haus» für «dieses
ewig bewegte Herz.»⁴⁴ Ob ein solcher Wunsch die beste Voraussetzung für eine Reise ausgerechnet nach Paris, in das bewegteste Zentrum Europas, und weg von ihr war, mochte die Braut füglich bezweifeln und besorgt jenes Bild in die Hand nehmen, das Kleist von sich
für sie zum Abschied hatte malen lassen, wobei er denn auch fleißig
gelächelt habe. Gelungen sei dies, «wenn ich an Dich dachte». Und
dann folgt jene bereits erwähnte zärtliche Bemerkung, sie habe ihm

oft «die Runzeln von der Stirn gestrichen, darum habe ich in dem Gemälde wo es nicht möglich war dafür gesorgt, daß es auch nicht nöthig war. So, ich meine so freundlich, werde ich immer aussehen, wenn wenn – – o Gott! Wann?»[45] Und das Wann hat er doppelt unterstrichen.

Dem Geheimrat Kunth aber dankt er, wie schon erwähnt, für den «einzigen aufrichtigen Rath», den er überhaupt während der vergangenen Monate in Berlin empfangen habe, nämlich daß er sich fürs Praktische nicht eigne, weshalb er sich denn jetzt «für das Rein-Wissenschaftliche ganz entschieden» habe, was nicht gerade im Einklang mit seinen Worten an die Braut stand. Von seiner Reise aber biete er nun «der hochlöbl. technischen Deputation [...] bei jeder vorkommenden Gelegenheit»[46] seine Mitwirkung an. War das lediglich floskelhaft, um der Form zu genügen? War es der Versuch, die Deputation zu einem guten Eindruck von sich zu überreden, da sie ja doch in ihm nicht gerade eines ihrer tüchtigsten Mitglieder gehabt hatte? Oder machte sich Kleist am Ende wohl gar selbst zum Opfer seiner Überredungskunst, indem er das Phantom eines offiziellen Nutzens seiner Reise als immerhin möglich ins Leben rief?

2. Von Dresden nach Paris

Wie die alten Ritter, von Burg zu Burg

Ulrike und Heinrich von Kleist hatten es nicht eilig, nach Paris zu kommen. Man fuhr mit eigenem Gespann, und Carl von Zenge in Berlin hatte Johann, seinen Bedienten, zur Begleitung beigesteuert. Am 15. April 1801, einem Mittwoch, verließ das Geschwisterpaar die «volkreiche Königsstadt» Berlin. Kein Geheimnis umwitterte die Reise diesmal, und kein modernes Touristikunternehmen hätte sich ein reichhaltigeres Programm für sie ausdenken können. Erste Station war Dresden. Man blieb gleich einen ganzen Monat dort, und Kleist gefiel es so sehr, daß er, wie die Schwester später berichtet hat, gar nicht fortzubringen gewesen sei.[47] Denn diesmal öffnete sich ihm die Gemäldegalerie, die ihn vor einem halben Jahr noch eindruckslos gelassen hatte. «Stundenlang» habe er «vor dem einzigen Raphael dieser Sammlung, vor jener Mutter Gottes gestanden, mit dem hohen Ernste, mit der stillen Größe», wie er selbst an die Braut schrieb. Das war ein ästhetisches Urteil mit einer Anleihe bei Winckelmann, kein religiöses. Auch die anderen Kunstschätze Dresdens wurden besichtigt, und als Kleist in der katholischen Hofkirche geistliche Musik hört, ist er davon so hingerissen, daß ihn der Wunsch überkommt, sich gläubig betend und weinend niederzuwerfen: «Ach, nur einen Tropfen Vergessenheit, und mit Wollust würde ich katholisch werden.»[48] Denn natürlich reisten die alten Nöte und Zweifel mit, und die Suche nach sich selbst hatte auch im schönen Dresdner Mai noch kein Ziel gefunden; mit den sehr zielbewußten Konversionen Friedrich Schlegels oder des Grafen Friedrich Leopold von Stolberg zur römischen Kirche damals darf ein solcher momentaner Aufschrei nicht in Verbindung gebracht werden. Ausflüge ins «herrliche Elbthal»[49] führten bis weit nach Böhmen hinein, nach Teplitz, Aussig und Lobositz. Andere Exkursionen galten den Schlössern Pillnitz und Moritzburg und schließlich auch dem Bergbau in Freiberg sowie dem nahen Amalgamierwerk in Halsbrücke, letzteres mit der nun schon wieder sehr Kleistisch-quälerischen Begründung: «Ich mußte es, damit ich, wenn man mich fragt: sind Sie dort gewesen? Doch antworten kann: ja.»[50] Ein idealer und idealistischer Tourist war Kleist nicht und ein patriotischer auch nicht, denn die letztere Frage wäre doch wohl am ehesten von einem preußischen Ministerialbeamten zu erwarten gewesen.

Aber der Besuch Dresdens brachte auch neue, gesellige Begegnungen, darunter als weitläufigen Verwandten den Leutnant Georg Detlev Abraham von Einsiedel und seine Frau, eine Cousine Kleists, die «uns auch mit dem weiblichen Theil von Dreßden bekannt machten. Unter diesen waren besonders zwei Fräulein v. Schlieben, arm u freundlich und gut, drei Eigenschaften die zusammengenommen mit zu dem Rühmlichsten gehören, das ich kenne. Wir sind gern in ihrer Gesellschaft gewesen, und zuletzt waren die Mädchen auch so gern in der unsrigen, daß die Eine am Abend bei unserem Abschied aus vollem Herzen weinte.»[51] Henriette und Caroline von Schlieben sowie der Maler Friedrich Lose, Bräutigam der letzteren, sollten auch weiterhin einen freundlichen Platz in Kleists Leben behalten.

Bis zur Ankunft in Paris bilden Kleists Briefe an Wilhelmine von Zenge – insgesamt sind es vier – die alleinige Auskunftsquelle über seinen Dresdner Aufenthalt und den Fortgang der Reise, was heißt, daß neben dem Schreiber stets auch die Empfängerin mitzudenken ist, der die Berichte und Urteile zugedacht sind; sie weiß von Kleists Seelennot, Kleist selbst weiß aber auch, daß seine Reise ins Ungewisse und weg von ihr hin und wieder der Entschuldigung oder Rechtfertigung bedarf. Das gilt insbesondere für die Klage, daß weder schöne Landschaft, große Kunst noch angenehme Gesellschaft den Reisenden «aus dem Labyrinthe zu retten»[52] imstande seien, in dem er sich weiterhin gefangen sah. Und so reiste man denn weiter, «wie die alten Ritter, von Burg zu Burg», oder besser von Universität zu Universität, denn um der Wissenschaft und Bildung willen war man ja schließlich ausgezogen. In Leipzig werden der Mediziner und Philosoph Ernst Platner und der Mathematiker Karl Friedrich Hindenburg besucht, in Halle ist es der Mathematiker und Physiker Georg Simon Klügel, in Göttingen unter anderen der Naturhistoriker und Mediziner Johann Friedrich Blumenbach – «in jeder Stadt immer die Würdigsten», wie Kleist der Braut nicht unbescheiden berichtet, um dann auch noch für alle Fälle hinzuzufügen: «Du kennst wohl diese Namen nicht? Es sind die Lehrer der Menschheit.»[53] Dergleichen Tourismus zu Professoren war damals nicht durchaus unüblich und auch nicht unwillkommen; die Standesunterschiede zwischen adligen Besuchern und bürgerlichen Akademikern mögen eine Rolle gespielt haben. Aber vor allem ging es Kleist wohl darum, die Reise durch solche Besuche nicht nur vor anderen, sondern insbesondere vor sich zu rechtfertigen.

Im Harz wird Halt gemacht, der Brocken wird bestiegen, und in Halberstadt kommt auch die Literatur zu ihrem Recht. Denn dort besuchen die Geschwister den zweiundachtzigjährigen Johann Wilhelm Ludwig Gleim, «den bekannten Dichter, einen der rührendsten u interessantesten Greise, die ich kenne. An ihn waren wir zwar durch nichts addressirt, als durch unsern Namen; aber es giebt keine bessere Addresse als diesen. Er war nämlich einst ein vertrauter Freund Ewald Kleists, der bei Frankfurt fiel.» So erläutert es Kleist seiner Braut. Dem Professoren-Tourismus wird also eine Episode von Dichter-Tourismus hinzugefügt, aber das Motiv dafür ist der Name Kleist, nicht die Literatur. Weimar stand um diese Zeit noch nicht auf Kleists Landkarte und blieb vorerst links liegen; weit dorthin wäre es nicht gewesen. Gleim «führte uns in sein Cabinet, geschmückt mit Gemälden seiner Freunde. Da ist keiner, sagte er, der nicht ein schönes Werk schrieb, oder eine große That begieng. Kleist that beides u Kleist steht oben an.»[54] Drei Dinge wird sich Heinrich von Kleist später zur Lebenserfüllung wünschen: «ein Kind, ein schön Gedicht, und eine große That».[55] Gleims Lob auf den einstigen Freund schlug also Wurzeln im Großneffen. Und Gleim mußte er überdies versprechen, als Deutscher aus Frankreich zurückzukehren, was immer das heißen sollte. Weiter ging dann die Fahrt der Geschwister über Quedlinburg, Wernigerode, Goslar, Göttingen nach Kassel und Frankfurt an den Main, dann aber per Schiff den Rhein hinunter bis Koblenz und Bonn, denn man nahm sich eben Zeit. Am 28. Juni ist Kleist in Straßburg und in den ersten Julitagen des Jahres 1801 treffen die Geschwister schließlich in Paris ein, knapp drei Monate nach der Abreise aus Berlin; auf den Umweg über die Schweiz hatten sie nur deshalb verzichtet, weil Kleist gern zu den Feierlichkeiten des 14. Juli in Paris sein wollte.[56]

Das stolze, ungezügelte, ungeheure Paris

Paris – das war damals sicherlich die Hauptstadt der Welt oder wenigstens Europas, das sich indes zu diesen Zeiten noch für die Welt hielt, und der Erste Konsul Napoleon Bonaparte, jener kleine, gerade erst dreißigjährige korsische General, der darin seit 1799 regierte, gab sich alle Mühe, es noch mehr zu deren Mittelpunkt zu machen. Mit rund 700 000 Einwohnern[57] stand es unter den großen Städten an zweiter Stelle nach London; Wien hatte nur ein Drittel davon, und Berlins 170 000 Seelen relegierten die «volkreiche Königsstadt» schon ihrer Größe nach geradezu ins Provinzielle, historisch war sie ohnehin noch dort. Denn Paris besaß eine große Vergangenheit. Im 17. Jahrhundert war es die Stadt des Sonnenkönigs gewesen, Zentrum immenser staatlicher Macht wie kultureller Repräsentanz; der Adel Europas sprach Französisch, und Potsdam war allenfalls der Versuch zu einer Dependance von Versailles. Deutsche Besucher, wie eben die beiden Kleists, betraten den Ort also auch nicht als völlig Fremde, da man die Landessprache ja ziemlich gut beherrschte. Und nun, vor einem Jahrzehnt erst, war Paris auf andere Art noch zum Zentrum politischer Macht geworden, als am 14. Juli 1789 jene Revolution anhub, die tradierte Machtstrukturen in ganz Europa über den Haufen zu werfen drohte und mit der ein gänzlich neues Weltalter samt neuem Kalender beginnen sollte. Nur hatte dann der Staatsstreich General Bonapartes am 18. Brumaire, dem 9. November 1799, recht andere Folgen, als sie sich die Jakobiner der ersten Stunde vorstellten. Als Erster Konsul proklamierte Bonaparte ein paar Wochen später sein Programm: «Die Republik den eigenen Bürgern teuer, den Fremden achtenswert, den Feinden schrecklich zu machen, das sind die Verpflichtungen, die wir auf uns genommen haben.»[58] Und da er ein General war, machte er eben Krieg. Ein halbes Jahr danach, am 14. Juni 1800, errang er in Oberitalien bei dem Dorfe Marengo einen überraschenden Sieg über die Österreicher, und als Sieger wurde aus dem General Bonaparte dann schließlich der neue Monarch Napoleon. Die Revolution war beendet, die Hauptstadt aber sollte erneut zum Zentrum der Repräsentation von Macht werden. Mit Museen, Nationalbibliothek und einem Théâtre français sah sich die Metropole als Summe ihrer Nation. Es ist bekannt, wie rigoros Napoleon Kunstschätze im Machtbereich seiner Armeen requirierte, also raubte, und Künstler ebenso wie Wissenschaftler anzuziehen, ja gelegentlich gleichfalls zu requirieren versuchte. Der Erfolg war beträchtlich. Aber Paris hatte allerdings schon vorher bedeutende Wissenschaftler zu seinen Bürgern gezählt. Antoine Laurent Lavoisier etwa wurde mit seiner antiphlogistischen Verbrennungstheorie einer der Begründer moderner Chemie, nur daß ihn das leider nicht davor schützte, von seinen Mitbürgern 1794 auf die Guillotine geschickt zu werden. Pierre Simon Laplace hingegen, der große Mathematiker und Astronom, kam davon und wurde von Napoleon sogar zum Minister des Inneren ernannt; allerdings dauerte seine Amtszeit nur sechs Wochen, was sicherlich der Wissenschaft zugute kam. Auch Joseph-Jérôme Lefrançais Lalande, einstmals königlicher Astronom, blieb von der Revolution verschont und amtierte zur Zeit von Kleists Besuch als Direktor der Pariser Sternwarte. Es war ja eben die Epoche der Vermessung der Welt, und Paris war durchaus ihr geistiger Mittelpunkt; das neue, metrische Maßsystem war gerade erst dafür von der Revolution ins Werk gesetzt worden, und Alexander von Humboldt begann seine große Entdeckungsreise in den südlichen Teil der neuen Welt selbstverständlich in dieser Stadt. Der Wissenschaft wegen hatte schließlich auch Kleist seine Reise dorthin unternehmen wollen, nur daß in ihm zugleich «ein innerlicher Eckel vor aller wissenschaftlichen Arbeit»[59] schwelte, wie er ja Wilhelmine von Zenge bereits kurz vor der Abreise mitgeteilt hatte, was nicht gerade vielversprechend war.

Wie also begegneten die beiden einander: der junge Preuße und die französische Metropole? Die Frage, was er nun eigentlich dort wollte oder suchte, hätte Kleist selbst am wenigsten beantworten können. «In Paris werde ich schon das Studium der Naturwissenschaft fortsetzen müssen u so werde ich wohl am Ende noch wieder in das alte Gleis kommen, vielleicht auch nicht, wer kann es wissen – Ich bin an lauter Pariser Gelehrten addressirt, u die lassen Einen nicht fort, ohne daß man etwas von ihnen lernt.»[60] So halbherzig klang es bereits von unterwegs, und es ist danach auch kaum mehr vom Lernen und von Gelehrten die Rede, von Lalande nicht, der «gute und angesehene Gesellschaft» gern bei sich sah, wie Johann Friedrich Reichardt ein Jahr später berichtet, und auch nicht vom «berühmten Laplace», den Reichardt traf.[61] Viele Größen der Wissenschaft lebten damals in Paris: der Chemiker Antoine François de Fourcroy, der Mineraloge René

Just Hauy, der Mathematiker Gaspard Monge und schließlich auch eine Zeitlang der Physiker und Begründer der Elektrizitätslehre Alessandro Volta. Es sind Namen, die alle in den Schriften eines anderen deutschen Dichters, nämlich Friedrich von Hardenbergs, also Novalis', zu finden sind, der ja studierter Naturwissenschaftler war, aber nie in Paris gewesen ist. Über eine Beziehung Kleists zu ihnen, der nach Paris der «Wissenschaften» wegen kam, ist hingegen nichts bekannt, und was immer darüber später gemutmaßt worden ist, ist im Bereich des Unbelegbaren geblieben.[62] An Wilhelmine von Zenge schrieb Kleist lediglich, er habe «einige Bekanntschaften französischer Gelehrter gemacht, auch schon einige Vorlesungen besucht», um dann hinzuzufügen: «Ach, Wilhelmine, die Menschen sprechen mir von Alkalien u Säuren, indessen mir ein allgewaltiges Bedürfniß die Lippe trocknet.»[63] Und was die deutschen Wissenschaftler dort betraf, so gab Kleist wohl «Alexander von Humboldt»[64] einen Brief an Caroline von Schlieben nach Dresden mit, aber da Alexander um diese Zeit in Bogotá war, muß wohl sein Bruder Wilhelm der wirkliche Postbote und mithin eine recht flüchtige Bekanntschaft gewesen sein.

Statt aller Wissenschaft erhebt sich nun der Moloch einer Sündenstadt vor Kleist. Den Worten vom «stolzen, ungezügelten, ungeheuren Paris» – sie stehen in seinem Brief an Caroline von Schlieben aus den ersten Pariser Tagen – werden anderswo noch eine ganze Reihe von weiteren Attributen hinzugefügt: blaß, matt, fad, schmutzig, mit tausend Unrat geschwängert sei diese Stadt, ihre Straßen eng, krumm, stinkend, mit Kot bedeckt, und unnatürlich war sie außerdem, denn ihre Menschen entsprachen auch innerlich durchaus der äußeren Verkommenheit: «Verrath, Mord u Diebstahl sind hier ganz unbedeutende Dinge, deren Nachricht niemanden afficirt. Ein Ehebruch des Vaters mit der Tochter, des Sohnes mit der Mutter, ein Todtschlag unter Freunden u Anverwandten sind Dinge, dont on a eu d'exemple, u die der Nachbar kaum des Anhörens würdigt.»[65] So an Louise von Zenge. Es war kein verlockendes, anheimelndes Bild, das Kleist in die kleine deutsche Welt zurücksandte, und es war auf diese Welt auch abgestimmt, denn die Lust am Schockieren ist deutlich herauszuhören, die ihn dann für seinen späteren zeitweiligen Beruf als Journalist ebenso qualifizierte wie die Eskalation des Erschreckenden und Erschütternden eine Triebkraft seines literarischen Werkes wurde.

Was Kleist von Paris hielt, wissen wir insgesamt nur aus einigen wenigen Briefen an junge deutsche Frauen. Vier dieser Briefe, die kürzeren, sind an die Braut gerichtet, je ein sehr umfangreicher aber ging an drei Frauen, mit denen er bisher nicht korrespondiert hatte. Die eine, Caroline von Schlieben, Braut des Malers Friedrich Lose, hatte er eben in Dresden kennengelernt. Bei der zweiten dieser Briefempfängerinnen, Adolphine von Werdeck, war er in deren Potsdamer Haus vor sechs Jahren als junger Fähnrich ein freundlich aufgenommener Gast gewesen,[66] und die dritte schließlich war Wilhelmine von Zenges jüngere Schwester Louise. Dieser Brief nun an die neunzehnjährige Louise von Zenge, geschrieben am 16. August 1801, ist mit etwas über 2300 Wörtern Kleists umfassendstes und kompaktestes Bild von Paris, und er ist es von Anfang bis Ende – ein schriftstellerisches Feuerwerk meisterhaft konstruiert und eloquent, ja prachtvoll in Szene gesetzt. Persönliche Kommunikation jedoch ist der Brief nicht eigentlich; die Empfängerin ist lediglich am Anfang und Ende als Adressatin präsent, weil sie das Motiv zum Schreiben gegeben hat, denn sie muß den zukünftigen Schwager um seine Reise in die große Welt beneidet haben. Das aber wird ihr nun gründlich ausgetrieben. Denn für Heinrich von Kleist ist dieses Paris das Ungeheuer Großstadt schlechthin, ein «Haufen von übereinandergeschobenen Häusern» mit einem Strom, «der, wie mancher fremde Jüngling, rein u klar in diese Stadt trit, aber schmutzig und mit tausend Unrath geschwängert, sie verläßt, und der in fast grader Linie sie durchschneidet, als wollte er den ekelhaften Ort, in welchen er sich verirrte, schnell auf dem kürzesten Wege durcheilen.»[67] Rousseau als Souffleur wird leise hörbar und als Sohn Genfs beinahe sogar sichtbar, wenn als Gegenbild zum Sündenbabel die «große, stille, feierliche Natur», «die Cathedrale der Gottheit», heraufbeschworen wird, «deren Gewölbe der Himmel, deren Säulen die Alpen, deren Kronleuchter die Sterne, deren Chorknaben die Jahrszeiten sind».[68] Ursprünglich hatte Kleist ja noch vor Paris in die Schweiz reisen wollen, und sie wird nun eine Zeitlang sein Sehnsuchtsziel bleiben. Paris jedenfalls ist die Verkörperung von Unnatürlichkeit, Oberflächlichkeit, Gier, Vergnügungssucht, Leichtsinn, Herzlosigkeit und genereller menschlicher Verkommenheit. Denn mit dem wachsenden Nationalbewußtsein im 18. Jahrhundert entstehen auch die Nationalstereotypen. Ein zweiter Gegensatz neben dem Rousseauschen zwischen Natur und

Kultur scheint also hier in Kleists Verachtung auf: es sind französische Phänomene, die der deutsche Besucher aus der Distanz notiert. Gewiß geschieht das noch nicht mit jenem haßgefüllten Chauvinismus, der erst in der antinapoleonischen Propaganda der Kriegsjahre nach 1809 seinen Zweck zu erfüllen haben wird, aber es ist Vorbereitung dafür. Die Deutschen sind schwerfällig, umständlich, auf Verstand und Nutzen bedacht, die Franzosen streben nach Witz und Vergnügen, sind oberflächlich, putzsüchtig, eitel, auf leere Formen aus und am Ende gefühllos. So erscheint dem Briefschreiber denn auch höchst seltsam «die Verachtung, in welcher der französische Soldat bei dem französischen Bürger steht. Wenn man die Sieger von Marengo mit den Siegern von Maraton, u selbst mit den Überwundenen von Cannä vergleicht, so muß man gestehen, daß ihnen ein trauriges Schicksal geworden ist. Von allen Gesellschaften, die man hier du ton nennt, sind die französischen Helden ausgeschlossen – warum? Weil sie nicht *artig* genug sind.»[69] Ein solches Urteil bezieht nun allerdings die Adressatin unmittelbar mit ein, denn hier schreibt unverkennbar der ehemalige preußische Gardeoffizier an die Generalstochter. Was Kleist indes bei seiner redegewaltigen Verdammung der Stadt Paris weder sehen konnte noch auch wohl hätte sehen wollen, war aktueller als der Rousseausche Urgegensatz von Natur und Kultur oder eine fragwürdige Nationalpsychologie: Mit der Revolution entstand in Frankreich die bürgerliche Gesellschaft der Geldwirtschaft, wie sie Balzac später beschrieb und Marx analysierte, aus dem Citoyen wurde der Bourgeois und die französische Hauptstadt das Symbol der modernen Großstadt schlechthin.

So leidenschaftlich und aus ganzer Seele kommend Kleists Bannfluch auf Paris auch klingen mag, so sehr folgte er im übrigen doch gewissen vorgegebenen Mustern. Insbesondere Rousseau war hier eben der große Anreger gewesen, und ein Lieblingsautor Kleists war er außerdem. Pariser Gespräche seien nichts als eine «kunstvolle Art die Sache der Lüge» zu verteidigen und «mit Hilfe der Philosophie alle Grundsätze der Tugend»[70] umzustoßen, lautete Rousseaus Klage in der *Neuen Héloïse*. Im Deutschen war es Goethes *Werther* gewesen, der den Gegensatz zwischen Stadt und Ländlichkeit in kleinstaatlichen Dimensionen ansprach; in Kleists Brief an Louise von Zenge ist sogar das stilistische Echo eines Werther-Briefes entdeckt worden.[71] Auch Tiecks *Geschichte des Herrn William Lovell* aus den Jahren 1795/96 ist im Zusammenhang mit Kleists Paris-Bild genannt worden.[72] Die wenigen angeblichen Parallelen lassen aber jeden unmittelbaren Einfluß deutscher Literatur auf ihn als höchst zweifelhaft erscheinen und sind gewiß kein Beleg dafür, daß Kleist Tiecks frühen Roman überhaupt gelesen hat. Nur hätte er wohl zu dem Helden des Buches manche Seelenverwandtschaft feststellen können, denn Lovells Ich-Krise, die ihn zerstört, wies Symptome des Lebensüberdrusses, der Melancholie, des Ennui, der Ziellosigkeit und Handlungsunfähigkeit auf, die Kleist selbst nicht fremd waren. Für Tieck waren sie indes als Zeitphänomen ein literarisches Thema, für Kleist eine destruktive, schmerzliche Wirklichkeit. Thema von Kleists dichterischem Werk wurden sie nicht, denn mit diesem sah er tiefer in menschliche Eigenarten hinein und suchte sich seine eigene, beispiellose Thematik.

Der ganze Zusammenhang der Dinge

Wenig ist von dem Pariser Alltag der Kleists bekannt.[73] Ulrike von Kleist pflegte häufig in Männerkleidung zu reisen, was angesichts der Damenmoden und der Unbequemlichkeiten der Transportmittel nicht ungewöhnlich war. Nach einem Pariser Konzert des blinden Flötisten Friedrich Ludwig Dülon, einem brandenburgischen Landsmann, soll dieser sie allerdings, mit seinem geschärften Ohr auf den weiblichen Ton ihrer Stimme reagierend, als «Madame» angeredet haben, zur Verblüffung «der Anwesenden, welche nun die verkleidete Fremde mit neugierigen Blicken musterten, sich untereinander Bemerkungen in die Ohren zischelten, so daß Ulrike am Arm des Bruders nicht schnell genug den Ausgang erreichen konnte».[74] Von dem, was Heinrich von Kleist in Paris sonst sah, erfuhr und erlebte, berichtete er selbst nur in den drei bereits erwähnten Briefen an junge Frauen, und davon hatte auch nur der letzte, an Louise von Zenge, die große Stadt wirklich zum Thema, Gegenstand der anderen beiden aber war in erster Linie Kleist selbst und mit ihm seine Schwester.

Überraschend mag es zunächst erscheinen, daß sich Kleist mit Caroline von Schlieben und Adolphine von Werdeck zwei Personen als Empfängerinnen wählte, die selbst überrascht gewesen sein dürften, von ihm überhaupt Post, und noch dazu so persönliche, zu erhalten. Für Kleist aber hatten beide Frauen den Vorteil, daß sie ihm nicht mit

Erwartungen entgegenkamen, wie das bei der Braut unvermeidlich der Fall gewesen wäre. Ihnen gegenüber war er frei, er konnte schreiben, wonach ihm gerade der Sinn stand, und noch dazu handelte es sich um Frauen, deren gesellschaftlicher Status definiert war und eine andere als die rein freundschaftliche Annäherung ausschloß: Caroline von Schlieben, damals siebzehn, war verlobt, und Adolphine von Werdeck, neunundzwanzig und mithin fünf Jahre älter als Kleist, war verheiratet. Aber es waren eben Frauen, was immer man daraus für Schlüsse auf Kleists innere Gestimmtheit ihrem Geschlecht gegenüber ziehen mag; was er ihnen zu sagen hatte, hat er jedenfalls nicht gleicherweise an Männer geschrieben. Leicht dürfte es sein, sich in die unmittelbaren Situationen der beiden Briefempfängerinnen zu versetzen, wenn sie erfreut, ein wenig verwundert und schließlich dankbar dergleichen unerwartete, aber herzausschüttende und wundervoll eloquent geschriebene Post erhielten. Schwieriger schon ist es, sich vorzustellen, wie sie sich verhalten hätten, wenn ihnen auf Grund irgendeines Zufalls der jeweils andere Brief auch noch zu Gesicht gekommen wäre. Denn was tat Kleist hier eigentlich? Legte er wirklich große Bekenntnisse oder Lebensbeichten ab für zwei Frauen sehr unterschiedlichen Alters und warum gerade für sie? Die eine hatte er vor ein paar Wochen zum erstenmal getroffen, zur anderen, der «gnädigsten Frau», betont er eine Distanz von sechs Jahren, auch wenn sich diese nur aufs Schreiben bezogen haben mag.

Als Kleist sich vor einem Jahr auf den Weg nach Würzburg machte, bat er die Braut, doch ja seine Briefe recht sorgfältig aufzuheben, da er sie später als Ergänzung seines Tagebuchs benutzen wolle.[75] Nach der Rückkehr teilte er ihr dann mit, er bilde sich jetzt «für das schriftstellerische Fach», und in diesem Zusammenhang fiel dann ja auch das Wort von einem «Ideenmagazin».[76] Was Kleist damit wirklich meinte, ist undeutlich geblieben, aber das Wort «Ideenmagazin» war nicht ungebräuchlich damals,[77] das «Schriftstellerische» jedoch betraf für ihn zu diesem Zeitpunkt noch nicht Dichtung, sondern allenfalls Popularphilosophie, in die sich wiederum die Reisebriefe nicht leicht eingefügt hätten. Der Brief an Adolphine von Werdeck nun, um diesen allein als Beispiel zu nehmen, erweist sich bei näherem Hinsehen in weiten Teilen rasch als ein Produkt eines solchen «Ideenmagazins», eines Archivs von Bildern, Beobachtungen, Gedanken und Urteilen, das Kleist sich, wie es scheint, angelegt und offenbar auch auf seinen

Reisen mitgeführt hat. Jetzt, im Juli 1801, berichtet er also Frau von Werdeck, angeblich aus seinen Erinnerungen als junger Soldat, daß die Stadt Mainz einst vor ihm gelegen habe «wie der Schauplatz in der Mitte eines Amphitheaters. [...] Die Terrassen der umschließenden Berge dienten statt der Logen, Wesen aller Art blickten als Zuschauer voll Freude herab, u sangen und sprachen Beifall – Oben in der Himmelsloge stand Gott. Hoch an dem Gewölbe des großen Schauspielhauses strahlte die Girandole der Frühlingssonne, die entzückende Vorstellung zu beleuchten.»[78] Von Würzburg jedoch hatte er der Braut ein knappes Jahr vorher geschrieben, diese Stadt liege «in der Tiefe [...] wie in der Mitte eines Amphiteaters. Die Terrassen der umschließenden Berge dienten statt der Logen, Wesen aller Art blickten als Zuschauer voll Freude herab u sangen u sprachen Beifall, oben in der Loge des Himmels stand Gott. Und aus dem Gewölbe des großen Schauspielhauses sank der Kronleuchter der Sonne herab, u versteckte sich hinter die Erde – denn es sollte ein Nachtstück aufgeführt werden.»[79] Werden hier die gleichen Worte für Verschiedenes benutzt, so gibt es anderswo einfache Übertragungen; das geheimnisvolle Konzert, das er einmal vor neun Jahren gehört haben will, «von der zärtlichen Flöte bis zu dem rauschenden Contra-Violon»,[80] beschreibt er Wilhelmine von Zenge und Adolphine von Werdeck mit den gleichen Worten. Ein ganzes Arsenal solcher Stellen scheint Kleist gesammelt zu haben, um sie dann, dem jeweiligen Kontext entsprechend angepaßt oder weiter ausgearbeitet, über seine Briefe auszustreuen.[81]

Dergleichen ist nun allerdings keineswegs verwerflich, sondern es ist im Prinzip das Verfahren aller Dichter, wenn sie ihre Werke veröffentlichen und sie auf diese Weise zu «Briefen» an viele machen. Schon sein für den Freund Rühle bestimmter Aufsatz über das Glück war ja durch die Verpflanzung in einen Brief an den Lehrer Martini eine erste solche «Publikation» gewesen. Nur hatte Kleist sich bis jetzt noch nicht als «Dichter» deklariert, und das nicht einmal vor sich selbst. Irritierend erscheint jedoch die Tatsache, daß die gleichen Worte für zwei verschiedene Gegenstände benutzt werden, hier also die Städte Mainz und Würzburg. Das ganze Verfahren aber weist darauf hin, daß Kleist vorerst vor allem eine immense Lust am sprachlichen Gestalten bewegte, an der Bildkraft der Sprache und ihren Möglichkeiten, Empfindungen auf eine Weise Ausdruck zu geben, für die jede abstrakte Sprache untauglich blieb. Geradezu rauschhaft genießt Kleist die Schönheit, Bildkraft und Klangfülle von Sprache, manchmal bis an die Grenze der Wort- und Bildseligkeit. Ästhetisch Ansprechendes und schöne Form überträgt er sogar in die äußere Erscheinung: die sechs großen Seiten des Briefes an Frau von Werdeck sind in eindrucksvoller kalligraphischer Regelmäßigkeit und Klarheit nahezu ohne Korrektur geschrieben. Ein Zug seiner ganzen Eigenart als Künstler also kristallisiert sich hier zum erstenmal sichtbar heraus: Kleists Sinn für Schönheit und künstlerische Gestalt hat allen Empfindungen der Verlorenheit und inneren Zerrissenheit stets entgegengewirkt.

Unklar bleibt freilich, wozu Kleist dieses «Ideenmagazin» später hätte nutzen können. Einige wenige Metaphern und Bilder daraus sind in seine Dichtung eingegangen wie zum Beispiel das Sinnbild von der «abgestorbenen Eiche», das Adolphine von Werdeck als erste Leserin zu sehen bekam, recht allgemein bezogen auf Jugend und Alter: sie, die Eiche, «steht unerschüttert im Sturm, aber die blühende stürzt er, *weil er in ihre Krone greifen kann*».[82] Bald darauf sollte das Bild einen Platz in der *Familie Schroffenstein* finden und später am Schluß der *Penthesilea* wiederkehren, als Epilog auf seine Heldin, die ihm von allen seinen Gestalten wohl doch die liebste war:

> Sie sank, weil sie zu stolz und kräftig blühte!
> Die abgestorbne Eiche steht im Sturm,
> Doch die gesunde stürzt er schmetternd nieder,
> Weil er in ihre Krone greifen kann. (Vs. 3040–3043)

Aber die Mehrzahl der Sammelstücke ließ sich für die Dramen und Erzählungen nicht verwenden, und eine eigene Form für seine Sammlung, in Reisebildern etwa, hat Kleist trotz seiner journalistischen Ader nicht für sich entwickelt. Denn da drängte bald anderes stärker. In einem Reisebrief aus Göttingen an Wilhelmine von Zenge steht der auf die mitreisende Schwester bezogene Satz: «Ich ehre Ulrike ganz unbeschreiblich, sie trägt in ihrer Seele Alles, was achtungswürdig u bewundrungswerth ist, vieles mag sie besitzen, vieles geben können, aber es läßt sich, wie Göthe sagt, nicht an ihrem Busen ruhen – Doch dies bleibt, wie Alles, unter uns.»[83] Bloß blieb es das keineswegs. Sechs Wochen später nämlich schreibt Kleist dasselbe auch an Caroline von Schlieben, nur daß aus 43 Wörtern inzwischen 100

geworden waren, und bei Adolphine von Werdeck sind es schließlich
500, von denen Anfang und Schluß so lauten:

> Ach, gnädigste Frau, es giebt wohl nichts Großes in der Welt, wozu
> Ulrike nicht fähig wäre, ein edles weises, großmüthiges Mädchen,
> eine Heldenseele in einem Weiberkörper, u ich müßte von Allem die-
> sen nichts sein, wenn ich das nicht innig fühlen wollte. Aber – ein
> Mensch kann viel besitzen, vieles geben, es läßt sich doch nicht
> immer, wie Göthe sagt, an seinem Busen ruhen – Sie ist ein Mädchen,
> das orthographisch schreibt u handelt, nach dem Tacte spielt und
> denkt, ein Wesen, das von dem Weibe nichts hat, als die Hüften, und
> nie hat sie gefühlt, wie süß ein Händedruck ist – Aber sie mißverste-
> hen mich doch nicht –? O es giebt kein Wesen in der Welt, das ich so
> ehre, wie meine Schwester. Aber welchen Mißgrif hat die Natur
> begangen, als sie ein Wesen bildete, das weder Mann noch Weib ist, u
> gleichsam wie eine Amphibie zwischen zwei Gattungen schwankt?
> [...] Doch still davon. Das klingt ja fast wie ein Tadel – und selbst
> der leiseste ist zu bitter für ein Wesen, das keinen andern Fehler hat,
> als diesen, zu groß zu sein für ihr Geschlecht.[84]

Dergleichen mag unmittelbar provoziert worden sein durch manche
Gereiztheiten, wie sie bei dem ständigen Zusammensein auf einer
gemeinsamen Reise leicht entstehen können; ohnehin hatte Kleist
wohl gehofft, daß Ulrike zwar Geld für die Paris-Reise spendiere, aber
selbst zu Hause blieb. Dennoch und trotz aller Beteuerungen Kleists
hinsichtlich seiner Hochschätzung für die Schwester bleibt bei diesen
Worten ein peinlicher Rest, ob erst für die späteren, ungebetenen
Leserinnen und Leser oder schon für die Empfängerin, läßt sich nicht
sagen. «Amphibion du, das in zwei Elementen stets lebet», hatte er
die Schwester schon in seinem Neujahrsgedicht 1800 genannt und ihr
poetisch geraten, sich «endlich ein sichres Geschlecht» zu wählen. Wie
ernst oder scherzhaft das damals gemeint war, ist ungewiß, und Vorstellungen von der körperlichen Erscheinung Ulrike von Kleists müssen der Phantasie überlassen werden; es gibt kein aufschlußreiches
Porträt von ihr. Aber beging Kleist nicht doch mit seiner brieflichen
Charakterisierung der Schwester eine unangenehme, verletzende
Indiskretion? Ein Zitat aus Goethes *Tasso* hatte er bemüht, um einen
Wesenszug der Schwester anschaulich zu machen. Deshalb darf vielleicht hier ein anderer Gedanke Goethes zur Verstehenshilfe herbei-
geholt werden, obwohl er zu Kleists Zeiten noch nicht ausgesprochen

Kleist in Paris: An Adolphine von Werdeck
am 28./29. Juli 1801 (S. 1)

war – er stammt aus dem *West-östlichen Divan*. Dort nämlich läßt
Goethe seinen Dichter Hatem Dichternöte und Dichteruntugenden
bündig aufeinander beziehen:

> Erst sich im Geheimniss wiegen,
> Dann verplaudern früh und spat!
> Dichter ist umsonst verschwiegen,
> Dichten selbst ist schon Verrath.[85]

Ulrike von Kleist.
Miniatur eines unbekannten Künstlers

Denn es ist durchaus eine Art von «Verrath», den Kleist an der Schwester begeht, eine Preisgabe, die überdies krasser noch erscheint, weil sie aus dem internen Familienkreis hinausgetragen wird zu Fernerstehenden, aber gerade darin wiederum ihre Entschuldigung findet: Kleist «veröffentlicht», und alle Veröffentlichung von Persönlichem ist letztlich eine Indiskretion. Mit anderen Worten: Schritt für Schritt begibt sich nun Kleist auf den Weg in das Künstlertum, das ohne solche Indiskretion, Selbstpreisgabe und schließlich auch eine gewisse Immoralität nicht auskommt. In einem späteren Brief an Adolphine von Werdeck schreibt denn auch Kleist selbst: «Sie scheinen mit Göthens Person nicht so zufrieden zu sein, wie mit seinen Schriften. – Aber ums Himmels willen, gnädigste Frau, wenn wir von den Dichtern verlangen wollen, daß sie so idealisch sein sollen, wie ihre Helden, wird es noch Dichter geben?»[86] Und hat außerdem für Kleist womöglich ein gewisser erotischer Reiz darin gelegen, über mangelnden sexuellen Reiz und unbestimmte sexuelle Identität der eigenen Schwester mit einer sehr jungen sowie einer attraktiven älteren Frau intim zu sprechen?

So sind denn auch die Zitate von Brief zu Brief nicht schlechterdings Selbst-Plagiate, aber Kleist hat auch keine allein auf die Empfängerinnen bezogenen Bekenntnisse geschrieben. Es ist ihm zwar

durchaus ernst mit dem, was er sagt und im Schreiben gedanklich
entwickelt, aber es geht ihm nun darum, sich Sprache als Ausdrucks-
medium zu erschließen. Die Einseitigkeiten aller Wissenschaften
waren ihm immer fremder geworden. «Ich mögte so gern in einer *rein-
menschlichen* Bildung fortschreiten, aber das Wissen macht uns weder
besser, noch glücklicher. Ja, wenn wir den ganzen Zusammenhang der
Dinge einsehen könnten! Aber ist nicht der Anfang u das Ende jeder
Wissenschaft in Dunkel gehüllt?»[87] Diesen Zusammenhang der Dinge
wird er jedenfalls nun nicht mehr in der Wissenschaft oder der Philosophie als Wissenschaftslehre, sondern in der Kunst suchen, und die
Kunstschätze, die er in Dresden und Paris sah, erscheinen ihm immer mehr als der eigentliche Gewinn seiner Reise. Adolphine von Werdeck aber möchte er gern in der französischen Hauptstadt zu jenem
«alten, gothischen Gefäß» führen, das «unter einer dunkeln Plantane»
steht: «Das Gefäß enthält die Asche Abälards u Heloïsens»[88] – ein
Werk bildender Kunst feiert ein Liebespaar, das von einem großen
Roman verewigt worden ist. Es war ein Wegzeichen für Kleist, das
nicht nur in die Schweiz wies, sondern auch von literarischem Ruhm
sprach.

Alle Schreiblust und Kunstbegeisterung änderten nun allerdings
nichts daran, daß das wirkliche Leben mit seinen Pflichten und Vereinbarungen, Abhängigkeiten und Bedingungen weiter bestand. Aus
Kleists restlichen Pariser Tagen sind nur noch zwei Briefe an Wilhelmine von Zenge überliefert, die wieder zurückfallen in jenes Hin und
Her von Klage und Hoffnung, Enttäuschung und Plänemachen, das
seine Briefe an die Braut zunehmend prägte. «Es mag wahr sein, daß
ich so eine Art von verunglücktem Genie bin», schreibt er der Braut
am 10. Oktober 1801, seinem vierundzwanzigsten Geburtstag, an dem
er nach preußischem Recht endlich mündig wurde. Aber in Paris, das
war nun hinreichend klar, ließ sich keine neue Existenz gründen,
weder als Deutschlehrer noch als Philosophiedozent. Im Vaterland
aber würden ihn die «Vermögensumstände» wieder dazu nötigen, ein
Amt zu nehmen. Und Bücher schreiben? Zwar könnte man mehr
damit verdienen, als man brauchte – Kleist war nie bescheiden, wenn
es um Wunschziele ging – aber «*Bücherschreiben* für Geld – o nichts
davon.»[89] Und so wurde denn nun jener bereits genannte Plan reif, vor
alpinem Panorama in der Schweiz «einen Bauerhof zu kaufen»[90] und
Landmann zu werden. Kleist schrieb es der Braut und fügte erklärend

hinzu: «Unter den persischen Magiern gab es ein religiöses Gesetz: ein Mensch könne nichts der Gottheit wohlgefälligeres thun, als dieses, ein Feld zu bebauen, einen Baum zu pflanzen, u ein Kind zu zeugen.»[91] Es ist ein wörtliches Zitat aus Montesquieus *Lettres persanes*[92] und eine von mehreren Variationen einer Kleistschen Wunschtriade. Daß sich Wilhelmine von Zenge gegen den Versuch, mit ihr ein solches Ideal in die eidgenössische Wirklichkeit umzusetzen, aus sehr einsichtigen Gründen sträubte, ist bereits gesagt worden. Kleist selbst aber blieb entschlossen. Mitte November 1801 reisten er, die Schwester und der Maler Friedrich Lose, der inzwischen aus Dresden ebenfalls nach Paris gekommen war, zunächst nach Frankfurt am Main. Von dort kehrte Ulrike von Kleist nach Preußen zurück, Kleist und Lose aber zogen alpenwärts.

3. In der Schweiz

Ein Feld bebauen

Man kann Kleists Absicht, ein Schweizer Bauer zu werden, ernst nehmen und sie als erlösendes Engagement für praktisches Handeln
betrachten. Man kann aber auch betrübt lächeln über diesen erneuten
Versuch zur Selbsterfüllung, der, da er an einem für ihn durch und
durch untauglichen Objekt geschah, von vornherein zum Scheitern
verurteilt war. Welche Ideale und Intentionen ihn aber auch in die
Schweiz führten – hier wurde Heinrich von Kleist wirklich zum Dichter, hier entstand sein erstes Drama, und angesichts dessen sind alle
guten Gründe für sein Agrarprojekt wie alle Zweifel daran zweitran-
gig. «Handeln ist besser als Wissen»,[93] hatte er vor einem Jahr der
Braut in schwärmerischer Bewunderung seines Freundes Ludwig von
Brockes geschrieben, dessen Grundsatz dies sei, und Handeln hatte
er nun in Paris auch zu seiner Devise gemacht. Jetzt, auf dem Weg in
die Schweiz, war er entschlossen, daß alle Mühen um die Wissenschaften im Sündenbabel an der Seine zurückbleiben sollten. Wenn er sie
so brauchte, wurde die Welt stets einfach für Kleist, aber nur bis
sie sich in ihren Widersprüchen wieder durchsetzte und ihn in neue
Sorgen stürzte. Was also suchte er bei den Eidgenossen? Daß dort
wirklich für ihn «Wissen zur humanistischen Tat fortschritt und einen
Bewährungscharakter annehmen»[94] sollte, läßt sich nach Kleists Absage an alles Wissen schwerlich aufrechterhalten – «Ich kann Dir gar
nicht beschreiben, wie ekelhaft mir ein wissender Mensch ist»,[95] hatte
er Wilhelmine von Zenge aus Paris geschrieben. An Idealen freilich
fehlte es Kleist nie, und Rousseau ist hier zweifellos der machtvollste
Souffleur gewesen. Die Frage blieb nur wieder, wie klug es war, diese
Ideale nicht nur zu haben, sondern sie gegen alle möglichen Bedingungen auch ernsthaft zu verfolgen. Selbst wenn er es zunächst als
Schmerz empfand, so kamen ihm zum Glück schon in den ersten
Schweizer Tagen Zweifel. «O Gott, wenn ich doch nicht fände, auch
hier nicht fände, was ich suche, u doch nothwendiger bedarf, als das

Leben!»[96] schrieb er der Schwester besorgt aus Basel am 16. Dezember 1801.

Solche Zweifel hatten nun allerdings eine sehr reale Ursache, denn die Schweiz war in diesen Monaten in die große Politik verwickelt worden. Dem Ersten Konsul Bonaparte in Paris war an einer freien Eidgenossenschaft nicht gelegen, und so kam es unter dem Druck seiner Armeen 1798 zur Gründung einer Helvetischen Republik von seinen Gnaden. Aber dem französischen Hegemonialanspruch in Europa traten nun als Koalitionsmächte Österreich, Rußland und England entgegen, teilweise auch auf Schweizer Territorium, was dort zu unübersichtlichen politischen Konstellationen[97] führte, vor allem aber zu all den Unsicherheiten, Gefahren, Verlusten und Leiden, die Kriege und Machtspiele nun einmal stets im Gefolge haben. Eine Weile noch hielt Kleist den Siedler-Traum aufrecht, erkundigte sich nach Landpreisen und besorgte sich landwirtschaftliche Lehrbücher. Aber schon im Februar 1802 gibt er auf. Es ekele ihn bereits vor dem bloßen Gedanken, französisch zu werden, schreibt er der Schwester, auch wenn er glaube, daß es dem «Aller-Welts-Consul» so leicht nicht mit der Schweiz gelingen werde. Aber «wie alle Männer meiner Bekanntschaft mir rathen, ist es höchst gewagt, sich in der Schweiz anzukaufen, obschon die Güter sehr wohlfeil sind. Besonders möchte ich Dein Eigenthum nicht so auf's Spiel setzen», denn Ulrike von Kleist hatte natürlich mit ihrem Erbe helfen sollen, aber nun entschied der Bruder zu seinem und ihrem Glück: «kurz, vor der Hand thu' ich es nicht.» Nur wolle er bis zum nächsten Jahr in der Schweiz bleiben, denn hier in Thun, von wo er diesen Brief schrieb, lebe er «so wohlfeil, als Du es nur erdenken könntest.»[98]

Die Schweizer Tage hatten bedrückt begonnen: «Ich bin so sichtbar dazu gebohren, ein stilles, dunkles, unscheinbares Leben zu führen,» schrieb er noch aus Bern an die Schwester,

> daß mich schon die zehn oder zwölf Augen, die auf mich sehen, ängstigen. Darum eben sträube ich mich so gegen die Rückkehr, denn unmöglich wäre es mir, hinzutreten vor jene Menschen, die mit Hoffnungen auf mich sahen, unmöglich ihnen zu antworten, wenn sie mich fragen: wie hast Du sie erfüllt? Ich bin nicht, was die Menschen von mir halten, mich drücken ihre Erwartungen – Ach, es ist unverantwortlich, den Ehrgeiz in uns zu erwecken, einer Furie zum Raube sind wir hingegeben.[99]

Und es waren wieder Werther-Töne wie in Paris, die Kleist hier anschlug, wenn er die Schwester bat: «Betrachte mein Herz wie einen Kranken» – Goethes Held hielt ja eben auch sein «Herzchen wie ein krankes Kind».[100] Nur begab sich dann für Kleist doch eine Art doppeltes Wunder. Es fanden sich neue Freunde und Bekannte, mit denen er harmonierte, und es fand sich schließlich auch der rechte Ort für das Alleinsein. Zu den Freunden zählten nun vor allem drei, die ihn überdies zum erstenmal in seinem Leben in eine literarisch tätige Gesellschaft brachten: Heinrich Zschokke, Heinrich Geßner und Ludwig Wieland. Ihnen kam er wirklich nahe, fast so eng wie einst den Kameraden in der Potsdamer Militärzeit, und sie belebten in Kleist auch wieder seine große Fähigkeit, gesellig zu sein.

Heinrich Zschokke mochte Kleist schon von Frankfurt her bekannt sein, wenn nicht als Person, so wenigstens als Namen durch die Schwester. Zschokke, gebürtiger Magdeburger und sechs Jahre älter als Kleist, hatte in Frankfurt an der Oder Theologie studiert; dort promovierte er auch und wurde Privatdozent, bis er 1795 die Stadt verließ. Da aber genoß er bereits literarischen Ruhm, den ihm im Jahr zuvor sein Roman *Aballino der Bandit* verschafft hatte. Das Buch hatte er danach zum Drama umgearbeitet, das ihm dann auf den deutschen Bühnen ebenso wie auf englischen, französischen und spanischen eine noch größere Popularität verschaffte. Roman und Stück waren übrigens nicht, wie der Titel insinuieren mag, billige Reißer: ihr Held, ein venezianischer Edelmann, der den Staat als edler Räuber retten will, war eher ein nobler Nachfahre von Schillers Fiesco, mit Zügen von geradezu romantischer Ich-Spaltung. Zschokke war überhaupt ein äußerst vielseitiger Autor, dessen spätere Etikettierung durch die Literaturgeschichte als Volksschriftsteller einen ungerecht pejorativen Beiklang hat. In der Schweiz aber spielte er jetzt, da Kleist dort eintraf, in erster Linie eine aktive politische Rolle als Regierungskommissar der neuen helvetischen Zentralregierung, was ihm allerdings nicht nur Ruhm, sondern auch manche Gefahren einbrachte angesichts der schwankenden Lage.

Der zweite von Kleists Freunden war Heinrich Geßner, neun Jahre älter als Kleist und Sohn des Verlegers und Idyllendichters Salomon Geßner in Zürich, einer der großen Berühmtheiten deutscher Literatur im 18. Jahrhundert. Geßner führte jetzt den Verlag des Vaters weiter, der 1788 gestorben war, besaß aber auch eigene literarische

Ambitionen. Vorteil und Anreiz für jeden jungen Autor ist es, einen bedeutenden Verleger zum Freunde zu haben, und so trägt denn Kleists anonym erschienenes erstes Werk, das Trauerspiel *Die Familie Schroffenstein*, das respektable Impressum: «Bern und Zürich, bei Heinrich Geßner. 1803». Von Heinrich Geßner aber führte überdies noch ein anderer Pfad in die deutsche Literatur; Geßners Frau Charlotte war eine Tochter von Christoph Martin Wieland, und Ludwig Wieland, jener dritte Freund, gleichaltrig mit Kleist, ihr Bruder. Auch er war literarisch ambitioniert und arbeitete im Verlag des Schwagers mit.[101] Christoph Martin Wieland also, den Kleist seit der jugendlichen Lektüre von dessen *Sympathien* so hoch verehrte, trat nun, wenngleich noch fern, als wirkliche Person in seinen Lebenskreis. Geßner verlegte überdies Christoph Martin Wielands Journal, das *Attische Museum*, das von 1796 bis 1803 erschien. Alles in allem war es mithin eine Konstellation, wie sie für Kleists eigenen Weg in die Literatur nicht günstiger hätte sein können. Zugleich aber war es ein Kreis, der sich in seiner Nähe zu den politischen Tagesereignissen wie zur Praxis literarischer Produktion sehr von jenem anderen Zirkel junger Intellektueller unterschied, der im Bannkreis der Universität Jena über romantische Universalpoesie symphilosophierte. Zschokke hat später verschiedentlich von diesen Tagen mit Kleist berichtet. Anfang 1802 hatte er Bern verlassen: «Kleist und Wieland begleiteten mich auf der Fußwanderung nach Aarau. Wir wählten eben nicht den nächsten Weg. Man mag sich leicht das ergötzliche Umherfahren der drei jungen Poeten vorstellen, die überall Paradiese und Wüsten, Göttinnen und Ungeheuer sahn, wo sie kein andres Auge fand.» «Umherschwärmen» und «Abenteuern» in «ziemlich poetischer Lust» nannte Zschokke das auch, wenngleich in einer durch zeitliche Ferne verklärten Erinnerung[102] – es muß offensichtlich ein milder Winter gewesen sein. Im Februar aber ließ Kleist sich dann allein in Thun nieder. «Ich habe mir eine Insel in der Aare gemiethet, mit einem wohleingerichtet Häuschen, das ich in diesem Jahre bewohnen werde, um abzuwarten, wie sich die Dissonanz der Dinge auflösen wird,» schrieb er an Zschokke in Aarau und fügte hinzu: «Ich werde in einigen Wochen einziehen».[103]

Ein schön Gedicht

Kleists Aufenthalt auf dieser kleinen Insel,[104] der nur ein Vierteljahr
dauerte – von April bis Juni – hat geradezu legendäre Bedeutung in
seiner Biographie angenommen. Mit der Kraft poetischer Imagination
hat sich zum Beispiel Robert Walser 1915, auf der Suche nach sich
selbst, zu Kleist als seinem um ein Jahrhundert älteren Weggefährten
auf diese Insel versetzt,[105] und in das offizielle Gedächtnis der modernen Stadt sowie in ihre Tourismuswerbung ist Kleist repräsentativ
eingegangen. Thun kann in der Tat für sich in Anspruch nehmen, daß
dort der größere Teil seines ersten Dramas geschrieben wurde. Kleist
selbst aber hat seine Thuner Tage in einem Brief an Ulrike von Kleist
so beschrieben:

> Jetzt leb’ ich auf einer Insel in der Aare, am Ausfluß des Thunersees,
> recht eingeschlossen von Alpen, 1/4 Meile von der Stadt. Ein kleines
> Häuschen an der Spitze, das wegen seiner Entlegenheit sehr wohlfeil
> war, habe ich für sechs Monate gemiethet u bewohne es ganz allein.
> Auf der Insel wohnt auch weiter niemand, als nur an der andern
> Spitze eine kleine Fischerfamilie, mit der ich schon einmal um Mit-
> ternacht auf den See gefahren bin, wenn sie Netze einzieht u aus-
> wirft. Der Vater hat mir von zwei Töchtern eine in mein Haus gege-
> ben, die mir die Wirthschaft führt: ein freundlich-liebliches Mädchen,
> das sich ausnimmt, wie ihr Taufname: Mädeli. Mit der Sonne stehn
> wir auf, sie pflanzt mir Blumen in den Garten, bereitet mir die Küche,
> während ich arbeite für die Rückkehr zu euch; dann essen wir zusam-
> men; Sonntags zieht sie ihre schöne Schwyzertracht an, ein Geschenk
> von mir, wir schiffen uns über, sie geht in die Kirche nach Thun, ich
> besteige das Schreckhorn, u nach der Andacht kehren wir beide
> zurück. Weiter weiß ich von der ganzen Welt nichts mehr.[106]

Das war am 1. Mai 1802, einem Sonnabend. Es müssen lange Gottes-
dienste damals in Thun gewesen sein, denn immerhin ist das Schreckhorn 4078 Meter hoch und etwa 70 Kilometer entfernt. So genau
indes wird sich die Schwester im fernen Frankfurt in der Topographie
des Berner Oberlandes nicht ausgekannt haben, daß sie der Flunkerei
ihres Bruders hätte auf die Schliche kommen können, und außerdem
ist Flunkerei Dichterberuf. Aber was hatte es mit dem «wir beide» auf
sich? In Würzburg hatten sich Kleist und Brockes von einem «Mädchen, mit einer holden Freundlichkeit» bedienen lassen, die ohne

Bezahlung für die beiden «wie für Brüder» gesorgt habe.[107] Nun wiederholte Kleist für sich allein diese Situation, und er steigerte sie ganz und gar zur Idylle. Was es mit der holden Gemeinsamkeit auf sich hatte, ob sie vielleicht nur eine Art erotisches Alibi an die Adresse der Briefempfängerin war oder Autosuggestion eines erwünschten Zustands oder eine jener ganz absichtlichen Täuschungen, in denen Kleist immer wieder Schutz suchte, bleibt eines seiner Geheimnisse. Die Identität der jungen Frau hat sich trotz einer regelrechten Mädeli-Forschung[108] nicht enthüllen lassen, und daß Kleist in Thun Vater geworden sei, wie ein späteres Gerücht es wollte, ist der Nachwelt zu deren Beruhigung oder vielleicht eher zu ihrem Bedauern entschieden ausgeredet und «urkundlich ins Gebiet der Fabel»[109] verwiesen worden. Dabei hatte er ausdrücklich im Brief an die Schwester noch hinzugefügt: «Zuweilen doch kommen Geßner, oder Zschokke oder Wieland aus Bern, hören etwas von meiner Arbeit, u schmeicheln mir – kurz, ich habe keinen andern Wunsch, als zu sterben, wenn mir drei Dinge gelungen sind: ein Kind, ein schön Gedicht, und eine große That. Denn das Leben hat doch immer nichts Erhabneres, als nur dieses, daß man es erhaben wegwerfen kann.»[110] Die erwähnte, von Montesquieu inspirierte Triade «ein Feld», «ein Baum», «ein Kind» erfuhr also jetzt eine bemerkenswerte Variation: vor allem das «schön Gedicht» hatte ihn nun im Griff.

Es ist bemerkenswert, daß Kleist, der so freizügig und selbstbeobachtend über Seelenregungen und Gemütsbewegungen schrieb, still wurde, sobald es um seine Arbeit, seine literarische Produktion ging. Deshalb ist auch unbestimmbar geblieben, woran Kleist nun wirklich in Thun gearbeitet hat. Neben der Annahme, daß er *Die Familie Schroffenstein* oder wenigstens ihre erste Fassung *Die Familie Ghonorez* schon fertig mit auf die Insel gebracht habe und den Aufenthalt dort vom Vorschuß des Verlegers bezahlt habe,[111] steht die andere, verbreitetere, daß er sein Drama erst auf der Insel vollendet und danach dort die schweren Mühen um den *Robert Guiskard* begonnen habe. Indes hat Kleist über das Fortschreiten seiner Arbeit ebensowenig je berichtet wie er Fertiges kommentierte. Deutlicher läßt sich kaum zeigen, daß sich hier im Unterschied zu den wortreichen Selbstbeobachtungen und Ich-Analysen der Briefe für ihn und in ihm eine andere Welt öffnete, eine selbstgeschaffene, einzigartige, über die er als Schöpfer nicht zugleich reflektieren konnte. Es war mehr als nur die zuweilen bei kreativen Menschen anzutreffende dezente und sympathische Scheu, überhaupt von Unvollendetem zu sprechen. Zudem aber war Kleist sich allerdings auch unsicher, ob das, was da im Entstehen begriffen war, nun wirklich etwas taugte, denn so hoch er mit seinen Plänen fliegen konnte, so tief stürzten ihn dann seine Selbstzweifel und Minderwertigkeitsgefühle. Hatte seine Arbeit Aussichten, angenommen zu werden von der Welt? Würde sie auch seine Familie beeindrucken, derer sich würdig zu zeigen ja doch immer sein Wunsch blieb? Seines Dichtertums also war Kleist sich keineswegs sicher, so glücklich auch diese Schweizer Frühlingstage sein mochten. Er arbeite, schrieb er der Schwester noch aus der Insel-Idylle, «unaufhörlich um Befreiung von der Verbannung – du verstehst mich. Vielleicht bin ich in einem Jahre wieder bei euch. – Gelingt es mir nicht, so bleibe ich in der Schweiz, und dann kommst du zu mir. Denn wenn sich mein Leben würdig beschließen soll, so muß es doch in deinen Armen sein.»[112]

Dieses Sterbenwollen in Erhabenheit war Kleist unter der Hand zur großen Szene geworden und wurde ein fester Bestandteil seines Empfindens und Wünschens; die Vorstellung hat ihn durch sein weiteres Leben begleitet, mit wechselnder Intensität zurücktretend und wiedererscheinend. Wirklich hatte er nun «unaufhörlich» zu arbeiten angefangen – zur «Befreiung von der Verbannung», in die er sich nur eben selbst gesandt hatte durch die Weigerung, sich den Forderungen des preußischen Alltags in Gestalt von Beruf und Ehe zu unterwerfen. Aus sich selbst wollte er nun die Freiheit schöpfen mittels seiner produktiven, wunderbar reichen Phantasie, die sich über die Verhältnisse der Welt hinwegsetzte, wo sie sie nicht annehmen konnte. Das Gelingen eines «Gedichtes» sowie der Ruhm sollten dann endlich auch jene Unabhängigkeit vom Gelde bewirken, die ihm ständig Sorgen bereitete, wie jetzt gerade dort in Thun. «Unsichere Hände»[113] habe er allerdings stets, wenn es ums Geld ging, gestand er der Schwester, und da hatte er freilich sehr recht.

Anderes trübte die Idylle. Die Beziehung zu Wilhelmine von Zenge löste sich auf. «Während ich arbeite für die Rückkehr zu euch» hieß es im Brief an die Schwester vom 1. Mai 1802, aber zwanzig Tage später schreibt Kleist den letzten Brief an die Braut und teilt ihr mit, er werde wahrscheinlich niemals mehr in sein Vaterland zurückkehren, habe aber die Pläne zum Erwerb eines Gutes wegen eines «abscheulichen Volksaufstandes» – gemeint sind Unruhen der Waadtländer gegen die Zinspolitik der Helvetischen Republik – dort aufgegeben und müsse sich nun «mit Lust oder Unlust, gleichviel, an die Schriftstellerei» machen. Aber er hatte den Brief dann doch mit dem Satz geendet, er habe «keinen andern Wunsch als bald zu sterben».[114] Zukunftspläne und Todeswünsche haben bei Kleist nie im Widerspruch zueinander gestanden. Aber der Bruch mit der Braut traf ihn offenbar doch tief. Der nächste überlieferte Brief von Kleist stammt erst aus dem August, als er schon wieder in Bern war, und er ist an den Schwager Wilhelm von Pannwitz, den Verwalter des Familienbesitzes, gerichtet. Er, Heinrich von Kleist, liege seit zwei Monaten krank, habe 70 Louisdors verloren, «worunter 30, die ich mir durch eigne Arbeit verdient hatte». Und darauf folgt dann der Satz: «Ich bitte Gott um den Tod und dich um Geld.»[115] So kondensiert konnten große Szene und kleiner Alltag bei Kleist erscheinen. Man wüßte gern, ob es seiner Lust an der Sprache zugleich Genuß bereitet hat, den Satz so bündig niederschreiben zu können.

Das Geld kam in der Tat durch die Güte der treuen Schwester, und schließlich kam sie auch selbst, besorgt über den kranken Bruder, den sie aber inzwischen schon wieder kerngesund in Bern vorfand. Die Stadt wurde freilich im Augenblick gerade – am 20. September – von föderalistischen Truppen besetzt, was für die helvetisch gesinnten Geßner und Wieland Schwierigkeiten mit sich brachte, obwohl die Okkupation dann nur einen Monat dauerte. Immerhin konnte Kleist der Schwester Thun und seine Aare-Insel zeigen, aber als Wieland schließlich ausgewiesen wurde, begleiteten Heinrich und Ulrike von Kleist ihn in deutsches Land. Ausgewiesen aber wurde Ludwig Wieland, denn «er hätte [...] mit Hrn. *von* Kleist, vor dem General Quartier gestanden u: gelacht»,[116] wie Geßner seinem Schwiegervater berichtete. Man fuhr – wohl irgendwann in der ersten Oktoberhälfte – über Basel gemeinsam bis Erfurt, wo Ludwig Wieland noch «eine alte Jugendbekannte» treffen wollte, wie sich Ulrike von Kleist später erinnerte.[117] Um den 20. Oktober war er aber dann schon in Oßmannstedt.[118] Die beiden Kleists jedoch reisten weiter zunächst über Jena und Weimar und trafen dann Anfang November 1802 ebenfalls in Oßmannstedt ein, um Christoph Martin Wieland einen Besuch abzustatten, Ulrike offenbar wiederum in Männerkleidung, denn Wieland «hat nicht gewußt, daß *du* es bist, der ihn besucht hat»,[119] wie der Bruder ihr nach Frankfurt schrieb, als sie wieder an die Oder zurückgekehrt war. Kleist aber blieb zunächst in Weimar und dann in Oßmannstedt als Wielands Hausgast.

Mitgebracht aus der Schweiz hatte Kleist auf Papier oder im Kopfe Teile eines Dramas über den Normannenfürsten Robert Guiskard, und irgendwann in den geselligen Tagen mit Zschokke, Geßner und Wieland war auch die Idee zu einem Dichterwettstreit um einen französischen Kupferstich entstanden, auf dem ein Richter über einen zerbrochnen Krug zu befinden hatte, den ihm ein junges Mädchen präsentiert. Ob es damals mehr war als eine Idee, ist unbekannt geblieben; jeder der vier hat aber auf seine Art tatsächlich eine Variation dazu geschrieben, und Kleists subtile Komödie, die daraus hervorging, sollte ihm gerade durch die Stadt Weimar, in der er eben angekommen war, noch reichlich Schmerzen bereiten. In Bern aber erschien bald darauf *Die Familie Schroffenstein*, die Hauptarbeit seiner Schweizer Tage.

Eine beträchtliche Arbeit war es tatsächlich gewesen, denn Kleist hatte das Stück zunächst in Frankreich spielen lassen wollen und einen Entwurf *Die Familie Thierrez* niedergeschrieben. Aber dann wechselte er ins Spanische und führte das Drama als *Die Familie Ghonorez* auch vollständig aus, schrieb es jedoch schließlich noch einmal neu mit der Ortsangabe: «Das Stück spielt in Schwaben.»[120] Die Übertragung aus der spanischen in die deutsche Sphäre war indes mehr als nur Abschrift mit Namens- und Szenenwechsel; Kleist war seine erste Fassung sorgfältig durchgegangen und hatte zahlreiche kritische Randbemerkungen über die Funktion seiner Figuren gemacht, die er dann in der zweiten Fassung umsetzte. Denn so leidenschaftlich er fühlte und so impulsiv, ja unbesonnen er zu handeln in der Lage war – als Autor ist er von diesem ersten Werk an stets ein sorgfältiger und höchst besonnener Arbeiter gewesen. Daß es in der Kunst vor allem auf die Form ankomme,[121] war nicht nur eine Floskel, sondern traf den Kern seines Schaffens; ohne sein starkes Formbewußtsein und diese Besonnenheit im Schreiben ist Kleists Werk nicht denkbar.

Das Stück erschien, wie gesagt, anonym, was damals durchaus nicht unüblich war für Anfänger, besonders in Adelsfamilien – Friedrich von Hardenberg zum Beispiel verbarg sich um der Familie willen als «Novalis» ebenfalls hinter einem Pseudonym, während dessen bürgerlicher Freund Friedrich Schlegel sich zu den deutlichen Indiskretionen seines Romans *Lucinde* durchaus namentlich bekannte. Daß andere Hände als die Kleists in den Druck eingegriffen haben könnten, ist als Erklärung für seine Unzufriedenheit mit dem Stück oft geargwöhnt worden. So würde verständlicher, daß Kleist die Schwester und durch sie die Familie bat: «Auch thut mir den Gefallen u *leset das Buch nicht*. Ich bitte euch darum.» Nur die «verschwiegensten» unter seinen «allernächsten Verwandten» sollten erfahren, daß er der Dichter sei. Und dann fügte er sogar noch hinzu: «Es ist eine elende Scharteke»,[122] aber strich diesen Satz dann doch wieder aus. Denn da war die Liebe zum eigenen Werk wohl einfach zu groß. Auf die Probe gestellt worden war diese Liebe ohnehin schon. Zschokke zum Beispiel berichtet in seinen Lebenserinnerungen: «Als uns Kleist eines Tages sein Trauerspiel *Die Familie Schroffenstein* vorlas, ward im letzten Akt das allseitige Gelächter der Zuhörerschaft wie des Dichters, so stürmisch und endlos, daß, bis zu seiner letzten Mordszene zu gelangen, Unmöglichkeit wurde.»[123] Der über die eigene Tragödie lachende Dichter: die Frage bleibt, wie wahr, wie aufrichtig Kleist hier sich selbst gegenüber war. Es gibt aus späterer Zeit eine seltsame Parallele zu dieser Episode, und zwar gerade bei einem der entschiedensten und bedingungslosesten Bewunderer Heinrich von Kleists, bei Franz Kafka. Max Brod als engster Freund weiß zu berichten, daß Kafkas Sinn für Humor beim Vorlesen im Prager Freundeskreis besonders deutlich geworden sei: «So zum Beispiel lachten wir Freunde ganz unbändig, als er uns das erste Kapitel des *Prozeß* zu Gehör brachte. Und er selbst lachte so sehr, daß er weilchenweise nicht weiterlesen konnte. – Erstaunlich genug, wenn man den fürchterlichen Ernst dieses Kapitels bedenkt. Aber es war so.»[124] Das ist nun zwar lediglich die zufällige Koinzidenz zweier sehr subjektiver Erinnerungen, aber wenn man die tiefe existentielle Bedrohtheit beider Autoren bedenkt und ebenso das tragisch Unheimliche der Werke, auf die sich die Erinnerungen beziehen, stimmt es doch nachdenklich. Haben sich Kleist oder Kafka angesichts des Lachens der Freunde verstanden oder mißverstanden gefühlt? War ihnen selbst wirklich zum Lachen zumute oder haben sie, gemeinschaftsbedürftig, nur mitgelacht, weil sich durch das gemeinschaftsbildende Lachen ihre innere Einsamkeit zeitweilig bannen ließ?

Kleists *Familie Schroffenstein* enthält nun tatsächlich Stellen, die das Vergnügen seines Freundeskreises durchaus verständlich machen,

denn die Schauerromantik, aus der er sich Handlungselemente aus-
lieh, hatten die Intelligenteren unter seinen jungen schreibenden
Zeitgenossen, wie etwa Ludwig Tieck, aber in gewissem Grade auch
Zschokke selbst, bereits ironisch unterlaufen oder regelrecht par-
odiert. Kleists Requisit eines abgeschnittenen Kindesfingers als wich-
tigstes Indiz etwa mochte die Seriosität der Handlung bei seinen
Zuhörern einigermaßen beeinträchtigen, besonders wenn Kleist ihn
für eine groteske Szene der Anagnorisis, des überraschten, plötzlichen
Wiedererkennens benutzt. Eustache von Schroffenstein nämlich, aus
dem Hause Rossitz, bekommt jenen Finger gezeigt, der vor einiger
Zeit einem ertrunkenen Knaben abgeschnitten und danach von einer
«Totengräberswitwe» in einen Zauberbrei verrührt wurde, erkennt
ihn aber dennoch sogleich als den des eigenen toten Söhnleins Peter,
denn «eine Mutter kennt, was sie gebar.» (Vs. 2686) Vielleicht schreibt
man das nur, wenn man nicht mehr bedenken muß, daß die eigene
Mutter das lesen könnte. Erst recht war die Grenze vom Bizarren zum
Lächerlichen erreicht, wenn nicht gar überschritten bei der Klage des
geistesverwirrten Johann über die von den Vätern ermordeten liebenden Kinder der verfeindeten Häuser des Geschlechts: «Schade!
Schade! / Die arme Agnes! Und der Ottokar!» (Vs. 2706 f.), was er
dann sogar noch mit der Bemerkung ergänzt: «Seid nicht böse. / Papa
hat es nicht gern getan, Papa / Wird es nicht mehr tun.» (Vs. 2709 f.)
Und diesem Johann wird schließlich sogar eine Art Schlußwort für die
gesamte Tragödie zuteil mit dem Ausruf: «Bringt Wein her! Lustig!
Wein! Das ist ein Spaß zum / Totlachen!» (Vs. 2717 f.) Es ist leicht
begreifbar, daß Kleists Freunde solche Apologie der beiden kinder-
mordenden «Papas» mit Lachen quittierten. Nur was ins Alberne zu
gleiten scheint, wendet sich mit dem wörtlich genommenen «Totlachen» doch wieder in den Ernst des Schauderns.

Kleists Warnung vor dem eigenen Stück war nicht nur Ausdruck
von Enttäuschungen über fehlerhaften Druck oder eine allgemeinere
Bescheidenheitsgeste. Immerhin näherte sich die Handlung ja trotz
aller grotesken Einlagen und Untertöne unübersehbar seinen eigenen
Lebensumständen: es war ein Familiendrama, aber nicht eines, das die
bürgerliche Familie verklärte, wie das Kotzebue und Iffland in ihren
beliebten Rührstücken seit Jahren mit beträchtlichem Erfolg taten,
sondern eines über die Selbstzerstörung eines Rittergeschlechts durch
einen «Erbvertrag»: Adel im Untergang. Autobiographisch läßt sich

zwar Kleists Stück keineswegs lesen, aber ob andererseits die Selbstzerstörung der Schroffensteins der rechte Stoff war, der eigenen großen, vielzweigigen Familie Kleist zu imponieren, ließ sich bezweifeln. Und eben darauf kam es doch wiederum deren jungem, nach Ansehen und Lebensunterhalt suchendem Sproß so sehr an.

Jenseits dessen enthielt Kleists Erstling noch eine ganze Menge mehr von ihm selbst, das weder seine Freunde wahrhaben konnten noch er. Sichtbar wird es erst aus dem Rückblick von seinem Gesamtwerk her. Schon hier, in der *Familie Schroffenstein*, bewegt sich alles Handeln der Menschen auf unsicherem, bebendem Grund. Was immer sich an Indizien, an Tatsachen und scheinbar sicherer Wahrheit darin findet – es erweist sich als trügerisch, ohne daß am Ende fester Boden erreicht wird. Gerade der ins Groteske gleitende Schluß macht das aufs beklemmendste deutlich. Keine gesellschaftliche und erst recht keine metaphysische Ordnung fängt diese Menschen auf, und so werden Zuschauer wie Leser Zeugen jener Eskalation des irrenden Handelns, die auch viele weiteren Gestalten Kleists ins Unheil treibt. Nein, Kleists erstes Stück war nicht eine jugendliche Verirrung in die modische Schicksalstragödie, keine «elende Scharteke», sondern im Spiel der Motive eher schon so etwas wie die Ouvertüre zu seinem späteren Werk.[125]

Im März 1803 erschien in Kotzebues eben gegründetem Journal *Der Freimüthige* eine freundliche Rezension der *Familie Schroffenstein* unter dem Titel «Erscheinung eines neuen Dichters», worin der Rezensent – es war Ferdinand Ludwig Huber – meint, dieses Stück sei «eine Wiege des Genies, über der ich mit Zuversicht der schönen Litteratur unsers Vaterlandes einen sehr bedeutenden Zuwachs weissage».[126] Kleist aber lebte seit dem Spätherbst des vorausgehenden Jahres im Herzogtum Sachsen-Weimar, dort also, wohin nach einem Wort Jean Pauls alle dichtenden Deutschen damals strebten.

4. Weimar

Ein Lehrer

«Anfangs will der Mensch in die nächste Stadt – dann auf die Universität – dann in eine Residenzstadt von Belang – dann (falls er nur 24 Zeilen geschrieben) nach Weimar – und endlich nach Italien oder in den Himmel»,[127] heißt es in Jean Pauls Ballonflugmeditation *Das Kampaner Thal* aus dem Jahre 1797. Jetzt, fünf Jahre später, Ende 1802, war nun Heinrich von Kleist tatsächlich in diesem Weimar angelangt, das er vor ein paar Monaten noch links liegen gelassen hatte. Aber damals waren es ja eben noch die «Wissenschaften» gewesen, die er zum Zweck seiner Reise erklärt hatte, als Grund für die anderen und für sich selbst. Inzwischen jedoch hatte er mehr als «24 Zeilen» geschrieben, und von den «Wissenschaften» war nicht mehr die Rede.

Seit Wieland, Herder, Goethe und Schiller dort ansässig geworden waren, seit die zum Herzogtum gehörige Universität in Jena Schiller und Fichte zu Professoren berufen hatte, galt das kleine Weimar mit seinen rund 6000 Einwohnern[128] zweifellos als Literaturhauptstadt der Deutschen und als Ziel von Pilgerfahrten für manche angehenden Dichter. Aber die Popularitätswerte schwankten. Daß nun Goethe der «Abgott» der «neuesten poetischen Schule Deutschlands» sei, habe sich zum Beispiel Heinrich Zschokke, wie er später berichtete, erst von Kleist und Ludwig Wieland sagen lassen müssen. In den schönen Tagen der Schweizer Gemeinsamkeit habe man sich überdies um den Rang Schillers gestritten, und Ludwig Wieland, so Zschokke, «wollte sogar den Sänger des Oberon, seinen Vater, nicht mehr Dichter heißen.»[129] Nun also war Kleist in diesem Weimar angekommen, in dem sie alle wohnten: Goethe, Schiller, Herder und im nahen Oßmannstedt Wieland. Aber Kleist kam nicht als Weimar-Pilger, sondern er kam zu Christoph Martin Wieland, den er schon als junger Kadett gelesen hatte und zu dem er nun durch den Sohn eine Empfehlung und Einführung hatte. Die Bedeutung dieses Besuches für ihn war ebenso unschätzbar wie sie unbestimmbar in ihren Wirkungen geblieben ist;

der Nachwelt brachte sie jedenfalls durch Wieland das erste authentische Bild des Dichters Heinrich von Kleist.

Was suchte, was – außer Wieland – fand Kleist in Weimar? Von den vielen Dunkelheiten in Kleists Leben ist diese besonders schwer hinzunehmen: daß wir weder von ihm selbst noch aus zweiter Hand erfahren können, wie diese Stadt und die Menschen, die in ihr lebten, auf ihn wirkten und er auf sie reagierte – und das ausgerechnet zu einer Zeit, in der eben jene literarische Kultur dort ihren Höhepunkt erreicht hatte, aus der das zeitüberdauernde Bild vom klassischen Weimar hervorgegangen ist. Seit November 1802 wohnte Kleist in dieser Stadt, machte Besuche in Oßmannstedt, verbrachte das Weihnachtsfest dort, zog aber erst im Januar bis zu seinem Abschied Ende Februar ganz zu Wieland. Drei knappe Briefe an die Schwester geben keine Auskunft darüber, wo er in Weimar wohnte, was er sah, wen er traf und sprach, was er tat. Am 13. November wurde im Hoftheater *Wallensteins Tod* gegeben, am 20. *Nathan der Weise*, am 27. Voltaires *Tancred* in Goethes Übersetzung, und daneben natürlich immer wieder reichlich Kotzebue, Iffland und ihresgleichen, denn der Theaterdirektor Goethe wußte, was er seinem Publikum schuldig war. Während Schiller gerade im Begriff war, die *Braut von Messina* abzuschließen, arbeitete Goethe in diesen Tagen an der *Natürlichen Tochter*, wenn er nicht Schelling und Caroline Schlegel half, ein Paar zu werden und letzterer das Scheidungsgesuch korrigierte oder den Kriegsrat Friedrich Gentz[130] vier Tage lang als Besucher empfing. Für die bessere Gesellschaft Weimars gehörte der Abend der «Comödie», wie man das Theatergehen damals nannte, und das Programm blieb eindrucksvoll. Im Januar kamen *Iphigenie auf Tauris*, *Clavigo*, *Wallensteins Lager* und Mozarts *Don Juan* auf die Bühne. Es war in der Tat die Glanzzeit des Weimarer Theaters, in der Goethe voller Energie seine *Regeln für Schauspieler* – sie erschienen 1803 – in der Regiepraxis entwickelte und ein Provinztheater in eine der maßgeblichsten deutschen Bühnen verwandelte. Hat Kleist auch nur eine dieser Aufführungen besucht, hat er auch nur einmal in diesem Hause gesessen, in dem fünf Jahre später seine eigene Komödie vom *Zerbrochnen Krug* uraufgeführt wurde und ihm eine bittere Enttäuschung bereitete? Hat er Goethe, hat er Schiller dort gesehen? Ist er ihnen begegnet? Den *Wallenstein* hatte er immerhin einst in Berlin für Wilhelmine von Zenge gekauft – «Du freust Dich doch?»[131] Gewiß, undenkbar wäre es bei Kleists tiefer

Scheu im Umgang mit Menschen gewesen, daß er sich den Größen des Ortes genähert hätte. Die Behauptung von Kleists erstem Biographen Eduard von Bülow, daß Kleist zuerst nach Jena ging, «wo er von Schiller gut empfangen ward, und gleich darauf nach Weimar zu Göthe»,[132] ist pure Wunschphantasie. Wohl scheint der Weg der Geschwister Kleist über Jena geführt zu haben, aber nichts Weiteres ist darüber bekannt geworden. Aus Kleists Weimarer Briefen an die Schwester nach der Trennung entsteht sogar der Eindruck, als habe er diese Stadt und alles, was sie bot, überhaupt nicht wahrgenommen, als sei sie an ihm abgeprallt, und nur Wieland allein für ihn Ziel und Sinn seines Dortseins, fast so wie es Hölderlin erging, da er einst begeistert endlich den verehrten Schiller besuchen durfte und gar nicht bemerkte, daß sich auch Goethe im Zimmer befand. Nur absoluter, radikaler noch erscheint Kleists Bemächtigung Wielands in den folgenden Wochen. Was er ergriff, ergriff er ja stets mit aller Gewalt und Ausschließlichkeit, Ideen wie Personen und seine Arbeit erst recht, denn das war es zudem, was ihn in diesen Tagen und Wochen geradezu bis zur Selbstverleugnung in Anspruch nahm: sein *Robert Guiskard*.

Als Kleist ihn jetzt traf, war Christoph Martin Wieland ein Mann von neunundsechzig Jahren und «der größte Dichter seines Zeitalters»,[133] wie die Pfarrmatrikel seines Geburtsortes Oberholzheim bei Biberach ihn nennt. Wieland hat tatsächlich das literarische Leben der Deutschen in der zweiten Hälfte des 18. Jahrhunderts beeinflußt wie wenige sonst. Aufgeklärtes Denken vermittelte er in seinen frühen populärphilosophischen Schriften – aus denen der junge Kleist ja dann einige seiner Ideale und Begriffe empfing – und tat es auch im antiken Gewand seiner beliebten und verbreiteten Verserzählungen. Mit dem *Agathon* wurde er einer der Väter des deutschen Bildungsromans, und in seinem Stanzen-Epos *Oberon*, diesem «romantischen Heldengedicht», führte er mit humaner Kraft und ironischer Leichtigkeit die deutsche Leserschaft ins Mittelalter, in den Orient und schließlich in die Welt Shakespeares, dessen Werke er in deutsche Prosa übersetzte. Außerdem aber war Wieland einer der bedeutendsten und einflußreichsten deutschen Publizisten. Seit 1772 wohnte er in Weimar, und von 1773 an gab er dort den *Teutschen Merkur* heraus, den er zur führenden Literaturzeitschrift Deutschlands machte. Die Französische Revolution schließlich erweckte auch den politischen Publizisten in ihm, der – obwohl im Grunde seines Herzens Republikaner – die

Pariser Ereignisse aus skeptischer Distanz beobachtete. Im literarischen Leben schien ihn nun allerdings der Stern Goethes immer heller zu überstrahlen, und die jungen Intellektuellen von Jena, Friedrich Schlegel voran, schlugen sich auf Goethes Seite; Wieland aber, dem sie früher durchaus Bewunderung entgegengebracht hatten, versetzten sie ins Abseits. Das geschah seit 1797, dem Jahr, in dem Wieland das Landgut in Oßmannstedt erworben hatte und dorthin gezogen war. Mit dem im selben Jahr beginnenden *Athenaeum* hatten sich die Brüder Schlegel ein Forum für ihre Literaturpolitik geschaffen: im ersten Band erhob Friedrich Schlegel Goethes *Wilhelm Meister* zusammen mit Fichtes Wissenschaftslehre und der Französischen Revolution zu den «größten Tendenzen des Zeitalters», und der zweite Band schloß dann mit einer bös satirischen Konkurserklärung für die Schriften «des Hofrath und Comes Palatinus Caesareus Wieland in Weimar».[134] In seiner Korrespondenz schrieb Friedrich Schlegel unverblümt vom Plan zu einer «Wielandischen Hinrichtung», vom «Autodafe über Wieland», der «Annihilazion des alten W[ieland]» und «Wielands litter[arischem] Tod.»[135] Grundsätzlich wollte man ihm «Genie und Originalität»[136] absprechen – Worte, die in Wielands Gegenwart so unpassend wie eine Zote in Damengesellschaft geklungen hätten, wie Friedrich Schlegel an Rahel Levin schrieb. Das war nicht nur ungerecht und ungebührlich, es war niederträchtig und unwürdig, aber dennoch war es nicht nur Intrige.

Die Huldigung für Goethes Roman hatte ihren tieferen Grund in jener sich in den neunziger Jahren ereignenden Ablösung klassisch-antiker Muster durch das Konzept einer christlich-romantischen Kultur, der man angehörte: Goethes Buch war Gegenwartsliteratur. Friedrich Schlegels nun wirklich meisterhafter Essay über den *Wilhelm Meister* im zweiten Stück des ersten Bandes des *Athenaeum* wollte nichts Geringeres mitteilen, als daß ein Roman über einen Kaufmannssohn, eine Schauspielertruppe und ein paar Adlige ein großes Kunstwerk sein konnte, was bei der Dominanz antiker Sprache und Kultur im deutschen Bildungswesen und in den Regelpoetiken wahrlich keine Selbstverständlichkeit war. Nun hatte zwar gerade Wieland mit seinem *Oberon* wie mit seiner Vorliebe für orientalische Märchen und für Shakespeare selbst schon Wege beschritten in jenes «alte romantische Land», das diesseits von allem Antiken lag – für jenen Shakespeare insbesondere, den August Wilhelm Schlegel gerade kongenial in deutsche Verse zu übertragen begonnen hatte. Aber jetzt, im Alter, war Wieland zur Mythologie der alten Welt wieder zurückgekehrt, freilich nicht um sich von der Gegenwart abzuwenden, sondern um sich um so kritischer und von einem höheren Standpunkt aus mit ihr auseinanderzusetzen. Von 1796 bis 1801 gab er, wie schon erwähnt, bei seinem Schwiegersohn in der Schweiz ein Journal heraus, das er *Attisches Museum* nannte, und seine ganze Altersweisheit versuchte er in einem großen Roman über *Aristipp und einige seiner Zeitgenossen* zusammenzufassen, der 1800/01 erschien. So gedankenreich dies alles war, so weit sich die Perspektiven ins Philosophische und Politische öffneten – es war Literatur im antiken Gewande und geriet damit in den Geruch des nicht mehr Originellen, des Traditionalistischen, wenn nicht schlechthin Veralteten. Sogar Wielands eigener Sohn schien ja von solchen Gedanken angesteckt, wie ähnlich Hölderlins Festhalten an antiken Formen und antiker Mythologie damals zu seiner Verkennung beitrug. Für Wieland waren die Attacken der Schlegels schmerzhaft; seine prinzipielle freundliche Übereinstimmung mit Goethe und Schiller haben sie indes auch nach Wielands Rückkehr in die Stadt im Jahre 1803 nicht zu stören vermocht, was angesichts so vieler bedeutender Einzelner auf winzigem Raum und über mehrere Jahrzehnte hinweg keine kleine Errungenschaft dieser Weimarer Kultur war.

Kleist nun lagen alle solche literarischen Perspektiven von Wielands Existenz fern. Es scheint in der Tat so, als ob jene *Sympathien*, die er in seinen Jünglingsjahren gelesen hatte, sein eigentlicher Zugang zu Wieland gewesen sind. Ihre poetisch-philosophischen Ideen hatten ihm damals Begriffe in die Hand gegeben, die seinem inneren Bedürfnis nach Richtung und Zweck für sein Leben, nach Lebenszielen und Idealen Sprache gab. Natürlich waren sie nicht das einzige von Wielands Werken, das er kennenlernte, aber sie waren sozusagen die Eingangspforte zu ihm. Alle weitere Kenntnis von Wieland hingegen war dann eher zufällig und sporadisch; es gibt keine unmittelbaren Belege dafür, welche Schriften Kleist sonst noch gekannt hat, aber auf Einwirkungen und Bezüge ist verschiedentlich hingewiesen worden.[137] Die Frage jedoch nach Klassischem oder Romantischem, Antikem oder Modernem berührte Kleist nicht. Was aber zog ihn zu Wieland? Die einfachste Antwort darauf müßte wohl eben lauten, daß ihm als jungem Mann ein Buch Wielands in die Hände gekommen war, das ihm bei seiner Suche nach Idealen half und ihn später, in seinem Brief an Adolphine von Werdeck vom Juli 1801, veranlaßte, Wieland «einen Lehrer»[138] zu nennen. Außerdem hatte er nun Wielands Sohn kennengelernt und dadurch die Einladung oder zumindest Einführung in sein Haus erhalten, was bei einem scheuen Menschen wie Kleist keine geringe Bedeutung besaß. Das Interesse an einem solchen Besuch freilich war nicht nur durch verehrende Neugier motiviert, so wie einst der Besuch bei Gleim in Halberstadt. Kleist immerhin war nun selbst Dichter geworden, obwohl er jetzt, als er in Weimar eintraf, noch nicht das gedruckte Exemplar jenes Dramas bei sich haben konnte, durch das er demnächst öffentlich, wenngleich ohne Nennung seines Namens, als «neuer Dichter» hervortreten sollte. *Die Familie Schroffenstein* erschien in Bern und Zürich erst in den Tagen, da Kleist in Weimar ankam. Ludwig Wieland, der Schweizer Freund, der dem Vater bereits Kleist avisiert und «von ihm als einem außerordentlichen Genie»[139] gesprochen hatte, war inzwischen auf dem väterlichen Gut in der Nähe eingetroffen, und Christoph Martin Wieland, der die schriftstellerischen Ambitionen seines Sohnes zunächst mißbilligt hatte, bis er triftigere Zeichen von dessen Talent erhielt, schien nunmehr etwas überzeugter von seiner Begabung. «Louis, der izt bey mir ist»,[140] bereite ihm gute Unterhaltung, teilte er am 15. November 1802 Carl August Böttiger in Weimar mit. Kleists erster Brief «im Novmbr» aus Weimar aber ist undatiert: «Ich wohne hier zur Miethe [...], bin aber oft ganze Tage in Osmannstädt, wo mir ein Zimmer eingeräumt worden ist.»[141]

Der Commensal

Wieland schenkte sich Kleist. Er war bereit, ihm zuzuhören, und zwar so aufmerksam, wie das nicht jedem noch unbekannten, hoffnungsvollen Talent durch die Großen, Verehrten, Erfolgreichen zuteil wird. Zu Wielands Größe gehörten eben auch seine Bescheidenheit und Demut, aber ebenso sein scharfes, neidloses Erfassen von Neuem, Vielversprechendem. Er spürte, er hörte und erkannte, daß hier ein außerordentlicher junger Mensch nach dem Weg suchte, Dichter zu sein, und er ermutigte ihn dazu. Kleists Besuch bei Christoph Martin Wieland aber hat auch der Nachwelt ein außerordentliches Ge-

schenk beschert, und zwar eine lebendige Schilderung von der Erscheinung und ganzen Persönlichkeit Kleists auf diesem Wege zu sich
selbst, eine Schilderung, die Sprachmächtigkeit ebenso wie verständ-
nisbereiten, das menschliche Wesen in seinen Tiefen durchdringen-
den Blick voraussetzt. Diese Beschreibung hat Christoph Martin
Wieland in einem Briefe an Georg Christian Gottlob Wedekind gegeben. Es ist ein einzigartiges Dokument in der Geschichte von Kleists
Leben.

Ein- oder zweimal habe ihn Kleist von Weimar aus auf seinem Gut
in Oßmannstedt besucht, schrieb Wieland an Wedekind, aber als er
durch den Sohn hörte, «daß Kleist sich in seinem Quartier zu Weimar
so schlecht befinde», lud er ihn zu sich ein. Kleist «bezog an einem der
ersten Tage des Januars 1803 ein Zimmer in meinem Hause, und war
von dieser Zeit an 9 bis 10 Wochen mein Commensal auf eben dem
Fuß als ob er zu meiner Familie gehörte.»[142] Von der ersten Begegnung
an hatte Wieland – darüber ist zu Eingang dieses Buches schon gesprochen worden – etwas «Räthselhaftes und Geheimnißvolles» an dem
Tischgefährten empfunden, «das tiefer in ihm zu liegen schien, als
daß ich es für Affectation halten konnte.» Denn er hatte ihn täglich
um sich:

> Er schien mich wie ein Sohn zu lieben und zu ehren; aber zu einem
> offenen und vertraulichen Benehmen war er nicht zu bringen. Unter
> mehrern Sonderlichkeiten, die an ihm auffallen mußten, war eine
> seltsame Art der Zerstreuung, wenn man mit ihm sprach, so daß *zum
> Beispiel* ein einziges Wort eine ganze Reihe von Ideen in seinem
> Gehirn, wie ein Glockenspiel anzuziehen schien, und verursachte,
> daß er nichts weiter von dem, was man ihm sagte, hörte und also
> auch mit der Antwort zurückblieb. Eine andere Eigenheit und eine
> noch fatalere, weil sie zuweilen an Verrücktheit zu grenzen schien,
> war diese: daß er bei Tische sehr häufig etwas zwischen den Zähnen
> mit sich selbst murmelte und dabei das Air eines Menschen hatte,
> der sich allein glaubt oder mit seinen Gedanken an einem andern Ort
> und mit einem ganz andern Gegenstand beschäftigt ist. Er mußte mir
> endlich gestehen, daß er in solchen Augenblicken mit seinem *Drama*
> zu schaffen hatte, und dies nöthigte ihn, mir gern oder ungern zu
> entdecken, daß er an einem Trauerspiel arbeite, aber ein so hohes
> und vollkommenes Ideal davon seinem Geiste vorschweben habe, daß
> es ihm noch immer unmöglich gewesen sei, es zu Papier zu bringen.
> Er habe zwar schon viele Scenen nach und nach aufgeschrieben, ver-

nichte sie aber immer wieder, weil er sich selbst nichts zu Dank
machen könne.

Etwas davon mitzuteilen weigerte er sich aber, bis «an einem Nachmittag die glückliche Stunde» kam,

> wo ich ihn so treuherzig zu machen wußte, mir einige der wesentlich-
> sten Scenen und mehrere morceaux aus andern, aus dem Gedächtniß
> vorzudeclamiren. Ich gestehe Ihnen, daß ich erstaunt war, und ich
> glaube nicht zu viel zu sagen, wenn ich Sie versichere: Wenn die Gei-
> ster des Aeschylus, Sophokles und Shakspear sich vereinigten eine
> Tragödie zu schaffen, so würde das seyn was Kleists *Tod Guiscards des
> Normanns*, sofern das Ganze demjenigen entspräche, was er mich
> damals hören ließ. Von diesem Augenblicke an war es bei mir ent-
> schieden, Kleist sei dazu geboren, die große Lücke in unserer derma-
> ligen Literatur auszufüllen, die (nach meiner Meinung wenigstens)
> selbst von Göthe und Schiller noch nicht ausgefüllt worden ist.

Vieles hat Wieland hier klarsichtig zusammengebracht in diesem
Porträt der Außerordentlichkeit Kleists: den Schwierigen, den Besessenen, den kritisch Arbeitenden und schließlich den Gequälten. Das,
was ihn den anderen immer wieder entfremdete, was ihn in ihrer
Sphäre oft ohne Lebensklugheit handeln ließ, war, so macht dieses
Porträt deutlich, ganz untrennbar verbunden mit dem, was Kleist so
einzigartig als Künstler werden ließ. Was hier in ihm arbeitete, war
nicht mehr in eins zu setzen mit dem jugendlichen Willen, aufgeklärt
zu handeln, gut zu sein und zur Bildung der Menschheit beizutragen,
so wie er einst glaubte, dies von Wieland gelernt zu haben. Es war
kein leichtsinniges Lob, wenn Wieland in ihm die Fähigkeit sah,
Aeschylus, Sophokles und Shakespeare in seiner Kunst dereinst zu
vereinigen; die antike Kultur war Wieland so vertraut wie nur wenigen, und Shakespeare hatte er selbst übersetzt. Darauf verstand er
sich also gut. Und wenn er ihn, falls ihm sein Werk gelang, Goethe
und Schiller an die Seite stellte, so hatte das nichts damit zu tun, von
Oßmannstedt aus Weimar ein wenig seine Grenzen zu zeigen. Aus
dem weiten Blick der Literaturgeschichte hatte Wieland vielmehr
durchaus recht. Aber er sah auch – allerdings aus dem Rückblick des
Jahres 1804, in dem dieser Brief geschrieben wurde und Kleist sich
erneut in einer tiefen Krise befand –, daß auf Kleists empfängliches
Gemüt gerade sein, Wielands, Lob nicht nur eine fördernde Wirkung

Christoph Martin Wieland.
Gemälde von Ferdinand Jagemann (1806)

ausüben mochte. «Nichts ist dem Genius der heiligen Muse, die Sie begeistert, unmöglich. Sie *müssen* Ihren Guiscard vollenden, und wenn der ganze Kaukasus und Alles auf Sie drückte»,[143] hatte er Kleist 1803 geschrieben. Aber er wußte auch von seinem «Stolz», von der «Excentricität» der Laufbahn, «worin er sich, seitdem er aus der militärischen Carriere ausgetreten, hin und her bewegt hat», von seiner «Ueberspannung» und seinem «fruchtlosen Streben nach einem unerreichbaren Zauberbild von Vollkommenheit» und von den «Mißverhältnissen, worin er mit seiner Familie zu stehen scheint». Sein

Verlangen, sich ihr gegenüber als tüchtig und des Ruhmes würdig zu beweisen, ist ja Kleists ganzes Leben hindurch ein starker Antrieb gewesen.

Nun, in Oßmannstedt, schien für literarische Produktivität jedenfalls die rechte Atmosphäre zu herrschen in einem offenbar von Literatur durchwalteten Hause. So lasen Ludwig Wieland und Kleist gemeinsam Richardsons *Clarissa* «und lebten in und mit ihr ganze acht Tage.»[144] Und noch ein anderes Projekt schien sich abzuzeichnen. «In kurzem werde ich dir viel Frohes zu schreiben haben; denn ich nähere mich allem Erdenglück», schreibt er der Schwester und teilt ihr in einem Postskript mit: «Wenigstens bis zum Frühjahr möchte ich hier bleiben. Wieland erzählt mir seine Lebensgeschichte; und ich schreibe sie auf.» Kleist als Wielands Eckermann? Daß allein die Hoffnung damit gemeint sei, er werde nun bald den *Guiskard* vollenden,[145] muß dahingestellt bleiben, insofern man überhaupt konkrete Vorstellungen hinter diesen Worten annehmen will. Der Satz vorher indes lautet: «Ich habe aber mehr Liebe gefunden, als recht ist, und muß über kurz oder lang wieder fort; mein seltsames Schicksal!»[146] Das nun bezog sich darauf, daß als Teil von Kleists endlichem Erdenglück auch die Neigung zu Wielands Tochter Maria Louisa Charlotte hinzugekommen war, dem jüngsten seiner vierzehn Kinder, und daß er Gegenneigung fand. Louise Wieland war zu diesem Zeitpunkt dreizehn Jahre alt, durchaus also in einem Alter, in dem bei einem jungen Mädchen schwärmerische Empfindungen und eine scheue Liebe für einen hochbegabten, selbst aufs äußerste scheuen Dichter nicht überraschend sind, besonders wenn der Vater so viel Gutes über ihn zu sagen wußte. Aber väterliche Zurückhaltung wäre auch verständlich gewesen, falls es darum hätte gehen sollen, Heinrich von Kleist die minderjährige Tochter anzuvertrauen. Zu solchem Antrag ist es freilich nicht gekommen, sondern statt dessen zu einem Zwist der älteren Geschwister im Hause Wieland um Kleist und die jüngste Schwester. Schwer denkbar ist allerdings, daß Kleist sich wie Richardsons gewissenloser Verführer Lovelace betragen hat, obwohl auch das von der neugierigen Nachwelt vermutet worden ist – das Haus Wieland hat Kleist weiterhin freundlich offengestanden. Von ihm selbst ist nur der eine Satz über sein «seltsames Schicksal» bekannt, während Louise Wieland später mehrfach in Briefen auf diese frühe Liebe zurückgeblickt hat. Im April 1811 bittet sie Charlotte Geßner, die sehr viel

*Louise Wieland. Miniatur von
Minna Herzlieb (1804)*

ältere Schwester in der Schweiz, «nicht schlimm» von ihm zu denken, «wenn er auch nicht zu den ganz edlen Menschen gehört, die ja ohnehin eine Ausnahme machen»,[147] ein Satz, der nun allerdings ganz dazu angetan ist, späterer Phantasie Auftrieb zu geben. Ein paar Monate danach hat sich Louise Wieland indes in einem zweiten Brief an die Schwester deutlicher festgelegt. Kleist sei ja doch «von Natur so edel und liebenswürdig» gewesen, aber «die Simpathie für sein edleres Wesen» erhalte zugleich ihr «Andenken an ihn so neu das ich vor einer zweiten Liebe» – zu ihm – «auch gesichert bin»; freuen jedoch würde sie sich immer, Kleist wiederzusehen, «wie wohl dazu keine Aussicht ist weil er sich von Vater vergessen glaubt.»[148] Das letztere stimmte nun zwar nicht ganz, denn Kleist war ein unzuverlässiger Korrespondent, so daß sich eher Wieland von Kleist vergessen gesehen hat. Aber als Louise Wieland sich Kleists erinnerte, trieb sein Leben ohnehin schon dem Ende zu.

Heinrich von Kleist verließ das Herzogtum Sachsen-Weimar in den letzten Februar-Tagen oder Anfang März 1803. Erdenglück und einen festen, sicheren Ort zum Leben hatte er dort zwar nicht gefunden, aber Christoph Martin Wieland hatte ihn seines Dichtertums versichert, und das war ein Ritterschlag, wie er ihn sich aufrichtigväterlicher und würdig-authentischer kaum hätte ausdenken können. Der «Lehrer» seiner Jugend, einer der angesehensten deutschen

Schriftsteller seiner Zeit, hatte ihm bestätigt, daß er als Dramatiker zu Großem fähig sei. «Ich bin ein Kaiser, wenn Sie mir sagen, daß ich Ihnen etwas werth bin»,[149] schrieb er ihm noch vier Jahre später. Aber dergleichen Würde war eben auch Auftrag, und Wieland hatte allen Grund, besorgt zu sein, welche weitere Wirkung sein Lob auf den um Vollkommenheit ringenden jungen Gast bei der «Excentricität» seiner «ganzen Laufbahn» haben werde. Gewiß, Kleist war in dem Metier angekommen, wo er dereinst Großes und Schönes zu geben in der Lage war. Aber das war nun erst noch zu leisten, und wenn kreative Arbeit reiche Erfüllung bringen kann, so bedeutet sie doch zugleich immer wieder neue Qual, je höher man sich das Ziel setzt. Seinen *Guiskard* trug Heinrich von Kleist nun als irrender Ritter ins Ortlose.

5. Ortlos

Meine eigne Tragödie declamiren

Hatte ein junger Dichter mehr als 24 Zeilen geschrieben und Weimar besucht, dann stand nach Jean Pauls Bonmot Italien als nächstes Ziel auf der Reisekarte. Dahin sollte Heinrich von Kleists Weg in der Tat bald führen, aber vorerst war es noch einmal die nächste Stadt, in seinem Falle also die Messestadt Leipzig, dieser bekannte Sitz des Buchgewerbes und der Gelehrsamkeit, dem Kleist zuletzt auf der Reise nach Paris vor knapp zwei Jahren seine Aufwartung gemacht hatte. An den Verleger Georg Joachim Göschen dort hatte ihn Wieland empfohlen als «einen jungen Mann von seltnem Genie, von Kenntnissen und von schätzbarem Karakter»; «den besonderen Zweck, weßwegen er einige Zeit in Leipzig zu leben wünscht, wird er Ihnen vermuthlich selbst eröfnen.»[150] Wenn ein junger Autor einen Verleger besucht, dem er empfohlen worden ist, trägt er gewöhnlich ein fertiges Manuskript in der Tasche. Besaß das Kleist? Oder wäre der «besondere Zweck» eines längeren Aufenthalts in Leipzig gewesen, es erst einmal herzustellen? Was wie der ganz normale, erfreuliche Anfang eines neuen Kapitels im Leben eines aufstrebenden jungen Dichters klingt, war in Wirklichkeit von Ungewißheit überzogen. War Leipzig eher Zufallswahl als konsequente, zielsichere Entscheidung? Wieland schrieb an Wedekind von den «Mißverhältnissen», in denen Kleist «mit seiner Familie zu stehen scheint».[151] Wo überhaupt sollte oder konnte Kleist hingehen, da er Weimar verließ? Bis dahin hatten ihn eher die Umstände geleitet, die Bekanntschaft mit Ludwig Wieland vor allem und die nötige Rückreise der Schwester aus der Schweiz. Nun aber befand er sich allein in der Mitte Deutschlands, mit begrenzten Mitteln in der Hand, dazu einem anonym erschienenen Drama, das gerade erst unter die Leute kam, und den Entwürfen einer Tragödie im Kopf, deren Vollendung ihm schwer zu schaffen machte. Wielands hohes Lob hatte sein Selbstbewußtsein gestärkt und öffnete ihm nun die Tür zu einem einflußreichen Verleger, den er denn auch besucht hat. Aber er stand eben vor ihm mit leeren Händen, und erst recht hätte er so vor der Familie in Frankfurt und der einstigen Braut dagestanden. Er habe Oßmannstedt wieder verlassen, schreibt er der Schwester. «Zürne nicht! Ich mußte fort, u kann dir nicht sagen, warum? Ich habe das Haus mit Thränen verlassen, wo ich mehr Liebe gefunden habe, als die ganze Welt zusammen aufbringen kann; außer du! -! Aber ich mußte fort! O Himmel, was ist das für eine Welt! Ich brachte die ersten folgenden Tage in einem Wirthshause zu Weimar zu, u wußte gar nicht, wohin ich mich wenden sollte. Es waren recht traurige Tage! Und ich hatte eine recht große Sehnsucht nach Dir, o Du meine Freundinn! Endlich entschloß ich mich nach Leipzig zu gehen. Ich weiß wahrhaftig kaum anzugeben, warum?» Und dann folgt noch der Satz: «Wenn Ihr mich in Ruhe ein Paar Monate bei euch arbeiten lassen wolltet, ohne mich mit Angst, was aus mir werden werde, rasend zu machen, so würde ich – ja, ich würde!»[152] Dergleichen indes war nicht zu erwarten, denn es ging über das hinaus, was die Menschen gewöhnlich ihrer Sorge für andere schuldig zu sein glauben. Die «Angst» aber war eine Lebensangst Kleists, seit er das Militär verlassen hatte, und sie hat ihn bis in den Tod verfolgt. Vor Kleist, als er Weimar verließ, lag nicht ein klar abgesteckter Reisepfad, sondern eher eine Fahrt ins Ungewisse, Ortlose.

Ist man sich des Großen unsicher, ergreift man das Kleine. In Leipzig nahm Kleist Unterricht im Deklamieren bei Heinrich August Kerndörffer, einem Verfasser von Unterhaltungsliteratur und seriösem Theoretiker der Vortragskunst.[153] In Oßmannstedt im Kreise Wielands und seiner Familie hatte es Anregungen genügend dazu gegeben, denn in den Zeiten vor der Erfindung der Schreibmaschine, als zuallererst nur das eine handgeschriebene, oft für Fremde schwer lesbare Manuskript von einem neuen Werk existierte, war der Vortrag in kleinen, vertrauten, gebildeten und einflußreichen Zirkeln eine übliche erste Präsentation eigener Arbeit. Kleist neigte überdies dazu, zuerst im Sprechen zu produzieren, wie Wielands Bericht vom weltabwesend bei Tische vor sich hin Murmelnden anschaulich vorgeführt hat. Nun ging es um den professionellen Schliff für das Sprechen; Sprachhemmungen hatten ihn ja seit der Kindheit verunsichert. «Ich lerne», berichtet Kleist aus Leipzig der Schwester, meine eigne Tragödie bei ihm declamiren. Sie müßte, gut declamirt, eine bessere Wirkung thun, als schlecht vorgestellt. Sie würde mit vollkommner Declamation vorgetragen, eine ganz ungewöhnliche Wirkung thun. Als ich sie dem alten Wieland mit großem Feuer vorlas, war es mir gelungen, ihn so zu entflammen, daß mir, über seine innerlichen Bewegungen, vor Freude die Sprache vergieng, u ich zu seinen Füßen niederstürzte, seine Hände mit heißen Küssen überströmend.[154]

Es ist eine bemerkenswerte Szene, in der gesprochene Schrift dem Sprecher schließlich die Sprache verschlägt. Geherzt und geküßt habe Kleist, wie er der Schwester weiter berichtet, in Leipzig aber auch den Mathematiker Hindenburg, den beide schon auf der Fahrt nach Paris besucht hatten, als Kleist noch zu den Wissenschaften strebte; Hindenburg habe ihm nun angeblich lachend verziehen, daß er Dichter geworden sei – Momentaufnahmen von Gefühlsäußerungen, in denen die Ferne einer anderen Zeit greifbar wird, wobei allerdings unsicher bleiben muß, wieviel davon Kleists Fabulierlust zuzuschreiben ist.

Seine Tragödie also, den *Guiskard*, wollte er deklamieren lernen, nur daß von dieser erst Teile auf dem Papier standen. Ende Februar oder Anfang März 1803 verließ Kleist, wie gesagt, Weimar, im Juni des nächsten Jahres erschien er dann als Heimkehrer in Berlin und der Oderstadt Frankfurt. Seine Tragödie hatte er aufgegeben, Fertiges nach eigner Behauptung im Oktober 1803 in Paris den Flammen übergeben. Über sein Leben in den vierzehn Monate zwischen Weimar und Berlin aber gab er selbst nur wenig Auskunft: es existieren lediglich fünf Briefe von ihm an die Schwester, den bereits zitierten aus Leipzig mit eingerechnet, und dazu an den Maler Lose ein Brief, der mit dem Satz schließt: «Mein Schicksal nähert sich einer Krise.»[155] Nun ließ sich das allerdings als Überschrift auch über eine Reihe früherer Lebensabschnitte Kleists setzen, über die meisten sogar, aber diesmal bahnte sich doch eine Krise höherer Intensität an, denn mit dem Papier, das in Paris verbrannte, zerfiel auch der Traum von «schönem Gedicht» und Dichterruhm. Gerade diesem jedoch sah sich Kleist jetzt, als er von Weimar kam, in großen Schritten zueilend. Von einer «gewisse[n] Entdeckung im Gebiete der Kunst», die er gemacht habe und mit seinem Drama «ins Licht»[156] stellen wolle, schreibt er der Schwester am 3. Juli aus Dresden, und die Dimensionen, in denen er sich diese «Entdeckung» vorstellte, werden später noch deutlicher, als

er bereits spürt, daß sie ihm entgleitet. Geradezu eine Art Herder-
scher Kulturphilosophie vom Wachsen und Welken einzelner Kultu-
ren klingt an, wenn er Anfang Oktober den Grund für das drohende
Mißlingen seines Werkes darin zu finden glaubt, daß «das Schicksal,
das den Völkern jeden Zuschuß zu ihrer Bildung zumißt,» die Kunst
«in diesem nördlichen Himmelsstrich noch nicht reifen lassen» wolle
und er, «ein Jahrtausend im Voraus», vor «Einem» zurücktrete, der
dereinst kommen werde. «Denn in der Reihe der menschlichen Erfin-
dungen ist diejenige, die ich gedacht habe, unfehlbar ein Glied, und es
wächst irgendwo ein Stein schon für den, der sie einst ausspricht.»[157]

In seinen Erwartungen wie Versprechungen war Kleist nie bescheiden, nur täuschte er hier weniger andere als vielmehr sich selbst,
obwohl auch das nicht neu war in seinem Leben. Die Geschichte vom
Normannenherzog Robert Guiscard aus dem elften Jahrhundert, der,
in seiner Legitimität angezweifelt, zwar seine Feinde besiegt, aber
dann doch einer größeren, schicksalhaften Macht, der Pest, erliegt,
konnte so recht nach dem Herzen Kleists sein. Er hatte sie in Schillers
Horen gelesen, wo sie der sächsische Offizier Karl Wilhelm Ferdinand
von Funck erzählt. Wie weit Kleist sich in den Helden hineinproji-
zierte, wie weit er dahinter auch jenen anderen sehr realen Helden
dieser Tage sah, den Ersten Konsul Napoleon Bonaparte, der sich
immer stärker in das Leben des preußischen Leutnants außer Dienst
zu mischen begann – das läßt sich nur vermuten, denn es gibt nun
eben sein Drama nicht; die Szene, die er 1808 in seinem Journal *Phöbus*
drucken ließ, war ein Rekonstruktionsversuch aus dieser späteren
Zeit.

Was aber den gewaltigen Anspruch einer epochemachenden «Entdeckung» auf dem «Gebiete der Kunst» angeht, war Wielands besorgte
Bemerkung in seinem Brief an Wedekind ein Jahr später nicht unbe-
rechtigt, es könnte sein begeistertes Lob von Kleist diesen womöglich
nur tiefer in «das Schicksal, das ihn zu verschlingen»[158] drohe, hinein-
gestoßen haben. Tatsächlich möchte man fast wünschen, Wieland
habe Kleist nichts von dem gesagt, was er später Wedekind gegenüber äußerte, jenes Wort eben von den «Geistern des Aeschylus,
Sophokles und Shakespear», die sich in seinem Drama verbinden
könnten, falls es ihm gelänge. Dahinter standen bei Wieland indes
konkrete Vorstellungen. Die Vereinigung des Klassischen und Romantischen war einer der die Kunstdiskussion um 1800 prägenden Gedan-

ken. Die Herrschaft antiker – heidnischer – Kultur, ihrer Poetiken und ihrer Sprachen im gesamten europäischen Bildungswesen sollte wenn nicht abgelöst, so doch ergänzt werden durch die Besinnung auf die eigene, christliche Tradition. Das führte unter anderem zur Wiederentdeckung der mittelalterlichen Kunst und der großen Dichter christlicher Kultur, also von Epikern wie Dante und Cervantes, Lyrikern wie Petrarca und Dramatikern wie Calderon und eben Shakespeare. Experimente zu solchem Zwecke waren in diesen Tagen auf der Weimarer Bühne im Gange. August Wilhelm und Friedrich Schlegel, sich als Herolde einer neuen Kunst im Zeichen des Romantischen empfindend, hatten dazu Stücke geliefert, die Goethe persönlich inszenierte. Am 2. Januar 1802 wurde August Wilhelm Schlegels antikisierendes Drama *Ion* aufgeführt, und am 29. Mai 1802 Friedrich Schlegels *Alarcos*, ein Calderon-Imitat. Beides waren klägliche Stücke und große Mißerfolge. Wieland fand den *Alarcos* ein «elendes Machwerk»,[159] das Schlegel wohl nur geschrieben habe, um sich hinterher über die Deutschen zu mokieren, wenn sie es gut fänden. Wäre Kleist allerdings ein paar Tage länger in Weimar geblieben, so hätte er am 19. März 1803 dort die Uraufführung von Schillers *Braut von Messina* sehen können, wenn er denn ins Theater gegangen wäre. Denn da war nun ein sehr viel ernster zu nehmender Versuch gemacht worden, Klassisches und Modernes zu etwas Neuem zu verbinden. Aber zu diesem Zeitpunkt lernte Kleist in Leipzig bereits die eigene Tragödie deklamieren.

Daß Kleists Gedanke von einer bahnbrechenden «Entdeckung» durch eine solche geschichtliche Situation inspiriert wurde, liegt nahe. Was er sich aber im einzelnen darunter vorstellte, wissen wir nicht. Erkennbar wird nur, daß sich Kleist mit dem Vorsatz, ein theoretisch-historisch bestimmbares Ziel zu erreichen, um die Möglichkeit brachte, mit jener ganzen gestaltbildenden, leidenschaftlichen Kreativität an sein Werk zu gehen, deren er so fähig war. Er begab sich mit seinem Vorsatz vielmehr in die Situation jenes Jünglings aus seiner späteren Betrachtung *Über das Marionettentheater*, dem es nicht gelingt, dieselbe Position aus Absicht noch einmal einzunehmen, die er vorher ahnungslos eingenommen hatte. Darüber hinaus aber lag dem Gedanken außerdem der Fehlschluß zugrunde, daß es überhaupt im Bereiche der Kunst «kopernikanische Wenden» oder «Entdeckungen» geben könne, die denen in der Philosophie oder den

Naturwissenschaften vergleichbar wären. Zwar läßt sich der Sauerstoff entdecken und darauf eine neue Chemie aufbauen; die Kunst aber geht da den langsameren Gang der Natur selbst. So war also Kleist von vornherein auf Kollisionskurs mit seinem Drama, und die kommenden Monate zeigen ihn immer wieder im Kampf mit der Vergeblichkeit des Unternehmens. Nur darf allerdings nicht der Eindruck entstehen, daß es ausschließlich trübe, qualvolle Tage für ihn waren.

Von Leipzig war Kleist nach Dresden gegangen, wo er alte gute Freunde traf. Die Schliebens waren da, deren Armut er der Schwester Ulrike herzbewegend schildert, allerdings auch den eigenen Mangel an Geld, so daß sie schließlich wieder einmal angereist kam, um ihm aus der Verlegenheit zu helfen.[160] In Dresden, so hatte er ihr versprochen, «würdest Du auch meinen Freund kennen lernen, diesen vortrefflichen Jungen. Es ist Pfuel, von Königs Regiment»,[161] sein Kamerad aus Potsdamer Zeit; er hatte nun auch gerade den Dienst quittiert. Es blieb eine produktive Freundschaft; ihm, so hat Ernst von Pfuel in seinen Erinnerungen berichtet, habe Kleist damals die ersten Szenen des *Zerbrochnen Krugs* diktiert. Aus der Bibliothek in Dresden hatte sich Kleist damals Übersetzungen des antiken Lustspieldichters Aristophanes und des Sophokles ausgeliehen, von letzterem unter anderen den *König Ödipus*, jenen «Ödip», von dessen Verwandtschaft mit dem sündigen Dorfrichter Adam die «Vorrede» zu Kleists Stück spricht – was zugleich Einblick in Kleists Werkstatt gibt, also in die Entstehung einer Komödie nicht nur aus einem Freundeswettstreit, sondern ebenso aus dem Bezug auf andere Literatur, also aus dem, was die Fachwissenschaft Intertextualität nennt. Nicht nur *Guiskard* beschäftigte mithin Kleist, und neben die Obsession mit tragischer Vernichtung trat das Lachen. Ludwig Wieland war übrigens auch gerade in Dresden, ebenso Friedrich de la Motte-Fouqué und schließlich aus Weimar Johannes Daniel Falk, der im Begriffe war, eine eigene Version des Molièreschen *Amphitryon* zu schreiben. Es sah also eher nach glücklichen, eindrucksreichen, schöpferischen Tagen aus statt neuer Krise, und da außerdem noch Christoph Wilhelm von Werdeck, der Ehemann von Adolphine von Werdeck und zugleich ein guter, wohlhabender Bekannter Kleists aus Potsdamer Tagen, in Dresden war und von dort in die Schweiz reisen wollte, verabredeten Kleist und Pfuel, sich demnächst mit ihm und seiner Frau zu einer alpinen

Sommerreise zu treffen. Die allerdings sollte nur wieder Station zu einem weiteren Ziel sein: Paris. Ernst von Pfuel scheint es gewesen zu sein, den es nun nach seiner Befreiung vom Militär dahin zog und der den Freund um Begleitung bat.[162] Zwölf Jahre später wurde, nebenbei bemerkt, der Oberst Ernst von Pfuel Kommandant des preußischen Sektors im eroberten Paris.

Die Reise Kleists und Pfuels durch die Schweiz war über weite Strecken eine Fußreise; nur gelegentlich waren sie Mitfahrgäste der Werdecks, mit denen sie zuerst in Meiringen zusammentrafen und dann mehrfach noch in den nächsten drei Wochen. Kleists und Pfuels Weg ist, teils mit Hilfe der Tagebücher Adolphine von Werdecks, in großem Details rekonstruiert worden;[163] er führte sie über Bern, Thun, den Gotthard und Varese, wo man Friedrich Lose wieder traf, und dann möglicherweise sogar bis nach Mailand. Zurück ging es über den Simplon, noch einmal für längere Zeit nach Thun, dann nach Genf und von dort schließlich nach Paris, wo sie Mitte Oktober eintrafen. Adolphine von Werdeck, Empfängerin intimer Briefe Kleists, war eine eher kokette Natur, und Kleist entsprach nicht so recht ihrer Art. «Pfuels unerschöpflicher Witz stimmte uns alle zum Frohsinn, selbst Kleist war weniger als sonst mit sich selbst beschäftigt», notiert sie in ihrem Tagebuch, und wenn Pfuel «manche komische Reisegeschichte» erzählt, hält sich der «unschlüssige Kleist» immer wieder zurück, zeigt sich als «launig» und will schließlich nur noch nach Thun zurück, «um sein Peststück zu vollenden.»[164] Diese wenigen Tagebuchnotizen Frau von Werdecks sind die einzigen authentischen Zeugnisse dafür, daß Kleists Arbeit am *Robert Guiskard* weiterging, ja für seine weniger verständnisbereite Umgebung wohl obsessiv geworden zu sein schien. Dominierte sie ganz und gar Kleists Inneres?

Was nicht übersehen werden darf: ihr Weg über die Alpen und zurück brachte den beiden jungen Männern das Erlebnis der Hochgebirgslandschaft in der zugänglichsten Jahreszeit, ein Erlebnis, das gerade für zwei Norddeutsche nicht gering zu schätzen ist; selbst Kleist, dem die Schweiz nicht mehr fremd war, hatte das Schreckhorn immerhin bisher nur schreibend bestiegen, jetzt erst kam er ihm wirklich nahe. Aber die Reise hat beiden auch noch etwas anderes gebracht: die Erfahrung ihrer Freundschaft. Dafür gibt es nun ein viel beachtetes und gedeutetes Zeugnis. Anfang Januar 1805 – beide waren inzwischen in den Norden zurückgekehrt, Kleist nach Berlin und

Pfuel nach Potsdam – schrieb Heinrich von Kleist seinem Freunde
einen enthusiastischen Freundesbrief, in dem er die Gefühle des vergangenen Jahres beschwört:

Wie flogen wir vor einem Jahre einander, in Dreßden, in die Arme!
Wie öffnete sich die Welt unermeßlich, gleich einer Rennbahn, vor
unsern in der Begierde des Wettkampfs erzitternden Gemüthern!
[...]
Damals liebten wir ineinander das Höchste in der Menschheit;
denn wir liebten die ganze [Aus]bildung unsrer Naturen, ach! in ein
Paar glücklichen Anlagen, die sich eben entwickelten. Wir empfanden, ich wenigstens, den lieblichen Enthusiasmus der Freundschafft!
Du stelltest das Zeitalter der Griechen in meinem Herzen wieder her,
ich hätte bei dir schlafen können, du lieber Junge; so umarmte dich
meine ganze Seele! Ich habe deinen schönen Leib oft, wenn du in
Thun vor meinen Augen in den See stiegest, mit wahrhaft *mädchenhaf-
ten* Gefühlen betrachtet. Er könnte wirklich einem Künstler zur Studie dienen. Ich hätte, wenn ich Einer gewesen wäre, vielleicht die
Idee eines Gottes durch ihn empfangen. Dein kleiner, krauser Kopf,
einem feisten Halse aufgesetzt, zwei breite Schultern, ein nerviger
Leib, das Ganze ein musterhaftes Bild der Stärke, als ob du dem
schönsten jungen Stier, der jemals dem Zevs geblutet, nachgebildet
wärest. Mir ist die ganze Gesetzgebung des Lykurgus, u sein Begriff
von der Liebe der Jünglinge, durch die Empfindung, die du mir
g[ew]eckt hast, klar geworden. Komm zu mir! [...] Ich heirathe niemals, sei [du] die Frau mir, die Kinder, und die Enkel![165]

Wieder einmal verbinden sich hier Kleists ganze Unbändigkeit des
Empfindens und seine gestaltschaffende Sprachgewalt zu einem
Zeugnis seiner Einzigartigkeit. Die Beschreibung Pfuels als athleti-
scher Typ hätte einer späteren psychologischen Typenlehre geradezu
als Muster dienen können. In der Tat war Pfuel eine Sportlernatur
und ein Avantgardist des Sports überhaupt. Aber er gehörte nicht
unter die Schar der vollbärtigen Patrioten um den «Turnvater» Jahn,
deren Folterinstrumente zur bleibenden Ausstattung deutscher
Turnhallen wurden; Pfuel war Intellektueller, der, wie schon früher erwähnt, einen Aufsatz über *Kriegskunst und Fechtkunst* schrieb und
später das erste kleine Lehrbuch *Ueber das Schwimmen*. Unter allen
«Leibesübungen» sei es die «am meisten vernachläßigte», so Pfuel,
und zwar weil sich beim Schwimmen erst «das Vergnügen und die
Lust» entwickelten, wenn man es beherrsche.[166] Das wurde zwar erst

Ernst von Pfuel (um 1825)

1817 publiziert, aber es gehört zum weiteren Kontext von Kleists Brief.

Seit seinem Bekanntwerden 1905 hat nun dieser Brief vor allem die Frage aufgeworfen, ob Kleist homosexuell gewesen sei. Es ist eine moderne Frage, die etwas mit dem langen Weg der Homosexualität zu rechtlicher und gesellschaftlicher Akzeptanz in der westlichen Welt zu tun hat und also auch mit dem auf diese Weise möglich gewordenen öffentlichen Bekenntnis zu einer sexuellen Identität. Zu Kleists Zeiten standen – es ist an früherer Stelle schon darauf hingewiesen worden – gleichgeschlechtliche Beziehungen unter hoher Strafe, aber sie haben natürlich existiert und erst recht die Neigungen dazu. Die lange Kasernierung junger Männer während des Militärdienstes bot dazu reichlich Gelegenheit. Schon früh sind homosexuelle Neigungen bei Kleist diagnostiziert worden, zuerst 1909 von Sigismund Rahmer und im Jahr darauf von Isidor Sadger, einem Wiener Nervenarzt; der Brief an Pfuel sowie das schwärmerische Lob für den Freund Brockes in einem Brief an Wilhelmine von Zenge galten als deutlichste Belege dafür. Ausführliche, auf die Werke bezogene Studien sind dann später gefolgt.[167] Nach sexueller Identität im Sinne des 20. oder 21. Jahrhunderts zu suchen, wäre jedoch unhistorisch und reduzierte Kleists Verständnis menschlichen Verhaltens und Empfindens, wie es sich in seinen Werken und Briefen darbietet, auf geschlechtspolitische Aspekte. In Wirklichkeit begegnen wir hier eher der immer wieder festzustellenden Tatsache von der größeren Weite und Tiefe künstlerischer Sensibilität, und dazu gehört eben auch die Fähigkeit, das Empfinden des eigenen wie des anderen Geschlechts in sich aufzunehmen und zu gestalten. Und Pfuel? Ernst von Pfuel hat sich stets als Kleists engster Freund empfunden, hat mit ihm später in Dresden bis zu seiner Heirat zusammen gewohnt und sein Andenken geehrt, als sein sensationeller Freitod die preußische Öffentlichkeit gegen ihn aufbrachte. Aber Pfuels spätere Berichte über die Zeit mit Kleist sind, wie sein Biograph es nennt, «zurückhaltend und undeutlich und verschleiern durch Anekdotisches eher als aufzuhellen.»[168]

In den ersten Oktobertagen 1803 erreichten die beiden Wanderer Genf. Von dort schrieb Kleist jenen Brief an die Schwester, in dem er sich beugte vor «Einem», der dereinst kommen werde, um das zu vollbringen, was er sich mit seinem *Guiskard* vorgesetzt hatte: Kleist war auf dem Boden des Abgrundes seiner Verzweiflung angekommen, und der war diesmal tiefer als je zuvor. «Ein Halbtausend hinter einander folgender Tage, die Nächte der meisten mit eingerechnet,» habe er an den Versuch gesetzt, «zu so vielen Kränzen noch einen auf unsere Familie herabzuringen: jetzt ruft mir unsere heilige Schutzgöttinn[169] zu, daß es genug sei. [...] Die Hölle gab mir meine halben Talente, der Himmel schenkt dem Menschen ein ganzes, oder gar keins.»[170] Der Ehrgeiz verbiete ihm jedoch, zu seiner Familie zurückzukehren. «Ich bin jetzt auf dem Wege nach Paris sehr entschlossen, ohne große Wahl zuzugreifen, wo sich etwas finden wird.» Und dann in weiterer Steigerung: «Geßner hat mich nicht bezahlt, meine unseelige Stimmung hat mir viel Geld gekostet, und wenn Du mich noch einmal unterstützen willst, so kann es mir nur helfen, wenn es bald geschieht. Kann sein, auch, wenn es gar nicht geschieht. Lebe wohl, grüße Alles – ich kann nicht mehr.»[171] Wie dramatisch scheiterte hier ein junger Dramatiker an einem Drama! Man kann nicht umhin, Kleists Lust an der Fähigkeit mitzuempfinden, eine solche große Szene gestalten zu können, wenngleich nur eben nicht im Drama, sondern ersatzweise in einem Brief. Der Frage, welche Schuld womöglich nicht der Hölle und den halben Talenten zuzuweisen war, sondern einem widerspenstigen Stoff, wird angesichts jenes Fragmentes aus dem *Guiskard* nachzugehen sein, das Kleist 1808 in Dresden der lesenden Öffentlichkeit übergab.

Jetzt strebte Kleist zunächst mit Pfuel nach Paris, wo sie Mitte Oktober ankamen und die Werdecks wiedertrafen. Danach folgte – nicht zum erstenmal – Kleists Aufforderung an Pfuel zum gemeinsamen Sterben. Ein Streit zwischen den Freunden entstand, der zur Trennung führte. Und irgendwann in diesen Wirren kam es dann eben auch zu Kleists angeblichem Autodafé seiner *Guiskard*-Manuskripte sowie dem Entschluß, andere, eigene Wege zur Selbstvernichtung zu suchen. Dazu nun bot die Geschichte günstige Gelegenheit. Seit langem träumte Napoleon davon, sich England, seinen größten Konkurrenten in dem Besitz der Macht über Europa, zu unterwerfen. «Drei Tage mit dunstigem Wetter und mit einigen günstigen Umständen können mich zum Herrn von London machen, des dortigen Parlaments wie der Bank»,[172] erklärte der Erste Konsul einem preußischen Diplomaten am 30. Juli 1803; in der Normandie wurden in sorgfältiger Planung Truppen konzentriert oder neu ausgehoben, eine Landungsflotte gebaut und sogar neue Häfen an der Kanalküste angelegt.[173] Es war einer von Napoleons hochfliegenden Machtplänen, der nur eben nie ausgeführt wurde. Aber die Rekrutierung einer Invasionsarmee war es, was Kleist nun als Gelegenheit sah, aller Verzweiflung wie allen finanziellen Sorgen zu entfliehen und obendrein womöglich den Soldatentod zu sterben, also so heldenhaft und in Erhabenheit, wie er es sich früher auch schon gewünscht hatte.

Aus St. Omer schrieb er einen knappen Brief an die Schwester:

> Was ich Dir schreiben werde, kann dir vielleicht das Leben kosten; aber ich muß, ich muß, ich *muß* es vollbringen. Ich habe in Paris mein Werk, so weit es fertig war, durchlesen, verworfen, und verbrannt: und nun ist es aus. Der Himmel versagt mir den Ruhm, das größte der Güter der Erde; ich werfe ihm, wie ein eigensinniges Kind, alle übrigen hin. Ich *kann* mich deiner Freundschaft nicht würdig zeigen, ich kann ohne diese Freundschaft doch nicht *leben:* ich stürze mich in den Tod. Sei ruhig, Du Erhabene, ich werde den schönen Tod der Schlachten sterben. Ich habe die Hauptstadt dieses Landes verlassen, ich bin an seine Nordküste gewandert, ich werde französische Kriegsdienste nehmen, das Heer wird bald nach England hinüber rudern, unser aller Verderben lauert über den Meeren, ich frohlocke bei der Aussicht auf das unendlich-prächtige Grab. O Du Geliebte, Du wirst mein letzter Gedanke sein![174]

Das war starkes Pathos und nicht unkalkuliert hinsichtlich seiner Wirkung: berauschend in der Wirkung auf sich selbst und nicht ohne Grausamkeit hinsichtlich der Wirkung auf andere, speziell auf die Empfängerin. Wäre es Literatur, so hätten solche Worte eine tragisch erhebende Wirkung, worin ja auch das «Vergnügen an tragischen Gegenständen» besteht, das Schiller analysiert hat. Hier aber war es nicht Literatur, sondern Lebenswirklichkeit, und die hatte für die Adressatin nichts Erhebendes an sich. Kleist hat, wie bereits mehrfach zu sehen war, zwischen beidem, Kunst und Leben, nie zu trennen gewußt, worauf allerdings zugleich seine Einzigartigkeit beruhte, die Einzigartigkeit seiner Kunst wie seiner Leiden.

Man kann Kleists Entschluß, an die Kanalküste zu gehen, um sich für Napoleons Invasionsarmee einzuschreiben, Besonnenheit und Lebensklugheit gewiß nicht attestieren, sondern muß ihn lediglich als Produkt seines in Extremen denkenden und empfindenden Geistes in Tagen tiefster Enttäuschung hinnehmen. Aber der Entschluß war auch nicht ganz so aberwitzig, wie er aus späterer Sicht vielleicht erscheint. Kleist entstammte einer Offiziersfamilie, und das Soldat-sein war sein erlernter Beruf, den er bis in sein zweiundzwanzigstes Lebensjahr ausgeübt hatte. Er kannte aus Erfahrung die Strapazen von Feldlagern und wußte, wie es in Gefechten zuging, und außerdem beherrschte er zuverlässig die französische Sprache. Vergessen hatte er lediglich, daß er bei der Entlassung aus der Armee seinem König versprochen hatte, nicht «ohne Dero allerhöchsten Consens jemals in auswärtige Krieges- oder Civil-Dienste» zu treten.[175] Immerhin befand sich – ein mildernder Grund – Preußen wenigstens nicht im Kriegszustand mit Frankreich; Desertion war es also nicht. Dennoch nahmen ihn die Franzosen nicht an, weil man zu wenig über ihn wußte und Spionenfurcht herrschte. Ein zweiter Versuch ein paar Wochen später führte lediglich zu einem Paß für ihn, den ihm der preußische Gesandte in Paris, der Marquis Girolamo de Lucchesini, auf Bitten des französischen Kriegsministers direkt zurück nach Potsdam aus-stellte.[176] Aber die Urangst, nun doch ruhmlos, mit leeren Händen vor den Seinen in Frankfurt dazustehen, muß überwältigend gewesen sein. Am 29. Juli 1804, inzwischen nach Berlin zurückgekehrt, schrieb Kleist an Henriette von Schlieben, «aus Lebensüberdruß» sei er im Begriffe gewesen, einen «rasenden Streich» zu begehen und mit Bona-partes Armee nach England zu gehen, wenn es wirklich zu diesem Kriegszug gekommen wäre. So aber sei er dann vom «Norden Frank-reichs» wieder zurückgekehrt «über Paris nach Mainz, wo ich endlich krank niedersank, und nahe an fünf Monaten abwechselnd das Bett oder das Zimmer gehütet habe. Ich bin nicht im Stande vernünftigen Menschen einigen Aufschluß über diese seltsame Reise zu geben. Ich selber habe seit meiner Krankheit die Einsicht in ihre Motiven ver-loren, u begreife nicht mehr, wie gewisse Dinge auf andere erfolgen konnten.»[177] Nach Aufschluß und Einsicht sah sich statt dessen der Arzt um, der Kleist in diesen Wochen in Mainz betreute: Georg Wede-kind, «Professor der Medizinischen Praxis zu Mainz und Oberarzt bei den Militärspitälern».[178] Er war es, der am 3. April 1804 – das Datum ist wichtig – an Wieland schrieb, von ihm mehr über Kleist wissen wollte, der sich offenbar in traurigen Umständen bei ihm befand,[179] und dadurch Wielands großen, besorgten wie bewundernden Brief über seinen Hausgast und dessen Ringen um sein Guiskard-Drama veranlaßte.

Abermals Enigma-Variationen

In Paris war währenddessen ein junger Mann in Kleists Leben getreten, der unabsichtlich zum Initiator einer Reihe weiterer Enigma-Variationen wurde. Es war Carl Bertuch, Sohn des Weimarer Verlegers Friedrich Johann Justin Bertuch. Carl Bertuch hielt nicht viel von dem gleichaltrigen Preußen und legte das auch schriftlich nieder, das heißt, er führte ein Tagebuch, erst auf deutsch, später in schlechtem Französisch.[180] Kleist erscheint darin als «exaltierter Kopf», «überspannter Mensch», als «Schnorrer»,[181] der sich mit dem Freunde Pfuel versöhnt hat, und er erscheint auch als häufiger Gefährte der Werdecks – Carl Bertuch selbst verfolgte die attraktive Adolphine von Werdeck mit deutlicher Aufmerksamkeit. Das Verwirrende an diesem Pariser Tagebuch nun ist, daß sich Einträge für einzelne Begegnungen Bertuchs mit Kleist auch für Februar, März, April und Mai 1804 finden, für eine Zeit also, in der Kleist krank in Mainz daniedergelegen zu haben behauptete und, wie Wedekinds Anfrage an Wieland erweist, auch tatsächlich dort in dessen Behandlung war. Die Suche nach möglichen Erklärungen eines solchen Widerspruches hat nun verständlicherweise dem Spiel der Mutmaßungen Tür und Tor geöffnet. Handelte es sich um einen anderen Kleist, denn schließlich war es kein seltener Name im preußischen Adel? Am 10. Mai 1804 ist «Kleist» in Bertuchs Pariser Tagebuch verzeichnet, am 3. Mai 1804 «Hr. v. Kleist, Partikulier aus Frankfurt a. d. O.» in Berlin «einpaßirt», wie die *Vossische Zeitung* vom 5. Mai meldet.[182] Das könnte kaum ein und dieselbe Person gewesen sein. Andererseits könnte die häufige Verbindung mit dem Namen Werdeck in Bertuchs Tagebuch tatsächlich auf Heinrich von Kleist deuten. War er also entgegen der eigenen Behauptung dennoch mehrfach zwischen Mainz oder gar Berlin und Paris hin und her gereist?[183] Daß man Kleists fünfmonatiges krankes Niedersinken, von dem er Henriette von Schlieben schreibt, nicht gar zu wörtlich nehmen muß, liegt nahe, denn dazu war er ein zu guter, phantasiereicher und wortmächtiger Erzähler, der wunderschön erfinden und auch sich selbst dramatisieren konnte, besonders da es im Augenblick für ihn Grund genug gab, das Gefühl einer tiefen Niederlage mit dem Mantel der Krankheit zu umhüllen. Wenn also die gelegentlichen Reisen von Mainz zurück nach Paris stattgefunden haben, dann aber zu welchem Zweck? Es sind solche aus Mangel an Dokumenten unbeantwortbaren

Rätselfragen, die die Kleistforschung immer wieder gereizt haben. Wedekind war einst Sympathisant der Französischen Revolution und zusammen mit Georg Forster 1792/93 einer der Mainzer Republikaner, eine Vergangenheit, die ihm lange als Last angehangen hat.[184] Wurde Kleist also etwa in jener kritischen Zeit, da Napoleon sich anschickte, das Konsulat zu beseitigen und sich die Kaiserkrone aufzusetzen, von Wedekind als politischer Kurier hin und her gesandt? Es wäre eine Rolle gewesen, für die er freilich von Natur aufs schlechteste ausgerüstet gewesen wäre, wie seine Würzburger Reise bereits unter sehr viel harmloseren Umständen zeigte; in den von Wieland erwähnten «traurigen Umständen» und der brisanten politischen Lage – Napoleon hatte gerade den Herzog von Enghien entführen und erschießen lassen – hätte es ein tödliches Risiko nicht nur für den Boten, sondern auch für den Auftraggeber bedeutet. Und hätte sich für solche Dienste überhaupt ein so psychisch labiler, wenn nicht kranker Mensch wie Kleist am besten geeignet? Blieben also – immer nützlich, wo die Dinge undurchschaubar werden – die Freimaurer als geheime Netzknüpfer und mit ihnen der eigenbrötlerische Graf Gustav von Schlabrendorf, der «Diogenes von Paris» und entschiedene Gegner Napoleons, bei dem Kleist womöglich mäzenatische Unterstützung suchte. Auch das ist vermutet worden.[185] Oder war es nur einfach ein Therapieversuch Wedekinds, den in seinen Lebenszielen Verwirrten durch Reisen wieder zu sich selbst zurückzuführen, so wie ja auch erwogen wurde – Wieland erwähnt es in seinem Brief – Kleist beschäftigungstherapeutisch «in Coblenz zu einem Tischler zu verdingen»?[186]

Nur eine Frage hat man bisher nicht gestellt: Wie mochte überhaupt ein verantwortungsvoller, aufgeklärt und human denkender Arzt – und das war Wedekind ganz und gar – auf das teilnahmsvolle, klarsichtige Bild Heinrich von Kleists reagieren, das ihm Wieland auf Anfrage ins Haus schickte? Auch darauf gibt es natürlich keine Antwort, aber hinsichtlich dessen, was Wedekind für ihn helfend einleitete, ist diese Frage immerhin bedenkenswert. Daß noch Jahrzehnte später unter den wenigen Verwandten und Freunden Kleists eine Verschwörung des Schweigens über diese Reisen bestanden habe, ist von allen Lösungsversuchen des Enigmas der unwahrscheinlichste. Ulrike von Kleist und Ernst von Pfuel, später ohne Verbindung zueinander, haben, als sie Jahrzehnte nach Kleists Tod und zu jeweils ganz verschiedenen Zeiten von jeweils ganz verschiedenen Personen über ihre Erinnerungen an Kleist befragt wurden, einfach nichts von solchen Details gewußt oder erinnert, noch hat es auch die Frager damals überhaupt interessiert. Wenn nicht neue Dokumente auftauchen, wird man sich also damit abfinden müssen, daß Kleist nicht ununterbrochen sechs Monate in Mainz krank danieder gelegen hat, wie er behauptete, sondern dann und wann noch einmal nach Paris gereist ist. Die Frage nach dem Zweck seiner Reisen, wenn diese denn stattgefunden haben sollten, muß man gleichfalls auf sich beruhen lassen oder kann diese Fahrten allenfalls loben, falls sie dazu beigetragen haben sollten, Kleist zu sich selbst zurückfinden zu lassen.

Denn aus der Ortlosigkeit seines Wanderjahres kehrte Kleist nicht schlechterdings mit der Erfahrung der Vergeblichkeit all seines Handelns dorthin zurück, von wo er ausgegangen war. Kein Circulus vitiosus schloß sich mit seiner Rückkehr nach Berlin im Juni 1804. Auch wenn er Blätter mit seinem zweiten Drama verbrannt hatte, war Kleist dennoch zum Dichter geworden. Im Januar 1804 war seine *Familie Schroffenstein* in Graz uraufgeführt worden. Und vor allem hatte er damals in Dresden, ehe er sich mit Pfuel auf die Reise begab, einen Koffer zurückgelassen, den er sich nun nach Berlin nachschicken lassen wollte.[187] Um Spekulationen vorzubeugen: was er enthielt, wissen wir nicht. Aber Pläne zu neuen Werken waren wenn nicht im Koffer, so jedenfalls in Heinrich von Kleists Kopf.

VII. WAS SIND DAS FÜR ZEITEN

~

1. Vor dem Sturm

Im Juni 1804 sah Heinrich von Kleist nach zweieinhalb Jahren seine Heimatstadt wieder. Es war eine Rückkehr, wie er sie sich nicht gewünscht hatte. Der Ruhm einer großen Tat umgab ihn nicht, sondern statt dessen die Nachrede von einem dubiosen Abenteuer bei den Franzosen. Mit den «Wissenschaften» war es auch nichts geworden. Ein «schön Gedicht» war ihm zwar gelungen, aber für die Augen der Seinen mochte es – da hatte er recht – wohl wirklich als eine «elende Scharteke» erscheinen, falls sie es überhaupt lasen, und es war eher eine Gnade für sie, daß der Name Kleist nicht darauf stand. Vor allem aber hatte er kein Geld. Das aber mußte gerade bei denen, die es gut mit ihm meinten, die alte, leidige Frage nach dem «Was nun?» hervorrufen. Das Vergangene ließ sich notdürftig hinter der Krankheit verbergen, die Gegenwart forderte einen Entschluß, und der konnte nur das Nächstliegende sein: das Amt zu erbitten, das er nicht nehmen wollte, wie er der Braut einst versichert hatte. Diese selbst lebte übrigens weiterhin am Orte, nunmehr als die Professorin Krug.

Auf dem Umweg über Potsdam und in Begleitung der guten Freunde Pfuel und Gleißenberg betrat Kleist schließlich Berlin und wurde dort vorstellig, wo allein man ihm die Bitte um Anstellung gewähren konnte: beim König höchstpersönlich. Dort liefen alle Fäden der Macht zusammen, aber dort hatte auch der ehemalige Gardeoffizier unmittelbaren Zutritt. Im Vorzimmer Seiner Majestät jedoch regierte der Generaladjutant Karl Leopold von Köckeritz. Von der Audienz bei ihm hat Kleist der Schwester Ulrike nach Frankfurt einen Bericht gegeben, ein Kabinettstück Kleistscher Erzählkunst und eine Selbstdarstellung, mit der er sich von dem Kränkenden des Erlebten schreibend zu befreien und sich vor der Schwester – und der Familie – die Würde zurückzugeben sucht, an deren Verlust er doch so schwer litt. «Wie unglücklich wäre ich, wenn ich nicht mehr stolz sein könnte»,[1] schreibt er später an Ulrike von Kleist. Jetzt aber berichtet er ihr über seinen Besuch bei Köckeritz:

Karl Leopold von Köckeritz.
Pastell von Joseph Darbes (1797)

Er empfieng mich mit einem finstern Gesichte, und antwortete auf
meine Frage, ob ich die Ehre hätte von ihm gekannt zu sein, mit
einem kurzen: ja. Ich käme, fuhr ich fort, ihn in meiner wunderlichen
Angelegenheit um Rath zu fragen. Der Marquis von Lucchesini hätte
einen sonderbaren Brief, den ich ihm aus St. Omer zugeschickt, dem
Könige vorgelegt. Dieser Brief müsse unverkennbare Zeichen einer
Gemüthskrankheit enthalten, und ich unterstünde mich, von Sr. Majestät Gerechtigkeit zu hoffen, daß er vor keinen politischen Richter-
stuhl gezogen werden würde. Ob diese Hoffnung gegründet wäre?
Und ob ich, wiederhergestellt, wie ich mich fühlte, auf die Erfüllung
einer Bitte um Anstellung rechnen dürfte, wenn ich wagte, sie
Sr. Majestät vorzutragen? Darauf versetzte er nach einer Weile: «sind
Sie wirklich jetzt hergestellt? Ganz, verstehn Sie mich, hergestellt? –
Ich meine», fuhr er, da ich ihn befremdet ansah, mit Heftigkeit fort,
«ob Sie von allen Ideen und Schwindeln, die vor Kurzem im Schwange
waren, (er gebrauchte diese Wörter) völlig hergestellt sind?» – Ich
verstünde ihn nicht, antwortete ich mit so vieler Ruhe als ich zusam-
menfassen konnte; ich wäre körperlich krank gewesen, und fühlte
mich, bis auf eine gewisse Schwäche, die das Bad vielleicht heben
würde, so ziemlich wieder hergestellt. – Er nahm das Schnupftuch
aus der Tasche und schnaubte sich. «Wenn er mir die Wahrheit gestehen solle», fieng er an, und zeigte mir jetzt ein weit besseres Gesicht,
als vorher, «so könne er mir nicht verhehlen, daß er sehr ungünstig

von mir denke. Ich hätte das Militair verlassen, dem Civil den Rük-
ken gekehrt, das Ausland durchstreift, mich in der Schweiz ankaufen
wollen, *Versche* gemacht (o meine theure Ulrike!) die Landung mitma-
chen wollen, & & & Überdies sei des Königs Grundsatz, Männer, die
aus dem Militair in's Zivil übergiengen, nicht besonders zu protegi-
ren. Er könne nichts für mich thun.» – Mir traten wirklich die Thränen in die Augen. Ich sagte, ich wäre im Stande, ihm eine ganz andere
Erklärung aller dieser Schritte zu geben, eine ganz andere gewiß, als
er vermuthete. Jene Einschiffungsgeschichte z.B. hätte gar keine
politischen Motive gehabt, sie gehöre vor das Forum eines Arztes
weit eher, als des Cabinets. Ich hätte bei einer fixen Idee einen gewissen Schmerz im Kopfe empfunden, der unerträglich heftig steigernd,
mir das Bedürfniß nach Zerstreuung so dringend gemacht hätte, daß
ich zuletzt in die Verwechslung der Erdaxe gewilligt haben würde,
ihn los zu werden. Es ware doch grausam, wenn man einen Kranken
verantwortlich machen wolle für Handlungen, die er im Anfalle der
Schmerzen begieng. – Er schien mich nicht ganz ohne Theilnahme
anzuhören. – Was jenen Grundsatz des Königs beträfe, fuhr ich fort,
so könne er des Königs Grundsatz nicht *immer* gewesen sein. Denn
Sr. Majestät hätten die Gnade gehabt, mich mit dem Versprechen
einer Wiederanstellung zu entlassen; ein Versprechen, an dessen
Nichterfüllung ich nicht glauben könne, so lange ich mich seiner
noch nicht völlig unwürdig gemacht hätte. – Er schien wirklich auf
einen Augenblick unschlüßig. Doch die zwangvolle Wendung die er
jetzt plötzlich nahm, zeigte nur zu gut, was man bereits am Hofe
über mich beschlossen hatte. Denn er hohlte mit Einemmale das alte
Gesicht wieder hervor, u sagte: «Es wird Ihnen zu nichts helfen. Der
König hat eine vorgefaßte Meinung gegen Sie; ich zweifle daß Sie sie
ihm benehmen werden. Versuchen Sie es, und schreiben Sie an ihn;
doch vergessen Sie nicht die Bitte um Erlaubniß gleich hinzuzufügen,
im Fall einer abschlägigen Antwort Ihr Glück im Auslande suchen
zu dürfen.» – Was sagst du dazu, mein liebes Ulrickchen? – Ich antwortete, daß ich mir die Erlaubniß ausbäte, in meinem Vaterlande
bleiben zu dürfen. Ich hätte Lust *meinem Könige* zu dienen, keinem
Andern; wenn er mich nicht gebrauchen könne, so wäre mein Wunsch
im Stillen mir und den Meinigen leben zu dürfen. – «Richten Sie
Ihren Brief», fiel er ein wenig betroffen ein, «wie Sie wollen. Es ist
möglich, daß der König seine Meinung von Ihnen ändert; und wenn
Sie ihn zu einer Anstellung geneigt machen können, so verspreche
ich, Ihnen nicht entgegen zu wirken.» – Ich ersuchte ihn jetzt förm-
lich um diese Gnade, und wir brachen das Gespräch ab. Er bat mich
noch, auf eine recht herzliche Art, um Verzeihung, wenn er mich

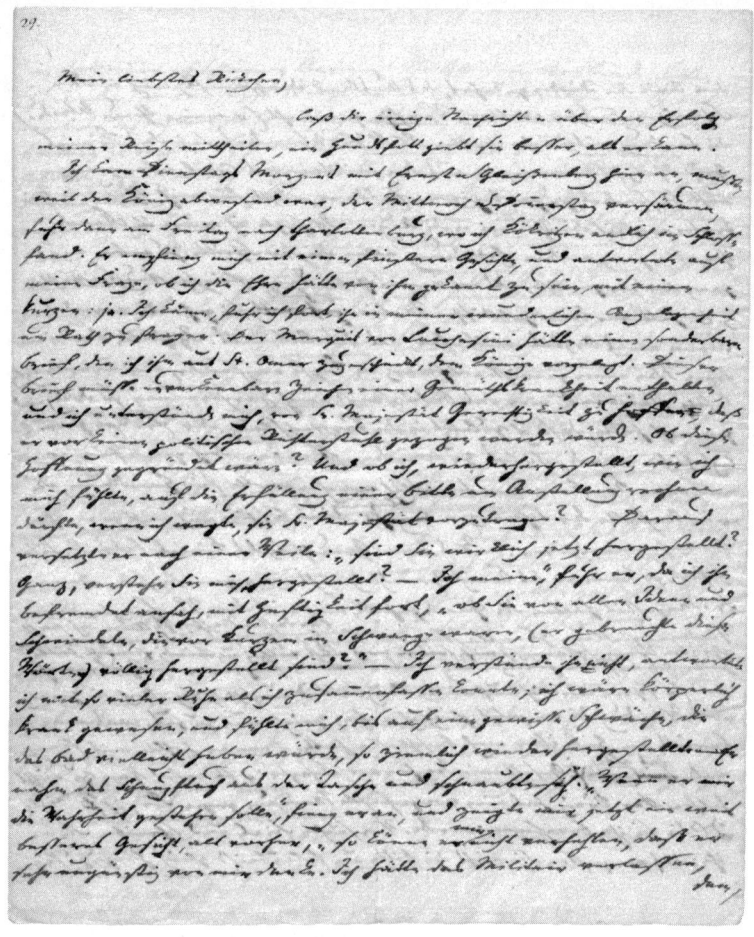

Audienz bei Köckeritz: Kleist an Ulrike von Kleist
am 24. Juni 1804 (S. 1)

beleidigt haben sollte, verwünschte seinen Posten, der ihm den Unwillen aller Menschen zuzöge, denen er es nicht recht machte: ich versicherte ihn, daß ich ihn mit Verehrung verließe, und fuhr nach Berlin zurück.[2]

Mit großem Recht ist dieser Brief Kleists als eine «erzählte Szene»[3] bezeichnet worden. In fein ausgewogenem Spiel geht indirekte Rede periodisch zu Höhepunkten in direkter Rede über, während kleine Anmerkungen in Parenthese, unmittelbar an die Empfängerin gerichtet, den Schreibenden in Distanz zum Berichteten setzen. Gesten schließlich brechen zu einer Sphäre jenseits des Erklärbaren durch – eine Art Körpersprache, mit der Kleist später auch seine Erzählungen für Momente immer wieder ins Unergründliche von Seelenregungen entrückte. Eine scheinbare Banalität gibt der Szene eine begrifflich gar nicht aussagbare Atmosphäre und charakterisiert den inneren Zustand einer Person, wie in den Novellen auch: Köckeritz «nahm das Schnupftuch aus der Tasche und schnaubte sich.» Oder: «Kohlhaas antwortete: kann sein! indem er ans Fenster trat: kann sein, auch nicht!»[4] Oder Nicolo, der Findling: «Von Zeit zu Zeit holte er sich, mit stillen und geräuschlosen Bewegungen, eine Handvoll Nüsse aus der Tasche, die er bei sich trug, und während Piachi sich die Tränen vom Auge wischte, nahm er sie zwischen die Zähne und knackte sie auf.»[5] Nur war freilich Kleists Brief, so kunstreich er auch sein mochte, nicht Literatur, sondern letztlich eben doch berichtete Realität, in die er selbst unmittelbar verstrickt war und in der es sehr ernsthaft um seine Zukunft in einer höchst prekären Lebenssituation ging.

Köckeritz war damals ein Mann von zweiundvierzig Jahren. Die Geschichte hat über ihn nicht viel Schmeichelhaftes zu berichten, außer daß er ein sehr ehrlicher Mann gewesen sein soll, was allerdings nicht das Schlechteste ist, was man einem Menschen nachsagen kann. Indes sagte man ihm auch nach, daß er «der unwissendste und langweiligste Mensch von der Welt» gewesen sei, ein «Allerwelts-Freund», der «niemals einem Manne von Genie das Wort geredet habe», korpulent und phlegmatisch und einem Puterbraten mehr zugetan als «militärischem Geist».[6] Letzteres wiederum rückt ihn geradezu in freundliches Licht; daß wohlbeleibte Männer weniger gefährlich seien als die mit hohem Blicke, wußte schon Shakespeares Caesar, und Köckeritz' Bitte um Verzeihung am Schluß seiner Unterredung mit Heinrich von Kleist wird man kaum allein als pure Heuchelei verstehen müssen. Außerdem aber lassen sich Kleists Irrfahrten und Abenteuer auf der Suche nach sich selbst aus späterer Sicht eben leichter mit Nachsicht betrachten als aus dem Blick seiner unmittelbaren Umgebung, wobei hinzuzufügen ist, daß im Berlin des 20. Jahrhunderts zu gewissen Zeiten mit jenen Menschen, die sich in die momentane Staatsordnung nicht einfügten, sehr viel weniger glimpflich verfahren wurde, als das zu Beginn des 19. Jahrhunderts mit Heinrich von Kleist geschah. Denn auch wenn es eine Weile dauerte und er noch mehrmals bei Köckeritz in Charlottenburg antreten mußte – sein Amt erhielt er dann doch. Ende Juli erfährt er, daß der König das Anstellungsgesuch günstig beschieden hat. Ihm hatte er, so berichtet er der Schwester stolz aus der Tiefe seiner Not, «wenigstens in einer Sprache» geschrieben, «welche geführt zu haben, mich nicht gereuen wird. Du selbst hast es mir zur Pflicht gemacht, mich nicht zu erniedrigen.» Jetzt blieb ihm «die Wahl unter einer Menge von sauren Schritten, zu deren Einem ich zuletzt fähig sein werde, weil ich es muß.»[7] Kleists Weg in die Verwaltungsinstitutionen des preußischen Staates begann ernsthaft und begann freilich auch zu einer höchst kritischen Zeit für diesen Staat, der bald selbst in größte Not und an den Rand seiner Existenz geraten sollte.

Friedrich Wilhelm III. sah sich als friedliebender König, aber es kann nun eben bekanntlich der Frömmste nicht in Frieden bleiben, wenn es dem bösen Nachbar nicht gefällt. Schiller hatte solch alte Weisheit gerade erst seinen Wilhelm Tell erneut aussprechen lassen. Und böse Nachbarn gab es durchaus für Preußen. In den Tagen, da Kleist in der Verwaltung seines Staates wieder Fuß zu fassen suchte, hatte sich Napoleon Bonaparte zum Kaiser der Franzosen gekrönt, keinen Zweifel an seinem expansiven Machtgelüsten gelassen und den alten Feind England wenn nicht mit einer Invasion, so immerhin mit der Besetzung Hannovers gestraft. Mit Österreich und Rußland befand er sich ohnehin im Kriegszustand. Nur Preußen schwebte noch in Neutralität zwischen den Fronten. In einer solchen Situation nun war ein Mann vom intellektuellen Format eines Karl Leopold von Köckeritz kaum der weiseste Berater eines Königs, von dem seine Umgebung sagte, die liebste Zeit sei ihm stets die Bedenkzeit. Entscheidungsschwach und unsicher, zugleich aber im Besitz absoluter Macht, bildete er zusammen mit seinem Generaladjutanten ein schlechtes Gespann für kritische Zeiten. Regiert wurde mit Hilfe des «Kabinetts», einer Art persönlichen Büros des Königs, das sozusagen die Rolle eines Premierministers übernommen hatte, denn erst durch dieses hatten die Fachminister Zugang zum Monarchen. So sieht denn auch Kleist seine «Sache» beim «Cabinetsrath Lombard»[8] in guten Händen. Lombard und Carl Friedrich Beyme, ein weiterer «Cabinetsrath», an den sich Kleist ebenfalls wandte, waren beide bürgerlich und haben sich auch nicht adeln lassen, was in ihren Möglichkeiten gestanden hätte;[9] die Spannung zwischen ihnen, den Mächtigeren und Einflußreicheren, und den adligen Ministern müssen groß gewesen sein. Die «Gesellschaft von Gelehrten» suchten sie beide nicht, wie Friedrich Buchholz urteilte und dann für Lombard hinzufügt: «Bei seiner Leerheit an allen soliden Kenntnissen, die er sich zu erwerben keine Gelegenheit hatte, ist er verliebt in seine einzige Geschicklichkeit, einen guten Französischen Vers zu machen».[10] Soviel zum «Versche»-Machen in der engsten Umgebung Friedrich Wilhelm III. Schärfer noch hat lediglich Prinz Louis Ferdinand die ganze Unfähigkeit und Untauglichkeit dieser «Favoriten-Regierung» kritisiert, wenn er in einem Brief an Christian von Massenbach im September 1806 «Preußens Schicksal» in den Händen «eines Advokaten» sah, nämlich Beyme, «der übermütig absprechend und ohne Kenntnis der inneren und äußeren Angelegenheiten des Staates ist, dem alle militärischen Ansichten gänzlich fehlen», dazu «in denen eines seichten, herzlosen, moralisch und physisch abgespannten französischen Dichterlings», also Lombard, sowie schließlich «eines Ministers, welcher verworfen genug ist, das Werkzeug dieser Menschen zu sein, dessen ganzes Leben eine stete Folge von Schwachheit und Niedrigkeit ist, und in dessen verpestetem Herzen Wahrheitsliebe so erloschen, daß seine Worte eine stete Folge von Lügen sind».[11] Gemeint war Haugwitz. Einen Monat später, am 10. Oktober 1806, starb der Prinz im Gefecht bei Saalfeld, und vier Tage danach zerschlug Napoleon die preußische Armee.

Bei Lombard sei seine «Sache» schon «völlig im Gange»,[12] schreibt Kleist im Juli 1804 der Schwester Ulrike. Auch bei den Ministern Haugwitz und Hardenberg spricht er vor und schließlich wieder bei Köckeritz. Nach der endlichen Zustimmung des Königs zu seiner Wiederanstellung aber bestand dann zunächst seine «Sache» in dem Versuch seines alten Freundes Pierre Gualtieri, ihn nach Spanien mitzunehmen. Das ist bereits im Zusammenhang mit Kleists Potsdamer Zeit erwähnt worden. Gualtieri sollte als preußischer Gesandter nach Madrid gehen und Kleist ihn dorthin als «Attaché» begleiten. Daß Kleist nur zu gern die Gelegenheit ergriffen hätte, aus Berlin und Preußen und allem, was ihn an seine Herabsetzungen der letzten Monate erinnerte, wieder wegzukommen, wäre gut vorstellbar, aber aus den Briefen an die Schwester wird auch Zögern bemerkbar. Zu einem Amte könne ihm Gualtieris Vorschlag verhelfen, «zum Glücke aber nicht»,[13] und die Entscheidung für Spanien könne *ungeheure* Folgen haben».[14] Was immer diese ominöse Bemerkung bedeuten sollte –

es kam gar nicht erst zu einer Wahl für Kleist, vielleicht weil man offiziellerseits in der Verbindung des erratischen Gualtieri mit dem in seinen Lebenszielen unsicheren Kleist manche Wesensverwandtschaft spürte. Gualtieri ging allein.

Ungeheure Folgen? Monate später, Anfang Januar 1805, als er schließlich im Auswärtigen Amt unter der Obhut des Geheimen Finanzrats Karl von Stein zum Altenstein eine Anstellung erhält und zu seinem Vorgesetzten ein geradezu enthusiastisches Vertrauen faßt, wird Kleist dennoch wieder zögern, als er im heimatlichen Preußen tätig werden soll. «Wenn Thätigkeit im Felde der Staatswirthschaft wirklich mein Beruf ist, so habe ich an Altenstein denjenigen gefunden, der mich auf den Gipfel derselben führen wird; *ob* sie aber mein Beruf ist, ist eine andere Frage, über die jedoch mein Herz jetzt keine Stimme mehr hat»,[15] schreibt er am 23. April 1805 an Christian von Massenbach. Das klingt wiederum so halbherzig wie schon die Bemerkung über Gualtieris Vorschlag. «Herz» und «Glück» aber sind in diesen beiden Fällen Metaphern für den Wunsch, daß Kleist am liebsten und vor allem anderen Kleist sein möchte, was jetzt allerdings nicht mehr nur ein vager Jünglingswunsch war. Denn mit seiner Rückkehr nach Berlin im Sommer 1804 wiederholte sich nicht jene Situation Ende 1800, in der er nach der Heimkehr von seiner Würzburger Reise einen peinlichen Offenbarungseid hinsichtlich aller hohen Versprechungen leisten mußte. Am Ende seines Berichtes über die erste Audienz bei Köckeritz schreibt er der Schwester von seiner Rückkehr nach Berlin, er habe gerade auf dem Wege Wielands Brief gelesen, den sie ihm geschickt habe – «Nichts ist dem Genius der heiligen Muse, die Sie begeistert, unmöglich»,[16] heißt es darin – und so habe er sich «mit einem tiefen Seufzer, ein wenig wieder aus der Demüthigung» erhoben, «die ich so eben erfahren hatte.»[17] Er war nun eben ein Dichter geworden, und das war und blieb für ihn die Sphäre, wo «Herz» und «Glück» zu Hause waren. Er hatte «Versche» gemacht und würde sie weiter machen, wie auch immer ihn die Vernunft nötigte, um des festen Ortes und Einkommens in seinem Lande willen sich mit einem Amt zu arrangieren. Seine *Familie Schroffenstein* war inzwischen uraufgeführt worden, angesehene Journale und Zeitungen hatten freundliche Kritiken des Buches gebracht, und außerdem trug er in sich mehr als nur ein paar weitere Ideen und Pläne. Zwar hatte er den *Guiskard* aufgegeben und Manuskripte verbrannt, aber verbrennen kann man lediglich Papier, nicht das große Archiv eines Gedächtnisses und nicht die ungeheure Lust, Gestalten zu schaffen und sie in Bewegung zu setzen, also Geschichten zu erzählen und Dramen zu schreiben. Übrigens war da ja auch noch der Dresdner Koffer, den Kleist sich jetzt nach Berlin kommen ließ, und es existierten auch irgendwo jene Szenen um einen zerbrochenen Krug, die er Pfuel in Dresden diktiert hatte; in ihnen spielten, nebenbei bemerkt, Amt und Würden eine höchst lächerliche Rolle. Mit anderen Worten: Heinrich von Kleist wird, das weiß er jetzt, den Weg in die Literatur, den er in der Schweiz zielbewußt begonnen hatte, fortsetzen.

Das heißt freilich nicht, daß er sein «Amt», was immer es von ihm forderte, durchaus nur mit Groll und Zähneknirschen oder Achtlosigkeit versah. Es begann ihn sogar zu reizen, wenn er sich im Umgang mit intelligenten Persönlichkeiten wie Altenstein an der Entwicklung neuer Ideen beteiligen konnte, zu denen nun allerdings die politische Lage Preußens auch bald entschieden herausforderte. Große Anstrengungen, in ein Amt zu kommen, scheint er freilich nicht unternommen zu haben, wie Ulrike von Kleist erzählt hat. Er habe lieber Altenstein für sich handeln lassen, der ihn dem Minister Hardenberg vorstellte als einen «jungen Mann [...], wie ihn das Vaterland braucht»,[18] und von diesem dann im Mai 1805 nach Königsberg geschickt wurde.

Wenn Kleist nicht mehr der gleiche war, der seelenwund im April 1801 aus Berlin floh, so war auch Berlin im Jahre 1804 eine andere Stadt geworden. Noch herrschte Frieden, obwohl der König mit seinen Räten und Ministern drauf und dran war, durch unsicheres, ungeschicktes Lavieren zwischen den großen Kontrahenten Frankreich, England, Österreich und Rußland gerade um des lieben Friedens willen den Krieg zu sich einzuladen. Das aber war ein Krieg, auf den man materiell wie ideell, in militärischer Ausrüstung wie in der Taktik des Kriegführens so schlecht vorbereitet war, daß unter dem ersten entschiedenen Ansturm Napoleons und seiner Armee französischer Patrioten das einstmals stolze Heer Friedrichs des Großen kollabierte. Bloßgelegt wurden dadurch jedoch nun auch die Fundamente dieses so sehr auf sein Militär gegründeten Staates überhaupt; jetzt erwies sich, wie unzulänglich und inkompetent Macht verwaltet wurde und wie sehr man geschlossenen Auges die Zeit an sich hatte vorüberziehen lassen. Die Jahre nach der Niederlage Preußens in den Schlachten bei Jena und Auerstedt im Oktober 1806 und dem Einzug Napoleons in Berlin am 27. dieses Monats waren dann bekanntlich mit tatsächlichen oder versuchten Reformen des preußischen Staatswesens angefüllt, in die Kleist auf diese oder jene Weise, passiv oder aktiv, verwikkelt wurde. Der sich wandelnde Charakter Berlins jedoch war nur bedingt von dem Geschehen in der großen Politik abhängig; die Geschichte des Wandels der Mentalitäten und insbesondere diejenige des Wandels der Kultur pflegt einen längeren Atem zu haben.

Berlin gewann seine wachsende Attraktivität als intellektueller und literarischer Umschlagplatz durch die rasche Auflösung Sachsen-Weimars als des deutschen Kulturzentrums schlechthin; dieses wurde hauptsächlich zur Residenzstadt Goethes und zum Pilgerziel seiner Verehrer. 1801 war Novalis gestorben, 1803 starb Herder und 1805 Schiller. Fichte ging 1799 nach Berlin und 1801 auch Friedrich Schlegel, wenngleich nur für kurze Zeit. Im selben Jahr begann August Wilhelm Schlegel in Berlin seine vielbeachteten und viel übersetzten *Vorlesungen über schöne Litteratur und Kunst*. Auch an Jean Pauls Berlin-Enthusiasmus ist zu erinnern, bei dem nun allerdings die kulturbeflissene junge Königin keine geringe Rolle gespielt hatte. Schon Novalis hatte ja 1798 verkündet: «Wer den ewigen Frieden jetzt sehn und lieb gewinnen will, der reise nach Berlin und sehe die Königin.»[19] Als enge, ja engste Beraterin oder gar Freundin Königin Louises aber durfte Marie von Kleist in Potsdam gelten, die Schwester Pierre Gualtieris. Sie war eine hochgebildete Frau, die Wissen und Geschmack der jungen Majestät förderte; anders nicht als «mit einem dicken Buche»[20] sollte sie zu ihr kommen, hatte diese befohlen. Jean Paul gehörte vorrangig zu den Verfassern dieser Bücher, aber Marie von Kleist sorgte überhaupt für Anspruchsvolles. Ihr nun, dieser weitläufigen, anderthalb Jahrzehnte älteren Verwandten, die er schon aus seiner Potsdamer Zeit gut kannte, trat Heinrich von Kleist jetzt wieder nahe, und ihr hat er sich nächst der Schwester Ulrike in den folgenden Jahren am weitesten und tiefsten geöffnet.

Und noch ein weiteres Mitglied der Familie Marie von Kleists berührte in diesen Tagen das Leben Heinrich von Kleists: der Oberst Christian von Massenbach, der Empfänger jenes Briefes vom April 1805, in dem Kleist mit der Stimme der Vernunft, wenngleich nicht des «Herzens» die Staatswissenschaft als Beruf akzeptierte. Massenbach, 1758 geboren, war an der Karlsschule des württembergischen

Herzogs Karl Eugen erzogen worden, wo Schiller sein Mitschüler gewesen war, mit dem er dann auch später in Verbindung blieb. Als Bewunderer Friedrichs des Großen war er in preußische Dienst getreten und hatte 1788 Amélie von Gualtieri geheiratet, die jüngere Schwester Marie von Kleists. Zur Zeit war er Mitglied des Generalstabs und also für Kleist als Ratgeber bei seiner Mühe, in Preußen wieder Fuß zu fassen, von unmittelbarer Wichtigkeit. Einen breiteren Ruf verschaffte er sich in seiner Zeit vor allem als kritischer Chronist der preußischen Feldzüge und als vermuteter Mitverfasser von Buchholz' *Preußischen Charakteren*. Aber damit bekam er auch eine ganze Reihe von einflußreichen Feinden. Er gehörte, offenbar schon seit Karlsschulzeiten, zu den Unbequemen, Scharfzüngigen, und so war es ebensowenig ein Wunder, daß er in der preußischen Geschichte des 19. Jahrhunderts unter Gebühr gewürdigt wurde wie, daß sich im 20. Jahrhundert Arno Schmidt seiner besonders annahm, wofür diesem dauernder Dank gebührt.

Von dem, was Kleists Leben während des Wartestands angefüllt hat, ist wenig bekannt. Die erste Blütezeit der Salons von Henriette Herz und Rahel Levin waren die neunziger Jahre gewesen. In dem mißvergnügten Berliner Winter 1800 auf 1801 hatte Kleist vor allem das gastliche, wenngleich auf unsicheren wirtschaftlichen Fundamenten ruhende Haus Benjamin Cohens schätzen gelernt, und dort fand er auch jetzt wieder Gastfreundschaft und Gesellschaft, bis bald darauf das Geschäft Cohens fallierte.[21] Unter den Gästen befand sich der gerade erst neunzehnjährige Karl Varnhagen von Ense, den Rahel zehn Jahre später heiratete; Varnhagen hatte sie bei Cohen kennengelernt, wo er eine Zeitlang als Hauslehrer angestellt war. Am 11. August 1804 schreibt Kleist ihm ins Stammbuch: «Jünglinge lieben in einander das Höchste in der Menschheit, denn sie lieben in sich die ganze Ausbildung ihrer Naturen.»[22] Stand der Satz schon in Kleists vielleicht weiterhin existierendem «Ideenmagazin» oder trug er ihn sich erst jetzt ein? Ein paar Monate später jedenfalls werden fast die gleichen Worte auch in Kleists enthusiastischem Freundschaftsbrief an Ernst von Pfuel über das Schweizer Badeerlebnis stehen. In Varnhagens Augen aber erschien Kleist damals, wie er in seinen *Erinnerungen* erzählt, als ein «liebenswürdiger, belebter junger Mann», der «sorgfältig noch verhehlte, daß er schon als Dichter aufgetreten» sei, nichts von seinem «Genius» und seiner «Kraft» verriet und sich nur als «anteilvollen Strebenden» gab.[23] Dabei war er der älteste von denen, die sich an den Abenden im Cohenschen Hause einfanden. Varnhagen und Adelbert von Chamisso hatten einen kleinen Dichterbund gegründet, den sie «Nordsternbund» nannten, obwohl ihr Ideal eigentlich Griechenland war und sie die Deutschen als die Griechen der Neuzeit betrachteten, ihre Nord-Begeisterung aber lediglich auf eine symbolische Identifikation des Nordens mit der Wissenschaft und der Philosophie bei August Wilhelm Schlegel zurückging. Drei Jahre lang gaben sie sogar einen *Musen-Almanach* heraus mit einem kleinen *Faust*-Drama von Chamisso und Beiträgen des Ehepaars Fouqué. Kleist war nicht dabei. Daß er ein lebhafter, geselliger Mensch sein konnte, haben diejenigen, die ihm begegnet sind, wie hier Karl Varnhagen, immer versichert. Aber für Dichterclubs samt ihren Programmen war er nicht geschaffen. Und in der Tat waren die verschiedenen literarischen Interessengruppen, die sich im Berlin seit der Jahrhundertwende bildeten, auch begrenzt in ihrer Bedeutung. Größere Wirkungen auf die Entwicklung der Literatur gingen von ihnen nicht aus, und kein Journal faßte, wie einst das *Athenaeum*, Tendenzen, Theorien und neue Experimente zusammen. Erst unter dem Andrang der politischen Ereignisse und mit der Gründung der Berliner Universität hatte dann auch die Berliner Kultur ihre große Stunde.

2. Königsberg

Der Freiherr Karl vom Stein zum Altenstein, 1770 im fränkischen Ansbach geboren, das in den frühen neunziger Jahren zu Preußen gekommen war, wurde ein enger Mitarbeiter des späteren Staatskanzlers Carl August von Hardenberg, als dieser nach Ansbach-Bayreuth entsandt worden war, um dort die Verwaltung neu nach preußischen Maßstäben zu ordnen. Hardenberg holte ihn später nach Berlin; 1808 wurde Altenstein preußischer Finanzminister. Zu der Zeit, da Kleist sich um den Wiedereintritt in den Staatsdienst bemühte, war er Geheimer Ober-Finanzrat in der Hauptstadt, und ihm wurde Kleist anvertraut. Das war nun ein Glücksfall, denn wenn überhaupt jemand unter der Beamtenschaft Interesse und Verständnis zeigen konnte für den offenbar unbeständigen, aber intelligenten und Verse machenden Leutnant a. D., dann war es Altenstein,[24] denn Altenstein war intelligent, ideenreich, integer und verantwortungsbewußt human, was nicht zu den durchschnittlichen Qualifikationen in der Administration von Staaten zu gehören pflegt. Schon früh besaß er eine freundschaftliche Beziehung zu Johann Gottlieb Fichte, mit dem zugleich er 1799 nach Berlin gekommen war, «echte Wissenschaft und schöne Kunst» verbanden sich für ihn mit der «höchsten Idee» des Staates,[25] und später war Altenstein dann ein bedeutender Kopf unter den Reformern.

Kleist faßte sogleich eine enthusiastische Begeisterung für ihn. «Höre», schrieb er dem Freunde Pfuel Anfang 1805, «ich will [dir] was sagen. [I]ch habe [mi]r diesen Altenstein lieb gewonnen, mir sind die [Abfassung eini]ger Rescripte übertragen worden, ich zweifle nicht mehr, daß ich die ganze Probe, nach jeder vernünftigen Erwartung bestehen werde. Ich kann ein [Diffe]rentiale finden, und einen Vers machen; sind das nicht die beiden Enden der menschlichen Fähigkeit? Man wird mich gewiß, und bald, und mit Gehalt anstellen, geh mit mir nach Anspach, und laß uns der süßen Freundschaft genießen.»[26] Es sind Sätze, die noch nach zweihundert Jahren nur mit Besorgnis

*Karl Freiherr von Stein
zum Altenstein.
Gemälde eines unbekannten Künstlers
(um 1810)*

um Kleist gelesen werden können, denn wieder trug ihn die Unbedingtheit seiner Erwartungen weit über die Wirklichkeit hinaus.
Weder sollte er nun ein «Differentiale» finden und höhere Mathematik praktizieren, noch auch Verse machen, so sehr ein Altenstein dafür
größeres Verständnis aufgebracht haben dürfte als ein Köckeritz. Mit
einer neuen Verfassung für das heimatliche Ansbach-Bayreuth war
Altenstein tatsächlich befaßt,[27] aber es gab auch ein königliches Re-
skript vom 29. März 1794, daß alle «namentlich für das Finanzfach»
bestimmten Beamten Preußens erst einmal einen «cameralistischen
Cursus»[28] zu durchlaufen hätten. Der angesehenste landeseigene Ex-
perte in diesem Fache der Verwaltungskunde aber war der Professor
Christian Jacob Kraus in Königsberg, ein Apostel des englischen
Wirtschaftstheoretikers Adam Smith, der mit den Begriffen von Na-
tionalreichtum, Wirtschaftswachstum und Arbeitsteilung das 18. Jahrhundert in das der beginnenden industriellen Revolution hinüber-
zuführen trachtete. Und so meldete denn die Fremdenliste einer
Königsberger Zeitung für die Zeit vom 5. bis 7. Mai 1805, es sei dort
«der Lieutenant v. Kleist außer Diensten von Berlin im Hotel de Russie bei Gregoire in der Kehrwiederstraße» abgestiegen. Das Hotel

befand sich in der Nähe des Königlichen Hofpostamts, das wiederum in der Nähe des Schlosses lag, wo Kleists Vorgesetzter Hans Jakob von Auerswald als ostpreußischer Oberpräsident seinen Sitz hatte und wo Kleist dann auch arbeiten sollte.[29]

Auerswald gehörte, wie Altenstein, zu jenen intelligenten und aufgeklärten preußischen Beamten, die Verantwortung für das Ganze des Staates mit Verständnis für den Einzelnen in Einklang zu bringen vermochten. Als Kleist erneut in eine Krise hineintrieb, war Auerswald ein nachsichtiger und hilfreicher Freund, und als es im Lande um Regeneration und Reformen ging, ein kluger Ratgeber. Außerdem aber war er Kurator der Universität. Dort aber lehrte außer dem Professor Kraus auch, wie erwähnt, seit dem Herbst 1805 als Nachfolger Kants der Professor Wilhelm Traugott Krug. Der erste Besuch in seinem Hause muß Gastgebern und Gast nicht leicht gefallen sein – weder für Kleist noch Krug, und erst recht nicht für Krugs Frau Wilhelmine, geborene von Zenge, inzwischen Mutter eines Sohnes. Aber nach und nach «gewöhnte man sich von beiden Seiten daran, frühere Lebensverhältnisse zu vergessen», schreibt Krug in seinen Erinnerungen über Kleist, «und ich gestehe, daß ich, wenn er eben heiter gestimmt war, einen recht unterhaltenden Gesellschafter in ihm fand.» Nur sei er eben meist «in sich gekehrt und düster»[30] gewesen. Daß Kleist schon während des Jahres 1805 durch die Vermittlung Marie von Kleists an seine ehemalige Braut geschrieben hat, ist erst seit kurzem bekannt.[31] Wenn man Bülows Bericht Glauben schenken kann, sei er von nun an oft bei den Krugs in Königsberg ein und aus gegangen und habe ihnen sogar «seine kleinen damals noch nicht gedruckten Erzählungen»[32] vorgelesen. Auch das Haus des Juristen Friedrich August Staegemann und seiner Frau, der Schriftstellerin Elisabeth Staegemann, scheint Kleist Gastfreundschaft geboten zu haben. Und erinnert sei vor allem noch an den «Kriegs- und Steuerrath» Johann George Scheffner, den Freund Immanuel Kants, dessen schöne Charakterisierung seines häufigen Gastes bereits eingangs zitiert wurde, aber wohl hier an dieser ihr historisch zukommenden Stelle noch ein zweites Mal zitiert werden darf, ergänzt sie doch Wielands Bild von Kleists Erscheinung und Auftreten unter anderen Menschen aufs eindringlichste. Dieser Heinrich von Kleist sei ihm, so Scheffner, bei seiner äußeren Sonderbarkeit doch erschienen «wie ein der Meerestiefe entsteigender Taucher», der «sich wenigstens in den

Wilhelm Traugott Krug, Louise von Zenge und Wilhelmine Krug, geb. von Zenge.
Silberstiftzeichnung von Friedrich August Junge (1805–1810)

ersten Augenblicken nicht auf alles Große und Schöne besinnt, was er in der Wasserwelt gesehen, und es nicht zu erzählen vermag».[33]

Die Geschichte von Kleists Königsberger Zeit – es waren immerhin rund zwanzig Monate – läßt sich im übrigen aus verschiedenen Perspektiven betrachten. Am politischen Himmel zogen sich die Gewitterwolken immer mehr zusammen. Österreich rüstete zum Krieg gegen den Kaiser Napoleon, der es dann gründlich bei Austerlitz besiegte und ihm den demütigenden Frieden von Preßburg abnötigte. Das Heilige Römische Reich brach in sich zusammen, und statt dessen schloß nun ein Rheinbund die Frankreich ergebenen deutschen Länder zusammen. Preußen freilich wußte noch immer nicht so recht, mit wem es paktieren sollte und ob überhaupt, bis es schließlich keine schlagkräftige Armee mehr hatte und Napoleon am 27. Oktober 1806 in Berlin einzog. Der preußische Hof war inzwischen nach Ostpreußen geflüchtet, und Königsberg wurde vorübergehend Ersatzhauptstadt des geschrumpften Landes. Am 9. Dezember traf die Königin und einen Tag später der König dort ein. Der Einzug des ihm wohlbekannten Souveräns vollzog sich mithin unter den Augen des Diätars Heinrich von Kleist, angestellt an der Königlich-Preußischen Kriegs- und Domänenkammer. Aber während der Hof bald weiter vor den herannahenden Franzosen ostwärts nach Memel floh, verließ Kleist

Königsberg Anfang Januar 1807 in südwestlicher Richtung, wie noch zu berichten sein wird. Preußen sah größeren Niederlagen entgegen: Im Frieden zu Tilsit am 9. Juli 1807 verständigten sich Rußland und Frankreich untereinander, wenn auch nur auf Zeit; Preußen hingegen, auf die Hälfte seines bisherigen Staatsgebiets und seiner Bevölkerung reduziert, war nur noch Verhandlungsgegenstand. Napoleon ließ sich lediglich von ihm seine Kassen auffüllen; der Titel der letzten Publikation von Professor Kraus in Königsberg – er starb am 25. August 1807 – lautete: *Die Mittel der Bezahlung der französischen Kriegsschuld.* Tiefgreifende Reformen zur Regeneration des armgewordenen Landes taten not, und Königsberg wurde vorübergehend zum Sammelpunkt für die maßgeblichsten Personen, die sich um diese Regeneration bemühten, nicht ohne Konkurrenzen und Gegensätze untereinander. Hardenberg war seit dem 7. November dort, Altenstein folgte, auch der Freiherr vom Stein kam eine Zeitlang hin, bis er am 4. Januar 1807 seinen Posten als «widerspenstiger Staatsdiener» verlor.[34] Offiziere wie Scharnhorst und Gneisenau reisten durch Königsberg, und auch Achim von Arnim hielt sich seit Ende November 1806 in der Stadt auf – ob allerdings «zusammen» mit Kleist, wie behauptet worden ist, bleibt unsicher.[35]

Kleists Leben konnte nicht an diesem politischen Geschehen vorübergehen. Geradezu visionär hatte er schon ein Jahr zuvor an Rühle geschrieben, die Zeit scheine «eine neue Ordnung der Dinge herbeiführen zu wollen, und wir werden davon nichts, als bloß den Umsturz der alten erleben. Es wird sich aus dem ganzen cultivirten Theil von Europa ein einziges, großes System von Reichen bilden, und die Throne mit neuen, von Frankreich abhängigen, Fürsten-Dynastien besetzt werden.» Das Bild eines Europas der Nationalstaaten nach der Gründung der Heiligen Allianz erschien also in der Tat vor Kleists innerem Auge, nur daß dem «glückgekrönten Abendtheurer» das Glück eben nicht treu blieb, das für die führende Rolle Frankreichs nötig gewesen wäre. Kleists Napoleon-Haß aber begann hier, und zwar mit dem ausdrücklichen Wunsch: «Warum sich nur nicht Einer findet, der diesem bösen Geiste der Welt die Kugel durch den Kopf jagt.»[36] Schillers *Wilhelm Tell* hatte knapp zwei Jahre vorher die Rechtfertigung des Tyrannenmordes versucht; der Wunsch hat deutsche Offiziere bis in das Jahr 1944 vergebens verfolgt.

Kleist war tief getroffen von dem, was weiterhin seinem Lande, also Preußen, geschah. «An unsere Königinn kann ich gar nicht ohne Rührung denken», schreibt er Ulrike von Kleist Anfang Dezember 1806. «In diesem Kriege, den sie einen unglücklichen nennt, macht sie einen größeren Gewinn, als sie in einem ganzen Leben voll Frieden und Freuden gemacht haben würde. Man sieht sie einen wahrhaft königlichen Charakter entwickeln. Sie hat den ganzen großen Gegenstand, auf den es jetzt ankommt, umfaßt; sie, deren Seele noch vor Kurzem mit nichts beschäfftigt schien, als wie sie beim Tanzen, oder beim Reiten, gefalle. Sie versammelt alle unsere großen Männer, die der K[önig] vernachläßigt, und von denen uns doch nur allein Rettung kommen kann, um sich; ja sie ist es, die das, was noch nicht zusammengestürzt ist, hält.»[37] Und es scheint ihm sogar, «als ob das allgemeine Unglück die Menschen erzöge, ich finde sie weiser und wärmer, und ihre Ansicht von der Welt großherziger.»[38] Aber dennoch ist aus solcher Perspektive wenig über Heinrich von Kleist zu erfahren, und es bleibt bemerkenswert, wie begrenzt ihn zunächst das Politische berührte. Seine Briefe aus diesen zwanzig Monaten, so wenige auch erhalten sind, erzählen wesentlich von anderem.

Am 13. Mai 1805, eine Woche nach der «glücklichen Ankunft in Königsberg», schreibt Kleist seinen ersten Bericht an Altenstein in Berlin. Dem Kammerpräsidenten von Auerswald habe er sich sogleich vorgestellt, die Bekanntschaft von Professoren der Universität gemacht und der «ersten Session des Collegiums beigewohnt.» Noch freilich wolle er erst sehen und hören, aber bald käme es dann zur Übernahme von Akten und Vorträgen, zuerst in Steuersachen. Zeit sei freilich nötig und ein Jahr wohl kurz, wenn er sich «mit so vielem Ernste ins Domainen-Fach werfen» wolle, doch werde er «gewiß nichts unterlassen, um die Strafe einer inconsequent verlebten Jugend, so sehr sie durch Ihre Güte auch gemildert wird, nicht mehr, als ich es verdiene, zu verlängern.» Unterwerfung? Selbstdemütigung? Das öffentliche Benennen einer Schwäche hat vor allem einen bannenden Charakter, der sie aus der Welt schafft, indem er sie vor die Welt bringt. Und sind da spurenhaft nicht auch schon wieder erste Anzeichen alter Zaghaftigkeit und Unsicherheit zu erkennen, wenn es um Ämter geht? Dennoch war es ernstgemeint, wenn er seinem Vorgesetzten erklärte, er, Heinrich von Kleist, wolle das Geschäft seines Lebens daraus machen, sich weiterhin um dessen Anteilnahme «zu bewerben», denn er hatte Vertrauen zu ihm gefaßt, und Altenstein war ja eben durchaus eine Persönlichkeit, die ihm mit beträchtlichem Verständnis und viel Nachsicht entgegenkam. Beides forderte allerdings bereits dieser Brief, denn der hatte noch einen anderen Höhepunkt als Kleists Bekenntnis: «Vorgestern habe ich nun auch einer finanz-wissenschaftlichen Vorlesung des Professors Krause beigewohnt: ein kleiner, unansehnlich gebildeter Mann, der mit fest geschlossenen Augen, unter Gebährden, als ob er im Kreisen begriffen wäre, auf dem Katheder sitzt; aber wirklich Ideen, mit Hand und Fuß, wie man sagt, zur Welt bringt. Er streut Gedanken, wie ein Reicher Geld aus, mit vollen Händen, und führt keine Bücher bei sich, die sonst gewöhnlich, ein Nothpfennig, den öffentlichen Lehrern zur Seite liegen.»[39] Ein Meisterstück, wie hier Köckeritz ein weiterer Charakter in Kleists erzählter Bildergalerie zur Seite gesetzt wird! Das war es, was ihm Vergnügen machte, was ihn wirklich interessierte und was ihm das Gefühl gab, etwas zu können. Es war das eigentliche Geschäft seines Lebens. Für besonderen Eifer hinsichtlich des «Domainenfaches» sprach es nicht.

Knapp zwei Monate später, am 2. Juli, schreibt er an Pfuel über den Plan eines Unterseebootes oder besser wohl Tauchbootes, eines «Hydrostaten»,[40] den sie schon in Königsberg erwogen hätten, aber der Brief schließt, nicht eben vielversprechend für die Seefahrt, er sei «bettlägrig, u leide schon seit 14 Tagen an rheumatischen Zufällen, und einem Wechselfieber, das mich, um mit dir zu reden, ganz auf den Hund bringt».[41] Ohnehin ging es mit dem Hydrostaten nicht gut voran, und ebenso hatten ja die Freunde Pfuel, Rühle und er den Plan aufgegeben, «nach Neuholland zu gehen»; die Neugier, was aus dem vom «Boden eines Staats abgeschlämmten Gesindel» der «Verbrecher-Kolonie in Botany-Bay»[42] beim heutigen Sydney werden könnte, blieb jedoch wach, und Pfuels Wehmut hinsichtlich des aufgegebenen Planes nahm er nicht so recht ernst. Rührend wäre ihm dessen Trauer nur, «wenn ich mir einbilden könnte, daß du wirklich etwas dabei empfunden hättest. Aber unter uns allen ist keiner, der in der That resignirt, als ich allein.»[43] Das steht dann im nächsten Brief an den Freund aus dem August 1805. Und an Marie von Kleist berichtet er am 20. Juli, er sei «in diesen Tagen krank gewesen, wiewohl nicht zum Sterben, obschon es mich gezwungen hat, mehrere Wochen das Zimmer zu hüten. Ein häßliches kaltes Fieber, das mich wie der Winter zusammenschüttelte.» Dem nun aber folgt noch eine Bemerkung, die

auf gewisse, ins Sensationelle gesteigerte Berichte über den Tod
Friedrich Schillers Anfang Mai zurückgeht. Von Krämpfen, Fieber-
phantasien und poetischer Begeisterung war in diesen Berichten die
Rede gewesen. Er aber, Heinrich von Kleist, «habe nichts mehr von
einem so grausamen Anfall der Begeisterung zu besorgen», schreibt er
der um ihn besorgten Cousine. Wenn der Tod inzwischen käme, «so
sollte es mir ziemlich gleichgültig sein, ob er mir während der Umar-
mung, die Eingeweide ein wenig zusammenknäuelte oder nicht. Jede
Arbeit nutzt ihr Werkzeug ab, das Glasschleifen die Augen, die Koh-
lengräberei die Lungen u. s. f. Und bei dem Dichten schrumpft das
Herz ein. Eins ist des Andern werth. Sollen wir unsere Kräfte einbal-
samiren, und lebendig mit uns begraben? Keinesweges. Wir sollen sie
brauchen. Wenn sie todt sind, so haben sie ihre Schuldigkeit gethan.»
Der Himmel aber möge nun, so wünscht sich Heinrich von Kleist, der
Diätar an der Kriegs- und Domänenkammer, «seine beßten Kräfte in
das Seebad bei Dobberan» senken.[44] Denn dahin zog es ihn.

Der Rest von Kleists Königsberger Zeit, obwohl noch fast anderthalb Jahre, sind hinsichtlich seiner beruflichen Karriere nur Nachspiel und eher regiert von dem Wunsch, sich Altenstein als Beschüt-
zer und Freund zu erhalten und ihm womöglich nahe zu sein, statt
daß er zielgerichtet sein Avancement in der Verwaltung seines Landes
hätte betreiben wollen. Da hatte er Wichtigeres zu tun, etwas, das
nur er allein konnte, und die Kräfte dazu ließ er sich nicht einbalsa-
mieren. So schreibt er denn Altenstein im November 1805, er habe
«diesen ganzen Herbst wieder gekränkelt: ewige Beschwerden im
Unterleibe, die mein Brownischer Arzt wohl dämpfen, aber nicht
überwinden kann. Diese wunderbare Verknüpfung eines Geistes mit
einem Convolut von Gedärmen und Eingeweiden. Es ist, als ob ich
von der Uhr abhängig wäre, die ich in meiner Tasche trage. Nun, die
Welt ist groß, man kann sich darin wohl vergessen. Es giebt eine gute
Arznei, sie heißt Versenkung, grundlose, in Beschäfftigung und Wis-
senschafft.»[45] Wunderbar und beängstigend zugleich ist hier das in
einen Satz zusammengefaßte Empfinden Kleists von der immensen
Spannweite zwischen Geist und Körper, die er in sich auszuhalten versucht, wunderbar und beängstigend vor allem, weil deren Dimensionen so viel größer bei ihm waren als diejenigen der meisten anderen. John Brown aber, der schottische Arzt, dessen Theorie vom Leben
als einer kontinuierlichen Spannung zwischen Schwäche und Stärke,

Asthenie und Sthenie, Krankheit und Gesundheit damals die jungen deutschen Intellektuellen wegen ihrer Nähe zu dialektischen Konzepten der Philosophie reizte, gab Krankheit auf solche Weise einen geradezu geistigen Wert. Krankheiten seien «Lehrjahre der Lebenskunst und der Gemüthsbildung»[46] notierte sich Novalis 1800 und empfand in ihnen den großen Anstoß zum künstlerischen Schöpfertum. Kleist war kein Schüler Fichtes wie es Novalis war, und er litt eher an der Krankheit, als daß er sich durch sie inspiriert fühlte. Aber zugleich war ja eben doch bei Kleist die Kraft des «Geistes» nicht unmaßgeblich an dieser Krankheit beteiligt, stärker als bei Novalis sogar, den die Tuberkulose aufzehrte.

Ferndiagnosen in die Vergangenheit hinein sind von zweifelhaftem Wert. Ob eine Krankheit psychosomatischen Ursprungs ist oder nicht, läßt sich schon für die Lebenden nur schwer sagen. Daß Kleists körperliche Beschwerden etwas mit den Beschwerden zu tun haben dürften, die ihm das Einleben in eine Berufslaufbahn bereiteten, kann man nur behaupten, aber nicht beweisen. Nahe liegt es auf jeden Fall, bloß hatte es nichts mit geschickten Ausreden zu tun; gerade weil Kleist ihm so freundlich gesinnten Männern wie Altenstein und Auerswald dankbar war und ihnen gefallen wollte, war der Zwiespalt, in den er sich erneut gestürzt fühlte, umso größer. Der weitere Ablauf von Kleists Königsberger Krankengeschichte war für ihn selbst «die ganze Wiederholung» eines früheren Zustandes, «den ich schon einmal in Frankreich erlebte,» und vorher übrigens bereits in Berlin. Schüchtern sei er, wenn die Reihe an ihm ist, einen Vortrag zu halten, «kaum, daß ich dazu tauge, die Seite eines Buches zu überlesen.» Ein Gram, «über den ich nicht Meister zu werden vermag, zerrüttet meine Gesundheit. Ich sitze, wie an einem Abgrund, [...] das Gemüth immer starr über die Tiefe geneigt, in welcher die Hoffnung meines Lebens untergegangen ist: jetzt wie beflügelt von der Begierde, sie bei den Locken noch heraufzuziehen, jetzt niedergeschlagen von dem Gefühl unüberwindlichen Unvermögens.» Und dann summa summarum: «Es ist eine große Unordnung der Natur, ich weiß es; aber es ist so.»[47] Die Konsequenz ist die Bitte «an den HE. Staats-Minister v. Hardenberg» um «einen sechsmonatlichen Urlaub.» Worauf dann noch in diesem Brief an Altenstein vom 4. August 1806 Sätze folgen in jener so ganz Kleistschen Mischung von geradezu enthusiastischer Demut und der Hartnäckigkeit des Künstlers, der einen anderen Auftrag vor sich sieht: «Ist diese Bitte zu unbescheiden, so bin ich mit einem fünf- auch viermonatlichen zufrieden. Ich wünsche im Innersten meiner Seele, mich Ihrer Güte einst noch würdig zeigen zu können. Nur jetzt bin ich dazu unfähig.»[48] Wie wenig eindrucksvoll auch die Kamarilla war, mit der sich Friedrich Wilhelm III. umgeben hatte – unter den hohen Beamten des preußischen Staates fand Heinrich von Kleist so viel Nachsicht und Verständnis, wie er es sich nur erhoffen konnte, und dem Freiherrn Karl von Stein zum Altenstein ist auch noch die Nachwelt dafür besonderen Dank schuldig. So wird Kleist denn im September nach Pillau ins ostpreußische Samland zur Badekur gehen, was ihm die Stadt durch einen Eintrag in ihre Chronik gedankt hat: «1806 weilt der Dichter Heinrich von Kleist (der erste bekannte Badegast) 5 Wochen in Pillau.»[49]

Nun ist das freilich noch nicht die ganze Geschichte von Kleists Königsberger Aufenthalt. Der Brief an Altenstein war alles andere als bloß eine dienstliche, mit den Zeichen der Verehrung verbundene Bitte. Kleist eröffnete sein Schreiben vielmehr mit einer weiträumigen Weltbetrachtung:

> Ach, was ist dies für eine Welt! Wie kann ein edles Wesen, ein denkendes und empfindendes, wie der Mensch, hier glücklich sein! Wie kann er es nur *wollen*, hier, wo Alles mit dem Tode endigt! Wir begegnen uns, drei Frühlinge lieben wir uns, und eine Ewigkeit fliehen wir wieder auseinander! Und was ist des Strebens werth, wenn es die Liebe nicht ist! O es muß noch etwas Anderes geben, als Liebe, Ruhm, Glück &, x, y, z, wovon unsre Seelen nichts träumen. Nur darum ist dieses Gewimmel von Erscheinungen angeordnet, damit der Mensch an *keiner* hafte. Es kann kein böser Geist sein, der an der Spitze der Welt steht: es ist ein bloß unbegriffener! Lächeln wir nicht auch, wenn die Kinder weinen? Denken Sie nur, diese unendliche Fortdauer! Millionen von Zeiträumen, jedweder ein Leben, und für jedweden eine Erscheinung, wie diese Welt! Wie doch der kleine Stern heißen mag, den man auf dem Syrius, wenn der Himmel klar ist, sieht? Und dieses ganze ungeheure Firmament, das die Phantasie nicht ermessen kann, nur ein Stäubchen gegen den unendlichen Raum! O mein edler Freund, ist dies ein Traum? Zwischen je zwei Lindenblättern, Abends, wenn wir auf dem Rücken liegen, eine Aussicht, an Ahndungen reicher, als Gedanken fassen, und Worte sagen können![50]

So, immerhin, konnte Kleist an Altenstein, seinen Vorgesetzten, schreiben ohne Furcht, auf kaltes Unverständnis zu stoßen. Es sind

Worte, hinter deren fast rauschhafter Eloquenz deutlich die Angst vor metaphysischer Verlassenheit lauert, gegen die die Beschwörung eines guten Geistes allein aus der Verneinung eines bösen nur eine schwache Stütze bildet. Hier jedenfalls, in diesen stellenweise an die Diktion Jean Paulscher Weltverlassenheits-Phantasien gemahnenden Sätzen, verabschiedete Kleist die jugendlichen Hoffnungen auf Glück, die er einst dem Freund Rühle verkündet hatte. Rühle schrieb er denn auch vor der Abreise nach Pillau das gleiche:

> Wer wollte auf dieser Welt glücklich sein. Pfui, schäme Dich, mögt' ich fast sagen, wenn du es willst! Welch eine Kurzsichtigkeit, o du edler Mensch, gehört dazu, hier, wo alles mit dem Tode endigt, nach etwas zu streben.[51]

Und dann folgt, bis zu den «Lindenblättern» hin das gleiche wie an Altenstein. Das «Ideenmagazin» schien also noch zu funktionieren.

Nicht an Altenstein, sondern allein an Rühle hieß es dann jedoch: «Komm, laß uns etwas Gutes thun, und dabei sterben!» Worauf Meditationen folgen über den Tod im Leben, über das kleine Leben des einzelnen im großen der «Millionen Tode, die wir schon gestorben sind, und noch sterben werden» und darüber, ob es vielleicht «für eine ganze Gruppe von Leben noch einen eignen Tod» gebe. Aber mit einem «Nun wieder zurück zum Leben!»[52] reißt sich Kleist dann selbst aus seinen Meditationen, die ohnehin ja nicht spontaner Ausdruck von gerade erst Empfundenen waren, und verkündet, er werde «jetzt Trauerspiele und Lustspiele machen. Ich habe der Kleisten eben wieder gestern Eins geschickt, wovon Du die erste Scene schon in Dresden gesehen hast. Es ist der zerbrochene Krug.» Und dann weiter:

> Du weißt, daß ich meine Carriere wieder verlassen habe. Altenstein, der nicht weiß, wie das zusammenhängt, hat mir zwar Uhrlaub angeboten, und ich habe ihn angenommen; doch bloß um mich sanfter aus der Affaire zu ziehen. Ich will mich jetzt durch meine dramatische Arbeiten ernähren; und nur, wenn du meinst, daß sie auch dazu nicht taugen, würde mich dein Urtheil schmerzen, und auch das nur bloß weil ich verhungern müßte. Sonst magst du aber über ihren Werth urtheilen, wie Du willst. In drei bis vier Monaten kann ich immer ein solches Stück schreiben; und bringe ich es nur à 40 Frid. d'or, so kann ich davon leben. Auch muß ich mich im Mechanischen verbessern, an Übung zunehmen, und in kürzern Zeiten, besseres liefern lernen. Jetzt habe ich ein Trauerspiel unter der Feder.[53]

Es ist etwas Eigenes mit dem Egoismus des schöpferischen Menschen. War es dann doch alles in allem nur ein geschicktes Spiel mit der Krankheit und machte Kleist da Altenstein einfach etwas vor? Ganz stimmte ja wohl auch nicht, was er Rühle schreibt. Hatte nicht er, Kleist, zuerst Altenstein gefragt, ob er eine Zeitlang «zu meinem Schwager Stojentin in der Gegend von Danzig aufs Land gehen darf»?[54] Und als er schon längst frei ist von den Pflichten, schreibt er am 24. Oktober 1806 an die Schwester Ulrike: «Ich leide an Verstopfungen, Beängstigungen, schwitze und phantasiere, und muß unter drei Tagen immer zwei das Bette hüten. Mein Nervensystem ist zerstört. Ich war zu Ende des Sommers fünf Wochen in Pillau, um dort das Seebad zu gebrauchen; doch auch dort war ich bettlägrig, und bin kaum fünf oder sechsmal ins Wasser gestiegen.»[55] War das Tatsache oder pure Täuschung, um vor der Schwester und der Familie die neuerliche Wendung seiner «Carriere» zu entschuldigen? Die Grenzen zwischen körperlicher Krankheit, Simulation, Hypochondrie und echter Neurose dürften sich bei einem Künstler von so extremer Sensibilität wie Heinrich von Kleist schwer ziehen lassen, besonders wenn er gerade dabei ist, seiner Amazonenkönigin Penthesilea ewiges Leben zu schenken.

Im Brief an die Schwester ist freilich noch von etwas anderem die Rede, und die Klage über seinen schlechten Gesundheitszustand bezieht sich sogar unmittelbar darauf. Inzwischen war ja die Kunde von Napoleons Sieg über die preußische Armee auch nach Ostpreußen gedrungen. Von den engsten Freunden hatte er keine Nachricht mehr, und Schlimmstes stand zu befürchten. «Denn wenn sie alle denken, wie Rühle und Pfuel, so ergiebt sich keiner.»[56] Auch er sei vor einiger Zeit willens gewesen, nach Berlin zu gehen, offensichtlich um sich dem König als der gelernte Offizier zur Verfügung zu stellen, der er war. Nur eben hindere ihn die Krankheit auch daran, was zweifellos der deutschen Literatur zum Vorteil gereichte. Mitte Dezember war dann aber Pfuel in Königsberg eingetroffen, und mit ihm sowie zwei weiteren zur Zeit demissionierten Offizieren machte sich Kleist dann dennoch Anfang Januar 1807 auf den Weg aus der neuen Ersatzhauptstadt in die alte, nur daß ihn dieser Weg unfreiwillig weit über das Ziel hinaus führte.

3. Allmähliche Verfertigung von Literatur

Welche Streiche ihm auch sein Körper spielte, welche Last ihm der Dienst für den Staat auch bereitete, den er bereitwillig des Geldes und des guten Rufes wegen übernommen hatte, und welche Turbulenzen schließlich der heranrollende Sturm des Krieges für ihn bringen mochte – Heinrich von Kleists Königsberger Monate wurden für ihn eine erste große produktive Zeit literarischen Schaffens. Nun durfte er sogar tatsächlich hoffen, von seinem Schreiben leben zu können, und die Zukunftsträume stiegen sogleich in große Höhe. Mittel zum Leben auf preußischer Erde aber brauchte er dringend, da mit der Beurlaubung vom Amt auch die Diäten-Zahlungen aufhörten. Was das Geld angehe, so habe er unsichere Hände, hat Kleist einmal seiner Schwester Ulrike geschrieben;[57] sie hat dementsprechend aus ihrem bescheidenen Erbe immer wieder dafür gesorgt, daß ihn Hilfe erreichte, wenn sie am nötigsten war. Eine Zeitlang erhielt Kleist auch eine kleine Pension, die ihm angeblich die Königin Louise aus ihrer Privatschatulle zahlte, aber in Wirklichkeit war es wohl die Vermittlerin Marie von Kleist selbst, die Hofdame der Königin, von der das Geld stammte; zu ihr jedoch schien vorübergehend der Kriegswirren wegen die Verbindung abgebrochen und jede Weiterzahlung der Pension fraglich.

Vom Augenblick seines Eintritts ins bürgerliche Dasein nach der Entlassung aus der Armee war Kleist genötigt gewesen, ein sicheres Einkommen zu finden, und seine Lebensgeschichte ist zugleich die Geschichte vielfacher Versuche dazu – Versuche, die entweder mißlangen oder denen er sich nicht gewachsen fühlte, wenn sie ihn nicht gar anwiderten. Nun aber hatte er schließlich gefunden, was er suchte, in dem sicheren Gefühl, daß es wirklich das war, was er konnte und was ihm Erfüllung bringen würde: «ich dichte bloß, weil ich es nicht lassen kann.»[58] Auch das steht in dem Brief an Rühle, aber es war nicht trennbar von der Notwendigkeit, Geld zu verdienen, um überhaupt dichten zu können. Konsequenter als die meisten anderen deutschen Dichter seiner Generation – Hölderlin, Novalis, Fouqué, Arnim, Brentano, Eichendorff – betrachtete sich Kleist als Berufsschriftsteller; ganz unverblümt gestand er ja Rühle auch ein, daß er zugleich um des Gelderwerbs willen schrieb. Nur war seine Ware von einer Art und Qualität, die allzu wenige Abnehmer fand, denn bei dem, was er schreiben mußte, weil er es nicht lassen konnte, fragte er nicht, ob es gefällig sei, obwohl er es gewiß glaubte.

Für die Genesis von Kleists Werk gibt es nur wenige und zum Teil noch dazu unsichere Zeugnisse.[59] Im Sommer 1803, als er noch am *Guiskard* arbeitete, soll er, wie schon erwähnt, Pfuel in Dresden Szenen des *Zerbrochnen Krugs* diktiert und außerdem Johannes Daniel Falk getroffen haben, der gerade an einem Lustspiel über das Abenteuer des geilen Gottes Jupiter mit Alkmene, der schönen Gattin des thebanischen Feldherrn Amphitryon, schrieb. Falks *Amphitruo* erschien auch wirklich im darauffolgenden Jahr, und Spuren der Kenntnis dieses Werks sind in Kleists eigenem *Amphitryon* erkennbar.[60] Die Briefe aus Königsberg geben darüber hinaus zu seiner Arbeit ein paar weitere Andeutungen. So lange sein Leben dauere, werde er jetzt «Trauerspiele und Lustspiele» machen, schrieb er Rühle im schon zitierten Brief. Den *Zerbrochnen Krug* habe er abgeschickt und ein Trauerspiel «unter der Feder»,[61] offensichtlich die *Penthesilea*. Das Manuskript eines weiteren Lustspiels, des *Amphitryon*, schickt er Rühle bald darauf in Kommission, damit der es für ihn auf dem literarischen Markt anbiete. Zum gleichen Zweck erhielt Rühle, der zuverlässige, geschicktere, verbindungsreichere Freund, schließlich noch irgendwann, bevor Kleist Anfang 1807 auf den unfreiwilligen Weg nach Frankreich gehen mußte, das Manuskript zur Erzählung von *Jeronimo und Josephe*, also die Geschichte vom *Erdbeben in Chili*, wie sie später hieß. Es war eine reiche Zeit.

Woher nimmt ein Dichter, worüber er schreibt? Was lenkt ihn zur Wahl von Stoffen, denen er neue, eigene Gestalt geben möchte? Es sei ihm, «als ob das allgemeine Unglück die Menschen erzöge, ich finde sie weiser und wärmer, und ihre Ansicht von der Welt großherziger», hatte er im Dezember 1806 angesichts von Preußens militärischem und politischem Kollaps der Schwester Ulrike aus Königsberg geschrieben. «Auf den Feldern, so weit das Auge reichte, sah man Menschen von allen Ständen durcheinander liegen, Fürsten und Bettler, Matronen und Bäuerinnen, Staatsbeamten und Taglöhner, Klosterherren und Klosterfrauen, einander bemitleiden, sich wechselseitig Hülfe reichen, von dem, was sie zur Erhaltung ihres Lebens gerettet haben mochten, freudig mitteilen, als ob das allgemeine Unglück Alles, was ihm entronnen war, zu *einer* Familie gemacht hätte.»[62] Das steht in der Erzählung von *Jeronimo und Josephe*. Aber haben die beiden Sätze wirklich etwas miteinander zu tun? Derartige Verbindungen, wie sie in den Kommentaren zu Kleist oft zwischen seinen alltäglichen Erfahrungen und seinem literarischen Werk hergestellt worden sind, führen gemeinhin nur zu nichtssagenden Bezügen. Um gegen den Hintergrund einer Katastrophe die Vision einer friedlichen Menschengemeinschaft jenseits aller Stände in seiner reichen Phantasie entstehen zu lassen, bedurfte der Rousseau-Leser Kleist gewiß nicht der Schlachten bei Jena und Auerstedt, und er bedurfte auch nicht der Flucht des preußischen Hofes nach Königsberg und Memel. Das, was Kleist Anschauung werden ließ in seiner Dichtung, kam aus anderen Quellen als aus den Untiefen unmittelbarer Abbildnerei. Hat sich Kleist also die Geschichte von dem jungen Liebespaar, das gegen alle gesellschaftlichen Regeln zusammenfindet, dann aber durch Menschengewalt getrennt, durch die Naturgewalt eines Erdbebens erneut vereinigt, am Ende aber doch von den Menschen ausgerechnet in einer Kirche getötet wird – hat er sich also diese Geschichte selbst ausgedacht? Ein Vorbild, dem er sie nacherzählt hätte, hat sich bisher nicht finden lassen. Vertraut aus Kleists eigenen Erfahrungen hingegen erscheint das Hin- und Hergetriebensein zwischen den Extremen des Glückes und des Unglücks, der Hoffnung und der Enttäuschung, ebenso wie die unaufhaltsame Eskalation der Ereignisse auf eine Katastrophe zu. Ihr setzt er allerdings dann gerade in dieser Geschichte mit der Rettung des Kindes eben jenes Paares einen Lichtpunkt entgegen. Geschichte und persönliche Erfahrung, Lieben, Hassen, Hoffen, Zagen, Tod und dann doch immer wieder neues Hoffen verweben sich in solchen Bildern, die die Kunst anzubieten hat.

Möglicherweise aus der Königsberger Zeit stammt auch Kleists Aufsatz *Über die allmählige Verfertigung der Gedanken beim Reden*. Er ist Rühle gewidmet, der ihm seinerseits Arbeiten von sich geschickt hatte, und an ihn adressiert: «Wenn du etwas wissen willst und es durch Meditation nicht finden kannst, so rate ich dir, mein lieber, sinnreicher Freund, mit dem nächsten Bekannten, der dir aufstößt, darüber zu sprechen.»[63] So heißt es zu Anfang, und der Aufsatz enthält dann im Grunde nur Variationen dieses Gedankens, aber kunst-volle freilich, die das Verfahren zugleich praktizieren, das sie beschrei-ben, also auch immer Neues hinzufügen. «Der Franzose sagt, l'appétit vient en mangeant, und dieser Erfahrungssatz bleibt wahr, wenn man ihn parodiert, und sagt, l'idée vient en parlant.» Und als Beispiel: «Oft sitze ich an meinem Geschäftstisch über den Akten, und erforsche, in einer verwickelten Streitsache, den Gesichtspunkt, aus welchem sie wohl zu beurteilen sein mögte. Ich pflege dann gewöhnlich ins Licht zu sehen, als in den hellsten Punkt, bei dem Bestreben, in welchem mein innerstes Wesen begriffen ist, sich aufzuklären.» Kleist im Amt. Wenn er dann mit seiner Schwester darüber spreche, so erfahre er, «was ich durch ein vielleicht stundenlanges Brüten nicht herausge-bracht haben würde», und zwar nicht weil sie es besser wüßte, son-dern «weil ich doch irgend eine dunkle Vorstellung habe, die mit dem, was ich suche, von fern her in einiger Verbindung steht,» und «so prägt, wenn ich nur dreist damit den Anfang mache, das Gemüt, wäh-rend die Rede fortschreitet, in der Notwendigkeit, dem Anfang nun auch ein Ende zu finden, jene verworrene Vorstellung zur völligen Deutlichkeit aus, dergestalt, daß die Erkenntnis, zu meinem Erstau-nen, mit der Periode fertig ist.»

Mit gutem Recht ist der Aufsatz als Zugang zu Kleists Kreativität angesehen worden, als Mittel seiner «Befreiung und Selbstbehaup-tung».[64] Denn was er darin an alltäglichen und historischen Beispielen demonstriert, führt letztlich zugleich zu der Weise hin, in der er sich seine Stoffe aneignete und sie Stufe für Stufe weiterentwickelte, bis er ihnen im fertigen literarischen Werk die Gestalt geben konnte, von der ihm zu Anfang vielleicht nur «irgend eine dunkle Vorstellung» vorschwebte. Die aber hatte ihn erst zum Schreiben gedrängt, eben weil er «es nicht lassen konnte». Es ist – das muß besonders bedacht werden – ein Verfahren, das jede Umsetzung von Autobiographie in Dichtung ausschließt; sich selbst, die Menschen um ihn und seine Begegnungen mit ihnen hat Kleist nie in seinen Werken abbilden wol-len. Es ging ihm um anderes: Erkenntnis und Befreiung suchte er viel-mehr im «Gespräch», in der Auseinandersetzung mit seinen Stoffen, die er sich wählte und die ihn über die Grenzen seiner staatsbürgerli-chen Wirklichkeit mit allen ihren Bedrängnissen, Notlagen, Niederla-gen und Verstrickungen hinwegtrugen. Es war sein Weg zu «völliger Deutlichkeit», zur «Erkenntnis» über sich und seinen Platz in der Welt und schließlich über diese Welt selbst, und der war für ihn nur im Bild, in der Anschauung des Kunstwerks begehbar und vermittelbar. Da konnte denn «das Zucken einer Oberlippe» oder «ein zweideutiges Spiel an der Manschette»[65] von größerer Bedeutung sein für die Verwandlung «verworrener Vorstellungen» zur Klarheit als jede wohlgesetzte Rede oder Gegenrede. Die Gesten in Kleists Briefen und seinem Werk erhalten aus solcher Perspektive erst ihren tieferen Sinn und ihre Aufgabe.

Die «allmähige Verfertigung» eines eigenen Werks im dialektischen «Gespräch» mit einem anderen Stoff gelang Kleist dann zuerst auf eine geradezu überwältigende Weise in der Begegnung mit Molières *Amphitryon* und durch ihn mit einem Stoff, der bis weit in die Antike zurückreichte. Es mag sein, daß Rühles Versuche zur Übersetzung von Racine, die dieser ihm geschickt hatte, einen Anstoß gegeben haben – Französisch war ja für sie alle fast eine zweite Muttersprache, von der wachsenden politischen Dominanz dieser Sprache damals ganz abgesehen –, und außerdem mag ihm auch die Bindung an ein anerkanntes, erprobtes klassisches Werk mit einer im Mythos gegründeten Fabel jenen Rahmen und mithin jene Sicherheit gegeben haben, die ihm bei seinen Mühen um Herzog Robert Guiskard gefehlt hatten. Aber wenn er sich bald darauf, da er unfreiwillig in die Mühlen des Krieges geraten war, in einem Anfall von Selbstzweifel hinsichtlich seines Schreibens mit Hamlet fragte, was ihm noch «Hekuba» sei, so drängt sich hier die Frage auf, was ihm denn nun eigentlich dieser doppelte Amphitryon und vor allem jene Alkmene bedeutete, die die Hauptperson des Stückes ist und eine der geheimnisreichsten Frauengestalten deutscher Literatur. Bei Molière durfte immerhin das Publikum spekulieren, ob sein Jupiter auch ein wenig Karikatur von Ludwig XIV. sein könnte; Kleists Jupiter mit Friedrich Wilhelm III., dem ungeschickten Pedanten der Macht und treuen Ehemann, in Verbindung zu bringen, wäre absurd. Was Kleist zwischen Königsberg und Pillau in seiner Phantasie entstehen ließ, hatte vielmehr ganz mit ihm selbst zu tun und mit seiner Suche nach einer Bindung an die Welt in ihrer einzig zuverlässigen Form, der Liebe. Daß ihm allerdings seine preußische Realität gerade zu Zeiten ihrer größten Reformbedürftigkeit manche Stichworte gegeben hat, läßt die wundervoll witzige Nebenhandlung um den Diener Sosias ebenso erkennen wie die schlappe und hilflose thebanische Generalität, die sich um den wahren Amphitryon schart und der dieser ja auch selbst zugehört. Über das Verhältnis von Herr zu Knecht philosophierte immerhin genau zur gleichen Zeit der Professor Georg Wilhelm Friedrich Hegel in Jena, durch das dieser Napoleon hatte hindurchreiten sehen; die *Phänomenologie des Geistes* erschien im gleichen Jahr 1807 wie Kleists *Amphitryon.*

Aus welcher «dunklen Vorstellung» entstand im Gespräch mit Molière Heinrich von Kleists Alkmene? In Kleists Lebenskreis wird man kaum ein Modell dafür finden. Kleist hat sich immer wieder hingezogen gefühlt zu Frauen, die ihm sexuell nicht zugänglich waren – die Schwester natürlich, deren Männlichkeit er so stark beschrieb, als wollte er sich auf diese Weise vor Versuchung schützen, oder die kokette Adolphine von Werdeck, eine verheiratete Frau, die nicht viel von ihm hielt, Henriette von Schlieben, die Verlobte eines Freundes, und dann Marie von Kleist, die ihn liebte. Die Braut Wilhelmine von Zenge hatte er in die Ferne der Korrespondenz versetzt, bis er sich von ihr trennte. Und nun gelang ihm hier weit über die Komik Molières hinaus ein Drama nicht nur von der Ehe, sondern von der Beziehung zwischen den Geschlechtern überhaupt. Das freilich kann nur in Erstaunen versetzen, wer in der Literatur nichts anderes sieht als die Reproduktion erfahrener Wirklichkeit – für Kleist wurde sein Werk zu einer eigenen Lebensform, in der er all die Sinnlichkeit, Zärtlichkeit, Liebe ausdrücken konnte, deren er fähig war, und dazu auch die Bedrohungen, denen diese Gefühle zusammen mit der ganzen geistigen Existenz der Menschen ausgesetzt waren. Mit den so viel mehr als Worte aussagenden Gesten hat Kleist den *Amphitryon* reichlich beschenkt:

> Und du fragst noch! Flog ich gestern nicht,
> Als du mich heimlich auf den Nacken küßtest,
> Ich spann, in's Zimmer warst du eingeschlichen,
> Wie aus der Welt entrückt, dir an die Brust?
> Kann man sich inn'ger des Geliebten freun? (Vs. 813–817)

Der Kuß auf den Nacken ist die Erinnerung Alkmenes an die Begegnung mit dem Gotte in der Gestalt Amphitryons, die den Ehemann freilich, dem sie das sagt, in tiefste Verwirrung stürzen muß: In fundamentale existentielle Zweifel führt es, wenn eine Frau den Mann, den sie liebt, in doppelter Gestalt erscheinen sieht, als Gott und als Ehegatten. Denn wie läßt sich die «göttliche», weil unendliche und nicht begrenzbare Erfahrung der Liebe mit der Wirklichkeit versöhnen? Das ist die Frage, der Kleist im Grunde nachgeht. Das Ergebnis kann nur der Weg an den Rand der Tragödie sein, denn Gott und Gatte bleiben eben zwei verschiedene Personen. Weder kommt Amphitryon um die Tatsache herum, daß ein anderer seiner Frau beigelegen und einen Sohn gezeugt hat, noch findet Jupiter seinen Trost in der genußvollen Nacht, die er verbracht hat, weil die Frau ihren Ehemann umarmt zu haben glaubt. Deutlich verrät an einer Stelle der liebesbedürftige und anerkennungshungrige Gott, der nun eben nicht um seiner Göttlichkeit, sondern um seiner ganz menschlichen Persönlichkeit willen geliebt sein möchte, was ihm als Gewinn seines Abenteuers mit der thebanischen Feldherrngattin vorschwebte. Auch der Olymp sei «öde ohne Liebe» (Vs. 1519), erklärt er ihr, die ihn für ihren Gatten halten muß, und wirbt nun bei ihr um einen Gotteslohn. Viel Freude schütte er, der Gott, «zwischen Erd und Himmel endlos aus», verkündet er und drängt nun bittend:

Wär'st du vom Schicksal nun bestimmt
So vieler Millionen Wesen Dank,
Ihm seine ganze Fordrung an die Schöpfung
In einem einz'gen Lächeln auszuzahlen,
Würd'st du dich ihm wohl – ach! ich kann's nicht denken
   (Vs. 1528–32)

Dem Gotte aber versagt sich Alkmene, denn nur den Ehemann liebt sie in ihm; der allerdings erscheint ihr in Jupiter – wie könnte es anders sein – göttlich. Aus solcher Wirrnis gibt es, wie Kleists Stück zeigt, für menschliches Begreifen keine Erlösung. Das Lächeln aber, diese sanftere Spielart des Lachens, wird hier ausdrücklich als Lohn für den Gott und seine gesamte Schöpfung deklariert und damit zum Liebeszeichen erhoben, das über alle Täuschung erhaben sein soll. Es ist die höchste Weihe, die das Lächeln in Kleists Werk erfährt. Lachen aber, das traditionsgemäß zur Komödie gehört, vermag in diesem «Lustspiel nach dem Molière» nur die Nebenhandlung hervorzurufen, wo es um Wurst und aufgewärmten Kohl geht. Ein Gott hingegen, der um Liebe und Lohn bittet, ist nicht lächerlich, sondern traurig, wenn nicht beklemmend in seiner Hilflosigkeit.

So herrscht eine metaphysische Unordnung in dem Stück. Goethe als eingefleischter Verehrer heidnischen Griechentums hat sie beklagt, wenn er Kleists «Deutung der Fabel ins Christliche»[66] rügte. In Falks

Amphitruo verzichtet Jupiter aus wahrhaft christlicher Verantwortung auf die Ausübung seiner göttlichen Macht gegenüber Alkmene, so daß weder das Gleichgewicht zwischen Mensch und Göttern noch der Ehefrieden gestört wird. Und bei Molière schließlich spielen die Gefühle Alkmenes kaum eine Rolle. Bei Kleist jedoch hat allein die Frau die ganze Spannung zwischen Gott und Mensch auszuhalten; mit ihrem vielinterpretierten «Ach» am Schluß muß sie, die so subtile Gedanken ausdrücken konnte im Gespräch mit Gott und Ehemann, schließlich vor dem Unsagbaren kapitulieren. Kleist fehlte die Stütze der Philosophie, die manche seiner deutschen Zeitgenossen aus der Unordnung Ordnung machen ließ, und es fehlten ihm ebenso die Tröstungen einer Religion, in der er sich hätte gläubig aufgehoben sehen können. Was er in den zitierten Briefen an Altenstein und Rühle implizit über den guten Geist schreibt, der doch eigentlich an der Spitze der Welt stehen müsse, offenbart die ganze Distanz, die ihn von jenem Christentum trennte, in dem Novalis, Brentano oder Eichendorff Schutz suchten und fanden. Er selbst hat diesen Schutz allein und immer wieder in seinem Werk herbeigesehnt.

Ein Versemacher, ein Dichter, ein Poet war Heinrich von Kleist nun geworden und hatte endlich seinen Ort im Leben gefunden, auch wenn es die anderen zumeist nur mit Achselzucken, Kopfschütteln, Belächeln oder einfach mit Gleichgültigkeit hinnahmen. Angesichts ihrer eigenen Schwächen ist es anmaßend für die Nachwelt, vergangenen Zeiten vorzuwerfen, sie hätten klüger und aufmerksamer sein sollen. Angesichts von Kleists *Amphitryon* jedoch ist es schwer, ganz und gar auf einen solchen Vorwurf zu verzichten. Das Manuskript des *Amphitryon* kam durch Rühles Vermittlung tatsächlich nach Dresden, von wo aus es Christian Gottfried Körner dem Verlag von Georg Joachim Göschen in Leipzig anbot, der aber nein sagte. In Körners Haus immerhin wurde das Stück vorgelesen, und schließlich nahm sich Adam Müller seiner an, der damals gerade in Dresden öffentliche Vorlesungen über *dramatische Kunst* hielt. Im Mai 1807 erschien das Stück dort in der Arnoldischen Buchhandlung mit einem Vorwort von Müller. Zu diesem Zeitpunkt war Kleist inzwischen der Heimat Molières näher als ihm lieb war.

4. Nach Frankreich zogen drei Offizier'

Die zwei französischen Grenadiere, die Heinrich Heines poetische Phantasie zurück nach Frankreich ziehen läßt, hatten allen Grund, die Köpfe hängen zu lassen. Als Helden der *Grande armée* waren sie einst siegreich über Europa hinweg gezogen, bis tief nach Rußland hinein, aber nun war besiegt und zerschlagen das große Heer, der Kaiser aber – ihr Kaiser – gefangen und sie selbst gestrandet im deutschen Quartier, todwund und voller Heimweh; am 17. Oktober 1815 war Napoleon Bonaparte auf seiner letzten Lebensstation in St. Helena angekommen. Als hingegen im Februar 1807 die drei preußischen Offiziere Wilhelm Jacob von Ehrenberg, Carl Franz von Gauvain und Heinrich von Kleist in Berlin von den französischen Besatzern verhaftet und nach Frankreich transportiert wurden, da war Napoleon gerade dabei, die letzten Stufen zum Thron eines Herrschers von Europa zu erklimmen, nur daß dann eben am Ende nichts daraus wurde. Gerade jetzt war der Kaiser in den preußischen Norden gekommen, hatte sich mit dem russischen Zaren arrangiert und Anfang Juli in Tilsit mit dem preußischen König einen Frieden geschlossen, dessen Artikel zumeist mit den Worten begannen «Seine Majestät der König von Preußen verzichtet...»[67] Aber fürs erste war der Krieg immerhin zu Ende, was für die drei gefangenen Offiziere bedeutete, daß sie nun aus Frankreich wieder heimkehren konnten. Bis dahin freilich hatten sie noch einiges auszustehen.

Was überhaupt bewog Heinrich von Kleist, sich im Januar 1807 von Königsberg auf den Weg nach Berlin zu machen? Vom Staatsdienst hatte er Genesungsurlaub erhalten und war als Dichter produktiv gewesen; Rühle, um diese Zeit bereits in Dresden oder auf dem Weg dorthin, hatte von ihm ein Manuskript – den *Amphitryon* – erhalten, das er dem Dresdner Verleger Arnold verkaufte. Ihr Bruder habe sich nach Dresden begeben wollen, «um dort friedlich die Literatur und die Künste zu pflegen, die er liebt und denen er sich gewidmet hat; anstatt sich aber an den Bestimmungsort begeben zu kön-

Kleist in französischer Gefangenschaft.
Amateur-Porträt (1807)

nen, den er gewählt hatte, sah er sich hier ohne einen ihm bekannten
Grund und ohne vorhergehendes Verhör festgenommen, und man hat
ihn nicht nur als Gefangenen abtransportiert, sondert behandelt ihn,
als ob er sich eines Vergehens schuldig gemacht habe, und er schmach-
tet, der Freiheit beraubt, in einem Verließ im Schlosse Joux.»[68] Das
schrieb Ulrike von Kleist in einem stolzen, selbstbewußten Brief –
«Ich komme nicht, um von Eurer Exzellenz eine Gunst zu erbitten,
sondern ich komme, um Gerechtigkeit zu fordern» – an General
Henri-Jacques-Guillaume Clarke, den französischen Gouverneur von
Berlin, was denn auch von diesem respektiert wurde, wenngleich
nicht mit dem Resultat einer sofortigen Befreiung. Aber Kleist wurde
wenigstens aus der Festungshaft nach Chalons-sur-Marne in ein Lager
preußischer Kriegsgefangener gebracht und seinem Rang entsprechend behandelt.

Wie andere Reisen Kleists auch, so ist diese ebenfalls mit Fragen
und Vermutungen umgeben worden.[69] Was zum Beispiel veranlaßte
Ernst von Pfuel, der zunächst von Königsberg aus als vierter mit von
der Partie war, vor Berlin nach Nennhausen abzubiegen und dort Fouqué zu besuchen? Was motivierte die anderen beiden Offiziere, die
nicht zu Kleists engstem Freundeskreis zählten, zu dieser Reise?

War der Vorwurf der französischen Behörden, sie hätten Spionage für Preußen getrieben, doch nicht so ganz aus der Luft gegriffen? Immerhin agierte im pommerschen Raum schon der Major Ferdinand von Schill, der mit seiner Freischar bald zu einem beträchtlichen Ärgernis für die Franzosen wurde. Schließlich waren sie ja alle eben preußische Offiziere, denen der Sturz ihres Landes nicht nur die Existenz nahm, sondern der sie auch demütigte und beschämte. «Es wäre schrecklich, wenn dieser Wütherich sein Reich gründete. Nur ein sehr kleiner Theil der Menschen begreift, was für ein Verderben es ist, unter seine Herrschafft zu kommen. Wir sind die unterjochten Völker der Römer. Es ist auf eine Ausplünderung von Europa abgesehen, um Frankreich reich zu machen»,[70] schrieb Kleist im November 1806 noch aus Königsberg an die Schwester. Im übrigen herrschten die Verwirrung und das Chaos eines geschlagenen Landes ebenso wie die Nervosität der Sieger, die mit Insurgenten, vermeintlichen Gegnern und deren Spionen nicht glimpflich umgingen – im August 1806 war der Buchhändler Johann Philipp Palm in Braunau am Inn von den Franzosen erschossen worden, weil er den Namen des Verfassers einer Flugschrift gegen den Kaiser Napoleon nicht preisgeben wollte. Und Kleist? Hatte er wieder einmal einen Spionage-Auftrag erhalten? Aber von wem: von den preußischen Behörden in Königsberg, von denen er sich hatte beurlauben lassen, oder eher nur von seinen späteren Biographen?

Heinrich von Kleist war sein Preußen gewiß nicht gleichgültig, und daß er sich stets von neuen Plänen und Ideen ergreifen, ja hinreißen ließ, zuweilen weit über seine Möglichkeiten hinaus, ist bekannt. Aber jetzt hatte er endlich seinen Beruf gefunden, von dem er sich ernähren zu können glaubte, hatte ein neues Stück vollendet, hatte ein Trauerspiel «unter der Feder», hatte eine Erzählung geschrieben, Manuskripte schon nach Berlin geschickt.[71] Auf der unfreiwilligen Fahrt nach Westen fand er dann sogar den Trost, derjenige von den drei Reisegefährten zu sein, «der diese Gewalthat am Leichtesten verschmerzen kann; denn wenn nur dort meine Lage einigermaßen erträglich ist so kann ich daselbst meine litterarischen Projecte eben so gut ausführen, als anderswo.»[72] Das schrieb er der Schwester am 17. Februar aus Marburg noch während des Transportes als Gefangener. Was immer seine Reisegefährten im Sinne hatten – unter allen möglichen Motiven, die Heinrich von Kleist aus Königsberg und dem von den Franzosen unterworfenen Preußen hinweggeführt haben könnten, bleibt das plausibelste der Wunsch, nach Dresden in den Rheinbundstaat Sachsen zu gelangen, um «in der Nähe des Buchhandels» zu sein, «wo er am Wenigstens daniederliegt»[73] und wohin auch sein Freund Rühle mit dem *Amphitryon* im Gepäck strebte. Als Kleist dann in Frankreich hört, daß Pfuel nach Königsberg zurückgegangen sei, ließ er Marie von Kleist wissen, der Weg nach Süden sei das einzige gewesen, was ihm in seiner Lage übrig geblieben sei. «Doch unersetzlich ist es, daß wir uns nicht, Er und R[ühle] in Dresden haben sprechen können. Der Augenblick war so gemacht uns in der schönsten Begeisterung zu umarmen: wenn wir noch zwei Menschen Alter lebten kömt es nicht so wieder.»[74] Nur war die Lage in Fort Joux dann allerdings nicht ganz so erträglich, wie er sie sich erhofft hatte.

Die Annehmlichkeiten von Fort Joux, in der Nähe von Pontarlier gelegen, waren die einer echten Festung: es lag hoch im französisch-schweizerischen Jura-Gebirge, hatte dicke Mauern, in Felsen gehauene Kerker und war vor allem kalt. In Besançon hatten die Gefangenen schon Rosen blühen gesehen, aber um die Festung lagen noch drei Fuß Schnee – Kleist hat das der Schwester ebenso bitter wie anschaulich beschrieben.[75] Als echte Festung hatte aber Fort Joux auch eine Geschichte, deren interessantester Aspekt für Kleist darin bestand, daß Gauvain in «das Gefängniß zu sitzen» kam, «in welchem Toussaint Louverture gestorben war». Das war jener haitianische General afrikanischer Herkunft, der 1802 in einem Aufstand die Franzosen von der Insel, der französischen Kolonie Saint-Domingue, vertrieb, bis Napoleon ein Expeditionsheer entsandte und ihn als Gefangenen nach Fort Joux bringen ließ, wo er 1803 starb. Touristenattraktion ist Fort Joux heutigen Tages vor allem seinetwegen; Toussaint war einer der frühesten Wegbereiter für die Befreiung schwarzer Sklaven in Amerika. Aber auch Kleist hat in der Werbung für Fort Joux inzwischen als «ecrivain allemand» einen schmalen Platz erhalten. Für ihn selbst aber wurde der haitianische Krieg gegen die Weißen, den nach Toussaints Gefangennahme der radikalere General Dessalines fortführte, zum Stoff für seine Novelle *Die Verlobung in St. Domingo* – sie erschien 1811. Ob Kleist sie in Fort Joux begann oder erst später in der Erinnerung dahin zurückkehrte, läßt sich nicht sagen. Produktive Arbeit war für ihn eben nicht die Umsetzung unmittelbarer Eindrücke oder Erfahrungen, sondern ein langwieriger Prozeß: «nicht das was den Sinnen dargestellt ist, sondern das was das Gemüth, durch diese Wahrnehmung erregt, sich denkt, ist das Kunstwerk»,[76] heißt es in einem Brief an Marie von Kleist, als er endlich von den Höhen der Festung nach Chalons-sur-Marne gebracht worden war, noch unklar darüber, was ihm weiter bevorstand. In dieser Situation und in eben diesem Brief an Marie von Kleist findet Kleist dann auch Worte, die aufs prägnanteste und ergreifendste den Zustand des Schriftstellers im Exil bezeichnen – ein Zustand, der deutschen Schriftstellern in der Geschichte ihres Landes noch weiterhin reichlich bevorstand:

> Was sind dies für Zeiten. Sie haben mich immer in der Zurükgezogenheit meiner Lebensart für isolirt von der Welt gehalten, und doch ist vielleicht niemand inniger damit verbunden als ich. Wie trostlos ist die Aussicht, die sich uns eröffnet. Zerstreuung, und nicht mehr Bewustsein ist der Zustand der mir wohl thut. Wo ist der Platz den man jetzt in der Welt einzunehmen sich bestreben könnte, in Augenblikken, wo alles sein[en] Platz in verwirrter Bewegung verwechselt. Kann man auch nur den Gedanken wagen glüklich zu sein, wenn alles in Elend darnider liegt? Ich arbeite, wie Sie wohl denken können, doch ohne Lust und Liebe zur Sache. Wenn ich die Zeitungen gelesen habe, und jetzt mit einem Herzen voll Kummer die Feder wieder ergreife, so frage ich mich, wie Hamlet den Schauspieler, was mir Hekuba sei?[77]

Aber ein Schriftsteller war er nun, und niemand ist mit der Welt enger verbunden, als wer die Menschen darin zu gestalten versucht.

Chalons-sur-Marne bot nicht ganz das, was sich spätere Zeiten unter Kriegsgefangenschaft vorstellen mögen. Offiziere wie Soldaten waren über die ganze Stadt verteilt, bewacht hauptsächlich durch das Ehrenwort, das sie zu geben hatten. Je niedriger der Rang, desto unbequemer das Leben; Offiziere hatten sich zumeist ihr Quartier selbst zu suchen und, was ebenso wichtig war, es selbst zu bezahlen samt allen Bequemlichkeiten, die sie sich wünschten – die Kaffeehäuser des Ortes haben damals gute Geschäfte gemacht.[78] Die französische Verwaltung zahlte nur einen geringen Sold, und da Kleist sowie seine beiden Gefährten als Staatsgefangene galten, verweigerte man ihnen diesen sogar ganz. Auch als Gefangener also hatte Kleist Geldsorgen, diejenigen um die Kosten für die endliche Rückreise eingeschlossen.

Die Befreiung Heinrich von Kleists ging nicht unkompliziert vor sich, und manche Petitionen bei französischen Behörden waren allein schon nötig, um den drei unter Spionageverdacht stehenden Gefangenen das Leben leichter zu machen. Besonderer Aufmerksamkeit wert ist unter diesen Schreiben neben Ulrike von Kleists würdevollem Brief auch einer von Gauvains Mutter vom 4. Februar 1807, der den Satz enthält: «Die beiden mit meinem Sohn verhafteten Herren, namens Ehrenberg und v. Kleist, der Dichter, sind gleichfalls zu beklagen und unschuldig.»[79] Kleist der Dichter – noch war keines seiner Werke unter dem eigenen Namen erschienen, aber den Nimbus eines Poeten gewährte man ihm bereits, sei es, weil man sich dadurch bessere Wirkung bei den Franzosen versprach, sei es, weil bekannt geworden war, daß tatsächlich einiges von ihm für den Druck bereit lag. Und so saß er denn in Chalons und schrieb Mitte Juli 1807 der Schwester, er würde sogleich die Rückreise antreten, «wenn ich nicht unpäßlich wäre; wenn man nicht die Unedelmüthigkeit hätte, mir die Diäten zu verweigern, die ich mir jedoch noch auszuwirken hoffe; und wenn ich nicht einen Wechsel vom Buchhändler Arnold aus Dreßden erwarten müßte, für ein Manuscript, das Rühle daselbst verkauft hat, und von dem er mir geschrieben hat, daß er um diese Zeit abgehen würde.»[80] Die 24 Louisd'or, die Rühle für den *Amphitryon* ausgehandelt hatte – Kleists Honorar und das einzige für dieses Stück überhaupt, «das mir unter andern Verhältnissen das Dreifache werth gewesen wäre»[81] –, hätten gerade hingereicht, ihn nach Hause zu bringen. «Was sind dies für Zeiten!» Auch an Rühle also schrieb er diesen Satz, wie im Jahr zuvor bereits an Altenstein.[82] Aber Kleist hatte allen Grund zur Klage. Erst am 14. August 1807 war er dann endlich zurück in Berlin, das er dann jedoch schleunigst wieder verließ, um dorthin zu gehen, wo sein Buch erschienen war und bereit für ihn lag.

VIII. DRESDEN

~

1. «Am 14ᵗ August 1821 wollen wir weiter davon sprechen.»

Am 4. September des Jahres 1807 notierte die Fremdenliste des *Dresdner Anzeigers*, daß am 31. August, einem Montag, ein Herr von Kleist aus Berlin, von Ruhland kommend, im Hotel de Russie abgestiegen sei. In Berlin hatte es Heinrich von Kleist nicht lange ausgehalten, einen Tag nur oder zwei nach der pflichtgemäßen Meldung beim General Clarke. Groß sind die Unberechenbarkeiten der Macht, und einer fremden dazu. Nach den bitteren Erfahrungen der letzten Monate mit französischen Spionensuchern und Gefangenenwächtern mußte Sachsen immerhin sicherer erscheinen als die preußische Metropole, denn zwar war das Land nun Rheinbundstaat, aber unbesetzt von den Franzosen, weshalb es sich zunehmender Beliebtheit als Exil für das geistige und gesellschaftliche Berlin erfreute. Über Cottbus, um in dessen Nähe die Schwester zu besuchen, wolle er schleunigst zu ihm kommen, schrieb Kleist am 14. August aus Berlin dem Freunde Rühle, der sich vor kurzem in Dresden als Major in sächsischen Diensten, Prinzenerzieher und Kammerherr Carl Augusts von Sachsen-Weimar etabliert hatte: «In 14 Tagen spätestens, von heut an gerechnet, bin ich bei dir. Mögte in den ersten 14 Jahren von keiner Trennung die Rede sein! Am 14ᵗ August 1821 wollen wir weiter davon sprechen.»[1] Die glückliche Lebensplanung, die er sich einst so gewünscht hatte, war ihm nicht gegeben: dieses 1821 sollte im spöttischen Spiel der Geschichte das Jahr werden, da Ludwig Tieck bei Reimer in Berlin die *Hinterlassenen Schriften* Heinrich von Kleists herausgab, die erste von vielen Kleist-Ausgaben. Jetzt aber durfte Kleist endlich – und wieder einmal – in Hoffnungen und Plänen schwelgen, was immer dann ihrer Erfüllung in die Quere kommen mochte. Auf eine lange, ruhige, freie, tätige Zeit jedenfalls war es in diesem Dresden abgesehen, auf ein anderes Leben als das der Jahre des friedlosen oder gar erzwungenen Umherreisens bisher. Aber auch ein anderes Leben sollte nun beginnen als das an Pflichten gebundene, jede quellende Lust zum Produzieren zurückdämmende des Staatsdieners.

August Rühle von Lilienstern.
Gemälde eines unbekannten Künstlers

Dresden war nicht neu für Kleist. Im September 1800, auf der Würzburger Reise, war er dort ziemlich hastig durchpassiert, ohne sich viel umzusehen. Geheimnisvolle Pläne trieben ihn damals weiter. Im Frühjahr darauf, als er mit der Schwester auf der Reise nach Paris war, hatte er sich schon etwas mehr Zeit für die an Kunst so reiche sächsische Residenz wie für die schöne Harmonie des sie umgebenden Elbtals bis ins Böhmische hinein genommen. Und ebenso geschah es dann noch einmal bei einem Besuch zwei Jahre später. Aber immer waren es lediglich Besuche; jetzt sollte es zum Bleiben sein, und das hieß zugleich zum Schreiben. In ein paar Wochen würde er dreißig werden. Um Lebenserfüllung also ging es nun ernsthaft, auch um Ansehen und Ruhm in der Welt und, was damit zusammenhing, um ein Einkommen nicht durch Frondienste, denn Arbeit um des Geldes willen war ihm immer Fron, sondern durch das, was man am liebsten und besten tun zu können glaubte: Nun endlich sollte der Traum vom Dichterdasein Wirklichkeit werden.

Ersten Ankergrund bot der Freund und durch ihn indirekt der Weimarer Herzog. Bernhard von Sachsen-Weimar, Carl Augusts zweiter Sohn, tat in Dresden im königlichen Garderegiment Dienst, im Dunstkreis also des erst kürzlich zum König erhobenen Kurfürsten Friedrich August III. – am 16. Dezember 1806 hatten zwanzig blasende Postillione die Elevation Sachsens zum Königreich von Napoleons Gnaden verkündet, nachdem es dem Rheinbund beigetreten war. Umgeben war der fünfzehnjährige Prinz dort von einer Reihe von Erziehern, die ein solches Amt zugleich als willkommene Pfründe für ein freieres Dasein als «Privatiers» in der großen Stadt betrachteten. Ernst Ludwig von Bose, Rittmeister beim königlichen Garde du Corps, lebenslustig und skurril, war für die militärische Erziehung zuständig. Auf ihn mag es sich wohl vornehmlich bezogen haben, wenn später der junge Prinz, wie einer seiner Biographen anmerkt, «im Interesse seiner feineren und edleren Bildung, die in den letzten Jahren in einem ziemlich wüsten Officiersleben in Dresden nicht gefördert worden war,»[2] schließlich von den Eltern auf Bildungsreise nach Italien geschickt wurde, was dann die Reiselust nachhaltig in ihm weckte: als Bernhard 1825/26 nach einer vierzehnmonatigen Amerikareise unmittelbare Kunde von der neuen Welt nach Weimar mitbrachte, begrüßt ihn bei der Rückkehr Goethe poetisch väterlich als «Reisefürst».[3] Der eigentliche Gouverneur des Prinzen in Dresden

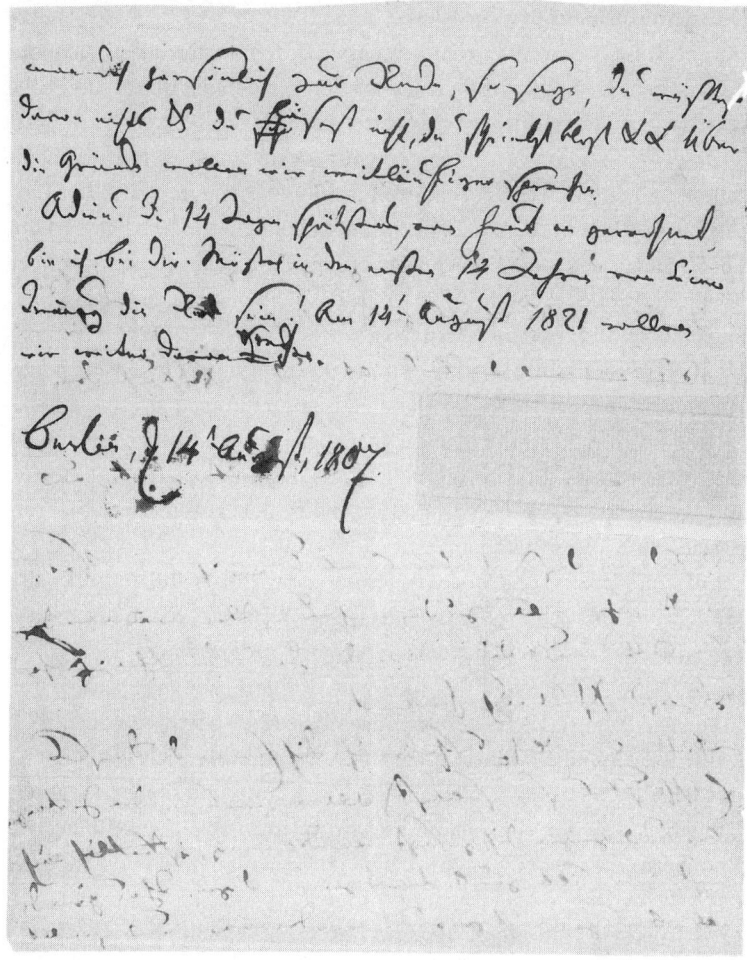

*«Am 14ᵗ August 1821»: Kleist an August Rühle von Lilienstern
am 14. August 1807 (S. 2)*

war Rühle von Lilienstern, der mit Genehmigung Friedrich Wilhelms
1807 den preußischen Dienst quittiert hatte. «Siehe zu, daß Pfuel auch
hinkömt»,[4] hatte Kleist im Brief an Rühle den Zukunftsträumen hinzugefügt, und so wurde Ernst von Pfuel, der Anfang Oktober 1807
ebenfalls aus preußischen Diensten entlassen worden war, als Fecht-
lehrer engagiert und teilte sich dann mit Kleist, Stube an Stube, das
Quartier in der «Pirnschen Vorstadt, Rammsche Gasse N. 123».[5] In

Rühles *Reise eines Malers mit der Armee im Jahre 1809*, die 1810 erschien, wird der stark autobiographisch geprägte Held[6] unter dem 26. Februar 1809 schreiben, er habe sich eben in Dresden eine «eigene kleine Wohnung gemiethet»: «Nro. 123 in der Ramischen Gasse vor dem Pirnaischen Thore.»[7] Was es damit auf sich hatte, ob Spiel und poetische Lizenz oder Tatsache, läßt sich nicht sagen. Kleists letzter Brief von dieser Adresse stammt vom 22. Februar 1809, am 5. April gibt er «Willsche Gasse, Löwen-Apotheke, 4 Treppen hoch»[8] als Absender an. Von dort brach er dann drei Wochen später gen Österreich auf.

Den Sohn in der sächsischen Hauptstadt mit preußischen Tutoren zu umgeben, mochte dem Weimarer Großherzog durchaus gelegen sein, denn seit den Zeiten Anna Amalias, seiner Mutter, die eine Nichte Friedrichs des Großen war, blickte man von Weimar aus gern nach Preußen, und Carl August wurde sogar preußischer General. Für die staatswissenschaftlich-philosophische Erziehung der jungen Hoheit bot sich schließlich mit Adam Müller ein weiterer Preuße im sächsischen Exil an, der eben erst das gebildete Dresdner Publikum durch öffentliche *Vorlesungen über die deutsche Wissenschaft und Literatur* und *Dramatische Kunst* beeindruckt hatte und nun im Winter 1807 auf 1808 Vorlesungen *über das Schöne und Erhabene* hielt. Diesem Müller aber war Heinrich von Kleist wiederum auf eine ganz besondere Weise verbunden und zu Dank verpflichtet, auch wenn er ihn bisher noch nicht getroffen hatte: er war es, der – mit einem dem Drama das Lob der «Classicität» spendenden Vorwort – im Mai 1807 Kleists Lustspiel *Amphitryon* herausgegeben hatte, zu einer Zeit, da dessen Verfasser noch hilflos in Frankreich gefangen saß.

Was immer sonst Dresden für Kleist attraktiv machte – die Sicherheit vor Zugriffen der Franzosen, das Wiedersehen mit Freunden, öffentliche Anerkennung und dazu die Aussicht auf Muße und Geld, um literarische Pläne reifen zu lassen – die Begegnung mit dem eignen, nunmehr gedruckten, also der Welt präsentablen und tatsächlich auch schon präsentierten Buche, dem ersten überhaupt, das mit seinem Namen auf dem Titel erschien, muß ein starker Magnet für Kleist gewesen sein, der ihn in die sächsische Hauptstadt zog. Freundliche Neugier bestand zugleich für einen Menschen, der sich dieses Werkes freiwillig und aufs schmeichelhafteste angenommen hatte, so daß auf neue, anregende, förderliche Freundschaft zu rechnen war. Überdies aber kam Kleist nicht mit leeren Händen. So sehr die Stadt wieder einmal einen Neuanfang für ihn bedeutete, so sehr betrat er sie doch diesmal als ein anderer, als einer, der etwas war und sich als Dichter legitimiert hatte. Wesentliche Teile seines gesamten Werks hatte er als Manuskripte, Fragmente, Entwürfe und Pläne in seinem Gepäck, dem sichtbaren wie dem noch unsichtbaren. Unsicher und unzureichend dokumentiert ist zwar die Genesis der meisten Werke Kleists geblieben, aber einige Tatsachen für den Zeitpunkt seiner Ankunft in Sachsen lassen sich fassen. *Robert Guiskard* existierte zumindest in Kleists Innerem, in seinem poetischen Gedächtnis weiter. Der *Zerbrochne Krug* war noch von Königsberg an Marie von Kleist gesandt worden, und an *Penthesilea* arbeitete er nach seinem eigenen Bekunden seit 1806. Die Erzählung vom *Erdbeben in Chili* lag in Stuttgart beim *Morgenblatt* druckreif und erschien gerade, als er sich in Dresden einrichtete. Und Szenen aus der *Penthesilea*, dem *Zerbrochnen Krug*, dem *Guiskard* sowie aus *Käthchen von Heilbronn*, dazu die *Marquise von O...* und der Anfang des *Michael Kohlhaas* sollten innerhalb der nächsten Monate einer lesebereiten Öffentlichkeit präsentiert werden. Das alles also gehörte in verschiedenen Stufen der Ausarbeitung zum Reisegut Heinrich von Kleists bei seinem Eintreffen an der Elbe. Es hätte bereits ausgereicht, ihm für alle Zeiten einen bedeutenden Platz in der deutschen Literaturgeschichte zu sichern.

Kleist kam mithin als Dichter nach Dresden, erfüllt von dem Wunsch, Begonnenes zu vollenden und Neues zu beginnen. Trügerisch nur war die Ruhe des schönen, freundlichen, friedlichen Dresden, dieses «Lieblingssitzes der deutschen Kunst»,[9] wie er selbst in Gemeinschaft mit dem neuen Freunde Müller die Stadt bald werbend nannte. In der Tat war es eine Stadt reich an einzigartigen Bauwerken, an Kunst- und Naturaliensammlungen, gebettet in eine reizvolle, wilde und milde Natur harmonisch vereinigende Landschaft. Der Landesfürst mit dem Beinamen «der Gerechte» hatte in der bewegten, gärenden Zeit auf Neutralität gesetzt zwischen dem französischen Eroberer und dessen zur Zeit unterworfenen Gegnern im Norden wie im Süden, aber gerade das sollte freilich Sachsen bald zum Kriegsschauplatz machen. Statt der erhofften ruhigen vierzehn Jahre zur Entfaltung seines Werks in einträchtiger Umgebung geriet Kleist dann doch wieder bald in die Räder des Krieges und der Politik.

2. Loyalitäten

Wenn man Politik als Kunst des Möglichen, des Abwägens, der Bereitschaft zum entschiedenen aggressiven Handeln ebenso wie zum geschickten Kompromiß versteht, dann war Kleist kein politischer Mensch. So leidenschaftlich ihn politisches Geschehen zuweilen ergreifen und zur Parteinahme locken mochte, so interessierte es ihn letztlich doch nur in dem Maße, in dem es seine Arbeit, seine Selbstentfaltung als Dichter förderte oder behinderte, was für einen Künstler indes weder ungewöhnlich, unverständlich noch gar tadelnswert ist. Das Reservoir an Stoffen, Themen und Gestalten, das er mit seinen Werken im Kopf und auf dem Papier nach Dresden mitbrachte, hatte mit Politik im engeren Sinne nichts zu tun und schon gar nichts mit der Tagespolitik. Nur konnte dann eben auch er sich dem Zugriff dieser Tagespolitik nicht entziehen: die Verhaftung Anfang 1807 und die folgende französische Kriegsgefangenschaft rissen ihn aus jener produktiven Phase heraus, in der er optimistisch im August 1806 an den Freund Rühle schreiben konnte, er wolle sich jetzt durch seine «dramatische Arbeiten» ernähren.[10] Gerade da wurde er, der sich endlich in einer Lebensaufgabe gefunden zu haben meinte, durch diese Gefangenschaft, deren Ende und Ausgang ja, solange sie dauerte, unberechenbar blieb, im Innersten getroffen. Was in Königsberg gewachsen war, sollte also nun in Dresden reifen. Aber dorthin, in die relative Neutralität Sachsens, begleitete ihn nun zugleich ein tiefer Groll auf die Franzosen, die ihm seine Pläne durcheinandergebracht und ihn sich dadurch zum Feinde gemacht hatten, ganz abgesehen von den Unsicherheiten, Unbequemlichkeiten, ja regelrechten Gefahren für Leib und Leben, die er durchzustehen gehabt hatte. Als leidenschaftlicher deutscher Patriot hatte Kleist sich bisher durchaus nicht gezeigt, aber diese gewaltsame Störung seiner Lebenspläne, nun, da sie Gestalt angenommen hatten und er sich seiner Fähigkeiten sicherer geworden war, legte das Fundament dafür, daß im Laufe seiner Dresdner Tage allmählich ein bedingungsloser Haß gegen Napoleon zum Ausdruck drängte. Nur gab es dafür zunächst weder Anlaß noch unmittelbares Bedürfnis im friedlichen Dresden, ganz abgesehen davon, daß die politischen Treuepflichten und Anhänglichkeiten in dieser schwankenden Zeit ohnehin mitschwankten und zumeist eher dem Land als dem Reich galten.

Als Kleist 1807 nach Dresden übersiedelte, war es eine Stadt von knapp 50 000 Einwohnern, 7000 weniger als um die Mitte des 18. Jahrhunderts. Der Siebenjährige Krieg hatte seinerzeit beträchtliche Verheerungen angerichtet, und Erinnerungen daran waren durchaus noch wach – immerhin war es ja ein Krieg der Sachsen und Österreicher gegen die Preußen gewesen, mit denen die Sachsen nun aber inzwischen gemeinsam gegen die Franzosen kämpfend angetreten waren und im vorausgehenden Jahr die schwere Niederlage von Jena und Auerstädt zu teilen gehabt hatten. Von außen betrachtet mochte die Stadt inzwischen wieder das Bild einer schönen Ganzheit bieten, und eine Stadt von europäischem Rang war Dresden durchaus. Kleist war ihm bei dem Besuch im Mai 1801 nähergekommen als einer «neuen Welt voll Schönheit».[11] Schloß, Frauenkirche, Kreuzkirche, Zwinger, Brühlsche Terrasse und die Brücke über die Elbe bildeten eine einzigartige, imposante Silhouette, die sich seither tief in das deutsche kulturelle Kollektivgedächtnis eingeprägt hat, was zu ihrer Restitution selbst nach der totalen Vernichtung vom Februar 1945 geführt hat. Die immensen Kunstsammlungen der sächsischen Fürsten zogen Künstler und Kunstliebhaber aus ganz Europa an, ebenso die Juwelen des Grünen Gewölbes, und an der Kollektion der von Anton Raffael Mengs geschenkten Abgüsse antiker Skulpturen ließ sich die zeitlich wie räumlich ferne Antike handgreiflich erleben, war ja doch das eigene Reisen dorthin damals noch mit vielen Beschwernissen verbunden. Kurator dieser Sammlung war übrigens seit 1804 der von Weimar nach Dresden berufene Carl August Böttiger, der öffentliche Vorlesungen über die Antike hielt, aber zugleich mit flinker Feder die Literatur des Tages kritisch musterte, häufig hinter Pseudonymen verborgen, womit er auch Kleist bald das Leben schwer zu machen begann.

Politisch bot Dresden in diesen Tagen ein Gewirr von Loyalitäten. Der Adel war aus alter Tradition frankophil und frankophon; Französisch war eben einfach die Sprache der Gebildeten, und da Napoleon Franzose war, wuchsen ihm gewisse Sympathien schon allein aus dieser Tradition zu. Nun aber kam er als fremder Okkupant, der nichts

bei den Deutschen zu suchen hatte und dessen Armeen das Land aus-
beuteten. Andererseits wiederum brachte er neue, liberale Ideen der
Revolution in seinem Gefolge mit, was stets beim Urteil über ihn zu
bedenken ist. Wie hypertroph sein Machtstreben und seine Erobe-
rungslust auch waren: er grenzte Juden nicht aus, sondern befreite
sie; in Dresden gab es damals rund 900. Überdies war das sächsische
Staatswesen brüchig, zutiefst korrupt und ineffizient; von der «verhaßten Stimme des Egoismus, der Dummheit und der Brutalität», die das
Land regiere, hatte Hans Georg von Carlowitz 1799 dem Freunde
Friedrich von Hardenberg geschrieben, die groteskesten Beispiele
dazu geliefert und nach Veränderungen gerufen.[12] Was das Verhältnis zu Napoleon überdies komplizierte, war, wie schon angedeutet,
die Dominanz des Landespatriotismus über den Reichspatriotismus.
Man war gewohnheitsmäßig zuallererst Sachse, Preuße, Österreicher,
bevor man Deutscher war. Da jedoch das Heilige Römische Reich
nicht mehr existierte, empfand man sich nun, als sich eine fremde
Macht über die deutschen Lande ausbreitete, in zunehmendem Maße
eben doch als Deutscher. Napoleons Bündnispolitik trug indes weiter
zur Verwirrung bei, wenn Feinde über Nacht zu Bundesgenossen wurden oder umgekehrt Freunde zu Feinden. Zum Beispiel rückte 1806,
wie Wilhelm von Kügelgen in seinen Jugenderinnerungen berichtet
hat, nach den Schlachten von Jena und Auerstädt ein bayrisches
Korps, das auf der Seite der Franzosen gekämpft hatte, plünderungs-
süchtig auf Dresden vor, aber zog dann friedlich und freundschaftlich
in die Stadt ein, weil der Kurfürst eilig dem Rheinbund beigetreten
war.[13] Im stillen allerdings durfte der kleine Wilhelm dennoch mit
väterlicher Erlaubnis eine bayrische Ulanenpuppe als Franzosenma-
rionette zerhauen.[14] Später, 1809, waren es Österreicher, die Bundesgenossen von einst, die, wenngleich nur für kurze Zeit, als Feinde
Dresden besetzten.

Wechsel von Loyalitäten wurden also mehrfach vollzogen, auch in
Sphären, wo man das eigentlich nicht erwartet, wie gerade das Verhalten einiger der gebildetsten und kultiviertesten Repräsentanten
des sächsischen Adels zeigt, so etwa der Brüder Carl Adolf und Hans
Georg von Carlowitz. Ersterer als einer der reichsten Grundbesitzer
des Landes sollte als Eigentümer von Schloß Kuckuckstein bei Liebstadt bald unmittelbar zum Förderer Kleists werden. Hans Georg von
Carlowitz war bis zu dessen Tod 1801 ein enger Freund Friedrich von

Hardenbergs gewesen, ebenso wie es Dietrich von Miltitz und Johann Adolf von Thielmann waren, mit denen allen nun, sechs oder sieben Jahre später, Kleist in Dresden zusammentraf. Kleists Plan, eine größere Novalis-Ausgabe zu veranstalten, mag hier einen Anstoß erhalten haben.

Militärs und Politiker waren diese sächsischen Adligen den Umständen und der Neigung nach allesamt; Miltitz, Thielmann und Carl Adolf von Carlowitz wurden später Generale, Hans Georg von Carlowitz sächsischer Innen- und Kultusminister. Thielmann nahm als Adjutant des Prinzen Louis Ferdinand, also auf preußischer Seite, an der Schlacht bei Jena teil, und wurde dann vom Befehlshaber der sächsischen Truppen als Unterhändler zu Napoleon geschickt, der dem jungen Offizier durch Intelligenz und Freundlichkeit derart imponierte, daß er fortan einer der entschiedensten seiner Verteidiger wurde, allerdings nur bis 1813, wo er, inzwischen General, als Kommandant der Festung Torgau wieder von den rheinbündisch-französischen Sachsen zu den Alliierten überging und vom Zaren sogleich zum kaiserlich russischen Generalleutnant ernannt wurde. Es sind Fälle wie dieser, die zum Bewußtsein bringen, daß hier mit den Maßstäben des 20. Jahrhunderts nicht zu messen ist. Die Grenzen zwischen Landespatriotismus und Reichspatriotismus waren bisher unscharf gewesen, die Heere ohnehin noch näher an den Söldnerheeren der Vergangenheit als an den Nationalarmeen der Zukunft, so daß Übergänge nicht von vornherein mit einem so starken moralischen Makel behaftet waren, wie er sich erst in späterer Zeit etablierte und in der deutschen Geschichte zum Beispiel im fehlenden oder allzu zögernden Widerstand von Offizieren gegen Hitler dann verhängnisvolle Folgen hatte. Insgesamt waren es nicht die Unnachsichtigkeiten von Ideologien, die trennten, sondern eher Loyalitäten zu Fürsten, insbesondere zu den Landesfürsten, und wie diese waren sie wandelbar oder auswechselbar. Nur blieben freilich dort, wo schließlich geschossen, gehauen und gestochen wurde, Entscheidungen für die eine oder andere Seite unvermeidbar. Soldaten, an Fahnen und Fahneneide gebunden, gehören üblicherweise auf die eine oder andere Seite einer Front, bloß fragte es sich hier eben auf welche. Es ist eine Frage, die mitten in die Konfliktsituationen hineinführt, in die Kleist damals in Dresden geriet, als er nichts als Ruhe und Sonnenlicht zum Reifen seiner Pläne suchte.

3. Dichterkrönung

Als Heinrich von Kleist in Dresden ankam, bestand für politische Entscheidungen noch kein Bedarf; vielmehr konnten sich in dieser Stadt, auf neutralem Territorium sozusagen, Napoleonverehrer mit Napoleongegnern noch in friedlicher Geselligkeit treffen. Ebenso gab es gutnachbarschaftliche Beziehungen und durchlässige Grenzen zwischen gebildetem Bürgertum und gebildetem Adel, ohne daß freilich der Zaun eingerissen wurde; der Hochadel um das Königshaus blieb weithin für sich. Begeistert jedenfalls lädt Kleist die Schwester Ulrike ein: «Ich würde dich in die vortrefflichsten Häuser führen können, bei Haza's, beim Baron Buol (Kaisl. Östr. Gesandten) beim App. Rath Körner u.s.w. Häuser, in deren jedem ich fast, wie bei der Kl[eisten] in Potsdam, bin. Zwei meiner Lustspiele (das Eine gedruckt, das Andere im Manuscript) sind schon mehrere Male in öffentlichen Gesellschaften, und immer mit wiederholtem Beifall, vorgelesen worden. Jetzt wird der Gesandte sogar, auf einem hiesigen Liebhaber-Theater, eine Aufführung veranstalten, und Fitt (den Du kennst)» – gemeint ist Johann Justus Vieth von Golssenau – «die Hauptrolle übernehmen.»[15] Die Begeisterung war echt und berechtigt, denn die Dresdner bessere Gesellschaft nahm es ernst mit der Kultur, und gerade vor den Dichtern hatte man besonderen Respekt. Die Residenz des österreichischen Geschäftsträgers Joseph von Buol-Mühlingen bildete einen der Mittelpunkte intellektueller und künstlerischer Geselligkeit, an dem sich das gebildete Bürgertum mit Adligen von den Schlössern der Umgebung zusammenfand, und Buol schrieb nach Wien von Kleist als einem Manne, «den das Unglück seines Vaterlandes sowie eine ebenso hoch entwickelte wie ausgesprochene Neigung zur schönen Literatur veranlaßt haben, Dresden zum Aufenthaltsort zu wählen.»[16] Kleist aber konnte der Schwester freudig berichten: «d. 10ᵗ Oct. bin ich bei dem östr. Gesandten an der Tafel mit einem Lorbeer gekrönt worden; und das von zwei niedlichsten kleinen Händen, die in Dreßden sind. Den Kranz habe ich noch bei mir.»[17] Es war eine Geburtstagsfeier, so reich und beglückend, wie er sie sich nur wünschen konnte.

Eine besondere Rolle spielte Literatur seit langem auch im Hause Christian Gottfried Körners. Dort hatte einst Friedrich Schiller Zuflucht, Freundschaft und Förderung gefunden, und sein Geist war noch allgegenwärtig. Auch Goethe war im Hause Körner schon Gast gewesen, und Theodor Körner, der Sohn, der bald Schiller als fleißiger und erfolgreicher Epigone nacheiferte, streckte sechzehnjährig als Freiberger Bergstudent Kleist sein Stammbuch hin, der ihm ein herzliches «Glück auf!» fürs Leben hineinschrieb.[18] Für die im Hause lebende Schwägerin, die Malerin Dorothea Stock, hatte einst Novalis eines seiner gedankenreichsten Gedichte geschrieben «zum Dank für das Bild meiner Julie»,[19] seiner Braut Julie von Charpentier, und Novalis' Freund Dietrich von Miltitz war ebenfalls im Körnerschen Hause oft zu Gast. Der Körnersche Hauslehrer Hans Karl Dippold schließlich hatte Anfang Juni im *Morgenblatt* eine Rezension des *Amphitryon* veröffentlicht, in dem er den «Schriftzug echter Genialität» erkannte, die «mit kühner und sicherer Hand die zarte, leichtverletzliche Linie der Schönheit richtig zu ziehen weiß».[20] Mit anderen Worten: Kleist kam nicht als Unbekannter nach Dresden, und vor allen Dingen kam er als Dichter, dem ein Lorbeerkranz gebührte.

Wem auch immer die «kleinen Hände» gehört haben mögen, die ihm diesen Kranz aufsetzten – auch der Liebe gab Kleist nun wieder Raum in seinem Leben, aber freilich ohne Glück zu finden. Seine Neigung galt Juliane Kunze, einem häufigen und beliebten Gast im Körnerschen Hause, ja diesem zugehörig, denn Christian Gottfried Körner war ihr Vormund. Nur heiratete sie Ende 1808 einen Herrn von Einsiedel. Daß Pfuel den Freund Kleist deshalb «acht Tage in Dresden wegen einer in der Liebe gekränkten Eitelkeit wahnsinnig und rasend in seiner Stube gehabt» habe,[21] klingt glaubhaft. Legende ist hingegen, daß er «nach dem Bruche» das *Käthchen von Heilbronn* zu dichten begonnen habe und die junge Dresdnerin mithin das «Urbild» der liebesbesessenen Heldin oder vielmehr die idealere Version einer wirklich hingebungsvoll Liebenden sei. Auf solche Weise, die einfachen Lebenstatsachen und unmittelbaren Lebenserfahrungen in Kunst umsetzend, funktionierte Kleists kreativer Geist nicht. Für ihn war dieses Käthchen vielmehr «die Kehrseite der Penthesilea, ihr andrer Pol», und wo sollte man nach diesen beiden in Dresden oder sonstwo in der Welt zu suchen haben außer in Kleist selbst. Dafür genoß es Kleist, wenn die Geschöpfe seiner Phantasie durch seine Worte in die ihn umgebende Gesellschaft treten konnten: Im Hause Körners zum Beispiel wurde, wie Emma Körner, die Dame des Hauses, im April 1808 berichtet, die *Penthesilea* «ganz vorgelesen». Und der Dresdner Schriftsteller Friedrich Laun, der eigentlich Friedrich August Schulze hieß, hat davon erzählt, wie Kleist von Müllers Vorlesekunst schwärmte; in seinem Munde verwandle sich «das geringste Metall in reines Gold». Und Laun fügt hinzu: «Kleist schien zur Vollendung seiner Ausarbeitungen das Vorlesen derselben durch andere gar nicht entbehren zu können.»[22]

Dresden war Residenzstadt und besaß keine Universität, denn die deutschen Fürsten pflegten die notorische Unruhe von Studenten samt ihren nicht immer nur bequeme Ideen verkündenden Professoren ungern vor der eigenen Tür zu haben. Aber auch in den Residenzen öffnete sich zunehmendes Bildungsbedürfnis dem aktuellen Wissen und der kritischen Reflexion über Fragen der Zeit. Vor gemischtem adligem und bürgerlichem Publikum gaben Gelehrte und Publizisten an verschiedenen Orten öffentliche Vorlesungsreihen, die, wie sich im Rückblick zeigt, wissenschaftlich so originell und bedeutend waren, daß sie nicht selten zu Marksteinen deutscher Literatur- und Bildungsgeschichte geworden sind. Zwischen 1801 und 1804 hielt August Wilhelm Schlegel in Berlin seine *Vorlesungen über schöne Kunst und Litteratur*, 1808 dann in Wien solche *Über dramatische Kunst und Litteratur*. Friedrich Schlegel sprach 1807 in Köln *Über deutsche Sprache und Litteratur* und 1810 in Wien *Über die neuere Geschichte*. In Dresden aber waren es, wie gesagt, Carl August Böttiger, inzwischen Hofrat und Studiendirektor der Pagerie in Dresden, und Adam Müller, die mit dieser neuen Form vor eine sich bildende gebildete Öffentlichkeit traten und sich großen Zulauf verschafften. Böttiger sprach über archäologische Themen, über Kunst, «Familienleben und den Haushalt der alten Griechen und Römer»,[23] Müller hielt von Januar bis Mitte April 1806 im Hotel de Pologne seine *Vorlesungen über die deutsche Wissenschaft und Literatur*, die noch im gleichen Jahr gedruckt und zu einem beträchtlichen Bucherfolg wurden. Im Winter von 1806 auf 1807 folgten dann – «vor einem Auditorium von über 100 Personen»[24] im «schönen geräumigen Saal,» den der «geistreiche, edelsinnige, damalige Rittmeister, nachmalige General v. Carlowitz» in seinem Hause «zur freien Benutzung»[25] öffnete – Müllers *Vorlesungen über die dramatische Kunst*, die abgestimmt waren mit einer zweiten Vorlesungsreihe im gleichen Zeitraum und am gleichen Ort. Außerdem sprach der Dresdner Arzt Gotthilf Heinrich Schubert dort über die «Nachtseite der Naturwissenschaft», also über manche unerklärlichen Launen der Natur, die, wie das Wiedersehen der altgewordenen Braut mit ihrem toten, seit fünfzig Jahren im Bergwerk des schwedischen Falun verschollenen Bräutigam, etwas von den geheimnisvollen Kräften ahnen ließen, die jenseits meßbarer Forschung in der Natur wie im Menschen am Werke waren. Auch diese Vorlesungen wurden bald darauf – 1808 – in der Arnoldischen Buchhandlung publiziert und sind ein bis ins 20. Jahrhundert immer wieder neu aufgelegtes Dokument für frühe sensible Explorationen in den Grenzgebieten zwischen Psychologie, Parapsychologie, Naturwissenschaft, Philosophie, Religion und Geschichte geblieben. Kleist wurde zum Leser Schuberts und genoß die Gespräche mit ihm, und Schuberts Bericht von der somnambulen «jungen 12jährigen Rathsherren Tochter, von welcher der Heilbronner Gmelin erzählt»,[26] hat sicher mehr mit dem Käthchen von Heilbronn zu tun als jene einundzwanzigjährige Dresdnerin, die einen Herrn von Einsiedel heiratete.

Was Kleist also in Dresden zunächst erfuhr, war wirklich jene produktive Ruhe in anregender, entgegenkommender, freundlicher, ja freundschaftlicher Geselligkeit, die ihm bisher so sehr gefehlt hatte. Allerdings darf sein innerer Zustand nicht rundheraus als der eines ungetrübten Glückes verstanden werden. Briefliche Mitteilungen sind zwar gerade bei Kleist stets adressatenbezogen subjektiv, aber immerhin gehört in diese Zeit öffentlicher Anerkennung auch der Satz «Meine Nerven sind zerrüttet, und ich bin nur periodenweise gesund»,[27] der in einem Brief vom 30. Oktober 1807 an Adolphine von Werdeck steht. Es ist unbekannt geblieben, ob es konkrete Gründe für solch depressive Stimmung gab oder die Worte eher nur ein Ausdruck jener Gefühlsschwankungen waren, die ihn sein Leben lang begleiteten und ihn ins Euphorische hoben oder in die Abgründe existentieller Verlassenheit stürzten. Den Kontakt zu dem Hause der Schwestern Caroline und Henriette von Schlieben scheint er nicht wieder aufgenommen zu haben. Immerhin war ihm nun zum erstenmal das Glück einer Dichterkrönung zuteil geworden, wie flüchtig es auch sein mochte. Was ihm dennoch weiterhin fehlte, war ein eigenes Einkommen, und in Adam Müller, dem es um gleiches zu tun war, fand er den rechten Gefährten zu dem Versuch, diesem Zustand abzuhelfen.

4. Adam Müller

Unter allen neuen Bekanntschaften, die Kleist in Dresden machte, war diejenige mit Adam Müller zweifellos die folgenreichste und bedeutendste, und beider Beziehung zueinander führte über beträchtliche Höhen und in ebenso beträchtliche Tiefen, führte auf fruchtbares Territorium ebenso wie auf gefährliches. Müller, auch er ein Exilpreuße, hatte sich Kleist durch die Herausgabe seines *Amphitryon* verbunden, ja verpflichtet. Nun hatten sie sich persönlich kennengelernt, der dreißigjährige adlige demissionierte Offizier und der achtundzwanzigjährige bürgerliche privatisierende Gelehrte, denn als solchen betrachtete sich Müller. Eine intensive Arbeitsgemeinschaft begann, die mit Unterbrechungen für den Rest von Kleists Leben andauern sollte. Wirklich enge Freunde sind sie jedoch wohl nie geworden, was sicherlich nicht an Kleist lag, der zu herzlicher Freundschaft durchaus fähig und offen für sie, ja ihrer bedürftig war, aber ebensowenig an Müllers Bereitschaft, sondern eher an einer Inkompatibilität der Persönlichkeiten, ihrer Ambitionen und wohl auch ihres Herkommens. Vielleicht hatte es aber auch paradoxerweise damit zu tun, daß Müllers sensibles Verständnis für Kleist, also seine auf Analyse drängende Intellektualität solcher Nähe im Wege stand; Müllers großer Brief an Friedrich Gentz vom 6. Februar 1808 aus Anlaß der *Penthesilea* gehört zum Feinsinnigsten und Verständnisvollsten, was seine Zeitgenossen über Kleist gesagt haben. Den Tadel, Kleists «böser Dämon» gewesen zu sein,[28] hat er sicherlich nicht verdient. Nur war er eben vieles, was Kleist nicht war: eloquent, geschickt, geschmeidig, anpassungsfähig, ja wendig, und das waren Eigenschaften, die je nach der Stärke, in der sie zutage treten, eine Arbeitsgemeinschaft oder Freundschaft eher behindern als fördern können.

Adam Müller war früh zu Ansehen gekommen. Schon in seinen Berliner Schuljahren hatte er die Aufmerksamkeit, ja Zuneigung des um dreizehn Jahre älteren Gentz auf sich gezogen, der in den neunziger Jahren mit seiner Kritik der Französischen Revolution und im

Adam Müller.
Gemälde von Gerhard von Kügelgen (1808)

ersten Jahrzehnt des folgenden Jahrhunderts mit seinen Attacken auf
die Französische Okkupation und Napoleon zu einem weithin bekannten und angesehenen, wenngleich unvermeidlich auch kontroversen
Publizisten geworden war. Gentz betrachtete Müller zunächst als seinen Schüler, ja geradezu als sein Geschöpf – «Er ist das beste *Werk*,
welches ich einst der Welt hinterlasse»[29] –, und mit Hingabe beobachtete und bewunderte er die Fortschritte von Müllers zunehmender
intellektueller Selbständigkeit. Ein ausgiebiger, in den Rollen zwi-

schen Vater, Sohn, Meister, Schüler, Freund und Geliebtem changie-
render Briefwechsel hatte früh begonnen, fand immer neue Ausdrucksformen der Gemeinsamkeit und feierte wahre Orgien des
gegenseitigen Lobes. Versicherte Müller Gentz im Februar 1803: «Ich
gehöre Ihnen und Sie mir, mein liebster, liebster Gentz, so ganz und
ewig, daß ich nicht weiß, wo der Brief anfangen, und noch weniger,
wo er endigen soll», so replizierte dieser ein paar Monate später, freilich ohne sich selbst zu unterschätzen, es sei ein großer Genuß für
ihn, daß er «so lange vor allen andern» die Größe und Tiefe von Müllers Geist und Charakter entdeckt habe, «die sich jetzt so glorreich»
entwickelten. «Ich sehe Sie nunmehr», so Gentz zu dem Jüngeren,
«hoch über mir; aber wenn ich auch dabei den Trost nicht hätte, daß
mich kein Hohes schmerzen kann, weil ich vermöge der Klarheit und
Vielseitigkeit meines Wesens selbst das, was ich nicht *erreiche*, doch
umfasse, und gewissermaßen in mich aufnehme, – wenn ich auch dieses
glückliche Äquivalent nicht besäße, so könnte doch *Ihre* Größe nie
drückend für mich werden, weil zugleich ‹die Milch der menschlichen
Milde› in Ihren Adern fließt, weil Sie mich [...] anbeten und lieben,
und weil Sie *mir* immer gehören werden, sollte auch Ihnen die Welt
gehören.»[30] Geschrieben wurde das noch bevor überhaupt – 1804 –
Müllers erste Buchveröffentlichung, *Die Lehre vom Gegensatze*, erschienen war. Später ergoß sich Gentz in noch kräftigerem Jubel, indem er
den Jüngeren als «Priester des lebendigen Gottes», als «ernsten und
sanften, furchtbaren und honigsüßen Propheten»[31] pries. Solche von
verbalem Eros durchdrungene Korrespondenz besaß ihren emotionalen Grund neben einer tatsächlichen Zuneigung und Hochachtung
wohl eben vordringlich in gegenseitiger Selbstfeier, wozu im Falle von
Gentz die gelegentliche Selbstverkleinerung gehörte, deren er, der
sein Leben lang von maßloser Eitelkeit getrieben wurde, sich sonst
kaum schuldig machte. Ob Müller, der damals gerade erst vierundzwanzig geworden war, solch frühes Lob genutzt oder eher gescha-
det hat, wird sich schwerlich sagen lassen. Jedenfalls fiel ihm, ganz im
Unterschied zu Kleist, der Erwerb öffentlicher Achtung leicht, so
leicht wie es ihm selbst fiel, sich interessant und wortgewandt über
vieles zu verbreiten. «Das ist ein göttlicher Mensch, bei solcher Begeisterung von so unergründlich tiefer Gelehrsamkeit,» schwärmte
immerhin auch August Wilhelm Schlegel von ihm.[32] Mit seinen öffentlichen Vorlesungen über ästhetische und danach auch politische The-

men in Dresden wie später in Berlin und Wien, wo er 1812 *Zwölf Reden über die Beredsamkeit und deren Verfall in Deutschland* hielt, wurde Müller zum beredten Verteidiger der Beredsamkeit in den Sphären der Literaturkritik, Ästhetik, Philosophie, Staatswissenschaft, Nationalökonomie und Politik, ohne allerdings in einem dieser Felder tief und langanhaltend wirken zu können. Gerade weil er aber weniger originell als andere war, traf er leichter die Tendenzen seiner Zeit und fand Zustimmung. So erfolgreich er aber auch als Rhetor war, so wenig war ihm doch dadurch ein solides Einkommen und ein gesellschaftlicher Status gesichert. Ihm – wie ja auch Gentz – fehlte das Adelsprädikat, und an dem, was einst Goethes Wilhelm Meister über die Vorzüge des Adels gegenüber dem eigenen Stand beklagte, hatte sich im Deutschland des frühen 19. Jahrhunderts wenig geändert.

So demonstrierte Müllers Leben die Gefahren, in die sich ein bürgerlicher Intellektueller begab, wenn er nicht nur schreiben, sondern in der Gesellschaft eine Rolle spielen wollte. Eben dies jedoch war ein ausgesprochenes, durchaus verständliches Verlangen für den jungen, brillanten Mann, und Dresden war ihm zur ersten Bühne geworden. Die Gefahren aber betrafen unter solchen Umständen das schwierige, weil unsichere Verhältnis zwischen materieller Existenz und Charakter in schwankender Zeit. Müller war 1805 bei einem Besuch in Wien zur katholischen Kirche übergetreten, ein Schritt, den sein Mentor Gentz trotz aller Bindung an Österreich nie vollzog, den aber nun Müller auch bei seiner Rückkehr in reformierte Lande für sich behielt und nur wenige Freunde davon etwas wissen ließ. Daß Müller jedenfalls für den hoffenden und suchenden Kleist in fester, hingebungsbereiter Freundschaft Halt und neue Daseinserfüllung bieten würde, war insgesamt nicht zu erwarten.

Als Kleist nach Dresden kam, befand sich Müller in einer sehr persönlichen Krise, und die Stadt genoß sie gerade als einen handfesten Skandal. Müller war Anfang Oktober 1805 nach Dresden gekommen, und zwar als Begleiter der Familie des Landrats Peter Boguslaus von Haza-Radlitz, der von Lewitz, seinem Besitz in der Provinz Posen, nach Dresden übergesiedelt war, um seinen fünf Kindern eine weltläufigere Erziehung zu sichern; die Zeit, da die sächsischen Fürsten zugleich die polnische Krone trugen, wirkte noch nach. Müller hatte in Polen Sekretärs- und Hofmeisterdienste geleistet, aber seine Rolle in der Familie wechselte im Laufe der Zeit. Um die Ehe Hazas mit

Sophie von Taylor, der Tochter eines aus Schottland eingewanderten, nunmehr polnischen Generals, war es schlecht bestellt; sie führte nach Müllers späteren Worten seit 1803 zu einem «sechsjährigen unbeschreiblichen Leiden».[33] Ende 1807 reichte Haza in Dresden die Scheidung ein und Sophie zog zu Müller, während Haza im September des folgenden Jahres mit den Kindern nach Lewitz zurückkehrte. Im Jahre darauf leistete Kleist freundliche, offensichtlich eine endgültige Trennung fördernde Vermittlerdienste für die in Dresden zurückbleibende Sophie von Haza. «Ich reise, in diesem Augenblick, in der Sache der Fr. v. Haza, von welcher ich dich, bei deinem Hiersein in Dreßden, einigermaßen unterrichtet habe, nach Lewitz, in der Gegend von Posen ab», ließ er am 2. November 1808 die Schwester Ulrike wissen, «Fr. v. Haza ist eine liebenswürdige und vortreffliche Dame, und die ersten Schritte, die ich für sie gethan habe, machen es ganz nothwendig, daß ich die letzten auch thue.»[34] So erfolgte dann im Juni 1809 die gesetzliche Trennung, und im August wurde Sophie von Haza die Frau Adam Müllers.

So bunt, zerklüftet und in den Stürmen der Kriege sich ständig wandelnd die deutsche politische Landschaft damals auch war – die literarische war überblickbar, und feine Fäden liefen deutlich auf ein Zentrum zu, das Weimar hieß. Hatte Müller mit der Herausgabe des *Amphitryon* dem Dichter Heinrich von Kleist zum erstenmal eine allgemeine Öffentlichkeit verschafft, so half Peter von Haza, ihm eine ganze besondere, personelle zu verschaffen. Sie ist Kleist wohl ebenso wichtig, wenn nicht wichtiger gewesen als die andere, nur war die Zielperson ihm weniger wohlgesonnen. Am 13. Juli 1807 hatte der russische Legationssekretär von Mohrenheim Goethe in Karlsbad «den Amphitryon von Kleist, herausgegeben von Adam Müller» gebracht, und der große Kurgast hatte sich «über das seltsamste Zeichen der Zeit»[35] verwundert, was immer das heißen sollte. Einen knappen Monat später, am 8. August, besuchte ihn ein zweiter Bote: «Nach Tische Landrat von Haza, der mir ein Paket von Adam Müller brachte. Darauf las ich den zerbrochenen Krug.»[36] Darüber verwunderte er sich allerdings etwas weniger, denn am 28. August, seinem Geburtstag, dankte er Müller, der ihm zugleich seine Dresdner Vorlesungen geschickt hatte, und deutete im Hinblick auf Kleist huldvoll noch größere Gunst an: «Das Manuscript will ich mit nach Weimar nehmen, in der Hoffnung Ihrer Erlaubniß, und sehen ob etwa ein Versuch

Sophie Müller. Miniatur (1810–1812)

der Vorstellung zu machen sey.»[37] Das geschah in der Tat, aber ein langer, glücklicher Bund zwischen Weimar und Kleist kam dennoch nicht
zustande.

Müllers Rolle für Kleist bestand allerdings keineswegs nur in der
eines Zwischengängers und Mittlers für sein Werk. Seine enge Bindung an den politischen Publizisten Friedrich Gentz hatte auch Müller politisch stärker inspiriert in der Gegnerschaft zu Napoleon. Zwar
distanzierte sich Müller später in den Berliner *Vorlesungen über die Elemente der Staatskunst* (1809) von der «grassierenden Vaterlandsrette-
rei»,[38] aber an seinem zunehmenden Engagement für eine ‹deutsche
Sache›, was immer sie im einzelnen bedeuten mochte, bestand kein
Zweifel. Schon in der Vorrede zu Kleists *Amphitryon* hatte Müller ja
der «Frivolität des Molièreschen Amphitryon» das «Ursprüngliche
und Hohe» entgegengestellt, das aus Kleists Drama herausstrahle,
und die deutschen Leser auf den Unterschied im «Verhältnis des poetischen Vermögens der beiden Nationen»[39] hingewiesen, ein Vergleich,
der eindeutig zugunsten des Deutschen ausfallen mußte. Gewiß sollten also die Dresdner Vorlesungen durchaus politische Signale geben,
insofern man darunter nicht schon Agitation zu militanten Zwecken
versteht. Denn die Abgrenzung gegenüber Frankreich war ein viel
größeres und weiteres Bedürfnis deutscher Intellektueller als das der

Tagespolitik; hier ging es zunächst um Selbstbewußtsein, um die Identität einer eigenen deutschen Nationalkultur, die ja schließlich erst im Entstehen begriffen war und nicht schon wie eben die der Franzosen auf eine reiche und lange Tradition zurückblicken konnte. Deutschland sei, so heißt es gleich zu Anfang seiner *Vorlesungen über die deutsche Wissenschaft und Literatur*, «die Mutter der Nationen des heutigen Europa»,[40] und sein Unglück «sollen wir männlich beklagen»,[41] wenngleich er auch hier schon die Mode eines «gewissen vaterländischen Wesens», einer «gewissen derben, biedren, wackren Deutschheit» ironisierte: «Anstatt durch die Geschichte rückwärtsschreitend die Tradition unsers Ursprungs Schritt vor Schritt bis zu ihren Quellen zu verfolgen, nach der einfachen Voraussetzung, daß man die Väter und Großväter erst verstehen müsse, bevor man zu entfernteren Ahnherrn zurücksteige – bohrte man die allerältesten Fässer zuerst und allein an und hoffte sich in *Hermanns Schlacht* über den Varus und in den Gesängen der Barden für immer mit vaterländischem Geiste berauschen zu können.»[42] Die Not der Deutschen sei sozusagen konkreter. Wen «die heutige traurige, tief gebeugte Gestalt des deutschen Vaterlandes selbst, nicht mit erhebenden Gefühlen, mit Nationalstolz erfüllen, wen Niederlage und Unglück nicht ganz besonders fest an den Boden anschließen, der ihn erzeugte, den werden alle Siege über die Legionen des Varus nicht für das Vaterland zu begeistern vermögen.»[43] Das war in funkelnder Rhetorik breit und allgemein genug für das in seinen Loyalitäten gemischte Dresdner Publikum und trennte Müller von dem militanten Patriotismus jener Tage. Der zukünftige Verfasser einer *Herrmannsschlacht* saß nicht darunter, aber das Buch mit den Vorlesungen des neuen Arbeitsgefährten und Freundes hat Kleist dann ja doch wohl in der Hand gehalten. Abgehalten hat es ihn aber nicht, Hermanns Sieg über Varus in vaterländischen Dienst zu stellen.

Müllers verehrter und verehrender Mentor Friedrich Gentz stand seit Ende 1802 in österreichischen Diensten; Ende Juni 1806 war er von Dresden nach Teplitz übergesiedelt,[44] das mehr und mehr zum Exil für Gegner der Franzosen geworden war, aus Wiener Perspektive aber auch zum Brückenkopf antinapoleonischer Agitation und zum Umschlagplatz nachrichtendienstlicher Informationen. Immerhin begann ja Österreich bereits rund fünfzig Kilometer südlich von Dresden, und Teplitz lag gleich hinter der Grenze. «Kürzlich war ich mit dem östr. Gesandten in Töplitz: bei Genz, wo ich eine Menge großer Bekanntschaften machte. – Was würdest du wohl sagen, wenn ich eine DirectionsStelle beim Wiener Theater bekäme?»[45] schreibt Kleist in der Nachschrift zu jenem Brief vom 17. September 1807 an die Schwester Ulrike, in dem er von seiner Aufnahme in die «vortrefflichsten Häuser» Dresdens berichtet hatte, unter anderem auch in jenes des Baron Buol, der ihn bald darauf mit einem Dichterkranz krönen ließ. Buol und Müller waren gut miteinander bekannt, und ihr Besuch bei Genz verwies deutlich auf die gemeinsamen politischen Interessen. Überdies hatte Müller selbst einen hoffenden Blick nach Süden gerichtet und sich mit der Konversion bereits auf freundliche Akzeptanz im katholischen Lande vorbereitet. Kleist aber kam in das böhmische Bad wohl eher als das Poesiekind in der Mitten und nicht einer konspirativen Erörterung der politischen Lage wegen. In der hoffnungsfrohen Stimmung seiner frühen Dresdner Tage war er nicht der politisch Engagierte, sondern der Hüter und Pfleger seines Werkes, des bereits fertigen und des entstehenden. Für dieses Werk lebte er, und ihm suchte er – wie sich selbst – einen Ort in der Welt zu verschaffen. Was aber wäre dafür reizvoller, aussichtsreicher gewesen als eine «Directions-Stelle beim Wiener Theater»? Und was die Schwester dazu sagen würde? Hätte sie sich wirklich gefreut oder wäre sie lediglich gütig besorgt gewesen, weil sie ihren Bruder wieder einmal von Träumen umfangen sah? Tatsächlich hat sich Buol lediglich für eine Aufführung des *Zerbrochnen Krugs* in Wien eingesetzt.[46]

5. Ein Phoenix zuviel

«Müller hat seine Vorlesungen heute mit einem der vortrefflichsten ironischen, und pathetischen Stücke geschlossen, die seit langer Zeit in deutschen Worten gedacht, und gesagt worden sind»,[47] schreibt Gentz am 15. April 1806 an Böttiger. Die Ironie galt den Dramen Ifflands und Kotzebues, die Pathetik nun sehr direkt der deutschen Gegenwart dieser Tage. «Das Unglück Deutschlands sollen wir männlich beklagen, uns seinen Urhebern widersetzen, wo wir können; aber wenn alle Rettung nach dieser Seite hin versagt scheint, uns daran erinnern, daß uns, was allen unsern Unterdrückern verweigert ist, «ein Gott verlieh, zu *sagen*, was wir leiden».»[48] Dieses Sagen war nun in der Tat Müllers ureigenstes Territorium; warum den «Unterdrückkern» Ähnliches verwehrt sein sollte, versinkt im Rausch der Rhetorik. Ohnehin hatten Müllers Worte Hintersinn. Im Druck der Vorlesungen findet sich die Schlußbemerkung, die «gegenwärtige Arbeit» sei «Anfang einer größeren» und solle «in einem nächstens erscheinenden ‹Journale für die vermittelnde Kritik› durchgeführt werden».[49] Der Sonnenwagen des *Phöbus* erschien fern am Horizont, und als er allmählich Umrisse annahm, machten sich Müller und Kleist zu seinen Piloten.

Ende Oktober 1807 scheint der Plan zur *Phoenix*-Buchhandlung in Dresden ausgereift. In visionärer Hochstimmung entwirft Kleist für die Schwester eine glückliche Zukunft und gibt nebenbei ein Bild von den durchaus noch nicht politisch verhärteten Gruppen und Fronten innerhalb der Dresdner Gesellschaft. Man wolle «in den Buchhandel eintreten», «Hr. v. Carlowitz» – gemeint ist Carl Anton – «einer der reichsten Partikuliers des Landes,» habe «ein unentgeltliches Privilegium in seiner Immediatstadt *Liebstadt*», einem kleinen Ort südlich von Pirna, angeboten, damit man auch in Dresden ein Warenlager einrichten könne, was man ihnen in der Landeshauptstadt versagen würde. Und dann fährt Kleist fort: «Ferner ist während dessen, durch den hiesigen französischen Gesandten, der sich schon während meiner Gefangenschafft für mich interessirt hatte, und dessen nähere Bekanntschafft mir nun geworden ist, an Clarke in Paris geschrieben worden. Es ist nicht unmöglich, daß wir den Codex Napoleon zum Verlag bekommen, und daß unsere Buchhandlung überhaupt von der französischen Regierung erwählt wird, ihre Publicationen in Deutschland zu verbreiten; wodurch, wie du leicht denken kannst, die Assiette des ganzen Instituts mit einem Male gegründet wäre. Du wirst nicht voreilig sein, politische Folgerungen aus diesem Schritte zu ziehn, über dessen eigentliche Bedeutung ich mich hier nicht weitläufiger auslassen kann.»[50] Hier kam Kleist der Kunst des Möglichen so nahe wie nur irgend in seinem Leben, denn es ging ums Geld für den nötigsten Lebensunterhalt; das war neben der Gelegenheit zum unabhängigen Publizieren das andere Motiv hinter dem Buchhandels-Projekt. Geld wurde gebraucht, um das Unternehmen zu etablieren; Geld aber sollte es dann vor allem bringen, um den beiden jungen Männern nicht nur Ansehen zu verschaffen, sondern Ihnen auch materiell einen festen Ort in der Welt zu geben. «Mein Auskommen wird mir in der Folge, wenn Alles gut geht, aus einer doppelten Quelle zufließen; einmal aus der Schriftstellerei und dann aus der Buchhandlung. Da ich die Manuscripte, die ich jetzt fertig habe, zum eignen Verlag aufbewahre, so ernähre ich mich jetzt bloß, durch fragmentarisches Einrücken derselben in Zeitschriften, und Verkauf zum Aufführen an ausländische Bühnen; und doch hat mir dies schon nahe an 300 Rth. eingebracht (der östr. Gesandte hat mir 30 Louisd'or von der Wiener Bühne verschafft) woraus Du leicht schließen kannst, daß die Schriftstellerei allein schon hinreicht, mich zu erhalten.» Und so sollte eigentlich auch, schlägt ihr der Bruder vor, Ulrike, sein «theuerstes Mädchen», als «Actionair» in den Buchhandel eintreten. Mit 22% Gewinn sei zu rechnen – «eine günstigere Gelegenheit ist kaum möglich».[51]

Wenn alles gut geht! Kleists Schwelgen in Plänen und Hoffnungen ist ebenso rührend, ja ergreifend, wie es einen fast komischen Zug hat beim Autor des *Zerbrochnen Krugs*. Lächeln läßt in der Tat die Mischung aus offenbarer Selbsttäuschung und bewußter Übertreibung der Ertragsaussichten, nur damit die Schwester sich beteilige. Schmerzlich zu beobachten ist dabei, daß diese wenig aussichtsreichen Pläne und Anstrengungen letztlich einigen der bedeutendsten und schönsten Werke deutscher Literatur galten, die ihr Autor der Welt schenken wollte. Denn weder die Dichterkrönung durch Baron Buol, den österreichischen Geschäftsträger, der ihm vermutlich auch das Wiener Honorar für eine noch gar nicht stattgefundene Aufführung vorgestreckt haben mag, noch die Mühen von Jean François de Bourgoing, dem französischen Gesandten in Dresden, um die Verlagsrechte für den *Code Napoléon* veränderten Kleists materielle Situation zum Besseren. Der Plan zu einer Buchhandlung, also nach damaligem Verständnis einer Verlagsbuchhandlung, kam über einen Antrag Müllers nicht hinaus. Die anderen Dresdner Buchhändler protestierten; es würden immer mehr Bücher gedruckt und immer weniger verkauft. Besonders die zunehmende Menge «der literarischen Zeitungen und gelehrten Journale» verderbe das Geschäft. Im übrigen werde «der Buchhandel des Gelehrten [...] immer mehr Liebhaberei sein, welche mehr kostet als einbringt»,[52] was sicher eine auch für spätere Zeiten aufbewahrenswerte Erkenntnis ist. Der Antrag wurde abgelehnt, das «Privilegium» nicht erteilt. Der Wundervogel Phoenix trat seinen Flug nicht an. Dafür bekam immerhin Phöbus Apollon, der Sonnengott, in seinen von vier Rossen gezogenen Himmelswagen für den Flug über Dresden eine Chance.

Blieb also ein Journal, um das es allerdings Kleist auch in erster Linie zu tun war als eine Art Börse für seine Werke, die er in den verschiedensten Zuständen der Reife und Vollendung mit sich oder auch erst nur in sich trug. Als Interessenten aber hatte er sich vor allem die Theater erhofft, nicht zuletzt das Wiener, womöglich gar mit einer «Directions-Stelle» für ihn. Zwar mochte der Plan seinen Anstoß von Müllers Ankündigung eines «Journals für vermittelnde Kritik» am Ende seiner Vorlesungen 1806 erhalten haben, und Müller blieb dann auch federführend in der Ankündigung des *Phöbus*, wie das neue Periodikum heißen sollte, aber er ließ dem Dichter den Vortritt, und das Unternehmen mutierte zu einem «Journal für die Kunst».

Eine andere Sache war, ob Kleist und Müller nicht nur das Kapital, das sich finden ließ, sondern auch den rechten Geschäftssinn besaßen, um ein solches Unternehmen in Fahrt zu setzen, Stürme zu überstehen, Klippen wie Sandbänke sicher zu umschiffen und am Ende mit guter Fracht beladen in den Hafen des Erfolgs einzulaufen. Hatte Müller trotz aller Lobhudelei von Gentz und trotz des Beifalls für seine Vorlesungen genügend intellektuelle Autorität, um als Herausgeber ernstgenommen zu werden? Und wirkte sich sein Drang, zu glänzen und gesellschaftlich aufzusteigen, am Ende eher hinderlich als förderlich aus? Begab sich Kleist, der oft ganz in die fiktive Welt seiner Dichtung Versunkene oder aber zwischen Selbsttäuschung und haderndem Selbstzweifel hin und her Gerissene, hier nicht auf ein Feld, das ihm nicht gemäß war? Kleist hat später mit den *Berliner Abendblättern* noch einmal den Versuch gemacht, Herausgeber zu sein, diesmal sogar einer Tageszeitung, und das zunächst offensichtlich gern und aus einem Bedürfnis heraus, das nicht nur auf die Zurschaustellung seiner Werke zielte. Kleist – das darf nicht übersehen werden – war bei allen Schwierigkeiten, die er mit sich selbst im Umgang mit Menschen hatte, kein Klausner, kein Anachoret, ebensowenig wie sein Werk Produkt solipsistischer Innenschau darstellt. Kleists Realitätslust, auch seine Freude an Geselligkeit, sein Interesse an Menschen, seine Leidenschaft in Zuneigung und Abneigung gehören zu den Fundamenten dieses Werkes, und seine journalistischen Arbeiten, seine Anekdoten, die hinter Kuriosa aus Geschichte und Gegenwart ins Menschliche zu blicken versuchen, seine bildgesättigten Aufsätze wie der über das Marionettentheater, seine politischen Pamphlete – sie alle sprechen zusammen mit den Dramen und Erzählungen von dieser Realitätslust, was immer sich dann dahinter an Konflikten und Erkenntnissen auffinden lassen mag. Ob Kleist jedoch über die nötige Toleranz, ja Vorsicht und Umsicht für eine glückliche Herausgeberschaft verfügte, ist eine andere Frage.

Wie die öffentlichen Vorlesungen, so waren auch die Journale ein Medium der modernen Bildungsgesellschaft, nur um einiges älter. Ausgebreitet hatten sie sich im Laufe des aufgeklärten 18. Jahrhunderts als ein Resultat der sogenannten ‹Leserevolution›. Neben Journale wie Wielands *Teutscher Merkur*, in dem über fast vier Jahrzehnte mehrere Generationen deutscher Schriftsteller ihr Debut geben durften, traten insbesondere in den neunziger Jahren kurzlebigere, oft nicht minder einflußreiche und bedeutende Periodika.[53] Was sie alle trotz der verschiedensten theoretischen Neigungen und Tendenzen ihrer Herausgeber zu eigen hatten, war der Respekt vor der klassischen Bildung, den schon die Titel anzeigen sollten. Parallel zu Goethes *Propyläen* zum Beispiel erschien das *Athenaeum* der Brüder Schlegel; Schiller gab nacheinander eine *Thalia* und dann die *Horen* heraus, und Wieland gründete außerdem noch ein *Attisches Museum*. Friedrich Schlegel publizierte seine ersten Fragmente in Johann Friedrich Reichardts *Lyceum der schönen Künste*, und so setzte sich das fort ins neue Jahrhundert hinein mit *Kalathiskos, Polychorda, Kynosarges* und manchen anderen aus dem Gemeinbesitz an antiker Bildung stammenden Titeln, nicht zuletzt nun eben auch einem *Phöbus*. Kleist und Müller hatten Grund zur Sorge über den Erfolg ihres Unternehmens, denn zur selben Zeit erschien in Wien, von Leo von Seckendorf und Joseph Ludwig Stoll herausgegeben, ein *Prometheus*, der dank Seckendorfs guter Verbindung zu Weimar mit Goethes eigens dafür geschriebenem «Festspiel» *Pandora's Wiederkunft* eröffnen konnte und auch Beiträge Wielands sowie der sich gegenseitig besingenden Brüder Schlegel enthielt. Mit helleren Fanfarentönen hätte sich keine literarische Zeitschrift eröffnen lassen. Auf den gleichen Beiträgerkreis aber hofften eben auch die Herausgeber des *Phöbus*.

Der Freund Rühle war überdies dabei, eine Zeitschrift «für Staats- und Kriegskunst» herauszugeben, der mit dem Titel *Pallas* ebenfalls klassische Weihen zuteil wurden; Müller wurde einer ihrer Mitarbeiter. Rühle war dann schließlich erfolgreicher als Kleist und Müller, denn neben die der Literatur und bildenden Kunst gewidmeten Zeitschriften waren bereits im Laufe der Revolutionsjahre eine Anzahl politischer Journale getreten, auch sie teilweise klassisch drapiert als *Klio, Brutus oder der Tyrannenfeind* und *Eudämonia*. Georg Christian Gottlob Wedekind, der Kleist 1804 in Mainz pflegte und beschützte, hatte dort von 1792 bis 1793 voller Sympathien mit der ersten, wenngleich kurzlebigen deutschen Republik einen *Patriot* herausgegeben. Gentz, auf der anderen, der konservativen Seite der Politik, machte mit seinem *Historischen Journal* 1799 – 1800 von sich reden. Und Joseph Görres schließlich, auch er als Zeitschriftenherausgeber engagiert, nannte damals die «Publizität» das Hauptmittel zu «unserer politischen und moralischen Regeneration».[54] So kamen die politischen Zeitschriften in revolutionärer, konfliktschwangerer oder kriegerischer Zeit dem Bedürfnis nach rasch produzierbaren Medien der Agitation, Information und Reflexion entgegen, was andererseits die Chancen eines «Journals für die Kunst» nicht vergrößerte. Die Sterne standen schlecht für den *Phöbus*, und erst sehr viel später hat man zu schätzen gelernt, was Kleist und Müller den Zeitgenossinnen und Zeitgenossen zwischen Januar und Dezember 1808 in diesen zwölf Heften oder «Stücken», wie sie hießen, übergaben.

IX. PHÖBUS IM SONNENWAGEN

~

1. Unter dem Schutze des daherfahrenden Gottes: Phöbus. Ein Journal für die Kunst

Der *Phöbus*, sein eigenes «Journal für die Kunst», mag Heinrich von Kleist in verträumten Momenten wie eine Art Marktstand vorgekommen sein, auf dem er nach und nach vor den staunenden Augen einer sich drängenden Menge die Herrlichkeiten seiner Werke ausbreitete, wie sie in ihm herangewachsen waren. Dem Gedruckten, so war zu erhoffen, würde sich dann die Welt öffnen, weshalb man es denn auf «feinem Schreibpapier»,[1] der Kupferstiche wegen im Quartformat und in anspruchsvoller Typographie repräsentativ, ja regelrecht exklusiv vorlegte. Kaiser Franz I. in Wien erhielt zwei Prachtexemplare, die er «wohlgefällig»[2] aufzunehmen bereit war. Auch König Jérôme von Westphalen, der Bruder Napoleons – man kann nie wissen – wurde mit einem Exemplar bedacht. Unter die zahlreichen Leserinnen und Leser aber würden sich, als Einkäufer sozusagen, vor allem die Theaterdirektoren mischen, vor deren Bühnen sich wiederum ein gar nicht mehr übersehbares begeistertes Publikum versammeln sollte. Ruhmesträume sind so unbescheiden, wie die Wirklichkeit unnachsichtig und hart ist. Kleist, mit einer beträchtlichen Schwäche für die ersteren, hat das oft in seinem Leben erfahren müssen. Die Ironie solcher Lebensweisheit ist nur, daß Kleist alles Recht und allen Grund zu den höchsten Ansprüchen und Hoffnungen auf Ruhm besaß und daß es eben seine Werke und allein sie waren, die dem ganzen Unternehmen dieses Journals Gehalt, Glanz und Dauer vor der Geschichte gaben. Nur wollte das damals niemand so recht wahrhaben und konnte es wohl auch nicht; Dichter, Markt und Publikum hatten es wieder einmal schwer miteinander.

Heutzutage wird Heinrich von Kleists und Adam Müllers *Phöbus* als ein Buch wahrgenommen, von kundiger Forscherhand sorgfältig ediert und kommentiert; zu seiner Zeit waren es neun in unregelmäßigen Abständen erscheinende Hefte, «Stücke» nach dem Zeitgebrauch genannt, die zwischen Januar 1808 und Februar 1809 in Dres-

*Phöbus. Ein Journal für die Kunst. Umschlagbild nach einem Entwurf
von Ferdinand Hartmann, gestochen von Johann Benjamin Gottschick (1808)*

den gedruckt wurden. «Ich dirigiere die Philosophie und Kritik»,
verkündete Müller am 25. Dezember 1807 dem «verehrtesten Freund»
Gentz, «Kleist die Poesie und Hartmann die bildende Kunst».[3] Von
Ferdinand Hartmann stammte denn auch, was zuerst ins Auge fiel,
das Umschlagbild vom Lichtgotte Phöbus Apoll, der mit seinem
Gespann über der schönen Barockkulisse Dresdens schwebt, umgeben
von den Blumen ausstreuenden Horen. Hartmann, ein Schwabe und
drei Jahre älter als Kleist, hatte 1799 die erste der von Goethe in sei-

nen *Propyläen* ausgeschriebenen Preisaufgaben zur Illustration des Homer gewonnen und war nach Weimar eingeladen worden, wo Goethe und sein Freund Heinrich Meyer eine Art künstlerisches Experiment an klassischem Stoff mit ihm anstellten, was freilich zu Meyers Endurteil führte, man sehe nun doch, daß, er, Hartmann, «nicht weiß, was wir wollen».[4] Das wußten allerdings damals auch schon andere junge Künstler nicht, Schadow und Runge unter ihnen, und sie wollten es auch nicht mehr wissen, denn Goethes starrer Kunst-Klassizismus förderte allenfalls epigonale Mittelmäßigkeit, wie die Resultate der weiteren Preisaufgaben auch reichlich demonstrierten. Hinsichtlich des *Phöbus* aber bedeutete das zunächst, daß der Schöpfer des Umschlagbildes für die große, verehrte geheimrätliche Instanz in Weimar, der Kleist bald das erste Heft so ergeben wie erwartungsvoll senden würde, kein Unbekannter mehr war, und das nicht durchaus zu Hartmanns und mithin auch Kleists Vorteil. Da klopfte für ihn, wenngleich leise noch, bereits die Wirklichkeit bei den Träumen an.

Im April 1801 hatte sich Hartmann in Dresden niedergelassen. Das Umschlagbild des *Phöbus* war ursprünglich der Entwurf zu einem Vorhang für das Hoftheater dort gewesen, ein Bild, in das die beiden Herausgeber nun, in der Ankündigung des Journals, deutend hineinlasen, daß man den Gott nicht in der Ruhe, «im Kreise der Musen auf dem Parnaß» erscheinen lasse, sondern «wie er in sichrer Klarheit die Sonnenpferde lenkt». Ja, man wollte «unter dem Schutze des daherfahrenden Gottes» einen regelrechten «Wettlauf» eröffnen: «jeder treibt es soweit er kann, und bleibt unüberwunden, da niemand das Ziel vollkommen erreichen, aber dafür jeder neue Gemüter für den erhabenen Streit entzünden kann, ohne Ende fort.»[5] Dahinter verbarg sich einerseits Müllers popular-dialektische «Lehre vom Gegensatze», die er in den kunsttheoretischen Beiträgen zum *Phöbus* dann in mehreren Variationen anzuwenden suchte. Spürbar wird andererseits aber auch das gewaltsam Drängende, kreativ Treibende von Kleists ganzer Persönlichkeit; sein Künstlertum war ihm stets ein Ringen mit sich selbst wie mit der Welt, der er sich mitteilen wollte. Und wirklich furios war denn auch Kleists Einsatz:

> Wettre hinein, o du, mit deinen flammenden Rossen,
> Phöbus, Bringer des Tags, in den unendlichen Raum!
> Gieb den Horen dich hin! Nicht um dich, neben, noch rückwärts,
> Vorwärts wende den Blick, wo das Geschwader sich regt!

Donnr' einher, gleichviel, ob über die Länder der Menschen,
Achtlos, welchem du steigst, welchem Geschlecht du versinkst;
Hier jetzt lenke, jetzt dort, so wie die Faust sich dir stellet,
Weil die Kraft dich, der Kraft spielende Übung, erfreut.
Fehlen nicht wirst du, du triffst, es ist der Tanz um die Erde,
Und auch vom Wartthurm entdeckt unten ein Späher das Maas.[6]

Es ist ein *Prolog*, der eher nach Wehrertüchtigung als nach Kunst klingen könnte, wenn nun eben nicht gerade in der Fusion von beidem, von dynamischer, kaum gezügelter Kraft und gestaltendem Formsinn, das Besondere läge, was Kleist mit seinen Werken anzubieten und zu schenken hatte. Ganz abgesehen von möglichen astrologischen Anspielungen[7] hatte die Waage im Scheitel von Hartmanns Bild ihr Recht: um Maß ging es Kleist beim «Tanz um die Erde», wie Maß und Form erst die Kunst ausmachen. Aus diesen Tagen stammt ja auch der bereits zitierte Satz in einem Brief an Heinrich Joseph von Collin, daß es in der Kunst «überall auf die Form» ankomme.[8] Köcher, Pfeile, Bogen und Harfe waren die Insignien des Gottes, die Hartmann außerdem für die Rückseite des Umschlags gezeichnet hatte, umgeben, nicht zu vergessen, von einem Lorbeerkranz. Nur sollte nicht von politischem Krieg die Rede sein; die Perspektive für den donnernden «Tanz» war universal, so universal wie auch die Tragödie um die Amazonenkönigin Penthesilea, mit der Kleist nun das Journal als erstem großen Schau- und Bruchstück aus seinem Werk eröffnete. Nach «der Schwerter wetterflammendstem» wird die Königin verlangen und es «wetterstrahlend» schwingen; von elementaren Kräften also wird die Rede sein.

Dergleichen Spiel mit dem Kräftemessen mag agonalen Neigungen Kleists besonders entsprechen und aus Müllers Lehre vom Gegensatz theoretische Anstöße erhalten haben – insgesamt ist es ein altes Vorrecht wie Verlangen der Jugend, sich durchsetzen zu wollen gegen Widerstände. Für den Versuch, der Welt zu gefallen, ist es freilich nicht nur vielversprechend, sondern auch gefährlich. Denn die «Späher» unten, die Kritiker also, mochten das ihnen hier vorgesetzte «Maas» nicht goutieren oder es auch nur erkennen. Vielleicht aber mochten andere zudem nicht bloß scheel von unten auf den Siegeslauf des Gottes blicken, sondern mit eigenen Wagen eigene Pfade fahren und dabei die Zügel durchaus fest in der Hand haben. Mit anderen Worten: weder Goethe noch Wieland, auf deren schmükkende, ehrende Mitarbeit man entschieden hoffte, dürften sich von der Aussicht auf solchen Wettstreit haben reizen lassen. Und enthielt der *Prolog* womöglich sogar respektlose Anspielungen auf Verse Goethes wie auf Schillers *Horen* – Anspielungen, die, falls sie überhaupt wahrgenommen wurden, gerade dort Mißfallen erregen mußten, wo Kleist gefallen wollte?[9] Selbst wenn Goethe Müller in einem – heute verlorenen – Brief zu dem Unternehmen ermutigt haben sollte, so war es jedenfalls keck, sich in einer zweiten Anzeige des *Phöbus* ausdrücklich «der Begünstigung Goethes» zu rühmen.[10] Es rumpelte und knirschte also bereits, als der Sonnenwagen auf dem Dresdner Pflaster landete. Regelrecht heikel aber wurde es, als man seine Fracht genauer betrachten konnte.

2. *Auf den Knieen meines Herzens:*
Annäherungen an Goethe

So furios wie sein *Prolog* war auch Kleists erster Beitrag zur Eröffnung des Journals: das «Trauerspiel» von der Amazonenkönigin *Penthesilea*. Was er davon abdruckte, ist etwa ein Drittel des gesamten Stücks, so wie es im Juli 1808 dann als Buch erschien. Ein «organisches Fragment» nannte er es, was nicht nur andeuten sollte, daß mehr vorhanden war als diese rund 1000 Verse aus acht Auftritten in verschiedenen Stadien der Tragödie, sondern daß die Stücke zwar in den Kern des Werkes führten, aber ihr Leben erst aus dem Ganzen erhalten würden; es war ein Begriff, der neugierig machte. Der Schluß fehlte noch. Kleists Auswahl endet geschickt mit der scheinbaren Gefangennahme des Achill und der Möglichkeit, es könnte noch alles gut ausgehen: «Gefangen ist der Held! Die Siegerinn, / Mit Rosen wird sie seine Scheitel kränzen!»[11] – was die Königin zu diesem Zeitpunkt durchaus nicht mehr im Sinne hatte.

Auf dem Marktstand also lag nun eine Kostprobe aus. Sie und nicht eine Buchausgabe konnte entscheidend sein für das weitere Schicksal des Stückes, denn vielerorts, so in Wien, durften nur ungedruckte Werke gespielt werden. Aber der Eindruck, den diese Probe machte, war wider Kleists Hoffnungen höchst zwiespältig. So suggestiv etwa der klassifizierende Begriff eines «organischen Fragments» auch sein mochte, so sehr waren doch zugleich «Fragment» und «organisch» zwei Reizwörter der Zeit, die Assoziationen hervorriefen, welche Kleist nicht willkommen sein konnten. Das Wort «Fragment» hatten Friedrich Schlegel und Novalis in den neunziger Jahren mit den Fragment-Sammlungen insbesondere im *Athenaeum* für ihre Idee einer «romantischen Universalpoesie» tendenziös gemacht, und was das Organische anging, so war es ein regelrechtes Modewort der Zeit um 1800 geworden, das zum Widerspruch insbesondere der Älteren herausforderte; Görres' *Aphorismen über die Organonomie* (1803) zum Beispiel hatte Goethe als «Organomanie» bespöttelt.[12] Gerade an Goe-

Johann Wolfgang von Goethe als Theaterleiter mit den Attributen der Bühne.
Kreidezeichnung von Friedrich Bury (1800)

thes Beifall aber war es den beiden Herausgebern des *Phöbus* besonders
gelegen.

Die erste Annäherung Kleists an Goethe war, wie schon in anderem Zusammenhang erwähnt, durch Adam Müller geschehen, als er
ihm den *Amphitryon* des noch in französischer Gefangenschaft sitzen-
den jungen Dichters hatte überreichen lassen, und die Reaktion war
wenig huldvoll gewesen. «Amphitryon von Kleist erschien als ein

bedeutendes, aber unerfreuliches Meteor eines neuen Literatur-Himmels», notierte sich Goethe am 15. Juli 1807 in sein Tagebuch,[13] und Müller ließ er dankend wissen, daß ihm der Schein einer Vereinigung von Antikem und Modernem in Kleists Stück eher wie eine «Contorsion» erscheine, aus der «keine neue Art von Organisation» entstehe.[14] Ob er es wollte oder nicht, Kleist hatte von Goethe einen Ort unter einer von diesem imaginierten jungen Garde von Literaturrebellen zugewiesen bekommen, die wider den Stachel etablierter Autorität löckten. Wenn es um Selbstverständnis und eigenes Ansehn ging, dachte auch Goethe pauschal.

Persönlich sind sich Goethe und Kleist offenbar nie begegnet, aber so nahe, wie sie einander in den ersten zwei Monaten des Jahres 1808 kamen, sind sie sich danach nie wieder gekommen. Eine beglückende Nähe war es nicht. Auf der Bühne deutscher Literaturgeschichte vollzog sich vielmehr in diesen Tagen und Wochen ein tragikomisches Theater des Nichtverstehens, in dem sie beide, Goethe und Kleist, ihre festen Rollen spielten; nur das Publikum, also die Nachwelt, sieht da mehr von dem, was die handelnden Figuren auf dem Bretterboden ihrer Zeit selbst nie wissen können. Ob man ihn nun verehrte oder ihn, was die Jüngeren gern zu tun begannen, vorsichtig oder allmählich auch unvorsichtig verspottete – Goethe war und blieb in dieser Zeit die große, von Ruhm bedeckte und allerdings auch durch immer neue, überraschende Metamorphosen seines Werks solchen Ruhm stets neu verdienende Autorität im literarischen Leben der Deutschen. Autorität aber bedeutet zugleich Macht. Im ersten Heft von Seckendorfs *Prometheus* wird unter den Notizen «Aus Weimar» die Aufführung von Zacharias Werners *Wanda, Königin der Sarmaten* angezeigt, und danach folgt dann ganz für sich allein der Satz: «Goethe ist recht wohl und heiter, und hat viel gearbeitet».[15] Das war Hofberichterstattung reinsten Wassers. Wenn man als junger Autor etwas auf sich hielt und höher hinaus wollte, schickte man an Goethe die eigenen Produkte und ersehnte seinen Segen für sie, in der Hoffnung, ihnen auf den Weg zum Erfolg zu verhelfen. Arnim und Brentano etwa hatten ihm den ersten Band ihrer Liedersammlung *Des Knaben Wunderhorn* gewidmet, der Ende 1805 – mit der Jahreszahl 1806 – erschien und den Goethe sogleich mit einer ausführlichen Rezension ehrte. Mit Macht und Ruhm geht jedoch nicht unbedingt Gelassenheit einher. Lob ist eine verführerische Droge und Kritik eine ziemlich irritierende Medizin. Goethe, seiner Bedeutung bewußt und auf die sechzig zugehend, betrachtete mit Mißtrauen oder gar Ärger, daß Jüngere um ihn eigene Wege gingen oder sich womöglich über ihn lustig machten. Eine Parodie der weimarischen Preisausschreiben, in die angeblich Hartmann verwickelt war, was sich dann freilich als falsch erwies,[16] reizte ihn bis aufs Blut.

Die eigenen Wege der Jüngeren in der bildenden Kunst – Schadows, Runges und in Dresden insbesondere Caspar David Friedrichs – waren nun nichts anderes als ein Teil jenes sich seit den neunziger Jahren tatsächlich erstaunlich rasch und intensiv vollziehenden Übergangs aus einer klassisch-antiken Bilder- und Formenwelt zu dem, was der Begriff des Romantischen zu bezeichnen suchte, wie ihn die Brüder Schlegel handhabten: zum Bewußtsein einer christlich-europäischen Tradition und Gemeinsamkeit der Antike gegenüber. Es war der Abschied von den Göttern Griechenlands. Antike Mythologie ebenso wie der ganze Katalog einer klassischen Metrik verloren zusehends an Einfluß, und, gefördert durch aktuelle politische Konflikte wie durch sozialen Wandel, schien sich in der Mentalität – jedenfalls in Goethes Sicht – dem guten alten Heidentum ein «neu-katholisches Künstlerwesen», eine «neukatholische Sentimentalität», ein «klosterbrudrisirende[s], sternbaldisirende[s] Unwesen»,[17] zu substituieren. Dem hatte er zwar 1805 seine Schrift über Winckelmann entgegenzustellen versucht, aber er mußte in den folgenden Jahren erleben, daß das Ideal, das er darin beschwor, nicht mehr griff. Welches Ideal?

«Wenn die gesunde Natur des Menschen als ein Ganzes wirkt, wenn er sich in der Welt als in einem großen, schönen, würdigen und werten Ganzen fühlt, wenn das harmonische Behagen ihm ein reines, freies Entzücken gewährt; dann würde das Weltall, wenn es sich selbst empfinden könnte, als an sein Ziel gelangt aufjauchzen und den Gipfel des eigenen Werdens und Wesens bewundern.»[18] So solle man sich das «glückliche Los der Alten, besonders der Griechen in ihrer besten Zeit» vorstellen, schwärmte Goethe im Abschnitt «Antikes» dieser Schrift, und er versuchte mit seiner ganzen Autorität so viel als möglich von diesem Ideal in die Gegenwart hinüberzuretten, insbesondere in der bildenden Kunst, in der er jedoch selbst im Grunde Dilettant blieb. In der dichterischen Arbeit hingegen, dort also, wo er Fachmann war und kreativ auf Neues reagierte, wie etwa bei der aus der christlich-romanischen Tradition stammenden Form des Sonetts oder später bei der Adaption persischer Dichtung, hat sich Goethe zu seinem Vorteil von den eigenen Vorurteilen nie beirren lassen.

Gern wird von Kleists Neigung zu einer Art kampfeslustigem, ja aggressivem Lebens- und Kunstverständnis gesprochen, verbunden mit der Annahme, es sei speziell Goethe gewesen, auf den er seine Ambitionen gerichtet habe. «Ich werde ihm den Kranz von der Stirne reißen»,[19] soll er einmal sogar behauptet haben, aber die Quelle für den Satz bleibt höchst unsicher und trüb. Die Verehrung Goethes ebenso wie die schöpferische Herausforderung durch ihn waren Allgemeingut unter den jungen deutschen Autoren dieser Jahre. «Ein Dichter hatte uns alle geweckt», heißt es mit Bezug auf Goethe in August Winkelmanns Nachschrift zu Brentanos *Godwi*,[20] und auch für Novalis war Goethe «der wahre Statthalter des poëtischen Geistes auf Erden».[21] Das hielt ihn nicht ab von der Forderung: «Göthe wird und muß übertroffen werden», wie er sich 1798 in einem Studienheft notierte, und er verdammte bald darauf den *Wilhelm Meister* sogar als «fatales und albernes Buch»,[22] was ihm wiederum Goethe, als er die Sätze nach dem Tod ihres Urhebers zu Gesicht bekam, bis ans eigene Ende verärgert nachgetragen hat. Der ehrgeizige Bezug auf Goethe war jedenfalls kein Reservat für Heinrich von Kleist. Alles in allem: die autoritative und zentrale Rolle, die Goethe damals für das deutsche literarische Leben spielte, kann gar nicht stark genug gedacht werden, was die Jüngeren provozieren mußte. Außerdem war Goethe nicht eine durch und durch irenische Natur, zumindest nicht in Sachen literarischer und künstlerischer Parteiungen. Gerade in der Zeit, da Kleist in seinen Gesichtskreis trat und sich ihm näherte, hatte seine Überzeugung, Gegner zu haben, Einfluß zu verlieren, angegriffen zu werden und sich verteidigen zu müssen, einen regelrechten Höhepunkt erreicht.

An den Anfängen stand die Enttäuschung mit den Weimarer Preisaufgaben. Danach taten sich noch tiefere Abgründe auf. Im Herbst 1804 traten in Dresden die Brüder Riepenhausen, die Goethe zu fördern versucht hatte, zur katholischen Kirche über und bekannten sich bald darauf ausdrücklich zur christlichen Kunst.[23] 1802 und in zweiter Auflage 1805 erschien eine erste Ausgabe von Novalis' Schriften, in die Tieck und Friedrich Schlegel aus der Fülle seiner Manuskripte ein paar der Goethe scharf kritisierenden Stellen außerhalb ihres Kontextes aufgenommen hatten. Im Frühjahr 1807 war Novalis' Bruder

Karl von Hardenberg konvertiert und wurde unter dem Pseudonym Rostorf mit dem noch im gleichen Jahr erscheinenden *Dichter-Garten* zum Mittelpunkt eines Kreises von Novalis-Verehrern, der alles Klassizistische in Stoff und Form verabschiedete. Friedrich Schlegel gab darin den Ton an mit zahlreichen Gedichten, in denen Altar, Andacht, «der Kirche stille Pflicht» sowie «alte Fahnen» und des «Adels alte Sitt' und Recht» gefeiert wurden,[24] wofür er dann unter Freunden gebührend als Erneuerer deutscher Poesie gepriesen und sogar über Goethe erhoben wurde.[25] Im *Morgenblatt für gebildete Stände* vom 14. Januar 1808 donnerte deshalb Johann Heinrich Voß als Kampfgefährte Goethes vom klassizistischen Rostrum her gegen den «Schwarm junger Kräftlinge», der «nicht nur unsere edelsten Dichter, jene tapferen Anbauer und Verherrlicher des deutschen Geistes, sondern sogar die großen, seit Jahrtausenden bewunderten Klassiker, mit Verkleinerung und Hohn zu behandeln sich unterfing».[26] Am Ostermontag 1808 – es war der 18. April – konvertierten dann Friedrich und Dorothea Schlegel, geborene Mendelssohn, zur römischen Kirche. Die Nachricht von ihrem Vorhaben war allerdings bereits vorher nach Weimar gedrungen. Auf einer Abendgesellschaft am 17. April 1808 bei Johanna Schopenhauer brach Goethe endlich selbst, wie er in seinem Tagebuch anmerkt, in eine «Diatribe gegen die neuen Dichterlinge» aus; Friedrich Schlegel und Novalis, die man gerade zu neuen Imperatoren erheben wolle, nannte er namentlich. «Wie lange mir mein alter Imperatormantel noch auf den Schultern sitzen wird, läßt sich nicht vorausbestimmen», soll er ärgerlich spottend hinzugefügt haben.[27] In eben diesen Tagen war aber auch gerade das dritte Stück des *Phöbus* erschienen, in dem Adam Müller den «ahndenden Geist des unvergleichlichen Novalis» rühmte, «eines der größten Menschen, welchen das letzte Jahrhundert hervorgebracht».[28] Kurzum: der Kampf zwischen «Klassik» und «Romantik» war in den Tagen des beginnenden *Phöbus*-Fluges voll entbrannt, wobei jede der sich bekriegenden Seiten in der anderen nur das sah, was ihr um der eigenen Interessen und Möglichkeiten willen am wenigsten behagte und sich die Begriffe zum polemischen Gebrauch nach Bedarf zurechtschnitt. Denn nicht fest in Theorien begründete Prinzipien trafen hier aufeinander, wie sich bei Goethes großer künstlerischer Wandlungsfähigkeit bald zeigte, als er da oder dort die Fronten wechselte, weil ihn zum Beispiel das Sonett-Dichten zu reizen begann. Ganz wie das Amazonenheer Penthesileas zwischen die sich bekämpfenden Griechen und Trojaner aber, so trat nun zu seinem Unglück Heinrich von Kleist, arglos und groß in seinem Werk, in eben dieser kritischen Zeit als eine Art dritte Streitmacht auf das literarische Schlachtfeld und fand schließlich überall Feinde, besonders dort, wo er Freunde suchte.

Kleists Verhältnis zu Goethe läßt sich allerdings nicht auf einen simplen Nenner bringen; dazu waren sie beide zu komplexe Naturen. Ohne Zweifel besaß Kleist eine große, rückhaltlose Bewunderung, ja Ehrfurcht vor Goethes imposantem literarischem Werk. Wie sehr ihn in seiner eigenen sprachlichen Feinfühligkeit die poetische Kraft eines Goetheschen Verses oder Gedichts berührt haben mag, wie tief ihn Glück und Leiden von Goethes Gestalten bewegten, läßt sich nur ahnen; direkte Äußerungen Kleists darüber gibt es nicht. Aber alles Große fordert auch heraus, insbesondere dort, wo eigene Kraft sich regt; Ehrgeiz wird der Stachel zu eigner Arbeit, und Spottlust entsteht angesichts bedingungsloser Verklärung durch andere. Schließlich differenzierte auch Goethe nicht besonders vorsichtig, wenn es um die Klassifizierung seiner Kritiker ging, und Kleist mußte das mit Bitterkeit erfahren. Aber nicht nur Bewunderung und selbstbewußter Ehrgeiz motivierten Kleists Annäherung an Goethe; er war durchaus zugleich Literaturpolitiker, und zwar mit Leidenschaft, dem es jetzt darum ging, seinem *Phöbus* auf dem Sonnenwagen einen glücklichen Start in die Welt zu verschaffen. Das aber war am sichersten zu bewerkstelligen, wenn man sich Goethes Protektion rühmen konnte.

Am 24. Januar 1808 schrieb Kleist den einzigen Brief an Goethe, den er ihm je geschrieben hat. Er habe die Ehre, dem «Hochzuverehrenden Herrn Geheimerath» in «der Anlage gehorsamst das 1^t Heft des Phöbus zu überschicken». Und dann folgen jene Sätze, die sich wohl zu allen Zeiten nicht ohne Bewegung lesen lassen:

> Es ist auf den «Knieen meines Herzens» daß ich damit vor Ihnen erscheine; mögte das Gefühl, das meine Hände ungewiß macht, den Werth dessen ersetzen, was sie darbringen.
> Ich war zu furchtsam, das Trauerspiel, von welchem Ew. Excellenz hier ein Fragment finden werden, dem Publicum im Ganzen vorzulegen. So, wie es hier steht, wird man vielleicht die Prämissen, als möglich, zugeben müssen, und nachher nicht erschrecken, wenn die Folgerung gezogen wird.

Es ist übrigens eben so wenig für die Bühne geschrieben, als jenes frühere Drama: der Zerbrochne Krug, und ich kann es nur Ew. Excellenz gutem Willen zuschreiben, mich aufzumuntern, wenn dies letztere gleichwohl in Weimar gegeben wird. Unsre übrigen Bühnen sind weder vor noch hinter dem Vorhang so beschaffen, daß ich auf diese Auszeichnung rechnen dürfte, und so sehr ich auch sonst in jedem Sinne gern dem Augenblick angehörte, so muß ich doch in diesem Fall auf die Zukunft hinaussehen, weil die Rücksichten gar zu niederschlagend wären. [...]²⁹

Es mag sein, daß damals ein bibelfesteres Zeitalter das Wort von den «Knieen des Herzens» nüchterner aufgenommen hat als heute, da es nicht mehr sogleich als Zitat aus dem apokryphen Gebet des Manasse wiedererkannt, daher also wörtlicher genommen und emotionaler empfangen wird. Zur tiefen Bewegtheit, die Kleists Worte heutzutage auslösen, trägt aber natürlich auch bei, daß Kleists ferneres Schicksal bekannt ist, ebenso wie sein gesamtes Werk, während für Goethe damals der junge preußische Offizier bei allem guten Willen genau das sagte, was er eigentlich nicht hätte sagen sollen. Daß der *Zerbrochne Krug* nicht für die gegenwärtige Bühne geschaffen sei, war kaum das rechte Wort für einen Theaterdirektor, der es eben erst zur Aufführung angenommen hatte. Goethe hatte allerdings dergleichen im Grunde selbst provoziert, als er, bald nach der Lektüre, Ende August 1807 in einem Brief an Adam Müller zwar von den «außerordentlichen Verdiensten» des *Krugs* sprach, aber auch tadelnd anmerkte, es sei nur eben schade, daß das Stück, wie auch *Amphitryon*, «dem unsichtbaren Theater» angehörte, also analytisch Vergangenes enthüllte, statt, wie Goethe sich das wünschte, «eine Handlung vor unsern Augen und Sinnen sich entfalten»³⁰ zu lassen. Daß Müller solche Kritik dem Freunde mitteilte, liegt nahe, und ebenso, daß dieser dann darauf reagierte, als er nun zum erstenmal selbst an Goethe schrieb.

Kleists Wort von der scheinbaren Bühnenuntauglichkeit seines Stückes sagt tatsächlich etwas über dessen Eigenart, sollte aber wohl zuallererst eine Geste der Demut und nicht des Trotzes sein. Das aber mißverstand Goethe gründlich und las Kleists Satz nur als Widerspruch gegen eine praktische Empirik, mit der er Jüngere gern zur Ordnung rief, wie er ja bald darauf als eine Art Nationalpädagoge Sprüche über tüchtiges, tätiges Leben – «Tages Arbeit! Abends Gäste!» – für seine Deutschen zu sammeln begann. Und wenn Goethe

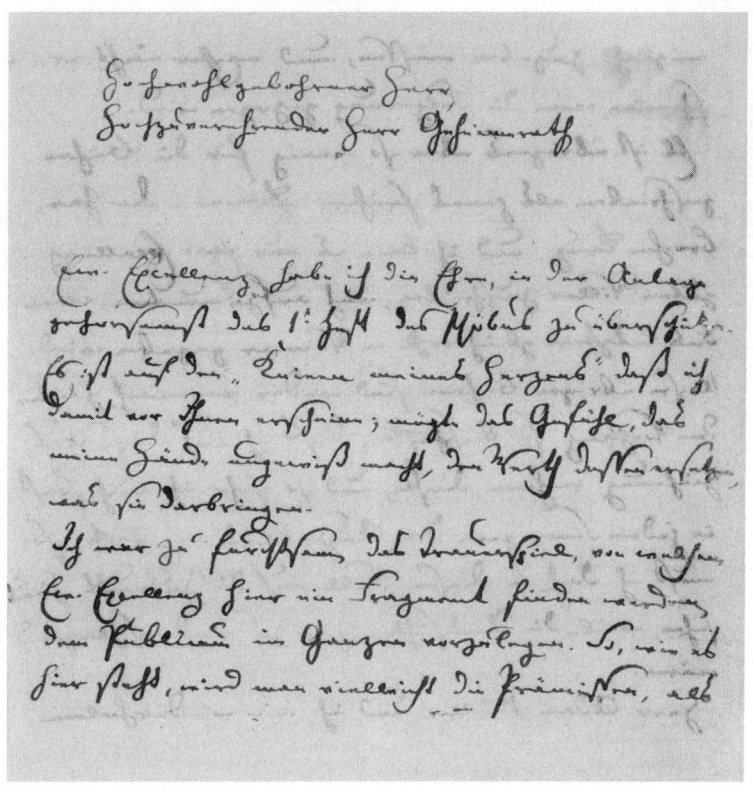

«Auf den Knieen meines Herzens»:
Kleist an Goethe am 24. Januar 1808 (S. 1)

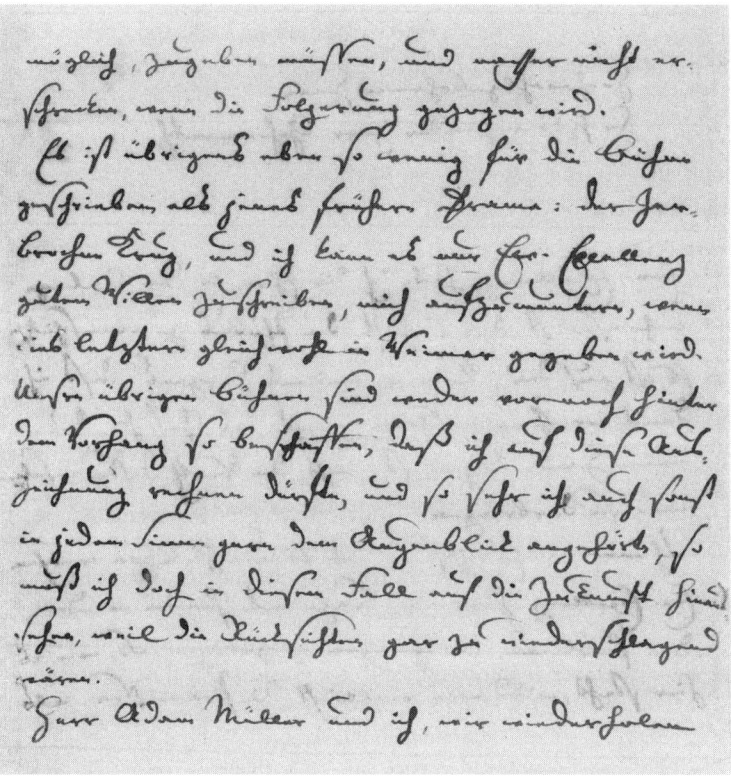

Kleist an Goethe am 24. Januar 1808 (S. 2)

wegen der Armseligkeit zahlreicher deutscher Bühnen und ihres Repertoires mit Kleist kaum gehadert hätte, so war er doch als Weimarer Intendant bereit, den Leuten zu geben, was sie wollten; am 30. Januar 1808 und dann noch mehrfach im Februar ließ er Werners *Wanda, Königin der Sarmaten*, eine Tragödie vom Opfertod um der Liebe und der Götter willen, aufführen, die «jede Brust zum Mitgefühl und zur Bewunderung hinriß»,[31] wie es in einer Kritik im *Prometheus* heißt. Werner verkehrte damals oft im Haus am Frauenplan und inspirierte den Hausherrn sogar zum – «romantischen» – Sonett-Dichten. Goethe aber dankte Kleist zwei Tage nach dem *Wanda*-Debüt und teilte ihm mit:

> Mit der Penthesilea kann ich mich noch nicht befreunden. Sie ist aus einem so wunderbaren Geschlecht und bewegt sich in einer so fremden Region, daß ich mir Zeit nehmen muß, mich in beyde zu finden. Auch erlauben Sie mir zu sagen (denn wenn man nicht aufrichtig seyn sollte, so wäre es besser man schwiege gar) daß es mich immer betrübt und bekümmert, wenn ich junge Männer von Geist und Talent sehe, die auf ein Theater warten, welches da kommen soll. Ein Jude der auf den Messias, ein Christ der aufs neue Jerusalem, und ein Portugise der auf den Don Sebastian wartet machen mir kein größeres Misbehagen. Vor jedem Bretergerüste möchte ich dem wahrhaft theatralischen Genie sagen: hic Rhodus, hic salta! Auf jedem Jahrmarkt getraue ich mir, auf Bolen über Fässer geschichtet, mit Chalderons Stücken, mutatis mutandis, der gebildeten und ungebildeten Masse das höchste Vergnügen zu machen. Verzeihen Sie mir mein Geradezu: es zeugt von meinem aufrichtigen Wohlwollen. Dergleichen Dinge lassen sich freylich mit freundlichern Tournuren und gefälliger sagen. Ich bin jetzt schon zufrieden, wenn ich nur etwas vom Herzen habe.[32]

Zu einem brieflichen «Nächstens mehr», das Goethe hinzugefügt hatte, ist es nie gekommen. In der Tat: es hätte sich freundlicher, gefälliger und vor allem verständnisvoller sagen lassen, und so hätte es auch größerer Abgeklärtheit bedurft, als sie ein junger Dichter aufbringen kann, um das «aufrichtige Wohlwollen» herauszuhören. Kein Zweifel, Exzellenz waren gereizt und irritiert, und da war ja auch allerhand in diesem *Phöbus*, das ärgern und irritieren konnte, wenn man sich als Kriegspartei im Kampf gegen junge, sich vom «glücklichen Los der Alten» abwendende Künstler und «Dichterlinge» betrachtete.

Auf einer Zeichnung Hartmanns beruhte ein weiterer Stich im ersten Heft des *Phöbus*: «Der Engel am Grabe des Herrn», und Kleist hatte Hartmanns Vision in einem Gedicht gedeutet, das in seiner «Sinnlichkeit und Wirklichkeit» von Adam Müller noch über das Bild erhoben wurde. Es sei, so Müller in einem Brief an Gentz, Resultat eines Gedankenaustauschs zwischen ihm und Kleist über dessen antikes «Gemüth» im Verhältnis zum modern christlichen, wobei Kleist mit der «Legende» Müllers Empfinden entgegengekommen sei. Kleists «antike Bestimmtheit» existiere also lediglich als Antidot «zu einer falschen Mystik» «um der neuen Aufklärung willen, die nun im *Phöbus* dem Zeitalter geboten werden soll».[33] Müller war nie bescheiden in seinen Ansprüchen, denn mit der «neuen» Aufklärung wollte er einen Bezug herstellen zu Lessings großer, einflußreicher Bestimmung der Grenzen zwischen «Mahlerey und Poesie» im *Laokoon* und sich auf gleiche Höhe neben ihn stellen. Kleists ungestüme Beschreibung des Grabes Christi – «Als sollt' es zehn lebend'ge Riesen fesseln, / In eine Felskluft schmetternd eingehauen»[34] – markiert tatsächlich den ganzen Kontrast zur Ruhe von Hartmanns Bild, so daß Müller das Neben- und Gegeneinander von Bild und Poesie durchaus als etwas eigenständig Neues für sein Kunst-Journal betrachten mochte.[35] Bei alledem ließ sich aber von Goethes Warte aus das Gedicht dennoch als Symptom des «Neukatholischen» lesen, besonders da noch Novalis' bisher unveröffentlichte kunstprogrammatische Verse «An Dorothee», die Malerin Dorothea Stock, Schwägerin Christian Gottfried Körners und in dessen Hause lebend, unmittelbar folgten. Von Novalis glaubte Goethe ebenfalls, wenngleich irrtümlich, er sei vor seinem Tode noch konvertiert. Und seine Ansicht über die Tendenzen des *Phöbus* wäre sicher nicht geändert worden, wenn er erfahren hätte, was Kleist am 8. Februar 1808 seiner Schwester Ulrike mitteilte, daß nämlich «die Familie Hardenberg» ihn und seine Dresdner Freunde als die hoffnungsvollen Besitzer der freilich noch nicht existierenden Phoenix-Buchhandlung zu Dresden beauftragt hätten, «die gesammten Schriften des Novalis (Hardenberg-Novalis, von dem du mir nicht sagen wirst, daß du ihn nicht kennst)»,[36] in einer Prachtausgabe zu verlegen. Daraus wurde freilich ebensowenig wie aus der Buchhandlung selbst.

Aus der Perspektive der Zeit ist also vieles von Goethes Reaktion durchaus verständlich. Aber ist es auch seine Verkennung der *Penthesi-*

lea, dieser pièce de résistance des ganzen Heftes? Daß Kleist «kein gemeines Talent»[37] sei, wie Goethe im Mai 1808 an Knebel schrieb, war wohl nicht nur Floskel. Später hat er sogar behauptet, er habe ihn geliebt, was immer man von einer solchen, aus zweiter Hand überlieferten, womöglich recht beiläufigen Bemerkung halten mag.[38] Aber Begabung oder gar Genialität, die fremd bleiben, sind umso verstörender, und mit dieser *Penthesilea* trat Goethe etwas gegenüber, das zwar in vertraut antikem Gewande erschien, aber den eigenen Prämissen in der Schrift über Winckelmann zutiefst widersprach. Wo jedoch kam sie her, diese Amazonenfürstin? Wo trieb es sie hin?

3. Erschrekken Sie nicht, es läßt sich lesen:
Penthesilea

Anfang Februar 1808 hatte Goethe das erste Heft des *Phöbus* an Charlotte von Stein gesandt mit der Bemerkung, die «prosaischen Aufsätze», also Müllers und Körners Beiträge, werde sie mit Vergnügen lesen. «Die poetischen empfehlen sich vielleicht nicht so sehr»[39] – womit natürlich das «organische Fragment» der *Penthesilea* gemeint war. Goethe ist nicht der einzige geblieben, der seine Schwierigkeiten mit Kleists *Penthesilea* hatte. Der Subtilitäten in der Deutung des Dramas ist kein Ende. Immer neue Literaturtheorien üben sich an ihm, und auch das Interesse der Theater wächst weiterhin – vielleicht als eine Art Wiedergutmachung dafür, daß sie sich erst siebzig Jahre nach seiner Entstehung überhaupt dafür zu interessieren begannen; Kleists *Penthesilea* wurde 1876 zum erstenmal aufgeführt, wenn man von einigen szenischen Lesungen vorher und sogar schon zu Kleists Lebzeiten absieht. Solche Widerstandskraft dieses Dramas gegen die verschleißende Zeit jedoch zeugt am deutlichsten von seiner poetischen Kraft, wie seine Strapazierfähigkeit hinsichtlich aller Theorien die Macht des Geheimnisses bezeugt, das es birgt.

Kleist hatte seit dem August 1806 an dem Drama gearbeitet und dann im Spätherbst 1807 an Marie von Kleist zunächst das «höchst barbarische Fragment der Penthesilea, worin sie den Achill todt schlägt» geschickt, was dieser «gleichwohl Thränen entlokt» habe, so daß er sich ermutigt fühlte, ihr schließlich weitere «abgerißne Stükke derselben zuzusenden. Um alles in der Welt mögt ich kein so von caßirten Varianten strotzendes Manuscript einem Andern mittheilen, der nicht von dem Grundsatz ausginge, daß alles seinen guten Grund hat. Doch Sie, die sich den Text mitten aus allen Correcturen, in voller Autorität, als wäre er groß Fraktur gedruckt, herausklauben macht es mir Vergnügen zu zeigen, wo mein Gefühl geschwankt hat.»[40] Bald darauf meldete er Marie von Kleist – es wird zum Ausführlichsten, was er je über eine seiner Dichtungen gesagt hat –, er habe «die Pen-

thesilea geendigt», und dann setzt er hinzu: «Sie hat ihn wirklich aufgegeßen den Achill vor Liebe. Erschrekken Sie nicht, es läßt sich lesen
[...]. Es ist hier schon zweimal in Geselschaft vorgelesen worden, und
es sind Thränen gefloßen, so viel als das Entsetzen, das unvermeidlich
dabei war zuließ.» Gestrichen darin aber ist zwischen den beiden Sätzen: «Wie leicht hätten Sie es unter ähnlichen Umständen eben so
gemacht.»[41] Aus welcher Ferne auch diese Penthesilea herkam – es war
nicht weit von da zu Kleists Gegenwart. Um diese sogar scheint es
ihm vor allem zu tun gewesen zu sein, denn auf den Freund Pfuel als
idealem Empfänger sei das Stück berechnet, weiß er im selben Brief
zu berichten: «Als ich aus meiner Stube mit der Pfeife in der Hand in
seine trat, und ihm sagte: jetzt ist sie todt, traten ihm zwei große
Thränen in d[ie] Augen. Sie kenn[en] sein[e] antike[n] Mienen: wenn
er die letzten Scenen liest, so sieht man den Tod auf seinem Antlitz.
Er ist mir so lieb dadurch geworden, diser Mensch.»[42]

Pfuel, der tatsächlich ein begabter Vortragskünstler gewesen sein
muß, hat freilich die gleiche Episode anders erzählt. Bei ihm war es
Kleist selbst gewesen, dem aus Schmerz um seine Heldin am Ende die
Tränen über die Backen geflossen seien, als er in Dresden das Zimmer
des Freundes betrat. Tot sei sie nun, habe er geklagt und auf Pfuels
besorgte Frage zur Antwort gegeben: «Ach, wer sonst, als Penthesilea!»[43] Die Trauer aber, so berichtet Pfuel, sei in Lächeln aufgelöst
worden, als er ihm nahebrachte, daß er, Kleist, sie ja doch selbst um-
gebracht habe. Kleists Erinnerung ist die unmittelbarere, diejenige
Pfuels hingegen, wenngleich mehrfach überliefert, stammt aus dritter
Hand. So muß offen bleiben, ob Kleists eigener Bericht den Tatsachen
entsprach oder aber der Versuch war, die große innere Nähe zu seinem
Stoff scheu zu verbergen, was nun wiederum zweifelhaft wäre in
einem Brief ausgerechnet an die ihm vertrauteste Korrespondentin.

Heinrich von Kleists Penthesilea ist nicht nur Kleists unbändig-
ste, gewalttätigste, leidenschaftlichste, sondern auch zarteste Frauengestalt. Diese Spannung glaubhaft, ja erschütternd Gestalt werden zu
lassen, ist eines der bewegendsten Zeugnisse für Kleists Außerordentlichkeit als Sprachkünstler. Es gibt Liebesworte aus dem Munde seiner Heldin, die zu den schönsten in deutscher Sprache gehören. Freilich war das nicht leicht zu erkennen angesichts der mörderischen
Bluthochzeit, die die Amazonenkönigin sich und dem von ihr geliebten Achill mit Hilfe ihrer Doggen bereitet. Bis sie dem Geliebten

allein mit der Hilfe eines «vernichtenden Gefühls» (Vs. 3027) in die Verklärung des Liebestodes folgt, führt Kleist seine Leser durch die ganze grausame irdische Realität des Tötens und Sterbens. Zweimal drängte es ihn deshalb, ganz ausdrücklich vor dem Eindruck seines Stückes zu warnen, zweimal – in den Briefen an Marie von Kleist und an Goethe – ist vom «Erschrecken» die Rede, das dieses Drama auslösen könne. Es ist ein weiter Weg durch die Handlung hindurch und über ihr Ende hinaus bis zu dem Lächeln, in das die Szene Kleists mit Pfuel geendet haben soll, wenn sie denn so geschah. Seltsam und überraschend bleibt dabei, daß die Gestalten des Stückes selbst des öfteren lächeln, von allen Kleistschen Werken sogar am häufigsten, was zumindest etwas über die seelischen Dimensionen dieses Dramas aussagt. «Lächelnd» gibt Penthesilea Achill, dem im Kampf Gestürzten, das Leben «als ein Geschenk» zurück, «lächelnd» entweicht sie, als der so Gerettete ihr nachsetzen will, und Lächeln wird an anderer Stelle zum Liebesbekenntnis der beiden, wo ihr Bewußtsein keine Worte findet. Aber eben diese weiten Dimensionen waren es auch, die erschrecken machen konnten. Vermag der Verweis darauf, daß es auch einem selbst hätte geschehen können, tatsächlich das Entsetzen zu mildern, wie Kleist es der Freundin vorschlägt? Vermag Verständnis für die «Prämissen» des Stückes das Erschrecken zu bändigen, wie er es Goethe anbietet? Was überhaupt sind diese Prämissen?

«Wie zwei erboste Wölfe» seien «der Griechen und der Amazonen Heer»[44] kämpfend ineinander verbissen, heißt es gleich zu Anfang des *Phöbus*-Textes. Die Zahl der Tierarten, die das Stück bevölkern, ist beträchtlich. Animalisches also und schließlich Elementarstes scheint die Handlung zu bewegen. «Soviel ich weiss, giebt es in der Natur / Kraft bloss und ihren Widerstand, nichts Drittes», wird Ulysses[45] erklären, was allerdings sehr viel mehr ist als nur die angewandte Lehre Adam Müllers vom Gegensatze. Denn das Ungeheuerliche von Kleists Drama beruht letztlich darin, daß solch elementare Gegensätzlichkeit auf die Beziehung der Geschlechter zueinander übertragen wird. Das Begehren als Forderung der Natur zur Fortpflanzung treibt sie zueinander, aber wo sie ihm folgen, enthüllt sich ihnen nur ihre gegenseitige fundamentale Fremdheit. Nach Penthesileas eigenen Worten rasen die Begierden «wie losgelassne Hunde»,[46] und die Hoffnung des Amazonen-Chores am Ende des *Phöbus*-Textes, daß Penthesilea den im letzten großen Zweikampf der beiden gestürzten Achill erheben und «mit Rosen [...] seine Scheitel kränzen»[47] werde, erweist sich später als blutiger Irrtum. Da ist kein friedliches Zueinanderfinden. Die Folgerungen aus den Prämissen zieht dann das vollendete Drama. Wohl ereilt sie beide, Penthesilea und Achill, der «Gott der Liebe» (Vs. 2219), aber nur um Achill in besitzergreifende Worte ausbrechen zu lassen:

> Du sollst den Gott der Erde mir gebären!
> Prometheus soll von seinem Sitz erstehn,
> Und dem Geschlecht der Welt verkündigen:
> Hier ward ein Mensch, so hab' ich ihn gewollt! (Vs. 2230–33)

Achill aber unterliegt einem fatalen, tödlichen Mißverständnis; für ihn, den «Göttersohn», gibt es diesen «Gott der Liebe» nicht und mit ihm auch nichts Drittes, sondern nur Männer und Frauen. Aus dem Versuch des Mannes zum Besitzergreifen entsteht, jenseits alles Wollens und Wünschens auch auf seiten der Frau, dennoch ihr Widerstand. Kleists *Penthesilea* zeigt sich so als eine Tragödie der Verweigerung von Liebe durch die Natur des Begehrens; aus solch elementarem Grunde kommt die Heldin, denn sie weiß mehr als der Mann von dem Geheimnis, das alle Liebe in sich trägt. Alles andere – Amazonengesetz und Kriegsglück – waren dann nur äußere Umstände, die in ständig wandelnder Form die Menschen zueinander bringen. Von dieser Liebe durchdrungen ist der ganze letzte Auftritt des Stückes, den Kleist den *Phöbus*-Lesern noch vorenthielt. Keinen Dolch, sondern nur noch ein «Gefühl» braucht Penthesilea, um in Liebe dem getöteten Geliebten nachzufolgen. Übrig bleibt die Welt, «die gebrechliche, / Auf die nur fern die Götter niederschaun». (Vs. 2854 f.) Prothoe, die Freundin, konstatiert solche Götterferne, ganz überwältigt vom Leiden ihrer Königin: «O du, / Vor der mein Herz auf Knien niederfällt, / Wie rührst du mich!» (Vs. 2799–2801)

Daß Goethe, wie die meisten seiner Zeitgenossen, doch eher erschrak vor dergleichen radikalen Folgerungen aus den Prämissen, die ihm Kleist «auf den Knien» seines eigenen «Herzens» überreicht hatte, ist begreiflich. Gerade das, was sich mit dem Begriff von Humanität und «reiner Menschlichkeit» als Gewinn eigener Mühen und der seiner nächsten Weggefährten über Jahrzehnte hinweg betrachten ließ, schien hier in sich zusammengebrochen. Das konnte um so verstörender sein, gerade weil die Tragödie in klassischem Gewande einherkam, so wie ihn ja auch das scheinbar Kryptochristliche in *Amphitryon* irritierte. Mit einer idealen Antike, wie Goethe sie in seiner Winckelmann-Schrift entwarf, hatte dieser Amazonenkrieg der Geschlechter nichts mehr zu tun. In diesem Jahre 1808 sollte überdies innerhalb der neuen Ausgabe seiner Werke das Fragment jener 1798 begonnenen und dann liegengelassenen *Achilleïs* erscheinen, die Zeugnis war für sein Scheitern an dem Versuch, die lichte Welt Homers im Epos auferstehen zu lassen. Daß die Dämonie des Inhumanen, das Chthonische gleichfalls zum Bilde der Antike gehörte, ist abendländischem Denken erst seit Nietzsche wirklich bewußt geworden. Kleist spürte es vor ihm.

Wie aber steht es mit der Folgerung für Marie von Kleist, sie hätte es «unter ähnlichen Umständen eben so gemacht»? Daß Kleist dergleichen für möglich hielt, sagt viel über seine eigenen realen Erfahrungen und Vorstellungen von Männlichem und Weiblichem, aber ebenso darüber, wie nahe, ja gefährlich nahe sich bei ihm Literatur und reales Leben kamen; er hat es selbst immer wieder und zu seinem Verhängnis erfahren. Wieweit er in Marie von Kleists Lebenskrisen eingeweiht war – ihr Bruder starb 1805 von eigener Hand, ihre Ehe brach 1812 endgültig auseinander – bleibt unbekannt. Daß er sie, die Ältere, als eine außergewöhnliche, über das Konventionelle hinaus blickende Frau empfand, hat sich dann weiterhin und in wachsendem Maße bis in seine letzten Lebenstage gezeigt. «Durch und durch» habe er sie gekannt, hat Marie von Kleist nach seinem Tode von ihm geschrieben.[48] Das aber läßt wiederum ahnen, wie groß Kleists Sensibilität und Verständnisfähigkeit waren. Und es läßt allerdings auch begreifen, wie schwer es ihm werden mußte, dergleichen Eigenschaften mit den Wirklichkeiten junger Frauen in seinem Lebenskreis in Einklang zu bringen. Der andere Satz Kleists über die *Penthesilea* – ebenfalls in einem Brief an Marie von Kleist – in diesem Werk liege sein «innerstes Wesen», der «ganze Schmutz zugleich und Glanz meiner Seele»,[49] macht es noch stärker deutlich.

Gerade sein auf die *Penthesilea* bezüglicher Brief an Marie von Kleist schließt nun mit einer zunächst seltsam erscheinenden und oft auch mißverstanden Bemerkung hinsichtlich der Chancen des Stückes auf dem gegenwärtigen deutschen Theater, ähnlich jenen Vorbehalten, wie er sie bald darauf auch Goethe gegenüber äußerte und diesen zum Widerspruch reizte. Er glaube und wünsche nicht einmal, schreibt Kleist ihr, daß sein Stück gespielt werde, «so lange die Kräfte unsrer Schauspieler auf nichts geübt als Naturen, wie die Kotzebuschen und Ifflandschen sind, nachzuahmen». Und dann folgt die in der Tat seltsam klingende Behauptung: «Wenn man es recht untersucht, so sind zuletzt die Frauen an dem ganzen Verfall unsrer Bühne schuld, u sie sollten entweder gar nicht ins Schauspiel gehen, oder es müßten eigne Bühnen für sie, abgesondert von den Männern errichtet werden. Ihre Anforderungen an Sittlichkeit u Moral vernichten das ganze Wesen des Drama, u niemals hätte sich das Wesen des griechischen Theaters entwickelt, wenn sie nicht ganz davon ausgeschlossen gewesen wären.»[50]

Was sich, wenngleich oft nach mühevollem Ringen mit der Sprache, aber doch immerhin in den Bildern der Dichtung ausdrücken ließ, in aller seiner Erfahrung und Erkenntnis angemessenen Komplexität, das blieb unbeholfen und mißverständlich in den theoretisierenden Worten des brieflichen Diskurses. Kleist hat dies Dilemma des öfteren erleben müssen. Denn die «Frauen», die er hier meinte und die er aus dem Theater verbannen wollte, waren integrierter Teil einer Männergesellschaft, beschränkt in ihren Bildungs- und Tätigkeitsmöglichkeiten, aber zugleich von den Männern als Maßstab gesetzt für öffentliche Moralvorstellungen, deren Beschränktheit Kleist nicht nur im Alltag oft genug vor Augen trat, sondern die ihm vor allen in den Urteilen der Kritiker unmittelbar und zum Schaden der Wirkung seiner Werke zusetzte. Denn der Hohn der Kritik auf sein Angebot an neuen Werken folgte prompt. Kleist hat sich dagegen im *Phöbus* in Epigrammen mit scharfer Ironie gewehrt. «Zweierlei» sei «das Geschlecht der Fraun; vielfältig erspriesslich / Jedem, dass er sie trennt: Dichtern vor Allen», heißt es in einem davon, was wie ein Kommentar zu der an eine Frau gerichteten Klage über den schädlichen Einfluß der Frauen auf das gegenwärtige Theater klingt. Und «Komödienzettel» heißt ein anderes, seine Amazonen-Tragödie unmittelbar betreffendes:

> Heute zum ersten Mal mit Vergunst: die Penthesilea,
> Hundekomödie; Acteurs: Helden und Köter und Fraun.[51]

Ironie lag hier für Kleist dabei nicht nur im Verwechslungsspiel zwischen Komödie und Tragödie, sondern auch im Fiktiven eines solchen Theaterzettels überhaupt, denn mit einer öffentlichen Aufführung der

Penthesilea war unter den gegebenen Umständen kaum zu rechnen. Da gab Goethe Werners rührseliger Sarmatenkönigin Wanda die bessere Chance.

Es wird für immer verhüllt bleiben, ob Goethe der Gedanke gekommen ist, daß die beiden Werke, das aufgeführte und das für die Zukunft bestimmte, etwas miteinander zu tun haben könnten. Kleists Stück sondiert das Gute wie das Schlimme, das Schöne wie das Häßliche. Aus dem in Gang gesetzten Geschehen ergeben sich Folgen, die nicht mehr dem Wunsch des Dichters wie dem seines Publikums unterworfen sind, sondern allein der zweigeteilten, als Weibliches und Männliches existierenden menschlichen Natur. Die Folgen resultieren aus der Konsequenz von Menschenbeobachtung, und keine Theorie der Entsagung erlaubt ein Ausweichen davor. «Verwahrung» ist ein weiteres von Kleists Epigrammen betitelt:

> Scheltet, ich bitte, mich nicht! Ich machte, beim delphischen Gotte
> Nur die Verse; die Welt, nahm ich, ihr wissts, wie sie steht.[52]

In eben dieser Konsequenz aber liegt die dramatische Spannung, liegen Kraft und Größe, Zartheit und Grausamkeit dieser Tragödie. Werners *Wanda* hingegen illustrierte allenfalls eine leicht faßliche Idee, und was den Geschmack anging, so hatte ja Goethe selbst durchaus Vorbehalte gegen die «lüsterne Redouten- und Halb Bordellwirtschaft»[53] in Werners Werken. Nur schätzte er ihre Publikumswirksamkeit richtig ein; da war er ganz Theaterdirektor. Außerdem aber spielten sich diese Konflikte aus dem vorchristlichen osteuropäischen Sarmatien für Goethe in einer Art historischem Niemandsland ab: das Stück kompromittierte weder die Antike, noch trieb es direkt ins Neukatholische hinein. Und das war für ihn allemal sicherer und akzeptabler als der verstörende Weg der antiken Amazonenfürstin in eine götterferne Zeit, deren Möglichkeit man vielleicht selbst in sich spürte.

4. *Schaamlose Posse:*
Die Marquise von O…

Noch ein weiteres Werk hatte Kleist epigrammatisch zu verteidigen, mit dem Müller und er das zweite Heft des *Phöbus* eröffneten: *Die Marquise von O…*, jene Novelle also, die im Laufe von fast zwei Jahrhunderten aus Kleists skandalösestem Werk zu seinem vielleicht populärsten geworden ist; eine weitverbreitete Frauenzeitschrift hat sie unlängst sogar einem ihrer Hefte als Sonderdruck beigegeben, was selbst für den hinsichtlich seiner Hoffnungen gewiß nicht kleinlichen Kleist fast so undenkbar gewesen wäre wie für seine naserümpfenden Zeitgenossen.

> Dieser Roman ist nicht für dich, meine Tochter. In Ohnmacht!
> Schaamlose Posse! Sie hielt, weiss ich, die Augen blos zu.[54]

lautete Kleists spottendes Epigramm, mit dem er die Dresdner Kritik auffing, die ihm zu Ohren oder vor die Augen kam. Dora Stock im Hause Körner meinte, kein Frauenzimmer könne die Novelle ohne Erröten lesen, und Carl August Böttiger erklärte im *Freimüthigen*, «nur die Fabel derselben angeben», heiße schon, «sie aus den gesitteten Zirkeln verbannen».[55] Solche sittliche Empörung überrascht nicht, denn schließlich ist ein prominentes Thema dieser Novelle Sexualität und Schwangerschaft, also öffentliche Gesprächsgegenstände eher einer späteren Zeit als der des frühen 19. Jahrhunderts. Außerdem erscheinen Sexualität und Zeugung noch dazu in ihrer rohesten Form als Vergewaltigung und erst später dann in derjenigen der Liebe, die in das feste Bett von Ehe und Familie als gesellschaftlicher Institution geleitet wird, wobei angesichts einer Versöhnungsszene zwischen Vater und Tochter die Familienzusammengehörigkeit ihrerseits seltsame Blüten des Eros zeitigt. Denn zu lesen ist, wie die Marquise «still, mit zurückgebeugtem Nacken, die Augen fest geschlossen, in des Vaters Armen» liegt, «indessen dieser, auf dem Lehnstuhl sitzend, lange, heisse und lechzende Küsse, das grosse Auge voll glänzender Thränen, auf ihren Mund drückte: gerade wie ein Verliebter!» und danach auch weiterhin, wie die Mutter glücklich beobachtet, «mit Fingern und Lippen in unsäglicher Lust über den Mund seiner Tochter beschäftigt war».[56]

Kleists leidenschaftlicher, geradezu heiliger Ernst in Werken wie der *Penthesilea* läßt zuweilen seine bis ins Groteske reichende Lust am Spiel mit seinen Lesern und seinem Publikum übersehen; immerhin ist er der Autor von zwei der besten und auch tatsächlich zum Lachen reizenden deutschen Komödien. Nur ist seine Spiellust nicht genremäßig auf das Lustspiel begrenzt, sondern durchsetzt sein gesamtes Werk, wie sie Teil seiner Persönlichkeit ist, in der sich Gegensätzliches so oft fruchtbar verband, oft aber auch bis zum Zerreißen aufeinander traf. Das die *Marquise* betreffende Epigramm ist ein Beleg für beides, denn zwar ist es ein spöttischer Kommentar zum konventionellen Schamhaftigkeitskult, aber es hat dennoch zugleich eine den Ernst der ganzen Erzählung bedrohende Pointe. Vom Autor der Novelle herrührend, erscheint hier eine selbstzerstörerische Konsequenz, so spottend wie die Verse auch gemeint sein mögen. Denn parodiert wird auf diese Weise gerade das gewichtig Schönste dieser Novelle: die Annäherung zweier Menschen, die Kleist ja in unübertrefflicher Feinheit und Genauigkeit dargestellt hat. Von der versuchten Flucht in den Tod nähert sich der Graf F. der Marquise schon allein durch den mehrfachen Wechsel seines Wohnorts immer mehr, bis aus den Forderungen seines Gewissens allmählich Liebe erwächst, die aber gerade auf dem Höhepunkt den Sturz in das Bekenntnis der Gewalttat wagen muß, ohne das die spätere Versöhnung nicht möglich wäre.

Immer wieder läßt sich bei Kleist die Tendenz zum Umschlag vom einen Extrem des Denkens und Fühlens ins andere beobachten, nicht nur bei seinen Gestalten, sondern auch bei ihm selbst als ihr Urheber, und in der *Marquise* scheint diese Tendenz geradezu thematisiert. Trotz des modernen bürgerlichen Kleides kommen die Figuren der Novelle aus den gleichen Urgründen wie diejenigen der *Penthesilea*, und zum tragischen Ausgang ist es nirgends weit, nur daß es hier gelingt, zwischen tierisch Wildem und zivilisiert Göttlichem eine prekäre Balance zu halten. Von der «gebrechlichen Einrichtung der Welt»[57] wird hier an der Wiege eines Kindes gesprochen, nicht über der Leiche einer Amazonenfürstin.

Provozierend war die Novelle jedoch nicht minder, denn Kleist griff darin wie im *Amphitryon* das christliche Mythologem von der unbefleckten Empfängnis auf, nur daß es jetzt deutlich zum Parodistischen neigte, was er übrigens in der Buchfassung der Novelle später noch verstärkte. Dies wiederum brachte Kleist in doppelten Verruf. Was die einen als Sakrileg empfinden mochten, forderte andere heraus, ihn einer neuchristlichen, romantischen Schule zuzuschlagen. «Was sagen Sie denn zu dem Glück unsrer Neukatholiken? zur neuen Maria, unbefleckter Empfängnis? Ein Mädchen in Italien (?) wird schwanger und macht bekannt, daß sie es sei, aber von einem Vater dazu nichts wisse; wer da glaube, es zu sein, möge sich bei ihr melden. Das soll ein wahres factum sein. Die neuen Gläubigen haben nun nicht ermangelt, es sogleich zu benutzen und recht erbaulich zuzurichten. Vid. Phöbus, 2. St. Was werden wir nicht alles noch erleben!»[58] schrieb Anfang März 1808, also wenige Tage nach dem Erscheinen des *Phöbus*-Heftes mit der *Marquise*, der Physiker Thomas Seebeck an Hegel in Jena. Wofür das 21. Jahrhundert Heinrich von Kleist rühmt und dankt, das machte wenig Eindruck auf seine Zeitgenossen.

Aber es gab Ausnahmen in Kleists allernächster Nähe. Die Verbindung von Adam Müller und Heinrich von Kleist als Herausgeber des *Phöbus* mag aus der historischen Distanz eher wie ein Zweckbündnis zweier im Grunde verschiedener und einander ziemlich ferner Persönlichkeiten erscheinen, ganz abgesehen von den Zerwürfnissen, in die sie bald miteinander gerieten. Es gab jedoch zugleich ein gegenseitiges Verstehen, ohne das der *Phöbus* gar nicht denkbar gewesen wäre. Adam Müllers feiner Spürsinn für die Komplexitäten Kleistscher Kunst zeigte sich nun insbesondere bei der *Marquise von O...*, über die sich sein verehrter Freund Gentz in Tetschen unzufrieden gezeigt hatte und sie eigentlich «von einem Kunstjournale ausgeschlossen wissen» wollte. Dem jedoch widersprach Müller heftig. Er selbst habe, sogar gegen Kleists Absicht, auf dem Abdruck dieser «in Kunst, Art und Styl gleich herrlichen Novelle» bestanden. Und ein paar Tage später erklärte er sich dann Gentz gegenüber deutlicher in einem Brief, der zum ersten bedeutenden Bericht über die Lektüre dieses Meisterstückes deutscher Prosa wurde und zugleich einer der eindrucksvollsten geblieben ist. Es sei nicht nur, so Müller, die «moralische Hoheit dieser Geschichte», ihre «Herzensergreifung» und «königliche Wahrheit», die sie auszeichne, sondern vor allem die «unvergleichliche

Kunst in der Darstellung». Und Müller gibt nun Gentz eine kleine, musterhafte Lektion in Wirkungsästhetik: «Überrascht werden Sie nicht in dieser Novelle: auf der zweiten und dritten Seite wissen Sie das *irdische* Geheimniß, damit im Verfolg die klare Betrachtung der Entschleierung des *göttlichen* Geheimnisses nirgends gestört werde.» Im Unterschied zum «gemeinen Romandichter» aber, der «einen einzigen derben Knoten» «knäuelt und ballt», den er nachher zerhaut, läßt Kleist «die Heldin in einen solchen großen Knoten verwickelt werden, und sie ihn selbst mit natürlicher, herzlicher Kraft wieder auflösen; aber den Leser führt er, sanft, wie ein recht schönes Leben, aus leiser Spannung in leise Befriedigung», so daß «für die ganze Dauer des Herzens, welches sie empfindet, eine harmonische und jeder anderweitigen Empfindung angemessene, freundschaftliche Schwingung» zurückbleibe. Über die Unvergeßlichkeit des Eindrucks, den ein bedeutendes Kunstwerk hervorrufen kann, läßt sich kaum Besseres sagen. Und dann fügt Müller noch hinzu: «Was die Zeitgenossen darüber denken, ist gleichgültig! Alles recht göttliche muß wohl dreißig und mehrere Jahre in irdischer Umgebung so forttreiben, ehe es auch nur vom *zweiten* erkannt wird.»[59] Da hatte er, was Heinrich von Kleist betraf, sehr recht.

5. Zwischenspiel in Weimar:
Der zerbrochne Krug

«So wie die Glocke sechs schlägt, geht bey uns ein Jeder seinem Vergnügen nach, und ich bitte Sie, wie kann man seinen Abend vergnüg-
ter zubringen, als indem man eine Menge höchst pittoresker und so
manche schöne schlafende Erinnerung der Vorzeit weckender Aufzüge
[...] an seinen Augen und Ohren, wie eine Welt von Schatten, vorüber
ziehen läßt.» Johannes Falk war es, der wortgewandt im Wiener *Prometheus* eine Aufführung von Werners *Wanda* auf dem Weimarer Hoftheater im Februar 1808 lobte und dann, zwei Seiten weiter, klagend
fragte, «warum der *zerbrochene Krug* des Herrn v. Kleist hier in Weimar
nicht gefallen hat». Und Falk hatte auch schon eine Antwort parat:
«Es fehlte eine von Augenblick zu Augenblick fortschreitende Handlung»,[60] was offensichtlich ein Echo von Goethes eigener Meinung
war, die dieser schon seit der ersten Lektüre des Stückes gefaßt hatte.
Aber stimmte das? Am 2. März – es war Aschermittwoch – war Kleists
Zerbrochner Krug unter Goethes Regie aufgeführt worden. Aber ehe
Kleist das Glück genießen konnte, daß eine der angesehensten deutschen Bühnen sich nun seiner annahm, war bereits ein Schatten darauf gefallen durch Goethes kühl abweisenden Brief. Kleist hatte, wie
er der Schwester schrieb,[61] die Absicht, in Gesellschaft mit Rühle und
dessen Zögling, dem weimarischen Prinzen, tatsächlich zur Uraufführung nach Weimar zu reisen.[62] Dazu scheint es nicht gekommen zu
sein, zu Kleists Glück: in Weimar hätte er Bitteres erlebt.

Das Stück fiel durch. Die Stimmen der Zeitgenossen über die
Gründe dafür gehen auseinander. Übereinstimmend sind sie nur
darin, daß es ein Debakel von ungewöhnlichem Ausmaß gewesen sein
muß. Goethe selbst notierte, das Stück habe «eine höchst ungünstige
Aufnahme» erlebt. Sein Sekretär Riemer war freundlicher – «Nur
einige armselige Patrone unterstanden sich beim Schluß, als applau-
diert wurde, zu pochen» –, obwohl auch ihm das Stück «zu lang
däuchte».[63] Die *Zeitung für die elegante Welt* behauptete freilich, «daß

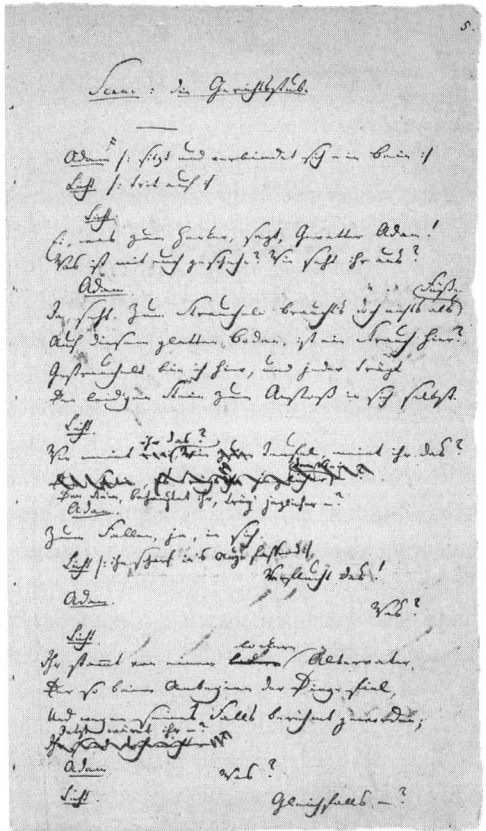

Adams Sündenfall:
Anfang von Der zerbrochne Krug

dem sonst *sehr geduldigen* Publikum» der Geduldsfaden gerissen sei
«und gegen den Schluß ein solcher Lärm sich erhob, daß keiner
imstande war, von den ellenlangen Reden auch nur eine Silbe zu verstehn». [64] Eine allerdings zweifelhafte Anekdote berichtet sogar, daß
sich der Herzog, als gepfiffen wurde, laut über eine derartige Unge-
zogenheit in Gegenwart seiner Gemahlin empört habe und den Pfei-
fer angeblich arretieren ließ,[65] was immerhin zeigte, wie komplett
sich die Weimarer Gesellschaft versammelte, wenn Theater war. Carl
August Böttiger in Dresden, um kleine hämische Bemerkungen nie
verlegen, besonders wenn er anonym schrieb, meinte jedenfalls später
im *Freimüthigen*, angesichts des dritten *Phöbus*-Heftes mit Szenen aus

dem *Zerbrochnen Krug*, ob «die Leser nicht auch Lust bekommen möchten, mitzupfeifen, wie es die Zuschauer in Weimar taten».[66]

Für den eklatanten Mißerfolg machte Goethe in erster Linie den Schauspieler des Adam verantwortlich, der viel zu schleppend gesprochen haben soll. Für andere war es die schiere Länge des Stückes, denn nicht nur war vorher noch eine damals äußerst populäre komische Oper *Der Gefangene* von Dominique Della-Maria gespielt worden, Goethe hatte Kleists Stück auch in drei Akte eingeteilt. Nun enthielt das Manuskript allerdings jenen umfangreichen Schluß, den Kleist für die Druckausgabe dann später, nach dem Weimarer Debakel, um 455 Zeilen kürzte, die er als «Variant» in einem Anhang als alternative Lesart brachte. Der Spieltext, der Goethe vom *Zerbrochnen Krug* vorgelegen hatte, war also insgesamt umfangreicher als *Amphitryon* oder auch umfangreicher etwa als Goethes *Iphigenie*. Was ihn zur Einteilung in Akte bewog, mochte teils eine Entscheidung des Theaterpraktikers sein, der bei einer Spieldauer von wenigstens anderthalb Stunden den Bedarf nach Pausen kannte, teils aber war in ihm auch ein am klassischen Drama gebildetes Formbewußtsein wirksam, das bei den Jüngeren zu fehlen schien. Ärgerlich schreibt Goethe später, im Oktober 1808, an Zelter von dem «halb Dutzend jüngere[n] poetische[n] Talente[n]», die ihn zur Verzweiflung brächten, weil bei ihnen alles «ins form- und charakterlose» treibe, weil sie nicht begreifen wollten, «daß die höchste und einzige Operation der Natur und Kunst die Gestaltung sei».[67] Auch wenn er Kleist nicht nannte, der inzwischen in Ungnade gefallen war – erwähnt werden nur Arnim, Brentano, Oehlenschläger und Werner –, so hätte er wohl dazugehört. Kleists ausdrückliches Bekenntnis zur Form gerade in den *Phöbus*-Tagen hätte Goethe dann freilich hellhörig machen müssen, denn so einfach verliefen die Grenzen zwischen Jung und Alt durchaus nicht.

Nach den hohen Hoffnungen, mit denen Kleist im Journal seinen Marktstand für die Welt errichtet hatte, muß die Nachricht über das unglückliche Fatum seines Werkes ihn ins Bodenlose gestürzt haben. Zwei Monate erst waren nach dem Flug des Lichtgottes im Sonnenwagen über Dresden vergangen, und nun schien es auf einmal bereits wieder Nacht geworden zu sein. Erfolg wie Mißerfolg, beide kaum beeinflußbar durch verständiges und verständnisvolles Prüfen, haben ein gemeinsames Bewegungsgesetz: die Kunde von beidem verbreitet sich rasch, die vom Mißerfolg gewöhnlich noch rascher und breiter als

die des Erfolges, wie Mißerfolg überdies zählebiger ist. Kleists tiefer
Zorn richtete sich auf Goethe. Man hatte ihm nach Falks Bericht
glaubhaft gemacht, «Goethe habe absichtlich das Stück zu 3 Akten
ausgesponnen, und es dadurch zum Fallen gebracht».[68] Das stimmte
zwar nicht, denn Goethe hat sich mit der Inszenierung tatsächlich
viel Mühe gegeben. Aber weder wußte das Kleist, noch hätte er es
angesichts des Resultats wissen wollen. Daß er Goethe aber gar «eine
Ausfoderung»[69] zum Duell nach Weimar zu schicken beabsichtigte,
wie dieser meinte, ist mit Vorsicht aufzunehmen, auch wenn es in das
Bild von preußischer Offiziersehre paßte oder vielleicht gerade deshalb. Goethe hatte Ohrenbläser genug, die, um sich bei ihm interessant zu machen, im Augenblick hingeworfene Sätze zu Tatsachen werden ließen. Wie auch immer – hinfort zeigte Goethe «eine entschiedene
Abneigung gegen alle Kleistischen Stücke»,[70] und Anfang Mai berichtete er dann Knebel, seine Mitarbeit an Zeitschriften betreffend: «Mit
den Dresdnern habe ich gleich gebrochen. Denn ob ich gleich Adam
Müller sehr schätze und von Kleist kein gemeines Talent ist, so
merkte ich doch nur allzu geschwind, daß ihr Phöbus in eine Art von
Phébus [= Bombast. G.S.] übergehen würde; und es ist ein probates
Sprichwort, das man nur nicht oft genug vor Augen hat: der erste
Undank ist besser als der letzte.»[71]

Als einen Monat später das nächste Heft dieses *Phöbus* herauskam,
waren darin zwei Dutzend mit «H.v.K.» unterzeichnete Epigramme
zu lesen, deren erstes lautet:

> *Herr von Göthe.*
> Siehe, das nenn' ich doch würdig, fürwahr, sich im Alter beschäft'gen!
> Er zerlegt jetzt den Strahl, den seine Jugend sonst warf.[72]

Wie immer stolz der neunundfünfzigjährige Goethe auf seine optischen Studien sein mochte, hier, mit der Ausspielung von früher
erworbenem Ruhm gegen dessen Verlust im Alter, sah er, der so viel
auf gelebte Jugendlichkeit hielt, sich angegriffen an empfindlichster
Stelle. Zugleich konnte er damit deutlich genug seine Befürchtungen,
entthront zu werden von «neuen Dichterlingen», bestätigt sehen. Der
Phöbus aber ließ sich nun für ihn ganz und gar als Organ einer feindlichen Clique identifizieren, so wenig das in solcher Pauschalität zutraf. Kleist jedoch hatte einen Krieg begonnen, in dem er wenig Aussicht besaß, Sieger zu sein.

Friedrich de la Motte Fouqué.
Stich von Friedrich Fleischmann nach
einem Gemälde von Wilhelm Hensel

Alle Nachrichten von dem Weimarer Fiasko unterlaufend, rückte Kleist in das März-Heft des *Phöbus* sogleich einige Szenen aus dem so betrüblich ein zweitesmal in Scherben gegangenen *Zerbrochnen Krug* ein, «als eine Neuigkeit des Tages»,[73] wie er ironisch anmerkte. Aber sie reichten nicht aus, um dem Leserkreis des Journals einen gerechten Eindruck davon zu geben. Es dauerte lange, bis die Deutschen erkannten, daß ihnen hier eines der geistreich witzigsten, sinnreichsten und nachhaltig populärsten ihrer Lustspiele überhaupt geschenkt worden war. Als 1811 die Buchausgabe erschien, sandte Kleist ein Exemplar an Fouqué mit der Bitte um «Schonung und Nachsicht» und der Bemerkung, das Stück könne «für eine Tinte meines Wesens gelten; es ist nach dem Tenier gearbeitet, und würde nichts werth sein, käme es nicht von Einem, der in der Regel lieber dem gött-lichen Raphael nachstrebt».[74] Die Vergleiche verraten ihren Ursprung aus der reichen Sammlung italienischer und niederländischer Malerei in der Dresdner Galerie; «die Bauern des Teniers» und «die Engel des Correggio und Raphael»[75] waren damals gängig als Kontrast für das Derbe und Edle, Niedere und Hohe. Die «Tinte» seines Wesens aber bezeichnet in scharfer Selbsterkenntnis jene oft ins Groteske reichende Lust am Spiel bei Kleist, von der bereits die Rede war.

Komödien: das sind Theaterstücke zum Lachen, Lust-Spiele, und im *Zerbrochnen Krug* liegen die Elemente des Komischen offen vor dem lesenden oder zuschauenden Publikum, bäurische Derbheit der Worte zum Beispiel und die Verwirrung von Situationen. Ein ganzes Panoptikum der Tierwelt bemüht dieser Dorfrichter Adam, der alte Sünder, um im tiefsten Dunkel der vergangenen Nacht zu verbergen, was er von Amts wegen ans Licht bringen soll: daß nämlich er selbst es war, der bei nächtlicher Exkursion den Tatbestand sexueller Belästigung und Erpressung aufs übelste erfüllt und dabei den Krug, diesen «Titelhelden»[76] der Komödie, zerschlagen hat. Ochs, Esel, Schwein, Eisbär, pipsiges Perlhuhn, Ziegenbock, Hund und viele kleine Katzen, wirkliche oder von Adam erfundene, bevölkern dieses holländische Huisum als «kleiner Teil der Welt» (Vs. 313), wie es heißt. Denn darin, daß sich Großes im Kleinen spiegelt, ist der eigentliche Reiz dieses Stükkes angelegt. Nicht das platt Ordinäre, Peinliche, Burleske eines Bauernschwanks fordert immer wieder zum Lachen heraus; ins Mythische reichen vielmehr die Dimensionen dieser Komödie und mit ihm in die Weiten der Literaturgeschichte: ein sündenfälliger Adam verletzt das Sanktum einer unwilligen Eva; und der über sich selbst zum Richten genötigte Richter hinkt wie der «Schwellfuß» Ödipus, der gleichfalls über sich zu Gericht zu sitzen hatte. Daß sich das Komische zuerst an den Intellekt wende, hat Henri Bergson in seiner klassisch gewordenen Studie über das Lachen mit guten Gründen behauptet.[77] Kleists Meisterschaft im Lachenmachen ist in der Tat aus vielen Quellen gespeist: aus der Fülle seiner Sprache, aus seiner Menschenkenntnis, aus der emotionalen Anteilnahme an seinen Geschöpfen, aber zugleich aus Vernunft, Wissen und Klugheit. Der intellektuelle Kleist wird oft unterschätzt. «Ich hatte noch das Morgenlied / Im Mund» (Vs. 18 f.), behauptet der lüsterne Richter, dem jeder Fluch näher liegt als der Morgenchoral des guten Christen. Vom «ersten Adamsfall, / Den ihr aus einem Bett hinaus getan» (Vs. 62 f.), spricht Schreiber Licht angesichts der Eskapade seines Vorgesetzten. «In eurem Kopf liegt Wissenschaft und Irrtum / Geknetet, innig, wie ein Teig, zusammen; / Mit jedem Schnitte gebt ihr mir von beidem» (Vs. 1060–62), erklärt dem Dorfrichter später der inspizierende Gerichtsrat Walter aus Utrecht – es ist eine Lebenserfahrung aus dem Umgang mit der Dummheit über die Zeiten hinweg. Denn alles Spiel mit Doppeldeutigkeiten, Analogien und Anspielungen dieser Art und mithin die Lust an der Komödie überhaupt beruht ja wesentlich auf Erkennen oder Wiedererkennen bei den intelligenten Empfängern.

Die Dimensionen der Bauernkomödie des *Zerbrochnen Krugs* weiten sich überdies im Lachen noch, wenn der Teufel als wahrer Schuldiger ins Spiel gebracht wird. Zeugin Brigitte hat eine Amtsperücke am Tatort gefunden, ein Kleidungsstück, das, wie sie nicht zu Unrecht meint, recht undiabolisch aussieht. Sie nun korrigiert der Richter, dem Beelzebub als Schuldiger höchst erwünscht sein könnte:

> Wir wissen hier zu Land nur unvollkommen,
> Was in der Hölle Mod' ist, Frau Brigitte! (Vs. 1833 f.)

Im Komischen also ereignet sich geradezu so etwas wie Transzendenz. Gott und Teufel führen die Gestalten dieses Stücks fortgesetzt im Munde, und «zum Henker» schimpft sogar der gebildete Gerichtsrat. Eve aber, Opfer und Heldin zugleich, wird am Ende in der gefährlich sich zuspitzenden Situation letzte Sicherheit als Wahrheit erst akzeptieren, als Rat Walter ihr – viel diskutiert in der Forschung – eine Münze anbietet:

> WALTER: So glaubst du jetzt, daß ich dir Wahrheit gab?
> EVE: Ob ihr mir Wahrheit gabt? O scharfgeprägte,
> Und Gottes leuchtend Antlitz drauf. O Himmel!
> Daß ich nicht solche Münze mehr erkenne! (Vs. 2374–77)

Denn um sie, um Wahrheit geht es am Ende. Gott blickt herab auf diese kleine Welt. Aber eben auch der Tod grinst hinein in das Lachen, wenn man Adam abhalten muß, den Richter Pfaul vom Nachbardorf nachzuahmen, der sich «am Sparren hoch des Daches aufgehangen». (Vs. 111) Bodenlosigkeit und Angst werden spürbar hinter dem Vergnügen an der Eskalation raffinierter Täuschungen. Kein deutsches Lustspiel kommt in seinen Dimensionen als Kunstwerk, in seiner makellosen Meisterschaft den Komödien Shakespeares näher als Kleist hier. Nur ist der Fall in die Sünde hinein letzlich eben eher tragisch als komisch, ein «Spaß zum Totlachen», wie es in der *Familie Schroffenstein* hieß, und Kleist treibt denn auch ein abgründiges Spiel mit solcher Duplizität der Werte. Wie in der *Penthesilea* so besteht auch hier Unsicherheit hinsichtlich einer absoluten, höheren Instanz. Kein stiller Eumenidenhain gibt Adam, wie einst dem gefallenen Ödipus, Asyl. «So wird er wohl auf irgend einem Platze / Noch zu erhalten sein»,[78] wie der Gerichtsrat Walter meint. Keine Apotheose hat Kleist zu bieten, keine Auflösung in Spaß und befreiendes Lachen. Das Kunstwerk führt in die Wirklichkeit zurück. Ob dort wenigstens die Leser und

Zuschauer an dem bildlichen Nachdenken des Dichters teilnehmen konnten, mußte Kleist nach der ersten Erfahrung mit seinem Stück auf der Bühne bezweifeln, was seiner Verzweiflung an sich selbst nicht wenig Vorschub leistete.

Unmittelbar anschließend an die Szenen aus dem *Krug*, die Kleist im *Phöbus* abdruckte, folgen zwei Fabeln von ihm, deren erste, «Die Hunde und der Vogel», lautet:

> Zwei ehrliche Hühnerhunde, die, in der Schule des Hungers zu Schlauköpfen gemacht, Alles griffen, was sich auf der Erde blicken liess, stiessen auf einen Vogel. Der Vogel, verlegen, weil er sich nicht in seinem Element befand, wich hüpfend bald hier, bald dorthin aus, und seine Gegner triumphirten schon; doch bald darauf, zu hitzig gedrängt, regte er die Flügel und schwang sich in die Luft: da standen sie, wie Austern, die Helden der Triften, und klemmten den Schwanz ein, und gafften ihm nach.
>
> Witz, wenn du dich in die Luft erhebst: wie stehen die Weisen und blicken dir nach![79]

Es dauerte freilich noch geraume Zeit, bis das deutsche Publikum die Höhenflüge von Kleists Witz schätzen lernte. Das Mißgeschick von Weimar förderte bei den Kritikern, den «Helden der Triften» oder «Spähern» von unten, wie sie Kleist im Prolog zum Journal taufte, eher das Gefühl, auf das Unternehmen des *Phöbus* noch skeptischer hinabsehen zu dürfen.

6. *Vom Pesthauch angeweht:* Robert Guiskard

Der *Phöbus* wurde, was die Kritik seinen Herausgebern bald entgegenhielt, hauptsächlich von Kleist und Müller bestritten. Lediglich Karl Friedrich Gottlob Wetzel, ein Dresdner Arzt und rege tätiger Schriftsteller, lieferte zuverlässig Gedichte. Müller publizierte nach und nach seine Dresdner Vorlesungen vom Winter 1806 auf 1807 mit den Theorien über das Drama. So wenig dabei von einer eigentlichen Gedanken- und Arbeitsgemeinschaft mit Kleist gesprochen werden kann, so sehr gab es doch Verwandtes zwischen beiden. Müller verfolgte insbesondere den Gedanken einer neuartigen Verbindung zwischen Bühne und Publikum. Das «Wesen des Dramatischen» finde sich, so schreibt er im ersten Heft des *Phöbus*, «in der Gesellschaft, in aller Mittheilung überhaupt, in der wahrhaften und edlen Anhänglichkeit an bestimmte Personen, im ächten Antheil an den Darstellungen der wirklichen Bühne». Die «Welt selbst» in ihrer Widersprüchlichkeit werde im Drama «auf die Schaubühne gestellt» und «das Publicum mit seinen einseitigen Gliedern gleichsam von der Bühne aus betrachtet», damit sich der bisher monologische Zuschauer zu einem dialogischen entwickle.[80] Dahinter stand Müllers Absicht, die Jungen zu gewinnen und die Alten nicht vor den Kopf zu stoßen, also modern und klassisch zugleich zu sein durch eine Synthese von beidem, wie immer unklar das im einzelnen auch sein mochte. Muster für die Überwindung der Trennung zwischen Bühne und Publikum hatte Tieck bereits in seinen romantischen Komödien wie dem *Gestiefelten Kater* geschaffen, in denen die Illusion der Bühne vielfach ironisch gebrochen wurde. Nicht um das Anschauen einer dramatischen Katastrophe mit kathartischer Wirkung sollte es nun auch in Müllers Drama der Zukunft gehen, vielmehr sollte der Zuschauer in das Geschehen unmittelbar verflochten werden, um Antworten auf Konflikte für sich selbst zu finden. Müller hat hier tatsächlich Ansätze zu einer Wirkungsästhetik und, um das Brechtsche Wort zu gebrauchen, «Zuschaukunst» entwickelt, die erst das 20. Jahrhundert wieder aufgegriffen hat. Gerichtet war Müllers Theorie vor allem gegen «das Iflandsche, das Guckkasten-Princip unsrer Bühne». Nur sollte man nunmehr nicht etwa desillusioniert aus dem Theater treten – nein: «Grade erhöht sollt ihr die Bühne verlassen, nicht blos bekräftigt in dem alten Sauerteig der ordinairen s[o] g[enannten] wahrscheinlichen Gefühle und der ordinairen Grundsätze [...]; grade hineingerissen sollt ihr werden, in das gewaltige Leben der Poesie, nicht ausserhalb sitzen und kalt und kritisch hineinschauen.»[81] Das mochte alles noch eher schwungvoll formuliert als scharf durchdacht und konkret faßbar sein, aber Goethes bissiger Rat an die «jungen Männer von Geist und Talent», nicht «auf ein Theater zu warten, welches da kommen soll», klang im Vergleich dazu doch recht gestrig und relegierte ihn in seiner kritischen Position – nicht seiner kreativen Produktion – auf das Altenteil.

Kleists Dramen waren nicht die Illustration von Müllers Theorien, ebensowenig wie Müllers Theorien die Interpretation von Kleists Werken darstellten, aber einer konnte sich von dem anderen als verstanden empfinden. Mit *Amphitryon* und *Penthesilea* hatte sich Kleist bisher in der Sphäre antiker Stoffe bewegt, auch wenn es eine leidenschaftlichere, ja dämonischere Antike war als diejenige Winckelmanns und Goethes. Nun aber, in einigen der nächsten Hefte des *Phöbus*, präsentierte er seinen Lesern Modernes, also Romantisches und mithin Mittelalterliches, denn immer wieder ist in Erinnerung zu rufen, daß für die Zeit um 1800 mit dem Romantischen die christlicheuropäische Tradition generell gemeint war, aber durchaus noch nicht jene literarischen Tendenzen bezeichnete, die deutsche Literaturgeschichtsschreibung im Laufe des 19. Jahrhunderts unter dem Dach dieses Begriffes untergebracht hat.

Mittelalterliche Ritterwelt hatte Kleist bereits am Anfang seiner Laufbahn als Dramatiker in der *Familie Schroffenstein* in Szene gesetzt. Nun, im Doppelheft des *Phöbus* für April und Mai 1808, kehrte er dorthin zurück, einmal mit dem Anfang des «großen historischen Ritterschauspiels» vom *Käthchen von Heilbronn* und davor, zur Eröffnung, mit dem Bruchstück einer Tragödie um die historische Gestalt des Normannenherzogs Robert Guiskard, der im 11. Jahrhundert mit seinem Heer vor Konstantinopel gezogen und dort der Pest erlegen war, ein Stoff, der Kleist seit seiner frühen Schweizer Zeit fasziniert hatte. Nur schillerte Kleists Mittelalter des *Guiskard* in klassisch-griechi schem Licht. Gegen die Pest brennen im Lager der Normannen Feuer von christlichem Weihrauch «und andern stark duftenden Kräutern»,[82] heißt es in der Szenenbemerkung zur Eröffnung des Stückes, womit, nebenbei bemerkt, auch die Sphäre der Geruchsempfindungen auf die Bühne gebracht wird. Dem antiken Theben drohte ebenfalls «der Gott der Seuche», wenn die Tragödie vom *König Oidipus* anhebt; Kleist hatte sich 1803 in Dresden während der Arbeit am *Guiskard* das Drama des Sophokles ausgeliehen.[83] Nur war es darin der König gewesen, der selbst unmittelbar die Frage stellte: «Was füllt die ganze Stadt mit Weihrauchduft, / Mit Litanei und dumpfem Klageruf?»[84] Kleist hingegen verlegte das auf der Bühne nicht Zeigbare in eine Szenenbemerkung, wie sein Theater überhaupt oft die Tendenz hat, episches, erzählendes Theater zu sein.

Die Arbeit am *Guiskard* hatte Kleist ja damals, als er sich in den Jahren 1802 und 1803 des Stoffes zuerst annahm, in eine Krise gestürzt, in tiefe Zweifel an sich und seiner Fähigkeit, ein Ganzes aus diesem Stoff zu formen – Zweifel, die ihn schließlich dazu trieben, das Stück, «so weit es fertig war»,[85] ins Feuer zu werfen. Dieser Zusatz bleibt undurchsichtig: nur Kleist selbst wußte, wieviel wirklich «fertig» war. Was nun jetzt im *Phöbus* das «Fragment aus dem Trauerspiel: Robert Guiskard, Herzog der Normänner» mit den Anfängen fünf Jahre vorher noch zu tun hatte, läßt sich erst recht nicht durchschauen, denn nach Paris erwähnte Kleist den *Guiskard* erst wieder drei Jahre später in Zusammenhang mit seinen Plänen für das Journal.

Wieland berichtete er im Dezember 1807 vom Abschluß der *Penthesilea*. Er habe die Tragödie «(Sie wissen, wie ich mich damit gequält habe) von der Brust heruntergehustet», was freilich nur mit Vorsicht zu interpretieren ist, denn der Bezug auf eine ganz reale Erkältung im deutschen Winter ist nicht auszuschließen. Und dann heißt es weiter: «In Kurzem soll auch der Robert Guiskard folgen», jenes Werk also, das er Wieland damals, «bei dem Kamin, aus dem Stegreif» vorgetragen habe. «Entsinnen Sie sich dessen wohl noch? Das war der stolzeste Augenblick meines Lebens.»[86] War es damals das ganze Stück gewesen? Hatte überhaupt je ein ganzes Stück existiert? Wie dem auch gewesen sein mag – es gibt keinerlei Belege dafür, daß Kleist im Jahre 1807 mehr von seinem *Guiskard* besaß als die 524 Zeilen, die jetzt im *Phöbus* erschienen, und es gibt auch keine Andeutungen davon, daß er weiter an diesem Drama arbeiten wollte. Was jetzt vor das Lesepublikum trat, war also kein «organisches Fragment» wie das der *Penthesilea* und gehörte mithin nicht auf den Marktstand des Journals neben die anderen Fragmente, mit denen er aufmerksam machen wollte auf ganze Werke, die bei ihm zur gefälligen Verwendung an deutschen Bühnen bereitlagen. Für das Theater wurde der *Guiskard* erst zu Anfang des 20. Jahrhunderts und um Kleists willen tauglich; die Uraufführung fand am 6. April 1901 am «Berliner Theater» statt.

Die Tragödie um *Robert Guiskard*, wäre sie denn vollendet worden, hätte vielleicht Stoff zu einem politischen Stück über die Epoche der Französischen Revolution hergegeben, verkleidet in ein historisches Kostüm. Die Ähnlichkeit des Titelhelden mit Napoleon ist in der Tat nicht zu übersehen, denn auch Guiskard ist ein Usurpator der Macht gegen ein «Erbgesetz», und auch er versucht, auf solcher Usurpation eine neue Dynastie zu gründen. Dynastisches und republikanisches Prinzip treten einander gegenüber, wenn das Volk, auf der Bühne als Chor durch einen Greis vertreten, zur Entscheidung zwischen Abälard, dem rechtmäßigen Erben, und Guiskards Sohn aufgerufen wird und letzteren wählt. Denn Guiskard selbst ist «des Volkes Abgott»,[87] ist der charismatische Führer, dessen Magie zwar in der Persönlichkeit gegründet ist, aber durch Sprache ausgeübt wird. Überredung, also Machtausübung durch Sprache, ist ein Grundprinzip parlamentarischer Demokratie, aber ebenso kann Sprache Medium zu ihrer Zerstörung werden. So durchzieht denn das ganze kurze Bruchstück dieser Tragödie die Frage nach dem Wahrheitsgehalt von Sprache. Denn Kleists Ambitionen mit seinem Drama zielten auf sehr viel mehr als nur auf ein Schlüsselstück zur Zeitgeschichte oder die Diskussion eines politischen Prinzips wie dem der Legitimation politischer Herrschaft. Was aber ist Wahrheit? Die biblische Frage des Pilatus führt ins Zentrum von Kleists Denken und Schreiben überhaupt; sie hat ihn sein Leben lang tief bewegt und verstört, und die *Guiskard*-Krise ist eines der frühen Symptome dafür.

Kleists Guiskard versucht als Usurpator der Macht die Begründung einer neuen Dynastie, deren Gesetz sein «Guiskard'swort»[88] sein soll, was ihn somit jeder weiteren Rechtfertigung enthöbe. Es ist ein Mechanismus, der sich an dem Verlauf der Französischen Revolution gut beobachten ließ. Kleist hat die Bestandteile von Guiskards Charisma scharfsichtig gezeichnet: die tatsächliche Sorge des Führers für das Volk – «drei schweisserfüllte Nächte / Auf offnem Seuchenfelde»[89] – die Aura der Unverletzbarkeit, das Titanische im Bild des Führers als Felsen im wogenden Weltmeer, seine Herrschaft über das Glück als «Bräutigam der Siegesgöttinn».[90] Aber eben dies alles wird erschüttert durch etwas, das außerhalb der Macht des Wortes liegt, durch die Pest, die nicht nur das Heer, sondern schließlich auch Guiskard selbst bedroht. Der Schluß von Kleists Fragment, der zehnte Auftritt und zugleich der einzige, in dem der Titelheld selbst erscheint, zeigt dessen Mühe, den Nimbus von der Unverletzbarkeit seiner Person der allmählich immer wahrscheinlicher werdenden Tatsache gegenüber aufrechtzuerhalten, daß er selbst infiziert ist. Mit anderen Worten: er täuscht, er lügt. Als Guiskard erscheint, ist er umgeben von seiner Frau und der Tochter Helena, der verwitweten Kaiserin von Griechenland, die des Vaters Schwäche bemerkt. Und nun folgt eine erstaunliche Szenenbemerkung Kleists: Die Kaiserin «zieht eine grosse Heerpauke herbei und schiebt sie hinter ihn».[91] So aussagekräftig die Geste für Guiskards schwankenden Zustand ist, so sehr führt das Bild der handgreiflich werdenden Majestät mit der Pauke ins Komische oder Groteske. Guiskard freilich läßt sich dankbar und «sanft» darauf nieder mit den halblauten Dankesworten zu Helena: «Mein liebes Kind!»[92]

Hinter dem Lächerlichen wie schließlich dem Lachen seiner Gestalten steht bei Kleist nicht selten die Absicht zur Täuschung. Der Cheruskerfürst Herrmann wird bald danach die zynischste Variante dafür bieten. «Lachend» aber war Guiskard schon der Frage begegnet, ob er angesteckt sei:

> Vom Pesthauch angeweht! Ihr seid wohl toll, ihr
> Ob ich wie Einer ausseh', der die Pest hat?
> Der ich in Lebensfüll' hier vor euch stehe?
> Der seiner Glieder jegliches beherrscht?
> Dess' reine Stimme aus der freien Brust,
> Gleich dem Geläut der Glocken, euch umhallt?
> Das lässt der Angesteckte bleiben, das!
> Ihr wollt mich, traun! mich Blühenden, doch nicht
> Hinschleppen zu den Faulenden auf's Feld?
> Ei, was zum Henker, nein! [93]

«Ei, was zum Henker, sagt, Gevatter Adam! / Was ist mit euch geschehn? Wie seht ihr aus!»[94] fragt Schreiber Licht, als er seines lädierten Vorgesetzten ansichtig wird, und noch mehrfach im *Zerbrochnen*

Krug wird dann der Henker beschworen. Es ist Komödien-Deutsch, das hier ins Trauerspiel eingeschmuggelt wird. Und wie erklärt Guiskard seine Ermattung?

> Zwar trifft sich's seltsam just, an diesem Tage,
> Dass ich so *lebhaft* mich nicht fühl', als sonst:
> Doch nicht unpässlich möcht' ich nennen das,
> Vielwen'ger pestkrank! Denn was weiter ist's,
> Als nur ein Missbehagen, nach der Qual
> Der letzten Tage, um mein armes Heer.[95]

Es ist eine Argumentation, wie sie der Dorfrichter Adam nicht besser verstünde. Nur ist der «letzten Tage Qual» zugleich auch Teil des letzten Satzes, den Schillers Wallenstein spricht,[96] was wiederum etwas über den Leser Kleist verraten könnte, wenn man die Parallele nicht als Zufall abtun will. Immerhin: wenn Wieland in seinem jungen «Commensal» die Geister von Aeschylus, Sophokles und Shakespeare auferstehen sah, dann hätte wohl auch derjenige Schillers ein Anrecht, mit von der Partie zu sein.

Mehr als ein Zufall ist ganz sicher die Verwandtschaft des Guiskard-Fragments im *Phöbus* mit der Komödie vom *Zerbrochnen Krug*. Zunächst macht sie wahrscheinlich – was auch Richard Samuels Beobachtung von der «verblüffenden Ähnlichkeit, fast Gleichheit» in Ausdrucksweise, Bildgebrauch, Versrhythmus und bühnentechnischen Mitteln zwischen *Penthesilea* und dem *Guiskard*-Fragment nahelegt[97] –, daß nämlich die *Guiskard*-Verse neueren Ursprungs sind, also für den *Phöbus* niedergeschrieben wurden, wobei dann Kleists bekanntermaßen ausgezeichnetes Gedächtnis lediglich die Rolle eines Souffleurs gespielt haben mag. Außerdem aber zeigt sich darin eben wiederum jenes Element des Lächerlichen, Grotesken, Bizarren, das Kleists Werk von seinen Anfängen an durchflicht, bloß daß es mit dem zunehmenden Ernst der Konflikte zugleich stärkere Kontraste schuf im Hinblick auf die unbeantwortbare Frage nach dem Wesen von Wahrheit.

Guiskards Tragödie hätte letztlich im vergeblichen Kampf gegen die Pest um sich und in sich selbst bestanden. Nur lag darin bereits die Ursache für das Scheitern von Kleists Stück begründet. Infektion und anschließend die Hilflosigkeit gegenüber einer unheilbaren Krankheit sind zwar traurig und bedauernswert, ebenso wie die Tapferkeit im Ertragen eines unverschuldeten Leidens bewundernswert ist. Aber die Sphäre des Tragischen beginnt erst dort, wo sich der Mensch als Vernunftwesen mit seinem Handeln um großer Ziele willen in Schuld verstrickt. Außerdem besaß der Stoff zwar ein starkes politisch-zeitgenössisches Potential, aber er drängte Kleist damit in einen Bereich, für den ihm, als er das Drama zuerst bezwingen wollte, noch Einsichten und Erfahrungen fehlten. Verwirrter als er, der damals den «Aller-Welts-Consul» verachtete und dennoch in seinen Diensten nach England hinüberrudern wollte, um «den schönen Tod der Schlachten» zu sterben, konnte man schwerlich sein.[98] Erst in der *Herrmannsschlacht* begab er sich dann erneut in die Verwicklungen der Tagespolitik.

Noch verhängnisvoller für das Gelingen des Stückes schließlich war, daß es für all das, was Kleist zu den Zeiten, da er den *Guiskard* begann, wirklich aufs eindringlichste bewegte, keinen Raum bot. Die Suche nach der eigenen Bestimmung in der Welt und nach menschlicher Partnerschaft, nach Liebe hatten keinen dominanten Platz in diesem Drama über Pest und Politik. Das hohe, aus einer «gewissen Entdeckung im Gebiete der Kunst» hervorgehende Ziel, das er sich mit dieser Tragödie setzen wollte, blieb abstrakt. Gelingen also war schlechterdings nicht möglich, weil der Stoff nicht hergab, was Kleist von seiner Tragödie und von sich erwartete. Nach der tiefen Krise von einst präsentierte er nun in seinem Journal versöhnlicher und mit leichter Distanz, was ihn einst in die Verzweiflung gestürzt hatte. Dem Publikum gab er zudem sogleich Schützenhilfe für dessen Kritik an seinem Werk mit einem Epigramm über «Robert Guiskard, Herzog der Normänner»:

> Nein, das nenn' ich zu arg! Kaum weicht mit der Tollwuth die Eine
> Weg vom Gerüst, so erscheint der gar mit Beulen der Pest.[99]

7. Die *Welt wankt aus den Fugen:*
Das Käthchen von Heilbronn

Wie nun sah es mit der lächelnden Distanz oder gar einem verhaltenen Lachen über Lächerliches in jenem Schauspiel *Das Käthchen von Heilbronn, oder die Feuerprobe* aus, von dem der Anfang des ersten Aktes noch im selben Heft des *Phöbus* wie der *Guiskard* erschien? Es war jene Anfang Juni 1808 ausgelieferte Doppelnummer für April und Mai, in der auch Adam Müller über «Ironie, Lustspiel, Aristophanes» philosophierte, Ironie «die *Offenbarung der Freiheit des Künstlers oder des Menschen*»[100] nannte und zwischen «arglosem Lachen» über «komische» und einem «unreinen, herabwürdigenden» über *«lächerliche»* Gegenstände unterschied.[101] Außerdem war es auch das Heft, in dem Gotthilf Heinrich Schubert zwei «Fragmente» – auch er hatte sich das modische Wort angeeignet oder die *Phöbus*-Editoren für ihn – aus seinen Dresdner Vorlesungen vom Winter 1807/08 veröffentlichte, die dann im Herbst 1808 als Buch über die *Nachtseite der Naturwissenschaft* erschienen. Darüber ist bereits berichtet worden und auch darüber, daß Schubert bei Beobachtungen zu der «tiefen Sympathie der Somnambüle mit dem Magnetiseur» jene «junge 12jährige Rathsherren Tochter» erwähnt, «von welcher der Heilbronner Gmelin erzählt», einem Mädchen, das sich in jenem Zustand befand, «wo sie nur die Stimme der mit ihr in Beziehung gesetzten Personen verstund».[102] Der Heilbronner Arzt Eberhard Gmelin hatte davon 1789 Nachricht gegeben. Kleist, von Schubert fasziniert, war in Dresden oft in seiner Gesellschaft und ließ ihn nun zu einem der Paten seines Käthchens werden als einer bedingungslos liebenden, nur die Stimme ihres «hohen Herrn» hörenden, unter Holunderzweigen träumenden und unangefochten von allen Gefahren und Tücken der Welt zu endlichem Triumph durchs Leben wandernden «Somnambüle». Das Stück scheint Kleist bereits im Sommer 1808 abgeschlossen zu haben, wenn man Tieck glauben kann, der es damals, als er für kurze Zeit in Dresden war, gelesen und kommentiert haben will. Ein Fragment aus dem

zweiten Akt erschien Anfang Januar 1809 im vorletzten Heft des *Phöbus* und die Buchausgabe des ganzen Stückes dann 1810.

Kleists erster Biograph, Eduard von Bülow, hat freilich eine ganz
andere Inspiration für das Stück behauptet als die Schubertsche. Die
Entscheidung jener attraktiven Juliane Kunze in Dresden, sich einem
Herrn von Einsiedel zu vermählen und nicht einem Herrn von Kleist,
habe dessen poetische Energie in Bewegung gesetzt. «Nach dem Bruche begann er das Käthchen von Heilbronn zu dichten, und ward dazu
gewissermaßen von dem schmerzlichen Bedürfnisse angetrieben, seiner ungetreuen Geliebten beispielsweise an seiner Heldin zu zeigen,
wie man lieben müsse.»[103] Nur war Juliane Kunze allenfalls von Kleist
umworben worden, aber kaum schon in der Lage, «ungetreu» zu sein.
Schwieriger noch wäre für sie gewesen, sich mit Kleists Heldin zu identifizieren, denn die Welt, die da auf sie zugekommen wäre, hätte wenig
mit der musischen Atmosphäre im Hause Christian Gottfried Körners, ihres Vormunds, zu tun gehabt. Für Kleist selbst aber wären sein
Käthchen ebensowenig wie seine Penthesilea Modelle für potentielle
Ehefrauen gewesen. Die Kluft zwischen Biographie und Kunstwerk ist
hier unüberbrückbar; das zeigt allein schon der Stoff des Stückes.

Ein «Schauspiel» nannte Kleist das *Käthchen von Heilbronn.* Aber war
es nicht eher eine Komödie, was hier mit einem unterirdisch tagenden
«Vehmgericht», mit Grafen, Rittern, Knechten, mit Fehdehandschu-
hen, Rüstungsgeklirr und Lautenmusik, einer bürgerlichen Schlaf-
wandlerin, einer adligen Dame, die mit Hilfe von Kosmetik und Mode
«aus allen drei Reichen der Natur zusammengesetzt» ist, und schließlich einem jugendsündigen, aber inzwischen gedächtnisschwachen
Kaiser präsentiert wurde? Kleist hatte seiner Lust am Spiel munter
die Zügel schießen lassen mit diesem eher pseudomittelalterlichen
Stück, dessen Bauteile anachronistisch aus verschiedenen Zeitaltern
stammten. Aber dem Publikum gefiel es; der Geschmack früherer Zeiten wird sich nie mit der Elle einer späteren Gegenwart messen lassen. Erfolg stellte sich ein: das Stück wurde 1810 an drei Tagen in
Wien aufgeführt, obwohl Kleist selbst nicht mit dabei sein konnte –
er hat nie eines seiner Dramen auf der Bühne gesehen – und ist nach
und nach fest ins deutsche Theaterrepertoire eingegangen, so daß
schließlich sogar die moderne Großstadt Heilbronn die unhistorische
Heldin adoptierte und sich heutzutage in der Tourismus-Werbung
«Käthchenstadt» nennt.

Sosehr manche von den Szenen dieses, wie Kleist meinte, «mehr in die romantische Gattung»[104] schlagenden «historischen Ritterschauspiels» mit einem Augenzwinkern geschrieben sein dürften, sowenig waren sie bloßes, banales Unterhaltungstheater. Das *Käthchen von Heilbronn* war immerhin von der gleichen Hand verfaßt, die auch die *Penthesilea* geschrieben hatte, und Kleist ließ es sich sogar besonders angelegen sein, solche gemeinsame Vaterschaft herauszustellen. «Jetzt bin ich nur neugierig», schrieb er Ende 1807, als er die *Penthesilea* geendigt hatte, an Marie von Kleist, «was Sie zu dem Kätchen von Heilbronn sagen werden denn das ist die Kehrseite der Penthesilea ihr andrer Pol, ein Wesen das ebenso mächtig ist durch gänzliche Hingebung als jene durch Handeln.»[105] Beide waren seine Töchter, aber in der Tiefe des Gefühls war ihm doch wohl die ältere um eine Spur lieber, wie er auch um sie besorgter war hinsichtlich von Verständnis und Sympathie der Menschen für sie. Noch deutlicher läßt sich das heraushören aus dem, was er ein Jahr später an Heinrich Joseph von Collin in Wien schrieb, der ja das *Käthchen* dann auch wirklich aufführen ließ. Wer dieses liebe, so Kleist, «dem kann die Penthesilea nicht ganz unbegreiflich sein, sie gehören ja wie das + und – der Algebra zusammen, und sind Ein und dasselbe Wesen, nur unter entgegengesetzten Beziehungen gedacht.»[106] Der Satz gehört zu den wenigen Stellen in Kleists Briefen, in denen er sich kommentierend zu seinem Werk äußert.

Nun war allerdings auch für das *Käthchen von Heilbronn* der Siegeszug in die Herzen der Zuschauer und Leser keineswegs triumphal. Goethe mochte das Stück selbstverständlich nicht, als es ihm in der Buchausgabe zur Hand kam, und er soll es angeblich als ein «wunderbares Gemisch von Sinn und Unsinn»[107] in den Ofen geworfen haben – falls die Anekdote stimmt; das Bücherverbrennen gehörte sonst nicht zu seinen Gewohnheiten. Aber auch Fouqué, Kleist freundschaftlich verbunden und für die Popularisierung des Mittelalters mehr als jeder andere engagiert, mochte es nicht, wie auch Friedrich Schlegel, der es undichterisch und kraftlos nannte. Ernst Theodor Amadeus Hoffmann wiederum liebte es über alles, entwarf Dekorationen für eine Bamberger Aufführung und benutzte im übrigen für sein Tagebuch «Käthchen» als Geheimchiffre, wenn er, der Ehemann, eine sehr junge Angebetete meinte. Mit klischeehaften Begriffen von Romantik und Anti-Romantik ist also hier nicht viel anzufangen. Für Hoffmann führte Kleists Stück in die unerforschlichen Tiefen menschlicher See-

len, in die niederzusteigen auch er sich in seinen Märchen und Erzählungen bemühte, in diesen Tiefen allerdings oft genug eher Gespenstern statt zarten Mädchen begegnete.

Bei näherem Hinsehen ist indes auch Kleists Käthchen, die scheinbar engelreine fünfzehnjährige Heilbronner Waffenschmiedstochter,
eine durchaus irritierende Gestalt, ihrer Schwester Penthesilea gar
nicht so unverwandt, denn auch sie ist monomanisch von der Liebe
besessen, ist nicht zugänglich für die Stimmen der irdischen Alltagsvernunft und in solcher Besessenheit nicht weniger furchterregend als
die Amazonenkönigin. Kleists «entgegengesetzte Beziehungen» betrafen Erscheinung und Handlungsweisen, nicht die Substanz beider Persönlichkeiten. Hatte Kleist hier nun nach dem «Raphael» gemalt? Die
Bewohner Heilbronns hätten das Mädchen bewundert, so berichtet
Käthchens Vater anfangs den Vehme-Richtern, «als ob der Himmel
von Schwaben sie erzeugt, und, von seinem Kuss geschwängert, die
Stadt, die unter ihm liegt, sie geborhen hätte.»[108] Es ist die Mythe von
der Urzeugung, von der Vereinigung des Himmels mit der Erde, die
Kleist hier aus deutschem Handwerkersmund verkünden läßt, wie er
sich auf sie schon unmittelbarer in seinem Brief 1801 an Adolphine
von Werdeck bezogen hatte. Es war ja eine Zeit der Neuentdeckung
alter Mythen diesseits der klassischen Antike – Joseph von Eichendorff hat dieser hier später bildkräftig Ausdruck gegeben in den Versen seiner «Mondnacht», in der die Erde vom Himmel «still geküßt»
wird,[109] und Joseph Görres beschrieb sie, ihren Ursprüngen nachge-
hend, im Jahr, da Kleists Stück veröffentlicht wurde, in seiner *Mythen-
geschichte der asiatischen Welt*. Gezeugt wurde Käthchen, wie sich der
Kaiser erinnert, als der Jupiter «eben, mit seinem funkelnden Licht,
im Osten», aufging, so daß auch der göttliche Verführer von Kleists
Alkmene mit von der Partie ist. Stunde der Zeugung aber war «ohngefähr eilf Uhr Abends», Kleists Stunde des Eros, da auch Richter
Adam den Krug zerbrach, während die Marquise von O... immerhin
um 11 Uhr morgens herzklopfend den noch unbekannten Vater ihres
Kindes erwartet. Solchem erotischen Mythensynkretismus entstammt nun eben auch dieses Käthchen aus Heilbronn, erhält durch
ihn seine geheime Stärke und Anziehungskraft und wird am Ende aus
der Bürgers- zur Kaiserstochter, was der kaiserliche unverhoffte Vater
mit den Worten akzeptiert: «O Himmel! Die Welt wankt aus ihren
Fugen!»[110] – womit denn nun auch der historischen Perspektive ihr

Recht widerfährt, denn solche die Standesordnung bedrohenden Übergänge waren für Kleists Zeit durchaus eine Realität, aber für die Konservativeren unter seinen Zeit- und Standesgefährten zugleich etwas Bedenkliches, wenn nicht Gefährliches. Da hatte der Kaiser schon Grund zur Besorgnis.

Kleists *Käthchen von Heilbronn* wird durchzogen von einem Geflecht aus historischen und märchenhaften Elementen, metaphorischen Signalen und psychischen wie parapsychischen Phänomenen. Kleist schöpfte hier aus dem Vollen seiner Erfahrung und seines Wissens, und er tat es mit Lust. Gefühle werden verwirrt, Doppelexistenzen tun sich auf, an das Vertrauen jenseits scheinbarer Eindeutigkeiten im Wirklichen wird appelliert. Ohnmachten bedeuten, wie anderswo in Kleists Werk, den Rückgang in eine bergende Urwelt, und Erröten verweist auf spontanes Betroffensein vor aller bewußten Erkenntnis. Wenn Käthchen aus dem Wasser des Bades steigt, ist es «dem Schwane gleich» (Vs. 2275), so weiß und rein wie jenes Bild von der Marquise von O..., das der Graf F. in sich trägt, nachdem er sich an ihr vergangen hat. Mit nachtwandlerischer Sicherheit folgt das Mädchen der Weissagung eines Traumes, und unter besagtem Holunderstrauch offenbart es träumend dem Grafen Wetter ihr innerstes Wissen; Spuren zeitgenössischer Theorien des Magnetismus, Mesmerismus und Somnambulismus lassen sich in Verbindung damit bringen. Wasser und Feuer schließlich stellen Elemente der Prüfung dar in dem Stück, das den Untertitel «Die Feuerprobe» trägt: Käthchen errettet das Bild des Geliebten aus einer der bei Kleist so beliebten Feuersbrünste, geleitet von einem Engel, «Fittige an den Schultern und einen Palmzweig in der Hand».[111]

Der nun wieder ähnelte jenem Cherub am Grabe des Herrn, den Ferdinand Hartmann im ersten Heft des *Phöbus* dargestellt hat; Kleists Verse begleiteten dort, im gemeinsamen «Journal für die Kunst», das Bild.[112] Vieles, ja stellenweise zu vieles hat Kleist in diesem Stück miteinander verflochten, genug jedenfalls, um zu immer neuen Deutungen herauszufordern, genug aber auch, um das weit auseinandergehende Urteil der Zeitgenossen begreiflich zu machen und die Frage nicht abzuweisen, ob hier womöglich auch eine gute Portion Parodie und Selbstparodie mit am Werke waren. Bei alledem aber ist das *Käthchen von Heilbronn* als Kunstwerk ein Ganzes geblieben, als dessen Kern sich etwas sehr Humanes erweist. «Wetter hinein, o du, mit deinen flammenden Rossen, / Phöbus, Bringer des Tags, in den unendlichen Raum!» hieß es in Kleists *Prolog* zum Journal, und für das Wettern und Wetterstrahlen hatte Kleist überhaupt eine verbale Vorliebe. Die Marquise von O… vermag mit einem Blick, «funkelnd, wie ein Wetterstrahl»,[113] auf ihren Verführer einzuschlagen, und Don Fernando, der edle Held, «wetterstrahlt» mit seinem Schwert eine ganze «satanische Rotte» nach dem Erdbeben in Chili zu Boden.[114] Kleists Lust an eben diesem Kraftausdruck ist unüberhörbar und mit ihr die Neigung zum Spiel, dessen Produkt dann die Parodie oder Selbstparodie wäre. Denn dieser peitschenschwingende Graf Wetter vom Strahl besitzt sehr viel weniger Schwung und Energie als das ihn anbetende Käthchen, das ihm entscheidende militärische Informationen mit der Professionalität und Genauigkeit eines gut gedrillten Spähtruppführers übermittelt: «Auf sechzig Mann […] bis siebzig» schätzt sie den «Kriegstroß» des Feindes, der nicht weit von hier, «dreitausend Schritt, verstreut im Walde» (Vs. 1776–1783), lagert.[115] Kein Zweifel, das Mädchen, die junge, schutzlose Frau, von den Vehme-Richtern wie von dem geliebten, aber verständnislosen Mann gequält,[116] triumphiert über die Männer, so daß sie allesamt – Kaiser, Graf und biederer Waffenschmied – am Ende als schwächliche Trottel dastehen. Die Amazonenkönigin und die kaiserliche Waffenschmiedstochter aus Heilbronn sind vom selben Schlag; da hatte Kleist schon recht. Madonnen nach dem «Raphael» indes sind sie beide nicht, wodurch sie jedoch eher nur noch faszinierender werden.

Kleist hatte eine Fortsetzung des Stückes geplant. Kunigunde von Thurneck, der Gegenspielerin Käthchens, gehört das letzte Wort dieses Schauspiels. «Pest, Tod und Rache! Diesen Schimpf sollt ihr mir büßen!»[117] lautet der fromme Wunsch, mit dem sie den Grafen Wetter vom Strahl und sein Käthchen im «kaiserlichen Brautschmuck» auf dem Weg zum Traualtar begleitet, worauf sie der Graf mit dem Titel «Giftmischerin» bedenkt. Es ist ein Ende, das trotz der triumphalen Hochzeit doch wieder ins Offene, Ungelöste, ja Unsichere und Bedrohte leitet. Komödie und Tragödie liegen bei Kleist nie weit voneinander.

8. Zwischen Dresden und Berlin:
Michael Kohlhaas

Noch ein weiteres umfangreiches Werk hielt Kleist für den *Phöbus* bereit, und es sollte sogar eines seiner verbreitetsten werden, wenn nicht gar das verbreitetste überhaupt. Heinrich von Kleists Novelle *Michael Kohlhaas*, diese Geschichte «aus einer alten Chronik», wie der Untertitel lautet, wurde Schullektüre. Ungezählte deutsche Schülerinnen und Schüler haben den Dichter Heinrich von Kleist erst durch diese Geschichte vom brandenburgischen Roßhändler kennengelernt, der um der Gerechtigkeit willen zum Räuber und Mörder wurde. Nur war ein solches Publikum nicht immer nur hingerissen von dem unfreiwillig abenteuerlichen Leben dieses seltsamen Mannes, sondern hat wohl nicht selten gestöhnt über die langen, altmodisch klingenden Sätze, die der Sprache des Jurastudenten und Rechtspraktikanten Kleist entlehnt zu sein scheinen. Aber sie erwachen zum Leben, wenn man sie laut gelesen hört. Dann aber vermögen sie eine fast unerträgliche dramatische Spannung zu erzeugen.

Der Anfang des *Michael Kohlhaas*, etwa ein Fünftel der gesamten Novelle, erschien im sechsten, dem Juni-Heft des *Phöbus*, das aber erst im Oktober 1808 ausgeliefert wurde[118] – ein Zeichen dafür, daß das «Journal für die Kunst» bereits in die Krise geraten war. So wurde denn auch nichts aus dem «Die Fortsetzung folgt», das als Versprechung am Schluß dieses Anfangs steht. Die ganze Novelle erschien erst 1810 im ersten Band der *Erzählungen*. Da aber lebte Kleist bereits in Berlin. Sein *Kohlhaas* jedoch ist wesentlich eine Geschichte über Dresden und über sächsische Zustände; mehr als siebzigmal wird die Stadt in der Buch-Fassung genannt, ein dutzendmal davon in dem Teil, der dem *Phöbus*-Fragment entspricht. Im *Phöbus* selbst aber wird sie nicht erwähnt, denn dort begibt sich Kohlhaas zum Beispiel statt auf den Weg «nach Dresden» nur auf den Weg «in die Hauptstadt».[119] Nein, seinen Dresdner Leserinnen und Lesern wollte Kleist den Namen ihrer Stadt nicht vorsetzen, geschah es doch immer in Verbindung mit jenen Junkern von Tronka, die Kohlhaas solch bitteres Unrecht zugefügt hatten, und in Verflechtung mit jenem sächsischen Kurfürsten und seiner Regierung, die zu arrogant, korrupt und unfähig waren, solchem Mißbrauch der Macht zu steuern. Der Gegensatz zwischen Brandenburg und Sachsen als Gegensatz zwischen Hell und Dunkel durchzieht die ganze Novelle, und die am zweithäufigsten genannte Stadt in der fertigen Novelle wird Berlin sein, denn von dorther wird Kohlhaas Erlösung winken. Auch Berlin allerdings wird im Novellenanfang des *Phöbus* noch nicht erwähnt.

Auch an anderer Stelle und aus anderen als lokalen Gründen werden die Leserinnen und Leser geschont, die sich freilich, wie Carl August Böttiger, über ein solches Verfahren beschwerten.[120] Zum Tode von Kohlhaas' Frau nämlich heißt es im *Phöbus* mit einer Textlücke: «Kohlhaas dachte: − − − − ; küsste sie, indem ihm häufig die Thränen flossen, drückte ihr die Augen zu, und entliess den Geistlichen.»[121] Der auf solch gewaltsame und offenbar nachlässige Weise unterdrückte Satz aber lautet später in der Buchausgabe: «so möge mir Gott nie vergeben, wie ich dem Junker vergebe»,[122] dem er Rache schwört. Fiel da der Zeitschriftenherausgeber Kleist dem Erzähler Kleist ins Wort? War es Selbstzensur um der Unchristlichkeit des Gedankens willen oder womöglich erst spätere Zensur, als schon gedruckt wurde? Hatte Kleist das Gefühl, daß man in einem Journal, dessen Leserinnen und Leser einem in der Gesellschaft täglich begegneten oder begegnen konnten, als Autor dem Publikum näher war als bei einem Buch? Wie dem auch sei − Kleist wollte, soweit es ging, Anstoß vermeiden; die Geschichte war ohnehin provokativ genug.

Nun hatte Kleist allerdings seine Novelle nicht auf den Gegensatz zwischen den zwei deutschen Staaten hin konzipiert, die zur Zeit des *Phöbus* zunehmend in Konflikt miteinander gerieten. Die Anfänge der Arbeit am *Kohlhaas* gehen vielmehr bis in das Jahr 1804 zurück, obwohl über die genaue Genesis der Novelle insgesamt wenig bekannt ist. Gerade die geflissentliche Vermeidung des Namens der sächsischen Hauptstadt mag darauf hindeuten, daß Kleist zunächst sehr wohl ein anderes Manuskript vor sich hatte als das, was er dem Drucker des *Phöbus* in Dresden in die Hand gab. Der Stoff stammte tatsächlich aus einer alten *Märkischen Chronic* aus dem 16. Jahrhundert, die Kleist in Christian Schöttgens und Georg Christoph Kreyßigs *Diplomatischer*

und curieuser Nachlese der Historie von Ober-Sachsen und angrentzenden Län-
dern aus dem Jahre 1731 fand, und gereizt hatte ihn daran wohl zuerst
eben das «Curieuse», das Außerordentliche eines Menschen, der «in
einer Tugend» ausschweifte und dessen «Rechtgefühl» ihn «zum Räuber und Mörder» machte.[123] Kleists starkes Interesse für alles Auf-
sehenerregende, Sensationelle, das seiner Neigung zum Journalismus
zugrunde liegt und ihn ja später zeitweilig sogar zum Herausgeber
einer Tageszeitung machte, seine Lust an den Realitäten des Lebens
überhaupt darf jedenfalls auch in diesem Fall nicht übersehen werden. Solche Lust hatte freilich Inhalte und existierte nicht nur um
ihrer selbst willen. Hier im *Kohlhaas* gehört zu diesen Inhalten in
erster Linie das Bedürfnis nach Gerechtigkeit, die Erkenntnis also von
den vielen Unzulänglichkeiten jener Einrichtungen, die sich die Gesellschaft um einer allgemeinen Ordnung willen geschaffen hatte, die
sich aber oft genug als unbeweglich oder gar inhuman erwiesen, wenn
es um das Wohlsein des Einzelnen ging. Vom sozialkritischen Aspekt
her ist denn auch Kleists Novelle aus guten Gründen oft betrachtet
worden. Aber Kohlhaas' «Schmerz, die Welt in einer so ungeheuren
Unordnung zu erblicken»,[124] reicht in tiefere Sphären als in diejenigen von guten oder schlechten Herrschern. Nicht deren Existenz
und ihr gutes oder schlechtes Handeln ist das Außerordentliche in
dieser Geschichte, sondern die schockierende Tatsache, daß ein guter
Mensch um der Gerechtigkeit und des Guten willen böse werden
kann, zum «rechtschaffensten zugleich und entsetzlichsten Menschen
seiner Zeit». Kleist hat das so präzisiert, denn im *Phöbus* hieß Kohlhaas noch allgemeiner «einer der ausserordentlichsten und fürchterlichsten Menschen seiner Zeit».[125]

Was immer sich an Patriotismus oder an Kritik feudaler Willkür-
herrschaft aus dieser Novelle herauslesen läßt, es berührt nur die
Oberfläche dieser unerhörten Begebenheiten. Goethe war seit dem
verunglückten «Wasserkrug», wie er den *Zerbrochnen Krug* nannte, kein
freundlicher und zum Beifall bereiter Leser Kleists mehr, wenn er es
denn je war. Und so fiel sein Urteil über die Novelle – die er freilich
erst 1810 in der Buchausgabe kennenlernte – entsprechend unfreund-
lich aus. «Auch in seinem Kohlhaas, artig erzählt und geistreich
zusammengestellt, wie er sei, komme doch Alles gar zu ungefüg»,
referiert Falk Goethes Ansicht. «Es gehöre ein großer Geist des Widerspruchs dazu, um einen so einzelnen Fall mit so durchgeführter, gründ-

licher Hypochondrie im Weltlaufe geltend zu machen.» Denn «es gebe ein Unschönes in der Natur, ein Beängstigendes, mit dem sich die Dichtkunst bei noch so kunstreicher Behandlung weder befassen, noch aussöhnen könne». Und statt des Appells an Winckelmanns Antike, die bei der Prosa kaum als Muster hätte gelten können, sei Goethe, so Falk, wieder zurückgekommen auf die geliebte «Heiterkeit, auf die Anmuth, auf die fröhlich bedeutsame Lebensbetrachtung italienischer Novellen, mit denen er sich damals, je trüber die Zeit um ihn aussah, desto angelegentlicher beschäftigte.»[126] Goethes Äußerung mag nicht überraschen, aber sie stellt deutlich heraus, daß für den dreißigjährigen Heinrich von Kleist die Welt auf eine Weise aus den Fugen geraten war, daß eben das «Unschöne», «Beängstigende» sein Thema sein mußte, wenn Schreiben überhaupt einen Sinn haben sollte. Was aber die Hypochondrie angeht, so mochte Goethe auf dieser Stufe seines Lebens einfach übersehen, daß er einst selbst mit seinem Werther ein Musterbild für einen zum Tode Kranken geschaffen hatte, der sich in der Selbsterhebung zum Sohn Gottes einen nur recht schütteren Halt sucht. Aber ein Autor ist nun allerdings auch nicht zu jedem Zeitpunkt die Summe aller seiner Erfahrungen und seiner Werke, besonders wenn er in der Lage ist, sich zu wandeln, neue Erfahrungen zu machen und sie mitzuteilen wie in Goethes Fall.

Die Dichte von Kleists Realitätsgestaltung gerade hier, in einer scheinbar ganz den historischen Tatsachen gewidmeten Erzählung, läßt leicht vergessen, daß Kleist nicht um dieser Tatsachen willen erzählt, sondern daß für ihn dahinter, darunter, darüber, dazwischen Bedeutungen aufleuchten, die sich nur eben nicht anders sagen lassen, weil sie überhaupt erst im Prozeß des Erzählens sichtbar werden. Michael Kohlhaas enthüllt in seinem Handeln die ganze Schwäche des fehlbaren Menschen, enthüllt seine Unfähigkeit, größere Zusammenhänge von Ursache und Folge zu erkennen, also einen Sinn zu erfassen, der in einem Gott ruhte, oder eine Wahrheit, die als endgültig zu akzeptieren wäre. Eben dieser Mangel ist es, der dann die Eskalation der Handlung in Bewegung setzt und den Helden zum Terroristen in eigener Sache macht. Welchen Schritt Kohlhaas auch tut, er scheint ihn immer weiter in die Verwirrung zu führen, so daß jeder Versuch, Recht zu erhalten, nur neues Unrecht hervorruft. Es wird bis zum Ende, bis zum Moment seines Todes auf dem Schafott dauern, ehe

Kohlhaas wirklich eine Ordnung in sich erfährt, weil auch die Welt um ihn herum für seine Begriffe wieder in Ordnung gerät. Denn der Weg von Michael Kohlhaas durch die Welt ist letztlich der Weg eines Menschen zu sich selbst. Und so ist er denn auch bereit, um dieser neuen Ordnung willen mit dem Leben zu bezahlen, was er der Gesellschaft schuldet, nachdem ihm die Gesellschaft wiedergab, was sie ihm schuldete: vor allem also jene zwei Rappen, die ihm einst durch Machtmißbrauch entwendet wurden. Es ist die Geschichte einer Passion, an deren Anfang, wie so oft bei Kleist, der Mensch aus dem gewöhnlichen Gang seines Lebens geworfen wird, und der dann über einen Leidensweg zum Opfertod und zur Verklärung führt – nicht zufällig steht Kohlhaas im dreißigsten Jahr wie Christus einst, da dessen Passion begann. So wird diese Geschichte von einem besessenen Querulanten «aus der Mitte des sechzehnten Jahrhunderts» transparent für Menschenzustand überhaupt, aber nicht nur für die «gebrechliche Einrichtung der Welt»,[127] sondern auch für Hoffnung, daß Erhebung darüber möglich sei.

Solche Hoffnung nun konnten die *Phöbus*-Leser freilich noch nicht aus jenem Fragment herauslesen, das Kleist ihnen hier bot, und ebensowenig konnten sie daraus erfahren, daß diese Hoffnung sich in Berlin erfüllen würde. Deutlich bemerken ließ sich dafür aber schon in dem weit auseinanderklaffenden Gegensatz des «außerordentlichsten und fürchterlichsten Menschen seiner Zeit», wie nahe dieser Kohlhaas den anderen, aus seiner Phantasie geborenen Gestalten stand, die Kleist in seinem Journal vorgestellt hatte. Ja, sie waren allesamt Verwandte aus gleichem Geschlecht, diese Penthesilea, dieses Käthchen, diese Marquise, dieser Guiskard, und selbst diese Eve Rull, deren «Rechtgefühl» kaum weniger erschüttert wird als das des Kohlhaas, allesamt zu Äußerstem getrieben oder selbst treibend. Für Kleist hingegen wurde, als das Novellenfragment im sechsten *Phöbus*-»Stück» Mitte November 1808 erschien, die Distanz zwischen Dresden und Berlin oder, genauer, die Relation eines Brandenburgers zu den Sachsen von momentan größerer Wichtigkeit als die Gebrechlichkeit der Welt im allgemeinen.

9. Mäklergeschäfte:
Der Niedergang des Phöbus

Auch wenn sie alle, die Heldinnen und Helden Heinrich von Kleists, von seinem Stamme waren – sein Weg war nicht der ihre. Das Tor zu Glück und Ruhm wollte sich trotz aller Hoffnungen für ihn nicht auftun, und für den Gang in Tod und Verklärung war es noch zu früh. Für den *Phöbus*, den Marktstand des Eigenen, standen die Dinge schon nach den ersten fünf Heften schlecht. Der Absatz war gering – vom 7. Heft sollen es nur noch 150 Exemplare gewesen sein;[128] die Geldschwierigkeiten aber waren groß und die beiden Herausgeber nicht unschuldig daran. Der «Tanz um die Erde», auf den Kleist in seinem *Prolog* gehofft hatte, stockte, die versprochenen ruhmbedeckten Beiträger waren ausgeblieben, kein edler Wettstreit entstand, sondern Goethe hatte lediglich mit den «Dresdnern» gebrochen, der Mißerfolg des *Zerbrochnen Krugs* in Weimar war nicht gerade förderlich gewesen, und so waren die Seiten dieses «Journals für die Kunst», Heft für Heft, hauptsächlich mit den Arbeiten der beiden Herausgeber gefüllt. Was den *Phöbus* auf solche Weise für die Nachwelt zur Kostbarkeit macht, langweilte die Zeitgenossen, besonders da genügend Zeitschriften-Konkurrenz um Aufmerksamkeit kämpfte. Kleists Versuche, Geld von seiner Familie zu bekommen, scheiterten; Schwager Wilhelm von Pannwitz war ja der Ansicht, den Drang zum Dichten könne man bei einer ordentlichen Anstellung im Staatsdienst auch «nebenher immer befriedigen», und mit dem *Phöbus* werde es ohnehin «ein trauriges Ende nehmen».[129] Die Walthersche Hofbuchhandlung in Dresden übernahm schließlich, auf Müllers Betreiben, vom 7. Heft an den Verlag unter der Bedingung, daß die Herausgeber auf Honorare verzichteten. Das Erscheinen der Hefte hatte sich mehr und mehr verzögert, und mit dem Doppelheft für November und Dezember 1808, das Ende Februar 1809 erschien, hatte der *Phöbus* schließlich sein Ende gefunden. Der Sonnenwagen lag auf dem Dresdner Pflaster fest. Zu besichtigen aber ist er seitdem als ein reiches, bedeutendes Monument in der Geschichte deutscher Literatur.

Nun war das Schicksal von Kleists und Müllers Journal keine Ausnahme unter den deutschen Literatur-Zeitschriften dieser Tage. Arnims und Brentanos *Zeitung für Einsiedler* hatte gerade einmal von April bis August 1808 gewährt, und Seckendorffs Wiener *Prometheus* ging gleichfalls noch im Jahr seiner Gründung zu Grunde. Hier waren sogar rettende Pläne zur Vereinigung mit dem *Phöbus* erwogen worden, womöglich in Cottas renommiertem Hause, wozu es dann freilich nicht kam; nicht zuletzt hatte da der Hofrat Carl August Böttiger in Dresden mit Tücke und Neid vorgearbeitet und die *Phöbus*-Herausgeber bei Cotta angeschwärzt.[130] Diese versuchten es inzwischen mit einem der beliebtesten Hilfsmittel in allen politischen und wirtschaftlichen Krisen, mit Reformen. Müller, federführend in den wirtschaftlichen Verhandlungen, verkündete im Juni-Heft in einer wortreichen Anzeige «An die Leser des Phöbus», sie, die Editoren, hätten im «ersten Theil unsers Werkes», nämlich den bisher publizierten Heften des Journals, «den Freunden der Kunst in Deutschland unsre Arbeit und das Eigenthümliche darin»[131] vorgelegt, was mehr oder weniger geschickt bemänteln sollte, daß sie mangels anderer Beiträger das meiste selbst hatten schreiben müssen. Nun aber sollte auch «Ironie, Ernst, Polemik, Parodie, Kritik in allen Formen» Raum gegeben werden, und zwar mit der «*Sicherheit der Hand und des Herzens*, so dass weder ein hyperkritischer Ekel, noch ein buntes, belletristisches Scheinleben, sondern nur unersättliche Liebe zum Besseren und Schöneren, dabei herauskomme». Es sollte also, mit schlichteren Worten, zur Hälfte aus dem *Phöbus* ein Rezensionsorgan werden, wovon man sich größeren Widerhall und Erfolg versprach. Auch daraus ist, mit einer Ausnahme, nichts geworden, ebensowenig wie aus dem offenbar speziell für Dresdner Kreise um das Haus Körner gedachten, aber zugleich Goethe in seine Schranken weisenden Plan, der «künstlerischen Laufbahn *Schillers*»[132] einen Kranz zu winden. Angesichts von solch vollmundiger Rhetorik Müllers wird Fouqués Bemerkung sehr verständlich, «ein gewisser prätensionsvoller [...] Ton» treibe ihn «schon fast am Eingange» von Müllers Aufsätzen «in die Flucht».[133] Schelling fand bereits die erste Ankündigung des *Phöbus* «pretiös» und verband solche Kritik August Wilhelm Schlegel gegenüber mit einer philosophischen Ortsbestimmung Müllers, die für diesen nicht gerade schmeichelhaft war. «Dieser Adam Müller» nämlich scheine ihm, dem Transzendentalphilosophen Schelling, in dessen System Kunst ihre höchste Verklärung erfuhr, «den sächsisch-französischen Ton auf die neuen Ideen appliciren, und Sie und Friedrich [Schlegel] u. s. w. in die Sprache des galanten Sachsens übersetzen zu wollen».[134]

Einen moderateren und intelligenteren Ausdruck fand die Absicht zur Reform der Zeitschrift dann noch einmal im folgenden Heft des *Phöbus* in einem Gespräch zwischen A, B und C, hinter denen sich Kleist, Müller und Rühle verbergen. Hat dort A Bedenken gegen die Rezensiererei, die jedes Buch statt den Lesern zuerst dem Rezensenten ausliefert wie das Ius primae noctis die Bauernbraut dem Edelmann, so weiß C dagegen einzuwenden: «Heutzutage müssen die solidesten Kaufleute Mäklergeschäfte nebenher treiben! der Markt von Europa ist gross, und die Natur hat vornehmlich Deutschland zum Zwischenhandel bestimmt. Sonach müsst ihr euch fügen! die paar Gold- und Silberstoffe, welche ihr da aushängt, sind noch nicht die Welt». Dem Sachzwang beugt sich A, wenngleich nicht ohne Ironie: «Baut euren Markt auf! Schleppt philosophische, kritische und Zeitungs-Waaren zusammen, so viel ihr vermögt.»[135] Der Marktstand des *Phöbus* also sollte nun feilbieten, was es anderswo auch gab, und das machte ihn leider nicht attraktiver.

Nun wurde, wie gesagt, aus diesen hochfliegenden Plänen nicht viel, nur eben mit einer Ausnahme. In Dresden nämlich hatte Weihnachten 1807 ein junger Künstler namens Caspar David Friedrich, der, aus dem deutschen Norden stammend, 1798 in der sächsischen Kunststadt ansässig geworden war, ein Ölgemälde mit dem Titel *Das Kreuz im Gebirge* im eignen Atelier «für einige Freunde und Kunstliebhaber»[136] auf deren Drängen ausgestellt, bevor es an seinen Bestimmungsort ging: es war eine Auftragsarbeit für eine Privatkapelle des Grafen von Thun-Hohenstein in Tetschen, woher das Bild auch seinen Beinamen «Tetschener Altar» erhielt. Diesem – inzwischen berühmten und weltbekannten – Bild, das den Gekreuzigten hoch oben auf einem Berggipfel, von den Strahlen der Abendsonne umgeben, in einem eigens dafür geschnitzten symbolträchtigen Rahmen zeigte, wurde nun zwar überraschend «ein sehr allgemeiner und lebhafter Beifall zu Theil»,[137] wie Kleists Freund Rühle berichtet hat, aber auch heftige Kritik. In der *Zeitung für die elegante Welt*, immerhin einem vielgelesenen Blatt, hatte Friedrich Wilhelm Basilius von Ramdohr, Han-

noveraner Diplomat, Jurist, Erzähler und vor allem Kunstschriftstel-
ler, Friedrichs Bild einem strengen Urteil unterzogen und darin vor
allem scheinbare Kunstfehler sowie angebliches Allegorisieren des
Natürlichen und einen ihm penetrant erscheinenden «Mysticismus»
getadelt. In der Tat ist Friedrichs Gemälde ein bedeutendes Zeugnis
geworden für den großen Geschmackswandel um 1800 im Übergang
vom Klassizistischen zum Romantisch-Christlichen, so sehr auch
seine Thematik vom Auftrag bestimmt sein mochte und so wenig
Friedrich sich zum Heiligenmaler entwickelte. Für Friedrich ergriff
nun Ferdinand Hartmann, einstiger, von Goethe geförderter Weimarer Preisträger, als der für Kunstsachen zuständige Mitherausgeber
des *Phöbus* ganz entschieden Partei mit einer heftigen Attacke gegen
Ramdohr. Hartmann, ganz und gar junger moderner Künstler, forderte das Recht auf Phantasie und ein neues Verständnis des Begriffes
«Natur», was beides tatsächlich in das Zentrum von Friedrichs Kunst
hineinführte: «Wer es für unmöglich hält, mit der Landschaft Ideen
und Empfindungen auszudrücken, und glaubt, dass zu dem Zwecke
das angewöhnte Verhältniss der Gegenstände in ein ungewöhnliches
verwandelt werden müsse, der kann wohl niemals von der Natur
gerührt gewesen sein. Denn sind es nicht Gestalten, Formen, Bilder,
Farben und Einwirkungen des Lichts, wodurch die Natur zu unserm
Gemüthe spricht, sind es nicht dieselben Formen, Bilder und Farben,
worein sich unsere Phantasie kleidet, wenn sie heraus in die Aussen-
welt treten will?»[138] Hartmanns Replik auf Ramdohr trägt das Datum
«21. Februar 1809» und war der letzte Beitrag des letzten Stückes des
Phöbus, wodurch das «Journal für die Kunst» nun ganz am Ende noch
einen zwar bescheidenen, aber mit der Verteidigung Friedrichs doch
würdigen Platz in der deutschen Kunstgeschichte erhielt. Außerdem
konnten die Herausgeber des *Phöbus* Hartmanns kritischen Widerspruch zugleich als konsequente Fortsetzung eigener Gedanken
betrachten. Schon im Doppelheft des vierten und fünften Stückes
hatte sich nämlich Adam Müller über Landschaftsmalerei geäußert
und war da zu einem Schluß gekommen, der Hartmanns Einspruch
gegen Ramdohr sehr nahe kam. «Unsere Zeitgenossen», hatte Müller
dort geschrieben, «entweder weil sie nicht viel auf einmal umfassen
können, oder weil ihnen Fachwerk und Zunftzwang zur andern Natur
geworden, wünschen die Gaben der Natur und des Menschen einzeln,
rund, abgeschlossen in Portionen ausgebacken, die Wissenschaft ein-

Caspar David Friedrich: Das Kreuz im Gebirge (1808)

zeln und so die Kunst und die Religion: sonst würde ich ihnen aus meinen Prämissen beweisen, dass auch das innerste Wesen der Landschaftsmalerei etwas religiöses sei.»[139] Solch philosophische und kritische Ware in einem mochte also durchaus den Eindruck editorischer Konsequenz dieses «Journals für die Kunst» belegen.

Wie aber sah es mit den «Gold- und Silberstoffen» aus, die schließlich ebenfalls, ja sogar in die vorderste Reihe auf den Marktstand gehörten? Müller bestritt den Löwenanteil für die weiteren Hefte mit Schriften zu Philosophie und Ästhetik sowie, am bemerkenswertesten, seinen *Fragmenten über William Shakespeare* als Teil seiner Dresdner Vorlesungen über die dramatische Kunst. Der regste unter den poetischen Beiträgern war nach wie vor Friedrich Gottlob Wetzel, der Stoffe der Edda und des Talmud in Verse brachte, sich in der modisch gewordenen Form des Sonetts übte und auch Tagesnachrichten balladesk vermittelte, wobei es aus Anlaß eines Blitzschlags in eine Kirche zu einem der frühesten Reime, wenn nicht gar dem ersten, auf Elektrizität kam: «Ein Blitz, sonst nichts, / Eine Brechung des Lichts, / Electricität, / Wer's nur versteht».[140]

Und Kleist? Dem *Kohlhaas* waren im sechsten Stück noch weitere kritische, scharfsichtige, aber oft auch geistvoll witzige Epigramme gefolgt. Danach brachte erst das Doppelheft des neunten und zehnten Stückes, das Anfang 1809 erschien, noch einmal ein Werkfragment von ihm, nämlich den zweiten Akt des *Käthchens von Heilbronn*. Dem letzten Stück blieb die Idylle *Der Schrecken im Bade* vorbehalten, jenem seltsamen Spiel zweier Mädchen mit Nacktheit, Scham und Lüsternheit, mit der Sinnlichkeit des Flüssigen und den Geschlechterrollen, das bei aller Leichtigkeit doch Kleists Hand verrät. Das Heilbronner Käthchen, das ihre Gegenspielerin im Bade überrascht, scheint ebenso dahinter auf wie ihr «Minus» Penthesilea, wenn von der Urszene aller Badeschrecken die Rede ist, von Diana also – «jagdermüdet», «die Hunde liegen lechzend ihr zur Seite.»[141] Der tiefste Reiz der kleinen Szene liegt allerdings wohl darin, daß ein junges Mädchen hier den Mann spielt und so die klassische Mythe von Diana und dem für seinen Voyeurismus schwer bestraften Aktäon im Grunde annulliert und jedenfalls parodiert.

Kleist ist nie banal und harmlos. Das schließlich zeigen auch jene wenigen «kleinen Gelegenheitgedichte» von ihm, die das vorletzte Stück des *Phöbus* enthält. Die weitesten Dimensionen besitzen unter ihnen wohl jene acht Verse über *Katharina von Frankreich (als der schwarze Prinz um sie warb)*:

> Man sollt ihm Maine und Anjou
> Übergeben.
> Was weiss ich, was er Alles
> Mogt' erstreben.
> Und jetzt begehrt er nichts mehr,
> Als die Eine -
> Ihr Menschen, eine Brust her,
> Dass ich weine![142]

Vieles spielt in diese Verse aus Frauenmund hinein: das eigene, Kleistsche Käthchen schon im Namen und dann die Gestalt des schwarzen Prinzen, von der Müller im nächsten Heft des *Phöbus* in seinen Vorlesungen zu Shakespeare schrieb. In Wahrheit waren diese beiden Prinzen allerdings so weit voneinander entfernt wie die beiden Herausgeber des Journals. Geschichtsklitterung ist im Gedicht dabei, die aber der Poesie erlaubt ist. Poesie jedoch ist spürbar überall in und zwischen diesen acht Zeilen, gerade im Geheimnis des letztlich nicht Bestimmbaren. Einem will man die Welt schenken, aber er will nichts als die Eine, die er liebt. Bewegt das nicht zu Tränen, Tränen der Begeisterung, des Glückes darüber, daß dergleichen möglich ist? Oder sind es eher Tränen der Trauer, weil die Brust fehlt, mit der man diese Liebesseligkeit oder gar Liebesbesessenheit teilen könnte? Die ganze Zartheit wie Vehemenz von Kleists Fühlen spricht aus diesen Zeilen, in die dann doch der Schmerz hineinspielt. Wahrhaftig poetischer Goldstoff auf dem Marktstand des *Phöbus*.

Für Kleist selbst blieb der Schmerz des Unerfüllten. Das 18. der zweiten Serie seiner Epigramme im sechsten Stück des *Phöbus* trägt den Titel «Die Bestimmung» und lautet:

> Was ich fühle, wie sprech ich es aus? – Der Mensch ist doch immer,
> Selbst auch in dem Kreis lieblicher Freunde, allein.[143]

Man könnte es für ein Schlußwort unter die Dresdner Tage Kleists halten, denn für Kleist war die Euphorie der ersten Zeit dort dem tiefen Gefühl der Niederlage gewichen. Demütigungen hatte er einstecken müssen, und weder Geld noch Ruhm waren ihm zuteil geworden, vom Glück der Liebe nicht zu reden. Seinem Freunde Müller freilich war es nicht besser ergangen, zumindest was das Finanzielle anging, denn das hatte er mehr schlecht als recht verwaltet und entscheidende Verabredungen zu seinen Gunsten noch dazu ohne Wissen Kleists getroffen. Am 5. April 1809 schrieb Müller in Dresden einen Brief an Kleists Freunde Rühle von Lilienstern und Pfuel, in dem er ihnen auseinandersetzte, daß er «seit dem Juni des verflossenen Jahres, nach welchem Termin auch nicht die geringste Einnahme mehr erfolgt» sei, «die gesamten Schulden des Phöbus teils aus meinen eigenen ärmlichen Mitteln gezahlt, teils das desfalsige Mahnen und die Bedrohung mit Wechselarrest geduldig [...] getragen» habe. Der Brief, eigenes Versagen und eigene Vorteile hinsichtlich der mit dem Buchhändler Walther vereinbarten Deckung des eigenen Einsatzes dezent verschweigend, hatte eine unmittelbare Ursache und eine Absicht. Am Tage zuvor – es war der Osterdienstag – hatte eine Auseinandersetzung zwischen Müller und Kleist stattgefunden, in der Kleist zuerst von dieser Situation erfuhr und dabei dem Freunde «Dinge ins Gesicht» gesagt habe, die, so Müller, «ich mit nichts anders als den Waffen beantworten kann, die mir gottlob ebenso gut als meinem großmütigen Freund zu Gebote stehn.» Letzteres war an die Adresse der drei Offiziere gerichtet. Und da es nach dem «gestrigen Vorfall» unter seiner Würde sei, «auch nur ein Wort weiter an Herrn von Kleist zu adressieren,» so frage er die Herren, ob sie bereit seien, im Falle seines Todes – im Duell – seine Schulden zu bezahlen. Sterbe hingegen Kleist, so sei er bereit, «statt aller Entschädigung, die Fortsetzung des Phöbus» allein zu übernehmen.[144] Offensichtlich gelang es Rühle und Pfuel, die Duellanten von ihrer Absicht abzubringen und so für die deutsche Literatur die *Herrmannsschlacht*, den *Prinz Friedrich von Homburg* sowie die zwei Bände mit den Kleistschen Erzählungen zu retten oder aber, bei anderem Ausgang, Müllers wortstarke *Zwölf Reden über die Beredsamkeit und deren Verfall in Deutschland* aus dem Frühjahr 1812. Zu dieser Zeit allerdings war Kleist schon von eigener Hand gefallen, nachdem er vorher noch einmal freundschaftlich, wenn auch nicht ohne weitere Komplikationen mit Müller an den *Berliner Abendblättern* zusammengearbeitet hatte. Jetzt aber kehrte Kleist zunächst einmal Dresden, Adam Müller und allen Sorgen um Journale als Märkte der Literatur den Rücken und begab sich dorthin, wo gerade wieder einmal im großen die Waffen benutzt wurden, um auf ihre Weise Geschichte zu machen.

X. DICH, O VATERLAND,
WILL ICH SINGEN

~

1. Ein Schriftsteller, den die Zeit nicht tragen kann

Die «gewitterschwüle Zeit der Erwartung»,[1] wie Eichendorff später einmal diese Jahre nannte, schien vorüber: Am 9. April 1809 erklärte in Wien der österreichische Kaiser Frankreich den Krieg, und der Rheinbundstaat Sachsen erklärte ihn zwei Wochen später den Österreichern. Der sächsische König aber hatte sich auf Geheiß Napoleons von Dresden nach Westen, nach Leipzig oder Thüringen, zu begeben, damit er nicht in letzter Minute seine Ansicht änderte oder gar mit den Gegnern paktierte. Sicher und fest war es eben nicht mit den Loyalitäten unter den Fürsten bestellt, die sich Napoleon, dieser «Erzfeind der Welt»,[2] als seine Vasallen zu halten glaubte. Das Wort vom «Erzfeind» stammt aus Kleists Aufsatz *Über die Abreise des Königs von Sachsen aus Dreßden*, den er in diesen Tagen in dieser Stadt niederschrieb. Unter Kleists Feder wurde das Ereignis ein Stück Literatur und zugleich ein bitteres Politikum über Macht und Ohnmacht des Volkes. Dort, vor dem Dresdner Schloß, hatte sich das Volk an jenem regnerischen Apriltag «in ungeheuren Massen» versammelt:

> Die königliche Landesmutter erschien zuerst, und stieg, laut schluchzend, in den Wagen; ihr folgte, mit dem Tuch in der Hand, die Prinzessinn; der König selbst, als er das Volk schweigend begrüßte, weinte. Alle Hüthe flogen, wie in schweigender Übereinkunft, von den Köpfen. [...] Hätte das Volk, in diesem entscheidenden Augenblick, wie der Entschluß in einigen Gemüthern sich regte, gewagt, den Wagen anzutreten, und den Wunsch, der in allen lebendig war, auszusprechen — : denn es scheint, als ob, in so bedauernswürdigen Verhältnissen, die Rettung eines Fürsten nur von seinen Unterthanen kommen kann: so steht dahin, wie Sr. Majestät, zerrissen von den grausamsten Ahndungen, wie ihre Brust ohne Zweifel war, sich entschieden haben würde. — Aber das Volk schwieg; und der König reis'te ab.[3]

Auch Heinrich von Kleist verließ Dresden wenige Tage später, am 29. April, aber nicht nach Westen, um dem Krieg auszuweichen, sondern nach Süden, elbaufwärts, um ihm zuzueilen, wenngleich nicht als Soldat – fremde Dienste hatte er seinem preußischen König einst abschwören müssen –, sondern als Schriftsteller und Publizist, als Kriegskorrespondent und Schlachtenbummler, letztlich aber immer wieder auf der Suche nach sich selbst und seiner Bestimmung in der Welt. Es wurde eine Reise, die an hochfliegenden Erwartungen, Idealen, Skurrilitäten und geheimnisumwitterten Dunkelheiten jener Fahrt nach Würzburg im Herbst 1800 kaum nachstand.

Von den großen Hoffnungen für die nächsten vierzehn Jahre, von denen er im August 1807 dem Freunde Rühle vor der Reise nach Dresden jubelnd geschrieben hatte, war nun, knapp zwei Jahre später, nicht mehr viel geblieben, aber das große Weltgeschehen trug nur zum Teil die Schuld daran. Zu einer Buchhandlung in Dresden, die womöglich den *Code Napoléon* verlegen und ihre Besitzer reich machen sollte, war es nicht gekommen. Der *Phöbus* hatte schon nach einem Jahrgang sein Ende gefunden, und die Bühnen waren Kleists darin vorgestellten Werken verschlossen geblieben bis auf den *Zerbrochnen Krug*, der auf der Weimarer Bühne scheiterte. So erlebte sich Kleist, wie er an Cotta im Juli 1808 schrieb, als einen Schriftsteller, «den die Zeit nicht tragen kann».[4] Mit Müller, dem engsten Bundesgenossen bei den bisherigen literarischen Unternehmungen, hatte er sich zerstritten. Die Freunde Rühle und Pfuel aber hatten geheiratet, der eine am 17. März 1808 und der andere am 30. Juni des gleichen Jahres, was unvermeidlich die Intimität und Fortdauer aller Freundschaft auf die Probe stellt. Über allem lag schließlich der Nebel einer politischen Krise. Nur war nicht zu sagen, ob Sonne oder Regen folgen würden, wenn dieser Nebel sich lichtete, ob also, mit Kleists Worten, die Zeit «eine neue Ordnung der Dinge herbeiführen» werde oder wir «davon nichts, als bloß den Umsturz der alten erleben»[5], wie er Rühle 1805 geschrieben hatte. Beide Freunde, Rühle und Pfuel, hatten als junge Ehemänner Entscheidungen getroffen: sie blieben beim Beruf, den sie einst in Potsdam erlernt hatten, blieben Offiziere bis an ihr Lebensende. Militärische Pflichten sind aber auch politische, wozu insbesondere der damals heraufziehende Krieg nötigte, indem er, wie jeder Krieg, die Welt in Freund und Feind klar teilte. Pfuel trat Mitte April 1809 als Kapitän der «Fränkischen Legion» bei, einem jener Freikorps, die sich um diese Zeit zum Kampf gegen Napoleon versammelten. Rühle aber, als Major in der Armee eines Rheinbundstaates genötigt, für die Franzosen anzutreten, erfand sich selbst als «reisender Maler», der zwar mit den Truppen mitzog, aber als eine Art Chronist, Kriegskorrespondent und reflektierender Künstler, bloß nicht als Frontoffizier. Berichtet hat Rühle über seine Erfahrungen in der bereits erwähnten dreibändigen *Reise eines Malers mit der Armee im Jahre 1809*, in der Fiktion und Tagebuch ineinander übergehen; er war, wie gesagt, ein eloquenter und angesehener Schriftsteller.

Dresden nun bildete in der zweiten Hälfte des Jahres 1808 und mehr noch dann 1809 ein Kunterbunt politischer Agitation und militärischer Bewegung, aber bei ruhigem, zunächst fast ungestörtem Fortbestehen jener kulturellen Gesellschaftlichkeit, in der Kleist endlich seine erste Anerkennung als Autor erhielt. Das Haus des österreichischen Geschäftsträgers Joseph von Buol-Mühlingen, in dem Kleist im Oktober 1807 mit einem Dichterkranz gekrönt worden war, galt nur eben zugleich als Zentrum anti-napoleonischer Propaganda und des österreichischen Nachrichtenwesens, womöglich gar der Spionage, wie das unter Diplomaten nicht unüblich ist. Der französische Gesandte Jean François de Bourgoing wiederum, gleichfalls zu politischer Agitation und argwöhnischer Beobachtung gegnerischer Umtriebe genötigt, war seinerseits ein kultivierter Mann, der Madame de Staël und August Wilhelm Schlegel bei sich empfing, als sie der Stadt im Juni 1808 ihre Aufwartung machten, und der dem Hause Körner nahestand.[6] Christian Gottfried Körners Sympathien lagen überhaupt eher auf französischer Seite. Alles in allem also, heißt es unter dem 13. April 1809 in Rühles *Reise eines Malers mit der Armee*, könne in Sachsen angesichts der Unübersichtlichkeit der Lage «von eigentlicher Nationalstimmung oder Einheit des Interesse nicht die Rede seyn».[7] Vergessen werden darf überdies nicht, daß Preußen auf der einen Seite und Sachsen und Österreich auf der anderen sich ja im Siebenjährigen Krieg aufs heftigste bekriegt hatten und Preußen als rücksichtsloser Sieger zum Schaden Sachsens daraus hervorgegangen war. Das war zwar inzwischen viereinhalb Jahrzehnte her, aber das Kollektivgedächtnis einer Gemeinschaft ist länger als das jedes einzelnen ihrer Mitglieder. Das auf Grund von Erfahrungen mit totalitären Staaten an politische Polarisierung und strikte Parteilichkeit gewohnte moderne Denken kann sich also nur schwer die rechten Vorstellungen machen von dem Nebeneinander oder dem Widerspiel von Meinungen und Loyalitäten in dieser Zeit.

Von Körner nun ist aus dem Dezember 1808 das erste Zeugnis dafür überliefert, daß in Dresden ein neues Stück Kleists vorgelesen worden sei, betitelt *Die Herrmannsschlacht*. Dieses war allerdings radikal parteilich, und zwar so sehr, daß es Körner zu der Bemerkung veranlaßte, «sonderbarerweise» habe das Stück «Bezug auf die jetzigen Zeitverhältnisse und kann daher nicht gedruckt werden.» Und der einstige enge Vertraute Friedrich Schillers kommentierte das im Sinne des Freundes: «Ich liebe es nicht, daß man seine Dichtungen an die wirkliche Welt anknüpft. Eben um den drückenden Verhältnissen des Wirklichen zu entgehen, flüchtet man sich ja so gern in das Reich der Phantasie.»[8] «Freiheit ist nur in dem Reich der Träume, / Und das Schöne blüht nur im Gesang»,[9] hatte Körners Hausgott dem neuen Jahrhundert mit auf den Weg gegeben. Gerichtet waren Körners Worte an den Sohn Theodor, der sie freilich nicht beherzigte, sondern statt dessen für eine beträchtliche Zeit zur Kultfigur deutsch-patriotischer Dichtung wurde.

War aber nun auch Kleist zum deutschen Patrioten geworden? Vehementer politisch als das Drama von Hermann dem Cherusker, der die deutschen Stämme vereint, um die verhaßten römischen Okkupanten aus dem Lande zu treiben, ist Literatur tatsächlich kaum vorstellbar. Die Parallele zwischen Römern und Franzosen bot sich in diesen Jahren an, und außerdem war Hermann-Arminius bereits seit Klopstock zu einer beliebten Repräsentations- und Wunschgestalt für die Deutschen geworden, denen ja jene nationale Identität durchaus noch fehlte, wie sie um diese Zeit andere europäische Staaten mit einer großen Hauptstadt als Macht-, Handels- und Kulturzentrum bereits besaßen. Frankreich war nun im Begriff, seine Identität über ganz Europa auszubreiten. Französischer Sprache und Kultur war Kleist von Kind auf begegnet und den Franzosen selbst schließlich in Paris. Das Bild, das er von ihnen damals entwarf, war nicht schmeichelhaft. Oberflächlichkeit, geistreicher Witz statt des eindringenden Verstandes, Vergnügungssucht, geschmeidiges Betragen statt einer «großen, starken, erhabenen Seele»[10] – das waren nur einige der Merkmale, die ihn an den Franzosen, diesen «Affen der Vernunft», irritierten.[11] Aber es waren zugleich Klischees, und Stereotype dieser Art waren verbreitet. Clausewitz, unter preußischen Offizieren gewiß einer der aufgeklärtesten und gebildetsten, hat in einer großen Gegenüberstellung von Franzosen und Deutschen den ersteren Eitelkeit, leichte, bis zur Grausamkeit gehende Reizbarkeit des Gefühls, Unernst, Neigung zum Spiel und oberflächliches Raisonnement attestiert, den letzteren hingegen mehr Phlegma, aber dafür auch ernsteres, stilleres Gefühl und eine philosophische Tendenz «bis in die entferntesten Gränzen des Denkens». Ihrem ganzen Wesen nach seien die Deutschen «herzlich, treu und redlich»,[12] insofern sie sich nicht durch mangelndes Selbstvertrauen stören ließen. Es waren gängige und weit verbreitete Versuche zur Definition von Nationalcharakteren, und dies geschah hier bei Clausewitz deutlich zu polemischen Zwecken in Zeiten des Krieges. Ihren Ursprung hatten dergleichen Gegenüberstellungen jedoch nicht in einer prinzipiellen Franzosenfeindschaft; sie waren eher Symptom für versuchte Abgrenzungen gegeneinander in der Gründerzeit der europäischen Nationalstaaten seit dem 17. Jahrhundert. Da aber die Deutschen zugleich Staatsbürger vieler kleinerer oder größerer Länder mit jeweils eigenem Stolz als Sachsen, Preußen oder Bayern waren, so blieben ihnen dementsprechend für die nationale Gemeinsamkeit in einem machtlosen Groß-Reich hauptsächlich nur innere Werte übrig statt eines gesellschaftlichen Verhaltens, das von einem zentralen Hof oder einer Hauptstadt geprägt wurde.

Kleists Verhältnis zu den Franzosen blieb zunächst noch schwankend. Skepsis über den «Aller-Welts-Consul»[13] Bonaparte hatte er in der Schweiz gelernt, aber das hinderte ihn bald darauf nicht, ausgerechnet dessen Dienste an der Kanalküste zu suchen. Erst seit 1806 waren die Franzosen dann einfach der Feind, der das Land besetzte, es ausbeutete, die Chancen für eine bürgerliche Existenz schwer machte und ihn, Heinrich von Kleist, schließlich gefangennahm, als er gerade begonnen hatte, sich zu seinem Eigenen, dem Dichtersein, durchzufinden. Dennoch – um des Lebensunterhaltes willen war er ja später in Dresden durchaus kompromißbereit, im eigenen Verlag eben auch den *Code Napoléon* zu verlegen, wenn dieser Verlag sich hätte gründen lassen.

Das Bild von Kleist im Dresden des Sommers 1808, als seine *Herrmannsschlacht* entstand, ist schwer zu zeichnen. Man lud ihn ein, aber eine zentrale Figur der Dresdner Gesellschaft war er nicht. Immerhin traf ihn damals Tieck, der sich im Juli in Dresden aufhielt und der später, nach Kleists Tod, so viel für sein Werk tat. Aber ob Kleist auch mit Friedrich Schlegel zusammenkam oder gar mit dessen

Bruder und Germaine de Staël, als beide im Mai dort durchreisten, ist nicht bezeugt. Viel haben die Brüder Schlegel, die brillantesten deutschen Literaturkritiker ihrer Zeit, mit Kleist ohnehin nicht anzufangen gewußt, was zugleich etwas über die Grenzen ihrer Kennerschaft aussagt. Im Juli erschien die *Penthesilea*, und am *Käthchen von Heilbronn*, dem «Plus» zum «Minus» der Amazonenkönigin, arbeitete er, nur daß die «verderbliche Zeit» ihm den «Erfolg aller ruhigen Bemühungen» zerstörte,[14] wie er der Schwester Ulrike im August 1808 schrieb. Im Oktober schickte er dann dem in Wien zu raschem Dichterruhm aufgestiegenen Heinrich Joseph von Collin die *Penthesilea* sowie eine Bühnenbearbeitung des *Käthchens* und am Neujahrstag 1809 auch die *Herrmannsschlacht*, alles dies in der Hoffnung, daß seine Stücke in Wien auf die Bühne kommen könnten, denn «nach Berlin geht es nicht, weil dort nur Übersetzungen kleiner französischer Stücke gegeben werden.» In Kassel sei sogar «das deutsche Theater ganz abgeschafft und ein französisches an die Stelle gesetzt worden. So wird es wohl, wenn Gott nicht hilft, überall werden. Wer weiß, ob jemand noch, nach hundert Jahren, in dieser Gegend deutsch spricht.»[15] Auf eine viel fundamentalere Weise schien also Kleist die Existenzgrundlage als deutscher Schriftsteller zu schwinden, als das bisher für ihn vorstellbar gewesen war. Nicht mehr um Anerkennung und Verständnis für das, was er zu sagen hatte, ging es nun, sondern um die Sprache selbst, in der er lebte und dachte. Bloß war der «verderblichen Zeit» durch ärgerliche Abwendung nicht zu entgehen; das Parteilichsein nötigte sich auf um der eigenen Existenz willen. Da hatte Körner unrecht.

Collins Wohlwollen wie Möglichkeiten waren begrenzt. Kleist mußte ihn im Februar mahnen, als eine Antwort aus Wien ausblieb; im folgenden Jahr hat immerhin das *Käthchen von Heilbronn* in Graz seine Uraufführung erlebt. «Sonderbarerweise» habe die *Herrmannsschlacht* Bezug auf die jetzigen Zeitverhältnisse, hatte Körner etwas erstaunt geschrieben, denn tatsächlich gab Kleist in diesen Tagen seinem Dresdner Bekanntenkreis zumindest an der Oberfläche nicht gerade den Eindruck eines leidenschaftlich politisch engagierten Dichters, so daß Überraschung oder Erstaunen bei denen, die ihn kannten, begreiflich sind. Aber Kleist hatte Grund, seine ganze Existenz, auch und gerade die materielle, bedroht zu sehen. Denn mit der *Penthesilea* und dem *Käthchen* war er eben ein Dichter, «den die Zeit nicht tragen kann», und das mußte ihn schließlich überflüssig machen, wenn er sich nicht dieser Zeit zuwandte. Dadurch freilich entstanden wiederum neue Probleme, war doch die *Herrmannsschlacht*, wie Kleist ihr Gestalt gab, keineswegs dazu angetan, die Barriere zu einem großen Publikum hin zu durchbrechen. Das Dilemma, in dem Kleist sich gefangen sah, hat er später der Schwester so erläutert: das eine seiner Manuskripte finde schwerlich einen Verleger «wegen seiner Beziehung auf die Zeit», das andere aber wenig Interesse, «weil es keine solche Beziehung hat».[16] Kleists Ausweg hat ihn schließlich in die politische Publizistik geführt, damit seine Stimme endlich hörbar werde, nur erfüllten sich auch dort die Erwartungen nicht. Im Augenblick nötigte ihn die Publizistik jedoch erst einmal dazu, dem politisch unsicheren Dresden zu entweichen auf österreichisches, also antifranzösisches Territorium. Das endgültige Ziel lautete wieder einmal Wien, wie ursprünglich schon bei jener enigmatischen Reise 1800, die schließlich nach Würzburg führte. Nur ging es jetzt um Konkreteres, ging letztlich um das Theater dort, die einzige große Bühnen-Hoffnung für einen deutschen Dichter zur Zeit. Die Kaiserstadt hat Kleist dennoch nie betreten, sondern nur von Ferne gesehen, als er den Krieg in ihrer Nähe zu beobachten kam.

2. Herrmanns Schlacht

Alle auf unmittelbare Wirkung bedachte Literatur enthält die Aufforderung, sie auf eine bestimmte historische Situation zu beziehen, so
auch Kleists *Herrmannsschlacht*. Am selben 1. Januar 1809, an dem er
das Stück an Collin nach Wien schickt, schreibt Kleist auch einen
Brief an seinen Gönner Karl von Stein zum Altenstein, inzwischen
preußischer Finanzminister in Königsberg, und verspricht ihm das
Stück, sobald dieser wieder nach Berlin zurückkehre. Dann aber fügt
er, ganz im enthusiastisch werbenden Ton, der schon seine früheren
Briefe an Altenstein kennzeichnete, noch hinzu: «Schon aus dem Titel
sehen Sie, daß dies Drama auf keinem so entfernten Standpunct
gedichtet ist, als ein früheres, das jetzt daselbst» – in Wien – «auf die
Bühne kommt. Und wenn der Tag uns nur völlig erscheint, von welchem Sie uns die Morgenröthe heraufführen, so will ich lauter Werke
schreiben, die in die Mitte der Zeit hineinfallen.»[17] Da war natürlich
wieder viel poetische Lizenz im Spiel, denn weder bestand zu diesem
Zeitpunkt eine konkrete Aussicht darauf, daß das *Käthchen* oder ein
anderes seiner Stücke in Wien auf die Bühne kam, noch stellte sein
Vorsatz zu lauter Zeitstücken mehr dar als ein unverbindliches Versprechen, und das noch dazu in Verkennung seiner Fähigkeiten ebenso
wie des Geschmacks seines potentiellen Publikums. Denn um «in die
Mitte der Zeit» hineinzufallen, war Heinrich von Kleist wirklich nicht
geschaffen; da hatte er dann doch, um Goethes Worte aufzugreifen,
auf ein Theater zu warten, welches da kommen sollte.

Für dieses Theater der Zukunft schien den Zeitgenossen denn
auch die *Herrmannsschlacht* bestimmt, so wenig das in Kleists Absicht
lag. «Einzig und allein auf diesen Augenblick» sei sie berechnet,
schrieb er an Collin im Februar und dann noch einmal dasselbe im
April 1809, als von Collin keine Antwort gekommen war. Um Geld
gehe es ihm nicht – «jede Bedingung ist mir gleichgültig, ich *schenke* es
den Deutschen; machen Sie nur, daß es gegeben wird.»[18] Kleists Ungeduld ist begreiflich, denn tatsächlich läßt sich von dem Stück bis ins

Detail politischer und militärischer Pläne darin sagen, daß es Kleist wirklich darum zu tun gewesen sein muß, «die großen politischen Linien der Zeit aufzudecken und die Gesamtlage Preußens den Zeitgenossen zum Bewußtsein zu bringen.»[19] Konzepte Steins, Gneisenaus und Scharnhorsts zur Volksbewaffnung, zur Führung eines «kleinen Krieges», also eines Guerilla-Kampfes, wie ihn derzeit auch die Spanier gegen Napoleons Armeen ins Werk setzten, die Rechtfertigung von Propaganda, ja sogar Kriegslist und Täuschung, die Insurrektion überall im Bereiche des einstigen Heiligen Römischen Reiches sowie schließlich das Bündnis der Fürsten «Germaniens», um die fremden Eroberer aus dem Lande zu treiben – das alles spiegelt sich mehr oder weniger deutlich in Kleists Drama wider. Unbekannt bleibt, was er von solchen Plänen tatsächlich aus dem Kreis der preußischen Reformer wußte oder was ihm lediglich aus zweiter oder dritter Hand sowie allgemeiner Propaganda zufloß, sofern es nicht einfach politischen und militärischen Notwendigkeiten entsprach. Begegnungen mit Gneisenau haben erst 1811 stattgefunden.[20] Problematisch aber ist vor allem, ob Herrmann und seine Cherusker überhaupt mit den Preußen zu identifizieren waren, denn realen historischen Figuren entsprachen die Gestalten des Dramas gewiß nicht. Ein Gegenstück in der preußischen Realität mit ihrem entscheidungsschwachen König an der Spitze wäre für Kleists machtbewußten, mit allen Wassern der Kriegslist und des Machiavellismus gewaschenen Herrmann und seine mordenden und sengenden Banden jedenfalls schwerlich zu finden gewesen. Nur würde das den Preußen nicht gänzlich zur Unehre gereichen, denn Kleists Herrmann ist nicht nur ein genialer Stratege, sondern auch eine irritierende, ja zuweilen eine fürchterliche Gestalt. Von den biederen Germanen-Tugenden, die die treuen und redlichen Deutschen gegenüber den Franzosen auszeichnen sollten, hat dieser gerissene und um der Sache willen zu jeder Bluttat, Täuschung und Tücke bereite Cheruskerfürst nichts an sich. Wahr ist, daß auch preußische Offiziere wie Gneisenau Kriegslist dort forderten, wo gegen einen übermächtigen Aggressor keine anderen Chancen der Abwehr bestanden. Aber Clausewitz' auf eine «wohltätige Staatsreform»[21] zielenden Überlegungen zur Mobilisierung der gesamten Bevölkerung gegen einen Feind, gegen den die traditionellen Heere nichts ausrichteten, blieb bei aller Bedenklichkeit mancher seiner Vorschläge dennoch weit entfernt von dem brutalen Krieg, den Herrmann-Arminius inszeniert. Nach Ähnlichkeiten und Verwandtschaften wird man bei ihm nicht so sehr in der Zeitgeschichte, als vielmehr in Kleists Werk suchen müssen, in anderen Dramen ebenso wie in den Erzählungen, in Kaufmann Piachi im *Findling* zum Beispiel, der um der Rache willen lieber in die Hölle als in die ewige Seligkeit möchte und nicht minder in Kohlhaas, dem Rächer und Mörder um der Gerechtigkeit willen, am nächsten aber wohl in Penthesilea und Käthchen.

Wenn für Kleist nach seiner eigenen Vorstellung Penthesilea und das Käthchen Friedeborn aus Heilbronn als «Ein und dasselbe Wesen, nur unter entgegengesetzten Beziehungen gedacht»[22] werden sollten, dann war Herrmann ihr Bruder in der Sphäre der Realpolitik, dort, wo alles Handeln aus dem Privaten hinausführt ins Große, politisch Konkrete und mithin auch Allgemeingefährliche. An Leidenschaftlichkeit, ja Besessenheit stehen sie einander nahe. Ungestümeres als Penthesileas Kriegszug in die Selbstvernichtung um der Liebe willen läßt sich kaum denken, und Obsessiveres als Käthchens Verfolgung ihres hohen Herrn auch nicht. In der Radikalität ihres Begehrens sind sie tatsächlich Geschwister. Aber konnten die Frauen immerhin Liebe als ihren Antrieb verstehen, so ist es bei diesem Herrmann Haß um der Macht willen, der ihn motiviert, ein Haß, der ungedämpft ist durch humane Besonnenheit. Dies nun wiederum wirft ein anderes Licht auf Kleists offensichtliches und von ihm auch intendiertes politisches Engagement seit der Mitte des Jahres 1808.

Die *Herrmannsschlacht* ist Kleists kontroversestes, radikalstes, fanatischstes Werk, dessen Schockwirkung vor allem darin besteht, daß humane Bedenken suspendiert werden und mit ihnen jene Errungenschaften der europäischen Aufklärung, die unter dem Begriff der Menschenrechte und der Menschenwürde zu Fundamenten universaler Zivilisation geworden sind. Haß trägt in einer auf christlichen Werten gegründeten Gesellschaft, auch einer säkularisierten, ein negatives Vorzeichen. Stellt ein Werk wie die *Herrmannsschlacht* solche Werte in Frage? Läßt Kleist mit ihm auch jenen humanistischen Idealismus hinter sich, der die lohnendste Frucht der deutschen Aufklärung war? Von bewußter Absicht dazu kann bei Kleist nicht die Rede sein. Was in diesem Drama an Gewaltsamem Gestalt wird, liegt jenseits formulierbarer Ideale und Überzeugungen und hat seine Wurzeln in der Lust eines Dichters am Gestalten, und es liegt in der ihn selbst zweifellos inspirierenden Erkenntnis, daß ihm das gelingt. Letztlich also hat es seinen Grund in den Antrieben, Hemmungen, Leidenschaften, Träumen und Frustrationen seiner Persönlichkeit. Mit Vorsicht sind dabei jedoch Unterscheidungen zu treffen zwischen dem, was zu tagespolitischen Zwecken arrangiert wird und dem, was einem existentiellen Bedürfnis entspringen mag. Die Unbedingtheit von Penthesileas Liebe darzustellen ist eine andere Sache als die Exposition von Herrmanns Haß. Penthesileas rasende Vernichtung des Geliebten und ihr sanfter Tod werden zu einer ebenso extremen wie bewegenden Apotheose der Liebe zweier irrender Menschen.

Herrmanns Haß hingegen ist Appell um einer abstrakten Idee willen; er handelt als kalter Ideologe, der sich mit Hilfe der Sprache durchsetzt, der nicht irrt, sich nicht verwirren läßt und demzufolge auch triumphiert. Das Maß an Identifikation Kleists mit den Ausfällen des Helden ins Grausame läßt sich schwer feststellen.[23] Daß Kleist Affinität zwischen sich und seinem Geschöpf, dem starken, doch eigentlich alle Menschen um sich verachtenden Einzelnen, empfunden haben dürfte, daß er Wünsche in ihn hineinprojiziert und hineingeträumt hat – es liegt auf der Hand. Hatte er nicht schon vor Jahren der Schwester geschrieben, er passe sich nicht unter die Menschen, und wenn er den Grund «ohne Umschweif» angeben solle, so sei es dieser: «sie gefallen mir nicht.»[24] Nur sprach sich damit lediglich eine Seite von ihm aus.

Ein einzelner, im Grunde beiläufiger Aspekt der *Herrmannsschlacht* erlaubt einen tieferen Einblick in das emotionale Gefüge von Kleists Drama jenseits des unmittelbaren politischen Zweckes und läßt so auch das Schockierende darin deutlicher noch ans Licht treten als die Handlung im großen Ganzen, der man ihrer historischen Absicht wegen die Zustimmung nicht versagt hat. In diesem als patriotische Feier deutscher Gemeinsamkeit intendierten gewalttätigen, blutgetränkten, die Methoden eines totalen Krieges vorwegnehmenden Stück nämlich wird häufiger gelacht als in jedem anderen von Kleists Werken. Herrmann, der radikale Cheruskerfürst, will seiner Ehefrau Thusnelda – von ihm Thuschen genannt – die römischen Okkupanten zum Feinde machen, hat sie doch eine Schwäche für den gebildeten Legaten Ventidius zu erkennen gegeben. Ins Land gekommen seien diese Römer nur, versichert ihr Herrmann, um sie, die blonde Germanin, ihrer Haare zu berauben für die Perücken der römischen Damen, denn deren Haare seien «schwarz und fett, wie Hexen» (Vs. 1008).

Noch lacht sie ungläubig, worauf ihr der Ehemann entgegnet: «Du lachst. Es sei. Die Folge wird es lehren.» (Vs. 1038) Natürlich ist das nichts als Täuschung, Flüsterpropaganda zum agitatorischen Zweck, aber es wirkt, und so kann der Cherusker bald befriedigt und «lachend», wie es ausdrücklich heißt, konstatieren: «Nun wird ihr bang', um ihre Zähn' und Haare.» (Vs. 1078) Zubeißen will sie jetzt, wenn man ihr die Zähne nehmen wolle, wozu Herrmann sie nur ermuntern kann, wiederum «lachend», wie Kleist anmerkt:

> Ja, liebste Frau, da hast Du recht! Beiß zu!
> Danach wird weder Hund noch Katze krähen. (Vs. 1105 f.)

Hier nun ist auch Kleists eigenes Lachen hinter solchem Metaphern-salat des Propagandisten unüberhörbar. So wird Thusnelda denn, wenn die Zeit gekommen ist, den Römer Ventidius mit größtem sadistischem Vergnügen einem Bären verfüttern. Die Germanenfürsten aber streiten gegen Ende der Schlacht fröhlich kumpelnd um das Privileg zur Tötung des besiegten Erzfeindes Varus – ein Streit, der Herrmann, den «besten Deutschen» (Vs. 2529), abermals lachen macht. Und während danach der Auftrag des «Gefolges» hinsichtlich des toten Feindes lautet: «Kommt! hebt die Leiche auf und tragt sie fort!», heißt es von Herrmann: *«Er lacht und geht ab»*. (Vs. 2539) Lachen ist gemeinschaftsbildend, aber seine Skala ist breit und reicht bis zum Auslachen und Totlachen; die *Familie Schroffenstein* legte von letzterem beklemmend Zeugnis ab. In der *Herrmannsschlacht* aber erreicht Kleist hinsichtlich des Lachens die extremste Position, tief ins Dunkle, Inhumane hinein.

Herrmann hat das Ideal germanischer Freiheit abgetrennt von dem Wohlergehen seiner Cherusker. Eigene Landsleute läßt er durch als Römer verkleidete Germanen vergewaltigen und umbringen, das Land von Schlägertrupps verwüsten, nur um den Haß gegen die Okkupanten anzufachen. Nicht als gewöhnliche Kriegslist erscheint das, sondern als pervertierte, ja widernatürliche Gewalt. Dennoch: für Friedrich Christoph Dahlmann, den Reisegefährten Kleists auf dem Weg von Dresden nach Österreich, der das Stück aus erster Hand erhielt, war in seiner Erinnerung die *Herrmannsschlacht* schlechterdings dessen bestes Werk: «Es hat zugleich historischen Werth; treffender kann der hündische Rheinbundgeist, wie er damals herrschte, gar nicht geschildert werden. Damals verstand jeder die Beziehungen, wer der Fürst Ariston sei, der zuletzt zum Tode geführt wird, wer die wären, die durch Wichtigthun und Botenschicken das Vaterland zu retten meinten.» An der Bärin des Ventidius habe er jedoch «einigen Anstoß» genommen, worauf Kleist ihm entgegnet habe: «Meine Thusnelda ist brav, aber ein wenig einfältig und eitel, wie heute die Mädchen sind, denen die Franzosen imponiren; wenn solche Naturen zu sich zurückkehren, so bedürfen sie einer grimmigen Rache.»[25] Herrmanns Grausamkeit legitimiert Kleist selbst mithin dem Gefährten gegenüber als Reaktion auf eine Gefühlsverwirrung oder als Ausbruch aus einem Gefühlsstau. In Ähnlichem dürfte bei ihm, dem Schwierigen, so oft Zurückgestoßenen, sich als isoliert und erfolglos Empfindenden seine eigene zeitweilige Lust am Gewaltsamen ihre Quelle haben, nur daß er in der Gestalt Herrmanns etwas absolut setzt, was bei ihm selbst lediglich Teil einer komplexen Persönlichkeit bildete.

Kleist hat bei aller großen Bewunderung, die ihm in seinem Nachleben zuteil geworden ist und weiterhin zuteil wird, doch stets auch Unbehagen erregt. Vieles sei ihm an Kleist «doch recht entsetzlich»,[26] hat Thomas Manns 1949 bekannt, und vielleicht hat Heinrich von Kleist das zuweilen sogar von sich selbst empfunden. Joseph von Eichendorff, der nicht nur der subtile romantische Lyriker und Erzähler war, sondern zugleich einer der ersten bedeutenden deutschen Literaturhistoriker, hat gerade im Zusammenhang mit der *Herrmannsschlacht*, die er eine «großartige Poesie des *Hasses*» nannte, ausdrücklich vor dem in ihr lauernden Dämon gewarnt: «Hüte jeder das wilde Tier in seiner Brust, daß es nicht plötzlich ausbricht und ihn selbst zerreißt! Denn das war Kleists Unglück und schwergebüßte Schuld, daß er diese, keinem Dichter fremde, dämonische Gewalt nicht bändigen konnte oder wollte, die bald unverhohlen, bald heimlichleise, und dann nur um so grauenvoller, fast durch alle seine Dichtungen geht.»[27]

Die Erfahrungen mit dem 20. Jahrhundert haben jedenfalls noch hellhöriger gemacht für Untertöne in diesem Stück jenseits seiner offensichtlichen politischen Botschaft. Gerade die *Herrmannsschlacht* hat auf diese Weise mehrfach Aktualisierungen in Interpretationen und Inszenierungen erfahren, so wenn in Herrmanns Taktik der Kriegführung diejenige von Hitlers totalem Krieg wiedererkannt wird oder aber in Herrmann selbst der Guerillakrieger, der anti-imperialistische, anti-kolonialistische Revolutionär, dem es nicht um Heldentum, sondern um die bedingungslose Erreichung eines politischen Zieles geht und bei dem alles Handeln subjektiven Prinzipien unterworfen ist, der also einen Krieg um der Menschenrechte willen kämpft, in dem prinzipielle Menschenrechte gerade suspendiert sind.[28] Aneignungen dieser Art vergehen, aber sie öffnen auch die Augen für manches, was im Stück angelegt ist. Es konnte tatsächlich auf ein Theater warten, «welches da kommen soll».

3. Furor teutonicus

«Furor teutonicus», germanisch-deutsche Kriegswut, Wildheit, blindes Toben sind es gewöhnlich, mit denen die Exzesse der *Herrmannsschlacht* auf den Begriff gebracht werden. Es ist ein Furor, der auch in Kleists anti-napoleonischen Schriften und Gedichten reichlich zutage tritt. Allerdings standen ihm dabei seine dichtenden und Pamphlete schreibenden Zeitgenossen an Gewaltsamkeiten in nichts nach außer in poetischer Qualität. Zum politischen Dichter und Publizisten aber wurde Heinrich von Kleist nun tatsächlich, als ein neuer Krieg zwischen Österreich und den Franzosen heraufzog. Die *Herrmannsschlacht* hatte nur den Anfang gemacht.

Wenig ist über Kleists Leben in seinen letzten Dresdner Monaten bekannt; aus den überlieferten Briefen zeigt sich nur Heinrich von Collin als sein Hauptkorrespondent. Von ihm erhoffte er sich ja den Durchbruch auf dem Wiener Theater, und ihn nahm er sich auch zum Vorbild für einige deutsch-patriotische Gedichte. Denn unter den vielen Sammlungen antifranzösischer Gedichte fanden Collins *Lieder Oesterreichischer Wehrmänner* 1809 einen besonderen Widerhall. Am 20. April 1809, kurz vor seiner Abreise aus Dresden, schrieb Kleist ihm, er habe diese «muthigen Lieder» «auch hier gelesen. Meine Freude darüber, Ihren Namen auf dem Titel zu sehen [...], war unbeschreiblich. Ich auch finde, man muß sich mit seinem ganzen Gewicht, so schwer oder leicht es sein mag, in die Waage der Zeit werfen; Sie werden inliegend mein Scherflein dazu finden.» Einem Wiener Drukker möge er dieses «Scherflein» geben, was immer es war, um es «in öffentliche Blätter zu rücken, oder auch einzeln (nur nicht zusammenhängend, weil ich eine größere Sammlung herausgeben will)». Und dann der Wunsch: «ich wollte, ich hätte eine Stimme von Erz, und könnte sie, vom Harz herab, den Deutschen absingen.»[29] Kleist war zum deutschen Patrioten geworden. Aber war er das wirklich?

Daß die Herrschaft Napoleons über Europa Heinrich von Kleist seine eben erst errungene Existenzgrundlage als deutscher Schriftsteller entziehen würde, lag nahe allein schon wegen der zu befürchtenden Dominanz des Französischen. Außerdem war die Gefangenschaft in Frankreich seinen Sympathien für die Franzosen gewiß nicht dienlich gewesen. Preußen, sein Land, dem er sich angehörig fühlte, war militärisch geschlagen worden und nun politisch machtlos. König und Königin, die er kannte und denen er gedient hatte, wurden von dem Franzosenkaiser gedemütigt, und Persönlichkeiten wie Altenstein, die er achtete und die ihm wohlwollten, versuchten gerade, diesem Lande wieder Würde und Autorität zu geben. Ja, Heinrich von Kleist war Preuße, und er blieb es bis an sein Lebensende, auch wenn sein Land nicht viel von ihm wissen wollte. Bloß war preußischer Landespatriotismus jetzt nicht opportun und erst recht nicht in Dresden im Rheinbundstaat Sachsen. Wenn es darum gehen sollte, dem «Erzfeind der Welt»[30] Widerstand zu leisten, so konnte dergleichen im Augenblick allein von Österreich kommen, dessen Kaiser der einstige Kaiser des Heiligen Römischen Reiches Deutscher Nation gewesen war. Allein bei der Armee dieses Kaisers und seinem Land, das ein paar Meilen südlich von Dresden begann, lag Hoffnung, vorausgesetzt daß sich die anderen Länder dieses deutschen Reiches anschlossen. Deutsche gegen Franzosen – so einfach präsentierten sich auf einmal die Fronten. Reichspatriotismus also hatte dem Länderpatriotismus zu weichen, wenn man eine Chance gegen den scheinbar übermächtigen Feind haben wollte – das war schließlich auch die Botschaft der *Herrmannsschlacht* gewesen. Die Welt in ihrer Unübersichtlichkeit schien sich zu entwirren, Freund und Feind ließen sich deutlich voneinander unterscheiden, und der Stimme des Dichters würden nun alle lauschen wollen, denen es um dieses deutsche Reich zu tun war. So galt es denn, dessen Wert nun allen seinen Bürgerinnen und Bürgern beredt und eindringlich vorzustellen, damit sie gestärkt würden in der Auflehnung, der Insurrektion gegen die fremde Gewalt. Es war eine Situation so recht geschaffen für Heinrich von Kleist als Erlösung aus den Enttäuschungen des vergangenen Jahres und aus den Wirrnissen seines Lebens überhaupt. Es ist kein Wunder, daß er diese Gelegenheit mit all der Leidenschaft, Begeisterung, ja Inbrunst ergriff, zu denen er stets in der Lage war, wenn neue Pläne ihn gepackt hatten.

Also warf er sich in die Waage der Zeit und schrieb Gedichte und andere politische Texte, die von Österreich aus an alle Deutschen gerichtet sein sollten, und sogar das Konzept für ein eigenes Jour-

nal namens *Germania* entwarf er. Was dahinter über den Tag hinaus
an stillen Hoffnungen in Kleist verborgen lag, läßt sich nur ahnen.
Würde seine Popularität als patriotischer Sänger zugleich jenen seiner
Werke zugute kommen, die er gerade erst im *Phöbus* vorgestellt hatte,
denen sein Herz gehörte und von denen die Welt bisher so wenig wissen wollte? Würde auch etwas für seinen Lebensunterhalt, ja seine
Zukunft überhaupt dabei herauskommen, denn ein festes Einkommen
besaß Kleist auch jetzt noch nicht, und Theaterdichter in Wien zu
werden hatte ja bereits zu seinen Träumen gehört? Würde sein politisches Engagement ihm vielleicht den Weg dorthin ebnen? Was immer
jedoch sich an Wünschen in ihm bewegte – als politischen Opportu-
nismus darf man nicht mißverstehen, was Kleist damals tat und
schrieb, denn eben dazu war er so ganz unfähig.

Nichts bei Kleist ist einfach. Auf einen festen Standpunkt hat er
sich nie festlegen lassen, auch im Politischen nicht, obwohl er es sicher
zeitweilig wollte. Zu deutlich nahm er die Kräfte wahr, die im Inneren
der Menschen gegeneinander arbeiten, als daß er das gekonnt hätte.
Stärker isoliert als andere und dazu mit feinerer Wahrnehmungsfä-
higkeit ausgestattet, sah und hörte er sehr genau auf das, was in ihm
selbst vorging, und so war er nicht an theoretischer Durchdringung,
wohl aber an Spürsinn seiner Zeit weit voraus. Deshalb unterschied
sich am Ende das, was er schrieb, auch beträchtlich von der allgemeinen Kriegspropaganda der Zeit. Formal besaß die politische Literatur
der Napoleonischen Kriege ihr Muster in der Revolutionsliteratur
nach 1789 wie diese wieder in der religiösen Dichtung seit der Reformation. Schnelle Zirkulation ist Grundbedingung aller für den Tag
bestimmten Publizistik, und Flugblätter, Broschüren, kurzlebige Journale oder Zeitungen bildeten die Träger für Gedichte, Lieder, Auf-
rufe, Glaubensbekenntnisse, Katechismen und Satiren. Auch Kleist
bediente sich dieser Formen, als er in Dresden begann, sich in den
Apparat österreichischer Propaganda einbinden zu lassen, denn der
war offenbar beträchtlich und zugleich gut organisiert. Welche Rolle
er darin gespielt hat und ob er wohl gar als informeller Mitarbeiter
nachrichtendienstliche Aufgaben erhielt, bleibt freilich nur Vermutungen überlassen. Zum Handelnden war Kleist jedenfalls nicht
geschaffen, und man hat ihn wohl auch nicht recht ernst genommen.
Ein Hauch von Vergeblichkeit umgibt deshalb auch seine politischen
Schriften, denn nichts von ihnen ist zu Kleists Lebzeiten gedruckt

worden, vieles ist lediglich durch Ludwig Tiecks spätere Bemühungen um sein Werk erhalten geblieben, manches ist erst seit kurzem bekannt.[31]

Nur die große Ode der *Germania an ihre Kinder* zirkulierte schon bald nach ihrer Entstehung Anfang 1809 in einer Reihe von Handschriften. Sie ist das heute meistzitierte Beispiel für Kleists politische Publizistik geworden, teils weil sie sich an Schillers Ode *An die Freude* anlehnt und teils weil sie den gefährlichen «Furor teutonicus» in Reinkultur auszudrücken scheint. An das ganze Deutschland läßt Kleist darin die Stamm-Mutter aller Deutschen appellieren. Die Grenzen ihres Reiches umreißt sie großzügig von der Oder bis zum Rhein, von Nord- und Ostsee bis zum Mittelmeer, also bis zu Österreichs Besitzungen dort, und für den «Tag der Rache» sprengt sie die Syntax ganzer Sätze, indem sie den eigenen Nachwuchs in einer Ellipse anfeuert:

> Deutsche, muth'ger Völkerreigen,
> Meine Söhne, die, geküßt,
> In den Schooß mir kletternd steigen,
> Die mein Mutterarm umschließt,
> Meines Busens Schutz und Schirmer,
> Unbesiegtes Marsenblut,
> Enkel der Cohortenstürmer,
> Römerüberwinderbrut!

Wozu ein Chor die Anweisung hinzufügt:

> Zu den Waffen! Zu den Waffen!
> Was die Hände blindlings raffen!
> Mit der Keule, mit dem Stab,
> Strömt in's Thal der Schlacht hinab! [32]

Es sind Worte, aus denen sogleich deutlich wird, warum Kleist damit nicht ein die Massen begeisternder Poet hätte werden können. Allein das Bild der in den Schoß der Mutter kletternden Deutschen ist so außerordentlich, daß es sich eher für die Psychoanalyse des Autors als für die singbare Inspiration einer großen, auf ein Kampfziel gerichteten Menge eignet. Der Unterschied zum populär Patriotischen wird vollends sichtbar, wenn man eine Strophe aus Ernst Moritz Arndts *Aufruf an die Deutschen bei Schills Tode*, ebenfalls aus dem Jahre 1809, dagegen hält:

«Römerüberwinderbrut»: Die zweite Strophe von Kleists Ode
Germania an ihre Kinder *1809*

O eure tapfern Väter!
O eure großen Ahnen!
Die Helden der Germanen!
Das waren kühne Täter,
Nicht schöner Worte Sprecher,
Nein, stolzer Freiheit Kinder,
Tyrannenüberwinder,
Entnervter Tugend Rächer.[33]

Die Simplizität und Übersichtlichkeit der Arndtschen Verse mit ihren vollständigen Sätzen bedeutet zugleich ihre bessere Tauglichkeit zur Agitation. Kleist hingegen verlangte vom Leser oder Hörer eine starke Einbildungskraft und mit ihr die Fähigkeit, sich auf poetische Sprache einzulassen. Außerdem setzte er Kenntnisse voraus über den Stamm der Marsen und die römischen Kohorten, und schließlich war seine «Römerüberwinderbrut» – an der Grenze des Komischen – noch um ein Wortelement länger als Arndts «Tyrannenüberwinder», was sie gleichfalls nicht griffiger machte für politische Propaganda.

Provoziert haben dann in Kleists Ode freilich eher Strophen wie die folgende, auf den Umgang mit dem besiegten Feind bezogene:

> Alle Plätze, Trift' und Stätten
> Färbt mit ihren Knochen weiß;
> Welchen Rab' und Fuchs verschmähten,
> Gebet ihn den Fischen preis;
> Dämmt den Rhein mit ihren Leichen;
> Laßt, gestäuft von ihrem Bein,
> Schäumend um die Pfalz ihn weichen,
> Und ihn dann die Grenze sein!

Und der Chor jubelt dazu:

> Eine Lustjagd, wie wenn Schützen
> Auf die Spur dem Wolfe sitzen!
> Schlagt ihn tot! Das Weltgericht
> Fragt euch nach den Gründen nicht![34]

Die Vertierung des Gegners und damit die Metapher der Jagd, bei der man ja nicht mehr einem gleichrangigen Feind gegenübersteht, dem man Achtung schuldig ist, sondern einem inferioren Wesen ohne Seele, bedeutete, daß seine Vernichtung auch keiner moralischen Rechtfertigung mehr bedurfte; sie war Schädlingsbekämpfung. Enthalten ist aber auch in Kleists Versen die Behauptung, daß das Weltgericht, jene heilige Institution, die Schiller in der Weltgeschichte etabliert sah, nach der inhumanen Behandlung des Gegners nicht frage. Es war in der Tat Ausdruck eines Furors und hätte als Ouvertüre oder Epilog zur *Herrmannsschlacht* gut gepaßt. Nur für begeisternden Massengesang eignete es sich nicht. Daß Kleist freilich nicht allein stand mit solchem Furor, hat Theodor Körner deutlich gemacht, der es sich angelegen sein ließ, nun seinerseits Kleist zu übertreffen, wie dieser Schiller der

Zeit anzupassen versuchte. Bei Körner fahren die Feinde nicht besser; nur simpler, unmittelbarer und roher geht es zu:

> Und wenn sie winselnd auf den Knieen liegen
> Und zitternd Gnade schrein:
> Laßt nicht des Mitleids feige Stimme siegen!
> Stoßt ohn' Erbarmen drein!

> Ha welche Lust, wenn an dem Lanzenknopfe
> Ein Schurkenherz zerbebt,
> Und das Gehirn aus dem gespaltnen Kopfe
> Am blut'gen Schwerte klebt.[35]

Selbst im Furor war Kleist bildstärker und dachte in größeren Dimensionen, wenn er das Weltgericht beschwor, statt lediglich die Aufhebung einer christlichen Tugend als Maß zu setzen für alle Grausamkeit.

Aus Kleists politischer Publizistik des Jahres 1809 ist in späteren Zeiten vor allem noch der Aufruf *Was gilt es in diesem Kriege?* bekannt geworden, ein mächtiges rhetorisches Paradestück, das wahrscheinlich erst nach der Abreise aus Dresden entstanden ist. Es ist ein Lob der Deutschen, das weit über das hinausgeht, was in der sonstigen patriotischen Literatur und den Theorien des Widerstands gegen Napoleon als verteidigenswerte deutsche Eigenschaften gepriesen wird, weit entfernt von agitatorischer Vereinfachung oder Einfalt. Eine Gemeinschaft – das Wort steht über den Klassen und Parteien – gelte es zu verteidigen, «die, unbekannt mit dem Geist der Herrschsucht und der Eroberung, des Daseins und der Duldung so würdig ist, wie irgend eine; die ihren Ruhm nicht einmal denken kann, sie müßte denn den Ruhm zugleich und das Heil aller Übrigen denken, die den Erdkreis bewohnen». Luther, Leibniz, Gutenberg, Dürer, Cranach und Klopstock werden deshalb zusammen mit anderen illustren Namen der deutschen Kulturnation aufgerufen als Bürgen für diese Gemeinschaft, «die dem ganzen Menschengeschlecht angehört».[36] Angesichts der Untaten, die später in deutschem Namen begangen wurden und das Bild von diesem Land auf unabsehbare Zeit verdunkelt haben, sind es Sätze so wünschbar, wie sie sich nur denken lassen. Sie sind Zeugnisse für die geradezu rauschhafte Kraft von Kleists Sprache, aber auch von manchen Ambivalenzen. Nahe steht der Aufsatz jenen Erörterungen der Deutschheit als humaner Kraft unter anderen Nationen, wie sie am Ausgang des 18. Jahrhunderts Schiller oder Novalis vortrugen, näher als den schrillen Äußerungen über die Besonderheit der Deutschen bei Fichte und Arndt. Von kosmopolitischen und universalistischen Ideen wird bei Kleist gesprochen und auf Lessings Botschaft gegenseitiger Toleranz im *Nathan* angespielt. Aber wenn Kleists Aufruf mit der Vision schließt, daß das Dasein dieser deutschen Ur- und Kulturgemeinschaft «keine deutsche Brust überleben» könne und sie nur «mit Blut, vor dem die Sonne erdunkelt»,[37] zu Grabe gebracht werden könne, dann sind aus solch extremer Konsequenz bei allem Verständnis für die Übertreibung zu kriegerisch-agitatorischem Zweck doch auch wieder Spuren von einem Schaudern machenden Furor herauszuhören. Grundsätzlich freilich ist für alle patriotische Literatur dieser Jahre, und so auch für Kleists Schrift, zu bedenken, daß sie in einem politischen Vakuum entstand. Das Deutschland, das sie proklamierte, gab es nicht und hatte es nie gegeben. Es war ein Ideal, das sich nicht an der politischen Wirklichkeit messen ließ und sich in ihr hätte bewähren können oder gar müssen.

Kleist hat sich damals noch in anderen Formen versucht, einem *Katechismus der Deutschen, abgefaßt nach dem Spanischen, zum Gebrauch für Kinder und Alte*, wohl aus dem Mai 1809, und, früher noch, in einigen Satiren. Zu ihnen zählen ein *Lehrbuch der französischen Journalistik* und der fingierte *Brief eines rheinbündischen Offiziers an seinen Freund*, das Porträt eines eitlen, nur auf sein Wohlsein und seinen Tagesruhm bedachten preußischen Offiziers, der seine Loyalitäten mit dem Kriegsglück wechselt. Man hat überlegt, ob Kleist hier seinen Freund Rühle von Lilienstern oder Johann Adolph von Thielmann, den Generaladjutanten des sächsischen Königs, habe treffen wollen,[38] aber das Klischee vom Opportunisten, das Kleist in diesem kleinen Text entwirft, ist viel zu allgemein gehalten, als daß es sich auf bestimmte Personen beziehen könnte – ein Typus war gemeint. Überdies konnte ohnehin auf beide dergleichen Spott nicht zutreffen. Thielmann, den Napoleon einst durch sein Charisma für sich gewonnen hatte, war als Sachse nicht schlechterdings ein Überläufer, und Rühle hatte sich ausdrücklich von einer militärischen Rolle im bevorstehenden Krieg distanziert, was Kleist wußte. Außerdem aber war Rühle selbst in seiner *Reise eines Malers mit der Armee* nicht unkritisch gegenüber jenem «Haufen junger kriegslustiger Officiere» gewesen, «welche theils

ernsthafte Erfahrung, theils eine Gelegenheit begehren, in dem Treib-
hause des französischen Einflusses schneller die höchsten Ehrenstel-
len zu erklimmen, als es im Schneckengang des Friedens zu geschehen
pflegt.»[39] Schlüsselliteratur hat Kleist nie geschrieben, auch hier in
seiner Publizistik nicht.

Die genaue Chronologie aller Kleistschen patriotischen Schriften
läßt sich nicht sicher feststellen, so viel auch im einzelnen Genaues
eruiert worden ist. Zu ihnen gehörten jedenfalls noch eine Reihe weiterer Gedichte, so an den österreichischen Kaiser, an den Erzherzog
Carl Ludwig Johann, den Kriegsminister und kommandierenden
General des Kaisers, ein *Kriegslied der Deutschen* und schließlich *Das
letzte Lied*. Am 8. Juli 1815 erschien es zum erstenmal gedruckt in den
Wiener *Friedensblättern*. Es werde den Dank des wiedererstandenen
Vaterlandes «immer neu entflammen», hieß es dort, «dem unglücklichen Sänger aber, der nicht den Sieg erleben sollte, der in den Tagen
der Heimsuchung, als eines der theuersten Opfer, verzagend fiel,
indem er ungeduldig – davon ging, ihm wird die Erinnerung an jene
Zeit ein billiges Bedauern zollen.» Tatsächlich war das Gedicht, so
prophetisch es auch klang, schon im April 1809 in Dresden zu Beginn
des Krieges entstanden.[40]

4. Letztes Lied

Am 29. April 1809 hatte Heinrich von Kleist Dresden in Richtung Süden verlassen, also der österreichischen Grenze zu. Was ihn unmittelbar dazu veranlaßte, ob ein Auftrag Buols, des österreichischen Geschäftsträgers, der vor ihm schon abgereist war, ob die Absicht ihn drängte, mit seinen patriotischen Schriften wirken zu wollen, dort wo der Krieg gegen Napoleon bereits begonnen hatte, läßt sich nicht eindeutig feststellen. Vielleicht mußte er einfach wie die meisten anderen Fremden gehen, weil er preußischer Staatsbürger war. Kleist reiste indes nicht allein, sondern mit einem Gefährten, von dem bisher in seinem Dresdner Dasein nicht die Rede gewesen war: Friedrich Christoph Dahlmann, der sich später einen bedeutenden Ruf als Historiker erwarb und 1837 mit Gervinus und den Brüdern Grimm zu jenen «Göttinger Sieben» gehörte, die gegen die Suspension der Hannoverschen Verfassung durch König Ernst August protestierten. Engagement für eine gute, ehrenwerte politische Sache bewegte ihn nun offensichtlich bereits in seiner Jugend. Dahlmann, aus Wismar stammend und noch nicht ganz vierundzwanzig, hatte klassische Philologie studiert und die *Wolken* von Aristophanes neu übersetzt, aus denen er Teile im *Phöbus* gedruckt zu sehen hoffte. Der *Phöbus* jedoch hatte inzwischen sein Ende gefunden, als Dahlmann um die Jahreswende von 1808 auf 1809 nach Dresden kam. Dafür machte ihn dort bei einem Spaziergang der Maler Ferdinand Hartmann wenigstens mit einem der Herausgeber bekannt, also dem um acht Jahre älteren Kleist. Was beide sogleich verband, waren deutsch-patriotische Hoffnungen für den Krieg gegen die Franzosen, wie immer undeutlich oder poetisch beschwingt diese Hoffnungen auch sein mochten. Auch für Dahlmanns Übersetzung mochte sich Kleist interessiert haben, denn damals, 1803, als er am *Zerbrochnen Krug* schrieb, hatte er sich Aristophanes' Komödie aus der Dresdner Bibliothek ausgeliehen. Kleist und Dahlmann waren Norddeutsche, und in der Ausweitung eines österreichischen Krieges ins Gesamtdeutsche sah man die besten

Aussichten auf ein Gelingen des großen Zieles der Befreiung von der Fremdherrschaft. So begannen also die beiden zu Fuß die gemeinsame Reise, und zwar als «Reisesiamesen»,[41] wie Dahlmann das später genannt hat, weil auf ihrem österreichischen Paß beider Namen stand, so daß sie untrennbar «wie ein paar Eheleute» unterwegs sein mußten. Wie weit aus einem Zweckbündnis wirkliche Freundschaft zwischen beiden entstand, ist nicht bekannt. Interessen und Ansichten teilten sie im Augenblick gewiß; später haben sie sich dann wieder aus den Augen verloren.

Auf den Krieg hatte in den letzten Wochen alles zugearbeitet. In einem Brief aus Dresden vom 26. Februar 1809 in Rühle von Liliensterns *Reise eines Malers mit der Armee im Jahre 1809* ist bereits von Bewegungen sächsischer Truppen und den Rüstungen Österreichs in diesen Tagen zu lesen.[42] Ende März begann dann der Truppenaufmarsch im Donauraum, und Anfang April marschierten österreichische Truppen in den Rheinbundstaat Bayern ein. Die Lage schien günstig, denn Napoleon war gebunden durch die Kämpfe in Spanien. Nur war er dann doch schnell genug zur Hand, als sein Einfluß in Mitteleuropa bedroht wurde; Anfang Mai zog er bereits mit seiner *Grande Armée d'Allemagne* in Wien ein und brachte damit die österreichische Machtzentrale in seine Hand, wie ein knappes Jahr später dann auch eine österreichische Kaiserstochter, um eine Napoleoniden-Dynastie für sich als Kaiser von Europa zu begründen. Der österreichisch-französische Krieg hatte begonnen, und gegen seinen Hintergrund entstanden die politisch-patriotischen Schriften Kleists.

Kleists und Dahlmanns Weg führte sie zunächst bis Teplitz. «Was ich nun eigentlich in diesem Lande thun werde, das weiß ich noch nicht; die Zeit wird es mir an die Hand geben, und du es alsdann, hoffe ich, auch erfahren. Für jetzt gehe ich über Prag nach Wien»,[43] schrieb er am 3. Mai von dort an die Schwester Ulrike. Viel hat Ulrike von Kleist dann dennoch nicht davon erfahren und ebensowenig die spätere Kleist-Forschung. Erst Ende November 1809 war er wieder in Preußen zurück, in Frankfurt an der Oder. Kleists sechs Monate auf österreichischem Territorium sind spärlich belegt – nur fünf Briefe existieren aus dieser Zeit – und teilweise ist sein Leben dort bis heute im dunkeln geblieben, eine weitere jener mysteriösen Phasen in seinem Leben, die nicht von Glück oder Erfolg sprechen. Dergleichen Undurchdringlichkeit befördert natürlich die Phantasie. Mutmaßungen und die Schlußfolgerungen aus ihnen, Gerüchte und Anekdoten umranken Kleists Bild aus dieser Zeit, das ohne feste Konturen ist. Von Hartmann in Dresden soll er sich eine «Quantität Arsenik» haben besorgen wollen, um Napoleon umzubringen, hieß es.[44] Die Biographie des nachmaligen Feldmarschalls Karl Friedrich von dem Knesebeck weiß zu berichten, daß dieser als Oberst damals in Znaim «durch eine Unvorsichtigkeit seines Freundes Heinrich von Kleist, des Dichters», mit einem «Pistolenschuß in den Arm verwundet» worden sei – tatsächlich hatte Kleist ein paar geladene Pistolen liegen gelassen, mit denen dann ein junger Offizier das Unheil anrichtete.[45] Friedrich von Pfuel, der Bruder von Kleists Freund Ernst von Pfuel, sah Kleist in Österreich «in geheimer Mission»[46] unterwegs. Achim von Arnim wiederum erfuhr im September 1809, daß Kleist «in Prag bei den barmherzigen Brüdern gestorben» sei, während Brentano lediglich vom Prager Spital als seinem letzten Ort wußte.[47] Für Scheffner in Königsberg schließlich waren es die «bei Wagram erhaltenen Wunden», durch die Kleist sein Ende gefunden habe. Tatsächlich hat Kleist tief unter dieser schweren Niederlage der Österreicher gelitten, aber nicht irgendwelcher Wunden wegen, weil er gar nicht dabei war, wie er sich überhaupt nicht aktiv in das militärische Geschehen eingemengt hat. Nahegekommen ist er ihm dennoch, allerdings nicht «bei Wagram».

Seit Kriegsbeginn waren die gegnerischen Armeen verschiedentlich aufeinandergestoßen, und Napoleon hatte immer wieder sein Feldherrngenie unter Beweis gestellt, bis ihm schließlich dann doch die Fortüne entglitt. Unter dem 25. Mai 1809 schreibt Rühles reisender Maler – halb fiktiver, halb autobiographischer Erzähler – aus Linz: «Es ist nicht meine Phantasie gewesen, die mir den 20ten und 22sten ein Gaukelspiel vorgemacht hat, sondern es ist wirklich an diesen beiden Tagen, wenige Stunden hinter Wien, bei den Dörfern Groß-Aspern und Eslingen eine der blutigsten Schlachten unseres Jahrzehnds gefochten worden.»[48] Es war eine Schlacht, die Napoleon seine erste Niederlage nach zwölf Jahren Krieg brachte. Die Verluste waren zwar auf beiden Seiten gleich groß, und der militärische Vorteil der Österreicher gering, besonders da ihn der entschlußlose Erzherzog Carl nicht zu nutzen verstand, aber Napoleons Nimbus der Unbesiegbarkeit immerhin war gebrochen. Ihm, dem Erzherzog Carl, widmete Kleist sogleich ein Gedicht «nach der Schlacht bei Aspern. Den 21sten und 22sten Mai 1809», in dem er ihn als den «Überwinder des Unüberwindlichen»[49] feierte. Kleist wußte, wovon er schrieb, denn beide, Dahlmann und er, waren inzwischen bis an die Donau in die Nähe von Wien vorgedrungen. Am zweiten Tag der Schlacht sei er, wie Kleist Buol mitteilt, in Enzersdorf gewesen, einem Ort etwas östlich von Aspern, der nicht in die Kämpfe einbezogen war, und er habe von dem, was er dort sah, einen Bericht geschrieben, der nach Prag an den Grafen Kolowrat-Liebsteinsky gegangen sei, einen Förderer Kleists, Stadthauptmann von Prag und führende Gestalt in der antinapoleonischen Agitation in Böhmen. Dem folgt dann noch der Satz: «Wir gehen heute, Dahlmann und ich, auf das Schlachtfeld nach Kakeran und Aspern, um Alles zu betrachten, und uns von dem Gang der Begebenheiten zu unterrichten.»[50] Dahlmann hat dann viele Jahre später von seinen Erinnerungen an diese Expedition berichtet: «Zwei Tage nach der Schlacht von Aspern erlebten wir, die das Schlachtfeld zu betrachten kamen, einen sonderbaren Auftritt. Beim Hin- und Herwandern standen wir der Lobau gegenüber, und ich fragte, auf einen schmalen Arm der Donau zeigend, einen Bauern, der Kugeln sammelte, ob die Franzosen hier eine Brücke gebaut oder die Furt, die nicht tief schien, durchwatet hätten? Der ehrliche Mann verstand das so, als ob ich zu den Franzosen auf der Lobau hinüber wolle, und machte gleich seine Anzeige. Als aber auf den Lärm von zwei Spionen sich eine große Schaar von Soldaten schimpfend um uns sammelte, da war es ein halb trauriger halb komischer Anblick, wie Kleist seine franzosenfeindlichen Gedichte aus der Tasche zog und dadurch Wunder zu wirken glaubte. Allein selbst bei den Officieren that das keine andere Wirkung, als daß die Einen zur Schmach eines ehrenvollen Namens Kleisten fragten, ob er dem Magdeburger Kleist verwandt sei, die Andern aber, welche Einzelnes in den Gedichten lasen, dem Verfasser Vorwürfe machten, daß er sich in Politik und überhaupt in Dinge mische, die einen guten Unterthanen gar nichts angingen. Die Sache selbst war ungefährlich und ward durch den Feldmarschall Grafen Hiller, in dessen Hauptquartier zu Neustädtl wir geführt wurden, unmittelbar mit großer Freundlichkeit beendigt.»[51]

Die Episode ist erinnernswert in mancher Hinsicht. Viel sagt sie aus über die Kriegführung in vergangenen Zeiten, da Schlachten von begrenzter Dauer waren und im wesentlichen auf Schlachtfelder beschränkt blieben, auf denen man hinterher Kugeln sammeln oder die man als Schlachtenbummler besichtigen konnte. Gemütlicher war das Kämpfen sicher nicht; Angst, Schmerzen und Tod dürften sich über die Zeiten gleich geblieben sein. Daß Kleist erleben mußte, wie sein Name durch den General Franz Kasimir von Kleist, der als Kommandant von Magdeburg im November 1806 die Stadt kampflos den Franzosen übergeben hatte, lädiert worden war, mag ihm nichts Neues gewesen sein, ebensowenig, daß er wieder einmal in den Verdacht geriet, Spion zu sein. Nahe gegangen sein dürfte es ihm aber, als er die tiefe Kluft wahrnehmen mußte, die zwischen Kunst und Handeln besteht, denn mit seinen Gedichten und Schriften zur patriotischen Aktion aufzurufen war er ja gerade ausgezogen. Die Vergeblichkeit seines Schreibens hat er hier auf eine ganz andere Art erfahren, wobei nun eben charakteristisch für Kleist war, daß er überhaupt ein solches Wunder erhoffte. Ein rationaler Kalkül hinsichtlich der Wirkungsmöglichkeiten von Poesie lag ihm fern, was ihm sein ganzes Leben hindurch manches Leid und manche Enttäuschung bereitet hat.

Was eigentlich wollte Kleist in Österreich? Daß ihn stets der Wunsch leitete, mit Worten Menschen zu bewegen – eine Uraufgabe aller Literatur – steht außer Zweifel, aber nun eben wollte er auch unmittelbar damit in ein politisch-militärisches Geschehen eingreifen, wie immer unklar ihm sein mochte, wie das dann im einzelnen anzustellen war. Ebenso ist anzunehmen, daß er sich als eine Art Kriegsberichterstatter sah, und konspirativen Aufträgen war er sicher ebensowenig abgeneigt, obwohl sie ihm die Forschung später reichlicher zugeteilt hat als seine Zeitgenossen es damals taten; Konkretes ist der Natur solcher Tätigkeit entsprechend ohnehin schwer faßbar. Von Teplitz war Kleist mit Dahlmann nach Prag gegangen, das nach der Besetzung Wiens durch die Franzosen nun der eigentliche Mittelpunkt österreichischen Widerstands geworden war. Vieles und viele trafen dort zusammen. 1809 hatte die Stadt rund 70000 Einwohner, aber sie war überfüllt von zeitweiligen Besuchern aus dem gesamten Gebiet des einstigen Reiches.[52] Kolowrat und Gentz waren dort, aber ebenso Preußen wie Knesebeck und Friedrich von Pfuel und zeitweise auch Kleists Freund Ernst von Pfuel. Deren Absichten oder Missionen liefen darauf hinaus, Verbindungen zwischen Österreichern und Preußen sowie anderen im nördlichen Deutschland agierenden Widerstandsgruppen, den Freischaren, herzustellen. Viel unfreiwillige Muße gehörte dazu, wie stets in Kriegssituationen. So konnte Kleist vorlesen oder vorlesen lassen, denn seine *Herrmannsschlacht* trug er bei sich

und die politischen Schriften auch. Aber mit ihnen hatte er, hoffnungs-
voller Publizist, der er war, noch den besonderen Plan, «ein Journal,
oder eigentlich ein Wochenblatt, unter dem Titel: Germania, herausgeben zu dürfen». «Jetzt, oder niemals» sei es die Zeit, hieß es in Kleists
Einleitung – auf Lessings Prophetie in der *Erziehung des Menschengeschlechts* anspielend –, daß man den Deutschen sage, «was sie ihrerseits
zu tun haben, um der erhabenen Vormundschaft, die sich über sie eingesetzt hat, allererst würdig zu werden». «Hoch, auf dem Gipfel der
Felsen, soll sie sich stellen», diese *Germania*, «und den Schlachtgesang
herab donnern ins Tal! Dich, o Vaterland will sie singen».[53]

Aber so hoch sich auch Kleists Begeisterung schwang – die langsam sich bewegende österreichische Bürokratie, Konkurrenzneid
anderer Publizisten wie Friedrich Schlegel und schließlich der Franzosenkaiser selbst sorgten dafür, daß diese Germania keinen Gipfel erklomm. Was immer an Hoffnungen für eine Erhebung aller Deutschen
noch bestehen mochte – Napoleons Sieg bei Wagram am 5./6. Juli
1809 machte sie zunichte und beendete effektiv den österreichisch-
französischen Krieg. Ein paar Tage danach kam es zum Waffenstillstand von Znaim und am 14. Oktober dann zum Frieden von Schön-
brunn. Über Mitteleuropa kehrte für ein paar Jahre der Friede zurück.
Als Kleist bald nach der Niederlage von Wagram noch einmal den
Entwurf zu einem fingierten Manifest des Kaisers Franz *Über die Rettung Österreichs* niederschrieb, da standen darin Dinge von solcher
Radikalität, daß es Kaiser Franz samt seinen Beratern geschaudert
hätte, wenn sie es zu Gesicht bekommen hätten. Nicht für seine Unabhängigkeit, ja nicht für das «Dasein ihres Thrones» solle die Regierung Österreichs fechten, sondern für «Gott, Freiheit, Gesetz und
Sittlichkeit», also für Werte jenseits aller regionalen Interessen. Eine
«große und gewaltige Nationalerhebung» sei zu bewirken, das «deutsche Reich» solle wieder als vorhanden erklärt werden, alle Deutschen
«vom 16t bis 60t Jahr» zu den Waffen greifen und dem Reiche eine
Verfassung gegeben werden, die einem Reichstage «am Zweckmäßig-
sten» erscheine.[54] Manches klang, als wenn Herrmann-Arminius persönlich bei der Abfassung beteiligt gewesen wäre, so wenn es gelte zu
begreifen, «daß der Sieg, wenn ihn der höchste Gott uns schenkt, um
keine Thräne zu theuer erkauft sei, wenn auch der Werth des ganzen
Nationalreichthums im Kampf vernichtet würde, und das Volk so
nackt daraus hervorgienge, wie vor 2000 Jahren aus seinen Wäldern.»[55]

Wie weitschauend es auch gedacht war, wenn dynastische Belange zurückgestellt werden sollten gegen solche des Reiches, wie nah die Idee allgemeiner Volksbewaffnung dem kam, was die preußischen Reformer wie Stein für die Regeneration ihres Staates entwarfen – mit derartigen Gedanken wie mit patriotischer Literatur überhaupt war nun fürs erste in Österreich nichts mehr anzufangen.

Am 17. Juli 1809 schrieb Kleist, die Summe seines patriotischen Wanderjahres ziehend, der Schwester:

> Noch niemals, meine theuerste Ulrike, bin ich so erschüttert gewesen, wie jetzt. Nicht sowohl über die Zeit – denn das, was eingetreten ist, ließ sich, auf gewisse Weise, vorhersehen; als darüber, daß ich bestimmt war, es zu überleben. Ich gieng aus D[resden] weg, wie Du weißt, in der Absicht, mich mittelbar oder unmittelbar, in den Strom der Begebenheiten hinein zu werfen; doch in allen Schritten, die ich dazu that, auf die seltsamste Weise, contrecarrirt, war ich genöthigt, hier in Prag, wohin meine Wünsche gar nicht giengen, meinen Aufenthalt zu nehmen. Gleichwohl schien sich hier, durch B[uol], und durch die Bekanntschafften, die er mir verschaffte, ein Wirkungskreis für mich eröffnen zu wollen. Es war die schöne Zeit nach dem 21t und 22t Mai, und ich fand Gelegenheit, einige Aufsätze, die ich für ein patriotisches Wochenblatt bestimmt hatte, im Hause des Grf. v. Kollowrat, vorzulesen. Man faßte die Idee, dieses Wochenblatt zu Stande zu bringen, lebhaft auf, Andere übernahmen es, statt meiner, den Verleger herbeizuschaffen, und nichts fehlte, als eine höhere Bewilligung, wegen welcher man geglaubt hatte, einkommen zu müssen. So lange ich lebe, vereinigte sich noch nicht soviel, um mir eine frohe Zukunft hoffen zu lassen; und nun vernichten die letzten Vorfälle nicht nur diese Unternehmung – sie vernichten meine ganze Thätigkeit überhaupt. [...]
>
> Was ich ergreifen werde, wie gesagt, weiß ich nicht; denn wenn es auch ein Handwerk wäre, so würde, bei dem, was nun die Welt erfahren wird, nichts herauskommen. Aber Hoffnung muß bei den Lebenden sein.[56]

Und auch eine Art poetischen Epilog, jenes «Letzte Lied», gibt es von Kleists Hand, wenngleich es früh schon in diesem Jahr, noch in Dresden, geschrieben worden war, als der Krieg erst in seinen Anfängen stand, aber bereits die Nachrichten von den ersten Niederlagen gegen Napoleon eintrafen. Cum grano salis sind die Verse zugleich als ein elegisches Schlußwort unter Kleists Unternehmen im Dienste des

«Vaterlandes» überhaupt zu lesen, ein Schlußwort unter den Versuch, sich als Dichter in die «Welthändel» – ein Modewort von damals – zu mischen, nur daß eben jetzt, Mitte 1809, das Panier des triumphierenden Gegners bereits überall aufgepflanzt war:

> Und stärker rauscht der Sänger in die Saiten,
> Der Töne ganze Macht lockt er hervor,
> Er singt die Lust, für's Vaterland zu streiten,
> Und machtlos schlägt sein Ruf an jedes Ohr,
> Und wie er, flatternd, das Panier der Zeiten,
> Sich weiter pflanzen sieht, von Tor zu Tor,
> Schließt er sein Lied; er wünscht mit ihm zu enden,
> Und legt die Leier weinend aus den Händen.[57]

XI. NOCH EINMAL BERLIN

1. Zwei Rückkehrer

Um die Jahreswende von 1809 auf 1810 konnte Berlin zwei Rück-
kehrer begrüßen. Am 4. Februar 1810 sei «Hr. von Kleist, Lieutenant
a. D.» im Hotel de Prusse angekommen, meldet das Berliner Intelligenzblatt drei Tage später.[1] Nicht sagen läßt sich, ob er womöglich
auch schon jener «Major v. Kleist» war, der «schöne, große, ernste
Mann», der bereits am 15. Dezember 1809 im Hause Adam Müllers
bei einer Abendgesellschaft dabei war, auf der eine Frau von Werdeck, «dik und kokkett», viel von ihren Reisen erzählte, obwohl es
sonst ziemlich steif zuging, wie der einundzwanzigjährige Joseph von
Eichendorff in seinem Tagebuch festhält.[2] Die Attribute des Schönen
und Großen sind sonst von denen, die ihn kannten, auf Kleist nicht
angewendet worden, aber solche Eindrücke sind subjektiv, und im
Rang darf man sich schon einmal nach oben irren. Es wäre nicht ohne
eine gewisse Pikanterie, Kleist hier nach Jahren in der Gesellschaft
seiner einstigen Briefpartnerin und Reisebekanntschaft Adolphine
von Werdeck wiederzufinden. Tatsächlich war er nach der Rückkehr
aus Böhmen im November in Frankfurt an der Oder gewesen, also in
der Nähe Berlins, aber andererseits war «Kleist» kein seltner Name in
Preußen.[3] Ernst Moritz Arndt allerdings will Heinrich von Kleist «im
Winter 1809»[4] beim Verleger Reimer getroffen haben, aber Winter
wiederum ist ein dehnbarer Begriff. Wie dem auch sei – der andere
Heimkehrer war groß und ernst, an seiner Identität bestand kein
Zweifel, nur war er nicht Lieutenant a. D. oder Major, sondern König:
am 23. Dezember hielten Friedrich Wilhelm III. und seine Königin
Louise ihren feierlichen Einzug in Berlin nach der Rückkehr aus dem
ostpreußischen Exil. Man vermietete in den Straßen, durch die der
Festzug gehen sollte, die Fenster – «à 8 Rth.» – wie Eichendorff
notiert. Es lohnte sich für ihn: «Zum Niederknien war es, wie nun der
König, da eben der Zug etwas stokte, vor unseren Fenstern stehen
blieb u. mit wahrhaft hohem Anstande nach allen Seiten hin grüßte,
während die Schnupftücher immer fort winkten und das Volk rührend

Friedrich Wilhelms III. Einzug in Berlin am 23. Dezember 1809.
Kupferstich von F. A. Kahlau

die Hüte schwenkte u. brüllte. Hinter dieser Suite des Königs kam nun die Königin in einem brillanten, gedekten Wagen mit 8 himmlischen Pferden, die so wie die 4 Bedienten, welche hinten standen, vor Silber strozten.» Und in Parenthese fügte der Diarist noch hinzu: «Diese Equipage, 20,000 Rth. an Werth, hatte die hiesige Bürgerschaft der Königin geschenkt u. bis vors Thor entgegengeschikt.»[5]

Sie hätte sparsamer sein sollen, diese Bürgerschaft, denn der König kam in ein armes Land zurück, und triumphal war seine Rückkehr ohnehin nicht, denn Friedrich Wilhelm III. kam auf Geheiß Napoleons. Am 3. Dezember 1808 hatten die letzten französischen Truppen Berlin geräumt, da der Kaiser sie anderswo brauchte, wo man sich militant gegen ihn auflehnte, besonders in Spanien. Aber Preußen war inzwischen auch keine europäische Großmacht mehr, die man fürchten mußte. Nach dem Frieden von Tilsit im Juli 1807 hatte es im Westen fast die Hälfte seines Staatsgebiets verloren und war zur Zahlung einer immensen Kriegsentschädigung an Frankreich verpflichtet worden. Berlin selbst war von 172 000 Einwohnern im Jahre 1800 auf 145 000 geschrumpft und mit viereinhalb Millionen Talern verschuldet, eine Schuld, die übrigens endgültig erst 1861 getilgt wurde. Daraus entstand indes auch ein entschiedener Antrieb für die Reformen der Wirtschaft und des gesamten Staatswesens in den folgenden Jahren. Leitender Minister war im Augenblick Karl von Stein zum Altenstein, Kleists Gönner also, nur daß dessen Tage im Dienste des Königs gezählt waren. Im November 1808 hatte Altenstein auf Druck Napoleons den Freiherrn vom Stein ersetzt, der wegen geheimer Pläne zu einer Insurrektion gegen Frankreich in Ungnade gefallen war. Stein seinerseits hatte nach dem Frieden von Tilsit 1807 Carl August von Hardenberg in diesem Amt abgelöst. Nun aber setzte sich der stärkere politische Wille Hardenbergs dem Intellektuellen und Ästheten Altenstein gegenüber durch. Am 4. Juni 1810 demissionierte Altenstein und zog sich auf seinen schlesischen Besitz zurück. König, Königin, Politiker, Staatsbeamte und eine Reihe von Denkern und Dichtern, denen er sich selbst mit Fug und Recht zuzählen durfte: die wichtigsten *dramatis personae* für das letzte Kapitel im Leben Heinrich von Kleists scheinen im Moment seiner Rückkehr nach Berlin bereits beisammen zu sein. Nur hielt die unvorhersagbare Wirklichkeit dann auch noch Überraschungen bereit. Ort des Geschehens jedenfalls blieb Berlin, und die Mauerstraße 53, in die Kleist Anfang Februar 1810 einzog, wurde auch seine letzte Adresse.

Verlassen hatte Kleist Berlin als festen Wohnsitz im Mai 1805, damit er in Königsberg ein tüchtiger preußischer Beamter werde. Jetzt, knapp fünf Jahre später, war er ein deutscher Schriftsteller geworden, freilich noch ohne jene öffentliche Aufmerksamkeit, die als Wunsch schon vom Wort her in allem Publizieren, diesem «An-die-Öffentlichkeit-Bringen», einbegriffen ist. Das hieß aber gleichzeitig, daß Kleist auch weiterhin kein Geld hatte, bloß kam er diesmal nicht, um eine Anstellung zu suchen, sondern um seiner Werke willen, der fertigen, gedruckten oder ungedruckten, und ebenso der halbfertigen oder erst geplanten. So versuchte er denn, nach Maßgabe seiner Möglichkeiten in sein neues Leben Ordnung und Halt zu bringen. Am 19. März 1810 lud er die vertraute Schwester Ulrike ein:

> könntest du dich nicht entschließen, auf ein oder ein Paar Monate, nach Berlin zu kommen, und mir, als ein reines Geschenk, deine Gegenwart zu gönnen? Du müßtest es nicht begreifen, als *ein Zusammenziehen mit mir*, sondern als einen freien, unabhängigen Aufenthalt, zu deinem Vergnügen; Gleißenberg, der, zu Anfang Aprills, auf drei Monate nach Gulben geht, bietet dir dazu seine Wohnung an. Du

würdest täglich in Altensteins Hause sein können, dem die Schwester die Wirthschaft führt, und der seine Mutter bei sich hat; würdige und angenehme Damen, in deren Gesellschaft du dich sehr wohl
befinden würdest. Sie sehen mich nicht, ohne mich zu fragen: was
macht Ihre Schwester? Und warum kömmt sie nicht her? Meine Antwort an den Minister ist: es ist mir nicht so gut gegangen, als Ihnen;
und ich kann sie nicht, wie Sie, in meinem Hause bei mir sehn. Auch
in andre Häuser, als z. B. beim Geh. Staatsrath Staegemann, würde
ich dich einführen können, dessen du dich vielleicht, von Königsberg
her, erinnerst.

Der Weg zu Erfolg und öffentlicher Achtung scheine sich zu ebnen:

Ich habe der Königinn, an ihrem Geburtstag, ein Gedicht überreicht,
das sie, vor den Augen des ganzen Hofes, zu Thränen gerührt hat; ich
kann ihrer Gnade, und ihres guten Willens, etwas für mich zu thun,
gewiß sein. Jetzt wird ein Stück von mir, das aus der Brandenburgischen Geschichte genommen ist, auf dem Privattheater des Prinzen
Radziwil gegeben, und soll nachher auf die Nationalbühne kommen,
und, wenn es gedruckt ist, der Königinn übergeben werden.

Und auch der Schwester falle eine Rolle dabei zu:

Was sich aus allem diesen machen läßt; weiß ich noch nicht; ich
glaube es ist eine Hofcharge; das aber weiß ich; daß du mir von großem Nutzen sein könntest. Denn wie manches könntest du, bei den
Altensteinschen Damen, zur Sprache bringen, was mir, dem Minister
zu sagen, schwer, ja unmöglich fällt. Doch ich verlange gar nicht, daß
du auf diese Hoffnungen etwas giebst; Du müßte[st] auf nichts, als
das Vergnügen rechnen, einmal wieder mit mir, auf einige Monate,
zusammenzusein. [...] Wie glücklich wäre ich, wenn du einen solchen
Entschluß fassen könntest! Wie glücklich, wenn ich deine Hand küssen, und dir über tausend Dinge Rechenschafft geben könnte, über
die ich jetzt dich bitten muß, zu schweigen.[6]

Die Frage liegt nahe, wie Ulrike von Kleist, die ihren Bruder kannte
und liebte, diesen Brief gelesen haben mag. Daß sie aus alter Erfahrung an seinen neuen Hoffnungen zweifeln könnte, hielt er selbst für
möglich. Wie nahe aber stand er nun wirklich Altenstein und was
hätte dieser für ihn überhaupt tun können oder wollen, wenn er nicht
nach einem neuen Amt strebte? Unsicherheit spricht aus Kleists Brief
selbst. Was im übrigen hätte eine «Hofcharge», ein Amt, eine Ehren-
stelle bei Hofe, tatsächlich bedeutet? Und wie stand es mit jenem

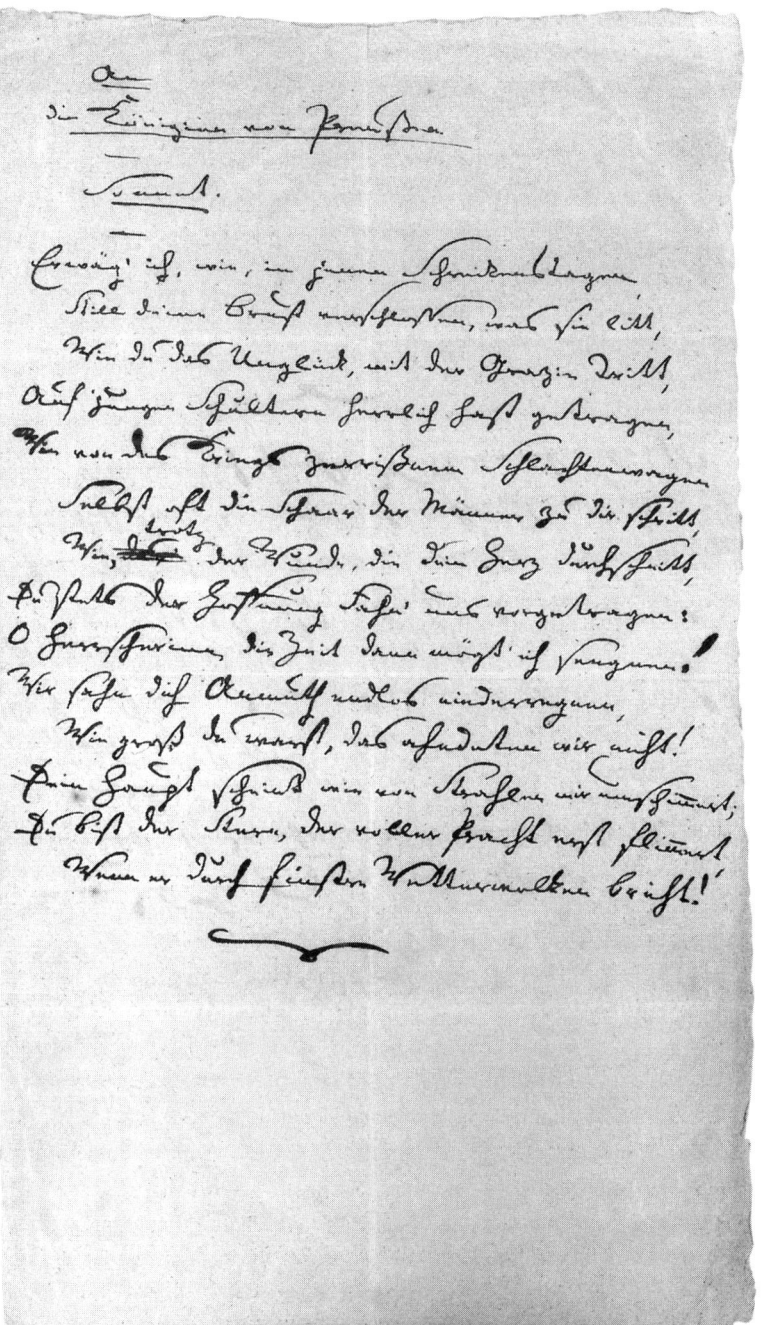

Kleists Geburtstagssonett An die Königinn von Preußen *Frühjahr 1810*

Stück aus der Brandenburgischen Geschichte? Es ist die erste Erwähnung von Kleists *Prinz Friedrich von Homburg*. Aber war das Werk wirklich fertig und aufführungsbereit? Weder beim Prinzen Radziwill noch auf dem Nationaltheater ist es gegeben worden, und erst im Juni des nächsten Jahres war dann überhaupt wieder bei ihm selbst die Rede davon. Nein, Kleists Brief an die Schwester ist kein Dokument eines ruhigen, zukunftssicheren Optimismus, sondern eines blanker Sorge und vor allem eines großer Einsamkeit. Ulrike von Kleist ist damals, aus welchem Grund auch immer, nicht nach Berlin gezogen.

Kleists Held, der Prinz von Homburg, der viel auf sein Glück hofft, hält am Ende des ersten Aktes einen kleinen siegessicheren Monolog auf Fortuna, die Göttin mit dem Füllhorn:

> Nun denn, auf Deiner Kugel, Ungeheures,
> Du, der der Windeshauch den Schleier heut,
> Gleich einem Segel lüftet, roll' heran!
> Du hast mir, Glück, die Locken schon gestreift [...]. (Vs. 355–358)

Der Prinz wird einen peinvollen Prozeß durchzumachen haben, ehe er am Ende vielleicht etwas mehr erfahren kann über die Launen der Göttin und über das, was sich von Leben zu Leben unter Glück verstehen läßt. Kleists eigene Erfahrungen mit der Göttin waren weniger dramatisch, aber ebenso nachhaltig. Altenstein, auf den so viele Erwartungen zielten, quittierte also am 4. Juni, knapp drei Monate nach Kleists Brief an die Schwester, sein Amt. Am 19. Juli starb Königin Louise und mit ihr eine weitere Hoffnung Kleists. Die kleine Pension, die Marie von Kleist, wohl aus eigener Schatulle, aber offiziell im Namen der Königin an Kleist gezahlt hatte, fiel weg. Und wo die Göttin sich vielleicht noch neutral verhielt, half Kleist durch Unüberlegtheiten, Ungeschicklichkeiten oder Taktlosigkeiten selbst nach, sie gegen sich zu stimmen, was ihm im übrigen bewußt war und was er an sich selbst verdammte, es aber dennoch nicht von Moment zu Moment beherrschen konnte.

Der sensationellste Fall ereignete sich am 12. August. Kleist hatte Iffland, dem Direktor des Berliner Nationaltheaters, sein *Käthchen von Heilbronn* eingereicht in der Hoffnung, es aufgeführt zu sehen. Eine Entscheidung stand noch aus, als Kleist das Manuskript zurückerbat, um es Reimer zum Druck anzubieten. In Wirklichkeit war wohl zugleich eine verhohlene Mahnung an Iffland gemeint, er möge sich

August Wilhelm Iffland als Franz Moor.
Kupferstich nach Franz Ludwig Catel (1806)

Georg Andreas Reimer.
Gemälde von Daniel Berger (um 1805)

rasch entscheiden; in Wien sei das Stück im März «bei Gelegenheit
der Vermählungsfeierlichkeiten»[7] Napoleons und Marie-Louises von
Österreich bereits aufgeführt worden, wie Kleist ihm mitteilte. Das
Käthchen kam indes zu ihm mit der Nachricht zurück, daß es «ohne
gänzliche Umarbeitung, auf der Bühne sich unmöglich halten könne,»[8]
was Kleist dann quittierte mit einem bissigen Brief an Iffland, den
er mit einer Anspielung auf dessen Homosexualität krönte: «Es
thut mir Leid, die Wahrheit zu sagen, daß es ein Mädchen ist; wenn
es ein Junge gewesen wäre, so würde es Ew. Wohlgebohren wahrscheinlich besser gefallen haben.»[9] Der Skandal war perfekt zum süffi-
santen Vergnügen der Berliner Gesellschaft. Kleist aber hatte die
Türen des Nationaltheaters fest und dauerhaft vor sich zugeschlagen.
Nein, Fortuna war ihm nicht hold, und sie zu hofieren verstand er
nicht.

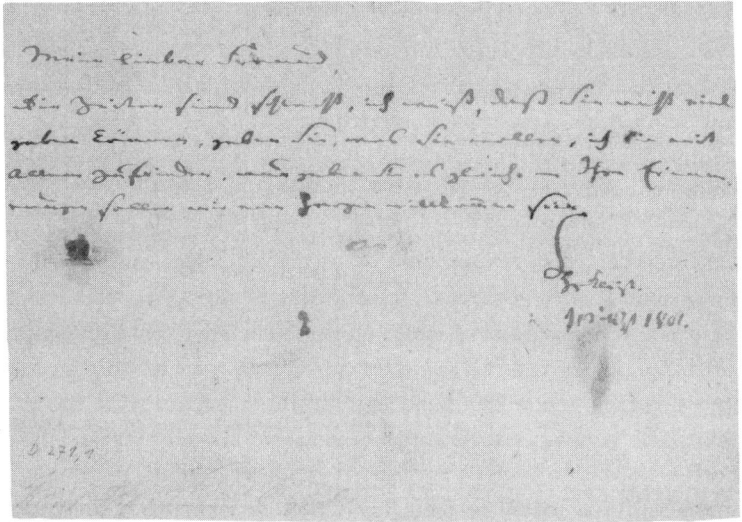

«ich bin mit Allem zufrieden»: Kleist an Georg Andreas Reimer
am 13. August 1810

So mußte Kleist nun sehen, wie er sich am besten und teuersten verkaufte, was freilich nie seine Sache gewesen ist. In den nächsten Monaten dominierten in seiner Korrespondenz kurze Briefe an Verleger, vor
allem an Georg Andreas Reimer, den Besitzer der Berliner Realschul-
buchhandlung, der sich nun seiner Werke annahm – es war eine gute
Adresse, denn Reimer verlegte auch Werke von Fichte, Arndt, Schleiermacher, Jean Paul, Novalis, Tieck, Wilhelm von Humboldt, Arnim,
Schütz, Bernhardi, Fouqué, Adam Müller und Rühle von Lilienstern
sowie die Schlegelschen Shakespeare-Übersetzungen. Kleists Briefe an
ihn beschränkten sich ganz und gar auf Angebote, Mahnungen, Bitten um Geld oder Quittungen. Das klingt dann so: «Honorar überlasse ich Ihnen, wenn es nur *gleich* gezahlt wird.»[10] «Die Zeiten sind
schlecht, ich weiß, daß Sie nicht viel geben können, geben Sie, was Sie
wollen, ich bin mit Allem zufrieden, nur geben Sie es gleich.»[11] «Können Sie mir, lieber Freund, sagen, wann ich das Honorar empfangen
kann? Und ob ich es gleich empfangen kann, welches mir allerdings
das Liebste wäre? Schicken Sie mir soviel, oder so wenig, als Sie wollen; es soll mir Alles recht sein.»[12] «Was das Käthchen betrifft, so habe
ich, meines Wissens, gar keine Forderung gethan; und wenn ich wie-

derhole, daß ich es ganz und gar Ihrem Gutbefinden überlasse: so ist das keine bloße Redensart, durch welche, auf verdeckte Weise, etwas Unbescheidenes gefordert wird; sondern, da ich gar wohl weiß, wie es mit dem Buchhandel steht, so bin ich mit 80, ich bin mit 60 Thalern völlig zufrieden. Wenn es nur für *diese* Messe gedruckt wird.»[13] «Ich bitte um Geld, wenn Sie es entbehren können; denn meine Casse ist leer.»[14] Es sind Bitten, die in ihrer ganzen harschen Nüchternheit viel von Kleist erzählen – von seiner Notlage, seiner Unsicherheit allem Lebenspraktischen gegenüber, seiner Schutzbedürftigkeit und Scheu. Immerhin erschienen bei Reimer nun nacheinander *Das Käthchen von Heilbronn* im September 1810, *Der zerbrochne Krug* im Februar 1811 und außerdem die beiden Bände der Erzählungen, der erste im September 1810, der zweite im August 1811. Und im Juni 1811 kam dann noch ein weiteres Angebot von Kleist: «Wollen Sie ein Drama von mir drucken, ein *vaterländisches* (mit mancherlei Beziehungen) Namens *der Prinz von Homburg*, das ich jetzt eben anfange, abzuschreiben?»[15] Das hat Reimer dann erst 1821 in Kleists *Nachgelassenen Schriften*, rund zehn Jahre nach seinem Tod, gedruckt.[16]

2. Gesellige Einsamkeit

Not macht erfinderisch, heißt es. Die aus der politischen Krise hervor-
gehenden Reformen des Staatswesens, der Wirtschaft und des Militärs
in Preußen setzten Veränderungen in Gang, in deren Verlauf die
Hauptstadt Berlin nach und nach ein neues Gesicht erhielt und zu
einer europäischen Metropole wurde. Der friderizianischen Adelskul-
tur trat eine bürgerliche zur Seite, auch wenn sich das im einzelnen
nicht scharf trennen ließ, denn an der Verteilung der Macht und damit
an der gesellschaftlichen Dominanz von Hof und Militär änderte sich
prinzipiell nichts. Aber aus einem Hoftheater wurde immerhin nomi-
nell ein Nationaltheater, das Ifflands Kunst wie kompetente Leitung
im neuen, 1802 am Gendarmenmarkt von Carl Ferdinand Langhans
gebauten Haus zu einer der führenden deutschen Bühnen machte.[17]
Manches in Berlin war nur der späte Versuch, Anschluß zu finden an
andere Länder und damit der gesellschaftlichen wie ökonomischen
Entwicklung der europäischen Nationalstaaten an der Schwelle zum
Industriezeitalter zu entsprechen. Anderes wuchs aus Eigenem hervor, denn ohne die Tradition einer Berliner Aufklärung, die Moses
Mendelssohn, Lessing und Friedrich Nicolai unter der Obhut eines
sich als aufgeklärt empfindenden Königs begründet hatten, wäre zum
Beispiel die Eröffnung einer Universität dort sicherlich nicht denkbar
gewesen.

In den ersten Jahren des 19. Jahrhunderts hatten bereits die viel
besuchten öffentlichen Vorlesungen August Wilhelm Schlegels, Johann
Gottlieb Fichtes, Friedrich Schleiermachers und Adam Müllers das
Bildungsbedürfnis einer größeren Öffentlichkeit in der Stadt demon-
striert, und dem wurde nun endlich institutionell entsprochen. Am
15. Oktober 1810 begannen im Prinz-Heinrich-Palais die Vorlesungen.
Wilhelm von Humboldt war Ziehvater dieser Universität gewesen,
die heute seinen Namen trägt, und bedeutende Gelehrte wie der Jurist
Friedrich Carl von Savigny, die Philologen Friedrich August Wolf,
Friedrich von der Hagen und August Boeckh, der Philosoph Karl Wil-

helm Ferdinand Solger, der Historiker Barthold Georg Niebuhr und die Mediziner Johann Christian Reil und Christoph Wilhelm Hufeland waren die ersten Professoren. Fichte aber wurde ihr erster Rektor; seine *Reden an die deutsche Nation*, gehalten vom Dezember 1807 bis zum März 1808, als die Stadt noch von französischen Truppen besetzt war, hatte die Berliner Öffentlichkeit in guter Erinnerung. Als Ausdruck des Widerstands gegen die fremde Besatzung besaßen diese Reden allerdings grelle Töne, denn in Fichtes Überzeugung von der Auserwähltheit der Deutschen unter allen Völkern lag jenes Provozierende, das diese *Reden* in ihrer späteren Rezeptionsgeschichte manchem nationalistischen Mißbrauch ausgesetzt hat. Nur entsprach die Erhebung des Deutschen über allen Länderpatriotismus zugleich einem Bedürfnis der augenblicklichen Situation, da Preußen zu einem kleinen, unmaßgeblichen, schwachen Land geworden war, ganz abgesehen davon, daß Fichte als Oberlausitzer Sachse der preußische Patriotismus ohnehin nicht im Blute lag.

Historische Zufälle wie der Tod der Königin förderten dann noch die Atmosphäre einer den Hof transzendierenden bürgerlichen Gemeinsamkeit in Berlin. Die Feierlichkeiten anläßlich dieses Todes zogen sich hin vom Juli bis zur Beisetzung am 23. Dezember im Mausoleum des Parks von Schloß Charlottenburg. Aus einer populären Fürstin wurde eine Märtyrerin der preußischen Sache und schließlich eine deutsche Legende in Kornblumenblau. Die Dichter fühlten sich aufgerufen: Zacharias Werner in Rom erhob Louise sogleich zur «Himmelskönigin», Brentano verklärte sie in einer Kantate zur «Blumenkönigin», und in Arnims Kantate zur *Nachtfeier nach der Einholung der hohen Leiche Ihrer Majestät der Königin* verwandelte sie sich in eine protestantische Heilige für das treue Volk, «daß Sie auch nach dem Tode Segen spende».[18] Kleist, Ernst von Pfuel sowie Adam und Sophie Müller aber verteilten sich bei Feierlichkeiten im August auf verschiedene Kirchen, um die Leichenpredigten von Schleiermacher und anderen Theologen zu hören und nachher die Eindrücke zu vergleichen. Das Resultat war enttäuschend. «Unechte Rednerkünste», Kälte und Herzlosigkeit dominierten, wie Pfuel an Caroline Fouqué schreibt, und «keiner von allen hatte den Gegenstand mit der Einfachheit und Würde behandelt, welche er verlangte. [...] Das sind nun die großen Redner! Mit keinem Effekt!»[19] Solche Kritik allerdings war nun schon wieder ein Zeichen dafür, daß sich etwas tat im intellektuellen Leben Berlins.

Adam Müllers Haus bildete einen der Umschlagplätze für die kulturelle Geselligkeit der Stadt. Heinrich von Kleist hatte Altenstein Anfang 1809 in einem Brief aus Dresden den «Herzogl. Weimarischen Hofr. Müller» für eine Anstellung in Preußen empfohlen: «Da ihn das Leben eigentlich mehr, als das Studium, innerhalb der Gränzen der Bücher, erzogen hat, und sein Gemüth, wie gewiß jeder anerkennen wird, von einer großen praktischen Fähigkeit ist, so wüßte ich nicht, wie ich das unauslöschliche Bestreben, dem Vaterlande, auch außer dem Dichterkreise, der mir verzeichnet ist, noch nützlich zu sein, besser bethätigen könnte, als dadurch, daß ich Ew. Excellenz diesen Mann zu empfehlen wage.»[20] Gerade Müller, der Kleist zuerst mit der Publikation des *Amphitryon* in seinem «Dichterkreise» bestätigt hatte, war es freilich auch, der ihn mehrfach aus diesem hinauszog. Das geschah zunächst mit dem Kollaps des *Phöbus*, wobei es ja zwischen den Freunden sogar beinahe zu einem Waffengang gekommen war. Weitere Probleme sollten später folgen, als Müller Autor in Kleists *Berliner Abendblättern* wurde. In der Tat verließ Müller Dresden im Juli 1809, um in seine Heimatstadt Berlin zurückzukehren, nur tat er es unfreiwillig, denn er wurde als österreichischer Kollaborateur aus Dresden polizeilich ausgewiesen. Eine Anstellung erhielt er zwar in Berlin nicht, aber immerhin zahlte man ihm ein «Wartegeld». Denn empfohlen hatte er sich dort, von Kleists guten Worten abgesehen, außerdem bereits durch seine *Elemente der Staatskunst*, die 1808/09 bei Sander erschienen waren, und jetzt, 1810, stellte er sich nun persönlich mit Vorlesungen *Über König Friedrich II. und die Natur, Würde und Bestimmung der preußischen Monarchie* vor, denn im Unterschied zu Kleist verstand er sich nicht nur gut auf das, was im Augenblick gefragt war, sondern er wußte es auch auf die eingängigste Weise zu präsentieren. Vielleicht war es jedoch gerade das, diese drängende Weltläufigkeit Müllers, was Kleist zu ihm hinzog, denn die Freunde hatten sich inzwischen versöhnt. Und nachdem Müller dann im Mai 1811 nach Wien übergesiedelt war, heißt es sogar in einem Briefe Kleists an Marie von Kleist, die bereits im April aus Berlin abgereist war:[21]

> Müllers Abreise hat mich in große Einsamkeit versenkt[.] Er war es eigentlich, um deßentwillen ich mich vor nun ohngefähr einem Jahr wieder in Berlin niederließ, und ich bin gewiß, so wenig dies auch mancher begreifen wird, daß er mich in Wien, wohin ich ihm nicht habe folgen können vermißen werde. Nicht als ob ich ihm zu seinen

Zwekken daselbst hätte behülflich sein können, sondern weil er mich braucht, um sich deßen, was er sich erringt und erstrebt, am Ziel zu erfreuen. Ich kann Ihnen nicht sagen, wie rührend mir die Freundschaft dises Menschen ist, fast so rührend, wie seine Liebe zu seiner Frau. Denn sein Treiben in der Welt, abgerißen und unvollendet, wie es noch da liegt ist mancherlei Mißdeutungen unterworfen: es gehört ein Wohlgefallen, so gänzlich rüksichtslos, und uneigennützig, an Persönlichkeiten, die ihm ganz fremd und ungleichartig sind dazu, um die innerliche Unschuld und Güte seines Wesens zu erkennen.[22]

Wahrscheinlich überschätzte Kleist hier seinen Einfluß auf Müller. Wichtig ist allein, daß sein Bild von dem Menschen, der ihm in seiner produktivsten Zeit am nächsten stand, bei allen Unebenheiten in der Geschichte ihrer Beziehungen doch eines der anregenden Nähe und Freundschaft war. Durch die Brille der Einsamkeit gesehen haben andere Menschen auch einen anderen Wert.

Weiter aber heißt es in Kleists Brief an Marie von Kleist noch: «Derjenige, mit dem ich jetzt am liebsten, wenn ich die Wahl hätte, in ein näheres Verhältniß treten mögte ist der gute, sonst nur zu sehr von mir vernachlässigte Achim Arnim.» Zu dem sich wandelnden Berlin gehörte auch, daß sich dort junge Intellektuelle und Künstler zeitweilig niederließen und neue Kreise geselligen Lebens bildeten, nachdem die geistvolle Freiheit der Salons, wie sie bis zur Jahrhundertwende um Henriette Hertz und Rahel Levin geblüht hatte, den politischen Forderungen des Tages nicht mehr entsprach. Die Lesegesellschaften des vergangenen Jahrhunderts bestanden fort und paßten sich der Zeit an. Verlegerhäuser wie die Reimers und Sanders übernahmen manches von beidem, den Salons und den Lesegesellschaften, teils öffneten auch Frauen des hohen Adels wie Louise Fürstin Radziwill oder Louise Gräfin Voß ihre Häuser Gästen aus anderen Ständen, insbesondere dem gebildeten und kunstinteressierten Bürgertum.[23] Und schließlich hatte 1809 Carl Friedrich Zelter, Direktor der Berliner Singakademie, als weiteren Sammelpunkt kultureller Inspiration seine «Liedertafel» gegründet, deren Mitglieder Dichter, Sänger oder Komponisten sein sollten; Kleist, Arnim und Brentano sind dort bei ihm zu Gast gewesen.[24]

Arnim nun, dessen Gesellschaft Kleist sich wünschte, lebte seit Ende 1808 in Berlin und suchte zunächst mit Wilhelm von Humboldts Hilfe eine Anstellung im preußischen Staatsdienst, wozu es aber nicht

Achim von Arnim.
Zeichnung von Clemens Brentano
(um 1810)

kam. Dann traf im September 1809 auch Arnims Freund Clemens
Brentano dort ein – beide hatten sich in der literarischen Welt bereits
einen Namen gemacht als Herausgeber von *Des Knaben Wunderhorn*
und waren im Begriff, jeder für sich, ihren Ruf als junge deutsche
Schriftsteller zu festigen. Auch Wilhelm Grimm war mit Brentano
zusammen in Berlin angekommen, der Graf Loeben ließ sich in der
Stadt zeitweilig nieder, und die Brüder Eichendorff statteten ihr ja
um die Jahreswende 1809/1810 ebenfalls einen längeren Besuch ab.
Junge Literatur hatte sich schon vorher in der Hauptstadt Preußens
zu etablieren versucht. Varnhagens und Chamissos «Nordsternbund»
von 1804 war allerdings inzwischen eingeschlummert. In der Nähe
Berlins, auf Gut Nennhausen, aber lebten Caroline und Friedrich de
la Motte Fouqué, beide angesehene Schriftsteller, die dort ein gast-
freies Haus hielten, aber in den Wintermonaten oft nach Berlin her-
über kamen; mit seinen Romanen, Erzählungen und Dramen galt Fouqué sogar eine Zeitlang als einer der populärsten deutschen Autoren
überhaupt. Alles in allem sind es Namen, die in der deutschen Literaturgeschichte gewöhnlich mit dem Begriff der Romantik in Zusammenhang gebracht werden, einem schillernden Begriff freilich, dem

Clemens Brentano.
Zeichnung von Wilhelm Hensel
(1819)

August Wilhelm Schlegel eben erst in seinen weit über Deutschland hinaus wirkungsvollen Berliner *Vorlesungen über schöne Litteratur und Kunst* (1801/04) ein theoretisches Gerüst zu geben versucht hatte.[25]

Und Kleist? Auch Kleist gehörte dazu, kannte die meisten, wurde von ihnen gekannt und blieb dann doch allein. Arnim und Brentano hatten eine Wohnung in der Mauerstraße 34 gefunden, Kleist ließ sich rund fünfhundert Meter weiter südlich in der Mauerstraße 53 nieder. Es war die Friedrichstadt in der Nähe des Gendarmenmarkts und so etwas wie das Zentrum des intellektuellen und kulturellen Berlins. Als Brentano Kleist kennenlernte, beschrieb er seine Eindrücke in einem Brief an Görres so: «Er ist ein sanfter, ernster Mann von zweiunddreißig Jahren, ohngefähr von meiner Statur; sein letztes Trauerspiel Arminius darf nicht gedruckt werden, weil es zu sehr unsere Zeit betrifft; er war Offizier und Kammerassessor, kann aber das Dichten nicht lassen, und ist dabei arm.» Wilhelm Grimm gegenüber nannte er ihn «gemischt launigt, kindergut, arm und fest» und einen Menschen, der «sehr schwer und mühsam arbeitet». Für Arnim schließlich, der ihn schon von Königsberg her kannte, war er der «unbefangenste, fast zynische Mensch, der mir lange begegnet»; er sei von einer «gewissen Unbestimmtheit in der Rede», die sich dem

«Stammern» nähere und sich «in seinen Arbeiten durch stetes Aus-
streichen und Abändern» äußere. Im übrigen lebe er «sehr wunder-
lich, oft ganze Tage im Bette, um da ungestörter bei der Tabakspfeife
zu arbeiten.»[26] Wieland schon hatte damals in Oßmannstadt bei seinem «Commensal» das «Air eines Menschen» beobachtet, der sich zuweilen in der Gesellschaft der anderen allein glaube, weil etwas in ihm
arbeite, das nach Ausdruck dränge, und so war es offenbar geblieben.
Wie in Pillau war das Bett Kleists Zufluchtsort vor der Welt, wenn die
Geselligkeit der anderen seine Kreise störte; außerdem war es kosten-
los warm. Das Werk indes, das so entstand, gehörte zwar auch dieser
Welt an, aber blieb dennoch ein Solitär, ganz so wie er selbst.

Kleist war arm – Brentano betonte es, und er hatte Grund zum
Vergleich, denn sowohl er wie Arnim besaßen genügend Rückhalt
durch Besitz und Geld, so daß sie sich unabhängig fühlen konnten.
Aber Kleist war nicht nur arm, sondern auch einsam. Was ihn mit
Arnim und Brentano zunächst verband, war eher freundliche Gemeinsamkeit der Interessen als tiefere Freundschaft, und als er schließlich
den Wunsch empfand, mit Achim von Arnim «in ein näheres Verhältniß» zu treten, da hatte dieser gerade Bettine Brentano geheiratet
und ließ sich, wie es in Kleists Brief an Marie von Kleist heißt, «weder
bei mir noch einem Andern sehen. Er hat sich mit seiner Frau ganz
wie lebendig in einen Pavillon des Voßischen Gartens begraben und es
ist nichts Lächerlicheres zu sehen als das Acharnement» – also die
Wut oder Erbitterung – «der Menschen über diese Einsamkeit. Sie
würden ihm eher alles andre vergeben, als daß er sich bei seiner Frau
beßer gefällt als in ihrer nichtigen und erbärmlichen Geselschaft.»[27]
Das war mit Sympathie gesagt, denn von dem Wert der Einsamkeit
verstand Kleist viel. Aber letztlich war die Einsamkeit des jungen
Ehepaares Arnim eben doch von anderer Art als die Heinrich von
Kleists. Und was Kleists andere neue Bekannten oder alte Freunde
anging, so besaßen auch sie ein anderes Verhältnis zur Einsamkeit als
er. Brentano hatte gerade erst eine Scheidung nach einer kurzen stürmischen Ehe hinter sich, und durch die Schwester Gunda sowie deren
Ehemann, den eben ernannten Professor Savigny, bestand außerdem
für ihn Familienanschluß in Berlin. Müller wiederum war inzwischen
mit Sophie von Haza verheiratet; beider Tochter Cäcilie sollte Kleist
demnächst mit einer Erzählung unsterblich machen. Jedoch er selbst,
Heinrich von Kleist, blieb allein, ohne Lebenspartner. Nach seiner

Trennung von Wilhelmine von Zenge gibt es unter Kleists Briefen keine Liebesbriefe mehr bis auf ein paar Zeilen unsicherer Herkunft, die im Angesicht des Todes geschrieben wurden. In seinen Träumen konnte er sich Ideale von Frauen schaffen, die seinem Wesen und Alter entsprechen mochten; in der Realität fand er jetzt wiederum Verständnis eher bei einer Reihe von zumeist älteren Frauen – der Schwester Ulrike, die freilich nicht nach Berlin gekommen war, bei Elisabeth Staegemann, Marie von Kleist, der er sich in einer Reihe von Briefen seit ihrer Abreise aus Berlin am weitesten öffnete, und Rahel Levin, die sich noch 1819 erinnerte, daß sie einmal «den ganzen Abend *nur!* mit Heinrich Kleist und Adam Müller» habe sprechen können, weil «Achim Arnim und Clemens Brentano in schwarzen Theekleidern und Bestrumpfung» eine vornehme Dame belagerten. «Kleist, mit straßenbeschädigten Stieflen, und ich, lachten heimlich in einem Winkel und amüsirten uns mit uns selbst.»[28] Mutmaßungen freilich über die Gründe für Kleists Einsamkeit und Umgang führen entweder ins Allgemeine oder Bekannte, zu Kleists grundsätzlicher, konstitutioneller Scheu anderen Menschen gegenüber und zu seiner Armut, oder sie führen zu der Vermutung homoerotischer Neigungen, die auszuleben keine gesellschaftliche Möglichkeit bestanden hätte, was am Ende, da man nichts darüber weiß, am ehesten nach der Wittgensteinschen Weisheit verlangt, daß man über das am besten schweigt, worüber sich nicht sprechen läßt.

Ein wenig öffentliche Aufmerksamkeit für seine Dichtung gewährte ihm im April eine öffentliche Lesung der Schauspielerin Henriette Schütz-Hendel, die in ihr Programm eine Szene aus der *Penthesilea* einschloß.[29] Über seine Arbeit aber hat Kleist, wie schon gesagt, nur selten und wenig geschrieben. Allein aus dem, was er den Verlegern anbot und was dann tatsächlich erschien oder, wie das Schauspiel um *Prinz Friedrich von Homburg*, wenigstens im Manuskript seine endgültige Gestalt erhielt, ist zu schließen, womit Kleists Tage in der Mauerstraße zunächst angefüllt waren. Im Juli 1811 teilte er Reimer zudem mit, daß er «mit einem *Roman* ziemlich weit vorgerückt» sei, «der wohl 2 Bände betragen dürfte».[30] Nach Kleists Tod hat Arnim davon berichtet, daß dieser ihm bei seiner letzten Begegnung, wohl im August 1811, davon sprach, «er habe Lust ein Buch in der Art wie die Manon Lecoult zu schreiben», [31] also der *Histoire du Chevalier des Grieux et de Manon Lescaut* von Antoine-François Prévost. Aber ob das mehr als nur Wunschdenken war, vielleicht zur Selbstanspornung, und ob dieser Plan mit dem Reimer gegenüber erwähnten Roman identisch war, hat sich nie ermitteln lassen, denn es fehlt jede weitere Spur von diesen Blättern. Haben sie tatsächlich existiert, so wären sie einer der größten Verluste, den die deutsche Literatur je erlitten hätte.

Arnims und Brentanos Eindrücke stammen aus den Februartagen des Jahres 1810, als Kleist gerade erst ihr Nachbar in der Mauerstraße geworden war. Ganz so eremitisch, wie sie ihn sahen, sollte er jedoch bald nicht mehr bleiben: acht Monate nach seinem Einzug wurde Heinrich von Kleist zum Begründer und einzigen Redakteur von Berlins erster Abendzeitung, den *Berliner Abendblättern*. Ein größerer Gegensatz zum armen Poeten im Bett als das rührige Dasein eines Großstadtjournalisten ist schwerlich vorstellbar, und manche von denen, die Kleist nahestanden und es gut mit ihm meinten, dürften wohl entsetzt gewesen sein, als sie seines neuen Unternehmens gewahr wurden. Weder Lebensklugheit und diplomatisches Geschick, weder Nachsicht und Geduld schien er für ein solches Projekt in schwieriger Zeit mitzubringen, noch waren ausreichende wirtschaftliche Fundamente dafür vorhanden. In der Tat ist es ihm dann mit den *Abendblättern* genauso gegangen wie mit seinem Leben insgesamt. Der Schwierigkeiten, in die er hineingeriet, wurde er nicht mehr Herr, er verwickelte sich in Fehden, und das Projekt scheiterte, noch ehe ein Jahr vorüber war. Dennoch entstand mit den *Berliner Abendblättern* ein Werk, das – inzwischen mehrfach nachgedruckt – aus der Geschichte der deutschen Literatur und Publizistik nicht mehr wegzudenken ist, allerdings allein Kleists wegen, also wegen dem, was er selbst dazu beisteuerte als Autor und Redakteur. Kleists immense Wirklichkeitslust hatte da über den Klausner den Sieg davon getragen, zum Preise freilich von erneuten tiefen Enttäuschungen und Depressionen.

3. Abendblätter

Am 1. Oktober 1810, einem Montag, erschien das erste von Kleists *Berliner Abendblättern*, vier Seiten stark mit einem Extrablatt. Täglich außer sonntags sollte die Zeitung nun abzuholen sein in der Expedition «hinter der katholischen Kirche Nr. 3. zwei Treppen hoch [...]. Das Abonnement beträgt vierteljährig, also für 72 Stück, *achtzehn Groschen* klingendes Courant, das einzelne Blatt dagegen, kostet 8 Pf.»[32] Die Spedition an die Buchhandlungen und den Verlag habe der hiesige Buchhändler Julius Eduard Hitzig übernommen, einer weiteren, gerade für das literarische Berlin in den kommenden Jahren bedeutsamen Verlegerpersönlichkeit. So also kam Berlins erste Abendzeitung an ihr Publikum – in Konkurrenz zu den beiden großen Zeitungen der preußischen Hauptstadt, der *Spenerschen* und der *Vossischen*, von denen die erstere eher als königstreu, die letztere eher als franzosenfreundlich galt. Unterzeichnet hatte die Mitteilung zu Preis und Distribution «die Redaction»; erst im 19. Blatt gab sich Kleist namentlich als Herausgeber zu erkennen.

Kleists *Berliner Abendblätter* sind Gegenstand zahlreicher Untersuchungen geworden. Man hat versucht, Kleists eigene Beiträge zu identifizieren, soweit er das nicht selbst schon tat; einige Meisterstücke seiner Prosa sind darunter. Oder man hat die gesamte Zeitung in Bausch und Bogen als Kleists Werk bezeichnet, was angesichts mancher redaktioneller Eingriffe in die ihm zugesandten Beiträge sowie überhaupt in der Auswahl und dem Arrangement des Gedruckten durch den Redakteur eine gewisse Berechtigung besitzt. Denn die *Abendblätter* waren ein Ein-Mann-Betrieb und entsprangen jener geselligen Einsamkeit, in der Kleist lebte. Identifiziert sind inzwischen auch die meisten anderen Beiträger; bekannte Namen wie Arnim, Brentano, Wilhelm Grimm, Fouqué, der Graf Loeben, Adam Müller, Friedrich Gottlob Wetzel und Karl von Woltmann gehören dazu. Quellen sind im Detail erforscht worden, und zur gesamten Geschichte sowie zu den Konflikten der Zeitung, an denen sie schließlich zu-

Julius Eduard Hitzig.
Stich nach einem Gemälde von Franz Krüger (1841)

grunde ging, gibt es gleichfalls sorgfältige Studien.[33] Was bisher hingegen kaum bekannt ist und auch wohl dunkel bleiben wird, sind die Motive, die Kleist veranlaßten, sich überhaupt in ein solches Unternehmen zu stürzen, an dessen Erfolg zu zweifeln manche triftigen Gründe bestanden. Aber Pionierleistungen sind ohne Wagemut nicht denkbar, und wenn eine Idee ihn ergriff, hat Kleist sich nie durch Bedenken aufhalten lassen. Nur mußte er das mehrfach mit bitteren Enttäuschungen bezahlen.

An die publizistische Öffentlichkeit hatte es Kleist zuerst mit dem *Phöbus* gedrängt, hier hauptsächlich jenes in ihm angelegten «Dichterkreises» wegen, den er als sein Metier und seine Lebensform endlich erkannt hatte. Das Unternehmen endete indes in Konkurs und Streit. Die *Germania*, die darauf angelegt war, ihn bald einer gesamtdeutschen Leserschaft näherzubringen, war gar nicht erst über Pläne hinausgekommen. Nun also noch einmal den Versuch zu machen, meinungsbildend in der eigenen Landeshauptstadt vor einem großen Publikum hervorzutreten und so auf sich aufmerksam zu machen, also Einsamkeit durch die tägliche Öffentlichkeit seines Schreibens zu überwinden, dürfte schon einen beträchtlichen Reiz auf Kleist ausgeübt haben. Allerdings waren die Motive, die ihn antrieben, wohl gemischter Natur. Sicher verführte Kleist zu seinem Unternehmen seine bereits genannte Lust an der Realität und am Außerordentlichen, Sensationellen, von der ja seine Dichtungen ebenfalls sprechen, und sicher hat sein Ehrgeiz dabei eine Rolle gespielt, aber sicher auch der Gedanke an die Möglichkeit, neue Formen des Schreibens auszuprobieren in der Bündigkeit des Essayistischen, Anekdotischen und der kurzen Erzählung. Ohne Zweifel hoffte er außerdem auf wirtschaftlichen Erfolg. Im Stadium des initialen Optimismus setzte Kleist bei allen seinen Unternehmungen die Erwartungen nie zu niedrig an, und das Berliner Publikum gab ihm sogar zunächst recht: der Ansturm auf die Expedition, «zwei Treppen hoch», gleich beim Gendarmenmarkt, war insbesondere der «Polizei-Rapporte» wegen, die er exklusiv drucken durfte, so groß, daß zeitweilig Wachen aufgestellt werden mußten, um die Schar der Käufer zu bändigen. Eine Woche später mußte die zugänglichere Leihbibliothek Kralowsky in der Jägerstraße 25 die Verteilung übernehmen.[34]

Mit der Genehmigung des Polizeipräsidenten Carl Justus Gruner zum Gebrauch der Polizeinachrichten war Kleist besonders gut gerüstet, das Publikum einer Großstadt zu bedienen, von dem in den vergangenen aufgeklärten, bildungsfördernden Jahrzehnten eine immer größere Zahl des Lesens fähig geworden war und nun des aktuellen Stoffes für die Sättigung der Neugier bedurfte. Mit der Fähigkeit zum Lesen wuchs, darin bestand die Konsequenz aller Aufklärung, aber auch die Möglichkeit zu eigenem Urteil. «Publicität» hatte Kant 1795 in seiner Schrift *Zum ewigen Frieden* zur transzendentalen Formel des öffentlichen Rechts erklärt und alles das, was sich nicht mit ihr vertrug, als unrecht bezeichnet.[35] Idealerweise also war die Öffentlichkeit die Rechtfertigungsinstanz alles Tuns, worin Kant denn auch zu Recht ihr republikanisches Element sah, obwohl die preußische Realität von 1795 ebenso wie die von 1810 noch einen weiten Weg bis dahin zu gehen hatte. Aber die vielen Zeitungen und die meist kurzlebigen Journale, die seit der Französischen Revolution im deutschen Sprachbereich wie in ganz Europa gegründet wurden, entstanden auf diesem Hintergrund. In Rudolf Werckmeisters *Museum zur Belehrung und Unterhaltung im gesammten Felde der Literatur* in der Berliner Jägerstraße 25 – auch Kleist hat es besucht und benutzt – konnte man «zwischen 9 Uhr früh und 8 Uhr abends [...] 200 deutsche und französische Zeitungen oder Zeitschriften, neue Flugschriften und wissenschaftliche Werke studieren.»[36] Versuche zur Gründung neuer Zeitungen und Journale waren damals an der Tagesordnung, einerseits wegen des steigenden Bedarfs an Lesestoff, andererseits aber auch um der politischen Neubesinnung in kritischer Zeit willen. Dem Freund Adam Müller war es übrigens gleichfalls stets um Publizität zu tun, wenngleich ihm die Realitätslust Kleists ebenso wie die denkerische Konsequenz Kants und vor allem dessen republikanische Gesinnung und fester Charakter fehlten. Bei seiner Rückkehr 1809 nach Berlin bot Müller tatsächlich an, «1) öffentlich und unter der Autorität des Staatsraths ein Regierungsblatt 2) anonym und unter der bloßen Connivenz desselbigen ein Volksblatt, mit andern Worten, eine Ministerial- und Oppositionszeitung zugleich zu schreiben» und somit einer «wahren und ernsthaften, preußischen, öffentlichen Meinung thätig zu Hülfe» zu kommen.[37] Gemeint war es als Umsetzung seiner «Lehre vom Gegensatz» und eine Art republikanischer Praxis, und das Projekt fand sogar zunächst durchaus Interesse bei höchsten Kreisen, scheiterte jedoch glücklicherweise; es wäre eine Parodie von Kants Verständnis der Publizität geworden.

Ob Müller Souffleur bei Kleists Projekt seiner *Abendblätter* war, läßt sich nicht sagen. Beiträge schrieb er jedenfalls, die dann nicht wenig zum Ende der Zeitung beigetragen haben. Daß Kleist sich aber vorher mit Freunden beraten hat, geht aus einem Brief vom 2. September 1810 an Fouqué in Nennhausen hervor, in dem es heißt: «Mit dem 1ten Oct. kommen nun meine Abendblätter heraus oder was sag' ich, meine? Unsere, mein lieber Freund; Ihre auch. Denn gewiß unterstützen Sie den patriotischen Zweck (lassen Sie ihn sich nur von Robert auseinanderlegen) den wir uns dabei gesetzt haben.»[38] Ludwig Robert: das war bis zu seiner Taufe Lipman Levin, ein Bruder Rahel Levins, der sich, ein Jahr jünger als Kleist, Ansehen als Schriftsteller zu erwerben im Begriffe war, was ihm als Juden nicht leicht wurde. Daß die Taufe nicht wirklich Gleichheit schuf, mußte er später am eigenen Leibe in einer Affäre erfahren, in die Arnim unrühmlich verwickelt war.

Arnim hatte am 18. Januar 1811 jene «Christlich-deutsche Tischgesellschaft» ins Leben gerufen, die Persönlichkeiten des intellektuellen Lebens von Berlin in deutsch-patriotischer Gesinnung vereinigte, die aber Frauen, «Philister», also Nicht-Akademiker, und Juden
ausschloß, bei letzteren entgegen Arnims ursprünglichem Willen
selbst die getauften. Eine literarische Gesellschaft war die «Tischgesellschaft» nicht, und auch auf politische Ziele läßt sie sich nicht festlegen. Außer Zweifel stand allerdings ihr Antisemitismus, und mit
diesem Makel bleibt sie in der Geschichte behaftet, geschah das doch
zu einer Zeit, da man den Juden nach Napoleons Vorbild auch in Preußen allmählich Gleichberechtigung zuzugestehen bereit war. Kleist
indes lag aller Antisemitismus fern, und daß die *Abendblätter* gar Zen-
tralorgan dieser «Tischgesellschaft» gewesen seien, ist eine zwar hart-
näckige, aber ebenso unhistorische wie unwahre Behauptung.[39] Unsicher ist überhaupt, ob Kleist bei einigen Sitzungen der Gesellschaft dabei gewesen ist; der mehrfach in den Akten genannte bloße
Name «Kleist» kann auch ein anderes Mitglied der großen Familie
meinen.[40]

Welche Rolle Ludwig Robert bei der Gründung der *Abendblätter*
gespielt hat und ob er mehr war als nur ein zeitweiliger Gesprächs-
partner Kleists, ist unbekannt geblieben; beigetragen hat er zu ihnen
dann nicht. Aber was hatte es mit dem «patriotischen Zweck» auf
sich, von dem er Fouqué Auskunft geben sollte? War Kleists Zeitung
überhaupt auf einen solchen oder einen anderen Zweck hin angelegt?
In einer Stadt, die gerade erst die französische Besatzung losgeworden
war, jedoch an die fremde Nation weiterhin hohe Kontributionen zahlen mußte, erschien natürlich alles patriotisch, was dem Deutschen
galt und den Selbstwert erhöhte. Von jenen Appellen, wie sie Kleist in
seiner *Germania* hatte bringen wollen, enthielten die *Abendblätter* aber
nichts mehr; darauf achtete schon die Zensur, die mit französischen
Augen zu lesen hatte, um den Frieden nicht zu bedrohen. Kleist eröffnete seine Zeitung denn auch scheinbar gegenwartsfern mit einem
Gebet des Zoroaster «aus einer indischen Handschrift», in dem der ferne
Prophet verkündete, «furchtlos und liebreich» unter die Menschen zu
treten, sie mit Pfeilen aus dem «Köcher der Rede» «bald schärfer, bald
leiser, aus der wunderlichen Schlafsucht, in welcher sie befangen liegen», zu wecken, «den Verderblichen und Unheilbaren» niederzuwerfen, den Lasterhaften zu schrecken, den Irrenden zu warnen, den

«Thoren» aber schließlich zu necken.[41] Das war Rhetorik nach der Art von Schillers Rede über die *Schaubühne als eine moralische Anstalt betrachtet*, von der sich schon der junge Kleist hatte hinreißen lassen. Aber was dann in den nächsten *Abendblättern* kam, hatte mit solch moralischem Eifer wenig zu tun. Gewiß, Kleist begrüßte in einer Ode den *Wiedereinzug des Königs im Winter 1809* und nahm darin das Versinken der Hauptstadt als Preis «für bess're Güter»[42] in Kauf, aber das war ein komplizierter Gedanke über die materielle Zerstörung des Besitzes um des ideellen Wertes willen, der allenfalls den Kennern seiner *Herrmannsschlacht* verständlich gewesen wäre, aber kaum der Leserschaft der *Abendblätter*.

Adam Müllers *Freimüthige Gedanken bei Gelegenheit der neuerrichteten Universität Berlin* waren da schon konkreter mit der kritischen Bemerkung, die «alten Universitäten» hätten «in den letzten Zeiten, etwas zu sehr und zu ausschließend im Universo verkehrt», was vor allem auf den humanistischen Kosmopolitismus der Philosophie des deutschen Idealismus abzielte; da schien jetzt wirklich die Zeit «einer tüchtigen vollständigen Anschauung des vaterländischen Universums»[43] gekommen zu sein. Patriotismus war also durchaus am Werk in Kleists Zeitung. Müller freilich schrieb zugleich lobend von der Universität als einer «Republik der Wissenschaften», weil in dem ersten Vorlesungsverzeichnis der neuen Universität die akademischen Titel der Lehrer weggelassen worden waren, was indirekt «die durch Mißbrauch herabgewürdigten Doctoren- und Professoren-Titel»[44] wieder zu Ehren bringen sollte – offenbar ein perennierendes deutsches Problem. Nur ihm persönlich, Adam Müller, der sich mit dem Titel eines Weimarischen Hofrats begnügen mußte, half das nichts; er wurde nicht als Professor berufen, so daß er den Titel dann hätte weglassen können – er bekam keinen und ist dann enttäuscht nach Wien gegangen.

Ebenfalls in den ersten *Abendblättern* wird jedoch noch ein ganz anderer Zweck als der patriotische genannt: Kleist hatte die Genehmigung erhalten, aus Polizeiberichten ausgewählte Neuigkeiten in seine Zeitung aufzunehmen. Das aber machte sie zu einem Nachrichtenblatt, das mit Erfolg auf die Lust an Sensationen rechnete. Zweck dieser Meldungen sei allerdings, so Kleist, nicht nur die Unterhaltung des Publikums, sondern auch die Absicht, Tatsachen an die Stelle von Gerüchten zu setzen, «besonders aber das gutgesinnte Publikum auf-

18

Polizei = Rapport.

Vom 4ten October.

Das 5jährige Kind des Schumachermeister Lang-
brand, ist in der Bruderstraße, vom Kutscher des Geh.
Commerz Rath Pauli, übergefahren, und durch einen
Schlag des Perdes am Kopfe, jedoch nicht tödlich, be-
schädigt worden.

Die Polizeilichen Notizen, welche in den Abendblättern erscheinen, haben nicht bloß den Zweck, das
Publikum zu unterhalten, und den natürlichen Wunsch,
von den Tagesbegebenheiten authentisch unterrichtet zu
werden, zu befriedigen. Der Zweck ist zugleich, die oft
ganz entstellten Erzählungen über an sich gegründete
Thatsachen und Ereignisse zu berichtigen, besonders
aber das gutgesinnte Publikum aufzufordern, seine
Bemühungen mit den Bemühungen der Polizei zu
vereinigen, um gefährlichen Verbrechern auf die Spur
zu kommen, und besorglichen Uebelthaten vorzubeugen.
Wenn z. B. wie geschehen ist, bekannt gemacht wird,
daß Brandbriefe und Brandmaterialien gefunden oder
Verbrechen begangen worden, deren Urheber noch nicht
entdeckt sind, so kann dabei nicht die Absicht sein, Be-
sörgnisse bei dem Publiko zu erwecken, indem es sich
auch ohne ausdrückliche Ermahnung von selbst versteht,
daß von Seiten der Polizeibehörde alle Maasregeln
genommen werden, sowohl das beabsichtigte Verbrechen
zu verhüten, als den Urhebern auf die Spur zu kommen; sondern blos das Stadtgespräch zu berichtigen,
welches aus einem solchen Brandbrief deren hundert
macht, und ängstliche Gemüther ohne Noth mit Furcht
und Schrecken erfüllt. Zugleich wird aber auch jeder
redliche Einwohner darin eine Aufforderung finden,
seine Wachsamkeit auf die Menschen und Ereignisse
um ihn her zu verdoppeln, und alles was zur Entdek-
kung des Verbrechers führen könnte, dem nächsten
Polizei = Offizianten auf das schleunigste anzuzeigen, damit das Pol. = Präsidium sogleich davon Nachricht erhalte, und seinen Maaßregeln zur Sicherung des Pu-
blici die Richtung geben könne.

Berliner Abendblätter. 4tes Blatt.
Den 4ten October 1810

Berliner Abendblätter.

5tes Blatt.   Den 5ten October 1810.

Ode auf den Wiedereinzug des Königs im Winter 1809.

Was blickst Du doch zu Boden schweigend nieder,
Durch ein Portal siegprangend eingeführt?
Du wendest Dich, begrüßt vom Schall der Lieder,
Und Deine schöne Brust, sie scheint gerührt.
Blick' auf, o Herr! Du kehrst als Sieger wieder,
Wie hoch auch immer Cäsar triumphirt:
Ihm ist die Schaar der Götter zugefallen,
Jedoch den Menschen hast Du wohlgefallen.

Du hast ihn treu, den Kampf, als Held getragen,
Dem Du, um nicht'gen Ruhms, Dich nicht geweiht.
Du hättest noch, in den Entscheidungstagen,
Der höchsten Friedensopfer keins gescheut.
Die schönste Tugend, laß mich's kühn Dir sagen,
Hat mit dem Glück des Krieges Dich entzweit:
Du brauchtest Wahrheit weniger zu lieben,
Und Sieger wärst Du, auf dem Schlachtfeld, blieben.

Laß denn zerknickt die Saat, von Waffenstürmen,
Die Hütten laß' ein Raub der Flammen sein!
Du hast die Brust geboten, sie zu schirmen:
Dem Lethe wollen wir die Asche weihn.
Und müßt' auch selbst noch, auf der Hauptstadt
                                        Thürmen,
Der Kampf sich, für das heil'ge Recht, erneun:
Sie sind gebaut, o Herr, wie hell sie blinken,
Für beß're Güter in den Staub zu sinken!

H. v. K.

[5]

Berliner Abendblätter. 5tes Blatt.
Den 5ten October 1810

zufordern, seine Bemühungen mit den Bemühungen der Polizei zu vereinigen».[45] Kleists *Abendblätter* als moralische Anstalt? «Auf dem Spittelmarkt hat eine Gärtnerin sich verbotwidrig über einen offenen Kohlentopf gesetzt, welcher in Beschlag genommen worden ist.»[46] Oder: «Im vorigen Monat sind, durch die Wachsamkeit der Polizei-Commissarien 18 Concubinate in gesetzmäßige Ehen verwandelt worden.»[47] Da hatten sich also offenbar Thron und Altar in Preußen zu einer neuen Aufgabe verbunden. Im übrigen wählte Kleist in der Praxis des täglichen Journalismus dann Meldungen von Verkehrsunfällen – die ja auch im Zeitalter der Pferdegeschirre zustande kamen – sowie Brände, Diebstähle, Betrügereien, die Aktivitäten einer Verbrecherbande und mit besonderer Häufigkeit Selbsttötungen aus. «Der Posamentier-Meister Martin Friedrich Krüger, in der Frankfurter Straße Nr. 45, hat sich gestern, aus Melancholie, an seinem Arbeitsstuhl erhenkt»,[48] ein «brodtloser Buchhalter» hat sich «mit einem Terzerol am Kopfe tödlich verwundet»[49] und ein «Schneidergesell» sich «aus Verzweiflung über seine hülflose Lage, durch einen Pistolenschuß das Leben genommen».[50] Und wenn die Berliner Szene gerade ereignislos war, fanden sich in französischen Journalen weitere Sensationen, so im *Journal des Dames* «Details über den Selbstmord jener beiden jungen Liebenden», denen die Einwilligung der Eltern zur Ehe verweigert wurde und die sich deshalb eine «Kugel durch das Hirn»[51] jagten. Denn das Bedürfnis, hören oder lesen zu wollen von den immer gleichen Ereignissen und Neuigkeiten allen Menschenlebens, war auch damals schon unstillbar und damit existenzbedingend für jedes Nachrichtenmedium. Je ferner die Länder, desto extremer die Sensationen: «Aus Travancore meldet man folgende tragische Begebenheit: Am 2ten März war des Nachts in dasiger Gegend ein Erdbeben», wobei im ersten Schrecken aus dem Harem des «Rahjah» einige Frauenzimmer «halb nackend» entweichen mußten, die der «eifersüchtige Tyrann» dann später enthaupten ließ, weil sie sich «den Blicken der Männer ausgesetzt hätten». Die *Berliner Abendblätter* waren zweifellos ein Boulevardblatt, eines der ersten ihrer Art, und das jedoch auf vielfache Weise. Nur acht Zeilen unter der Meldung aus Indien und noch auf derselben Seite beginnt eine andere Nachricht mit den folgenden Worten: «Gestern früh um 4 Uhr wurde der Leichnam Ihrer Majestät der verewigten Königinn, ganz in der Stille, aus dem hiesigen Dom, wo derselbe bisher gestanden, in die, zu diesem Zweck erbaute, Kapelle nach Charlottenburg gebracht.»[52] Hat sich der bessere Teil der Leser an solcher Nachbarschaft zweier Nachrichten gestoßen? War es ein hintersinniges Spiel Kleists oder lediglich Kontingenz des Journalistenalltags? Ernsthaft subversive Absichten dürften ihm allerdings gerade bei dieser von ihm verehrten Königin kaum zu unterstellen sein.

Immerhin war Kleist ein geschickter Redakteur, der seinem Publikum gab, was es lesen wollte. Darin gründete sich überhaupt der anfängliche Erfolg des Unternehmens, der rapide nachließ, als ihm die Grunerschen Polizeiberichte entzogen wurden. Aber Kleist war nun eben auch wieder mehr als nur ein Redakteur. Aus seiner eigenen Lust am Sensationellen sind vor allem seine Anekdoten hervorgegangen, die deutlicher noch als die Auswahl der Meldungen aus aller Welt zeigen, worauf sich diese Lust lenkte, denn Anekdoten waren eine Kunstform, in der sich Fiktion und Fakten am unvermitteltsten berührten. «Ein Kapuziner», so beginnt eine der kürzeren dieser Anekdoten,

> begleitete einen Schwaben bei sehr regnigtem Wetter zum Galgen. Der Verurtheilte klagte unterwegs mehrmal zu Gott, daß er, bei so schlechtem und unfreundlichem Wetter, einen so sauren Gang thun müsse. Der Kapuziner wollte ihn christlich trösten und sagte: du Lump, was klagst du viel, du brauchst doch bloß hinzugehen, ich aber muß, bei diesem Wetter, wieder zurück, denselben Weg. – Wer es empfunden hat, wie öde Einem, auch selbst an einem schönen Tage, der Rückweg vom Richtplatz wird, der wird den Ausspruch des Kapuziners nicht so dumm finden.[53]

Kleists Witz hier ist Lachen am Rande des Todes, was das Lachen schwerer macht und den Tod vielleicht ein wenig leichter erscheinen lassen soll. Denn die christliche Tröstung des Kapuziners ist in Wahrheit keine, aber sie ist es auch deshalb nicht, weil sie Kleist selbst ebensowenig zur Verfügung stand, wie ihm auch der Trost einer Philosophie fehlte. Von christlicher Religion, ja von Religion überhaupt sind die *Abendblätter* jedenfalls nicht durchdrungen.

Berliner Ereignisse führten dann weiterhin zu den gewichtigeren Beiträgen in Kleists Zeitung. Mehrere Nummern beschäftigen sich mit der ersten großen öffentlichen Kunstausstellung dort im Herbst 1810. Arnim und Brentano hatten ihm einen langen, satirisch getönten Bericht geliefert, den Kleist dann aber zusammenstrich, wie

Redakteure das zu tun pflegen. Kleist verwandelte ihn jedoch zugleich in etwas Eigenes, zum Ärger seiner Freunde, die er nachher erst beschwichtigen und versöhnen mußte. Es ging um Caspar David Friedrichs Gemälde einer Seelandschaft, das als *Der Mönch am Meer* bekannt geworden ist. «Einheit in der Allheit» als «einsamen Mittelpunckt» in dem «einsamen Kreiß» hatte Arnim in seinem Manuskript in der Gestalt jenes «Kapuziners» gesehen,[54] der da mit dem Rücken zum Zuschauer in die Weite des Meeres an einem trüben Tag hinausblickt. Für Kleist aber wird die Mönchsgestalt «der einzige Lebensfunke im weiten Reiche des Todes». Und es folgt dann bei Kleist jener herausfordernde Satz, einer der berühmtesten der gesamten *Abendblätter*: «Das Bild liegt, mit seinen zwei oder drei geheimnißvollen Gegenständen, wie die Apokalypse da [...], und da es, in seiner Einförmigkeit und Uferlosigkeit, nichts, als den Rahm, zum Vordergrund hat, so ist es, wenn man es betrachtet, als ob Einem die Augenlieder weggeschnitten wären.»[55] Friedrichs Bild öffnet so den Blick auf Weltende und Totenreich. Die Anekdote vom Kapuziner bei «regnigtem Wetter» und die Kunstkritik also scheinen sich hier zu ergänzen: keine tröstende «Allheit» steht bereit, um das Verlorensein aufzufangen, denn die Landschaft besitzt keine vermittelnde Perspektive mehr, die die Betrachter einbezieht. Der rohe, grausame Akt des Abschneidens der Lider verweist, zumindest für Kleist, das Auge trostlos ins Nichts. Die *Abendblätter* waren keine bequeme Zeitung, so populär sie sein sollten.

Neben die Kunst trat das Theater, in Berlin also Berichte über das, was Iffland seinem Publikum vorsetzte und was gerade in diesen Wochen und Monaten in Berlin zu regelrechten Krawallen geführt hatte.[56] Wohl wurde schon im dritten Blatt «unser» Iffland von einem «vaterländischen Dichter» in schwungvoll banalen Versen begrüßt, aber die Kritik am nächsten Tag über die Aufführung eines Lustspiels von Julius von Voß wies Iffland ironisch in seine Grenzen: «*wenn*» sein Spiel überhaupt noch etwas zu wünschen übrig lasse, dann möge er doch bitte «mäßiger und minder verschwenderisch»[57] mit den Gesten seiner Hand umgehen. Leichte gefiederte Pfeile können mehr schmerzen als grobe Steinwürfe, und Kleist verstand sich vorzüglich auf die Subtilitäten der ersteren. Ohnehin hatte er es sich ja mit Iffland verdorben und haßte ihn schon allein deswegen. Fouqué, von Kleist zur Mitarbeit animiert, aber schrieb wenige Tage darauf an Varnhagen

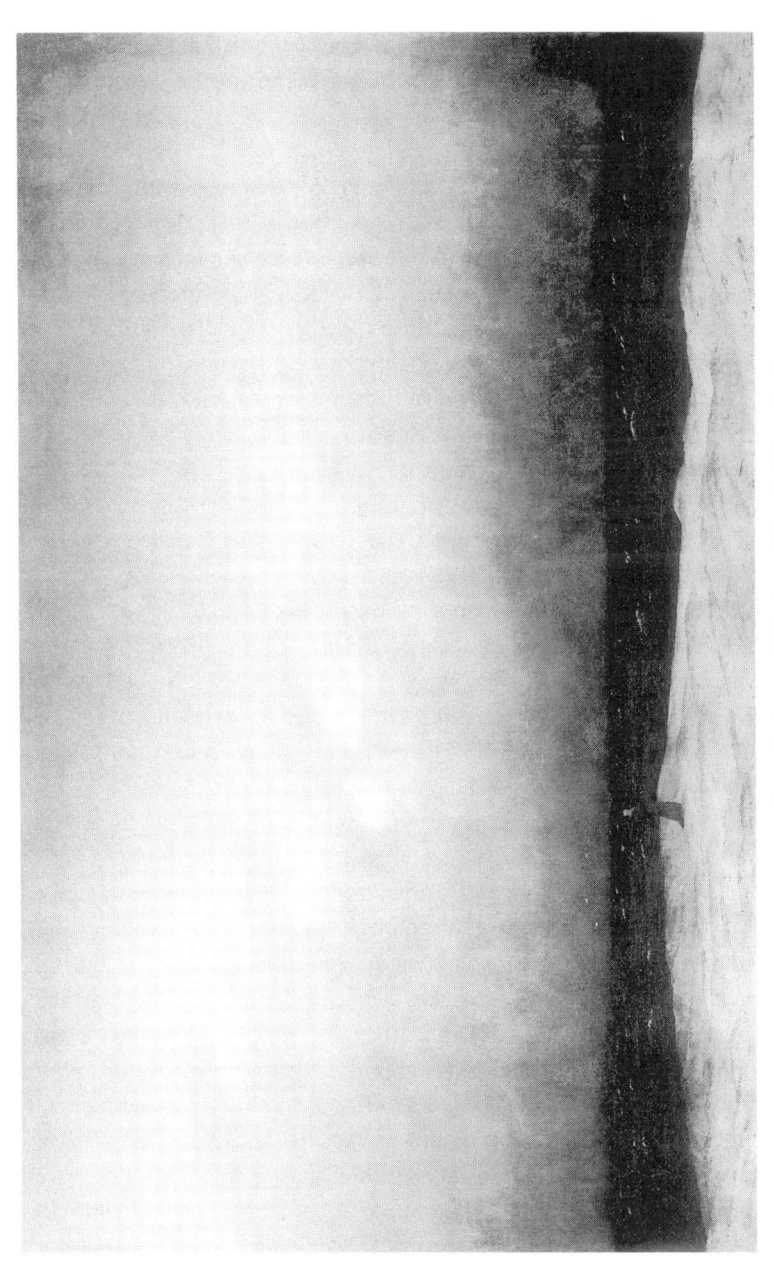

Caspar David Friedrich: Der Mönch am Meer (1808–1809)

über den «glänzenden Erfolg» der *Abendblätter*: «Ich denke, das Ganze wird sehr gut; Popularität und dadurch Verbreitung des Rechten, Vertreibung des Schlechten – vorzüglich aber doch zunächst der Iffländereien unseres Theaters – ist der Hauptzweck.»[58] Daß allerdings Kotzebue statt Goethe oder Schiller an der Spitze von Ifflands Spielplan stand, zeugte nun nicht rundheraus von dem schlechten Geschmack des Intendanten, sondern eben auch von seinem Geschäftssinn. Das aufgeklärte Publikum war eine Macht geworden, was Kleist bald zu seinem Nachteil mit den *Abendblättern* erfahren sollte, wie er es mit seinen Dramen bereits erfahren hatte.

Das politische Zeitgeschehen hatte nur verhalten Platz in der Zeitung; darauf achtete schon die Zensur, der ja schließlich alles vorzulegen war. Es ist von geradezu grotesker Komik, mit welcher Aufmerksamkeit über sechs Nummern der Zeitung hinweg die sich verzögernde «Entbindung Ihrer Majestät der Kaiserinn»,[59] also Napoleons zweiter Frau, oder der Gesundheitszustand des englischen Königs verfolgt werden, was immerhin seine Implikationen hinsichtlich der Kontinentalsperre hatte. Außerdem war Kleist ein geschickter Nachrichtenmanipulator, besonders wenn es um französische Niederlagen im Kampf gegen die Spanier ging. Da verstand er es, durch Weglassen oder Hinzusetzen listig die Tendenz seiner Quellen umzufunktionieren, ohne daß die Zensur ihm etwas anhaben konnte.[60]

Unter den Berliner Tagesereignissen fand der mißglückte gelenkte Ballonflug, den der «Wachstuchfabrikant Hr. Claudius» am 15. Oktober 1810 unternehmen wollte, aber dann aus Sicherheitserwägungen aufgab, Kleists besondere Aufmerksamkeit. Besagter Ballon wurde damals wegen des zu hohen Risikos ohne Besatzung in die Luft geschickt, den Zuschauern zuliebe, denn das «Volk ist, bei solchen Gelegenheiten, immer wie ein Kind».[61] Es sind solche Reflexionen Kleists und die mit einem Hauch von Spott überzogene Erzähllust seiner Berichte, die heute zum besonderen Reiz der *Abendblätter* gehören. Ob das größere Berliner Publikum von damals dergleichen zu schätzen wußte, ist eine andere Frage. Ballonflüge freilich waren seit den ersten Versuchen der Brüder Montgolfier 1782 allmählich ein aktuelles Thema auch der Literatur geworden; Jean Pauls *Kampaner Thal* (1797) und *Des Luftschiffers Giannozzo Seebuch* (1801), die Geschichte jenes tragischen Helden, der abstürzt, weil er sich in der leeren Luft zwischen Himmel und Erde nicht über sich selbst erheben kann, zählten damals zu den vielgelesenen Büchern – das letztere war als Anhang zum *Titan* erschienen, der der preußischen Königin und ihren Schwestern gewidmet gewesen war. Kleists Interesse am Außerordentlichen, speziell an der technischen Grenzerweiterung hatte sich im übrigen bereits bei seinen früheren Entwürfen zu einem Tauchboot gezeigt. Ballonflüge eröffneten nun die andere Dimension. Rund dreizehn Monate nach der Meldung über den Berliner Flugversuch faßte Kleist den Entschluß, zusammen mit einer Gefährtin «wie zwei fröhliche Luftschiffer»[62] in den Tod zu gehen.

Entdeckungen auf den Gebieten der Naturwissenschaften und der Technik reizten Kleist nicht nur um der Sache willen, sondern zugleich als Stimulans der Phantasie. Die Polarität von Plus und Minus, am sichtbarsten manifestiert in dem neuen Phänomen der Elektrizität als einer Spannung zwischen positivem und negativem Pol, schien sich damals sogar als eines der Grundgesetze der gesamten Natur, ja des Lebens überhaupt zu enthüllen. Philosophen wie Fichte, Schelling und Hegel gingen ihm nach, Goethe entwickelte eine eher poetische Theorie der Metamorphose von Pflanzen und Tieren, und Adam Müller schrieb bekanntlich eine regelrechte «Lehre vom Gegensatz». Ende Oktober nun berichtete Müller Rühle von Lilienstern über Kleists «ungemeines Glück» mit seinen *Abendblättern* und daß er damit «schon viel Geld verdient» habe, fügte dann aber hinzu, er fange «auch schon wieder an sein sehr großes Publikum zum Bizarren und Ungeheuern umbilden zu wollen».[63] Dazu gab es in diesen Tagen besondere Gründe, denn in den nächsten *Abendblättern* erschien ein seltsamer *Allerneuester Erziehungsplan* für die Jugend, den der Urheber einer Lehre vom Gegensatz als Parodie der eigenen Arbeit empfinden konnte, während ihn die aufgeklärte Gesellschaft Berlins nicht ohne Kopfschütteln hingenommen haben mag. Aus dem Geist des Widerspruchs gegen das Dumme oder Böse entstehe nämlich, so läßt Kleist einen fiktiven «C. J. Levanus, Corrector» argumentieren, eine viel intensivere Besserung der Menschen als durch «übertriebene Begriffe von der Macht der Erziehung.» Und Kleist wartet auch sogleich mit Beispielen auf. «Man bringe nur einmal Alles, was, in einer Stadt, an Philosophen, Schöngeistern, Dichtern und Künstlern, vorhanden ist, in einem Saal zusammen: so werden einige, aus ihrer Mitte, auf der Stelle dumm werden.»[64] Berlin dürfte Kleists kritischem Geist reichlich Anschauung geboten haben, selbst wenn er die Christlich-deutsche Tischgesellschaft vielleicht nie besucht hat. Aber auch in die Ferne der Welt und der Geschichte richtet sein Levanus den Blick, und zwar dorthin, wo Kleist selbst einmal vorhatte, mit einigen Freunden auszuwandern. «Mit Recht» könne die Welt, heißt es, «auf die Entwickelung der Verbrecher-Kolonie in Botany-Bay aufmerksam sein. Was aus solchem, dem Boden eines Staats abgeschlämmten Gesindel werden kann, liegt bereits in den nordamerikanischen Freistaaten vor Augen; und um uns auf den Gipfel unsrer metaphysischen Ansicht zu schwingen, erinnern wir den Leser bloß an den Ursprung, die Geschichte, an die Entwickelung und Größe von Rom.»[65] Worauf Kleists «Conrector» aus «Rechtenfleck im Holsteinischen» anschließend noch Unterricht in «Liederlichkeit, Spiel, Trunk, Faulheit und Völlerei» anbietet – in der Tat Bizarrerien, die aber bei aller Steigerung ins Absurde wiederum mit sehr ernsthaften Gedanken durchsetzt sind, aus denen manche eigene schmerzhafte Lebenserfahrung Kleists herauszuhören ist. «Das Kind» nämlich, so erklärt sein Plan, «ist kein Wachs, das sich, in eines Menschen Händen, zu einer beliebigen Gestalt kneten läßt: es lebt, es ist frei; es trägt ein unabhängiges und eigenthümliches Vermögen der Entwickelung, und das Muster aller innerlichen Gestaltung, in sich.»[66]

In der Tat sind die *Abendblätter* nicht einfach eine Tageszeitung geworden, in der sich Alltägliches oder Sensationelles mit Geistreichem verbindet, so sehr in ihnen reichlich davon enthalten ist. Insbesondere hinter Kleists eigenen Prosastücken wird zugleich eine Atmosphäre der Angst, des Schaurigen oder gar grausam Unerbittlichen spürbar, auf die Müller wohl anspielte. Das 10. Blatt vom 11. Oktober zum Beispiel war gefüllt mit dem *Bettelweib von Locarno*, jener aufs äußerste kondensierten Gespenstergeschichte Kleists, die zugleich eine Geschichte von verfehlten Beziehungen ist. Ein Marchese, reich und mächtig, hilft einem Bettelweib nicht, wo er helfen sollte, und so wird ihm dann nicht geholfen, als ihm die eigene Ehefrau hätte helfen können: Er kommt «auf die elendiglichste Weise» in seinem Schlosse um, das er selbst in Brand gesetzt hat. Noch jetzt seien «seine weißen Gebeine in dem Winkel des Zimmers» zu sehen, «von welchem er, als er von der Jagd kam, das Bettelweib hatte aufstehen heißen.»[67]

Noch stärkeren Grund, sich von Kleist irritiert zu empfinden, hatte Müller dann bald darauf, als er seine erste Tochter am 16. No-

vember 1810 in Berlin nach den Riten der französisch-reformierten
Kirche auf den Namen Isidora Marie Cäcilie Kunigunde taufen ließ
und Kleist als einen der Taufpaten einlud, worauf dieser in seinen
Abendblättern vom 15. bis 17. November «zum Taufangebinde für Cäcilie M...»[68] seine «Legende» *Die heilige Cäcilie oder die Gewalt der Musik*
veröffentlichte. Es war ein eigenartiges Geschenk, erwies sich doch
hier die heilige Gewalt der Musik vor allem darin, daß vier junge, «um
das Ende des sechszehnten Jahrhunderts [...] in Wittenberg studierende Leute», der «neuen», also lutherischen «Lehre» ergeben, am
«Frohnleichnahmstag» in einem Kloster zu Aachen durch das Eingreifen Cäcilies von ihrer Wut der Bilderstürmerei zwar geheilt werden,
aber statt dessen nun in Irrsinn verfallen und «mit einer schauerlichen
und grausenhaften Stimme, das gloria in excelsis»[69] intonieren. Kleist
hat bald darauf die Legende für den zweiten Band seiner Erzählungen
noch beträchtlich erweitert, aber ihr «Grausenhaftes» eher noch ver-
stärkt, läßt er doch dort die Mutter der vier Söhne den sehr unheili-
gen Gedanken fassen, es sei wohl gar «das ganze Schrecken der Ton-
kunst»,[70] das ihre Kinder erst verderbt habe – ein sehr häretischer
Gedanke für eine Legende über die Schutzheilige der Musik. Daß
Musik allerdings nicht nur himmlische Kraft, sondern auch dämonische Macht in sich trug, gehörte zu den neuen Erkenntnissen von
Kleists Zeitalter am Übergang von Haydn und Mozart zu Beethoven,
Schubert, Weber und Schumann. In der deutschen Literatur wurde
dieser Zwiespalt dann ein dominierendes Thema im Werk des Musi-
kers Ernst Theodor Amadeus Hoffmann, eines großen Bewunderers
und aufmerksamen Lesers Kleists. Müller aber durfte aus doppeltem
Grund verstimmt sein. Denn einmal war die Legende eben nicht
ein sanft freundliches, hoffungsträchtiges Geschenk, das man einem
Kinde in die Wiege legt. Zum anderen bekam Müller selbst einen
Pfeilschuß ab. Wohl wurde seine Tochter in Berlin evangelisch getauft,
wie die jungen Bilderstürmer in der Legende ja auch nach der Reformation in Wittenberg studiert hatten. Er selbst aber, Adam Heinrich
Müller, war bereits am 30. April 1805 bei einem Besuch in Wien zum
katholischen Glauben übergetreten, was er im protestantischen Berlin indes verschwieg und was außer Kleist nur wenige wußten.

Wenn Müller Ursache hatte, von Kleist irritiert zu sein, so hatte es
Kleist mit dem Freunde noch mehr, denn im Grunde war es Müller,
der – allerdings nicht absichtlich – die *Abendblätter* schon ihrem

Ende zutrieb, ehe sie kaum erst begonnen hatten. Für das elfte Blatt steuerte Müller nämlich einen sehr kritischen Aufsatz über den inzwischen verstorbenen Christian Jakob Kraus aus Königsberg bei, zu dem der preußische Staat seine angehenden Verwaltungsbeamten in die Lehre schickte, darunter im Jahre 1805 auch Heinrich von Kleist. Es war jener «kleine, unansehnlich gebildete Mann, der mit fest geschlossenen Augen, unter Gebährden, als ob er im Kreisen begriffen wäre, auf dem Katheder» saß, «aber wirklich Ideen, mit Hand und Fuß, wie man sagt, zur Welt bringt».[71] So jedenfalls erlebte ihn Kleist damals, und da Kraus' letztes Buch *Die Mittel der Bezahlung der französischen Kriegsschuld* zum Thema hatte, blieben sein Name und seine Lehre auch nach seinem Tod 1807 hochgeachtet im Kreis der Reformer um Hardenberg. Müller aber, so anpassungsfähig er sich auch zeigen konnte, schlug sich nun der konservativen Opposition zu und zog gegen die angebliche Überschätzung des «dogmatisirten und fixirten Adam Smith des Professor Kraus» ins Feld. Einen Monat später, im *Abendblatt* vom 16. November, folgte dann die noch aggressivere Kritik an den preußischen Reformen in dem Aufsatz *Vom Nationalcredit*, was sogar den König mit einer tadelnden Kabinettsorder auf den Plan rief. Müller stellte darin ein «Grundgesetz aller Politik» auf, das lautete: «Du kannst nur Einfluß auf die Zukunft, auf den Zustand der kommenden Tage deines Volkes haben, in wiefern die Vergangenheit mit ihren Gesetzen Einrichtungen und Verfassungen Einfluß hat auf dich.»[72] Das aber war für Müller zugleich das «Grundgesetz» aller «Staatskunst»: In der Aufrechterhaltung alter Institutionen, mit denen Müller unmißverständlich den Geburtsadel meinte, bestand der «Nationalcredit», und die junkerlichen Gegner von Hardenbergs Reformen, die ihre Privilegien schwinden sahen, dankten es ihm. Wie sein Freund Gentz hat Müller stets zum Konservatismus geneigt, auch wenn es dann lange gedauert hat und vieler Anstrengungen bedurfte, bis er selbst in diese «Einrichtung» des Adels aufgenommen wurde. Jetzt aber gerieten dadurch Kleists *Abendblätter* in den kritischen Blick Hardenbergs, und es entstand eine lange, verwickelte Geschichte, deren Ende schließlich zugleich das Ende der *Abendblätter* war.

Kleist verlor zunächst das Privileg der Polizeiberichte, die, wie sich nun zeigte, die Hauptattraktion bei der größeren Zahl der Leserinnen und Leser gewesen war. Als er die Berliner Lokalnachrichten durch das Abschreiben von Presseberichten aus nationalen und inter-

Carl August Freiherr von Hardenberg.
Gemälde von Friedrich Georg Weitsch (1795)

nationalen Gazetten zu ersetzen versuchte, geriet er in Konflikt mit den anderen Berliner Zeitungen, die dies als ihr Vorrecht betrachteten. Die Zensur verschärfte sich, der Absatz sank, und Kleist mußte den Verleger wechseln. Versuche, sich mit Hardenberg und dessen Bürochef Friedrich von Raumer zu arrangieren und für das Versprechen einer regierungsfreundlichen Haltung der *Abendblätter* womöglich offiziellen Status und finanzielle Gegenleistungen zu erhalten, brachten nur neue Verwicklungen, die in einer Duellforderung an

Raumer kulminierten. Es war jene hilflose Geste Kleists, in der seine Herkunft und Erziehung durchschlugen in einer Sphäre, zu der so gar nicht die Barbarei eines Ehrenhandels paßte. Auch an Goethe soll Kleist ja einst wegen der Weimarer Aufführung des *Zerbrochnen Krugs* eine Duellforderung haben senden wollen. Hier kam es dann durch Raumer zur raschen Beschwichtigung. Ein Brief wurde überbracht, Kleist «fing an zu weinen, klagte, er sei zu allem inducirt worden»,[73] schrieb dann seinerseits eine versöhnliche Notiz an Raumer und bat «um Übertragung der Redaction des churmärkischen Amtsblatts»,[74] wozu, wie er glaubte, man ihm Hoffnungen gemacht habe. Aber damit bereitete er sich nur eine neue Enttäuschung, denn natürlich bestand nicht die geringste Aussicht, daß man Kleist ausgerechnet jetzt eine solche Aufgabe übertrug. Alles in allem wären jetzt Elastizität im Umgang mit Behörden, Konzessionsbereitschaft und nüchterne Einschätzung der gegebenen Möglichkeiten wie des rechten Verhältnisses zwischen Idealen und der Realität, wären Selbstsicherheit und vor allem Geschick in der Behandlung anderer Menschen gefordert gewesen. Das aber war nun einmal nicht Kleists Sache in seiner «dummen deutschen Art»,[75] wie er sich Fouqué gegenüber charakterisierte. Am 30. März 1811 erschien das letzte *Abendblatt*, Kleist verlor das Honorar als seine Haupteinnahmequelle und erhielt dazu noch eine Geldforderung des Verlegers. Allerdings fiel nicht alle Schuld allein auf Kleist zurück. Hardenberg pflegte Verhandlungspartnern und Bittstellern gegenüber großherzig mit Versprechungen aufzutreten, aber es dann nach Herrenart Raumer zu überlassen, die weniger angenehmen Konsequenzen, Einschränkungen und Ausführungsbestimmungen durchzusetzen, worüber Raumer später in seinen Erinnerungen berichtet hat – Raumer quittierte noch im selben Jahr den Staatsdienst und begann eine bedeutende Karriere als Historiker.

Kleist, in einer verzweifelten finanziellen Lage, schrieb nun am 20. Mai an Prinz Friedrich Wilhelm Karl, genannt Prinz Wilhelm, den nächstältesten Bruder des Königs, der ihn kannte:

> Da nun weder das Alter, das ich erreicht, noch auch der Platz, den ich
> in der Welt einnehme, zulassen, mich bei der Bank der Referendarien
> anstellen zu lassen: so flehe ich Ew. Königliche Hoheit inständigst an,
> mich gegen so viel Unedelmüthigkeiten und Unbilligkeiten die meine
> Heiterkeit untergraben, in Ihren gnädigsten Schutz zu nehmen. Ich

bitte Ew. Königliche Hoheit, den Staatskanzler zu bewegen, mir, seiner Verpflichtung gemäß, eine, meinen Verhältnissen angemessene, und auch mit meinen anderweitigen litterarischen Zwecken vereinbare, Anstellung im Königl. Civildienst anzuweisen, oder aber, falls sich ein solcher Posten nicht sobald ausmitteln lassen sollte, mir wenigstens unmittelbar ein *Wartegeld* auszusetzen, das für jenen empfindlichen Verlust, den ich erlitten, und den ich zu tragen ganz unfähig bin, einigermaßen als Entschädigung gelten kann.[76]

Und als – offenbar – keine Antwort kam, trat er am 17. Juni an die höchste Instanz heran und schrieb mit der gleichen Bitte an den König. Aber auch darauf kam keine Antwort.

Was bleibt von den *Abendblättern*? Daß ihnen als frühes Abend- und Sensationsblatt und als «Vorläufer der Zeitungen» eine Stelle in der deutschen Zeitungsgeschichte gebührt, ist noch das wenigste, was man von ihnen sagen kann. Daß sie einen minutiösen Blick in ein kleines Stück deutscher Geschichte in einer konfliktgeladenen, aber zugleich hoffnungsreichen Zeit geben, kommt hinzu. Denn redlich waren Kleists Bemühungen durchaus; er wollte aufrichtig und mit «unbefangenem patriotischen Geiste», getragen «von der Liebe für Vaterland und König» und «vom Eifer für alles Gute»,[77] «*das Neueste und das Wahrhafteste*»[78] geben. Die Suche nach «Wahrheit» war sein Lebensthema, und die *Abendblätter* enthielten zahlreiche Reflexionen dazu, bis hin zu der Feststellung, daß die «Wahrscheinlichkeit [...] nicht immer auf Seiten der Wahrheit»[79] sei, was nun auf die ganze dunkle, rätselhafte und zugleich schreckenerregende Psyche des Menschen verwies, in die Kleists Werk insgesamt hineinführt und von der auch die *Abendblätter* Zeugnis geben. Das wird vielleicht am sichtbarsten in jenem Aufsatz Kleists *Ueber das Marionettentheater*, den er über vier Nummern hinweg vom 12. bis 15. Dezember 1810 brachte, den er mit seinen Initialen zeichnete, was sonst selten geschah, und der zu dem wohl bekanntesten und meistinterpretierten Prosastück der *Abendblätter* überhaupt geworden ist.

Kleist ist nie langweilig, und die scheinbare Schwere mancher seiner Sätze wird beim Hören leicht und klar, so leicht und klar, daß man ihr Gewicht zuweilen gar nicht bemerkt. Das gilt nun ganz besonders für dieses Gespräch zwischen dem Erzähler und Herrn C., dem «ersten Tänzer der Oper»,[80] der, wie sich zeigt, sehr viel von Marionetten versteht, weil deren graziös erscheinende Bewegungen etwas mit seiner

eigenen Kunst zu tun haben. Nur ist im Fall der Marionetten ein phy-
sikalisches Gesetz des Schwerpunktes am Werk, das von einem
«Maschinisten» gehandhabt wird, während der wirkliche Tänzer auf
sich selbst, seine «Kunst» und also seine Psyche verwiesen ist. Um den
«*Weg der Seele des Tänzers*»[81] geht es also bei den Menschen. Der historische Ort von Kleists Gespräch am Ausgang eines Zeitalters der Aufklärung leuchtet auf: der Mensch ist er selbst, ist frei, allein und hat
alle Unmündigkeit hinter sich gelassen. Eben dadurch hat er indes
jene «Grazie» verloren, jene Unschuld der Bewegung, die der Mario-
nette mit ihrem «Schwerpunct» gegeben ist, wenn ihn der Marionet-
tenmeister richtig handhabt. Der Mensch aber müßte Gott sein, um
gleiches zu können. Von ihm jedoch, von einem göttlichen Maschi-
nenmeister, hatte er sich ja gerade frei erklärt, um er selbst zu sein,
und war so in das Dilemma allen menschlichen Daseins geraten, Gott
denken, aber nicht Gott sein zu können. Die Dimensionen von Kleists
Gespräch sind biblisch, also weit und groß. Irgendwo zwischen Krea-
tur und Gott liegt der Ort des Menschen, seitdem er «von dem Baum
der Erkenntniß gegessen»[82] hat. Die Grazie des «Gliedermanns» fehlt
ihm ebenso wie «das unendliche Bewußtsein»[83] des Gottes. Das hat
ihn unsicher gemacht an sich selbst, und ein Bär kann in der Unschuld
seines Instinkts die Stöße des geschicktesten Fechters leichter parie-
ren als ein anderer Mensch – eine Replik Kleists möglicherweise auf
den Hinweis seines Freundes Pfuel, «daß es Fechter gegeben hat, die
sich die Augen verbinden ließen und beinahe mit derselben Sicherheit
und Beurtheilung zu fechten fortfuhren»[84] wie vorher. Nur ist Kleist
radikaler; für ihn ist «das Paradies [...] verriegelt und der Cherub
hinter uns; wir müssen die Reise um die Welt machen, und sehen, ob
es vielleicht von hinten irgendwo wieder offen ist».[85] Die Rückkehr
dorthin, in die Unschuld des Anfangs wäre dann «das letzte Capitel
von der Geschichte der Welt».[86] Kleists Gespräch ist Poesie, nicht Philosophie, und seine Gedanken sind einfach wie die Sprache seiner Bilder. Aber sie erweisen zugleich die Unlösbarkeit des Rätsels, das sie
aufgeben, weil es nichts Geringeres betrifft als den Sinn menschlichen
Daseins. So hat sich Kleists Aufsatz *Ueber das Marionettentheater* denn
als unerschöpflich erwiesen für immer neue Interpretationen. Er
selbst hat sich in ihn hineingeschrieben, denn daß ihm Grazie im
Umgang mit der Welt im kleinen und großen fehlte, hat er zu seinem
Leidwesen dauernd erfahren müssen. Nach den Paradiesen der Uto-

pien hat er nicht gesucht. Sein Adam im *Zerbrochnen Krug* mußte den Klumpfuß behalten, mit dem er geboren war, und nur Eve, die Frau, hat Aussicht, einem höheren Ziele näherzukommen. Auf Schritt und Tritt ließ Kleist die Gestalten, die er schuf, nach Lösungen des ewigen Rätsels suchen, was sie meist zu den beiden großen, nicht weiter hinterfragbaren Absoluten allen menschlichen Daseins führte, zur Liebe und zum Tod, und oft zur einen erst im anderen. Damit führt Kleists Aufsatz in der Tat mitten in sein Werk hinein, ist doch, so gesehen, die Reise zu Kleist immer auch eine Reise um die Welt.

Noch einmal: Was bleibt von den *Abendblättern*? Ob sie der «Nationalsache», was immer diese sein mochte, wirklich gedient haben, wie Kleist als sein Ziel vorgab, muß bezweifelt werden. Dazu war der Redakteur Kleist zu vielen Rücksichten ausgesetzt auf staatliche Zensoren und ihre Auftraggeber ebenso wie auf die Eigenarten und Launen seiner Mitarbeiter, ganz abgesehen von den eigenen Schwierigkeiten, ein kluger Vermittler zu sein. Der Unterhaltung seines Publikums dienten die Blätter gewiß eine Zeitlang, und belehrt wurde es auch ab und zu. So waren sie tatsächlich ein «*Volksblatt*», «d. h. (weil es kein Centrum der Nation giebt) ein Blatt für *alle Stände* des Volks,»[87] wie Kleist in einem Brief erklärte, mit der Ergänzung in Parenthese zugleich seinen Willen bekundend, über das Preußische hinaus ins Deutsche zu wirken. Daß das Publikum beschenkt wurde mit ein paar Glanzstücken deutscher Prosa, hat es in seiner Mehrzahl damals wohl kaum wahrgenommen. Daß die 153 *Berliner Abendblätter* jedoch angeblich in ihrer Gesamtheit ein von Kleist regelrecht komponiertes Kunstwerk seien, läßt sich zwar aus der Begeisterung einer späteren Zeit für Kleist verstehen, aber es suggeriert eine Einheitlichkeit, die sie nicht besitzen. Ein harmloses Blättchen waren sie dennoch gewiß nicht. Viel von sich selbst hat Kleist darin preisgegeben, nicht nur direkt, sondern auch indirekt, nicht nur absichtlich, sondern auch unabsichtlich: seine Kunst der Manipulation, seinen Witz, seine Neigung zum Parodieren und auch den Blick in manche Nachtseiten seiner selbst. Einen anderen großen Gewinn haben sie schließlich außerdem noch gebracht: die *Berliner Abendblätter* haben dem Erzähler Heinrich von Kleist erneut die Schreibhand gelockert.

4. Sündenfälle

Anfang Februar 1810 war Kleist in die Berliner Mauerstraße 53 eingezogen; Ende April schloß er mit Georg Andreas Reimer einen Vertrag über einen Band Erzählungen ab und empfing dafür als Vorschuß 50 Reichstaler in die Hand; abliefern wolle er den Band in drei Monaten «à dato»,[88] also im Juli, wie er ihm ankündigt. Wo Kleist sich in den Briefen über seine Werke äußert, geschieht das zumeist in Verbindung mit Honoraren, und das waren dann eben eher Bitten um Geld statt entschiedener oder verhandelbarer Forderungen. Da war er angesichts seiner Notlage zu manchen Demütigungen bereit; Beispiele dafür sind bereits zitiert worden. Reimer hat das nicht ausgenutzt, aber er hat Kleist dennoch kürzer gehalten als die berühmteren unter seinen Autoren.[89] Das war allerdings nichts anderes als begreiflicher kaufmännischer Kalkül. Kleist gehörte nicht zu den Namen, auf die man damals aufmerksam war, wenn es um interessante neue Literatur ging, und dabei blieb es auf lange Zeit – von den 800 Exemplaren der ersten Auflage des *Zerbrochnen Krugs* 1811 waren noch siebzig Jahre später Reste zum Originalpreis zu haben,[90] während Reimer von Tiecks und Friedrich Schlegels Edition der Schriften ihres toten Freundes Novalis aus dem Jahre 1802 schon nach drei Jahren eine Neuauflage drucken mußte.

Bei Kleists Vorschlag zu einem Band mit drei Erzählungen spielte nun allerdings auch eigener finanzieller Kalkül eine Rolle, denn die Erzählungen, die er anzubieten gedachte, existierten ja bereits. Hier war also verhältnismäßig rasch Geld zu verdienen. Im *Morgenblatt für gebildete Stände* war 1807 die tragische Liebesgeschichte von *Jeronimo und Josephe* erschienen und 1808 im *Phöbus* dann die *Marquise von O…* sowie ein Fragment des *Michael Kohlhaas*, Kleists ältestem Stoff zu einem Prosawerk. Dennoch stand Kleist mit diesem Plan ein tätiger Sommer bevor. Der *Kohlhaas* mußte vollendet werden; das *Phöbus*-Fragment hatte nicht einmal ein Drittel der gesamten Erzählung umfaßt. Die beiden anderen Erzählungen waren für den Druck zu revidieren, und schließlich bereitete Kleist auch das *Käthchen von Heilbronn,* das er von Iffland zurückgefordert hatte, für eine Buchausgabe vor, so daß im Herbst 1810 zur Michaelismesse zwei Bücher von ihm in Reimers Verlag erscheinen konnten: das Drama von der Heilbronner Waffenschmiedstochter und eben jenes Buch, das schlicht *Erzählungen* betitelt war. Nach Kleists Wunsch hätte es eigentlich «Moralische Erzählungen» heißen sollen, denn so pflegte man damals gern jene Geschichten um sentimentale, sensationelle oder schaurige Begebenheiten zu nennen, die sich gegen Ende des 18. Jahrhunderts zur Unterhaltung eines ständig zunehmenden Leserkreises großer Popularität erfreuten. Auf Popularität aber, auf Erfolg, Aufmerksamkeit, ja Ruhm und damit auch auf ein gutes Einkommen zielte Kleist durchaus – mit verdienter Anerkennung und dem verdienten Lohn für seine Arbeit war er ja bisher wahrhaftig nicht verwöhnt worden. Sein Titelvorschlag besaß allerdings auch schon wieder einen leicht spöttischen Unterton, denn «moralisch», so wie man das Wort damals allgemein verstand, waren diese drei Geschichten gewiß nicht, handelten sie doch von der Verklärung eines mörderischen Rechtsbrechers um der Gerechtigkeit willen, sodann von einer ehrsamen Witwe, die nicht weiß, wie sie schwanger geworden ist, und schließlich von einem jungen, unverehelichten, ungleichen Paar, das sich für sein höchstes Glück ausgerechnet einen Klostergarten aussucht. Die Wiener Zensur verbot denn auch das Buch in ihrem Bereich, weil manche Stellen «alles Zartgefühl beleidigten»,[91] und über manche empörte deutsche Reaktion von *Phöbus*-Lesern ist bereits berichtet worden. «Moralisch» fiel jedenfalls weg im Titel, sei es auf Wunsch des Verlegers oder aus eigener Neigung zu größerer Objektivität. Denn die tragische Geschichte von Jeronimo und Josephe hatte Kleist nun in *Das Erdbeben in Chili* umbenannt, was sachlicher klang und sie aus der Sphäre bürgerlicher Rührseligkeit heraushob, ganz so, als habe sich der Erzähler rührender Geschichten zum Reporter über Neuigkeiten in der großen weiten Welt gewandelt. Am 23. September 1810 erhielt Kleist die ersten fünf Freiexemplare seiner *Erzählungen.* Acht Tage später begannen die *Berliner Abendblätter.* Das reine Volumen von Kleists täglicher Schreibtätigkeit in diesen Monaten muß beträchtlich gewesen sein ohne Sekretariat, Schreibmaschine, Computer und Photokopiergerät. Wegen der «Dürftigkeit seiner Wohnung», so hat Friedrich Wilhelm Gubitz später berichtet, habe er das meiste «in einem Gasthofe»[92] geschrieben.

Kleists Abendzeitung bildet eine Art Mittelglied in der Geschichte seines Prosawerks. Bei seinen frühen Erzählungen hatte er den Reiz des Spiels mit dem Tatsächlichen, des erzählenden Gestaltens und Umgestaltens von Wirklichkeit entdeckt. Für den Zeitungsredakteur lag der Reiz dann darin, gleiches in einem Amt zu versuchen, das eigentlich ganz dem sachlichen Berichten über Wahres, Geschehenes verpflichtet sein sollte. Daraus aber entstand wiederum die Verlokkung zu weiterem Erzählen. Zwei neue, kürzere Erzählungen hatte Kleist bereits in die *Abendblätter* aufgenommen, das *Bettelweib von Locarno* und die Legende von der *Heiligen Cäcilie*, von den noch kürzeren Stücken seiner Anekdotenkunst ganz abgesehen. Für die immer stärker an Stoffmangel leidende Zeitung mußte er sich außerdem aus verschiedenen Quellen dieses und jenes Sensationelle zusammentragen, übersetzen und montieren, so die *Geschichte eines merkwürdigen Zweikampfs* zweier französischer Edelleute um die Ehre einer Frau, die am 20. und 21. Februar 1811 in den *Abendblättern* erschien. Am selben Tage, dem 21., beschwerte er sich bitter bei Raumer über die «Zugrundrichtung des Abendblatts».[93] Drei Tage davor hatte er Reimer bereits einen zweiten Band mit Erzählungen angeboten; der sollte dann eine eigene Geschichte von diesem *Zweikampf* enthalten – Alltag des Schriftstellers und Journalisten Heinrich von Kleist.

Und noch anderes war in Arbeit: im *Freimüthigen*, dem «Berlinischen Unterhaltungsblatt für gebildete, unbefangene Leser», erschien von Ende März bis Anfang April 1811 in Fortsetzungen die Erzählung *Die Verlobung*, die in der Buchfassung dann den geographisch objektivierenden, mit exotischer Ferne lockenden Zusatz *in St. Domingo* erhielt. Und schließlich hatte Kleist auch noch die Geschichte von einem trügerischen, böses Spiel mit Liebe, Güte und den menschlichen Gefühlen treibenden *Findling* mitzuteilen. «Höchstens 3 Wochen vom Tage des Empfangs»[94] eines Manuskripts setzte Reimer damals die Zeit bis zum fertigen Buch an: am 3. August 1811 jedenfalls konnte Kleist die ersten Freiexemplare des zweiten Bandes mit fünf weiteren seiner *Erzählungen* in der Hand halten.[95]

Den Begriff «Novelle» benutzte Kleist noch nicht, weil sich damals mit ihm eher die kürzeren Erzählformen der italienischen und spanischen Literatur seit der Renaissance verbanden, die gerade in diesen Jahren ins Deutsche übersetzt wurden als Teil einer romantisch-christlichen Kultur seit dem Mittelalter, der man sich als zugehörig empfand in Auflehnung gegen die Dominanz alles Klassisch-Antiken. Kleists Erzählungen selbst wurden dann zu Mustern charakteristisch deutscher Novellen, denen der Begriff erst nachfolgte und für deren Eigenart das Wort später sogar in andere Sprachen übernommen worden ist. Teilweise haben sie aber auch selbst unmittelbar Eingang in die Weltliteratur gefunden als Filmstoff, wie die *Marquise von O...*, oder als Nachfahren Kleistscher Geschöpfe, wie jener farbige Amerikaner und moderne Kohlhaas namens Coalhouse Walker, der sich Gerechtigkeit wegen eines durch Willkür zerstörten Autos erkämpfen möchte.[96]

Als Unterhaltungsware nun sprachen die populären «moralischen Erzählungen» der Zeit, wie alle literarische Konfektion, nicht vom Leben und Empfinden ihrer Verfasserinnen und Verfasser. Gleiches aber scheint auch für Heinrich von Kleists Novellen zu gelten, denn sie haben offensichtlich nichts mit seiner Biographie zu tun. Kleist hat ihr Geschehen in ferne Zeiten oder fremde Länder gerückt, so weit von sich selbst, wie man es sich nur denken kann. Zur Objektivierung des Erzählten gehörte die Verwandlung von «Jeronimo und Josephe» in das «Erdbeben in Chili», die Novelle von Kohlhaas erhielt den Zusatz «aus einer alten Chronik», die sie im *Phöbus*-Fragment noch nicht besaß, und wenn die Marquise von O... Tochter des Herrn von G... war, bisher bei V... gewohnt hatte, aber wegen des ... Krieges auf die Zitadelle von M... gezogen war, wo sie vom Grafen F... dann ohne ihr Wissen vergewaltigt wird, so suggerierte das natürlich, daß hier reine Tatsachen berichtet werden, die der Berichterstatter zwar kennt, aber lediglich der Diskretion halber nicht genauer identifizieren möchte. Nur sind eben Kleists Novellen weder sachliche Tatsachenberichte noch unterhaltsame Konfektionsware. Ebensowenig haben sie allerdings, zumindest an der Oberfläche und vom Personal her, mit den literarisch ambitionierten, symbolbeladenen Künstlernovellen Tiecks oder Hoffmanns gemein – sie sind so einzigartig, wie es allein bedeutende Kunstwerke sein können. Aber wodurch?

Die gängigen «Moralischen Erzählungen» sortierten üblicherweise die Welt in Gute und Böse, belohnten die einen und straften die anderen. Wohl jagten sie Schauer über die Rücken ihrer Leserinnen und Leser, wenn Mordmesser vom Blute trieften, Geister erschienen oder der Modergeruch der Kerker aus den Buchseiten in die bürgerlichen

Wohnstuben drang. Aber am Ende kehrte dann die Welt immer wieder zur Ordnung zurück, und sei es auf dem Schafott des Scharfrichters. In Kleists Novellen hingegen ist die Welt so gut wie nirgendwo in Ordnung. Kohlhaas, der Rebell und vielfache Mörder, erfährt an der Richtstätte eine regelrechte Verklärung; Jeronimo und Josephe werden brutal in einer Kirche erschlagen; der Bräutigam von St. Domingo bringt seine Braut und sich um, so daß «des Ärmsten Schädel» zerschmettert «zum Teil an den Wänden umher» hing;[97] der Marchese von Locarno verbrennt im eigenen Schloß; die Heilige Cäcilie treibt vier junge Radaubrüder in den irreversiblen Irrsinn, und Antonio Piachi, der «gute Alte»,[98] verzichtet vor der Exekution sogar auf die ewige Seligkeit, damit er Nicolo, den trügerischen Findling, dem er «das Gehirn an der Wand»[99] eingedrückt hatte, auch noch in die Hölle folgen kann. Lediglich die erneut zur Mutter gewordene Marquise von O... scheint sich mit der Wirklichkeit arrangieren zu können, nachdem sie ihren Vergewaltiger geheiratet hat, und wenn der gegen alle Wahrscheinlichkeit und jedes menschliche Ermessen scheinbar im Gottesgericht des Zweikampfs unterlegene Herr Friedrich von Trota dennoch Sieger wird, so zeigt das nur an, daß Gottes Wille eben unerforschlich ist. Nein, moralisch oder gar erbaulich sind Kleists Novellen nicht. Wozu aber erzählt er sie?

Mit seinen eigenen Lebensumständen scheinen sie alle wenig zu tun zu haben. Daß Kohlhaas' Söhne Heinrich und Leopold heißen, also die Vornamen Kleists und seines Bruders haben, und nach der Hinrichtung ihres Vaters vom brandenburgischen Kurfürsten zu Rittern geschlagen werden, ist ein kleines Insider-Spiel und nicht schon ein autobiographischer Zug. Auch der frühe Tod von Kleists Eltern läßt sich nur unter Vorbehalt damit in Verbindung bringen, daß es in mehreren dieser Novellen Waisenkinder gibt und eines davon, der kleine Juan, nach dem Erdbeben in Chili und dem gewaltsamen Tod der Eltern gleichfalls eine Art halber Verklärung auf Vorschuß erfährt – «und wenn Don Fernando Philippen mit Juan verglich, und wie er beide erworben hatte, so war es ihm fast, als müßt er sich freuen.»[100] Daß die Fürsorge für solche Findlinge auch üble Folgen für die Wohltäter haben kann, führt der fürchterliche Untergang des römischen Kaufmanns Piachi drastisch vor. Familien lösen sich in der Tat auf in diesen Novellen, aber wie immer Kleist Ähnliches für sich und seine eigene Familie empfunden haben mag – es war in dieser Zeit eher ein allgemeines Symptom großer gesellschaftlicher Umordnungen in Richtung auf eine bürgerliche Gesellschaft hin und nicht Autobiographie.

Sozialkritische Perspektiven, die von Kleists eigenen Erfahrungen genährt wurden, besaßen die Novellen allerdings und sein *Michael Kohlhaas* an erster Stelle. Vetternwirtschaft, Korruption und die langsam und schließlich nur sich selbst mahlende Mühle amtlicher Institutionen waren ihm durchaus aus eigener Anschauung geläufig. Der scharfe Kontrast zwischen wortbrüchigen Sachsen und gerechten Brandenburgern gab der Novelle zugleich noch eine Perspektive, in die der Preuße Kleist im Berlin des Jahres 1810 durchaus eigenes Hoffen einbringen konnte, einschließlich dem Wunsch nach Anerkennung – in der Dresdner *Phöbus*-Fassung waren die geographischen Bezüge ja noch verwischt und der Schluß unausgeführt gewesen. In Frankreich war Kleist 1807 eine Zeitlang auf jenem Fort Joux gefangengehalten worden, in welchem der haitianische General Toussaint l'Ouverture 1802, ebenfalls als Gefangener, gestorben war – der Aufstand der Sklaven afrikanischer Herkunft bildet den geschichtlichen Hintergrund zur tödlichen Verlobung in Santo Domingo, wie früher die ganze Insel Haiti hieß. Kurzum: wer sich selbst in seinen besseren Kräften als unterdrückt empfindet, dem liegt auch das Schicksal anderer Unterdrückter auf der Seele. Wem selbst unsicher ist, was sich als Gottes Wille verstehen läßt, der ist besonders sensibel gegen fromme Heuchelei. Wen es, wie Kleist, in eine tiefe Gewissenskrise stürzte, daß er als junger Offizier seine Soldaten schlagen sollte, und wer überhaupt immer wieder Unverständnis, Enttäuschungen und kalte Macht von den Menschen erfahren muß, dem ist alle Hartherzigkeit zuwider. Ja, ein Stück Kohlhaas mit dessen Willen zu absoluter Gerechtigkeit steckte auch in Heinrich von Kleist, und ebenso ein Stück Auflehnung gegen Gewalt und Versklavung, ob in Preußen oder Haiti, ein Stück Widerstand gegen Frömmelei, ob in Berlin oder Chili. Nur ist dergleichen erst der Anfang auf dem Weg in Kleists erzählte Welt hinein. Seine äußere Biographie ebnet diesen Weg allenfalls, aber in persona wird Kleist sich kaum darin finden lassen.

Näher an ihn heran führt da schon die Beobachtung, daß die scheinbar so dichte Realität dieser Novellen in Wirklichkeit an einer Reihe von Stellen vom Autor offenbar manipuliert worden ist. Denn bei skeptisch-kritischer Betrachtung zeigt sich in ihnen doch eine ganze Reihe von Unwahrscheinlichkeiten und Anachronismen. Die Todesstrafe für eine Elevin wegen des Fehltritts im Klostergarten ist historisch undenkbar, und für das Eingreifen des Kaisers in den Fall des Hans Kohlhase, wie Kleists Held wirklich hieß, gibt es keinerlei Beleg.[101] Und warum bringt man «eine alte kranke Frau, die sich bettelnd vor der Tür» eines Schlosses «eingefunden hatte»,[102] aus mildtätiger Anwandlung ausgerechnet in einem prächtigen Zimmer im ersten Stock unter, wie es die Marquise von Locarno tut? Was Kleist zu erzählen hat, sind Geschichten, die letztlich aus ihm selbst kommen; das ist das ebenso Bedeutende wie Beunruhigende an ihnen. Sie führen aus dem scheinbar historisch Verbürgten und dem scheinbar in festen geographischen Koordinaten Angelegten in seelische Unterwelten, wo Leiden und Leidenschaften, Macht, Gewalt, Gier, Angst, Verzweiflung, Irrsinn, Unheimliches, ja Ungeheures herrschen. Menschen werden zu Monstren, die täuschen, brandschatzen, vergewaltigen und morden. Ein ganzes Panorama des Bösen entwirft Kleist und hat dagegen nur wenig Hoffnung zu setzen. Kohlhaas akzeptiert seinen Tod als gerechte Strafe, was ihm zum Lobe gereicht und den Söhnen zum erblichen Adelsstand verhilft; Friedrich von Trota überlebt das Gottesgericht eines Zweikampfes, wenngleich arg zugerichtet, und die Marquise von O... arrangiert sich mit der Wirklichkeit eines Mannes, der, wenn er schon kein Engel war, nun wenigstens auch kein Teufel mehr zu sein scheint. Zwei cum grano salis geglückten Vereinigungen stehen sechs Todesfälle in diesen Erzählungen gegenüber, von denen die meisten wahre Höllenfahrten sind, am sichtbarsten wohl die des Kaufmanns Piachi, der das «unmenschliche Gesetz» der Kirche verflucht, «das ihn nicht zur Hölle fahren lassen wolle. Er rief die ganze Schar der Teufel herbei, ihn zu holen, verschwor sich, sein einziger Wunsch sei, gerichtet und verdammt zu werden, und versicherte, er würde noch dem ersten, besten Priester an den Hals kommen, um des Nicolo in der Hölle wieder habhaft zu werden! – Als man dem Papst dies meldete, befahl er, ihn ohne Absolution hinzurichten; kein Priester begleitete ihn, man knüpfte ihn, ganz in der Stille, auf dem Platz del popolo auf.»[103]

Sündenfälle aber sind diese Geschichten alle, wie freilich nicht anders zu erwarten ist von einer Menschheit, die vom Baum der Erkenntnis gegessen hat und sich nun höchst unsicher auf ihren Weg um die Welt macht, um zu sehen, ob das Tor von hinten irgendwo offen ist. Ein Zufall, ein Ereignis hat sie in ihrer Alltäglichkeit aufgestört – eine Versuchung oder ein Erdbeben, der Besuch einer Bettelfrau oder der Krieg, die Konfiskation zweier Pferde oder Musik, wenn sie von einer Heiligen intoniert wird. Aber ist nun das, was der Marquise von O... geschieht, Untat oder Versuchung? Traf den Mann allein die Schuld oder hielt sich die Frau «die Augen blos zu», wie Kleists Distichon über sein eigenes Werk vorgibt? Kleist erzählt das alles ohne den Versuch, zu lenken, zu erklären, zu interpretieren. Er besitzt kein teleologisches Weltbild, das Erlösung und ein neues Paradies verspricht, und der am Ende der Novelle vom *Zweikampf* herbeizitierte Kaiser muß lediglich «die Statuten des geheiligten göttlichen Zweikampfs» ein wenig revidieren und «überall wo vorausgesetzt wird, daß die Schuld dadurch unmittelbar ans Tageslicht komme, die Worte einrücken» lassen: «wenn es Gottes Wille ist».[104] Letzteres aber weiß auch der Kaiser nicht, und Kleist gibt ebenfalls nicht vor, es zu wissen. Das hat seine Novellen jedoch zugleich zu unerschöpflich reichen, immer wieder neu zu lesenden Kunstwerken gemacht, die zugleich die Interpreten aller Schulen und Überzeugungen herausfordern, ihre eigenen Vorstellungen darin zu suchen und je nach Maßgabe ihres Selbstbewußtseins dann auch darin zu finden.

Kleist selbst interpretiert nicht. Er gibt auch gar nicht vor, in diesen Novellen anwesend zu sein als Erzähler, keine Rahmenhandlung bezieht das Erzählte auf ihn. Wo Urteile in seinen Novellen vorkommen, schwanken sie, und es bleibt oft unklar, ob sie aus dem Munde von Gestalten oder dem Erzähler selbst kommen, der sich ohnehin zuweilen zu widersprechen scheint. Gesten allenfalls sorgen für Durchblicke in unerklärliche Motivationen, das Hutaufsetzen oder -abnehmen des Grafen F... oder Nicolos Nüsseknacken zum Beispiel. An schriftlichen Dokumenten und Verträgen versuchen sich die Menschen dieser Erzählungen festzuhalten, sich in Häusern zu bergen, ohne daß sie Sicherheit bieten. Was an Quellen für die einzelnen Novellen bekannt geworden ist, belegt eigentlich nur Kleists große Selbständigkeit. Aber eine Ordnung indes waltet dennoch über allem: die Ordnung von Kleists Sprache. Daß Kleists Satzbau in seiner Prosa schwierig erscheint, ist bekannt, aber ebenso wird ja beim lauten Lesen deutlich, daß dieser Satzbau nicht Unordnung bedeutet, sondern eine wohlgeordnete dramatische Steigerung. Kleist selbst hat bekanntlich viel vom Vorlesen seiner Werke gehalten; und auch beim Schreiben hat er sie wohl zuerst gehört, wie Komponisten das mit ihrer Musik können. Wie diese, so weiß auch er Motive und Wendungen aus dem großen Fundus seines Gedächtnisses einzusetzen. War Kohlhaas «einer der rechtschaffensten zugleich und entsetzlichsten Menschen seiner Zeit,» der aber «bis in sein dreißigstes Jahr für das Muster eines guten Staatsbürgers» galt,[105] so hatte auch jener Mordbrenner namens Johann Mauconduit, von dem die *Abendblätter* 1811 berichten, «bis in sein 60stes Jahr für einen rechtschaffenen Mann gegolten».[106] Auf diese Art zieht sich ein sprachliches Netzwerk ordnend über diese Novellen, wie sie auch im einzelnen in sich eine geordnete Struktur besitzen. Sie sind nicht weitschweifig, enthalten nichts Überflüssiges, sind kurz oder lang je nachdem, was der Stoff fordert. Nur wäre Kleist, so gefragt, wohl nicht in der Lage gewesen zu sagen, was dies denn für eine Forderung sei – da war er in der Situation aller anderen großen Künstler. Er selbst hat einmal über dieses Dilemma Auskunft gegeben, gleich nach dem Erscheinen seines zweiten Erzählungsbandes im August 1811 in einem Brief an Marie von Kleist, der engsten Vertrauten seiner letzten Lebenstage. Einsam und öde fühle er sich nach ihrer Abreise aus Berlin und nach der Adam Müllers, der im Mai nach Wien übergesiedelt war. Und dann fährt Kleist fort:

> Wirklich in einem so besondern Fall ist noch vielleicht kein Dichter gewesen. So geschäftig dem weißen Papier gegen über meine Einbildung ist, und so bestimmt in Umriß und Farbe die Gestalten sind, die sie alsdann hervorbringt, so schwer, ja ordentlich schmerzhaft ist es mir[,] mir das, was wirklich ist, vorzustellen. Es ist als ob diese in allen Bedingungen angeordnete Bestimmtheit meiner Phantasie, im Augenblick der Thätigkeit selbst Feßeln anlegte. Ich kann von zu viel Formen verwirrt, zu keiner Klarheit der innerlichen Anschauung kommen; der Gegenstand fühle ich unaufhörlich, ist kein Gegenstand der Einbildung: mit meinen Sinnen in der wahrhaftigen lebendigen Gegenwart mögte ich ihn durchdringen und begreifen.[107]

Die Spannung zwischen dem, was er schreibend gestaltet, und dem, was dessen Bedeutung in der «wahrhaftigen lebendigen Gegenwart» sein könnte, läßt sich kaum deutlicher bezeichnen. An dieser kreativen Unzufriedenheit mit sich hat er beim Schreiben gelitten. Nur gelang ihm sein Werk wider seine eigenen Befürchtungen gerade dadurch, daß ihm die «Klarheit der innerlichen Anschauung» in der Realität versagt blieb. Denn neben aller seiner Unsicherheit über die Möglichkeit, Menschen und mithin auch sich selbst zu verstehen, beherrschte ihn doch zugleich ein sicherer Sinn für die Formen der Kunst, für Gleichgewicht und Harmonie der Gestalt eines Werkes.

XII. IM GEFILD DES TODES

1. Ein sinnverwirrter Träumer

«Ein Stück von mir, das aus der Brandenburgischen Geschichte genommen ist», werde demnächst «auf dem Privattheater des Prinzen Radziwil gegeben», und, «wenn es gedruckt ist, der Königinn übergeben werden»,[1] hatte Kleist bald nach seiner Ankunft in Berlin der Schwester geschrieben. Dann war es still geworden um den Plan, die Königin war gestorben, die *Abendblätter* hatten begonnen, ein quälendes Ende gefunden und Kleist in die größte wirtschaftliche Misere gestürzt, die er bisher hatte durchleiden müssen. Nun aber, in diesem fruchtbaren Sommer 1811, war das Stück fertig. «Wollen Sie ein Drama von mir drucken, ein *vaterländisches* (mit mancherlei Beziehungen) Namens *der Prinz von Homburg*, das ich jetzt eben anfange, abzuschreiben?» teilt er Reimer am 21. Juni mit und bittet um «ein Paar Worte hierüber».[2]

Hoffnungen und Erwartungen waren in diese Bitte hineinverwoben, auch wenn Kleist sie nicht aussprach. Denn sollte ihm nun nicht endlich für ein Schauspiel aus der preußischen Geschichte, das mit den Worten «In Staub mit allen Feinden Brandenburgs!» (Vs. 1858) ausklang, der Dank seiner Landsleute sicher sein und ihm etwas von jenem Ruhm bringen, der ihm bisher versagt gewesen war? Ruhm hatte er einmal «das größte der Güter der Erde»[3] genannt; dahinter aber stand für ihn nicht schlechterdings Ehrgeiz, sondern vor allem die Sehnsucht nach gelungenem Leben. Die Träume beim Abschluß eines Buches sind groß, aber sie fallen in sich zusammen, wenn es nicht gedruckt wird. Genau das jedoch geschah mit diesem Stück, denn Reimer sandte die «Paar Worte» nicht. Fünf Tage später mahnt Kleist und dann noch einmal Ende Juli: «Ich bitte um die Gefälligkeit, mir Ihre Entschließung wegen des Pr. v. Homburg zukommen zu lassen, welchen ich bald gedruckt zu sehen wünsche, indem es meine Absicht ist, ihn der Prinzeß Wilhelm zu dediciren.»[4] Die Ungeduld galt freilich nicht nur dem Bedürfnis, das Resultat langer Mühen bald schön gebunden in der Hand halten und weitergeben zu können;

es ging auch um Geld, wozu die üblichen Widmungen an hohe und höchste Personen vor allem dienen sollten. Kleist hatte sich dazu Prinzessin Wilhelm gewählt, die Frau des Prinzen Wilhelm, die nach dem Tode von Königin Louise dem Protokoll entsprechend als «Prinzessin Wilhelm» oder «Prinzessin Marianne» die erste Dame des Staates geworden war, überdies aber als geborene Marie Anna Amalie von Hessen-Homburg zugleich eine Nachfahrin des Dramenhelden.[5] «Mancherlei Beziehungen» also hatte das Stück, und günstiger, so schien es, konnten die Dinge für Kleist gar nicht liegen. Aber Reimer schwieg sich weiterhin aus; Kleists Mahnung von Ende Juli ist der letzte überlieferte Brief an seinen Verleger und sein letzter Geschäftsbrief überhaupt. Reimer besaß da wohl das sicherere Gefühl für das, was das Berliner Publikum erwartete. Mit anderen Worten: das für den Augenblick scheinbar Passendste konnte unpassender nicht sein.

Das indes hatte nicht so sehr mit Zeit und Umständen zu tun als mit Kleist selbst. Was an Absichten oder Rücksichten Kleist mit seinem Drama verbunden haben mag – für ihn, der immer wieder verwarf, strich, änderte, war Schreiben stets ein komplizierterer Prozeß als nur die Umsetzung von guten und in diesem Falle patriotischen Gedanken und Wünschen in die Bildersprache der Literatur. Wissen, Erfahrungen, kritisches Bewußtsein, Formsinn, Sprachkraft und Sprachlust, vor allem aber die ganze Breite und Tiefe seines Empfindens waren daran beteiligt. Denn Kleist war letztlich nicht an der Geschichte und ihren möglichen Gesetzlichkeiten interessiert. Was ihn fesselte und beschäftigte, waren Menschen dort, wo «die Gefühle flattern» (Vs. 388), wie der Obrist Kottwitz es im Drama nennt, womit dieser allerdings das Schlachtfeld von Fehrbellin meint, während Kleists eigentliches «Schlachtfeld» das Innere der Menschen war, auf dem Leidenschaften, Triebe, Träume mit dem planenden Denken und den bewußten Absichten aufeinander treffen. Es ist für ihn der Ort, wo die Konventionen durchbrochen werden, wo Liebe und Angst sich unverdeckt offenbaren und die Dimensionen ins Unendliche reichen. Das aber bedeutete Psychologie und Metaphysik, nicht Geschichte und Politik, so abhängig das eine vom anderen gelegentlich auch sein mochte. Was also dem vollendeten Werk in den Augen der Nachwelt später zugute gekommen ist – den Empfang bei den Zeitgenossen hat es nicht erleichtert.

In der Tat hatte Kleist es in seinem Stück nicht an Zumutungen für sein potentielles Publikum damals fehlen lassen, obwohl es sich zunächst durchaus als ein preußisches Märchen mit glücklichem Ausgang erzählen läßt. Gleich zu Beginn also in jener Nacht zum 18. Juni des Jahres 1675 sitzt dieser Prinz Friedrich Arthur von Homburg – den Arthur hatte Kleist hinzuerfunden – unter einer Eiche im Park zu Fehrbellin, an einer Rampe, die hinauf zum Schlosse führt, halb wachend, halb schlafend damit beschäftigt, sich träumend, «seiner eignen Nachwelt gleich» (Vs. 27), einen Lorbeerkranz zu winden. Das geht nicht gut aus, denn er wird Zeugen haben, allerhöchste sogar, seinen Kriegsherrn nämlich, den Kurfürsten Friedrich Wilhelm von Brandenburg in Person samt großem Gefolge. Auch der gehörte zu den «mancherlei Beziehungen» des Stückes, war er doch Vorfahre des gegenwärtig regierenden preußischen Herrscherhauses – ein weiteres Risiko, das Kleist hier einging. Träume öffentlich zu machen, ist Dichtersache, der Prinz aber ist preußischer Offizier, General sogar, und noch dazu ist es der Vorabend vor einer Entscheidungsschlacht gegen die Schweden, und da sind eitle Ruhmesträume samt solchen vom Liebesglück, das diesem Ruhme folgen soll, wohl tatsächlich ungebührlich, wenn nicht gar gefährlich. Einen «sinnverwirrten Träumer» (Vs. 112) also wird ihn sein Freund Hohenzollern nennen müssen, während sein Herr ihm hart das Träumen verweist: «In's Nichts mit dir zurück, Herr Prinz von Homburg, / In's Nichts, in's Nichts! In dem Gefild der Schlacht, / Sehn wir, wenn's Dir gefällig ist, uns wieder! / Im Traum erringt man solche Dinge nicht!» (Vs. 74–77) Nur wird er das in seinem somnambulen Wahne gar nicht hören, denn sinnverwirrt bleibt der Prinz auch noch, als Kriegsplan und Parolen für den Tag ausgegeben werden. Deshalb wird er dann am Morgen in der Schlacht die ihm anvertraute Reiterei entgegen dem Befehl zu früh zum Angriff führen, damit zwar den entscheidenden Schritt zum Siege tun, zugleich aber das Gesetz militärischen Gehorsams und mit ihm die staatliche Ordnung, die Preußen auf diesem Gesetz errichtet hat, entschieden verletzen. Statt des Jubels einer Siegesfeier also, statt des erträumten Ruhms erwartet ihn nun Strafe; füsiliert soll er werden, wie es für militärische Insubordination nun einmal nach dem Kriegsrecht Brauch ist. Dazu wird es zwar am Ende glücklicherweise nicht kommen, aber der junge Held wird erst einmal durch alle Register von größter Selbstsicherheit und Hoffnung bis zu tiefster Verzweiflung und Todesangst hindurchgetrieben, ehe ihn die Einsicht erreicht, daß Ordnung und Gesetz sein sollen und mithin auch Strafe für den, der sie verletzt. Denn das ganze Gefüge des Staates schien durch ihn für einen Augenblick ins Wanken gekommen zu sein, gärte doch unter seinen Freunden fast etwas so Ungeheuerliches wie eine kleine Revolte gegen dieses Gesetz, so daß schließlich – riskanter Akt – sein Herr ihn selbst zur Entscheidung über sich aufruft. Und siehe da: er handelt, wie er soll. Füsiliert will er werden. Wer aber Ordnung und Gesetz in freiem Entschluß akzeptiert, ja ihre Gültigkeit verklärend preist, darf leben, denn der ist nun Sieger nicht nur nach außen, sondern auch nach innen, dort wo aller Sinn des kriegerischen Handelns gegründet ist, wenn es denn überhaupt einen haben soll, dort also, wo sich der Soldat vom Söldner unterscheidet, wo es um Werte der Gemeinschaft geht. Wiederum ist es Nacht, die Trommeln des Totenmarsches klingen im Hintergrund, und der mit verbundenen Augen den Tod erwartende Prinz wird ein zweites Mal von der Unsterblichkeit träumen, für die er nun allerdings mit der Sterblichkeit bezahlen zu müssen glaubt. Aber noch ein zweites Mal nähern sich Kurfürst und Kurfürstin sowie, in seinem Gefolge, Natalie, die Geliebte, die Braut. Diesmal jedoch bringen sie den Lorbeerkranz und mit ihm Gnade und Ruhm. Das Waisenkind wird in eine Familie aufgenommen. So dehnt sich endlich für Prinz Friedrich Arthur von Homburg auf andere, unerwartete Weise die Rampe bis an das Tor des Himmels aus, wie ihm das schon im ersten Mondscheintraum erschienen war, und es öffnet sich ihm wirklich der Himmel seines Glücks. «Nein, sagt! Ist es ein Traum?» (Vs. 1856) Der Traum von Ruhm, Glück und Liebe verschmilzt, so scheint es, ganz ohne Rückstände mit der grobkörnigen Wirklichkeit auf märkischem Sande zur Unio mystica eines Idealzustandes. Aber es scheint eben nur so, denn Kleist hatte zugleich für empfindliche Störungen seines Märchens gesorgt.

Dieser Prinz also, ein preußischer General und Berufssoldat, ist mondsüchtig, flicht sich in solchem Zustand einen Lorbeerkranz, singt der Glücksgöttin Preislieder und kann in der Trance Wunschwelt und Wirklichkeit nicht auseinanderhalten. Schlimmer noch: er errötet, fällt gar in Ohnmacht wie eine dünnhäutige Hofdame und wird zerrissen von Todesangst angesichts seines offenen Grabes, ist also alles andere als das schneidige Idol militärischer Staatsmacht. Das fügte sich nicht leicht zusammen in den Köpfen preußischer Edelleute und Bürger, so sehr sie bereit sein mochten, freundlich zu sein und verstehen zu wollen. Überdies lief manches in dem Stück konträr zu dem, was sie über die Geschichte ihres Vaterlandes wußten. Der wirkliche Prinz von Homburg war zur strittigen Zeit kein Jüngling mehr, «blond mit blauen Augen» (Vs. 1095), wie dieser hier. Vielmehr war er bereits sechsundvierzig, zum zweitenmal verehelicht und hatte in Feldzügen ein Bein verloren. Fehrbellin besaß kein Schloß und mithin existierte keine Rampe, an deren Fuß ein somnambuler Prinz hätte träumen können. Theodor Fontane, vorzüglicher Kenner märkischer Geschichte, hat später einmal ein wenig ärgerlich alle Anachronismen und Unpreußischkeiten aufgezählt, die sich Kleist da geleistet hatte. Sogar der Schlachtplan war frei erfunden und eher dem von der Schlacht bei Jena und Auerstedt ähnlich, und einige Namen der Offiziere klangen so zeitlos preußisch als stammten sie aus der Rangliste der preußischen Armee von 1806, was alles in der Öffentlichkeit von 1811, der Kleist sein Stück zugedacht hatte, nicht gänzlich unbemerkt bleiben mußte. War es also wohl gar ein irgendwie anzügliches, aber nicht ganz durchsichtiges Spiel, das hier von einem Dichter getrieben wurde? Oder einfach eine Zumutung, entstanden aus der sorglosen Träumerei eines Poeten? Es hat seine Schwierigkeiten, Geschichte in Literatur umzusetzen, denn das fordert heraus, die phantasiegeborenen Realitäten mit dem Maßstab dokumentierter Tatsachen zu messen. Die Schwierigkeiten vertiefen sich, je näher der Stoff dem Zuschauer rückt. So gab es Mißtrauen, Ablehnung, wenn nicht Empörung, wo Kleist auf Beifall gehofft hatte, und die Prinzessin Wilhelm, geborene von Hessen-Homburg, sah eher einen ihrer Vorfahren herabgewürdigt, als daß sie sich über die Liaison von Preußentum und Homburg gefreut hätte und auf die Widmung stolz gewesen wäre. Ja, Kleist wollte durchaus den Ruhm seines Vaterlandes singen, wollte Gesetz und Pflicht über Anarchie und den «spitzfünd'gen Lehrbegriff der Freiheit» (Vs. 1619) stellen und tat das im übrigen aus Überzeugung und nicht aus opportunistischer Gefälligkeit. Aber er tat es in einem geschichtlichen Augenblick und auf eine Weise, die ihm gerade jene Anerkennung versperrte, um die es ihm aus ideellen wie materiellen Gründen so sehr zu tun war.

Auf Jahre blieb Kleists *Prinz Friedrich von Homburg* ungedruckt, ja geriet in Gefahr, verloren zu gehen. 1812 bot Heinrich von Puttkamer, dreiundzwanzigjährig und ein Neffe Marie von Kleists, in ihrem Auftrag das Manuskript dem Verleger Hitzig in Berlin zum Druck an. Der war begeistert und erwog zusammen mit Fouqué eine Kleist-Ausgabe, wozu es dann aber nicht kam. Erst 1821 konnte Ludwig Tieck das Drama in seiner ersten Ausgabe von Kleists Werk publizieren, wohl nach einer Abschrift vom Dedikationsexemplar, und im selben Jahr wurde es am Wiener Burgtheater uraufgeführt. 1828 endlich kam es, auf höfische Empfindlichkeiten und Interessen zugeschnitten, in Berlin ein paarmal auf die Bühne, dort, wo es an erster Stelle hinzugehören schien, bis es der König sogar in solch reduzierter Version verbieten ließ. Sein Urenkel Wilhelm II., letzter deutscher Kaiser, erklärte das Werk dann allerdings für sein Lieblingsstück, war aber sehr für die Streichung der Szene, in der Homburg in Todesfurcht ausbricht, weil das nun eben nicht in das kaiserliche Bild von einem preußischen Offizier paßte.[6] Dafür hat Majestät dann im Ersten Weltkrieg Millionen seiner Soldaten stellvertretend für sich selbst diese Todesfurcht durchstehen und mit dem Heldentod in einem irrwitzigen Stellungskrieg verklären lassen. Für Bismarck schließlich blieb es «ein schwächliches Stück»[7] – ob er je erfahren hat, daß sein Schwiegervater Heinrich von Puttkamer es war, der als junger Mann im Auftrag der Tante Marie von Kleist das Manuskript zum Verleger Hitzig trug, bleibt unbekannt.[8] Es dauerte jedenfalls lange, bis man allmählich Kraft und Rang von Kleists Schauspiel *Prinz Friedrich von Homburg* erkannte.

Um beiläufige Irrtümer Kleists handelte es sich bei den Differenzen zur historischen Realität ganz sicher nicht. Über die Schlacht und die Rolle des Prinzen darin hatte sich Kleist durchaus informiert. Bereits Anfang 1809 lieh er sich aus der Königlichen öffentlichen Bibliothek zu Dresden zwei Bücher aus, die darauf Bezug hatten: ein «Lesebuch» des Feldpredigers Karl Heinrich Krause über *Mein Vaterland unter den hohenzollerischen Regenten*, in dem von der «jugendlichen Hitze» des Prinzen und der «Begierde», sich «auszuzeichnen», berichtet wird, und vorher noch den *Jüdischen Krieg* des Josephus Flavius, worin Titus zu seinen Soldaten von «Kriegs-Reguln»,[9] Kriegsdisziplin, Gehorsam und Ungehorsam spricht. Das aber war Stoff, der für Kleist belebt wurde vom Funken einer Idee, denn es war die Zeit, da er begann, sich im Kampf gegen Napoleon zu engagieren.

     Es erliege
Der Fremdling, der uns unterjochen will,
Und frei, auf mütterlichem Grund, behaupte
Der Brandenburger sich; denn sein ist er,
Und seiner Fluren Pracht nur ihm erbaut! (Vs. 1758–62)

Das wird sein Prinz von Homburg 1675 vor Fehrbellin als Kriegsziel proklamieren, was für Kleists Zeitgenossen leicht in die Gegenwart übersetzbar war. Die Geburt des Dramas aus dem Geiste des Patriotismus, eines preußischen und eines Reichspatriotismus zugleich? Es kann kein Zweifel sein, daß Kleists Stück in solch eindeutig deklariertem Bekenntnis einen Ursprung hat, und er mochte hoffen, daß sich sein Publikum das Historische darin leicht auf die Gegenwart übertragen konnte. Der «Träumer» wollte am Ende in der Gemeinschaft seines Tages erwachen, aber den Traum dorthin unbeschädigt mitnehmen. Das freilich wäre einer Quadratur des Kreises ziemlich nahegekommen. Kleist schenkte das Schauspiel seinem Herrscherhaus in einer Anerkennung heischenden Geste. Aber das Wurzelgeflecht dieses Werks war verzweigt und reichte eben tiefer als jeder patriotische Eifer und jedes Bedürfnis nach öffentlicher Bestätigung. In diesem traumbefangenen Prinzen, der Ruhm und Liebe ersehnt, der erst zurückgestoßen und dann bewundert und gefeiert wird, verbirgt sich mehr von Kleist, als ihm selbst bewußt sein konnte. Wie Homburg war auch er befangen in den Widersprüchen seiner Existenz zwischen Traum und Wirklichkeit, Wunschwelt und Realität.

Um den Preis der Todesbereitschaft nun versöhnt der Prinz beide Sphären in sich und handelt sich dafür in dem Salto mortale eines Gnadenaktes das Leben ein, wobei problematisch bleibt, wie wörtlich dieses «Leben» zu verstehen ist. In dem «Gefild der Schlacht» wollte der Kurfürst seinen verträumten Neffen wiedersehen; die Schlacht selbst wird den Ort ins «Gefild des Todes» (Vs. 575) verwandeln, wie Homburg das später, im 2. Akt des Stückes, nennt, und der Tod wird von da an eine dominante Rolle spielen, als «breiter Todesstrom» (Vs. 649) des Krieges zunächst und später dann als Todesurteil, Todesfurcht, Todeslust, Totenmarsch, als «freier Tod» (Vs. 1752). Denn Homburg will schließlich nichts anderes als eine Art von patriotischem Suizid begehen, als ihm der Kurfürst die Entscheidung über Leben und Sterben in die eigenen Hände legt und er den Tod wählt. Transzendenz ereignet sich für den Prinzen nur persönlich in der

Vision einer Unsterblichkeit, von der er am Ende mit verbundenen Augen träumt – bei der Begnadigung, die ihn zurück in die Wirklichkeit holt, fällt er in Ohnmacht. Die Grenzen zwischen Traum und Wirklichkeit verschwimmen in Kleists Stück, und es hat nicht wenige unter den Kleist-Interpreten gegeben, die in solchem Ende den «Schein-Tod» des Helden eher als wirklich gemeint und den brandenburgischen Siegesjubel lediglich als «Theater» für die Menge betrachtet haben.

Der *Prinz von Homburg* ist in der Tat vorrangig ein Spiel vom Tod. Insbesondere war es ja die Todesfurcht des Prinzen angesichts seines offenen Grabes, die ihm und seinem Schöpfer als unsoldatisch und unpreußisch angekreidet wurde. Aber Kleist kannte seit seiner Jugend, da er als Soldat an Kämpfen teilgenommen hatte, die Realität des Sterbens und wußte, daß Tod etwas mit Angst, Grauen, Schmerzen und Gewalt zu tun hat. Wohl hat er ihn auch als Befreiung und Erlösung betrachtet und die Möglichkeit mehrfach erwogen, einem unerträglich gewordenen Leben durch ihn zu entfliehen und das Erwogene dann schließlich ja auch verwirklicht. Aber die Gewaltsamkeit des Tötens und die Schrecken des Sterbens sind in seinem Werk so drastisch und anschaulich Gestalt geworden wie kaum sonst bei seinen deutschen Zeitgenossen. Die Verklärung der Penthesilea im eigenen freien Tod nach einem Akt erschütterndster Grausamkeit, die des Michael Kohlhaas auf dem Schafott und schließlich die des Prinzen von Homburg im Traum von der Unsterblichkeit geschehen überall unter der Voraussetzung des Leidens, das sie durchzumachen haben.

Wie in *Amphitryon*, so hat Kleist auch hier, um Goethes Wort zu gebrauchen, die Deutung der Fabel «ins Christliche»[10] gewendet. Der Tod und seine Überwindung stehen im Zentrum des Christentums, und Kleists Stück hat in der Tat mehr damit zu tun als mit Anarchie und Gesetz, die nur Metaphern in solch größerem Zusammenhang, also für die Ordnung der Welt insgesamt, darstellen. So sind denn auch Verlassenheit und Verlorenheit des Prinzen sogleich aufgehoben, als er erkennt, daß der «Vater» ihn keineswegs verlassen hat, sondern die Entscheidung über Leben und Tod in seine eigenen Hände legt, was gut protestantisch gedacht ist. Damit aber hat der Tod seine Schrecken verloren. Die Rampe, an der das Stück beginnt und endet, «dehnt sich, da ich sie betrete, / Endlos, bis an das Tor des Himmels aus» (V. 181f.), meint der Prinz. Und dorthin führt ihn schließlich auch seine letzte Vision, die nicht mehr dem irdischen Glück gilt:

> Nun, o Unsterblichkeit, bist Du ganz mein!
> Du strahlst mir durch die Binde meiner Augen,
> Mit Glanz der tausendfachen Sonne zu!
> Es wachsen Flügel mir an beiden Schultern,
> Durch stille Ätherräume schwingt mein Geist;
> Und wie ein Schiff, vom Hauch des Winds entführt,
> Die muntre Hafenstadt versinken sieht,
> So geht mir dämmernd alles Leben unter:
> Jetzt' unterscheid' ich Farben noch und Formen,
> Und jetzt liegt Nebel Alles unter mir. (Vs. 1830–39)

Da hat Kleist also seinen Helden in den Luftballon des Herrn Claudius gesetzt. Der Rest – Begnadigung statt Exekution – ist «Traum» oder, wie am Anfang, ein «Märchen» (Vs. 40), keine Utopie, sondern die Vergewisserung des Dichters von der Möglichkeit sinnvollen Lebens unter der Obhut eines «Vaters», dessen Schutz aber nicht von vornherein verbürgt ist. Keine religiöse Apotheose ereignet sich jedoch, wie bei manchen von Kleists Zeitgenossen, Zacharias Werner zum Beispiel, und die politische Parole, die alle Feinde Brandenburgs in den Staub verweist, wirkt eher wie eine populistische Floskel.

Daß Kleist sich als preußischer Staatsbürger empfand und den König als sein Staatsoberhaupt betrachtete, steht außer Frage. Friedrich Wilhelm III. und seine Brüder, die Prinzen, kannten ihn und er wurde von ihnen gekannt, auch wenn der König ganz sicher keine Vatergestalt für ihn war. Jetzt, in seiner Not nach dem Ende der *Abendblätter* und den Schulden, die er sich aufgeladen hatte, konnte Kleist immerhin direkt an ihn appellieren, allerdings mit Sätzen, die durchaus ein Stirnrunzeln der Majestät zu erzeugen geeignet waren. Staatskanzler Hardenberg habe noch immer nichts zu seiner Unterstützung verfügt, auf die er ihm Hoffnung gemacht habe, so daß er, Heinrich von Kleist, «schon mehr als einmal dem traurigen Gedanken nahe gebracht worden» sei, «mir im Ausland mein Fortkommen suchen zu müssen.» Daher denn «flüchte» er «zu Ew. Königlichen Majestät Gerechtigkeit und Gnade», mit «der allerunterthänigsten Bitte, Sr. Excellenz, dem HE. Staatskanzler aufzugeben, mir eine Anstellung im Civildienst anweisen zu lassen» oder ihm wenigstens ein «Wartegeld»[11] auszusetzen. Datiert ist das auf den 17. Juni 1811 – vier Tage später

Kleist an Friedrich Wilhelm III. am 17. Juni 1811 (S. 1)

Kleist an Friedrich Wilhelm III. am 17. Juni 1811 (S. 3)

hatte er Reimer wissen lassen, daß er gerade den *Prinz von Homburg* für den Druck abschreibe. Möglicherweise hat der König die Drohung mit dem Ausland als Affront betrachtet; daß sie nützlich war, ist zu bezweifeln, denn es wird noch weiterer Anstrengungen bedürfen, um ihm eine schmale Gunst abzuringen. Kleist aber, das wird deutlich, wollte leben und wünschte sich Anerkennung und Ruhm als sehr lebendige «Unsterblichkeit». Fraglos war es Kleist ernst mit seinem Patriotismus. Den Gedanken, daß sein Stück wohl eher solche Über-zeugungen und Gefühle unterlief, hätte er sicherlich von sich gewie-sen, was freilich noch nichts aussagt über die Wirkung und Bedeutun-gen seines Werkes jenseits seiner Intentionen.

In der Kleist-Exegese hat das Schauspiel über *Prinz Friedrich von Homburg* dann mehr Deutungen erfahren als die meisten anderen sei-ner Werke, was letztlich vor allem den Perspektivenreichtum von Kleists Kunst erweist. Unter den neueren Tendenzen der Interpreta-tion dominiert inzwischen der Versuch, eine Apotheose von Kleists Helden so weit als möglich zurückzunehmen oder sie überhaupt in Frage zu stellen. Das ist verständlich nach den historischen Erfahrun-gen des 20. Jahrhunderts mit seinen Exzessen eines deutschen Natio-nalismus, die ja bekanntlich zur Auslöschung Preußens als Staat oder Provinz geführt haben. Daß sich der Prinz am Ende wirklich im Nichts befinde statt in der Unsterblichkeit, daß er seine Verse eher ironisch rezitiere als ernsthaft meine und damit der Dichter hinter alles ein Fragezeichen gesetzt habe, dürfte sich indes schwerlich aus dem Text selbst erweisen lassen. Auch sklavische Unterwerfung unter die Macht feiert dieses Stück um einen frei und mündig-aufgeklärt handelnden Prinzen gewiß nicht. Erbauungsliteratur hat Kleist nie verfaßt. Aber wie dem allen auch sei: ganz sicher läßt sich behaupten, daß Heinrich von Kleist hier bewegende, ja geradezu verführerisch schöne Poesie geschrieben hat und sich insgesamt, wie stets, als ein Meister der Form zeigte.

Kleists Drama führt an die Grenzen der menschlichen Existenz und über sie hinaus, ja es bewegt sich stärker noch als alle seine ande-ren Werke «im Gefild des Todes». Darin besteht das Erregende, Beun-ruhigende, Gewagte an ihm. Aber würde das Unsterblichkeits-Pathos einer Dramengestalt dereinst ausreichen, den eigenen, wirklichen Tod leichter zu ertragen? Darauf läßt sich nicht antworten. Keinesfalls war Kleists Drama jedoch bereits eine Art Generalprobe für seinen eigenen freiwilligen Tod. In dem Moment, da Kleist das Manuskript seines Schauspiels der höfisch-preußischen Öffentlichkeit präsentierte, war er kein zum Tode müder Autor. Wie tief ihn auch Not und Leiden zu Boden drückten, Enttäuschungen ihn in Verzweiflung und zu Todeswünschen trieben, wie sehr ihn gerade der Niedergang der *Berliner Abendblätter* traf und die Querelen, die sich daran anschlossen – jetzt, für einen geschichtlichen Augenblick in diesem Sommer und Frühherbst 1811, da mehrere Bücher von ihm auf den Markt kamen, schienen sich die Dinge für ihn dann doch wieder zum Besseren zu wenden, Hoffnungen zu erneuter materieller Sicherheit keimten auf und damit zu einem festeren Platz in der Gemeinschaft, in der er aufgewachsen war und der er sich weiterhin zugehörig fühlte. Vor allem aber nahm eine Frau sich liebevoll seiner an.

2. Le pauvre Henri Kleist

Am 3. September 1811 schrieb Marie von Kleist, geborene von Gualtieri, einen Brief an Prinz Wilhelm, den sie seit ihrer Zeit als Hofdame der Königin Louise gut kannte. Sie schrieb auf französisch, wie
es nicht nur feine Sitte war, sondern ihr als Tochter aus einer Huge-
nottenfamilie auch nahelag. Ihre Anteilnahme am Schicksal ihres Landes und seines Herrscherhauses gebe ihr den Mut, schrieb sie, die
Königliche Hoheit um eine kleine Pension zu bitten «pour un Parend
avec lequel je suis liée depuis un grand nombre d'années – C'est le
pauvre Henri Kleist, cette Malheureuse époque, joint a d'autres inci-
dents qui en sont la suite, le reduit Monseigneur a la derniere Misère,
sans éxagération» – sie bitte für einen Verwandten, den armen Henri
Kleist, mit dem sie seit einer großen Zahl von Jahren verbunden sei
und den nun diese unglückselige Epoche zusammen mit anderen
Umständen in das äußerste Elend gebracht habe. Gleichzeitig aber
wolle sie der Frau Prinzessin ein Stück zu Füßen legen, das ihr der
Verfasser gewidmet habe: «J'ose en même tems mettre aux Pieds de
S A.Roiale Madame la Princeße, une piece que l'auteur lui a dédiée.»[12]
Es sei ein Stück, das sicher große Schönheiten enthalte, «auf das man
jedoch, wenn ich nach der Wirkung urteile, die es auf mich gemacht
hat, die Frau Prinzessin vorbereiten müßte.» Nur wäre es wohl jetzt
nicht der Augenblick, es vorteilhaft zu verkaufen, und die Armut, in
der der Verfasser sich befinde, verhindere, daß er in seinen Werken
Vollendung erreiche.[13] Solche Dedikation seines Schauspiels *Prinz
Friedrich von Homburg* war, wie Kleist an Reimer geschrieben hatte,
seine eigene Absicht gewesen, vielleicht mag sie ihm auch von der
Freundin zuerst vorgeschlagen worden sein; hohe Protektion konnte
jedenfalls den Weg eines Werks in die Öffentlichkeit beträchtlich glät-
ten. Nur war Prinzessin Marianne zu diesem Zeitpunkt hochschwan-
ger; sie gebar am 29. Oktober 1811 Zwillinge. Es war nicht die gün-
stigste Situation, das «Oktavbändchen von 210 schön geschriebenen
Seiten in rotem Pappband mit goldverziertem Rücken»[14] zu würdigen,

«le pauvre Henri Kleist»: Marie von Kleist an Friedrich Wilhelm III.
am 3. September 1811 (S. 2)

das ihr überreicht wurde; und so blieben der Dank für die Widmung
und eine Antwort auf Marie von Kleists Bitte aus. Pauvre Henri
Kleist.

Fünf Jahre vorher, fast auf den Tag genau, hatte die gleiche Prinzessin Marianne einen Brief von ihrer Mutter, der Landgräfin Caroline von Hessen-Homburg, erhalten, die ihr, ebenfalls auf französisch,
von einem Vorfall berichtete, der sich gerade dort in Homburg zuge-

tragen hatte: «Le pauvre Holterling a été transporté ce matin pour être remis à ses parens.»[15] Am 11. September 1806, dem Datum des Briefes, wurde Friedrich Hölderlin mit Gewalt nicht zu den Angehörigen, wie die Landgräfin meint, sondern in das Autenriethsche Klinikum nach Tübingen gebracht, wo die lange Zeit seines dunkel in sich verschlossenen Lebens begann. Dergleichen Zusammentreffen ist zufällig und sagt im Grunde nicht mehr, als daß Marianne von Preußen, genannt Prinzessin Wilhelm, zweimal mit einer auf zwei deutsche Dichter bezogenen sprachlichen Wendung konfrontiert wurde, vorausgesetzt, daß sie überhaupt den Brief Marie von Kleists zu Gesicht bekommen hat. Das «pauvre» bedeutete überdies in den beiden Fällen Verschiedenes: im Falle Hölderlins bezeichnete es Anteilnahme an einem Kranken, im Falle Kleists die Sorge um seine bare materielle Existenz. Von typisch deutschen Dichterschicksalen ist kaum zu sprechen, und fundierte Anklage gegen die weltlichen Hoheiten ist ebenfalls schwerlich zu erheben. Zumindest im Falle Kleists wäre freilich unmittelbar zu helfen gewesen, ob mittelbar dann auch, ist eine andere Frage. Daß aber beide, Hölderlin und Kleist, die einander nie gekannt haben, heute zu den besten Namen der deutschen Literatur zählen und im Urteil der Geschichte alle ihre dichtenden Altersgefährten im Deutschland jener Jahre überragen, verbindet sie. Beide haben sie einen hohen Preis für das zahlen müssen, was sie anderen an großer Kunst zu schenken hatten.

Marie von Kleist präsentierte dem Prinzen und der Prinzessin Kleists Drama mit Vorbehalten, die allerdings wohl eher taktischen Erwägungen entsprangen, weil ihr manche Vorurteile gegen Kleists Werk bereits bekannt sein mochten, die sie auf solche Weise vielleicht unterlaufen konnte. Marie von Kleist, die Ende April Berlin verlassen und nach Mecklenburg auf das Gut Groß-Gievitz der Gräfin Voss gezogen war, kehrte Anfang September zu einem kurzen Besuch nach Berlin zurück, wo sie bei Caroline Friederike von Berg, der Mutter der Gräfin, wohnte. Frau von Berg war eine Freundin der Herders in Weimar gewesen, war mit einer Reihe von angesehenen Dichtern bekannt und hatte am Berliner Hof in den neunziger Jahren einen Kreis von Goethe-Verehrern um sich versammelt; sie galt später als die einflußreichste Erzieherin der jungen Königin Louise, bei der sie wiederum durch Marie von Kleist erst eingeführt worden war.[16] Das bedeutete für beide Damen eine Verbindung von Bildung mit der größtmöglichen Nähe zum Zentrum der Staatsmacht, wobei bedacht werden muß, daß der König selbst Caroline von Berg nicht gerade wohlgesinnt war, sondern sie als exzentrisch und regelrecht «gefährlich» für die Königin betrachtet hat.[17] Auf Marie von Kleist freilich hat sich dergleichen nicht ausgedehnt, und ihre Versuche, Heinrich von Kleist in seiner äußersten Not zu helfen, geschahen also durchaus unter der Voraussetzung persönlicher Vertrautheit mit den Adressaten ihrer Bitten. Denn wenige Tage nach dem Brief an den Prinzen, am 9. September 1811, schrieb Marie von Kleist, diesmal auf deutsch, noch einen zweiten, und zwar als Begleitschreiben eines nicht erhalten gebliebenen Gesuchs Heinrich von Kleists an den König selbst. «Kein biederer ächterer preußischer Unterthan» existiere als dieser, ihr «vieljähriger Freund», schreibt die Freundin, und «mein gnädiger gütiger König glaube nicht, daß seine Jugendabendtheuer, seine dichterischen Schrollen mir unbekannt sind, alle diese Dinge haben seinen patriotischen Sinn gehoben und vermehrt.» Der König möge ihn «an seiner Seite fechten» lassen, er «beschirme meines Monarchen Leben» – Marie von Kleist hatte den *Prinz von Homburg* offensichtlich gelesen. Nicht das «Tracktament der Adjudanten» fordere sie indes für ihren Schützling, «nur die gage des letzten Lieutenants eines Regiments, gern diente er ganz umsonst, wenn er die mindeste Ressource hätte.» Mit «Tacktick» habe er sich viel beschäftigt, «KriegesSpiele gespielt» und Kriegslieder geschrieben, von denen sie zwei beilege. «Geben Ew. Majestät ihm einen Wink und er findet sich ein, wo er sich einfinden soll, auf seine Verschwiegenheit können Ew. Majestät wie auf einen Felsen bauen.» Und sie schließt mit dem bemerkenswerten, merkwürdigen Satz: «Mein König, verbrenne diesen Brief.»[18] Was immer sie damit betonen wollte, die eigene Diskretion und Verschwiegenheit oder das Inoffizielle der Bitte – es ist ein beredtes Zeugnis der großen persönlichen Vertrautheit mit der Majestät und der ebenso großen Sorge um Kleist.

Zu einem «Wink» nun ließ sich Friedrich Wilhelm in der Tat überreden. Daß man den König nicht mit Literatur beeindrucken konnte, wußte Marie von Kleist; das waren für ihn wohl wirklich «Schrollen». Aber mit dem Herauskehren des Militärischen unter Kleists Qualitäten und seiner möglichen Rückkehr zur Armee hatte es eine besondere Bewandtnis. Die Spannungen zwischen Frankreich und Rußland hatten in diesen Monaten zugenommen, und ein neuer Krieg drohte, in dem Napoleon Preußen entweder annihilieren oder für den er es auf seine Seite ziehen konnte. In Preußen regte sich der Widerstand gegen ein Bündnis mit ihm, zunächst mit Zustimmung des Königs. Gneisenau wurde als Staatsrat nach Berlin berufen und legte am 8. August 1811 eine Denkschrift «zur Vorbereitung eines Volksaufstandes» vor, die er mit einem eigenen Gedicht einleitete und dann Pläne unter anderem zu Milizen entwarf, deren Widerstandsgeist sogar in den Kirchen gestärkt werden sollte. So sollten zum Beispiel von der Kanzel herab die Geistlichen «Frankreichs Unterjochungsplan mit schwarzen Farben schildern» und «an das jüdische Volk unter den Makkabäern erinnern, das gleicher Bedrückung widerstanden und dessen Beispiel uns anfeuern müsse, auf gleichen Widerstand zu denken». Auch an die Tapferkeit österreichischer Milizen gegen die französische Reiterei erinnerte Gneisenau, was dann der König mit der legendär gewordenen Randbemerkung versah: «Als Poesie gut.» Von dichterischen «Schrollen» hielt er nichts, wie man weiß. Gneisenau antwortete ihm bündig: «Religion, Gebet, Liebe zum Regenten, zum Vaterland, zur Tugend sind nichts anderes als Poesie, keine Herzenserhebung ohne poetische Stimmung. Wer nur in kalter Berechnung handelt, wird ein starrer Egoist. Auf Poesie ist die Sicherheit der Throne gegründet.»[19] Nun besitzt dergleichen Erwiderung auf den nüchternen königlichen Kommentar durchaus ihren Sympathiewert hinsichtlich der Hochschätzung von Literatur, und sie ist scharfsichtig, was das Verhältnis von Ideologie und politischer Institution angeht, aber sie war, was nicht vergessen werden darf, zugleich streng konservativ gemeint und fragwürdig in ihren Konsequenzen. Denn was der König an Gneisenaus Plan als «Poesie» empfand, wäre in der Praxis eher Kriegführung im Geiste von Kleists *Herrmannsschlacht* gewesen, also mit dem Risiko der bedenkenlosen Opferung der eigenen Bevölkerung in einem totalen Krieg behaftet. Herrmann konnte es sich leisten, bis zum Schluß des Stückes in Vernichtungsphantasien zu schwelgen. Hinsichtlich seiner Träume vom neuen und schöneren Teutoburg konnte man ihn als literarische Gestalt nicht beim Wort nehmen und zur Verantwortung ziehen. Friedrich Wilhelm III. hingegen wäre ein verantwortungsloser Phantast gewesen, wenn er sich angesichts seines verarmten Landes und eines gut bewaffneten, kriegserfahrenen und stark motivierten Feindes keine Sorgen um die Auswirkungen von Gneisenaus Denkschrift gemacht hätte. Goebbels' «Volkssturm» ist da in unseliger Erinnerung.

Immerhin, der König gab Kleist also seinen «Wink». Für eine persönliche Audienz von Kleist bei Hofe gibt es keine Belege, aber eine Kabinettsordre Friedrich Wilhelms vom 11. September erklärte, daß man Kleists «Dienstanerbietens» eingedenk sein werde, sofern der «Fall» dafür eintrete, wenn es also zum Kriege komme. Und so konnte Kleist endlich aufatmend wieder einmal über Zukunft sprechen und schreiben. «Der König hat mich durch ein Schreiben im Militair angestellt, und ich werde entweder unmittelbar bei ihm Adjutant werden, oder eine Compagnie erhalten»,[20] schreibt er der Schwester Ulrike. Von «Anstellung» war freilich noch keineswegs die Rede gewesen, sondern nur von einem Versprechen im Kriegsfall. Täuschte Kleist hier absichtlich die Schwester, um sie zu beeindrucken, oder eher unabsichtlich sich selbst? Letzteres ist das Wahrscheinlichere, denn von Hardenberg erbat er sich wegen der «Unordnung», in die seine Kasse durch den Verlust des *Abendblatts* geraten sei, einen Vorschuß von «20 Louid'or», um sich eine «Equipage»,[21] also eine Offiziersausrüstung, anzuschaffen. Die Entschädigungssache wegen seiner Zeitung wolle er im Moment, da das Vaterland in Gefahr sei, nicht weiter verfolgen. Das überhaupt zu erwähnen, war weder ein besonders geschickter Schachzug, denn die einstigen Forderungen blieben umstritten, noch legte es das beste Zeugnis für die gelobte «Verschwiegenheit» ab, die Marie von Kleist an ihm hervorgehoben hatte. Hardenberg antwortete nicht. Das Geschick, mit Menschen diplomatisch umzugehen, war Heinrich von Kleist einfach nicht gegeben. Aber man ist eben auch weniger frei im Umgang wie überhaupt im Urteilen und Handeln, wenn man arm und also abhängig ist. Pauvre Henri Kleist.

Wirklich verhängnisvoll für Kleist zeigte sich schließlich die Politik seines Königs selbst. Ein Schutz- und Trutzbündnis mit Frankreich, das den Status quo und mithin Preußen den Frieden sichern konnte, war als Option gegenüber den Plänen zu einem Aufstand schon länger im Gespräch. «Ewig unentschloßen, wird er alle wohlberechnete Plane vereiteln u die Kräfte derer die sich für ihm aufopfern wollen lähmen.»[22] So sahen die Erwartungen aus, die Charlotte von der Marwitz vom König besaß, als Kleist sie und ihren Mann Ludwig von der Marwitz am 18. September auf deren Gut Friedersdorf besuchte. Kleist selbst aber war in diesen Tagen noch optimistisch, denn wie früher, so geriet auch jetzt in ihm zunächst die alte Begeisterung für neue Pläne wieder in Schwung. Er besuchte mehrfach Gneisenau, der Unter den Linden, also in Kleists Nähe, wohnte, und überreichte ihm militärische Aufsätze, die er offenbar im Zusammenhang mit dessen Ideen zu einem Volkskrieg verfaßt hatte.[23] Aber Friedrich Wilhelm neigte schließlich zum Frieden und wollte nicht auch noch den Rest seines klein gewordenen Staates riskieren. Marie von Kleist hatte er auf ihr Schreiben gedankt und ihr mitgeteilt, daß er dem «H.v.Kleist, der sich als Schriftsteller bekannt gemacht, und jetzt wieder bei etwa (was Gott verhüten wolle) eintretendem Kriege den vaterländischen Kampf zu wagen entschlossen» sei, «Hoffnung [...] gemacht» habe.[24] Den Krieg verhütete schließlich der König selbst, als er am 4. November 1811 gegen den Rat Hardenbergs der Allianz mit den Franzosen zustimmte, womit auch Kleists Hoffnungen, noch einmal seinem Monarchen zu dienen, gescheitert waren. Kleists Weg in das Ende nahm seinen Gang; in einer Reihe von Briefen an Marie von Kleist hat er ihn beschrieben.

Fünf Frauen haben Heinrich von Kleists Lebensweg über längere oder kürzere Zeit hinweg begleitet: die Mutter als die erste Frau im Leben aller Menschen, später die Verlobte Wilhelmine von Zenge, zuletzt dann Henriette Vogel, mit der er in den Tod ging, aber die längste Zeit waren es die Halbschwester Ulrike und schließlich Marie von Kleist. Deren Rolle ist am wenigstens konventionell bezeichenbar: zwar war Marie von Kleist durch ihre Ehe sehr weitläufig verwandt mit ihm, aber ihr Mann Christian von Kleist entstammte einer anderen Linie der Kleists, und die gelegentlich zwischen ihnen verwendeten Begriffe Vetter und Cousine sind nur frei gebraucht. Zum Du zwischen beiden ist es erst in Kleists letzten Tagen gekommen. Weder Familie noch die Aussicht auf potentielle Partnerschaft also verbanden beide; die Hofdame Marie von Kleist – das sei hier noch einmal gesagt – war verheiratet, wenngleich in Scheidung begriffen, und sechzehn Jahre älter als er. Das schützte beide vor gesellschaftlichen Ansprüchen, was dem menschenscheuen Kleist den Mut gab, sich zu öffnen. So entstand die Verbindung zwischen ihnen aus einer tiefen Sympathie, für die sie im Laufe der Zeit das Wort Liebe fanden. «Was ist alle Liebe der Sterblichen hier auf Erden, was sind alle Romane, alle Gedichte in Vergleich mit seiner Liebe und seinen Briefen»,[25] hat Marie von Kleist einmal lange nach Kleists Tod geschrieben. Daß die Sprache unzulänglich ist, all das auszudrücken, was das Innere eines Menschen bewegt, war eine Urerfahrung von Kleist selbst. Der Grad der Intimität dieser Liebe zwischen Marie und Heinrich von Kleist gehört jedenfalls in den Bereich des Privaten, von dem wir nichts wissen, aber auch nichts zu wissen brauchen. Jede Spekulation darüber wäre eine noch größere Indiskretion als die neugierige Bloßlegung von Details, wenn sie denn existierten.

Die Nähe zwischen beiden hatte in der Potsdamer Zeit Kleists begonnen, und eine Reihe der reichsten und schönsten Briefe Kleists dokumentiert die weitere Verbindung, angefangen mit dem einfühlsamen, scharfsichtigen und meisterlich geschriebenen Nachruf auf Marie von Kleists Bruder Peter von Gualteri. An Marie von Kleist hatte Kleist ja auch jenen erstaunlichen, außerordentlichen Satz über seine Penthesilea geschrieben, die den Geliebten «aufgegeßen» hat: «Erschrekken Sie nicht, es läßt sich lesen: wie leicht hätten Sie es unter ähnlichen Umständen vielleicht eben so gemacht»[26] – die persönlichste, vertraulichste Bemerkung, die Kleist je über eines seiner Werke geschrieben hat. Und auch die letzten Schritte zu seinem Abschied vom Leben legte er in Briefen an Marie von Kleist bloß. Sie hatte wohl schon um die Mitte September wieder Berlin verlassen und war nach Groß-Gievitz zurückgekehrt.

Kleist sah sich freundlos und verlassen in Berlin, von Schulden belastet und schließlich auch noch, was ihn besonders tief traf, von seiner Familie getadelt und gedemütigt. Im September war er an die Oder nach Frankfurt gefahren[27] und dort, «an der Mittagstafel zwischen meinen beiden Schwestern» – Ulrike und Auguste – habe er miterleben müssen, wie man ihn von seiten seiner Angehörigen «als ein ganz nichtsnütziges Glied der menschlichen Gesellschafft» betrachte, «das keiner Theilnahme mehr werth sey.»[28] Ulrike, das sei zu ihren Ehren gesagt, hat ihm dann durch Marie von Kleist trotzdem weiter Geld zukommen lassen wollen, das für eine Reise Kleists nach Wien gedacht war, aber zu dieser ist es dann nicht mehr gekommen.

Anfang Oktober bestand jedenfalls immerhin noch Hoffnung auf die Anstellung beim Militär. An Marie von Kleist schrieb er in diesen Tagen von seinen Besuchen bei Gneisenau, aber die Nachrichten sind umgeben von anderen Sätzen wie «es ist mir ganz stumpf und dumpf vor der Seele, und es ist auch nicht ein einziger Lichtpunct in der

Zukunft, auf den ich mit einiger Freudigkeit und Hoffnung hinaussähe.» Alles, was er unternehme, gehe zugrunde, und bei jedem Versuch, «einen festen Schritt zu thun», entziehe sich ihm der Boden unter den Füßen. Trostlos scheine es ihm, nach Wien oder einen anderen Ort zu gehen, um zu suchen, «was ich noch an keinem, meiner eigenthümlichen Beschaffenheit wegen, gefunden habe.»[29] Heinrich von Kleist war im Begriffe, vor sich selbst zu kapitulieren. Seiner «eigenthümlichen Beschaffenheit wegen» war er, der Schwierige, zu einem Dichter geworden, den die Nachwelt zwar inzwischen kennt und achtet, mit dem sich aber seine Mitwelt nicht arrangieren konnte ebensowenig wie er sich mit ihr. Noch war da die Freundin, die ihm Liebe entgegenbringen konnte, «weil Sie Alles, was sich Ihrem Kreise nähert, mit Liebe umfassen müssen». Aber dem fügte Kleist dann doch hinzu: «der Himmel lohne Ihnen diesen Brief, der mir, seit Ihrer Abreise, wieder den ersten frohen Lebensaugenblick geschenkt hat. Ich würde Ihnen den Tod wünschen, wenn Sie zu sterben brauchten, um glücklich zu werden; es scheint mir, als ob Sie, bei solchen Empfindungen, das Paradies in Ihrer Brust mit sich herum tragen müßten.»[30] Noch war der Entschluß nicht gefaßt, selbst diesen Weg zu gehen, denn dazu bedurfte er erst noch einer Totenführerin. Aber auch jetzt schon bewegte er sich mit seinem Denken, wie sich zeigt, im Gefilde des Todes.

Überliefert ist dieser Brief zusammen mit einigen anderen aus Marie von Kleists Besitz in Abschriften, die Wilhelm von Schütz für Tiecks Kleist-Ausgabe von 1821 angefertigt hat, möglicherweise nach einem Diktat der Besitzerin.[31] Wie genau sie Kleists Wortlaut entsprechen, läßt sich nicht mehr sagen. Die Vernichtung aller Kleistschen Originale einschließlich eines Manuskripts des *Prinz Friedrich von Homburg* hat Marie von Kleists Sohn Adolph nach ihrem Wunsch testamentarisch verfügt.[32]

3. Am Tisch Gottes

Am Nachmittag des 21. November 1811 tötete Heinrich von Kleist
Henriette Vogel durch einen Pistolenschuß ins Herz, richtete dann
eine zweite Pistole auf sich selbst und endete sein Leben, indem er
sich in den Mund schoß. Beide hatten sich am Vortag im Stimmingschen Krug bei Potsdam einquartiert in der Absicht, gemeinsam in
den Tod zu gehen. Von Angestellten des Gasthofes hatten sie sich
gegen drei Uhr Tisch und Stühle ins Freie setzen lassen, um dort
etwas zu trinken. Bald darauf fielen die Schüsse. Auf einem Hügel
mit dem Blick auf den Kleinen Wannsee, in einer Vertiefung, die
durch das Ausroden eines alten Baumes entstanden war, fand man die
Toten. Was hatte sie beide dort hingeführt?

Der Entschluß, freiwillig aus dem Leben zu gehen, besitzt zumeist
mehrere Gründe und Ursachen, die zusammen wirken, so auch hier.
Heinrich von Kleist hatte, aus der Ferne betrachtet, ein gutes Jahr
gehabt: vier Bücher von ihm waren seit dem September 1810 erschienen: das *Käthchen von Heilbronn*, der *Zerbrochne Krug* und zwei Bände
Erzählungen, allesamt Bücher, die freundliche Aufnahme fanden, auch
wenn man sie sich nicht aus den Händen riß. Druckfertig war außerdem jenes vaterländische Schauspiel vom Prinzen von Homburg, mit
dem Kleist den Beifall seines ganzen Landes zu gewinnen hoffte. So
bestand Grund, zufrieden, wenn nicht stolz zu sein. Aber der große
Versuch, mit den *Abendblättern* auf die Berliner Öffentlichkeit zu wirken und zugleich in passable, würdige finanzielle Verhältnisse zu kommen, war gescheitert – gescheitert an Intrigen, wie es ihm schien,
aber auch an manch eigenem Ungeschick. Denn die nagende Frage, ob
er seiner «eigenthümlichen Beschaffenheit wegen» nicht doch selbst
die Ursache all seines Mißgeschicks sei, hat ihn nie verlassen. Drük-
kend vor allem waren die Schulden, die er zum Teil seit langem schon
mit sich herumschleppte, die aber nun nach dem Ende der *Abendblätter* und den damit verbundenen Verlusten ihn gänzlich niederdrück-
ten. Die Einnahmen aus den neuen Büchern bedeuteten ein Taschen-

geld dagegen. Das jüngste Drama aber blieb so ungedruckt wie unaufgeführt und schien eher zu mißfallen; kein Ruhmeskranz winkte. Heinrich von Kleists Laufbahn als deutscher Dichter war offenkundig an ihr Ende gelangt. Kein neuer Plan bewegte ihn mehr, der die Lust zum Schreiben wieder in Gang setzte wie im vergangenen Jahr. Und im Oktober des Jahres 1811 zerschlug sich nun auch noch die Aussicht auf Rückkehr zu seinen Anfängen: es hatte sich entschieden, daß der Gardeleutnant Heinrich von Kleist nicht an der Spitze einer Kompanie preußischer Grenadiere für König und Vaterland in den Krieg gegen den Franzosenkaiser ziehen würde, denn sein König wollte lieber den Frieden und den Pakt mit dem Feind. Es war dunkler, kalter Herbst für Kleist geworden.

Dennoch wurde Heinrich von Kleist gerade in dieser Situation noch einmal zum Schriftsteller, und zwar als Verfasser einer Reihe von außerordentlichen Briefen, deren Gegenstand er allerdings selbst war. Briefe sind längst anerkannt als literarische Werke von eigener Art, und so lassen sich diese letzten Briefe Kleists durchaus als ergreifende Sprachkunst betrachten. Aber sie sind nicht die Worte eines Dramenhelden, und der Tod, von dem darin gesprochen wird, war sein wirklicher Tod, nicht ein beliebig wiederholbarer Bühnentod. Das aber ist ein Unterschied, der von keiner ästhetischen Theorie zugedeckt werden kann und darf.

Drei dieser Briefe, allesamt im November geschrieben,[33] sind an Marie von Kleist gerichtet als Abschiedsbriefe, denn zwischen ihnen und dem vorausgehenden Brief an sie von Anfang Oktober lag der Entschluß Kleists zum Suizid. Ihr, Marie von Kleist, schwöre er, es sei ihm «ganz unmöglich länger zu leben»:

> meine Seele ist so wund, daß mir, ich mögte fast sagen, wen ich die Nase aus dem Fenster stecke, das Tageslicht wehe thut, das mir darauf schimmert. Das wird mancher für Krankheit und überspant halten; nicht aber Du, die fähig ist die Welt auch aus andern Standpuncten zu betrachten als aus dem Deinigen. Dadurch, daß ich mit Schönheit und Sitte, seit meiner frühsten Jugend an, in meinen Gedancken und Schreibereien, unaufhörlichen Umgang geflogen bin ich so empfindlich geworden, daß mich die kleinsten Angriffe, denen das Gefühl jedes Menschen nach dem Lauf der Dinge hinieden ausgesezt ist, doppelt und dreifach schmerzen.[34]

Sie aber sei die «Allereinzige auf Erden, die ich jenseits wieder zu sehen wünsche». Dorthin freilich wolle er nicht allein gehen:

> Ich habe dich während deiner Anwesenheit in Berlin gegen eine andere Freundin vertauscht; aber wen dich das trösten kan, nicht gegen eine, die mit mir leben, sondern, die im Gefühl, daß ich ihr eben so wenig treu sein würde, wie dir, mit mir sterben will. Mehr dir zu sagen, läßt mein Verhältniß zu dieser Frau nicht zu. Nur so viel wisse, daß meine Seele, durch die Berührung mit der ihrigen, zum Tode ganz reif geworden ist; daß ich die ganze Herrlichkeit des menschlichen Gemüths an dem ihrigen ermessen habe, und daß ich sterbe weil mir auf Erden nichts mehr zu lernen und zu erwerben übrig bleibt. Lebe wohl![35]

«Zum Tode ganz reif»: es war ein Wort seiner Penthesilea:

> Ich bin so selig, Schwester! Überselig!
> Ganz reif zum Tod' o Diana, fühl' ich mich! (Vs. 2864 f.)

Marie von Kleist aber, die ihm einst der Amazonenkönigin so nahe schien, hat die Bitterkeit hinsichtlich seines Wechsels zu einer «anderen Freundin» nie überwunden und in «dieser Frau» einen «lebendigen Teufel» gesehen – «Er gewiß ist unschuldig auch vor Gottes richter Stuhl.»[36] Das teilte sie am 26. Dezember 1811 ihrem König mit.

«Am Morgen meines Todes» schrieb Kleist dann auch der Schwester, die ihn durch sein Leben und insbesondere dessen schwerste Phasen helfend und schützend begleitet hatte: «Ich kann nicht sterben, ohne mich, zufrieden und heiter, wie ich bin, mit der ganzen Welt, und somit auch, vor allen Anderen, meine theuerste Ulrike, mit dir versöhnt zu haben.» Denn die Spannungen nach dem Familientadel klangen noch nach. Aber

> wirklich, du hast an mir gethan, ich sage nicht, was in Kräften einer Schwester, sondern in Kräften eines Menschen stand, um mich zu retten: die Wahrheit ist, daß mir auf Erden nicht zu helfen war. Und nun lebe wohl; möge dir der Himmel einen Tod schenken, nur halb an Freude und unaussprechlicher Heiterkeit, dem meinigen gleich: das ist der herzlichste und innigste Wunsch, den ich für dich aufzubringen weiß.[37]

Daß ihm auf Erden nicht zu helfen gewesen sei, ist ein viel zitierter Satz geworden. Was eine Feststellung sein soll, wird zugleich eine an

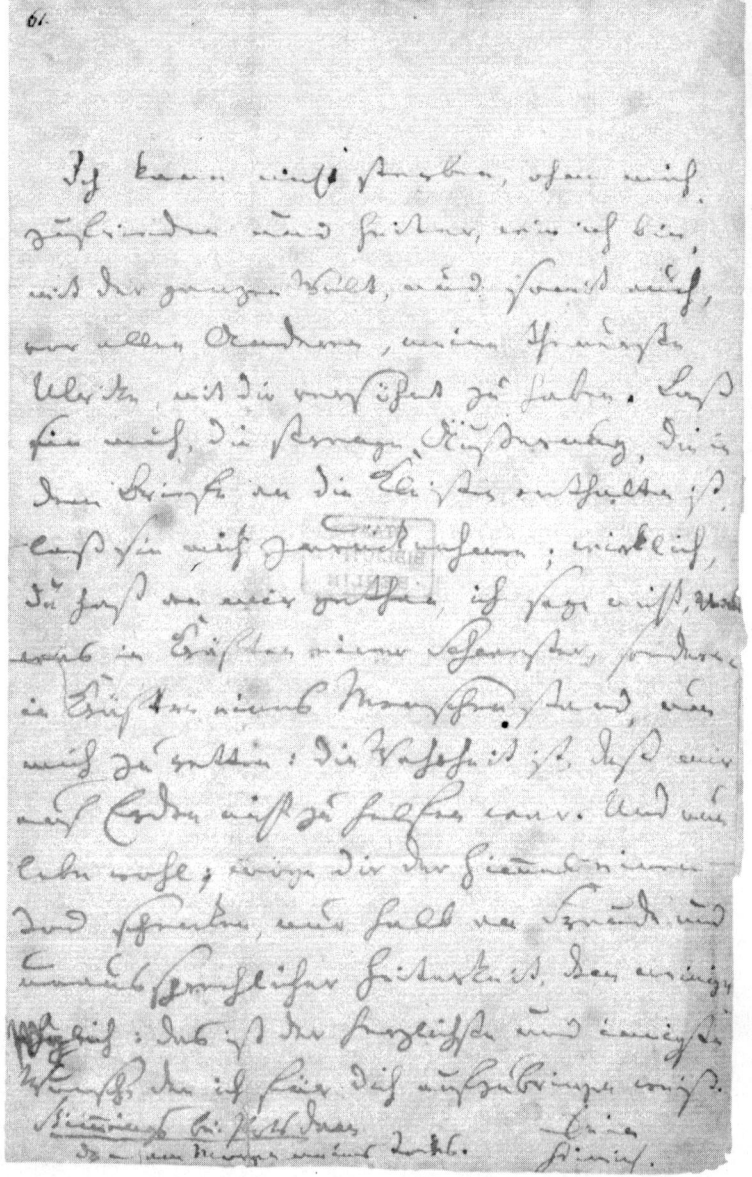

Kleists Abschiedsbrief «am Morgen meines Todes» an Ulrike von Kleist
(21. November 1811)

Friedrich Ludwig Vogel.
Pastellminiatur eines unbekannten
Künstlers

jedes Zeitalter gerichtete Frage danach, wie mit jenen «schwierigen» Menschen umzugehen sei, die den anderen sehr viel Schönes und Sinnreiches zu bieten haben, aber sich nur schwer in die Gewohnheiten und Gepflogenheiten ihrer Epoche zu fügen vermögen.

In Kleists Abschiedsbrief vom 20. November an Sophie Müller in Wien steht dann auch jener aus den Berliner Tagesnachrichten der *Abendblätter* gegriffene Vergleich, daß er, Kleist, und «Jettchen», im Begriffe seien, sich «wie zwei fröhlige Luftschiffer, über die Welt» zu erheben.[38] Heinrich von Kleists Todespartnerin war Henriette Adolphine Vogel, 1780 geboren als Tochter eines Berliner Kaufmanns und verheiratet mit Friedrich Ludwig Vogel, «Rendant», also Rechnungsführer, der Berliner Landschaftskasse, eines staatlichen Kreditunternehmens für die Landwirtschaft. Vogel war mithin ein angesehener Beamter; sein Name ist unter anderem auf jener Anwesenheitsliste der Christlich-Deutschen Tischgesellschaft zu finden, auf der auch die Namen Arnim, Brentano, Müller, Fichte und Kleist verzeichnet sind. Mit Kleist waren die Vogels durch Adam Müller bekannt geworden, und Henriette Vogel gehörte, wie Kleist, zu den Paten bei der Taufe der Cäcilie Müller im November 1810. Kleist und Henriette Vogel kannten einander also schon seit einiger Zeit, und Kleist war verschiedentlich in ihrem Hause zu Gast.

Henriette Vogel.
Miniatur eines unbekannten Künstlers (um 1802)

Es ist schwer, sich ein Bild von der Frau zu machen, die mit Kleist in
den Tod zu gehen bereit war, denn alle Berichte und Urteile über sie
sind verständlicherweise gefärbt von den Vorurteilen hinsichtlich
ihres Todes und von den Urteilen über Kleist. Henriette Vogel galt
als eine intelligente, unaffektierte, lebhafte und sehr belesene Frau,
die nur eben unzufrieden war «mit der Beschränktheit, in welche die
Mode die Beschäftigungen ihres Geschlechts eingezwängt hat», und

sie «beneidete unser Geschlecht, dessen Fertigkeiten einen weiteren und höheren Spielraum haben.»[39] So hat sie der ihrem Hause nahestehende Kriegsrat Ernst Friedrich Peguilhen später charakterisiert. Bei alledem sei sie, so der Kriegsrat, eine musterhafte Hausfrau und hingebungsvolle Mutter der 1802 geborenen Tochter Pauline gewesen. «Wäsche, Kleidungsstücke, Hausgerät usw. hat sie mit einem genauen Verzeichnis und in einer so überlegten Ordnung sortiert und bezeichnet hinterlassen, daß man in einer wohleingerichteten Registratur sich zu befinden glaubt.»[40] Peguilhen wußte, wonach man im preußischen Staat den Wert einer bürgerlichen Gattin taxierte. Die Mehrzahl der Nachrufe auf sie und Kleist haben sie dann als «exaltiert» bezeichnet, was freilich nicht mehr ausdrückt als männliche Unbehaglichkeit einer Frau gegenüber, die ihrem gängigen Rollenbild, also der «Mode», nicht entsprach. «Überspant» hatte sich Kleist außerdem selbst genannt, und wie anders als durch Unkonventionalität hätten beide zueinander finden können. Wie und wann dies dann geschehen ist, darüber gibt es nur nachträgliche und unzuverlässige Berichte. Ganze Abende sollen Henriette Vogel und Kleist «am Fortepiano gesessen, und geistliche Choräle» – oder «alte Psalmen»[41] – «gespielt, und zusammen gesungen haben».[42] Bei solchem Anlaß soll Kleist sogar einmal begeistert in den Ruf ausgebrochen sein: «das ist zum Erschießen schön!», woran ihn später, «in einer einsamen Stunde»,[43] Henriette Vogel erinnert und den Vollzug angemahnt haben soll. Ungesagt bleibt, wer eigentlich die beiden in ihrer «einsamen Stunde» da belauscht haben könnte. Kleist selbst bekannte Marie von Kleist gegenüber: «Der Entschluß der in ihrer Seele aufging mit mir zu sterben, zog mich, ich kan dir nicht sagen mit welcher unaussprechlichen und unwiederstehlichen Gewalt an ihre Brust».[44]

Ereignisse wie der gemeinsame Suizid Henriette Vogels und Heinrich von Kleists fördern die Phantasie des Publikums und die Legendenbildung durch die Versuche, Neugierde zu stillen, Vorurteile zu bestätigen oder Verständnis zu finden. Verstanden beide einander überhaupt oder waren sie im Grunde innerlich meilenweit von einander entfernt? Wollte Henriette Vogel lediglich den Tod, weil sie an einer terminalen Krebserkrankung litt, wie die Obduktion später tatsächlich bestätigte? Hatte sich Ludwig Vogel seiner Frau aus wachsender Abneigung gegen sie entzogen[45] und war nur zu gern bereit, sie Kleist «abzutreten»?[46] Gab es zwischen beiden, wie Adam Müller fein-

sinnig glaubte, «keine Gemeinschaft [...] als die der herrlichsten
Anlagen, der Unwissenheit über ihre höhere, göttliche Bestimmung,
also der Verzweiflung und – in den letzten Stunden ihres Lebens –
eines gewissen tragischen Interesses aneinander»[47] oder war da auch
körperliche Nähe? Und was überhaupt empfand Kleist? War das alles
bis in den Tod hinein nicht vor allem seine «letzte Inszenierung»,[48] ein
«Liebestod» als ein Stück romantischer Literatur auf einer Potsdamer
Freilichtbühne? Es liegt eine gewisse, wenngleich unabsichtliche Frivolität in den Versuchen, um eines theoretischen Konzepts willen dem
Suizid dieser zwei Menschen ästhetische oder gar literaturgeschicht-
liche Interpretationen abzugewinnen. Der Tod ist kein Theater, und
Kleist war kein Theaterdirektor; wenn er sein Leben wirklich zu
inszenieren verstanden hätte, wäre es glücklicher verlaufen. Das Ster-
ben dieser beiden leidenden, die Liebe im Tode neu entdeckenden
Menschen verlief so undramatisch, wie sich das unter den gegebenen
Umständen machen ließ. Daß sie sich die grause Larve des Todes, wie
das Novalis einmal genannt hat, auf ihre Art zu verschönen und den
Ausgang aus dem Leben zu erleichtern suchten, ist eine andere Sache.

Die Protokolle der gerichtlichen und medizinischen Untersuchungen dieses Suizids haben zur Folge, daß wir über das äußere Geschehen der letzten Lebenstage Heinrich von Kleists Genaueres wissen als
über jeden anderen Teil seines Lebens. Die beiden hatten zunächst
vor, nach Cottbus zu fahren, um weit ab von Berlin ihren Abschied zu
nehmen. Die plötzliche Reise eines Freundes dort, den sie um die
letzte Fürsorge nach ihrem Tod hatten bitten wollen, nötigte sie,
ihren Plan zu ändern. Sie wählten sich daraufhin den «Stimmingschen
Krug», ein bekanntes Ausflugslokal in der Nähe von Potsdam am Kleinen Wannsee. Dorthin ließen sie sich, wie gesagt, am 20. November,
einem Mittwoch, bringen, nahmen «zwey Zimmer im obern Stock-
werke», aßen Abendbrot und blieben dann die ganze Nacht über auf.
Man habe sie in den Zimmern umhergehen hören. Morgens um vier
verlangten sie «eine Portion Caffe»[49] und dann um sieben nochmals.
Weiteres Essen lehnten sie ab. Ein Bote wurde mit einem Brief nach
Berlin abgesandt; Peguilhen baten sie, in den Worten von Henriette
Vogel, um eine «wunderbare Probe» seiner Freundschaft, «denn wir
beide, nehmlich der bekannte Kleist und ich befinden uns hier bei
Stimmings auf dem Wege nach Potsdamm, in einem sehr unbeholfenen
Zustande, indem wir *erschossen* da liegen, und nun der Güte eines wohl-

wollenden Freundes entgegen sehn, um unsre gebrechliche Hülle, der sicheren Burg der Erde zu übergeben. Suchen Sie liebster Pequilhen diesen Abend hier einzutreffen und alles so zu veranstalten, daß mein guter Vogel möglichst wenig dadurch erschrekt wird.»[50] Was der Empfänger und Henriette Vogels Ehemann beim Lesen dieser Worte empfunden haben, ist unbekannt, aber andere haben ihr und Kleist, der ein Postscriptum hinzufügte, diesen Brief übelgenommen, denn in der Tat liegt ein gewisser Sarkasmus oder eher Witz in seinem Ton, der dem Anlaß nicht entsprechen mag. Caroline Fouqué zum Beispiel fand, als sie Henriette Vogels und Kleists Abschiedsbrief von Hitzig erhielt, die Worte «fürchterlich durch ihre Eiseskälte».[51] Aber was als Pietätlosigkeit erscheinen könnte, kann auch als Scheu vor dem Pathos und als Sprachnot angesichts von etwas Großem, Unbekanntem, Unfaßlichem gelesen werden, wenn nicht gar als Reaktion auf jene Angst, die alles Sterben mit sich bringt. Wenngleich jeder Beweis dafür fehlt, ist es doch schwer, Kleist nicht zumindest als Ko-Autor dieser Worte in Anspruch zu nehmen, denn eben die Nähe von Lebenstrauer und Lustigkeit, von Tragik und Komik sind so ganz Charakteristika seines Werkes. Der vermeintlich zur Exekution geführte Prinz von Homburg, schon mit verbundenen Augen, will die «Levkoyn und Nelken», die er riecht, «zu Hause [...] in Wasser setzen» (Vs. 1845), und auch jene Anekdote vom Kapuziner mit dem Delinquenten auf dem Weg zum Hochgericht war ja Lachen am Rande des Todes, das vielleicht das Sterben ein wenig leichter erscheinen läßt. Die Stimmung von Kleist und Henriette Vogel am Tage ihres Todes entsprach augenscheinlich solcher Suche nach Leichtigkeit. «Hand in Hand» seien sie «den Berg hinunter nach dem See zu» gesprungen, «schäkernd und sich jagend, als wenn sie Zeck spielten», berichtete der Wirt, und auch von «vielem Lachen»[52] ist die Rede. Das nun freilich mußte über die Begriffe der meisten Zeitgenossen gehen, die es nicht ganz zu Unrecht als mit der Sphäre gewohnter christlicher Tröstungen unvereinbar, also eben pietätlos fanden. Zu diesen Tröstungen aber wollten sich die beiden Todbereiten ihren eigenen Weg suchen.

Das Mittagessen lehnten beide ab. «Auf den Abend wollten sie dafür desto besser speisen»,[53] habe der Herr gesagt. Aber noch einmal bestellten sie Kaffee und ließen sich, wie schon erwähnt, einen Tisch und zwei Stühle auf den «Hügel an der Wansee»[54] bringen, zur nicht geringen Verwunderung des Personals, denn es war ein «kalter Wintertag».[55] «Und ob ich schon wanderte im finstern Tal, fürchte ich kein Unglück; denn du bist bei mir, dein Stecken und dein Stab trösten mich. / Du bereitest vor mir einen Tisch im Angesicht meiner Feinde. Du salbest mein Haupt mit Öl und schenkest mir voll ein.» Vielleicht sind den beiden, die gern «alte Psalmen» gesungen haben, tatsächlich diese Worte aus Psalm 23 durch den Kopf gegangen, vielleicht wies sie dieser Tisch wirklich schon zum Tisch Gottes, an dem sie ihr Abendmahl einzunehmen hofften, vielleicht war sein Zweck auch nur, das Körbchen zu halten, das Henriette Vogel hinausgetragen hatte und in dem sich drei Pistolen befanden, die dritte offensichtlich als Reserve. Gegen vier Uhr hörte dann Frau Riebisch, eine «Tagelöhnerin» im Hause Stimming, die von den beiden mit einer leeren Tasse weggeschickt worden war, den ersten Schuß und «nach 60 Schritt», also nach etwa 30 bis 40 Sekunden, den zweiten. Dort, auf dem Berg mit Blick auf den Wannsee, fand man sie dann, «Fuß an Fuß, die Dame aber rückwärts über liegend, und den Herrn vor ihr sitzend.»[56] Am Abend kamen aus Berlin Ernst Friedrich Peguilhen und Ludwig Vogel. Die Toten ließ man über Nacht unter freiem Himmel, und am nächsten Morgen konnte dann das Totenmessen beginnen.

4. Totenmessen

An diesem nächsten Morgen – es war Freitag, der 22. November – wurden die Toten in das Gasthaus zurückgebracht, auf Tische gelegt, und nun hatten die amtlich bestellten Obduzenten, der Kreis Physicus und Hof Medicus Doctor Sternemann und der Chirurgus forensis Dr. Greiff, ihres Amtes zu walten. «Denatus» Kleist wurde gemessen, das Offensichtliche festgestellt, aber auch nach Gründen gesucht, wofür das Seziermesser und die Knochensäge freilich nicht die geeignetsten Instrumente waren; an Kleists hartem Schädel zerbrach die «Kopf-Säge» und mußte für einen Taler und zwölf Groschen repariert werden. «Denatus hatte schwarzes Haar, blaue Augen, und eine Grösse von 6 Zoll»;[57] letztere Angabe – es ist zu Anfang des Buches schon gesagt worden – ließ die fünf Fuß Mindestmaß für einen preußischen Soldaten beiseite und bezeichnete nur die Differenz dazu. Evident gemacht hatte die Säge immerhin, «daß der Denatus von Kleist die geladene Pistole im Munde angesetzt, und sich selbst damit getödtet habe», nur sei «von der zu schwachen Ladung das ¾ Loth wiegende Stückchen Bley im Gehirn stecken geblieben.» Das sei an und für sich schon «lethal», aber «größentheils» habe der Pulverdampf in den Lungen dafür gesorgt, daß Denatus «sehr schnell gestorben» sei.[58] Kleist hatte offenbar die kleine Pistole, das Terzerol, für sich verwendet und die größere für Henriette Vogel, denn bei ihr hatte die Kugel Herz und Brustkorb durchschlagen und war im Rücken wieder ausgetreten.

Die Forschung hat später gern betont, daß Kleist mit seiner Tat einen eigenen Text in die Wirklichkeit umgesetzt habe, denn in der Novelle *Die Verlobung in St. Domingo* schießt der Held der Erzählung die Geliebte, die er für eine Verräterin hält, «mitten durch die Brust» und tötet später sich selbst mit einem Schuß in den Kopf, bei dem «des Ärmsten Schädel [...] ganz zerschmettert»[59] wurde. Kleist hingegen wählte den Schuß in den Mund schräg nach oben, was als die effektivste und sicherste Art des Suizids gilt und Kleist als Offizier nicht unbekannt gewesen sein dürfte; sein Kopf wies nach außen keine Spur von einer Verletzung auf. Mit der Imitation von Literatur hat dergleichen scheinbare Parallele jedenfalls nichts zu tun, ebensowenig wie der Bericht in den *Abendblättern* vom Suizid mit einem Terzerol Kleist zum Nachahmungstäter seiner Polizeimeldung machte. Daß ihn der freiwillige Tod als ein Ausweg aus allen Wirrnissen und Unzulänglichkeiten seines Lebens und als Eingang in etwas Absolutes immer schon beschäftigt, interessiert, ja gereizt hat, liegt auf einer anderen Ebene.

Amüsiert hätte es Kleist wohl und wäre seiner Lust am Witz entgegengekommen, wenn er bei der Obduktion hätte zuschauen und in sein eigenes Gehirn blicken können: diesem Sitz seiner Phantasie, aus dem sie alle entsprungen waren, das bedingungslos traumgläubige Käthchen, die sich und den Geliebten zu Tode liebende Penthesilea, der Todesangst ausstehende prinzliche Kriegsheld, der katzenerschaffende Dorfrichter, die zwischen Engel und Teufel hin und her gerissene Marquise oder der rechtschaffene Terrorist Kohlhaas. Dreiviertel Lot Blei konnten diese Phantasie im Nu außer Kraft setzen. Allen Gestalten aber, die diesem Gehirn entsprungen waren, konnten sie das Leben nicht nehmen, das ihnen Kleist geschenkt hatte. Weniger amüsiert hätte ihn, was die Ärzte zu finden glaubten, als sie seinen Leib öffneten und hineinblickten in «diese wunderbare Verknüpfung eines Geistes mit einem Convolut von Gedärmen und Eingeweiden».[60] Das Obduktionsprotokoll hatte die Größe des Herzens «natürlich» und die Leber zwar sehr groß, aber ebenfalls «natürlich» gefunden. Im offiziellen Bericht drei Wochen später jedoch fanden die Ärzte plötzlich mehr: die Gehirnsubstanz sei fester als gewöhnlich, die Leber «widernatürlich» groß und hart. Das aber hieß, daß «gestützt auf Physologischen Principia», «Denatus dem Temperamente nach ein Sanguino cholericus in Summo gradu gewesen, und gewiß harte hypochondrische Anfälle oft habe dulden müssen. [...] Wenn sich nun zu diesem excentrischen Gemüthszustand eine gemeinschaftliche Religionsschwärmerey gesellte, so läßt sich hieraus auf einen kranken Gemüthszustand des Denati von Kleist mit Recht schließen.»[61] Mit anderen Worten: hier handelte es sich um einen Kranken, was ebenso zu einer gewissen Nachsicht aufforderte wie dazu, ihn nicht ernst zu nehmen und sich von seiner Tat nicht berühren zu lassen.

Nun waren zwar seit dem Ausgang des 18. Jahrhunderts Versuche der forensischen Medizin, im Falle von Selbsttötungen nach den Ursachen in anatomisch-pathologischen Befunden zu suchen, durchaus üblich geworden,[62] aber Kleists Ruf hatte in den drei Wochen nach seinem Tode noch weiter Schaden gelitten. Vogel hatte in einer Traueranzeige für die Gattin erklärt: «Ihr Tod war rein wie ihr Leben.»[63] Peguilhen folgte mit einer Anzeige in den Berliner Zeitungen, worin er das Publikum bat, «nicht zwei Wesen lieblos zu verdammen, welche die Liebe und Reinheit selbst waren»,[64] und er kündigte eine umfangreichere Apologie an. Da griff der König höchstpersönlich ein, der die ganze Sache für einen preußischen Offizier und die Moral degoutant fand, und verbot in starken Worten die «öffentliche Anpreisung» einer solchen Tat. Peguilhen fiel in Ungnade, und Vogel heiratete ein halbes Jahr später Friederike Henriette Julie Eberhardi.[65] Die Ärzte aber boten nun eben eine Erklärung, mit der man sich abfinden konnte; ein Paranoiker hatte alle die Aufregung verursacht.

Henriette Vogel erfuhr insgesamt ein freundlicheres Urteil unter den Händen der Obduzenten, von denen einer, der Physicus, in der «Denata» seine «20 jährige Freundin, die gewesene Demoiselle Kaeber»[66] wiedererkannte. Gestorben war sie, wie vermerkt wurde, an einem Schuß durch das Herz, ohne daß eine Rippe verletzt worden war. Konstatiert aber wurde zugleich eine Krebserkrankung, nach heutigen Begriffen wohl ein Zervixkarzinom mit ausfließendem nekrotischem Krebsgewebe.[67] Aus «Furcht für einem langsam sehr schweren Tod» hatte sie «sich diesen leichten Tod gewählt», erläuterten die Mediziner. Von einer Öffnung des Kopfes wurde abgesehen, denn eine «fehlerhafte Organisation im Gehirn» ließ sich «nicht supponiren, weil Denata überall viel Geistes Cultur verrieth.»[68] Die Freunde Kleists sind weniger gnädig mit ihr verfahren als die Pathologen.

Kleists und Henriette Vogels Tod hatten Sensationswert für Berlin und in gewissem Umfang sogar für das kulturelle Deutschland, ja das kulturelle Europa. Madame de Staël zum Beispiel sah darin ein Beispiel von der «eigentümlichen Überspanntheit», deren «die Deutschen fähig sind.»[69] Am lautesten schlugen aber die Deutschen selbst zu. Cottas *Morgenblatt für gebildete Stände* brachte am 27. Dezember 1811 einen wilden Schmähartikel von Friedrich Christoph Weisser über die «Oeffentliche Seligsprechung und Vergötterung des Mords und Selbstmords in Deutschland», der so begann: «Armes Deutschland! Wenn deine wahnsinnigen Schriftsteller ihre Tollheit bis zum

Morde treiben, welche Nation wird der Mörder mehr zählen, als du? Die Geschichte, welche in diesem Augenblicke alle unsere öffentlichen Blätter beschäftigt, wird hoffentlich wenigstens die gute Folge haben, daß sie uns mehr als bisher auf die Zeichen der Zeit achten lehrt. *Heinrich von Kleist,* einer der berüchtigtsten Jünger der berüchtigten romantisch-mystischen Schule, hat im vorigen Monat seine zu sterben entschlossene Freundinn, eine gewisse Frau *Adolphine Vogel, geborene Keber,* und sich selbst durch einen Pistolenschuß ermordet.»[70] Dann hagelt es Beschimpfungen: Unehre, Querköpfigkeit, Tollhäusler, unheilbarer Kranker, wahnsinnig, geistige Buhlschwester. Und schließlich wird Kleist – wie sehr hätte er es sich gewünscht – zum Repräsentanten der gesamten modernen deutschen Literatur erklärt, nur daß diese bei Weisser genauso schlecht fährt wie Kleist selbst: «Unsere Literatur ist ein verpesteter Sumpf, der beynahe nichts als Basilisken ausbrütet», ein «Rabengesindel», eine «rohe Sudler-Bande».[71]

Dergleichen wäre kaum erwähnenswert, da der Verfasser es bei solch allgemeiner Schimpfkanonade beläßt und weder Kleists Werk zu kennen scheint – nur das *Käthchen von Heilbronn* wird einmal genannt –, noch auch sonst wissen läßt, wen er sich unter der «Sudler-Bande» vorstellt. Interessant an dieser Diatribe gegen die «berüchtigte romantisch-mystische Schule» ist lediglich in einem Punkt die überraschende Übereinstimmung mit einem anderen Urteil. «Die seltsame Mordgeschichte von Kleist wirst Du in den Zeitungen gelesen haben. Er hat also nicht bloß in Werken sondern auch im Leben Tollheit für Genie genommen und beyde verwechselt.»[72] Das aber schrieb am 4. Januar 1812 Friedrich Schlegel aus Wien an seinen Bruder August Wilhelm. Beide zählten zu den bekanntesten deutschen Literaturkritikern und galten überdies als die Begründer jener von Weisser verhöhnten «romantischen Schule», die damals oft als «Schlegelsche Schule» bezeichnet wurde. Tatsächlich hatten sie das Romantische als Begriff für die Geschichte der nachantiken und schließlich der modernen Literatur als erste eingeführt und zu definieren versucht. Für sie aber war Kleist ebenso ein Beispiel der «Tollheit» wie für Weisser. Ob sie diese Nachbarschaft wahrgenommen und sich ihrer geschämt haben, bleibt unbekannt. Kleists Werk hatte jedenfalls noch einen langen Weg vor sich, bis man sich ihm zu öffnen bereit war; allen Schul-Begriffen hat es sich immer widersetzt.

Kleists Tod war nun zunächst nicht förderlich für diesen Weg. Suizid war in den meisten deutschen Ländern weiterhin kriminalisiert. In Europa hatte zuerst Frankreich während der Revolution «Selbstmord» als Verbrechen aus seinen Gesetzen gestrichen, Preußen folgte sechs Jahre später, Österreich aber erst 1850 und England 1961.[73] Hinzu kam – und kommt – die christliche Verurteilung jeden Versuchs, Hand an das eigene, gottgegebene Leben zu legen. So hatten sich nun auch Kleists nächste Freunde schließlich an ihm zu messen. Für Arnim blieb Kleist mitleidig «der arme Kerl»: «So wenig Freude mir seine störrische Eigentümlichkeit gemacht hat, er tut mir doch leid, er meinte es mit seiner Arbeit so ehrlich wie wenige, seine Erzählungen sind gewiß sehr brav, und seinem dramatischen Talente fehlte eigentlich nur ein Theater, das er geachtet hätte, indem es sich für ihn interessiert hätte.»[74] Henriette Vogel allerdings nannte er «eine verfluchte Hexe», die er nie habe ausstehen können.[75] Brentano stimmte in die Klage ein: «Der arme, gute Kerl, seine poetische Decke war ihm zu kurz, und er hat sein Leben lang ernsthafter, als vielleicht irgendein neuer Dichter, daran gereckt und gespannt.»[76] Über die prinzipielle Verurteilung dieses Freitodes waren sie erhaben, aber wie prächtig und groß Kleists «poetische Decke» tatsächlich war und welchen Reichtum er hinterlassen hatte, entging auch ihrem Verständnis. Fouqué, immer herzlich, liebevoll, wohlmeinend und sehr gern martialisch und heldenbegeistert, schrieb einen poetischen Nachruf: «Hintret' ich an die Gruft / Und rufe dreimal: Feuer! wie ein Kriegsmann!»[77] Adam Müller aber, der engste von allen Freunden, die Kleist in den letzten Jahren umgeben hatten, teilte einem Bekannten am 10. Dezember 1811 mit: «Die nächste Wirkung einer solchen Nachricht, wie die von dem schrecklichen Ende unsers Kleist, ist wohl daß man die übriggebliebenen Freunde zusammenzählt, und überhaupt der zerrissene Kreis enger zusammenzieht. Aus Judenhänden unter vielen andern berlinischen Klatschereien haben wir diese Nachricht empfangen, die uns in unzähligen Rücksichten so nahe angieng; und zuletzt auch die schriftlichen Beweise erhalten, daß beide Verstorbene das Andenken an uns in das frevelhafte Spiel ihrer letzten Gedanken verwickelt haben.»[78] Zu den Abschiedsbriefen Kleists und Henriette Vogels, kurz vor der Fahrt nach Potsdam, hatte ja auch einer an Sophie Müller gehört. «Einen Kuß von mir, dem Schreiber, an Müller», schrieb Kleist, «er soll zuweilen meiner gedenken: und ein rüstiger Streiter Gottes gegen den Teufel Aberwitz blei-

ben, der die Welt in Banden hält.»[79] Bewegt haben Adam Müller diese
Worte offenbar nicht sehr; er lebte jetzt in Wien als guter Katholik auf
dem Weg in den Adelsstand – die «Judenhände» waren vermutlich die
von Eduard Hitzig, der bald erste Pläne zu einer Edition von Kleists
Werk machte. So scheiden sich die Geister.

Am schwersten ließ sich der Tod dort ermessen, wo Liebe und
enge Freundschaft bestanden hatten. Den «Verlust des einzigen Freundes, der mich durch und durch kannte»,[80] hat Marie von Kleist nie
verwunden, und auch die Verteufelung seiner Todespartnerin half
dagegen nicht. Die Forderung, alle Manuskripte von ihm zu vernichten, die sie besaß, stand damit wohl in Verbindung. Ernst von Pfuel,
der vertrauteste aller Freunde, die Kleist je hatte, machte es sich
ebenfalls nicht leicht. «Der liebe gute Heinrich! Mit ihm ist die Seele
untergegangen, die mich am besten verstand», schrieb er an Caroline
de la Motte Fouqué. Es sagt, nebenbei bemerkt, viel über einen
Dichter als Menschenschöpfer, wenn man ihm nachsagen konnte, daß
er andere «durch und durch kannte» und sie «am besten verstand».
Pfuel setzte sich deutlich von Vorurteilen ab: «Ich für meinen Teil bin
zuerst Kleists Freund und dann erst ein Christ, und deswegen weicht
meine Ansicht von der der meisten weithin ab, und ich bin nicht
imstande, mich ihnen so über meinen Freund verständlich zu machen,
wie ich es wünsche, und wie ich einsehe, daß es nötig ist, um ihn zu
rechtfertigen.» Dagegen, daß Kleist sich überhaupt den Tod gab,
«habe ich nichts, gar nichts, er war so gequält und zerrüttet, daß er
den Tod mehr lieben mußte als das Leben, das ihm von allen Seiten so
sauer gemacht wurde; nur so mußte er nicht sterben, so in unechter
Exaltation versunken, oder doch versunken scheinend, er konnte wür-
diger, schöner enden.»[81] Aus der langen Erfahrung einer tiefen Freundschaft und des gegenseitigen Verstehens war dann eben auch ihm die
Todespartnerin eine «dumme Zufälligkeit».

Die mitfühlendeste und wärmste, verständnisvollste Totenmesse
hat schließlich Rahel Levin, die Jüdin, ihrem häufigen Gast Heinrich
von Kleist gehalten. Am 23. November 1811, einen Tag nach Kleists
und Henriette Vogels Begräbnis, schrieb sie an Alexander von der
Marwitz:

> Es läßt sich, wo das Leben aus ist, niemals etwas darüber sagen; von
> Kleist befremdete mich die Tat nicht, es ging streng in ihm her, er
> war wahrhaft und litt viel. Wir haben nie über Tod und Selbstmord

Rahel Levin.
Pastell von Peter Friedel (um 1800)

gesprochen, – Sie wissen, wie ich über den Mord an uns selbst denke,
wie Sie. Und niemals hör' ich dergleichen, ohne mich der Tat zu
freuen. Ich mag es nicht, daß die Unglückseligen, die Menschen, bis
auf den Hefen leiden, denn Wahrheit, Großes, Unendliches, wenn
man es konzessiert, kann man sich auf allen Wegen nähern; begreifen
können wir keine, wir müssen hoffen auf die göttliche Güte, und die
sollte grade nach einem Pistolenschuß ihr Ende erreicht haben?

Unglück aller Art dürfte mich berühren? Jeden Abend Fieber. Jedem Klotz, jedem Dachstein, jeder Ungeschicklichkeit sollte es erlaubt sein, nur mir nicht? Siech auf kranken und Unglückslagern sollt' ich müssen, und wenn es hoch und schön kommt, zu achtzig Jahren ein glücklicher imbécile werden, und wenn dreißig schon mich ekelhaft deteriorieren? Ich freue mich, daß mein edler Freund – denn Freund ruf' ich ihm bitter und mit Tränen nach – das Unwürdige nicht duldete; gelitten hat er genug. Sehen Sie mich! Keiner von denen, die ihn etwa tadeln, hätten ihm zehn Rtl. gereicht, Nächte gewidmet, Nachsicht mit ihm gehabt, hätt' er sich ihnen nur ungestört zeigen können. Der ewige Calcul hätte sie nie unterbrochen, ob er wohl recht, ob er wohl unrecht, ob er wohl Recht, ob er wohl nicht Recht zu dieser Tasse Kaffee habe.[82]

Am Tag vorher, am Abend der gerichtsmedizinischen Untersuchung, waren Heinrich von Kleist und Henriette Vogel an dem Ort, den sie sich für ihren Tod gewählt hatten, «zur Erde bestattet»[83] worden.

Ein paar Wochen später, in der ihr ganz eigenen leidenschaftlichen, aber verhaltenen, präzisen Sprache, schrieb Rahel Levin an Karl August Varnhagen, ihren späteren Ehemann, über einige Freunde: «Erschöss' ich mich: wunderten sie sich, wie über Kleist. Diese Begräbnißfeier, mich nicht zu wundern, habe ich ihm wenigstens gehalten!»[84] Varnhagen, der Kleist in Berlin nahegestanden hatte, erkannte früh schon Rang und Größe seines Werkes. Die *Penthesilea* nannte er beim Wiederlesen «ein Meisterwerk, gegen das ich früher [...] ganz verblendet war».[85] Es war eine Erkenntnis, die für Kleists gesamtes Werk nun allen Deutschen offenstand. Sie haben sich Zeit damit gelassen, aber das Verlangen danach hat dann zum Glück an Intensität zugenommen und dauert unvermindert bis auf den heutigen Tag an.

Nachwort

Biographien – das sagt schon das Wort – sind Lebensgeschichten, keine Werkmonographien, aber erst die Werke und Leistungen einer Persönlichkeit legitimieren das biographische Interesse an ihr. Darüber ist zu Anfang dieses Buches bereits gesprochen worden. In den letzten Jahrzehnten hat nun gerade die Forschung zu Kleist in einem kaum noch übersehbaren Maße zugenommen. Auf der Suche nach der perfekten Edition seines Werks hat man versucht, so nahe an ihn heranzutreten, als schaute man ihm geradezu beim Schreiben über die Schulter oder säße gar in ihm selbst. Mit der Fahndung nach Quellen, Anregungen und Bezügen für das bessere Verständnis dieses Werks wurden die Traditionen älterer Forschung fortgesetzt, während hingegen bei dekonstruktivistischen und poststrukturalistischen Herangehensweisen an die Texte Zeit, Umstände und Person Kleists hinter der möglichen Bedeutung von einzelnen Wörtern, wenn nicht gar Buchstaben zurückgetreten sind. Der biographischen Forschung schließlich gelang es, ebenfalls als Fortsetzung bisheriger Arbeit, in minutiösen Untersuchungen viele der weißen Flecke in Kleists Leben mit Farbe auszufüllen. Bei allen diesen Gelegenheiten ist es nicht ohne Hypothesen hergegangen, was das gute Recht aller Wissenschaft ist. Dort indes, wo die Grenze zwischen Hypothesen und Tatsachen verschwimmt und erstere absichtlich oder unabsichtlich für letztere ausgegeben werden, gerät Forschung in die Gefahr, unseriös zu werden und Legenden zu weben. Davon findet sich ebenfalls reichlich in der Literatur zu Kleist.

Meine Absicht war es, in diesem Buch zuallererst den verbürgten Tatsachen von Kleists Lebens nachzugehen und auf Spekulationen über dasjenige zu verzichten, was wir zwar nicht wissen, aber gern wissen möchten. An der Stelle von Vermutungen wurde also eher Fragen der Vorzug gegeben. Kritisch zu prüfen war außerdem eine Reihe von Ansichten und Urteilen, die im Gepäck der Publikationen über Kleist und über seinen Lebenskreis seit langem mitgeführt werden, im Laufe der Zeit jedoch nicht selten zu Vorurteilen geworden sind, wenn sie es nicht von Anfang an schon waren. Manches angeblich Rätselhafte bei Kleist mag dabei verschwinden, wenn sich zeigt, daß es erst von beflissener Forschung verrätselt worden ist. So soll Heinrich von Kleist auf diese Weise bekannter und vertrauter werden. Statt des Rätselhaften aber wird dann vielleicht mehr von dem Geheimnis spürbar, das in allen großen Künstlerpersönlichkeiten wirksam ist. Die Brücke zwischen Leben und Werk muß deshalb immer offen und begehbar bleiben.

Die vorliegende Biographie Heinrich von Kleists ist aus meiner lebenslangen Beschäftigung mit der deutschen Literatur zwischen 1789 und 1830 hervorgegangen. Kleists literarisches Werk habe ich bereits ausführlich dargestellt im Zusammenhang mit der Literatur seines Zeitalters in meiner zweibändigen Geschichte der deutschen Literatur zwischen Französischer Revolution und Restauration, also jener Zeit, die gemeinhin, wenngleich nicht präzis, als Zeit der «Klassik» und «Romantik» bezeichnet wird.[1] Darauf wird an entsprechenden Stellen in den Anmerkungen hingewiesen. Die Bibliographie beschränkt sich auf das mir Wichtigste, sofern ich es unmittelbar oder mittelbar für dieses Buch benutzen konnte; sie ist zugleich ein Ausdruck meines Dankes für das, worauf ich bauen konnte und wovon ich gelernt habe. Zitiert habe ich nach der Edition des Deutschen Klassiker Verlags, da sie die einzige Ausgabe ist, die Kleists sämtliche Briefe in originaler Orthographie enthält; sie sind für eine Biographie ja die wichtigste Quelle überhaupt. Daß ich andere Ausgaben der Texte konsultiert habe, versteht sich von selbst. Für einige Überschriften habe ich Anleihen aufgenommen bei Heinrich Heine, Gottfried Keller, Theodor Fontane, Sir Edward Elgar und Christopher Frye und hoffe, daß sie es mir nicht verübelt hätten.

Mit diesem Buch gedenke ich Richard Samuels (1900–1983). Er hat mich 1959 zu sich nach Melbourne geholt, damit ich ihm bei der Arbeit an der historisch-kritischen Novalis-Ausgabe helfe. Aus dem unergründlichen Zusammenwirken von Glück, Zufall und Entschlüssen, aus dem Lebensgeschichten entstehen, bin ich dann zehn Jahre später sein Nachfolger im Amt geworden und in Australien geblieben. Während meiner ersten Melbourner Jahre bereitete Richard Samuel gerade einige Kapitel aus seiner Cambridger Dissertation von 1938 über Heinrich von Kleist als Aufsätze für die Publikation in deutschen

Periodika vor. Das meiste davon habe ich damals im Manuskript oder in den Korrekturfahnen gelesen. Als ich mich selbst an Kleist wagte, hieß er mich in einer Notiz in «Kleist Country» willkommen. Er hatte ein großes Recht dazu, denn als ihn das nationalsozialistische Regime in die Emigration trieb, hatte er Kleist mitgenommen als ein Stück von jenem Deutschland, dem er zugehörte, das er liebte und aus dem er nicht zu vertreiben war. Mir hat er bei diesem Buch hier auf Schritt und Tritt gefehlt. Niemand kannte sich so gut aus über den Lebenskreis Kleists wie er, und er hat mich auch dort von sich lernen lassen, wo ich mit meinem Blick auf Kleist andere Wege gegangen bin als er.

Ein Buch wie dieses bedarf vielfacher Hilfe. Sie ist mir in reichlichem Maße zuteil geworden, und ich sage gern herzlichen Dank dafür. Er gilt zuerst der Alexander von Humboldt-Stiftung, die mich großzügig gefördert hat, und er gilt im Zusammenhang damit Sabine Doering, die im Namen der Stiftung meine Gastgeberin an der Carl-von-Ossietzky-Universität Oldenburg gewesen ist und dafür gesorgt hat, daß mir alle Hilfsmittel ihrer Universität uneingeschränkt zur Verfügung standen. Vor allem aber hat sie unabhängig davon an dieser Arbeit von Anfang an teilgenommen, mitgehend, anregend, bestärkend und beratend, sie hat dem Manuskript ihre große Sachkenntnis angedeihen lassen und bei der Schlußredaktion in einem australischen Arbeitsmonat dann auch ihre ganze editorische Sorgfalt.

Dank gilt den Bibliothekaren der Baillieu Library in meiner eigenen Universität, also der University of Melbourne, und Dank gilt den Mitarbeitern der Bibliothek der Universität Oldenburg sowie deren Direktor Han Wätjen. Dank gilt außerdem den Mitarbeitern der Anna-Amalia-Bibliothek Weimar, des Goethe-Schiller-Archivs Weimar und der Sächsischen Landesbibliothek Dresden. Ebenso danke ich Lothar Jordan und dem Kleist-Museum in Frankfurt (Oder), Günter Emig und dem Kleist-Archiv Sembdner in Heilbronn sowie der Deutschen Akademie für Sprache und Dichtung in Darmstadt und ihrem Generalsekretär Bernd Busch für ihre Hilfsbereitschaft und Unterstützung.

Gern danke ich Kolleginnen und Kollegen, die mir geholfen haben, insbesondere Heinz Härtl (Weimar), Ira Kasperowski (Gießen), Eberhard Siebert (Berlin), Tony Stephens (Sydney) und Gert Theile (Weimar). Wolfgang Beck hat nicht nachgelassen, mich zu diesem Buch zu ermutigen, und Raimund Bezold hat es, wie meine anderen Bücher zuvor, glücklich auf den Weg gebracht.

Einen Dank schließlich, so wurde ich ermahnt, solle ich, wenn überhaupt, dann nur verhalten aussprechen. Ich beuge mich dem und sage also einfach: Christel Schulz steht mir seit mehr als einem halben Jahrhundert zur Seite.

Melbourne, im April 2007   *Gerhard Schulz*

ANHANG

Anmerkungen

Abkürzungen werden in den vier Abschnitten der Bibliographie entschlüsselt. Dort finden sich auch die vollständigen Literaturangaben. Titel, die nur ein- oder zweimal verwendet werden, sind nicht in die Bibliographie aufgenommen worden.

I. ERSTE ANNÄHERUNGEN

1. Ein schwieriger Mensch

1 LS, S. 140.
2 LS, S. 132.
3 LS, S. 31.
4 LS, S. 36.
5 LS, S. 105.
6 LS, S. 253.
7 LS, S. 168.
8 Krug, Leben, S. 127.
9 LS, S. 327.
10 LS, S. 109.
11 LS, S. 318, 365.
12 Wieland, Briefe, Bd. 16.1, S. 283–286.
13 LS, S. 116.
14 LS, S. 265.
15 LS, S. 314.
16 LS, S. 239.
17 LS, S. 166.
18 LS, S. 128 f.
19 DKV, Bd. 4, S. 311 f.
20 DKV, Bd. 4, S. 313.
21 DKV, Bd. 4, S. 359.
22 DKV, Bd. 4, S. 348.
23 DKV, Bd. 4, S. 219.
24 DKV, Bd. 4, S. 289.
25 DKV, Bd. 4, S. 224.
26 DKV, Bd. 4, S. 255.
27 DKV, Bd. 4, S. 355.

28 DKV, Bd. 4, S. 198.
29 DKV, Bd. 4, S. 293.
30 Gundolf, S. 18.

2. Bewegte Zeiten
31 Kunisch, S. 462.
32 Friedrich II., Bd. 7, S. 226.
33 Friedrich II., Bd. 7, S. 235.
34 Voltaire, S. 553.
35 Voltaire, S. 550.
36 Voltaire, S. 556.
37 Friedrich der Große: De la littérature allemande. Darmstadt 1969, S. 83.
38 Vgl. dazu Petersilka, S. 30.
39 Voltaire, S. 549.
40 Kunisch, S. 448.
41 Maschmann, Hans: Der König Friedrich der Grosse als Freimaurer. Hamburg 1960, S. 52.
42 Goethe, Bd. 18, S. 321.
43 Büsch, S. 79 und 91.
44 Landrecht, Vorwort, S. 30.
45 Quellen, S. 28.
46 Kant, Bd. 5, S. 161.
47 Kant, Bd. 8, S. 369.
48 Vgl. dazu Schulz, Literatur, Bd.1, S. 159–180.
49 Novalis, Bd. 2, S. 498.
50 Schorn-Schütte, S. 64 und 26.
51 Kleßmann, Deutschland, S. 160.
52 Novalis, Bd. 3, S. 535.
53 DKV, Bd. 4, S. 361.
54 Rousseau, Jean-Jacques: Träumereien eines einsamen Spaziergängers. Übersetzt von Ulrich Bossier. Stuttgart 2003, S. 114.

3. Biographie
55 Plutarch: Grosse Griechen und Römer. Eingeleitet und übersetzt von Konrad Ziegler. Zürich/Stuttgart 1960, Bd. 5, S. 7.
56 DKV, Bd. 4, S. 503.
57 Goethe, Bd. 9, S. 592.
58 DKV, Bd. 3, S. 259.
59 NR, S. 75.
60 Wolf, Christa: Kleists Penthesilea. [1983.] In: Ch. W.: Die Dimension des Autors. Essays und Aufsätze, Reden und Gespräche 1959–1983. Berlin/Weimar 1986. S. 660.
61 Zur unsicheren Überlieferung dieser Anekdote vgl. LS, S. 171.

62 Haller-Nevermann, S. 21.

63 Novalis, Bd.1, S. 403.

64 Vgl. dazu Stephens, Sprache, S. 157–193.

65 DKV, Bd. 3, S. 349.

66 »I am unwilling to admit that the personal tragedies are justified trans-cendentally because they resulted in great art.« Butler, Eliza M.: The Tyranny of Greece over Germany. Boston 1958, S. 336.

67 DKV, Bd. 4, S. 413.

II. EINE JUGEND IN PREUSSEN

1. Lob des Herkommens

1 Kleist, Georg von: Das Leben des Generalfeldmarschalls Grafen Kleist von Nollendorf. Berlin 1887 (Geschichte des Geschlechts von Kleist. Dritter Theil. Fünfte Abtheilung), S. 5.

2 Mann, Thomas: Heinrich von Kleist und seine Erzählungen. In: Th. M., Altes und Neues. Kleine Prosa aus fünf Jahrzehnten. Berlin 1956, S. 637–656, Zitat S. 642.

3 Ich schließe mich hier den Überlegungen von Horst Häker an: «10. oder 18. Oktober? Ein Plädoyer für Kleist». In: Häker, Kleist, S. 113–118.

4 Loch, Kleist, S. 421.

5 Kratz/Kypke, S. 79.

6 Gersdorff, Pfuel, S. 11.

7 Eulenburg, S. 153.

8 Hausen, S. 147.

9 Hausen, S. 163.

10 Loch, Rudolf: Die «Lehren eines Vaters an seinen Sohn, der sich dem Soldatenstand widmete». Anmerkungen zu Carl Wilhelm von Pannwitz, Joachim Friedrich und Heinrich von Kleist. In: BKF 1996, S. 34–56, das Zitat S. 49.

11 Caroline Louise von Wulffens genaues Geburtsdatum ist nicht zu er-mitteln; ob sie zum Zeitpunkt der Eheschließung 14 oder bereits 15 war, muß also offenbleiben.

12 DKV, Bd. 3, S. 140–142.

13 DKV, Bd. 4, S. 320.

14 Vgl. Stephens, Sprache, S. 91.

15 Zu den Unsicherheiten der Datierung vgl. Häker, Kleist, S. 173–185.

16 Hoffmann, Paul: Ein Brief der Mutter Heinrich v. Kleists. In: JbKG 1931/32, S. 112, 114.

2. Wer will unter die Soldaten

17 DKV, Bd. 4, S. 35.

18 DKV, Bd. 4, S. 9.

19 Friedrich Wilhelm II., S. 26.
20 Diese und die folgenden zitierten Stellen DKV, Bd. 4, S. 9–16.
21 DKV, Bd. 4, S. 15.
22 DKV, Bd. 4, S. 16.
23 DKV, Bd. 4, S. 14.
24 Goethe, Bd. 16, S. 575.
25 Goethe, Bd. 16, S. 576.
26 Samuel/Brown, S. 57.
27 Goethe, Bd. 30, S. 689.
28 Goethe, Bd. 16, S. 609.
29 DKV, Bd. 4, S. 250.
30 DKV, Bd. 4, S. 250 f.
31 DKV, Bd. 4, S. 18.
32 Hoffmann, Paul: Ferdinand von Frankenberg, der Hauptmann Heinrich von Kleists. In: Europäische Staats- und Wirtschafts-Zeitung 3 (1918), Nr. 16, S. 304–307, das Zitat S. 307.
33 DKV, Bd. 4, S. 18.
34 DKV, Bd. 4, S. 17.
35 Katalog 1977, S. 18. Die Herausgeber des Katalogs weisen darauf hin, daß «die Voransetzung des t vor den Zischlaut (also die Schreibung Kleitz) im Besucherbuch keine Mystifikation» bedeute, sondern auch sonst häufig begegne.
36 Quellen, S. 27 f.
37 Hoffmann, Paul: Ferdinand von Frankenberg, der Hauptmann Heinrich von Kleists II. In: Europäische Staats- und Wirtschafts-Zeitung 3 (1918), Nr. 17, S. 324–329, das Zitat S. 325.
38 Wortmann, Peter: Kleists westfälisches Avancement 1795. In: BKF 1995, S. 92.

3. Potsdam

39 Reden des Führers. Politik und Propaganda Hitlers 1922–1945. Hrsg. von Erhard Klöss. München 1967, S. 93.
40 Spengler, Oswald: Jahre der Entscheidung. Deutschland und die weltgeschichtliche Entwicklung. München 1961, S. 182 und 181. Zuerst erschienen 1934; die Einleitung ist «Juli 1933» datiert.
41 Nicolai, Friedrich: Beschreibung der königlichen Residenzstadt Potsdam und der umliegenden Gegend. Eine Auswahl. Hrsg. von Karlheinz Gerlach. Leipzig 1993, S. 24. Der Text basiert auf der dritten, völlig umgearbeiteten Auflage 1786 von: Beschreibung der Königlichen Residenzstädte Berlin und Potsdam und aller daselbst befindlichen Merkwürdigkeiten. Berlin 1769.
42 DWB, Bd. 11, Sp. 257.
43 DKV, Bd. 4, S. 27.

44 Rahmer, Briefe, S. 226 f.
45 Arnim, WAA, Bd. 1, S. 270.
46 Arnim, WAA, Bd. 30, S. 385 f.
47 Fontane, Bd. 1, S. 678 und 680.
48 Baumgart, Peter: Die preußische Armee zur Zeit Heinrich von Kleists. In: KJb 1983. S. 43–70, hier S. 54.
49 v. Pf. [Pfuel, Ernst von]: Kriegskunst und Fechtkunst. In: Pallas. Zweiten Jahrgangs 1810 Zweiter Band. Weimar 1810, S. 216.
50 [Pfuel, Ernst von]: Ueber das Schwimmen. Berlin 1817, S. 3 f.
51 LS, S. 24 f.
52 DKV, Bd. 4, S. 106. Zur zeitgenössischen Spiel-Technik und zu Kleists besonderem Verhältnis zu diesem Instrument vgl. D. Stephan Bock: Der Klarinettenpreuße oder «Nach Herzenslust». Heinrich von Kleist und die Klarinette. Frankfurt (Oder) 2001.
53 Zitiert nach Kleßmann, Prinz, S. 77.
54 Kleßmann, Prinz, S. 60, sowie Buchholz, S. 521.
55 Fontane, Bd. 6, S. 224.
56 DKV, Bd. 4, S. 326.
57 Dazu und zu Gualtieri überhaupt vgl. H. F. Weiss: Neue Kunde zu Peter von Gualtieri. In: Weiss, Funde, S. 94–102, sowie H. Häker: Kleists Beziehungen zu Mitgliedern der französisch reformierten Gemeinde in Berlin. In: Häker, Studien, S. 46–67, und: Gualtieri, Gentz und Goethe. Bemerkungen zu einem Brief Gualtieris an Goethe. In: Häker, Studien, S. 68–77.
58 Vgl. Weiss, Funde, S. 99.
59 Rahel, Bd. 1, S. 276 f. und S. 274.
60 DKV, Bd. 4, S. 344 f.
61 DKV, Bd. 4, S. 248 f.
62 DKV, Bd. 4, S. 90.
63 Daß es sich hier um ein Gespräch mit Vertretern der Universität bei einer Art Studienberatung gehalten habe (vgl. Willoweit S. 59 f.), ist mir weniger wahrscheinlich.
64 Vgl. LS, S. 27.
65 DKV, Bd. 4, S. 31 f. Die weiteren Zitate stammen aus diesem Brief S. 19–36.
66 Buchholz, S. 572 f.
67 LS, S. 27.
68 DKV, Bd. 4, S. 35.
69 DKV, Bd. 4, S. 35.

III. LEBENSPLÄNE

1. Goldne Unabhängigkeit

1 DKV, Bd. 4, S. 33.
2 DKV, Bd. 4, S. 27.
3 Vgl. dazu die Versuche Peter Staengles, Verlorenes zu erschließen in: BKB 9, S. 17–26.
4 Das Verhältnis zwischen Brief und Aufsatz, also die Priorität des einen vor dem anderen, ist mehrfach Gegenstand der Untersuchung geworden (vgl. Klaus Kanzog/Eva Kanzog: Heinrich von Kleists Brief an Christian Ernst Martini. Das textkritische Problem der Formulierungsübertragung. In: JbDSG 15 (1971), S. 231–248, und Kapp, S. 101–148.
5 DKV, Bd. 4, S. 204.
6 DKV, Bd. 4, S. 24.
7 Vgl. dazu Willoweit, S. 60.
8 Schiller, Don Karlos, Vs. 2436.
9 DKV, Bd. 4, S. 250.
10 Vermutlich war sie für Louise von Linckersdorf bestimmt. Vgl. DKV, Bd. 3, S. 397 und 955. Dort ist das Zitat allerdings datiert auf 1793, aber die Datierung auf 1795/96 liegt näher, denn 1793 war Kleist erst knapp 15 Jahre alt. Bülows Hinweis «Zu Ende seines ersten Dienstjahres» (Bülow, S. 6) bezieht sich im Kontext ohnehin auf Kleists Zeit als Fähnrich in Potsdam.
11 Vgl. Wieland, Werke, Bd. XIII.3, S. 127, wo das Entstehungsdatum mit 1754 bezeichnet wird. Als Buch erschien das Werk 1756.
12 Wieland, Werke, Bd. XIII.3, S. 129.
13 Wieland, Werke, Bd. XIII.3, S. 140 f.
14 Wieland, Werke, Bd. XIII.3, S. 197.
15 Wieland, Werke, Bd. XIII.3, S. 199 f.
16 DKV, Bd. 4, S. 31.
17 DKV, Bd. 4, S. 38.
18 DKV, Bd. 4, S. 40.
19 DKV, Bd. 4, S. 40 f.
20 DKV, Bd. 4, S. 37.
21 DKV, Bd. 4, S. 55.
22 Hausen, S. 15–19.
23 Hausen, S. 101 ff.
24 Hausen, S. 116.
25 Vgl. Heinrich, Gerd: Die Geisteswissenschaften an der Brandenburgischen Landesuniversität Frankfurt/Oder um 1800. Bemerkungen zu Studienangebot und Gelehrtenbestand der Hochschule Heinrich von Kleists vor ihrer Auflösung. In: KJb 1983, S. 71–97, bes. S. 85 f.

26 Hausen, S. 119 f.
27 Vgl. den Brief an Ulrike von Kleist vom 26. 8. 1800, DKV, Bd. 4, S. 86 f.
28 Meinel, S. 1–32.
29 ADB, Bd. 44 (Leipzig 1898), S. 317–320, bes. S. 317 f.
30 Vgl. Meinel, S. 11.
31 Vgl. Meinel, S. 12.
32 Die erste Auflage erschien 1780 in Leipzig in 3 Bänden unter dem Titel «Kosmologische Unterhaltungen für die Jugend», die zweite, im Text genannte 1794 ebenfalls in Leipzig.
33 Wünsch, Struktur, S. 445.
34 Hausen, S. 116 f.
35 LS, S. 37.
36 DKV, Bd. 4, S. 48 f.
37 DKV, Bd. 4, S. 44.
38 DKV, Bd. 4, S. 51.
39 Novalis, Bd. 3, S. 316.
40 LS, S. 36 f.

2. Kleine Welt

41 LS, S. 37.
42 Hausen, S. 17.
43 Bülow, S. 9 f.
44 DKV, Bd. 4, S. 21.
45 Krug, Leben, S. 129.
46 Schorn-Schütte, S. 12.
47 Hufeland, 2. Theil, S. 11 f.
48 Zitiert nach: Staengle, Peter: Fräulein von Zenge nebst Kleist, Krug, Tasse und Bild. In: BKB 6 (1993), S. 32. Vgl. auch LS, S. 37 f.
49 Staengle, Fräulein von Zenge, S. 33, auch LS, S. 38.
50 DKV, Bd. 4, S. 51–57, und Anm. dazu. Dort und in BKA, Bd. IV/1, S. 103, werden dieser und der folgende Brief Kleists auf April/Anfang Mai datiert, nicht wie bisher auf Anfang 1800.
51 DKV, Bd. 4, S. 167.
52 DKV, Bd. 4, S. 62.
53 DKV, Bd. 4, S. 58.
54 Jean Paul, 1. Abt., 9. Bd., S. 10.
55 DKV, Bd. 4, S. 58.
56 DKV, Bd. 4, S. 60.
57 Fichte, S. 305 f. Soweit ich sehe, hat zuerst Anthony Stephens: Kleists Familienmodelle. In: KJb 1988/89, S. 225, auf diese Verbindung zwischen Fichtes und Kleists Gedanken hingewiesen (vgl. auch Stephens, Gewalt, S. 85 ff.).
58 DKV, Bd. 4, S. 44.

59 DKV, Bd. 4, S. 55.
60 DKV, Bd. 4, S. 56 f.
61 DKV, Bd. 4, S. 62.
62 Ich schließe mich hier der Datierung von Horst Häker an: Häker, Kleist, S. 259–265.
63 DKV, Bd. 4, S. 99.

IV. ENIGMA-VARIATIONEN

1. Die Reise nach Würzburg

1 DKV, Bd. 4, S. 68.
2 DKV, Bd. 4, S. 56 f.
3 DKV, Bd. 4, S. 80.
4 DKV, Bd. 4, S. 86.
5 DKV, Bd. 4, S. 80.
6 DKV, Bd. 4, S. 86.
7 DKV, Bd. 4, S. 66.
8 DKV, Bd. 4, S. 66.
9 DKV, Bd. 4, S. 67.
10 DKV, Bd. 4, S. 76.
11 DKV, Bd. 4, S. 75.
12 DKV, Bd. 4, S. 105.
13 DKV, Bd. 4, S. 66 f.
14 ADB, Bd. 36 (Leipzig 1893), S. 661–665, bes. S. 663.
15 DKV, Bd. 4, S. 67.
16 DKV, Bd. 4, S. 67.
17 Die Annahme, daß Kleist bereits 1796 nach Rügen gereist sei und seitdem eine unbekannt gebliebene Korrespondenz zwischen ihm und Brokkes bestanden habe (Rahmer, Kleist, S. 72), wird durch Häkers Nachweis (Häker, Kleist, S. 261 f.), daß Kleist erst im Sommer 1800 nach Rügen reiste und dabei Brockes kennenlernte, hinfällig.
18 DKV, Bd. 4, S. 125.
19 DKV, Bd. 4, S. 189.
20 DKV, Bd. 4, S. 188.
21 Vgl. Weiss, Brockes, S. 119.
22 Rahmer, Kleist, S. 74.
23 Weiss, Brockes, S. 120 f.
24 Vgl. Weiss, Brockes, S. 112.
25 DKV, Bd. 4, S. 84 f.
26 DKV, Bd. 4, S. 79.
27 DKV, Bd. 4, S. 187–195.
28 DKV, Bd. 4, S. 80.
29 DKV, Bd. 4, S. 91.

30 DKV, Bd. 4, S. 88.
31 DKV, Bd. 4, S. 93.
32 DKV, Bd. 4, S. 94.
33 DKV, Bd. 4, S. 77.
34 DKV, Bd. 4, S. 91.
35 DKV, Bd. 4, S. 97.
36 DKV, Bd. 4, S. 96. Bei «einzelnen» und «hochgehobnen» folge ich der Lesung von BKA, Bd. IV/1, S. 235; der Textbefund dort auf S. 234 bleibt allerdings unklar.
37 DKV, Bd. 4, S. 144.
38 DKV, Bd. 4, S. 107 f.
39 Vgl. Stockinger, Claudia: Von der Idylle zum ‹Blutbad›. Die Vergeschichtlichung der Alpendarstellung in der Literatur des 18. und 19. Jahrhunderts. In: ZfdPh 119 (2000), S. 161–178, bes. S. 161 f.
40 DKV, Bd. 4, S. 92.
41 DKV, Bd. 4, S. 96.
42 Vgl. Schulz, Romantik, S. 10 ff.
43 DKV, Bd. 4, S. 97.
44 DKV, Bd. 4, S. 102.
45 Novalis, Bd. 1, S. 490 f.; Zitat nach Bd. 6.1, S. 329 f.
46 DKV, Bd. 4, S. 99 f.
47 DKV, Bd. 4, S. 109.
48 DKV, Bd. 4, S. 105.
49 DKV, Bd. 4, S. 106.
50 Faksimile bei Grathoff, Geheimnisse, S. 51.
51 Hoffmann, Paul: Heinrich von Kleist in Würzburg. In: Würzburger General-Anzeiger. Nr. 212. 16. Sept. 1925.
52 DKV, Bd. 4, S. 111.
53 DKV, Bd. 4, S. 134.
54 DKV, Bd. 4, S. 135.
55 Ich verdanke die Mitteilung Dr. Raimund Bezold, München.
56 DKV, Bd. 4, S. 136.
57 Hoffmann, Werke, Bd. 12, S. 145.
58 DKV, Bd. 4, S. 136.
59 DKV, Bd. 4, S. 138.
60 DKV, Bd. 4, S. 193.
61 DKV, Bd. 4, S. 113.
62 DKV, Bd. 4, S. 146.
63 DKV, Bd. 4, S. 82.
64 DKV, Bd. 4, S. 114.
65 Brüggemann, S. 83
66 DKV, Bd. 4, S. 112.
67 DKV, Bd. 4, S. 113.

68 DKV, Bd. 4, S. 122.
69 DKV, Bd. 4, S. 113.
70 DKV, Bd. 4, S. 119.
71 Bennholdt-Thomsen, Anke: Die Tradierung einer unbewiesenen Behauptung in der Kleist-Forschung. In: Euphorion 76 (1982), S. 169–173, bes. S. 172.
72 Brüggemann, S. 60 f.
73 Hölderlin, Bd. 1, S. 60 (»Die Bücher der Zeiten«).
74 Hufeland, 2. Theil, S. 15 f.
75 Vgl. dazu: Schulz, Gerhard: Novalis' Erotik. Zur Geschichtlichkeit der Gefühle. In: Herbert Uerlings (Hrsg.), Novalis und die Wissenschaften. Tübingen 1997, S. 213–237.
76 DKV, Bd. 4, S. 164.
77 DKV, Bd. 4, S. 143 f.
78 DKV, Bd. 4, S. 145.
79 DKV, Bd. 4, S. 139.
80 DKV, Bd. 4, S. 138.
81 DKV, Bd. 4, S. 146.
82 DKV, Bd. 4, S. 111.
83 DKV, Bd. 4, S. 114.
84 DKV, Bd. 4, S. 116.
85 DKV, Bd. 4, S. 126.
86 DKV, Bd. 4, S. 117.
87 DKV, Bd. 4, S. 140.
88 DKV, Bd. 4, S. 155.
89 DKV, Bd. 4, S. 131.
90 DKV, Bd. 4, S. 122.
91 DKV, Bd. 4, S. 159.
92 DKV, Bd. 4, S. 139.

2. Variationen und Fuge über ein Thema Heinrich von Kleists
93 DKV, Bd. 4, S. 80.
94 Wünsch, Struktur, S. 424 f.
95 Vgl. insbesondere Schrader, Rollenentwürfe, S. 136 ff.
96 DKV, Bd. 4, S. 143.
97 DKV, Bd. 4, S. 80.
98 DKV, Bd. 4, S. 148.
99 DKV, Bd. 4, S. 140.
100 Hoffmann, Paul: Heinrich von Kleist in Würzburg. Aus: Würzburger General-Anzeiger. Nr. 212. 16. Sept. 1925.
101 DKV, Bd. 4, S. 80.
102 DKV, Bd. 4, S. 117.

103 Hansen, Uffe: Der Schlüssel zum Rätsel der Würzburger Reise Heinrich von Kleists. In: JbDSG 41 (1997), S. 170–209.

104 Hansen, S. 177 f.

105 Hansen, S. 186.

106 Hansen, Uffe: Grenzen der Erkenntnis und unmittelbare Schau. Heinrich von Kleists Kant-Krise und Charles de Villers. In: DVjs 79 (2005), S. 433-471, das Zitat S. 457.

107 Vgl. Maschmann, Hans: Der König Friedrich der Grosse als Freimaurer. Hamburg 1960, bes. S. 23 ff.

108 Vgl. Demeter, Karl: Scharnhorst und die Freimaurerei. Hamburg 1961, S. 7 f.

109 Vgl. Grathoff: Geheimnisse, S. 29–78, und ders.: Heinrich von Kleists Würzburger Reise – eine erweiterte Rekonstruktion. In: KJb 1997, S. 38–56.

110 Struck, Peter: Ein biographisches Detail zu Ludwig von Brockes. In: KJb 1986, S. 176–178.

111 DKV, Bd. 4, S. 79.

112 DKV, Bd. 4, S. 145.

113 LS, S. 41.

114 Vgl. Politzer, Heinz: Auf der Suche nach Identität. Zu Heinrich von Kleists Würzburger Reise. In: Müller-Seidel, Aktualität, S. 55–76, bes. S. 62, wo von einem «gegen Frankreich gerichteten Agententum» gesprochen wird.

115 DKV, Bd. 4, S. 170.

116 Vermutungen darüber sind früh geäußert worden, zuerst 1911 bei Heinrich Meyer-Benfey. Die neueste und ausführlichste Begründung dieser These findet sich bei Eberhard Siebert: War Heinrich von Kleist als Industriespion in Würzburg? In: Jb. Preußischer Kulturbesitz 22 (1985), S. 185–206, eine These, die mir insgesamt zur plausibelsten Antwort zu führen scheint.

117 Zu den folgenden Angaben vgl. Siebert, S. 195 ff.

118 Siebert, S. 197.

119 Siebert, S. 198.

120 Siebert, S. 200.

121 DKV, Bd. 4, S. 80.

122 DKV, Bd. 4, S. 82.

123 DKV, Bd. 4, S. 117.

124 Vgl. Gall, S. 86 ff.

125 DKV, Bd. 4, S. 122.

126 Pabst, Reinhard: «Am wichtigsten Tag meines Lebens». In: Focus, Nr. 47 (17. 11. 1997), S. 156–160.

127 DKV, Bd. 4, S. 117.

128 DKV, Bd. 4, S. 131.

129 DKV, Bd. 4, S. 139.
130 DKV, Bd. 4, S. 125.
131 LS, S. 43.
132 LS, S. 44.
133 Vgl. DKV, Bd. 4, S. 168.
134 DKV, Bd. 4, S. 153.
135 DKV, Bd. 4, S. 168.
136 DKV, Bd. 4, S. 159.

V. FERNSCHREIBER DER LIEBE

1. Unausstehliche Fragen

1 Auf einer Karte der «Königreiche Sachsen und Westphalen» (Wien 1808) ist das Land um die Stadt Meiningen als «Meinungen» bezeichnet.
2 DKV, Bd. 4, S. 147
3 DKV, Bd. 4, S. 147.
4 Die Argumente für einen solchen Besuch bei DKV, Bd. 4, S. 685f.
5 DKV, Bd. 4, S. 167.
6 DKV, Bd. 4, S. 140.
7 DKV, Bd. 4, S. 155.
8 DKV, Bd. 4, S. 152.
9 DKV, Bd. 4, S. 161.
10 DWB, Bd. 3, Sp. 1539, und Jean Paul, 1. Abt., Bd. 9, S. 10, und Bd. 11, S. 16.
11 Am ausführlichsten ist das in den Aufsätzen von Hans-Jürgen Schrader entwickelt (vgl. Schrader, Rollenentwürfe, und ders., Liebesbriefe).

2. Die Ehe in pragmatischer Hinsicht

12 Kant, Bd. 7, S. 306–310.
13 Fichte, S. 304.
14 Fichte, S. 307.
15 Fichte, S. 305.
16 Fuchs, Erich [Hrsg.]: J.G. Fichte im Gespräch. Bd. 1: 1762–1798. Stuttgart 1978, S. 388. Der Brief ist an den Jenaer Mitstudenten Johann Smidt gerichtet (1773–1857).
17 Kant, Bd. 7, S. 307.
18 DKV, Bd. 4, S. 37.
19 DKV, Bd. 3, S. 406.
20 Krug, Schriften, Bd. 7.1, S. 273.
21 Krug, Schriften, Bd. 7.1, S. 282f.
22 Krug, Schriften, Bd. 7.1, S. 323.
23 Krug, Schriften, Bd. 7.1, S. 346.

24 Krug, Schriften, Bd. 7.1, S. 347.
25 Krug, Schriften, Bd. 7.1, S. 308.

3. Ein Brautstand

26 DKV, Bd. 4, S. 123f.
27 DKV, Bd. 4, S. 140f.
28 DKV, Bd. 4, S. 141f.
29 DKV, Bd. 4, S. 153–155.
30 DKV, Bd. 4, S. 155f.
31 DKV, Bd. 4, S. 156.
32 DKV, Bd. 4, S. 155f.
33 DKV, Bd. 4, S. 154.
34 DKV, Bd. 4, S. 92.
35 DKV, Bd. 4, S. 217.
36 Staengle, BKB 6, S. 34.
37 Staengle, BKB 6, S. 34.
38 DKV, Bd. 4, S. 273.
39 DKV, Bd. 4, S. 274f.
40 DKV, Bd. 4, S. 275.
41 DKV, Bd. 4, S. 284f.
42 DKV, Bd. 4, S. 308f.
43 Krug Genthe, Martha: Heinrich von Kleist und Wilhelmine von Zenge. In: JEGP 6 (1907), S. 432–445, hier S. 444.
44 Staengle, BKB 6, S. 47.
45 DKV, Bd. 4, S. 167f.

VI. STATIONEN

1. In Berlin

 1 DKV, Bd. 4, S. 147.
 2 DKV, Bd. 4, S. 150.
 3 DKV, Bd. 4, S. 152.
 4 DKV, Bd. 4, S. 149.
 5 LS, S. 43f.
 6 LS, S. 45.
 7 DKV, Bd. 4, S. 218.
 8 Jean Paul, 3. Abt., 3. Bd., S. 346.
 9 Jean Paul, 3. Abt., 4. Bd., S. 8.
10 Jean Paul, 3. Abt., 4. Bd., S. 3.
11 Jean Paul, 3. Abt., 4. Bd., S. 39.
12 Jean Paul, 3. Abt., 4. Bd., S. 41.
13 Jean Paul, 3. Abt., 4. Bd., S. 26.
14 Jean Paul, 3. Abt., 4. Bd., S. 31.

15 DKV, Bd. 4, S. 169f.
16 DKV, Bd. 4, S. 197f.
17 DKV, Bd. 4, S. 169.
18 DKV, Bd. 4, S. 196.
19 DKV, Bd. 4, S. 195.
20 DKV, Bd. 4, S. 165.
21 DKV, Bd. 4, S. 198.
22 Als Bankier bezeichnet ihn Häker, Berlin, S. 23 ff., während das Register DKV, Bd. 4, S. 1190, ihn als Baumwollfabrikanten nennt. Varnhagen, der bei ihm als Hauslehrer angestellt war, bezeichnet ihn als «Fabrikanten» (Varnhagen, Werke, Bd. 1, S. 233).
23 DKV, Bd. 4, S. 185.
24 DKV, Bd. 4, S. 198.
25 DKV, Bd. 4, S. 196.
26 DKV, Bd. 4, S. 199.
27 DKV, Bd. 4, S. 206.
28 DKV, Bd. 4, S. 186.
29 Günter Hess hört allerdings aus dem «Nachtstück» in Kleists Brief an Wilhelmine von Zenge vom 11. Oktober 1800 einen Jean-Paul-Ton heraus, der auf die Lektüre des *Hesperus* zurückgehe, ebenso wie ein Wort in der *Familie Schroffenstein* eine Anspielung auf den *Titan* sein könnte (Hess, Günter: Kleist in Würzburg. Die Verwandlung von «Schauplatz» und «Bildersprache». In: KJb 1997, S. 21–37, bes. S. 34.).
30 DKV, Bd. 4, S. 121.
31 DKV, Bd. 4, S. 206.
32 DKV, Bd. 4, S. 200.
33 DKV, Bd. 4, S. 202.
34 DKV, Bd. 4, S. 205 f.
35 DKV, Bd. 4, S. 206 f.
36 DKV, Bd. 4, S. 207.
37 Zu dem Vorgang vgl. Gall, S. 110 f.
38 Vgl. Cassirer, Ernst: Heinrich von Kleist und die Kantische Philosophie. In: Idee und Gestalt. Berlin 1924. Reprint Darmstadt 1981.
39 Luther, Bernhard: Heinrich von Kleist – Kant und Wieland. Biberach 1933.
40 Siebert, Eberhard: «Grüne Gläser» und «Gelbsucht». Eine neue Hypothese zu Kleists «Kantkrise». In: BKF 2000, S. 213–224.
41 So Hoffmann, Paris, S. 20. Die jüngste Untersuchung zu diesem Thema (Hansen, Uffe: Grenzen der Erkenntnis und unmittelbare Schau. Heinrich von Kleists Kant-Krise und Charles de Villers. In: DVjs 79 (2005), S. 433- 471) nimmt bedauerlicherweise nicht Notiz von früheren Überlegungen zu dieser These, die ohnehin nur auf Mutmaßungen gebaut ist.

42 DKV, Bd. 4, S. 213.
43 DKV, Bd. 4, S. 215f.
44 DKV, Bd. 4, S. 216.
45 DKV, Bd. 4, S. 217.
46 DKV, Bd. 4, S. 218.

2. Von Dresden nach Paris
47 LS, S. 49.
48 DKV, Bd. 4, S. 225.
49 DKV, Bd. 4, S. 221.
50 DKV, Bd. 4, S. 226.
51 DKV, Bd. 4, S. 226f.
52 DKV, Bd. 4, S. 222.
53 DKV, Bd. 4, S. 231.
54 DKV, Bd. 4, S. 231.
55 DKV, Bd. 4, S. 307. Vgl. dazu auch Brown, Hilda M.: Authentizität und Fiktion: Christa Wolfs Kleistbild. In: KJb 1995, S. 167–182, hier S. 173f., und Doering, Sabine: Persien im märkischen Sand. Kleists Bild vom Orient. In: KJb 1996, S. 171–186, hier S. 182.
56 Ulrike und Heinrich von Kleist trafen spätestens am 6. Juli 1801 in Paris ein (vgl. Weiss, Hermann F.: Zu Heinrich von Kleists Reise nach Paris im Jahre 1801. In: Archiv für das Studium der neueren Sprachen und Literaturen 227 (1990), S. 1–12.

3. In der Schweiz
57 Kleist schreibt sogar von 800000 (an Louise von Zenge, DKV, Bd. 4, S. 265), andere Angaben schwanken zwischen 650000 und 670000.
58 Zitiert nach Willms, S. 263.
59 DKV, Bd. 4, S. 213.
60 DKV, Bd. 4, S. 233.
61 Reichardt, Johann Friedrich: Vertraute Briefe aus Paris 1802/1803. Hrsg. und eingeleitet von Rolf Weber. Berlin 1981, S. 49.
62 Die Namen werden zuerst genannt bei Hoffmann, Paris, S. 39f. Pfuel erwähnt in seinen den späteren, zweiten Aufenthalt Kleists in Paris betreffenden Erinnerungen, daß Kleist und er bei «Cuvier u. a.» Vorlesungen hörten (LS, S. 109). Von Bülow rührt die Vermutung her, daß Kleist bei «Laplace» – gemeint ist jedoch Lalande – gewohnt habe (LS, S. 53). Lalande scheint in der Tat öfters Gäste bei sich untergebracht zu haben (vgl. Weiss, Funde, S. 32–38). Eine briefliche Verbindung zwischen Lalandes Nichte, die ihm die Wirtschaft führte, und Ulrike von Kleist hat offenbar existiert (vgl. Kleists Brief vom 18.3.1802, DKV, Bd. 4, S. 314). Alles Weitere jedoch ist Hypothese.
63 DKV, Bd. 4, S. 248.

64 DKV, Bd. 4, S. 241.

65 DKV, Bd. 4, S. 264.

66 Der erste Satz dieses Briefes (»Erkennen Sie an diesen Zügen wohl noch die Schrift eines Jünglings, die seit sechs Jahren nicht mehr vor Ihren Augen erschien?«) sollte allerdings wohl nicht so verstanden werden, als habe Kleist Frau von Werdeck seit sechs Jahren nicht mehr gesehen, was bei seinem jahrelangen Aufenthalt in Potsdam höchst unwahrscheinlich gewesen wäre, sondern daß sie lediglich seine Handschrift seit dieser Zeit nicht zu Gesicht bekommen hat. Samuel/Brown, S. 14, halten es sogar für möglich, daß sich Kleist hier ausdrücklich auf seine Widmung an sie in einem Exemplar von Mendelssohns *Phädon* (DKV, Bd. 3, S. 398) bezieht, bei welcher Gelegenheit dann Frau von Werdeck Kleists Handschrift zum erstenmal zu Gesicht bekommen hätte. Allerdings wäre der Stilvergleich dort mit Briefen an Wilhelmine von Zenge kein Beweis, da es sich bei Kleists Satz eher um ein Zitat handelt; «Nebel des Trübsinns» war eine viel gebrauchte Metapher zu dieser Zeit, z. B. in dem Gedicht «Ermunterung» («Seht wie die Tage sich sonnig verklären») von Johann Gaudenz von Salis-Seewis.

67 DKV, Bd. 4, S. 264 f.

68 DKV, Bd. 4, S. 269.

69 DKV, Bd. 4, S. 267.

70 Rousseau, Jean-Jacques: Julie oder Die neue Héloïse. Übers. von Johann Gottfried Gellius. München 1988, S. 239.

71 Oesterle, Ingrid: Werther in Paris? Heinrich von Kleists Briefe über Paris. In: Grathoff, Studien, S. 103.

72 Vgl. Herzog, Wilhelm: Paris in Kleists Briefen und in Tiecks *William Lovell*. In: Euphorion 15 (1922), S. 713–716.

73 Zu den Pariser Verhältnissen, wie sie sich möglicherweise den Kleists präsentieren konnten, vgl. Weiss, Funde, S. 1–38.

74 LS, S. 53.

75 DKV, Bd. 4, S. 82.

76 DKV, Bd. 4, S. 164.

77 Hoffmann, Paris, S. 82, verweist auf die Anzeige eines «Ideen-Magazins für Liebhaber von Gärten» im Intelligenzblatt des *Neuen Teutschen Merkur* vom Juli 1800.

78 DKV, Bd. 4, S. 251.

79 DKV, Bd. 4, S. 144.

80 DKV, Bd. 4, S. 132.

81 Vgl. dazu Sembdners Markierung aller dieser Bezüge in Sembdner, Ideenmagazin, und neuerdings den Versuch, die Bezüge in ein System zu bringen (http://www.epram.org/ideengaenge/ideenmagazin.htm).

82 DKV, Bd. 4, S. 256.

83 DKV, Bd. 4, S. 230.

84 DKV, Bd. 4, S. 253f.
85 Goethe, Bd. 3/1, S. 417.
86 DKV, Bd. 4, S. 279.
87 DKV, Bd. 4, S. 257.
88 DKV, Bd. 4, S. 282.
89 DKV, Bd. 4, S. 273.
90 DKV, Bd. 4, S. 275.
91 DKV, Bd. 4, S. 274.
92 »Die alten Könige von Persien verdanken die große Zahl ihrer Unter-tanen nur dem Glaubenssatz der Religion der Magier, daß es die Gott am wohlgefälligsten Taten der Menschen seien, ein Kind zu machen, ein Feld zu pflügen und einen Baum zu pflanzen.« Montesquieu: Persi-sche Briefe. Übers. von Peter Schunck. Stuttgart 1991. Vgl. auch Hoff-mann, Paris, S. 43.
93 DKV, Bd. 4, S. 189.
94 Vgl. Loch, Rudolf/Pruns, Herbert: Zu Kleists Ansiedlungsvorhaben in der Schweiz. In: BKF 1993, S. 58–79, hier S. 60. Die Studie ist materi-alreich; nur beruht alles, was die Verfasser zur Stützung ihrer These an-führen, ausschließlich auf Mutmaßungen.
95 DKV, Bd. 4, S. 273.
96 DKV, Bd. 4, S. 288.
97 Vgl. dazu: Weiss, Funde, S. 39–46.
98 DKV, Bd. 4, S. 299f.
99 DKV, Bd. 4, S. 293f.
100 DKV, Bd. 4, S. 293. Vgl. in Goethes Roman Werthers Brief vom 13. Mai.
101 Vgl. dazu Deetjen, Werner: Ludwig Wieland in Bern. In: JbKG 1929 und 1930, S. 24–29.
102 LS, S. 66f.
103 DKV, Bd. 4, S. 301. Der erste Brief aus Thun – vom 1. Februar 1801 – ist ebenfalls bereits an Zschokke gerichtet und enthält die Bemerkung, daß er, Kleist, nur «Wenige» in Thun kenne, darunter «den Hauptm. Muelinen u seinen Hofmeister, angenehme Männer» (DKV, Bd. 4, S. 298). Als dieser Hofmeister ist Christian Gottlieb Hölder identifi-ziert worden, in dessen Buch *Meine Reise über den Gotthard im Sommer 1801* (1804) ein Gespräch des Autors mit einem «Landsmann» über Gesetze des Dramas wiedergegeben wird, hinter dem Kleist gesehen worden ist (vgl. Weiss, Funde, S. 47–56). Die Passagen aus Hölders Buch sind deshalb in Sembdners *Lebensspuren* eingegangen (LS, S. 67–70). Es handelt sich jedoch um eine pure Vermutung hinsichtlich der Identi-tät des «Landsmannes». Gerade Kleists «umherschwärmende» Freund-schaft mit Zschokke und Wieland zeigt, daß es damals mehr als nur einen jungen Mann in der Schweiz gab, der sich für Literatur interes-sierte.

104 Vgl. dazu Sembdner, Helmut: Das Delosea-Inseli. In: Sembdner, In Sachen, S. 9–17.

105 Walser, Robert: Kleist in Thun. Zuerst erschienen Leipzig 1914.

106 DKV, Bd. 4, S. 306.

107 DKV, Bd. 4, S. 136.

108 Vgl. neben Sembdner auch Reske, S. 221 ff.

109 Die erste umfassende, materialreiche Studie zu diesem Thema ist Zolling, Theophil: Heinrich v. Kleist in der Schweiz. Stuttgart 1882. Hier zitiert nach LS, S. 70.

110 DKV, Bd. 4, S. 307.

111 Reske, S. 218 f.

112 DKV, Bd. 4, S. 307.

113 DKV, Bd. 4, S. 302.

114 DKV, Bd. 4, S. 309.

115 DKV, Bd. 4, S. 309.

116 Wieland, Briefe, Bd. 16.1, S. 60.

117 LS, S. 77. Die Erinnerungen Ulrike von Kleists dürften aber nicht ganz zuverlässig sein, denn als die beiden Kleists Anfang November ihren ersten Besuch bei Christoph Martin Wieland machten, war Ludwig Wieland bereits bei seinem Vater (vgl. die folgende Anm.).

118 Vgl. Starnes, Bd. 3, S. 115: «Etwa am 20. Okt. Den aus der Schweiz zurückgekehrten Sohn Ludwig in Oßmannstedt begrüßt.» Ludwig Wieland kam offenbar mit einem Schweizer Bekannten namens Wyss, wie das Tagebuch von Carl Bertuch vom 22. Oktober erweist. Sembdners Angabe, die Kleists und Wieland seien erst am 17. Oktober von Bern abgereist (LS, S. 75), kann nicht stimmen. Reiseroute und Reisedauer der Geschwister Kleist nach der Trennung von Ludwig Wieland sind allerdings unbekannt. Christoph Martin Wieland war von Ende Oktober bis Anfang November in Weimar. Starnes, S. 116 setzt den Besuch beider in Oßmannstedt auf «Früher Nov. (?)».

119 DKV, Bd. 4, S. 312.

120 Zu den komplexen Verhältnissen zwischen den beiden Fassungen sowie zur Entstehung und Publikation des Stückes vgl. Kreutzer, Entwicklung, S. 139–154, BKA Bd. I,1, S. 541–558, und Barth, Ilse-Marie: Überarbeitungsspuren von Kleists Hand im Autograph *Die Familie Ghonorez* und ihre Verzeichnung im Druck. BKF 1993, S. 29–39.

121 DKV, Bd. 4, S. 413.

122 DKV, Bd. 4, S. 314. Vgl. den Kommentar zu dieser Stelle S. 814.

123 LS, S. 63.

124 Brod, Max: Über Franz Kafka. Frankfurt a. M./Hamburg 1966, S. 188.

125 Vgl. dazu insgesamt besonders Stephens, Sprache, passim.

126 Der Freimüthige. 1803, Nr. 36, S. 142.

4. Weimar

127 Jean Paul, 1. Abt., Bd. 7, S. 25.
128 Nach freundlicher Mitteilung von Dr. Siegfried Seifert, Weimar, ist dies die geschätzte Zahl für 1802; 1806 waren es dann 6218 und 1807 wurde die Zahl 7000 überschritten.
129 LS, S. 62.
130 Steiger, Bd. IV, hrsg. von Robert Steiger und Angelika Reimann, S. 338.
131 DKV, Bd. 4, S. 71.
132 Bülow, S. 29.
133 Zitiert nach: Killy, Walter (Hrsg.): Literaturlexikon. Gütersloh/München 1992, Bd. 12, S. 308.
134 Athenaeum, 2. Band, S. 340.
135 Friedrich Schlegels Briefe vom 18.12.1797, 28./29.12.1797, 20.10.1798, 22.12.1798 (Schlegel, Bd. XXIV, S. 68, 74, 185, 218). Vgl. auch Schmitt, Albert R.: Wielands Urteil über die Brüder Schlegel. Mit ungedruckten Briefen des Dichters an Carl August Böttiger. In: JEGP 65 (1966), S. 637–661.
136 Schlegel, Bd. XXIV, S. 239.
137 Vgl. Kreutzer, Entwicklung, S. 67 ff., und Stephens, Sprache, S. 111 ff.
138 DKV, Bd. 4, S. 250.
139 Wieland, Briefe, Bd. 16.1, S. 283.
140 Wieland, Briefe, Bd. 16.1, S. 65.
141 DKV, Bd. 4, S. 310.
142 Dieses und die folgenden Zitate nach Wieland, Briefe, Bd. 16.1, S. 283–286.
143 DKV, Bd. 4, S. 317. Daß «Alles» vermutlich ein Schreibfehler, Druckfehler oder eine Fehllesung ist und eigentlich «Atlas» heißen sollte, ist verschiedentlich angenommen worden. Vgl. dazu den Kommentar zu dieser Stelle S. 820 f.
144 LS, S. 83.
145 Vgl. dazu Fülleborn, S. 46.
146 DKV, Bd. 4, S. 312.
147 LS, S. 85.
148 Deetjen, Werner: Luise Wieland und Kleist. In: JbKG 1925 und 1926, S. 97–105, Zitate S. 102 f.
149 DKV, Bd. 4, S. 372.

5. Ortlos

150 Wieland, Briefe, Bd. 16.1, S. 123.
151 Wieland, Briefe, Bd. 16.1, S. 285.
152 DKV, Bd. 4, S. 313 f.
153 Vgl. Kohlhäufl, Michael: Die Rede – ein dunkler Gesang? Kleists «Ro-

ANMERKUNGEN ZU DEN SEITEN 254–265

bert Guiskard» und die Deklamationstheorie um 1800. In: KJb 1996, S. 142–168.

154 DKV, Bd. 4, S. 313.
155 DKV, Bd. 4, S. 316.
156 DKV, Bd. 4, S. 316.
157 DKV, Bd. 4, S. 320.
158 Wieland, Briefe, Bd. 16.1, S. 285.
159 Zitiert nach Starnes, Bd. 3, S. 101.
160 Ihre Reisegesellschaft ist unklar. Bei Loch, Kleist, S. 174, ist es die Tante Massow, bei Samuel/Brown, S. 19, Kleists jüngste Schwester Juliane von Kleist, die allerdings neunzehn Jahre alt war, nicht zwölf, wie dort angegeben.
161 DKV, Bd. 4, S. 317.
162 Vgl. Gersdorff, Pfuel, S. 21.
163 Samuel/Brown S. 17–34, mit Reiseplan und Wegkarte.
164 Röhl, Hans: Aus dem Reisetagebuch der Freifrau Adolphine von Werdeck im Sommer 1803. In: JbKG 1938. H. 2 (1941). S. 76–97, Zitate S. 91–93. Vgl. auch LS, 106–108.
165 DKV, Bd. 4, S. 335–337.
166 [Pfuel, Ernst von]: Ueber das Schwimmen. Berlin 1817, S. 3.
167 Zuletzt am sorgfältigsten und ausführlichsten Detering, Heinrich: Das offene Geheimnis. Zur literarischen Produktivität eines Tabus von Winckelmann bis zu Thomas Mann. Göttingen 1994. Darin: S. 117–156: III. Amphibion, Kentaurin, Mestize: Heinrich von Kleist. Vgl. auch verschiedene Beiträge in: Emig, Günther (Hrsg.), Erotik und Sexualität im Werk Heinrich von Kleists.
168 Vgl. Gersdorff, Pfuel, S. 28.
169 Wer diese «Schutzgöttinn» sein soll, bleibt unklar. Am plausibelsten erscheint mir die Erklärung von Anthony Stephens (in einer brieflichen Mitteilung), der in ihr Melpomene, die Schutzpatronin und Muse der Tragödie, als möglich ansieht. Als Kinder von Zeus und Mnemosyne haben die Musen göttlichen Status. Eine spezielle göttliche Patronin der Familie Kleist ist schwerer zu denken. Durch das «unsere» wäre vielleicht Ulrike von Kleist als finanzielle Förderin der Arbeit womöglich in die Autorschaft des Dramas mit einbezogen.
170 DKV, Bd. 4, S. 320.
171 DKV, Bd. 4, S. 321.
172 Zitiert nach Willms, S. 402.
173 Vgl. Willms, S. 402 f.
174 DKV, Bd. 4, S. 321.
175 DKV, Bd. 4, S. 35 f.
176 Vgl. dazu im Detail die Darstellung von Samuel/Brown, S. 38 ff., und LS, S. 112 f.

177 DKV, Bd. 4, S. 330 f.

178 Samuel/Brown, S. 61.

179 Wedekinds Brief ist nicht erhalten; Wieland spricht aber in seiner Antwort an ihn von «traurige[n] Nachrichten von seinen [i.e. Kleists] Umständen», die Wedekinds Brief ihm gebracht habe. Wieland, Briefe Bd. 16.1, S. 283.

180 Zur Entdeckung und Erschließung dieses Tagebuchs durch Hans Joachim Kreutzer und Hilda Brown zusammenfassend Samuel/Brown S. 67 ff.

181 So Peter Goldammers von Sembdner übernommene Lesung: LS, S. 111.

182 Vgl. Samuel/Brown, S. 112, und Hoffmann, Paul: Zwei Daten zur Lebensgeschichte Heinrich von Kleists. In: Mitteilungen des Historischen Vereins für Heimatkunde zu Frankfurt an der Oder. H. 31, 1930, S. 58.

183 Vgl. dazu Sembdner, Helmut: Die Doppelgänger des Herrn von Kleist. Funde und Irrtümer der Kleistforschung. In: JbDSG 35 (1991), S. 180–195, und Brown, Hilda M.: Kleists Lebensspuren um 1804: Eine Antwort an Helmut Sembdner. In: JbDSG 36 (1992), S. 84–94.

184 Vgl. Riedl, Peter Philipp: Jakobiner und Postrevolutionär: Der Arzt Georg Christian Wedekind. In: KJb 1996, S. 52–75.

185 Grathoff, Geheimnisse, S. 99 ff.

186 Wieland, Briefe, Bd. 16.1, S. 286.

187 Vgl. DKV, Bd. 4, S. 331.

VII. WAS SIND DAS FÜR ZEITEN

1. Vor dem Sturm

1 DKV, Bd. 4, S. 328.

2 DKV, Bd. 4, S. 322–24.

3 Kreutzer, Entwicklung, S. 107.

4 DKV, Bd. 3, S. 80.

5 DKV, Bd. 3, S. 267.

6 Buchholz, S. 491–494; vgl. auch ADB, Bd. 16 (Leipzig 1882), S. 416 f.

7 DKV, Bd. 4, S. 324.

8 DKV, Bd. 4, S. 327.

9 Vgl. Buchholz, S. 633–635.

10 Buchholz, S. 641.

11 Zitat nach Massenbach, S. 782, im Nachwort von Hans-Werner Engels.

12 DKV, Bd. 4, S. 326.

13 DKV, Bd. 4, S. 325.

14 DKV, Bd. 4, S. 328.

15 DKV, Bd. 4, S. 338.

16 DKV, Bd. 4, S. 317.

17 DKV, Bd. 4, S. 324.
18 Hoffmann, Ulrike, S. 146.
19 Novalis, Bd. 2, S. 498.
20 Bailleu, S. 116.
21 Vgl. dazu Varnhagens Bericht in: Varnhagen, Bd. 1, S. 284 ff.
22 DKV, Bd. 4, S. 198.
23 LS, S. 118.

2. Königsberg

24 Vgl. dazu Samuel, Altenstein, S. 85–92.
25 ADB, Bd. 35 (Leipzig 1893), S. 645–660, bes. S. 646.
26 DKV, Bd. 4, S. 336.
27 Vgl. Samuel, Altenstein, S. 88.
28 Hoffmann, Ulrike, S. 146.
29 Steig, Neue Kunde, S. 26 f.
30 Krug, Leben, S. 127.
31 DKV, Bd. 4, S. 346 und 851–854.
32 Bülow, Leben S. 44.
33 LS, S. 128 f. Zu Kleists Königsberger Zeit vgl. ausführlich Samuel, Teilnahme, S. 29–44.
34 Herre, Franz: Freiherr vom Stein. Zwischen Revolution und Reformation. München 1973, S. 413.
35 Vgl. Steig, Reinhold/Grimm, Herman (Hrsg.): Achim von Arnim und die ihm nahe standen. [1913]. Bern 1970, Bd. 2, S. 52. Für Steigs Behauptung gibt es weder bei Arnim noch bei Kleist irgendwelche Belege.
36 DKV, Bd. 4, S. 352.
37 DKV, Bd. 4, S. 367.
38 DKV, Bd. 4, S. 366.
39 DKV, Bd. 4, S. 340.
40 Vgl. dazu Vogt, Helmut: Heinrich von Kleists Hydrostat. Die U-Boot-Idee des preußischen Dichters. In: Der Tagesspiegel. 18. April 1976, S. 5. Danach ist Hydrostatik die «Lehre von den Gleichgewichtszuständen innerhalb einer Flüssigkeit» und Kleists Entwurf «eine für jene Zeit überraschend weit durchdachte Konzeption eines neuartigen Unterwasserfahrzeugs», die zu realisieren allerdings damals die technischen Möglichkeiten fehlten.
41 DKV, Bd. 4, S. 342.
42 DKV, Bd. 3, S. 549.
43 DKV, Bd. 4, S. 348.
44 DKV, Bd. 4, S. 345 f.
45 DKV, Bd. 4, S. 348f.
46 Novalis, Bd. 3, S. 686.
47 DKV, Bd. 4, S. 355 f.

48 DKV, Bd. 4, S. 359.
49 www.kreis-fischhausen.de/pillau/zeittafel.htm
50 DKV, Bd. 4, S. 358f.
51 DKV, Bd. 4, S. 360f.
52 DKV, Bd. 4, S. 361.
53 DKV, Bd. 4, S. 362.
54 DKV, Bd. 4, S. 356.
55 DKV, Bd. 4, S. 363.
56 DKV, Bd. 4, S. 363.

3. Allmähliche Verfertigung von Literatur

57 DKV, Bd. 4, S. 302.
58 DKV, Bd. 4, S. 362.
59 Das Standardwerk dazu ist noch immer Kreutzer, Entwicklung. Die ausführlichste Übersicht der Genesis des *Zerbrochnen Krugs* nach neuestem Forschungsstand findet sich im Nachwort von Roland Reuß zu BKA Bd. I/3, S. 421–428.
60 Vgl. dazu Sembdner, Helmut: Kleist und Falk. In: Sembdner, In Sachen, S. 23–56, und außerdem die Einleitung zu Sembdners Ausgabe des Stückes: Johann Daniel Falks Bearbeitung des Amphitryon-Stoffes. Ein Beitrag zur Kleist-Forschung. Berlin 1971.
61 DKV, Bd. 4, S. 361f.
62 DKV, Bd. 3, S. 206.
63 DKV, Bd. 3, S. 534. Der gesamte Aufsatz S. 534–540. Daraus auch die weiteren Zitate.
64 Blamberger, Günter: Das Geheimnis des Schöpferischen oder: Ingenium est ineffabile? Studien zur Kreativität zwischen Goethezeit und Moderne. Stuttgart 1991. Darin S. 12–32 zu Kleists Aufsatz «Über die allmähliche Verfertigung der Gedanken beim Reden», das Zitat S. 19.
65 DKV, Bd. Bd. 3, S. 537.
66 Riemer, Friedrich Wilhelm: Mitteilungen über Goethe. Leipzig 1921, S. 277.

4. Nach Frankreich zogen drei Offizier'

67 Zum Text vgl. Quellen, S. 53–56.
68 LS, S. 144.
69 Vgl. Samuel, Teilnahme, S. 45–53, und am ausführlichsten Bock, Stephan: Croquis. Fußmärsche Routen Ausflüge 1807 – 1801 – 1811. In: HKB 14 (2003), S. 81–122.
70 DKV, Bd. 4, S. 364.
71 DKV, Bd. 4, S. 368.
72 DKV, Bd. 4, S. 371.
73 DKV, Bd. 4, S. 377.

74 DKV, Bd. 4, S. 379.
75 DKV, Bd. 4, S. 373–375.
76 DKV, Bd. 4, S. 379.
77 DKV, Bd. 4, S. 378.
78 Vgl. dazu Doering, Wilhelm von: Erinnerungen aus meinem Leben 1791–1810. Erstveröffentlichung nach einem Manuskript. Osnabrück 1975, S. 79 ff.
79 LS, S. 139.
80 DKV, Bd. 4, S. 382.
81 DKV, Bd. 4, S. 377. Zur finanziellen Situation Kleists zu dieser Zeit und der versuchten Transaktion vgl. im einzelnen Staengle, Peter: Schlotheim an Rühle, April 1807. In: BKB 7, S. 43–44.
82 DKV, Bd. 4, S. 358

VIII. DRESDEN

1. «Am 14ᵗ August 1821 wollen wir weiter davon sprechen.»
1 DKV, Bd. 4, S. 386.
2 ADB, Bd. 2 (Leipzig 1875), S. 450–453, bes. S. 450.
3 Goethe, Bd. 2, S. 814 f.
4 DKV, Bd. 4, S. 386.
5 DKV, Bd. 4, S. 395.
6 Vgl. Rühle, Günther: Otto August Rühle von Lilienstern. Ein Freund Heinrichs von Kleist. In: KJb 1987, S. 76–97, bes. S. 87.
7 Rühle, Reise, Bd. 1, S. 46.
8 DKV, Bd. 4, S. 430.
9 LS, S. 180.

2. Loyalitäten
10 DKV, Bd. 4, S. 362.
11 DKV, Bd. 4, S. 224.
12 Novalis, Bd. 4, S. 520.
13 Kügelgen, S. 16 f.
14 Kügelgen, S. 17.

3. Dichterkrönung
15 DKV, Bd. 4, S. 389.
16 LS, S. 219.
17 DKV, Bd. 4, S. 393.
18 DKV, Bd. 3, S. 418.
19 Novalis, Bd. 1, S. 416.
20 LS, S. 152. Die Rezension erschien anonym.
21 LS, S. 251.
22 Baxa, Bd. 1, 374 f.

23 Baxa, Müller, Bd. 1, S. 351 (»Gotthilf Heinrich Schubert in seiner Selbstbiographie«).
24 Baxa, Bd. 1, S. 338.
25 Baxa, Bd. 1, S. 351 (»Gotthilf Heinrich Schubert in seiner Selbstbiographie«).
26 Schubert, S. 344.
27 DKV, Bd. 4, S. 394.

4. Adam Müller
28 Wilbrandt, S. 266.
29 So in einem Brief vom 13.2.1806 an Johannes von Müller: Baxa, Bd. 1, S. 260.
30 Baxa, Bd. 1, S. 118.
31 Baxa, Bd. 1, S. 309.
32 Baxa, Bd. 1, S. 267f.
33 Baxa, Bd. 1, S. 789, geschr. am 23. März 1813.
34 DKV, Bd. 4, S. 423f.
35 Baxa, Bd. 1, S. 342.
36 Baxa, Bd. 1, S. 344.
37 Baxa, Bd. 1, S. 346.
38 Müller, Adam: Die Elemente der Staatskunst. Neuausgabe Berlin 1968, S. 437. Zu Müller vgl. Schulz, Literatur, Bd. 2, S. 41–45.
39 Müller, Bd. 1, S. 455 f.
40 Müller, Bd. 1, S. 18.
41 Müller, Bd. 1, S. 136.
42 Müller, Bd. 1, S. 91.
43 Müller, Bd. 1, S. 92.
44 Vgl. Baxa, Bd. 1, 293, und Gentz, Friedrich: Tagebücher. Leipzig 1873–74, Bd. I, S. 47.
45 DKV, Bd. 4, S. 389.
46 DKV, Bd. 4, S. 896, und Weiss, Funde, S. 124f.

5. Ein Phoenix zuviel
47 Baxa, Bd. 1, S. 272.
48 Müller, Bd. 1, S. 136f. Müller modifiziert hier Goethes *Tasso*, wo es «wie ich leide» heißt, oder er ist der erste einer langen Kette von Nachfolgern, die ihn falsch zitieren.
49 Müller, Bd. 1, S. 137.
50 DKV, Bd. 4, S. 391.
51 DKV, Bd. 4, S. 392.
52 LS, S. 177f.
53 Zu den Periodika nach der Französischen Revolution vgl. Schulz, Literatur, Bd. 1, S. 90–95.

54 «Mein Glaubensbekenntnis» (1798). In: Joseph Görres: Ausgewählte
Werke. Hrsg. von Wolfgang Frühwald. 2 Bde. Freiburg/Basel/Wien 1978,
Bd. 1, S. 91.

IX. PHÖBUS IM SONNENWAGEN

*1. Unter dem Schutze des daherfahrenden Gottes: Phöbus. Ein Journal
für die Kunst*

1 LS, S. 181.
2 LS, S. 193.
3 Gentz/Müller, S. 123.
4 Scheidig, S. 162.
5 LS, S. 180.
6 *Phöbus*, S. 3.
7 Katharina Mommsen, S. 70–72, erwägt, ob die Waage im Scheitel eine
Anspielung auf Kleists eigenes Sternzeichen sei, während die Jungfrau
links Goethe und der Skorpion rechts Schiller bezeichnete, Kleist sich
also über beide stellte. Aber kannten sich die *Phöbus*-Leser so gut mit
den Geburtsdaten aus, daß man das hätte herauslesen können? Und
wußte insbesondere Hartmann so gut darüber Bescheid?
8 DKV, Bd. 4, S. 413.
9 Hettche, S. 105, und DKV, Bd. 968 ff.
10 Zum verlorenen Brief vgl. Goethe, Bd. 33, S. 931.

2. Auf den Knieen meines Herzens: Annäherungen an Goethe

11 *Phöbus*, S. 35.
12 Zu den Vorstellungen vom Organischen in dieser Zeit vgl. Schulz, Literatur, Bd. 1, S. 197–207.
13 Baxa, Bd. 1, S. 342.
14 Baxa, Bd. 1, S. 345.
15 *Prometheus*, 1. Heft (Wien 1808), Anzeiger S. 31.
16 Vgl. Scheidig S. 314 f.
17 Mähl, S. 136. Zur Kontroverse «klassisch-romantisch» im Kunstge-
schmack der Zeit vgl. Schulz, Literatur, Bd. 2, S. 246–259.
18 Goethe, Bd. 19, S. 179.
19 LS, S. 104.
20 Brentano, Bd. 16, S. 564.
21 Novalis, Bd. 2, S. 466.
22 Novalis, Bd. 2, S. 642, und Bd. 3, S. 646.
23 Mähl, S. 135.
24 Dichter-Garten. Erster Gang Violen. Herausgegeben von Rostorf [Karl
von Hardenberg]. Würzburg 1807. Faksimiledruck hrsg. von Gerhard
Schulz. Bern 1979, bes. S. 26, 48, 71, 105.

25 Vgl. Mähl, S. 204 f.

26 Zitiert nach Mähl, S. 208.

27 Goethe, Bd. 33, S. 290. Vgl. auch Mähl, S. 190 f.

28 *Phöbus*, S. 134.

29 DKV, Bd. 4, S. 407f.

30 LS, S. 161 f.

31 *Prometheus*, 4. Heft (Wien 1808), Anzeiger S. 12.

32 DKV, Bd. 4, S. 410.

33 Gentz/Müller, S. 128 f. Die Annahme, daß es sich hier «in Wahrheit» um «ein politisches Gedicht» handele, «in dem es vordergründig um die Auferstehung Christi, versteckt aber um die ‹Auferstehung› Deutschlands geht» (Müller-Salget, S. 93), wird durch Müllers Brief entkräftet. Verschlüsselungen solcher Art waren ohnehin nicht Kleists Sache; in seinen politisch intendierten Schriften war er sehr direkt.

34 *Phöbus*, S. 40.

35 Osterkamp, bes. S. 64–70.

36 DKV, Bd. 4, S. 412.

37 Goethe, Bd. 33, S. 297.

38 Falk, S. 105.

3. Erschrekken Sie nicht, es läßt sich lesen: Penthesilea

39 Zitiert nach Baxa, Bd. 1, S. 393 (7.2.1808).

40 DKV, Bd. 4, S. 397.

41 DKV, Bd. 4, S. 395 f. In Schütz' Abschrift, in der dieser Brief allein überliefert ist, und in den meisten Ausgaben der Briefe Kleists geht dieser Brief dem zuvor zitierten über das «barbarische Fragment» voraus. Beide Briefe sind undatiert; mir scheint die umgekehrte Reihenfolge der beiden Briefe verständlicher.

42 DKV, Bd. 4, S. 396.

43 LS, S. 171.

44 *Phöbus*, S. [7]. Parallelstellen im vollständigen Erstdruck des Dramas werden hier und im Folgenden nicht angegeben.

45 *Phöbus*, S. [9]. In der Buchausgabe nennt ihn Kleist dann Odysseus.

46 *Phöbus*, S. [19].

47 *Phöbus*, S. [35].

48 NR, S. 91.

49 DKV, Bd. 4, S. 397f. Die Diskussion, ob es nicht «Schmutz», sondern eigentlich «Schmerz» heißen sollte, scheint mir nicht notwendig. Der Textbefund, wenngleich nicht von Kleists Hand, ist eindeutig «Schmutz»; das Original ist vernichtet. Damit muß man sich abfinden, und das ist gerade für eine Dichtung wie die *Penthesilea*, die so extreme menschliche Situationen zeigt, nicht schwer. Vgl. im übrigen die zusammenfassende Anm. zu dieser Stelle in DKV, Bd. 4, S. 908 f.

50 DKV, Bd. 4, S. 396.
51 *Phöbus*, S. [241].
52 *Phöbus*, S. [241].
53 Goethe an Friedrich Heinrich Jacobi am 7.3. 1808 (Goethe, Bd. 33, S. 280).

4. Schaamlose Posse: Die Marquise von O...
54 *Phöbus*, S. [243].
55 Zitiert nach Doering, Marquise, S. 54.
56 *Phöbus*, S. [90].
57 *Phöbus*, S. [94].
58 Zitiert nach Doering, Marquise, S. 56.
59 Gentz/Müller, S. 132 ff.

5. Zwischenspiel in Weimar: Der zerbrochne Krug
60 *Prometheus*, 4. Heft (Wien 1808), Anzeiger S. 12, 14 f.
61 DKV, Bd. 4, S. 412.
62 Ob Kleist das ernsthaft vorhatte, muß offenbleiben. Immerhin war schon der vorausgehende Satz in diesem Brief eine Unwahrheit: Weder Goethe noch Wieland hatten ihre Mitarbeit zugesagt, wie Kleist hier behauptet.
63 LS, S. 221.
64 LS, S. 227.
65 Dazu Sembdner, In Sachen, S. 57f.
66 Zitiert nach Sembdner, Erläuterungen, S. 100. Vgl. auch LS, S. 231.
67 Goethe, Bd. 33, S. 398. Namentlich erwähnt werden Werner, Oehlenschläger, Arnim und Brentano, nicht Kleist.
68 Sembdner, Erläuterungen, S. 91.
69 Falk, S. 106.
70 Sembdner, Erläuterungen S. 92.
71 Goethe, Bd. 33, S. 297.
72 *Phöbus*, S. [241]. Kürzlich ist eine sechszeilige Variation von Goethes bekanntem Nachtlied des Wanderers («Über allen Gipfeln ist Ruh») in Kleists Handschrift aufgetaucht und vom Kleist-Museum in Frankfurt (Oder) erworben worden. Vgl. Jordan, Lothar (Hrsg.): Heinrich von Kleist. «Unter allen Zweigen ist Ruh...» Ein neu aufgefundenes Autograph. Faksimile und Essays von Günter Blamberger und Jochen Golz. Kleist-Museum Frankfurt (Oder) 2003. Nach handschriftlichen Kriterien werden als Entstehungszeit die Dresdner Jahre 1808/09 vermutet, freilich ohne triftigere Gründe. Was allerdings Kleist zu den Versen bewogen haben könnte und wie sie zu interpretieren seien, bleibt für verschiedene Hypothesen offen, von der Möglichkeit einer Huldigung an Goethe bis zur subversiven Goethe-Kritik.

73 *Phöbus*, S. [144].
74 DKV, Bd. 4, S. 483.
75 Johannes Falk in: Böttiger, Karl August: Literarische Zustände und Zeitgenossen. Hrsg. von K.W. Böttiger. Leipzig 1838, Reprint Frankfurt a. M. 1972, S. 291.
76 Graham, Ilse: Der zerbrochene Krug – Titelheld von Kleists Komödie. Zuerst (englisch) in: Modern Language Quarterly 16 (1955) S. 99–113; deutsch in: Müller-Seidel, Aufsätze, S. 272–295.
77 Bergson, Henri: Das Lachen. Übersetzt von Julius Frankenberger und Walter Fränzel. Jena 1914, S. 8.
78 DKV, Bd. 1, S. 265 (in der handschriftlichen Fassung, die vom Text der Ausgabe von 1811 abweicht). Vgl. auch BKA, Bd. I/3, S. 130 f. und das Nachwort von Roland Reuß.
79 *Phöbus*, S. [158 f.].

6. Vom Pesthauch angeweht: Robert Guiskard

80 *Phöbus*, S. [54]. Zu Müller und seiner Dramentheorie vgl. Schulz, Literatur Bd. 2, S. 276–78 und S. 591–596.
81 *Phöbus*, S. [237].
82 *Phöbus*, S. [175].
83 LS, S. 98.
84 Sophokles: König Oidipus. Übers. von Ernst Buschor. Stuttgart 1954, S. 5 f.
85 DKV, Bd. 4, S. 321.
86 DKV, Bd. 4, S. 399.
87 *Phöbus*, S. [185].
88 *Phöbus*, S. [191].
89 *Phöbus*, S. [178].
90 *Phöbus*, S. [192].
91 *Phöbus*, S. [191]. Vgl. dazu Fülleborn, S. 63.
92 *Phöbus*, S. [191].
93 *Phöbus*, S. [190].
94 *Phöbus*, S. [144].
95 *Phöbus*, S. [190].
96 »Ich denke einen langen Schlaf zu tun, / Denn dieser letzten Tage Qual war groß, / Sorgt, daß sie nicht zu zeitig mich erwecken.« Schiller, Bd. 8, S. 343.
97 Samuel, Guiskard, S. 326.
98 DKV, Bd. 4, S. 321.
99 *Phöbus*, S. [242].

7. Die Welt wankt aus den Fugen: Das Käthchen von Heilbronn

100 *Phöbus*, S. [220].
101 *Phöbus*, S. [232].
102 Schubert, S. 344.
103 Bülow, S. 53.
104 DKV, Bd. 4, S. 417.
105 DKV, Bd. 4, S. 398.
106 DKV, Bd. 4, S. 424.
107 LS, S. 343.
108 *Phöbus*, S. [249].
109 Eichendorff, Bd. 1, S. 285.
110 DKV, Bd. 2, S. 422.
111 DKV, Bd. 2, S. 397.
112 Vgl. dazu Doering, Himmelstochter, S. 114.
113 DKV, Bd. 3, S. 183.
114 DKV, Bd. 3, S. 221.
115 Vgl. dazu Ruth Klüger: Die andere Hündin: Käthchen. In: KJb 1993, S. 103–115, bes. S. 111.
116 Stephens, Sprache, S. 54 ff.
117 DKV, Bd. 2, S. 434.

8. Zwischen Dresden und Berlin: Michael Kohlhaas

118 Vgl. dazu Staengle, Pressespiegel BKB 3, S. 110: Das Wiener Sonntagsblatt vom 23. 10. 1808 meldet das 6. Heft als gerade erschienen.
119 DKV, Bd. 3, S. 26/27 und *Phöbus*, S. [304].
120 *Phöbus*, S. [636].
121 *Phöbus*, S. [313].
122 DKV, Bd. 3, S. 59.
123 *Phöbus*, S. [300].
124 *Phöbus*, S. [309].
125 DKV, Bd. 3, S. 13 und *Phöbus*, S. [300].
126 Falk, S. 105.
127 *Phöbus*, S. [304].

9. Mäklergeschäfte: Der Niedergang des Phöbus

128 LS, S. 269.
129 LS, S. 265.
130 LS, S. 269.
131 *Phöbus*, S. [323].
132 *Phöbus*, S. [324].
133 LS, S. 266.
134 Körner, Bd. 1, S. 603.
135 *Phöbus*,, S. [360f.].

136 *Phöbus,,* S. [576].
137 Rühle, Reise, Bd. 1, S. 76.
138 *Phöbus,,* S. [584f.]. Zur weiteren Wirkung auf Goethe vgl. Mommsen, S. 101 f.
139 *Phöbus,* S. [245].
140 *Phöbus,* S. [359].
141 *Phöbus,* S. [547]. Vgl. dazu Doering, Bad, S. 61.
142 *Phöbus,* S. [512].
143 *Phöbus,* S. [326].
144 LS, S. 288 f.

X. DICH, O VATERLAND, WILL ICH SINGEN

1. Ein Schriftsteller, den die Zeit nicht tragen kann
1 Eichendorff, Bd. 2, S. 942.
2 Der Aufsatz wird zitiert nach dem diplomatischen Erstdruck in: Weiss, Funde, hier S. 263 (DKV, Bd. 3, S. 458). Bei Weiss findet sich auch ein ausführlicher Kommentar zu dem Aufsatz.
3 Weiss, Funde, S. 265 (DKV, Bd. 3, S. 461).
4 DKV, Bd. 4, S. 418.
5 DKV, Bd. 4, S. 352.
6 Zu Bourgoing, Buol und der Situation Dresdens um 1808/09 vgl. Weiss, Funde, S. 123–139 und 187–204.
7 Rühle, Reise, Bd. 1, S. 106.
8 LS, S. 283.
9 Schiller, Bd. 2.I, S. 129.
10 DKV, Bd. 4, S. 267.
11 DKV, Bd. 4, S. 302.
12 Carl von Clausewitz: «Franzosen und Deutschen». Zitiert nach Schwartz, Karl: Leben des Generals Carl von Clausewitz und der Frau Marie von Clausewitz geb. Gräfin von Brühl. Bd. 1, Berlin 1878, S. 73–88, hier S. 83f.
13 DKV, Bd. 4, S. 300.
14 DKV, Bd. 4, S. 420.
15 DKV, Bd. 4, S. 420f.
16 DKV, Bd. 4, S. 437.

2. Herrmanns Schlacht
17 DKV, Bd. 4, S. 426f.
18 DKV, Bd. 4, S. 429, 432.
19 Samuel, Stein, S. 64.
20 Samuel, Gneisenau, S. 352–370.
21 Vgl. Kittler, S. 222 f.

22 DKV, Bd. 4, S. 424.

23 Zu dem Verhältnis zwischen Autor und Geschöpf hinsichtlich der Grausamkeiten bei Kleist vgl. insbesondere Anthony Stephens, «Das nenn ich menschlich nicht verfahren.» Skizze zu einer Theorie der Grausamkeit im Hinblick auf Kleist. In: Stephens, Sprache, S. 51–83.

24 DKV, Bd. 4, S. 198.

25 Zitiert nach Springer, S. 42.

26 In einem Brief vom 19.1.1949 an Hans M. Wolff. Zitiert nach NR, S. 468.

27 Eichendorff, Bd. 3, S. 874.

28 Klüger, Ruth: Freiheit, die ich meine: Fremdherrschaft in Kleists «Hermannsschlacht» und «Verlobung in St. Domingo». In: Ruth Klüger: Katastrophen. Über deutsche Literatur. Göttingen 1994, S. 133–162.

3. Furor teutonicus

29 DKV, Bd. 4, S. 431.

30 DKV, Bd. 3, S. 458.

31 So die Schrift «Über die Abreise des Königs von Sachsen aus Dreßden» in: Weiss, Funde, S. 244–296.

32 Hier zitiert nach einer Fassung in DKV, Bd. 3, S. 427.

33 Arndts Werke. Auswahl in zwölf Teilen. Berlin/Leipzig/Wien/Stuttgart [1912], Erster Teil, S. 71. Zur deutschen Kriegsliteratur zur Zeit der Napoleonischen Kriege vgl. ausführlich Schulz, Literatur, Bd. 2, S. 24–81 («Die Schriftsteller und der Krieg») sowie ders., Von der Verfassung der Deutschen. Kleist und der literarische Patriotismus nach 1806. In: KJb 1993. S. 56–74.

34 DKV, Bd. 3, S. 428/430.

35 Theodor Körners sämtliche Werke. Leipzig 1903, S. 41 f.

36 DKV, Bd. 3, S. 478 f.

37 DKV, Bd. 3, S. 479.

38 Vgl. Weiss, Funde, S. 315–320.

39 Rühle, Reise, Bd. 1, S. 105 f.

40 Vgl. Weiss, Funde, S. 306–313.

4. Letztes Lied

41 Springer, S. 457.

42 Rühle, Reise, Bd. 2, S. 48.

43 DKV, Bd. 4, S. 433.

44 LS, S. 306.

45 ADB, Bd. 16 (Leipzig 1882), S. 281–284, bes. S. 282, und LS, S. 302 f.

46 LS, S. 310.

47 LS, S. 312.

48 Rühle, Reise, Bd. 2, S. 42 f.

49 DKV, Bd. 3, S. 439f.
50 DKV, Bd. 4, S. 434. Gemeint ist das Dorf Kagran (vgl. DKV, Bd. 4, Anm. S. 955).
51 Springer, S. 457f.
52 Vgl. Weiss, Funde, S. 207.
53 DKV, Bd. 3, S. 492 f.
54 DKV, Bd. 3, S. 497−503.
55 DKV, Bd. 3, S. 500, hier zitiert nach Müller-Salget, Klaus: Heinrich von Kleist: «Über die Rettung von Österreich». Eine Wiederentdeckung. In: KJb 1994, S. 3−48, Zitate S. 25, 33, 35, 37.
56 DKV, Bd. 4, S. 437f.
57 DKV, Bd. 3, S. 439.

XI. NOCH EINMAL BERLIN

1. Zwei Rückkehrer

1 LS, S. 317.
2 Eichendorff, Bd. 4, S. 636.
3 Sembdner vermutet, daß es sich um den Major Christian von Kleist, also den Ehemann Marie von Kleists, handelte (LS, S. 315).
4 LS, S. 314.
5 Eichendorff, Bd. 4, S. 637f.
6 DKV, Bd. 4, S. 442f.
7 DKV, Bd. 4, S. 448.
8 DKV, Bd. 4, S. 449.
9 DKV, Bd. 4, S. 448.
10 DKV, Bd. 4, S. 448 (an Reimer, 11.8.10).
11 DKV, Bd. 4, S. 450 (an Reimer, 13.8.10).
12 DKV, Bd. 4, S. 450 (vermutlich an Sander, 11.8.10, aber wohl eher an Reimer, da Sander nichts von Kleist verlegt hat).
13 DKV, Bd. 4, S. 451 (an Reimer, 16.8.10).
14 DKV, Bd. 4, S. 452 (an Reimer, 4.9.10).
15 DKV, Bd. 4, S. 496 (an Reimer, 21.6.1811).
16 Vgl. dazu insgesamt Reimer, BKB 8, S. 51−85.

2. Gesellige Einsamkeit

17 Vgl. dazu Ziolkowski, S. 39f.
18 Arnim, DKV, Bd. 5, S. 756.
19 LS, S. 327f.
20 DKV, Bd. 4, S. 427.
21 DKV, Bd. 4, S. 1049. Marie von Kleist hatte sich in Berlin seit November 1810 aufgehalten.
22 DKV, Bd. 4, S. 497.

23 Vgl. Wilhelmy-Dollinger, S. 80–83, 86–88, 112–114.

24 Vgl. dazu Steig, Kämpfe, S. 15–21.

25 Vgl. Schulz, Romantik, S. 15 f.

26 LS, S. 317 ff. Es muß dahingestellt bleiben, ob Arnim hier den Begriff «zynisch» eher im philosophischen Sinne des Kynischen meint, also der Natürlichkeit, Bedürfnislosigkeit und des besitz- und heimatlosen Umherziehens.

27 DKV, Bd. 4, S. 497f.

28 Rahel, Bd. 2, S. 611.

3. Abendblätter

29 Vgl. dazu LS, S. 417–423. Der dort wiedergegebene, sehr viel später verfaßte Bericht von Ernst Friedrich Peguilhen darüber, daß Henriette Schütz-Hendel bei einem Abendessen im Hause Hitzigs durch ihre amouröse Annäherung Kleist in die Flucht getrieben habe, wäre zwar mit Kleists genereller Scheu Frauen gegenüber vereinbar, bleibt aber wegen der penetranten posthumen Anbiederung Peguilhens an ihn fragwürdig. Vgl. dazu auch Sembdner, Helmut: Assessor Hitzig, Kriegsrat Peguilhen und Heinrich von Kleist. Eine Berliner Episode. Heilbronn 1994.

30 DKV, Bd. 4, S. 496. Das einzige Zeugnis dafür bleibt bis heute Steig, Neue Kunde, S. 128–131.

31 Härtl, Heinz: Unbekannte Äußerungen Arnims über Kleist. In: Weimarer Beiträge 1977, H.9, S. 178–183, bes. S. 180.

32 Abendblätter, 1810, S. 4.

33 Genannt sei hier vor allem Helmut Sembdners Arbeit von 1939 (Sembdner, Abendblätter), außerdem, aber mit starkem Vorbehalt hinsichtlich des dominanten Antisemitismus darin Reinhold Steig 1901 (Steig, Kämpfe), und schließlich die Neuausgabe der Abendblätter in BKA, Bd. II/7 und 8, sowie die Materialien in BKB 11 mit einer CD der Quellen-Faksimiles.

34 Vgl. Häker, Berlin, S. 83.

35 Kant, Bd. 8, S. 386.

36 Killy, Walter: Von Berlin bis Wandsbeck. Zwölf Kapitel deutscher Bürgerkultur um 1800. München 1996, S. 62 f.

37 Baxa, Bd. 1, S. 463 (an Staegemann, 21.8.1809). Zu Müllers Projekt vgl. Koehler, Benedikt: Ästhetik der Politik. Adam Müller und die politische Romantik. Stuttgart 1980, S. 118 ff.

38 DKV, Bd. 4, S. 451.

39 Die Behauptung wurde von Reinhold Steig (Steig, Kämpfe, S. 40 f.) in die Welt gesetzt, dessen Antisemitismus ihn für Tatsachen blind machte – die Tischgesellschaft wurde erst gegründet, als die Abendblätter schon im Niedergang begriffen waren.

40 Vgl. Nienhaus, S. 363.
41 *Abendblätter*, 1810, S. 1 f.
42 *Abendblätter*, 1810, S. 19.
43 *Abendblätter*, 1810, S. 15 f.
44 *Abendblätter*, 1810, S. 7.
45 *Abendblätter*, 1810, S. 18.
46 *Abendblätter*, 1810, S. 70.
47 *Abendblätter*, 1810, S. 14.
48 *Abendblätter*, 1810, S. 26.
49 *Abendblätter*, 1810, S. 282.
50 *Abendblätter*, 1810, S. 86.
51 *Abendblätter*, 1810, S. 154.
52 *Abendblätter*, 1810, S. 288.
53 *Abendblätter*, 1810, S. 209.
54 Zitiert nach Jordan, Lothar/Schultz, Hartwig (Hrsg.): Empfindungen vor Friedrichs Seelandschaft. Kleist-Museum, Frankfurt (Oder), 2. Aufl. 2006, S. 43.
55 *Abendblätter*, 1810, S. 47.
56 Vgl. dazu Weiss, Hermann F.: Die Berliner Theaterkrawalle des Jahres 1810 und Heinrich von Kleists *Berliner Abendblätter*. In: BKF 2002, S. 177–203.
57 *Abendblätter*, 1810, S. 17.
58 LS, S. 358.
59 *Abendblätter*, 1811, S. 218.
60 Vgl. dazu insbesondere Sembdner, Abendblätter, S. 349, und den Kommentar zu einzelnen Meldungen in DKV, Bd. 3, S. 1151-1216. Insgesamt ist die quellenkritische Arbeit noch anhand der von BKA, Bd. II/7 und 8, erschlossenen Quellen zu leisten.
61 *Abendblätter*, 1810, Extrablatt nach S. 58.
62 DKV, Bd. 4, S. 511.
63 LS, S. 357.
64 *Abendblätter*, 1810, S. 135.
65 *Abendblätter*, 1810, S. 136.
66 *Abendblätter*, 1810, S. 140.
67 *Abendblätter*, 1810, S. 42.
68 *Abendblätter*, 1810, S. 155.
69 *Abendblätter*, 1810, S. 155, 163.
70 DKV, Bd. 3, S. 311.
71 DKV, Bd. 4, S. 340.
72 *Abendblätter*, 1810, S. 160.
73 Raumer, Friedrich von: Lebenserinnerungen und Briefwechsel. Bd. 1, Leipzig 1861, S. 236 (vgl. auch LS, S. 415).
74 DKV, Bd. 4, S. 480.

75 DKV, Bd. 4, S. 482.
76 DKV, Bd. 4, S. 490.
77 *Abendblätter*, 1810, S. 285.
78 *Abendblätter*, 1810, Extrablatt vor S. 24.
79 *Abendblätter*, 1811, S. 29 («Unwahrscheinliche Wahrhaftigkeiten»).
80 *Abendblätter*, 1810, S. 247.
81 *Abendblätter*, 1810, S. 249.
82 *Abendblätter*, 1810, S. 253.
83 *Abendblätter*, 1810, S. 261.
84 Vgl. den mit «v. Pf.» gezeichneten und von Ernst von Pfuel herrühren-
den Aufsatz «Kriegskunst und Fechtkunst» in der von Rühle von Lilienstern herausgegebenen Zeitschrift *Pallas*, 2. Jahrgang 1810, S. 207–229,
hier S. 215.
85 *Abendblätter*, 1810, S. 253.
86 *Abendblätter*, 1810, S. 261.
87 DKV, Bd. 4, S. 454.

4. Sündenfälle
88 DKV, Bd. 4, S. 445.
89 Reimer, S. 69.
90 Reimer, S. 66.
91 Zitiert nach Reimer, S. 54, Anm. 17.
92 LS, S. 409. Gubitz berichtet das allerdings vom Hörensagen, nicht aus
eigener Erfahrung.
93 DKV, Bd. 4, S. 471.
94 Zitiert nach Reimer, S. 54.
95 Vgl. Reimer, S. 60.
96 Gemeint ist der Roman *Ragtime* von Edgar Lawrence Doctorow. Das
Buch erschien zuerst 1974.
97 DKV, Bd. 3, S. 259.
98 DKV, Bd. 3, S. 265.
99 DKV, Bd. 3, S. 281.
100 DKV, Bd. 3, S. 221.
101 Vgl. dazu Seiler, Bernd W.: Die leidigen Tatsachen. Von den Grenzen
der Wahrscheinlichkeit in der deutschen Literatur seit dem 18. Jahrhundert. Stuttgart 1983, S. 108 ff., und Riedl, Peter Philipp: Das alte
Reich und die Dichter. In: Aurora 59 (1999), S. 205.
102 DKV, Bd. 3, S. 261.
103 DKV, Bd. 3, S. 282 f.
104 DKV, Bd. 3, S. 349.
105 DKV, Bd. 3, S. 13.
106 *Abendblätter*, 1811, S. 23.
107 DKV, Bd. 4, S. 498 f.

XII. IM GEFILD DES TODES

1. Ein sinnverwirrter Träumer

1 DKV, Bd. 4, S. 442f.
2 DKV, Bd. 4, S. 496.
3 DKV, Bd. 4, S. 321.
4 DKV, Bd. 4, S. 496.
5 Vgl. dazu Horst Häkers verdienstvolle Edition eines Tagebuchs der Prinzessin aus dem Jahre 1822. Es bezeugt eine, allerdings selbstbezogene, Wahrnehmung der Prinzessin von Kleists Tod: Tagebuch der Prinzessin Marianne von Preußen geb. von Hessen-Homburg. 1. Januar bis 21. Juli 1822. Hrsg. und in einem Vorwort erläutert von Horst Häker. Heilbronn 2006. (Heilbronner Kleist-Editionen. Hrsg. von Günther Emig. Bd. 1).
6 Zitiert nach Hamacher, Bernd (Hrsg.): Heinrich von Kleist. Prinz Friedrich von Homburg. Erläuterungen und Dokumente. Stuttgart 1999, S. 139f.
7 NR, S. 330.
8 Vgl. dazu Rogge, Helmuth: Heinrich von Kleists letzte Leiden. In: JbKG 1922, S. 31–74, bes. S. 64f.
9 Zitiert nach Hamacher, S. 73, 71.
10 Riemer, Friedrich Wilhelm: Mitteilungen über Goethe. Leipzig 1921, S. 277.
11 DKV, Bd. 4, S. 495.

2. Le pauvre Henri Kleist

12 Zitiert nach dem Original im Besitz des Hessischen Staatsarchivs, Darmstadt. Erster, leicht normalisierter Druck bei Sembdner, In Sachen, S. 187.
13 Der deutsche Text nach der Übersetzung in LS, S. 435.
14 So beschreibt es Helmut Sembdner (Sembdner, In Sachen, S. 191).
15 Hölderlin, Bd. 3, S. 644.
16 Vgl. Bailleu, S. 114–117.
17 Vgl. de Bruyn, S. 318f.
18 LS, S. 436f., hier zitiert nach dem originalgetreuen Erstdruck bei Sembdner, In Sachen, S. 182f.
19 Pertz, G.H.: Das Leben des Feldmarschalls Neithardt von Gneisenau. Berlin 1865, Bd. 2, S. 137.
20 DKV, Bd. 4, S. 503.
21 DKV, Bd. 4, S. 502.
22 DKV, Bd. 4, S. 518.
23 Vgl. dazu Samuel, Gneisenau, S. 366ff.
24 LS, S. 437f.

25 NR, S. 92.

26 DKV, Bd. 4, S. 396 f.

27 In seinem Aufsatz «Heinrich, Marie und Ulrike von Kleist. Zur Datierung und Deutung der Briefe vom Herbst 1811» (vgl. Bibliographie) erwägt Klaus Müller-Salget, ob Kleist noch einmal im Oktober in Frankfurt gewesen sei und den Tadel von seinen Schwestern erst dann erfahren habe, wie er auch die Reihenfolge der letzten Briefe an Marie von Kleist kritisch erörtert, die er dann für DKV, Bd. 4, übernommen hat.

28 DKV, Bd. 4, S. 509.

29 DKV, Bd. 4, S. 505 f.

30 DKV, Bd. 4, S. 504.

31 Vgl. Staengle, Peter: Kleist – in der Hand von Wilhelm von Schütz. In: BKB 2, S. 21 – 76.

32 Sembdner, In Sachen, S. 192 f. Nach einer testamentarischen Anordnung Adolph von Kleists, des Sohnes Marie von Kleists, wurden alle Handschriften aus ihrem Besitz verbrannt.

3. Am Tisch Gottes

33 Die Datierungsprobleme dieser drei Briefe (9. oder 19.11., 10.11., 12. oder 21.11.) sind zusammengefaßt in DKV, Bd. 4, S. 1071 – 1074. Angesichts der unsicheren Quellenlage gibt es keine bessere Entscheidung.

34 DKV, Bd. 4, S. 508.

35 DKV, Bd. 4, S. 507.

36 Amann, S. 655 f.

37 DKV, Bd. 4, S. 513.

38 DKV, Bd. 4, S. 511.

39 Hier zitiert nach dem vollständigen Abdruck von Peguilhens Aufsatz bei Rahmer, Kleist, S. 150.

40 Rahmer, S. 150.

41 LS, S. 455.

42 LS, S. 449.

43 LS, S. 455.

44 DKV, Bd. 4, S. 510.

45 Vgl. LS, S. 454.

46 Vgl. Amann, S. 342.

47 LS, S. 453.

48 Vgl. die Podiumsdiskussion «Kleists letzte Inszenierung» der Kleist-Gesellschaft am 12. 10. 2000 (KJb 2001, S. 245 – 264).

49 KlS, S. 26.

50 DKV, Bd. 4, S. 513 f.

51 Zu dem Briefwechsel zwischen Fouqué und Hitzig vgl. jetzt die aus-

führliche Dokumentation dazu von Wilhelm Amann: Der «edle Unglückliche». Fouqué über Kleist. In: BKB 12, bes. S. 49–59.

52 KlS, S. 38.
53 KlS, S. 30.
54 KlS, S. 31.
55 KlS, S. 27.
56 KlS, S. 28.

4. Totenmessen

57 KlS, S. 47.
58 KlS, S. 49.
59 DKV, Bd. 3, S. 259.
60 DKV, Bd. 4, S. 349.
61 KlS, S. 50.
62 Vgl. dazu Baumann, Ursula: Vom Recht auf den eigenen Tod. Die Geschichte des Suizids vom 18. bis zum 20. Jahrhundert. Weimar 2001, S. 105f.
63 LS, S. 480.
64 LS, S. 481.
65 Amann, S. 339.
66 KlS, S. 14.
67 Ich danke Dr. med. Nils Stegmann und Dr. med. Helmut Dunker, beide Flensburg, für den modernen Blick auf diesen Bericht.
68 KlS, S. 52f.
69 NR, S. 36.
70 Morgenblatt für gebildete Stände, Nr. 310, S. 1237.
71 Morgenblatt, S. 1238.
72 Körner, Bd. 2, S. 239.
73 Vgl. Bronisch, Thomas: Der Suizid. Ursachen – Warnsignale – Prävention. München 1995, S. 9.
74 NR, S. 75.
75 Härtl, Heinz: Unbekannte Äußerungen Arnims über Kleist. In: Weimarer Beiträge 1977, H.9, S. 178–183, bes. S. 180.
76 NR, S. 77.
77 NR, S. 106.
78 Baxa, Bd. 1, S. 701.
79 DKV, Bd. 4, S. 511.
80 NR, S. 91.
81 NR, S. 67f.
82 Rahel, Bd. IX, S. 185.
83 KlS, S. 13.
84 Rahel, Bd. IV (Briefwechsel zwischen Varnhagen und Rahel, 2. Band), S. 258.

85 Rahel, Bd. IV (Briefwechsel zwischen Varnhagen und Rahel, 1. Band),
   S. 307. Die Bemerkung stammt vom 23.2. 1809, als Varnhagen offenbar
   das erste Stück des *Phöbus* in die Hand bekam, was zugleich bedeuten
   würde, daß er mit Kleists Drama vorher in der Handschrift oder durch
   Vorlesen bekannt geworden war.

NACHWORT

1 Schulz, Gerhard: Die deutsche Literatur zwischen Französischer Revolution und Restauration. München: Bd. 1 1983, 2. Aufl. 2000; Bd. 2
   1989.

Bibliographie

1. Kleist-Ausgaben und -Periodika

Abendblätter   Berliner Abendblätter. Herausgegeben von Heinrich von Kleist. [Reprografischer Nachdruck] Nachwort und Quellenregister von Helmut Sembdner. Darmstadt: Wissenschaftliche Buchgesellschaft 1970.

BKA   H. v. Kleist: Sämtliche Werke. Brandenburger [1988–91: Berliner] Ausgabe. Hrsg. von Roland Reuß und Peter Staengle. Basel/Frankfurt a. M.: Stroemfeld/Roter Stern, 1988 ff. [Bisher 15 Bde.]

BKB   Berliner Kleist-Blätter

BKF   Beiträge zur Kleist-Forschung

DKV   Heinrich von Kleist: Sämtliche Werke und Briefe in 4 Bdn. Hrsg. von Ilse-Marie Barth, Klaus Müller-Salget, Stefan Ormanns und Hinrich C. Seeba. Frankfurt a. M.: Deutscher Klassiker Verlag 1988–91.

HKB   Heilbronner Kleist-Blätter

JbKG   Jahrbuch der Kleist-Gesellschaft

KJb   Kleist-Jahrbuch

Phöbus   Phöbus. Ein Journal für die Kunst. Herausgegeben von Heinrich von Kleist und Adam H. Müller. [Nachdruck] Mit einem Nachwort und Kommentar von Helmut Sembdner. Hildesheim/Zürich/New York: Georg Olms 1987.

SB   Heinrich von Kleist: Sämtliche Briefe. Hrsg. von Dieter Heimböckel. Stuttgart: Reclam 1999.

SWB   Heinrich von Kleist: Sämtliche Werke und Briefe. Hrsg. von Helmut Sembdner. 2 Bde., 9., verm. und rev. Aufl., München: Hanser 1993.

WB   Heinrich von Kleist: Werke und Briefe in vier Bänden. Hrsg. von Siegfried Streller in Zusammenarbeit mit Peter Goldammer, Wolfgang Barthel, Anita Golz, Rudolf Loch. 3., erg. Aufl. Berlin/Weimar: Aufbau-Verlag 1993. Lizenzausg.: Frankfurt a. M.: Insel- Verlag 1986.

2. Bibliographien, Lebenszeugnisse, Dokumente, Materialien zur Forschung

AMANN, WILHELM und TOBIAS WANGERMANN in Zusammenarbeit mit ROLAND REUSS und PETER STAENGLE (HRSG.): Kleist-Material. Katalog und Dokumentation des Georg Minde-Pouet Nachlasses in der Amerika-Gedenkbibliothek Berlin. Basel/Frankfurt a. M. 1997. [Mit Bibliographie und CD ROM]

BARNERT, ARNO, in Zusammenarbeit mit ROLAND REUSS und PETER STAENGLE: Polizei – Theater – Zensur. Quellen zu Heinrich von Kleists «Berliner Abendblättern». In: BKB 11, S. 29–367.

BARTHEL, WOLFGANG: Heinrich von Kleist 1777–1811. Chronik seines Lebens und Schaffens auf Grund von Selbstaussagen, Dokumenten und Aussagen Dritter. Frankfurt (Oder): Kleist-Gedenk- und Forschungsstätte 2001.

BIEDERMANN, FLODOARD VON: Heinrich v. Kleists Gespräche. Nachrichten und Überlieferungen aus seinem Umgange. Zum ersten Male gesammelt und herausgegeben von Flodoard Frhrn. von Biedermann. Leipzig 1912.

EMIG, GÜNTHER: Kleist-Bibliographie 1990 ff. In: HKB 1 ff., 1996 ff.

GOLDAMMER, PETER (HRSG.): Schriftsteller über Kleist. Eine Dokumentation. Berlin/Weimar 1976.

KlS = MINDE-POUET, GEORG: Kleists letzte Stunden. T. I: Das Aktenmaterial. [Mehr nicht erschienen.] Berlin 1925. Heilbronner Kleist-Reprints 2004.

LS = Sembdner, Helmut (Hrsg.): Heinrich von Kleists Lebensspuren. Dokumente und Berichte der Zeitgenossen. Neuausgabe: München 1996 [zuerst: Bremen 1957].

LUTZE, KATINKA: Tendenzen der Kleistforschung. Eine systematische Bibliographie der Sekundärliteratur zu Heinrich von Kleist. Eitorf 1999.

MINDE-POUET, GEORG: Kleist-Bibliographie [1914–1937]. In: Jahrbuch der Kleist-Gesellschaft 1921 (1922), S. 89-169; 1922 (1923), S. 112–163; 1923/24 (1925), S. 181–230; 1929/30 (1931), S. 60–193; 1933–1937 (1937), S. 186–263.

NR = SEMBDNER, HELMUT (HRSG.): Heinrich von Kleists Nachruhm. Bremen 1967, 2. Aufl. Frankfurt a. M. 1984.

REIMER, DORIS: Georg Andreas Reimer als Verleger von Kleists Werken. In: BKB 8, S. 51–85.

ROTHE, EVA: Kleist-Bibliographie 1945–1960. In: JbDSG 5 (1961) S. 414–547.

Sembdner, Ideenmagazin = SEMBDNER, HELMUT (HRSG.): Heinrich von Kleist. Geschichte meiner Seele. Ideenmagazin. Das Lebenszeugnis der Briefe. Bremen 1959.

SEMBDNER, HELMUT: Kleist-Bibliographie 1803–1862. Heinrich von Kleists Schriften in frühen Drucken und Erstveröffentlichungen. Stuttgart 1966.

SEMBDNER, HELMUT (HRSG.): Dichter über ihre Dichtungen. Heinrich von Kleist. München 1969.

SEMBDNER, HELMUT (HRSG.): Kleist in der Dichtung. Frankfurt a. M. 1977.

Staengle, BKB 6 = STAENGLE, PETER: Fräulein von Zenge nebst Kleist, Krug, Tasse und Bild. In: BKB 6, S. 25–59.

Staengle, BKB 11 = STAENGLE, PETER: Berliner Abendblätter. Chronik. In: BKB 11, S. 369–411.

WILK-MINCU, BARBARA: Kleist-Bildnisse von Peter Friedel bis André Masson. Frankfurt (Oder) 2000.

3. Kleist-Forschung

ANKER-MADER, EVA-MARIA: Kleists Familienmodelle – im Spannungsfeld zwischen Krise und Persistenz. München 1992

ARNOLD, HEINZ LUDWIG (HRSG.): Heinrich von Kleist. München 1993.

BARTHEL, WOLFGANG/MARQUARDT, HANS-JOCHEN (HRSG.): Heinrich von Kleist 1777–1811. Leben – Werk – Wirkung. Blickpunkte. Katalog der Dauerausstellung des Kleist-Museums. Frankfurt (Oder) 2000.

BLAMBERGER, GÜNTER: Ars et Mars. Grazie als Schlüsselbegriff der ästhetischen Erziehung von Aristokraten. Anmerkungen zu Castiglione und Kleist. In: Doering, Sabine [et al.] (Hrsg.): Resonanzen. Fs. für Hans Joachim Kreutzer. Würzburg 2000, S. 273–282.

BLÖCKER, GÜNTER: Heinrich von Kleist oder Das absolute Ich. Berlin 1960.

BÖSCHENSTEIN, BERNHARD: Kleist und Rousseau. KJb. 1981/82, S. 145–156.

BRORS, CLAUDIA: Anspruch und Abbruch. Untersuchungen zu Heinrich von Kleists Ästhetik des Rätselhaften. Würzburg 2002.

BROWN, HILDA MELDRUM: Heinrich von Kleist. The Ambiguity of Art and the Necessity of Form. Oxford 1998.

BRÜGGEMANN, DIETHELM: Drei Mystifikationen Heinrich von Kleists. Kleists Würzburger Reise. Kleists Lust-Spiel mit Goethe. Aloysius, Marquis von Montferrat. New York [etc.] 1985.

BÜLOW, EDUARD VON: Heinrich von Kleist's Leben und Briefe. Mit einem Anhange hrsg. von Eduard von Bülow. Berlin 1848. Heilbronner Kleist-Reprints 2004.

DETTMERING, PETER: Heinrich von Kleist. Zur Psychodynamik in seiner Dichtung. München 1975.

Doering, Marquise = DOERING, SABINE: Heinrich von Kleist. Die Marquise von O... Erläuterungen und Dokumente. Stuttgart 1993.

DOERING, SABINE: Heinrich von Kleist. Stuttgart 1996.

DOERING, SABINE: Persien im märkischen Sand. Kleists Bild vom Orient. In: KJb 1996, S. 171–186.

Doering, Himmelstochter = DOERING, SABINE: Himmelstochter, Höllenbraut. Bilder des Weiblichen bei Schiller und Kleist. In: Käthchen und seine Schwestern. Heidelberger Kleist-Kolloquien Bd. 1, Heilbronn 2000, S. 105–120.

Doering, Bad = DOERING, SABINE: Im Bad der Erkenntnis: Die Entfaltung eines Motivs in Kleists Werk. In: Mehigan, Tim (Hrsg.): Heinrich von Kleist und die Aufklärung. Rochester 2000, S. 58–72.

EMIG, GÜNTHER (HRSG.): Erotik und Sexualität im Werk Heinrich von Kleists. Internationales Kolloquium des Kleist-Archivs Sembdner. 22. bis 24. April 1999. Heilbronner Kleist-Kolloquien 2. Heilbronn 2000.

EMIG, GÜNTHER/KNITTEL, ANTON PHILIPP (HRSG.): Käthchen und seine Schwestern. Frauenfiguren im Drama um 1800. Internationales Kolloquium des Kleist-Archivs Sembdner. 12. bis 13.Juni 1997. Heilbronner Kleist-Kolloquien 1. Heilbronn 2000.

ENDRES, JOHANNES: Das «depotenzierte» Subjekt. Zu Geschichte und Funktion des Komischen bei Heinrich von Kleist. Würzburg 1996.

ENSBERG, PETER/MARQUARDT, HANS-JOCHEN (HRSG.): Kleist-Bilder des 20.Jahrhunderts in Literatur, Kunst und Wissenschaft. IV. Frankfurter Kleist-Kolloquium, Stuttgart 2003.

FÖLDÉNYI, LÁSZLÓ F.: Heinrich von Kleist. Im Netz der Wörter. Aus dem Ungarischen übers. von Akos Doma. München 1999.

FÜLLEBORN, ULRICH: Die frühen Dramen Heinrich von Kleists. München 2007.

GALL, ULRICH: Philosophie bei Heinrich von Kleist. Untersuchungen zu Herkunft und Bestimmung des philosophischen Gehalts seiner Schriften. Bonn 1977.

GRAHAM, ILSE: Heinrich von Kleist. Word into Flesh: A Poet's Quest for the Symbol. Berlin/New York 1977.

Grathoff, Studien = GRATHOFF, DIRK (HRSG.): Heinrich von Kleist. Studien zu Werk und Wirkung. Opladen 1988.

Grathoff, Geheimnisse = GRATHOFF, DIRK: Kleists Geheimnisse. Unbekannte Seiten einer Biographie. Opladen 1993.

GREINER, BERNHARD: Kleists Dramen und Erzählungen. Experimente zum «Fall» der Kunst. Tübingen/Basel 2000.

GUNDOLF, FRIEDRICH: Heinrich von Kleist. Berlin 1922.

Häker, Studien = HÄKER, HORST: Heinrich von Kleist. «Prinz Friedrich von Homburg» und «Die Verlobung in St. Domingo». Studien, Beobachtungen, Bemerkungen. Frankfurt a. M./Bern/New York 1987.

Häker, Berlin = HÄKER, HORST: Kleists Berliner Aufenthalte. Berlin 1989.

Häker, Kleist = HÄKER, HORST: Überwiegend Kleist. Vorträge. Aufsätze. Rezensionen 1980–2002. Heilbronn 2003. Heilbronner Kleist-Studien Bd. 1.

HALLER-NEVERMANN, MARIE/REHWINKEL, DIETER (HRSG.): Kleist – ein moderner Aufklärer? Mit einem Vorwort von Rudolf von Thadden. Göttingen 2005.

HEIMBÖCKEL, DIETER: Emphatische Unaussprechlichkeit. Sprachkritik im Werk Heinrich von Kleists. Ein Beitrag zur literarischen Sprachskepsistradition der Moderne. Göttingen 2003.

HENKEL, ARTHUR: Traum und Gesetz in Kleists «Prinz von Homburg». In: W. Müller-Seidel (Hrsg.), Heinrich von Kleist. Darmstadt 1967, S. 576–604. Auch in: A. H., In der Zeiten Bildersaal. Studien und Vorträge. Stuttgart 1983, S. 133–155.

HETTCHE, WALTER: Heinrich von Kleists Lyrik. Frankfurt a. M./Bern/New York 1986.

HINDERER, WALTER (HRSG.): Kleists Dramen. Interpretationen. Stuttgart 1997.

Hoffmann, Ulrike = HOFFMANN, PAUL: Ulrike von Kleist über ihren Bruder Heinrich. Ein Beitrag zur Biographie des Dichters. In: Euphorion 10 (1903), S. 105–152.

Hoffmann, Paris = HOFFMANN, PAUL: Kleist in Paris. Berlin 1924.

HOHOFF, CURT: Heinrich von Kleist mit Selbstzeugnissen und Bilddokumenten. Reinbek 1958.

HOLZ, HANS HEINZ: Macht und Ohnmacht der Sprache. Untersuchungen zum Sprachverständnis und Stil Heinrich von Kleists. Frankfurt a. M./Bonn 1962.

HORN, PETER: Kleist-Chronik. Königstein (Ts.) 1980.

KANZOG, KLAUS: Text und Kontext. Quellen und Aufsätze zur Rezeptionsgeschichte der Werke Heinrich von Kleists. Berlin 1979.

KANZOG, KLAUS (HRSG.): Erzählstrukturen – Filmstrukturen. Erzählungen Heinrich von Kleists und ihre filmische Realisation. Berlin 1981.

KAPP, GABRIELE: Des Gedankens Senkblei. Studien zur Sprachauffassung Heinrich von Kleists 1799 – 1806. Stuttgart/Weimar 2000.

Katalog 1977 = SIEBERT, EBERHARD (HRSG.): Heinrich von Kleist. Zum Gedenken an seinen 200. Geburtstag. Ausstellung der Staatsbibliothek Preußischer Kulturbesitz in Verbindung mit der Heinrich-von-Kleist-Gesellschaft. Berlin 1977.

KITTLER, WOLF: Die Geburt des Partisanen aus dem Geist der Poesie. Heinrich von Kleist und die Strategie der Befreiungskriege. Freiburg i. B. 1987.

KLÜGER, RUTH: Freiheit, die ich meine: Fremdherrschaft in Kleists «Hermannsschlacht» und «Verlobung in St. Domingo». In: R. K., Katastrophen. Über deutsche Literatur. Göttingen 1994, S. 133–162.

KLÜGER, RUTH: Tellheims Neffe: Kleists Abkehr von der Aufklärung. In: R. K., Katastrophen. Über deutsche Literatur. Göttingen 1994, S. 163–188.

KORDING, INKA/ANTON PHILIPP KNITTEL (HRSG.): Heinrich von Kleist. Neue Wege der Forschung. Darmstadt 2003.

KRATZ, GUSTAV/KYPKE, HANS: Geschichte des Geschlechts von Kleist. 3 Teile. Berlin 1862.

Kreutzer, Entwicklung = KREUTZER, HANS JOACHIM: Die dichterische Entwicklung Heinrichs von Kleist. Untersuchungen zu seinen Briefen und zu Chronologie und Aufbau seiner Werke. Berlin 1968.

KREUTZER, HANS JOACHIM: Über die Geschicke der Kleist-Handschriften und über Kleists Handschrift. In: KJb 1981/82 (1983) S. 66–85.

KREUTZER, HANS JOACHIM: Kleist. In: Killy, Walther (Hrsg.): Literaturlexikon. Autoren und Werke deutscher Sprache. München 1990, Bd. 6, S. 354–379.

LOCH, RUDOLF: Kleist. Eine Biographie. Göttingen 2003.

LÜTZELER, PAUL MICHAEL/PAN, DAVID (HRSG.): Kleists Erzählungen und Dramen. Neue Studien. Würzburg 2001.

MAASS, JOACHIM: Kleist. Die Fackel Preußens. Eine Lebensgeschichte. Wien/ München/Basel 1957. Neu unter dem Titel: Kleist. Die Geschichte seines Lebens. München 1977.

MANN, THOMAS: Heinrich von Kleist und seine Erzählungen. [1954.] In: Th. M.: Gesammelte Werke. Bd. 9: Reden und Aufsätze. Frankfurt a. M. 1974, S. 823–842.

MAYER, HANS: Heinrich von Kleist. Der geschichtliche Augenblick. Pfullingen 1962.

MEHIGAN, TIM (HRSG.): Kleist und die Aufklärung. Rochester 2000.

MICHAELIS, ROLF: Heinrich von Kleist. München 1976.

MOMMSEN, KATHARINA: Kleists Kampf mit Goethe. Heidelberg 1974, 2., erw. Aufl. 1979.

MOSER, CHRISTIAN: Verfehlte Gefühle. Wissen – Begehren – Darstellen bei Kleist und Rousseau. Würzburg 1993.

MÜLLER, GERNOT: Man müßte auf dem Gemälde selbst stehen. Kleist und die bildende Kunst. Tübingen 1995.

MÜLLER-SALGET, KLAUS: Heinrich, Marie und Ulrike von Kleist. Zur Datierung und Deutung der Briefe vom Herbst 1811. In: ZfdPH 113 (1994), S. 543–553.

MÜLLER-SALGET, KLAUS: Heinrich von Kleist. Stuttgart 2002.

Müller-Seidel, Aufsätze = MÜLLER-SEIDEL, W. (HRSG.): Heinrich von Kleist. Aufsätze und Essays. Darmstadt 1967.

MÜLLER-SEIDEL, WALTER: Versehen und Erkennen. Eine Studie zu Kleist. Köln 1971.

Müller-Seidel, Aktualität = MÜLLER-SEIDEL, WALTER (HRSG.): Kleists Aktualität. Neue Aufsätze und Essays 1966–1978. Darmstadt 1981.

NEUMANN, GERHARD (HRSG.): Heinrich von Kleist. Kriegsfall – Rechtsfall – Sündenfall. Freiburg i. B. 1994.

OSTERKAMP, ERNST: Das Geschäft der Vereinigung. Über den Zusammenhang von bildender Kunst und Poesie im «Phöbus». In: KJb 1990, S. 51–70.

PETER, KLAUS: Ikarus in Preußen. Heinrich von Kleists Traum von einer besseren Welt. Heidelberg 2007.

Rahmer, Briefe = RAHMER, SIGISMUND (HRSG.): Heinrich von Kleist. Briefe an seine Schwester Ulrike. Mit Einleitung, Anmerkungen, Photogrammen und einem Anhang: Aus dem Tagebuche Ludwig von Brocke's. Berlin 1905.

Rahmer, Kleist = RAHMER, S[IGISMUND]: Heinrich von Kleist als Mensch und Dichter. Nach neuen Quellenforschungen. Berlin 1909.

RESKE, HERMANN: Kleist in Thun. In: Ugrinsky, A. (Hrsg.): Heinrich-von-Kleist-Studien. Berlin 1980, S. 217–227.

SADGER, I[SIDOR]: Heinrich von Kleist. Eine pathographisch-psychologische Studie. Wiesbaden 1910.

Samuel, Teilnahme = SAMUEL, RICHARD: Heinrich von Kleists Teilnahme an den politischen Bewegungen der Jahre 1805–1809. [Urspr.: Heinrich von Kleist's Participation in the Political Movements of the Years 1805 to 1809. Diss. (masch.) Cambridge 1938.] Deutsch von Wolfgang Barthel. Frankfurt (Oder) 1995.

Samuel, Unbekannte Fassung = SAMUEL, RICHARD: Eine unbekannte Fassung von Kleists Hermannsschlacht. In: JbDSG 1(1957), S. 179–210.

Samuel, Stein = SAMUEL, RICHARD: Kleists «Hermannsschlacht» und der Freiherr vom Stein. In: JbDSG 5 (1961), S. 64–101.

Samuel, Rettung = SAMUEL, RICHARD: Zu Kleists Aufsatz «Über die Rettung von Österreich». In: Gratulatio. Festschrift für Christian Wegner. Hamburg 1963, S. 171–189.

Samuel, Gneisenau = SAMUEL, RICHARD: Heinrich von Kleist und Neithardt von Gneisenau. In: JbDSG 7 (1963), S. 352–370.

Samuel, Altenstein = SAMUEL, RICHARD: Heinrich von Kleist und Karl Baron von Altenstein. Eine Miszelle zu Kleists Biographie [1955]. In: R. H. S.: Selected Writings. Melbourne 1965, S. 85–92.

Samuel, Guiskard = SAMUEL, RICHARD: Heinrich von Kleists «Robert Guiskard» und seine Wiederbelebung 1807/8. In: KJb 1981/82, S. 315–48.

Samuel/Brown = SAMUEL, R[ICHARD] H./BROWN, H[ILDA] M.: Kleist's lost year and the quest for «Robert Guiskard». Leamington Spa 1981.

SCHMIDT, JOCHEN: Heinrich von Kleist. Die Dramen und Erzählungen in ihrer Epoche. Darmstadt 2003.

SCHNEESIEBER, EDUARD: Steilk[üste] – Kleists existentieller Drang nach Rügen. In: Anagrammatologie 11 (2007), S. 33–66.

Schrader, Liebesbriefe = SCHRADER, HANS-JÜRGEN: Unsägliche Liebesbriefe. Heinrich von Kleist an Wilhelmine von Zenge. In: KJb 1981/82, S. 86–96.

Schrader, Rollenentwürfe = SCHRADER, HANS-JÜRGEN: «Denke Du wärest in das Schiff meines Glückes gestiegen». Widerrufene Rollenentwürfe in Kleists Briefen an die Braut. In: KJb 1983, S. 122–179.

SCHREIBER, CHRISTIANE: «Was sind dies für Zeiten!» Heinrich von Kleist und die preußischen Reformen. Frankfurt a. M./Bern/New York/Paris 1991.

SCHULZ, GERHARD: Kleists «Bettelweib von Locarno» – eine Ehegeschichte? In: JbDSG 18 (1974), S. 431–440.

Schulz, Literatur = SCHULZ, GERHARD: Die deutsche Literatur zwischen Französischer Revolution und Restauration. München: Bd. 1 1983, 2. Aufl. 2000, Bd. 2 1989. Darin: Bd. 2, S. 365–394: Kleist [Das erzählerische Werk] Bd. 2, S. 629–661: Das dramatische Werk Heinrich von Kleists.

SCHULZ, GERHARD: Todeslust bei Kleist und einigen seiner Zeitgenossen. In: KJb 1990, S. 113–125.

SCHULZ, GERHARD: Von der Verfassung der Deutschen. Kleist und der literarische Patriotismus nach 1806. In: KJb 1993, S. 56–74.

SCHULZ, GERHARD: «Gleichviel». Über ein Modaladverb und die Suche nach Wahrheit bei Heinrich von Kleist. In: HKB 10 (2001), S. 51–65.

Sembdner, Abendblätter = SEMBDNER, HELMUT: Die Berliner Abendblätter Heinrich von Kleists, ihre Quellen und ihre Redaktion. Berlin 1939.

Sembdner, Erläuterungen = SEMBDNER, HELMUT (HRSG.): Heinrich von Kleist. Der zerbrochne Krug. Erläuterungen und Dokumente. Stuttgart 1973.

Sembdner, In Sachen = SEMBDNER, HELMUT: In Sachen Kleist. Beiträge zur Forschung. München 1974; 3., vermehrte Auflage 1994.

SIEBERT, EBERHARD: Heinrich von Kleist. Leben und Werk im Bild. Frankfurt a. M. 1980.

STAENGLE, PETER: Heinrich von Kleist. Sein Leben. Heilbronn 2006.

Steig, Kämpfe = STEIG, REINHOLD: Heinrich von Kleist's Berliner Kämpfe. Berlin 1901.

Steig, Neue Kunde = STEIG, REINHOLD: Neue Kunde von Heinrich von Kleist. Berlin 1902.

STEPHENS, ANTHONY: Heinrich von Kleist. The Dramas and Stories. Oxford/ Providence 1994.

Stephens, Sprache = STEPHENS, ANTHONY: Kleist – Sprache und Gewalt. Freiburg i. B. 1999.

Weiss, Funde = WEISS, HERMANN F.: Funde und Studien zu Heinrich von Kleist. Tübingen 1984.

Weiss, Blümner = WEISS, HERMANN F.: Unveröffentlichte Zeugnisse zu Heinrich von Kleists Dresdener Jahren aus den Nachlässen Ernst und Heinrich Blümners. In: Euphorion 89 (1995), S. 1–22.

Weiss, Brockes = WEISS, HERMANN F.: Heinrich von Kleists Freund Ludwig von Brockes. In: BKF 1996, S. 102–132.

WILBRANDT, ADOLF: Heinrich von Kleist. Nördlingen 1863.

WILLOWEIT, DIETMAR: Heinrich von Kleist und die Universität Frankfurt an der Oder. Rückblick eines Rechtshistorikers. In: KJb 1997, S. 57–71.

ZIMMERMANN, HANS DIETER: Kleist. Eine Biographie. Reinbek 1991.

ZOLLING, THEOPHIL: Heinrich v. Kleist in der Schweiz. Stuttgart 1882.

4. Literatur zur Zeit- und Kulturgeschichte
ADB = Allgemeine Deutsche Biographie
Arnim, DKV = Achim von Arnim. Werke in sechs Bänden. Hrsg. von Roswitha Burwick [etc.]. Frankfurt a. M. 1994.
Arnim, WAA = Ludwig Achim von Arnim. Werke und Briefwechsel. Historisch-kritische Ausgabe. Bd. 1: Hrsg. von Sheila Dickson. Tübingen 2004. Bd. 30: Hrsg. von Heinz Härtl. Tübingen 2000.
BAILLEU, PAUL: Königin Luise. Ein Lebensbild. Berlin/Leipzig 1908.
BAXA, JAKOB (HRSG.): Adam Müllers Lebenszeugnisse. 2 Bde. München/Paderborn/Wien 1966.
BRENTANO, CLEMENS: Sämtliche Werke und Briefe. Stuttgart 1975 ff.
BRUYN, GÜNTER DE: Als Poesie gut. Schicksale aus Berlins Kunstepoche 1786 bis 1807. Frankfurt a. M. 2006.
BUCHHOLZ, FRIEDRICH: Gallerie Preussischer Charaktere [1808]. Neudruck: Frankfurt a. M. 1979, 2. Aufl. 1984.
BÜSCH, OTTO: Militärsystem und Sozialleben im alten Preußen 1713 – 1807. Die Anfänge der Militarisierung der preußisch-deutschen Gesellschaft. Berlin 1962.
DWB = Deutsches Wörterbuch von JACOB und WILHELM GRIMM. 33 Bde. Leipzig 1854ff. Nachdruck München 1984.
EICHENDORFF, JOSEPH VON: Werke. Hrsg. von Ansgar Hillach und Jost Perfahl. 5 Bde. München 1970.
EULENBURG, FRANZ: Die Frequenz der deutschen Universitäten von ihrer Gründung bis zur Gegenwart. Leipzig 1904.
FALK, JOHANNES: Goethe aus näherem persönlichen Umgange dargestellt. Ein nachgelassenes Werk von Johannes Falk. 3. Aufl. Leipzig 1856.
FEUSTEL, GOTTHARD: Die Geschichte der Homosexualität. Düsseldorf 2003. (Originalausgabe: Die andere Liebe. Leipzig 1995)
FICHTE, JOHANN GOTTLIEB: Grundlage des Naturrechts nach Prinzipien der Wissenschaftslehre. Hamburg 1960.
FONTANE, THEODOR: Sämtliche Werke. Hrsg. von Walter Keitel. München 1964.
Friedrich II. = Die Werke Friedrichs des Großen. Hrsg. von Gustav Berthold Volz. Berlin 1913.
Friedrich Wilhelm II. und die Künste. Preußens Weg zum Klassizismus. Hrsg. von der Stiftung Preußische Gärten und Schlösser Berlin-Brandenburg. Potsdam 1997.
Gentz/Müller = Briefwechsel zwischen Friedrich Gentz und Adam Heinrich Müller. 1800–1829. Stuttgart 1857.
Gersdorff, Luise = GERSDORFF, DAGMAR VON: Königin Luise und Friedrich Wilhelm III. Eine Liebe in Preußen. Reinbek 2002.
Gersdorff, Pfuel = GERSDORFF, BERNHARD VON: Ernst von Pfuel. Freund

Heinrich von Kleists, General, Preußischer Ministerpräsident 1848. Berlin 1981.

GIERATHS, GÜNTHER: Die Kampfhandlungen der brandenburgisch-preußischen Armee 1626–1807. Ein Quellenhandbuch. Berlin 1964.

Goethe = JOHANN WOLFGANG GOETHE: Sämtliche Werke, Briefe, Tagebücher und Gespräche. 40 Bde. Frankfurt a. M. 1986ff.

GRIEWANK, KARL (HRSG.): Luise von Preußen – Königin Luise. Ein Leben in Briefen. Leipzig 1943. Reprint: Hildesheim 2003.

HABERMANN, PAUL und GISELA: Friedrich Wilhelm III. von Preußen im Blick wohlwollender Zeitgenossen. Köln 1990.

HACKL, OTHMAR (HRSG.): Handbuch zur deutschen Militärgeschichte 1648–1939. München 1979.

HAFFNER, SEBASTIAN/WEYLAND, ULRICH: Preußen ohne Legende. Hamburg 1978.

HAHN, PETER-MICHAEL: Geschichte Potsdams. München 2003.

HANDBUCH DER DEUTSCHEN GESCHICHTE. BD. 3/I. 1. TEIL: Raumer, Kurt von/Botzenhart, Manfred: Deutsche Geschichte im 19. Jahrhundert. Wiesbaden 1980.

HAUSEN, CARL RENATUS: Geschichte der Universität und Stadt Frankfurt an der Oder. Frankfurt (Oder) 1800.

HERRE, FRANZ: Freiherr vom Stein. Zwischen Revolution und Reformation. München 1973.

HERTZ, DEBORAH: Die jüdischen Salons im alten Berlin 1780–1806. München 1995.

HERZ, HENRIETTE: Berliner Salon. Erinnerungen und Porträts. Hrsg. von Ulrich Janetzki. Frankfurt a.M. 1984.

Hoffmann, Werke = E.T.A. Hoffmanns Werke. Hrsg. von Georg Ellinger. Berlin/Leipzig/Wien/Stuttgart 1912.

HÖLDERLIN, FRIEDRICH: Sämtliche Werke und Briefe. Hrsg. von Michael Knaupp. 3 Bde., München 1993.

HUFELAND, CHRISTOPH WILHELM: Die Kunst das menschliche Leben zu verlängern. Wien/Prag 1797. Faksimile-Ausgabe Hamburg o.J.

Jean Paul = Jean Pauls Sämtliche Werke. Historisch-kritische Ausgabe. Hrsg. von der Preußischen Akademie der Wissenschaften [etc.]. Weimar 1927ff.

Kant = Kant's gesammelte Schriften. Hrsg. von der Königlich-Preußischen Akademie der Wissenschaften. Berlin 1910ff.

Kleßmann, Deutschland = KLESSMANN, ECKART (HRSG.): Deutschland unter Napoleon in Augenzeugenberichten. München 1965.

Kleßmann, Prinz = KLESSMANN, ECKART: Prinz Louis Ferdinand von Preußen 1772 – 1806. Gestalt einer Zeitenwende. München 1972.

KÖRNER, JOSEF: Krisenjahre der Frühromantik. 3 Bde., 2. Aufl. Bern/München 1969ff.

KOSELLECK, REINHART: Preußen zwischen Reform und Revolution. Allgemeines Landrecht, Verwaltung und soziale Bewegung von 1791 – 1848. Stuttgart 1975.

KÖTZSCHKE, R./KRETZSCHMAR, H.: Sächsische Geschichte. 2 Bde., Dresden 1935. Ausgabe in einem Band: Stuttgart 1965.

KROLL, FRANK-LOTHAR (HRSG.): Preussens Herrscher. Von den Hohenzollern bis Wilhelm II. München 2000.

Krug, Schriften = KRUG, WILHELM TRAUGOTT: Gesammelte Schriften, Leipzig 1839.

Krug, Leben = [KRUG, WILHELM TRAUGOTT:] Krug's Lebensreise in sechs Stazionen von ihm selbst beschrieben. Nebst Franz Volkmar Reinhard's Briefen an den Verfasser. Neue, verbesserte und vermehrte Ausgabe. Leipzig 1842.

KÜGELGEN, WILHELM VON: Jugenderinnerungen eines alten Mannes. Stuttgart 1900.

KUNISCH, JOHANNES: Friedrich der Große. Der König und seine Zeit. München 2004.

Landrecht = Allgemeines Landrecht für die Preußischen Staaten von 1794. Textausgabe. Frankfurt a. M./Berlin 1970.

MÄHL, HANS-JOACHIM: Goethes Urteil über Novalis. Ein Beitrag zur Geschichte der Kritik an der deutschen Romantik. In: Jahrbuch des Freien Deutschen Hochstifts 1967, S. 130–270.

MANTHEY, JÜRGEN: Königsberg. Geschichte einer Weltbürgerrepublik. München 2006.

MASSENBACH, CHRISTIAN VON: Historische Denkwürdigkeiten zur Geschichte des Verfalls des preußischen Staats seit dem Jahre 1794 nebst seinem Tagebuche über den Feldzug von 1806. Amsterdam 1809. Neudruck: Frankfurt a. M. 1979, 2. Aufl. 1984.

MEINEL, CHRISTOPH: «Des wunderlichen Wünsch seltsame Reduktion...» Christian Ernst Wünsch, Kleists unzeitgemäßer Zeitgenosse. In: KJb 1996, S. 1–32.

MÜLLER, ADAM: Kritische, ästhetische und philosophische Schriften. Kritische Ausgabe, hrsg. von Walter Schroeder und Werner Siebert. 2 Bde., Neuwied/Berlin 1967.

NICOLAI, FRIEDRICH: Beschreibung der königlichen Residenzstadt Potsdam und der umliegenden Gegend. Eine Auswahl. Hrsg. von Karlheinz Gerlach. Leipzig 1993.

NIENHAUS, STEFAN: Geschichte der deutschen Tischgesellschaft. Tübingen 2003.

Novalis = NOVALIS. Die Schriften Friedrich von Hardenbergs. Historisch-kritische Ausgabe. Hrsg. von Richard Samuel in Zusammenarbeit mit Hans-Joachim Mähl und Gerhard Schulz. 6 Bde. Stuttgart 1960 ff.

OLFERS, MARGARETE VON: Elisabeth v. Staegemann. Lebensbild einer deutschen Frau 1761–1835. Leipzig 1937.

PETERSILKA, CORINA: Die Zweisprachigkeit Friedrichs des Großen. Ein linguistisches Porträt. Tübingen 2005.

Quellen = DEMEL, WALTER/PUSCHNER, UWE: Von der Französischen Revolution bis zum Wiener Kongreß 1789 – 1815. Deutsche Geschichte in Quellen und Darstellung Bd. 6. Stuttgart 1995.

Rahel = RAHEL VARNHAGEN. Gesammelte Werke. Hrsg. von Konrad Feilchenfeldt, Uwe Schweikert und Rahel E. Steiner. München 1983.

RIEDL, PETER PHILIPP: Öffentliche Rede in der Zeitenwende. Deutsche Literatur und Geschichte um 1800. Tübingen 1997.

RÜHLE VON LILIENSTERN, JOHANN JAKOB OTTO AUGUST: Apologie des Krieges. Hrsg. und mit einem Nachwort versehen von Jean-Jacques Langendorf. Wien 1984.

Rühle, Reise = RÜHLE VON LILIENSTERN, JOHANN JAKOB OTTO AUGUST: Reise eines Malers mit der Armee im Jahre 1809. Rudolstadt 1810.

SCHEIDIG, WALTHER: Goethes Preisaufgaben für bildende Künstler. Weimar 1958.

Schillers Werke. Nationalausgabe. Begründet von Julius Petersen. Weimar 1943 ff.

SCHLABRENDORFF, GUSTAV VON: Anti-Napoleon [1804]. Frankfurt a. M. 1991.

Schlegel, Friedrich. Kritische Friedrich-Schlegel-Ausgabe. Hrsg. von Ernst Behler unter Mitwirkung anderer Fachgelehrter. Paderborn/München/Wien 1979ff.

SCHLENKE, MANFRED (HRSG.): Preussen Ploetz. Eine historische Bilanz in Daten und Deutungen. Köln [o.J].

SCHORN-SCHÜTTE, LUISE: Königin Luise. Leben und Legende. München 2003.

SCHRAMM, WILHELM VON: Clausewitz. General und Philosoph. München 1982.

SCHUBERT, GOTTHILF HEINRICH: Ansichten von der Nachtseite der Naturwissenschaft. Dresden 1808. Nachdruck: Darmstadt 1967.

Schulz, Romantik = SCHULZ, GERHARD: Romantik. Geschichte und Begriff. München 1996, 2., durchgesehene Aufl. 2002.

SEMBDNER, HELMUT: Johann Daniel Falks Bearbeitung des Amphitryon-Stoffes. Ein Beitrag zur Kleist-Forschung. Berlin 1971.

SEMBDNER, HELMUT: Schütz-Lacrimas. Das Leben des Romantikerfreundes, Poeten und Literaturkritikers Wilhelm von Schütz (1776–1847). Berlin 1974.

SPRINGER, ANTON: Friedrich Christoph Dahlmann. Leipzig 1870.

STARNES, THOMAS C.: Christoph Martin Wieland. Leben und Werk. 3 Bde. Sigmaringen 1987.

STEIGER, ROBERT: Goethes Leben von Tag zu Tag. Eine dokumentarische Chronik. 8 Bde. Zürich/München 1982 ff.

VARNHAGEN VON ENSE, KARL AUGUST: Werke in fünf Bänden. Hrsg. von Konrad Feilchenfeldt. Frankfurt a. M. 1994.

VOGEL, CAROLINE: Geschlechterdiskurs und Lebensrealität um 1800. Elisabeth von Staegemann – ihr literarisches Werk und ihr Salon. Regensburg 2001.

Voltaire – Friedrich der Große. Briefwechsel. Ausgewählt, vorgestellt und übersetzt von Hans Pleschinski. München 1994.

Wieland, Werke = C. M. Wielands Sämmtliche Werke. Leipzig 1798. Nachdruck: Hamburg 1984.

Wieland, Briefe = Wielands Briefwechsel. Hrsg. von der Berlin-Brandenburgischen Akademie der Wissenschaften durch Siegfried Scheibe. Berlin 1997.

WILHELMY-DOLLINGER, PETRA: Die Berliner Salons. Mit historisch-literarischen Spaziergängen. Berlin/New York 2000.

WILLMS, JOHANNES: Napoleon. Eine Biographie. München 2005.

WITTICHEN, FRIEDRICH CARL (HRSG.): Briefe von und an Friedrich Gentz. 4 Bde. München/Berlin 1910.

Wünsch, Unterhaltungen = WÜNSCH, CHRISTIAN ERNST: Kosmologische Unterhaltungen für junge Freunde der Naturerkenntniß. 2. Aufl. 3 Bde. Leipzig 1791 – 1796 (1. Aufl. u. d. T. Kosmologische Unterhaltungen für die Jugend. 3 Bde. Leipzig 1778 – 1780).

Wünsch, Struktur = WÜNSCH, CHRISTIAN ERNST: Unterhaltungen über den Menschen. Zweiter Theil von der Struktur und Bestimmung der vornehmsten Theile des menschlichen Körpers. 2. Auflage. Leipzig 1798.

ZIOLKOWSKI, THEODORE: Berlin. Aufstieg einer Kulturmetropole um 1810. Stuttgart 2002.

ZSCHOKKE, HEINRICH: Eine Selbstschau. Erster Teil. Aarau 1842.

Abbildungsnachweis

Kleist-Museum, Frankfurt an der Oder: S. 45, 177, 225, 312, 522
zit. n. Jahrbuch der Kleist-Gesellschaft 1923/24: S. 47, 226; 1938: S. 61; 1925/
  26: S. 251; 1933: S. 286; 1927/28: S. 327, 331
Biblioteka Jagiellonska, Krakau: S. 56, 204/205, 274, 520
akg-images, Berlin, S. 69, 455, 456, 477
zit. n. Horst Häker: Kleists Berliner Aufenthalte. Berlin 1989: S. 76, 120, 442,
  448 (mit freundlicher Genehmigung des Verlags Walter de Gruyter), 461,
  521
zit. n. Heinrich von Kleist. Sämtliche Werke. Hrsg. v. Roland Reuß und Peter
  Staengle. Basel/Frankfurt am Main 1988 ff., Bd. IV, 2: S. 77; Bd. III: S. 173,
  425, 445
Stadtarchiv Würzburg: S. 134
Freies Deutsches Hochstift, Frankfurter Goethe-Museum: S. 186/187
Staatsbibliothek zu Berlin, Preußischer Kulturbesitz: S. 210
Klassik Stiftung Weimar, Museen: S. 249, 284, 347
Bildarchiv Preußischer Kulturbesitz: S. 261, 533
Stiftung Preußische Schlösser und Gärten Berlin-Brandenburg: S. 272
Deutsches Literaturarchiv Marbach: S. 304
Goethe- und Schillerarchiv Weimar: S. 314 (GSA 96/1570), 354/355 (GSA
  28/484)
Phöbus. Ein Journal für die Kunst. Dresden 1808. Faksimile-Ausgabe Hildes-
  heim 1987: S. 342
Staatsbibliothek zu Berlin – Preußischer Kulturbesitz: S. 371
zit. n. Gustav Könnecke: Deutscher Literaturatlas. Marburg 1909: S. 374
zit. n. Werner Hofmann: Caspar David Friedrich. Naturwirklichkeit und
  Kunstwahrheit. München 2000: S. 400, 471
Goethe-Museum Düsseldorf: S. 447
Zentralbibliothek Zürich: S. 449
Berliner Abendblätter. Herausgegeben von Heinrich von Kleist. Faksimile-
  Ausgabe Darmstadt 1970: S. 466/467
Geheimes Staatsarchiv – Preußischer Kulturbesitz: S. 504/505
Hessisches Staatsarchiv Darmstadt: S. 509

Diderot, Denis (1713–1784) 179
Diogenes von Sinope (†323 v. Chr.)
 199
Dippold, Hans Karl (1783–1811)
 322
Dülon, Friedrich Ludwig (1769–
 1826) 220
Dürer, Albrecht (1471–1528) 427

Eberhardi, Friederike → Vogel,
 Friederike Henriette Julie
Ehrenberg, Christoph Adalbert von
 (1776–1852) 303, 308
Eichendorff, Joseph von (1788–
 1857) 296, 302, 388, 407, 419,
 441, 455
Eichendorff, Wilhelm von (1786–
 1849) 455
Eickstedt-Peterswaldt, Maximilian von (1737–1814) 121 f.,
 138
Einsiedel, Alexander August von
 (1780–1840) 322, 324, 386
Einsiedel, Georg Detlev Abraham
 von (1764–1847) 213
Elliot, Gilbert Earl of Minto
 (1751–1814) 132
Elliot, Hugh Lord (1752–1830)
 132, 150, 154
Enghien, Louis Antoine Henri de
 Bourbon-Condé, Herzog von
 (1772–1804) 267
Ernst August I., König von Hannover (1771–1851) 430
Erxleben, Dorothea (1715–1762)
 106
Erxleben, Johann Christian Polycarp
 (1744–1777) 99, 106

Falk, Johannes Daniel (1768–1826)
 258, 296, 301 f., 370, 373, 393 f.
Fichte, Johann Gottlieb (1762–
 1814) 28, 72, 93, 108, 172–174,

196, 207, 241, 244, 280, 283,
 291, 428, 449, 451 f., 473, 521
Fontane, Theodor (1819–1898) 68,
 74, 499
Forcade, Friedrich Wilhelm von
 (†1778) 46
Forster, Johann Georg Adam
 (1754–1794) 23, 55, 59 f., 87,
 267
Foscolo, Ugo (1778–1827) 68
Fouqué, Caroline de la Motte,
 geb. von Briest (1773–1831)
 282, 452, 455, 525, 532
Fouqué, Friedrich de la Motte
 (1777–1843) 89, 258, 282,
 296, 304, 374, 387, 397, 449,
 455, 460, 463 f., 470, 478, 500,
 531
Fourcroy, Antoine François de
 (1755–1809) 216
Frankenberg und Proschlitz, Johann
 Ferdinand Friedrich (1747–
 1827) 62
Franz I., Kaiser von Österreich
 (1768–1835) 341, 435
Friederike, Prinzessin von Hessen-
 Darmstadt, Großherzogin von
 Mecklenburg-Strelitz (1752–
 1782) 103
Friedrich August III./I., Kurfürst/
 König von Sachsen (1750–1827)
 313
Friedrich II., König von Preußen
 (1712–1786) 22, 24–26, 45 f.,
 65 f., 68, 72, 86, 103, 122, 152,
 279, 281, 315
Friedrich Wilhelm II., König von
 Preußen (1744–1797) 25–27,
 51, 56 f., 68, 70
Friedrich Wilhelm III., König von
 Preußen (1770–1840) 28 f., 34,
 57, 68 f., 82, 88, 271, 273, 276 f.,
 279, 286, 288, 292, 294, 299,

© Verlag C. H. Beck oHG, München 2007
Gesetzt aus der van Dijk bei Kösel, Krugzell
Druck und Bindung: Ebner & Spiegel, Ulm
Gedruckt auf säurefreiem, alterungsbeständigem Papier
(hergestellt aus chlorfrei gebleichtem Zellstoff)
Printed in Germany
ISBN 978 3 406 56487 1

www.beck.de